D1164531

Stefan Kolev
Neoliberale Staatsverständnisse im Vergleich

Marktwirtschaftliche Reformpolitik

—

Schriftenreihe der
Aktionsgemeinschaft Soziale Marktwirtschaft e. V.,
herausgegeben von Nils Goldschmidt,
Rolf H. Hasse und Joachim Starbatty

Band 17

Stefan Kolev

Neoliberale Staatsverständnisse im Vergleich

2., aktualisierte und erweiterte Auflage

DE GRUYTER
OLDENBOURG

ISBN 978-3-11-048688-9
e-ISBN (PDF) 978-3-11-048991-0
e-ISBN (EPUB) 978-3-11-048727-5
ISSN 1433-8033

Library of Congress Cataloging-in-Publication Data
A CIP catalog record for this book has been applied for at the Library of Congress.

Bibliografische Information der Deutschen Nationalbibliothek
Die Deutsche Nationalbibliothek verzeichnet diese Publikation in der Deutschen
Nationalbibliografie; detaillierte bibliografische Daten sind im Internet über
http://dnb.dnb.de abrufbar.

© 2017 Walter de Gruyter GmbH, Berlin/Boston
Satz: Konvertus, Haarlem
Druck und Bindung: CPI books GmbH, Leck
♾ Gedruckt auf säurefreiem Papier
Printed in Germany

www.degruyter.com

Inhalt

1   Danksagungen zur 1. und 2. Auflage —— 1

2   Vorbemerkungen zur 2. Auflage —— 5
2.1   Geschichte und Gestaltung —— 5
2.2   Ordnen und Vergleichen —— 9
2.3   Theoriegeschichte und Theoriebildung —— 12
2.4   Dynamik und Fixpunkte —— 16
2.5   Spannungen und Bindungen —— 19

3   Einführung —— 23
3.1   Die Krise(n) und der Neoliberalismus —— 23
3.2   Definition eines operationalen Neoliberalismus-Begriffs —— 24
3.3   Umgrenzung des Untersuchungsgegenstandes —— 27
3.4   Methodische Herangehensweise —— 29
3.5   Inhaltlicher Grundriss —— 34

4   Macht und Wissen als Leitideen: Zur Rolle des Staates in der
     Wirtschaftspolitik bei Walter Eucken und Friedrich August von Hayek —— 40
4.1   Einleitung —— 40
4.2   Der Staat in der Ordnungstheorie Walter Euckens —— 42
4.2.1   Haupttopos und Ordnungsbegriff —— 42
4.2.2   Der Staat als Schiedsrichter in der Wettbewerbsordnung —— 47
4.3   Der Staat in der Ordnungstheorie Friedrich August von Hayeks —— 52
4.3.1   Haupttopos und Ordnungsbegriff —— 52
4.3.2   Der Staat als Gärtner in der spontanen Ordnung —— 54
4.4   Vergleich der Ordnungstheorien —— 60
4.4.1   Ähnlichkeiten —— 62
4.4.2   Unterschiede —— 72
4.5   Vergleich der Vorstellungen zur Wettbewerbspolitik —— 82
4.5.1   Vorstellungen Euckens —— 82
4.5.2   Vorstellungen Hayeks —— 87
4.5.3   Analyse entlang der Haupttopoi —— 91
4.6   Vergleich der Vorstellungen zur Währungspolitik —— 92
4.6.1   Vorstellungen Euckens —— 92
4.6.2   Vorstellungen Hayeks —— 97
4.6.3   Analyse entlang der Haupttopoi —— 102

4.7   Vergleich der Vorstellungen zur Konjunkturpolitik —— 103
4.7.1   Vorstellungen Euckens —— 104
4.7.2   Vorstellungen Hayeks —— 108
4.7.3   Analyse entlang der Haupttopoi —— 111
4.8   Vergleich der Vorstellungen zur Sozialpolitik —— 112
4.8.1   Vorstellungen Euckens —— 113
4.8.2   Vorstellungen Hayeks —— 117
4.8.3   Analyse entlang der Haupttopoi —— 122
4.9   Zusammenfassende Anmerkungen —— 123

5   **Macht und soziale Kohäsion als Leitideen: Zur Rolle des Staates in der
           Wirtschaftspolitik bei Walter Eucken und Wilhelm Röpke —— 125**
5.1   Einleitung —— 125
5.2   Der Staat in der Ordnungstheorie Walter Euckens —— 127
5.2.1   Haupttopos und Ordnungsbegriff —— 127
5.2.2   Der Staat als Schiedsrichter in der Wettbewerbsordnung —— 131
5.3   Der Staat in der Ordnungstheorie Wilhelm Röpkes —— 135
5.3.1   Haupttopos und Ordnungsbegriff —— 135
5.3.2   Der Staat als Statiker in der natürlichen Ordnung —— 140
5.4   Vergleich der Ordnungstheorien —— 148
5.4.1   Ähnlichkeiten —— 150
5.4.2   Unterschiede —— 161
5.5   Vergleich der Vorstellungen zur Wettbewerbspolitik —— 170
5.5.1   Vorstellungen Euckens —— 170
5.5.2   Vorstellungen Röpkes —— 173
5.5.3   Analyse entlang der Haupttopoi —— 177
5.6   Vergleich der Vorstellungen zur Währungspolitik —— 178
5.6.1   Vorstellungen Euckens —— 179
5.6.2   Vorstellungen Röpkes —— 181
5.6.3   Analyse entlang der Haupttopoi —— 183
5.7   Vergleich der Vorstellungen zur Konjunkturpolitik —— 184
5.7.1   Vorstellungen Euckens —— 184
5.7.2   Vorstellungen Röpkes —— 186
5.7.3   Analyse entlang der Haupttopoi —— 191
5.8   Vergleich der Vorstellungen zur Sozialpolitik —— 192
5.8.1   Vorstellungen Euckens —— 192
5.8.2   Vorstellungen Röpkes —— 192
5.8.3   Analyse entlang der Haupttopoi —— 195
5.9   Zusammenfassende Anmerkungen —— 196

6	**Handlungsautonomie und Wissen als Leitideen: Zur Rolle des Staates in der Wirtschaftspolitik bei Ludwig von Mises und Friedrich August von Hayek** —— **199**	
6.1	Einleitung —— **199**	
6.2	Der Staat in der Ordnungstheorie Ludwig von Mises' —— **201**	
6.2.1	Haupttopos und Ordnungsbegriff —— **201**	
6.2.2	Der Staat als Nachtwächter im Laissez-faire —— **206**	
6.3	Der Staat in der Ordnungstheorie Friedrich August von Hayeks —— **209**	
6.3.1	Haupttopos und Ordnungsbegriff —— **209**	
6.3.2	Der Staat als Gärtner in der spontanen Ordnung —— **211**	
6.4	Vergleich der Ordnungstheorien —— **215**	
6.4.1	Ähnlichkeiten —— **216**	
6.4.2	Unterschiede —— **220**	
6.5	Vergleich der Vorstellungen zur Konjunkturpolitik —— **232**	
6.5.1	Vorstellungen Mises' —— **232**	
6.5.2	Vorstellungen Hayeks —— **237**	
6.5.3	Analyse entlang der Haupttopoi —— **243**	
6.6	Vergleich der Vorstellungen zur Währungspolitik —— **245**	
6.6.1	Vorstellungen Mises' —— **245**	
6.6.2	Vorstellungen Hayeks —— **249**	
6.6.3	Analyse entlang der Haupttopoi —— **255**	
6.7	Vergleich der Vorstellungen zur Wettbewerbspolitik —— **257**	
6.7.1	Vorstellungen Mises' —— **257**	
6.7.2	Vorstellungen Hayeks —— **260**	
6.7.3	Analyse entlang der Haupttopoi —— **263**	
6.8	Vergleich der Vorstellungen zur Sozialpolitik —— **263**	
6.8.1	Vorstellungen Mises' —— **264**	
6.8.2	Vorstellungen Hayeks —— **265**	
6.8.3	Analyse entlang der Haupttopoi —— **268**	
6.9	Zusammenfassende Anmerkungen —— **270**	
7	**Zentrale Ergebnisse und Ausblick** —— **272**	
	Abbildungsverzeichnis —— **284**	
	Literaturverzeichnis —— **285**	
	Über den Autor —— **315**	

1 Danksagungen zur 1. und 2. Auflage

An dieser Stelle möchte ich mich zunächst bei einer Reihe von Persönlichkeiten bedanken, die zum Entstehen dieser Studie wesentlich beigetragen haben. Im Anschluss will ich darüber hinaus auch denjenigen danken, die mir direkt oder indirekt auf dem Weg zur 2. Auflage geholfen haben.

Zuallererst gilt mein Dank meiner Betreuerin Professor Dr. Elisabeth Allgoewer, die mich hervorragend durch die lange Entstehungszeit der Schrift begleitet und mir viele Freiräume gelassen hat, die ich hoffentlich habe ausfüllen können. Bei Professor Dr. Joachim Zweynert möchte ich mich für die vielen wertvollen Gespräche und die produktiven Aufenthalte beim gemeinsamen Aufbau des *Wilhelm-Röpke-Instituts* und der Thüringer Zweigniederlassung des *HWWI* in Erfurt bedanken, aus denen sich inzwischen eine ausgezeichnete berufliche Perspektive für mich ergeben hat. Dem ehemaligen Direktor des *HWWI*, Professor Dr. Thomas Straubhaar, der mir als langjähriger Vertrauensdozent in der *Friedrich-Naumann-Stiftung für die Freiheit* in schwierigen Momenten immer zur Seite gestanden und mich bei allen Wendungen in meinem Lebenslauf unterstützt hat, möchte ich weiterhin danken. Meinen Hamburger Kollegen Frank R. Benitsch, Dr. Karsten von Blumenthal, Dr. Johannes Bruder, Benjamin Buchthal, Tomasz Czyz, Dr. Carsten Dethlefs, Angela Ebert, Dr. Omar Feraboli, Alexander Fink, Ph.D., Dr. Marc Gronwald, Dr. Arne Hansen, Dr. Reimund Homann, Olga Karbownik, Jan Köpcke, Dr. Ute Lampalzer, Ingwar Lattke, Dr. Martin A. Leroch, Dr. Jens-Ragnar Martinen, Dr. Julian F. Müller, Dr. Michael Paetz, Dr. Tim Petersen, Professor Dr. Olaf Posch, Phillip Schügner, Dr. Atılım Seymen, Stephan Tolksdorf, Dr. Sebastian Weber, Eva Ziessler und Marcin Ziomek danke ich für die vielen Impulse, das geduldige Zuhören und die Bereicherung meiner Perspektive durch den Austausch über ihre eigenen Forschungsvorhaben.

Jenseits der Hamburger Fakultät und des *HWWI* gilt mein Dank zuerst dem Freiburger *Walter Eucken Institut*. Professor Dr. Viktor J. Vanberg, Professor Dr. Michael Wohlgemuth, Professor Dr. Nils Goldschmidt sowie Dr. Christoph Sprich haben mich bei vielfältigen Gelegenheiten von Anbeginn des Projektes unterstützt und sehr viele essenzielle Vorschläge gemacht, wie ich Klippen in meinem Thema umschiffen kann. Professor Dr. Gerhard Wegner und Professor Dr. Ralph M. Wrobel danke ich für viele wertvolle Anregungen sowie für die zahlreichen gemeinsamen Aktivitäten in Erfurt. Als Nächstes möchte ich Professor Sandra J. Peart und Professor David M. Levy erwähnen, die mich bei ihrem vorzüglichen *Summer Institute for the Preservation of the History of Economic Thought* 2008 (an der *George Mason University*) sowie 2009, 2010, 2011 und 2012 (an der *University of Richmond*) in meiner Forschungsintention bestärkt und mir außerdem gezeigt haben, dass deutschsprachige Theoriegeschichte auch international Interesse wecken kann. Dr. Ekkehard A. Köhler, der in all den Jahren seit 2006 immer eine Brücke zwischen dem Eucken-Institut in Freiburg und

DOI 10.1515/9783110489910-001

der Eucken-Begeisterung in Virginia war und ist, danke ich ganz besonders für viele freundschaftliche Erlebnisse, in Deutschland wie in den USA.

Ohne die *Friedrich-Naumann-Stiftung für die Freiheit* wäre dieses Projekt in einem doppelten Sinne nicht möglich gewesen. Zum einen hat sie mich bereits als Student der Grundförderung finanziell unterstützt und hat anschließend die Promotion mit Mitteln des *Auswärtigen Amtes* großzügig und flexibel gefördert. Marie-Luise Wohlleben und Renate Brassat danke ich dabei ganz besonders. Neben der finanziellen war aber zum anderen die ideelle Förderung tatsächlich mindestens genauso wichtig: Durch die jahrelange Aktivität im Kreise der Stipendiaten hatte ich die Gelegenheit, viele verschiedene Spielarten des Liberalismus kennenzulernen und besonders im *Arbeitskreis Demokratie* (wohl am stärksten durch die Freundschaften zu Dr. Christopher Gohl, Dr. Raban D. Fuhrmann, Gregor von Rosen und Wolfgang Sturm) für mich die Komplementierung des Wirtschaftsliberalismus durch die faszinierende Idee der Bürgergesellschaft zu entdecken.

Was meinen Einstieg in die Philosophie des Neoliberalismus anbelangt, so gilt der *Friedrich A. von Hayek-Gesellschaft* (an erster Stelle Dr. Karen Horn) für ihre *Hayek-Tage* und *Juniorenkreise* (hier besonders Professor Dr. Alfred Schüller und Professor Dr. Hans Jörg Hennecke) in ihrer Zusammensetzung bis zum Sommer 2015 ebenfalls gebührender Dank. Dasselbe gilt auch für Professor Dr. Nikolay Nenovsky als Präsident der *Bulgarian Hayek Society* und als langjähriger akademischer Freund. Ihm und Dr. Mariella Nenova verdanke ich die großartige Möglichkeit, während eines Forschungsaufenthalts an der *Bulgarischen Nationalbank* im Frühjahr 2009 erste Einblicke in die bulgarische Theoriegeschichte des 20. Jahrhunderts zu erhalten. Durch drei Reisestipendien der *Mont Pèlerin Society* konnte ich, 2006 in Guatemala City, 2009 in Stockholm sowie 2012 in Prag, ebenfalls wertvolle Inspirationen, Impulse und Kontakte sammeln.

Professor Peter J. Boettke und Professor Mario J. Rizzo bin ich für ihre anregenden Kommentare und die Diskussionen bei der *History of Economics Society Annual Conference* 2010 (an der *Syracuse University*) und 2011 (an der *Notre Dame University*) bzw. bei der Präsentation meiner Ergebnisse im *Colloquium on Market Institutions and Economic Processes* an der *New York University* sehr verbunden. Bei Professor Bruce J. Caldwell möchte ich mich für die Einladung bedanken, im Herbst 2010 am *Center for the History of Political Economy* an der *Duke University* zu forschen, was ein hervorragender Abschluss der Doktorandenzeit war. Professor Dr. Hansjörg Klausinger von der *Wirtschaftsuniversität Wien* verdanke ich seit vielen Jahren zahlreiche Impulse zur Geschichte der Österreichischen Schule, die sowohl während der Doktorandenzeit als auch bei meinen aktuellen Forschungsaktivitäten stets von ganz besonderem Wert waren und sind.

Zwischen dem Erscheinen der 1. Auflage im Mai 2013 und der 2. Auflage sind fast vier Jahre vergangen, und so möchte ich einer Reihe von Kollegen und Freunden danken, die mich auf diesem Weg begleitet haben – zuallererst Professor Dr. Nils Goldschmidt für die Aufnahme in die neue Reihe der *Aktionsgemeinschaft Soziale Marktwirtschaft* nach der Übernahme des *Lucius & Lucius*-Verlages durch *De Gruyter*

Oldenbourg, sowie Janine Conrad und Dr. Stefan Giesen für ihre sehr professionelle und zuvorkommende Begleitung der 2. Auflage im neuen Verlag.

Seit fünf Jahren bin ich Professor an der *Westsächsischen Hochschule Zwickau*. Professor Dr. Ralph M. Wrobel hat alles dafür getan, damit wir gemeinsam eine innovative und international ausgerichtete Fachgruppe Volkswirtschaftslehre bilden, und so ist es höchst erfreulich zu beobachten, dass unsere Studenten die Angebote mit immer neuen Rekord-Einschreibezahlen honorieren. Ihnen danke ich für das Vertrauen, das sie mir mit dem Verleihen des Lehrpreises unserer Fakultät drei Jahre in Folge ausgesprochen haben. Meinem Dekan Professor Dr. Stephan Kassel danke ich für die großzügige Unterstützung mehrerer Konferenzbesuche in den USA, meinen Kollegen Adriana Slavcheva, Professor Sybille Kershner, Ph.D., Professor Dr. Dr. h.c. H.-Christian Brauweiler, Professor Ronny Kunz, Ph.D., Professor Dr. Olaf Preuß und Professor Dr. Bernd Zirkler für eine Vielzahl inspirierender Gespräche und eine stets produktive und angenehme Zusammenarbeit im Sinne unserer Studenten.

Einen Großteil meiner Freizeit habe ich in den vergangenen Jahren in die Aktivitäten des *Wilhelm-Röpke-Instituts* in Erfurt investiert, und es ist eine große Freude zu sehen, wie sich das Institut stetig entwickelt und wächst. Dank gebührt meinen langjährigen Vorstandskollegen Professor Dr. Gerhard Wegner, Professor Dr. Nils Goldschmidt, Professor Dr. Joachim Zweynert und Alexander Heß. Durch die unkomplizierte Zusammenarbeit haben wir gemeinsam einiges erreicht. Besonders möchte ich unserem Geschäftsführer Alexander Heß danken, der mich in der oft aufwendigen Administration des Instituts stark entlastet hat. Dass Alexander Heß als Stipendiat in das *Promotionskolleg Soziale Marktwirtschaft* der *Konrad-Adenauer-Stiftung* aufgenommen wurde und ich ihn als meinen ersten Doktoranden betreue, ist für mich ein wesentlicher akademischer Entwicklungsschritt. Was die inhaltliche Arbeit des Instituts angeht, so möchte ich besonders den von mir mitherausgegebenen Band *Neue Ordnungsökonomik* unterstreichen, der im November dieses Jahres in der Reihe des *Walter Eucken Instituts* erscheint. Mit diesem Konferenzband wollen wir zeigen, dass die Zukunft der Ordnungsökonomik nicht nur in der Aufarbeitung ihrer faszinierenden Geschichte, sondern auch im kreativen konzeptionellen Weiterdenken ihres Ansatzes in Verflechtung mit aktuellen, anschlussfähigen Forschungsprogrammen liegt.

Die Beziehung zum *Walter Eucken Institut* hat sich in den vergangenen Jahren weiter intensiviert. Zahlreiche Aufenthalte am Institut und Gespräche mit dessen Direktor, Professor Dr. Lars P. Feld, waren nicht nur wertvolle inhaltliche Impulse zur ökonomischen Theorie und zur Politikberatung, sondern haben auch meine Leidenschaft für die wunderbare Welt der Bibliophilie stark angefacht. Mit Dr. Ekkehard A. Köhler und Daniel Nientiedt haben sich neue Schnittmengen in der theoriegeschichtlichen Forschung aufgetan, auch durch die gemeinsamen Konferenzbesuche beim *Summer Institute for the Preservation of the History of Economic Thought* 2015 (an der *University of Richmond*), bei der *Allied Social Sciences Association Annual Conference* 2016 (in San Francisco) sowie bei der *History of Economics Society Annual Conference* 2016 (an der *Duke University*). Die Konferenzen boten immer wieder sehr willkommene Gelegenheiten, trotz des hohen Lehrdeputats in Zwickau neue Ideen zu entwickeln sowie alte Projekte zu vertiefen.

Gerade beim wissenschaftlichen Nachwuchs hat die Auseinandersetzung mit den in dieser Studie als „neoliberal" bezeichneten Autoren in den letzten Jahren eine sehr beachtliche Renaissance erlebt. Als Vertrauensdozent und Auswahlausschussmitglied der *Friedrich-Naumann-Stiftung für die Freiheit* konnte ich immer wieder beobachten, wie lebendig die zahlreichen Initiativen – etwa der *Hayek-Kreis der FNF-Stipendiaten* – sind, die laufend tiefgründige Veranstaltungen zur politischen Ökonomie und Sozialphilosophie des Neoliberalismus organisieren. Eine parallele Entwicklung ist bei den *European Students for Liberty* zu verorten, bei deren Konferenzen ich die Gelegenheit hatte, vor hunderten jungen Wissenschaftlern zu sprechen und in sehr fordernde Diskussionen mit ihnen zu treten. Ob in Sofia oder Berlin, Wien, Köln, Ljubljana oder Prag – stets trifft man in diesem Kontext auf Studenten und Doktoranden, die sich ernsthaft mit den komplexesten Teilphänomenen und ihren Zusammenhängen beschäftigen und erfreulicherweise dem sonst nur zu oft anzutreffenden liberal-libertären Sektierertum fernstehen. Für seine unermüdlichen Aktivitäten möchte ich an dieser Stelle besonders Clemens Schneider danken, der wie kein anderer in diversen Kontexten zur Vernetzung des wissenschaftlichen Nachwuchses beiträgt.

Am Schluss dieser Danksagungen verbleibt auch ein wenig Platz für Vorfreude. Zum einen auf das neue, gerade erst gegründete *Netzwerk für Ordnungsökonomik und Sozialphilosophie NOUS*, dessen Gründungskonferenz in Freiburg im Juli 2016 ein großer Erfolg wurde und das in den wenigen Wochen seit der Gründungskonferenz bereits zwei neue Formate für junge Wissenschaftler veranstalten konnte. Mit dem Netzwerk, dessen Trägerverein durch Dr. Karen Horn koordiniert wird, wollen wir gemeinsam mit deutschen und internationalen Kollegen eine Plattform schaffen, auf der sich eine Neue Ordnungsökonomik fruchtbar entwickeln kann – interdisziplinär im Sinne des Ansatzes von „Philosophy, Politics, and Economics", intellektuell offen, ohne ideologische Scheuklappen, frei vom erwähnten Sektierertum sowie als Brücke zwischen jungen und arrivierten Wissenschaftlern aus den Disziplinen der PPE-Domäne. Zum anderen freue ich mich auf den Luxus, während des laufenden Wintersemesters im Rahmen meines ersten Zwickauer Sabbatical sechs Monate als Research Fellow am *Center for the History of Political Economy* an der *Duke University* forschen zu dürfen und dabei hoffentlich einige thematische Kontexte und Stränge, die in dieser Studie nur kurz angerissen werden, wesentlich vertiefen zu können.

Bulgaren pflegen häufig das Wichtigste an allerletzter Stelle zu sagen. Hier möchte ich deshalb meinen Großeltern und Eltern ganz herzlich für alles danken. Sie haben in der nicht immer ganz einfachen Zeit des Studiums und der Promotion in Deutschland das Vertrauen in mich nicht verloren und mich immer in meinen Vorhaben bestärkt. Ihnen, Frank und Renate Witthöft, meinen Freunden und Lehrern aus der bulgarischen Zeit sowie meinen Zwickauer Studenten sei diese Schrift gewidmet.

Duke University, im September 2016
Stefan Kolev

2 Vorbemerkungen zur 2. Auflage

2.1 Geschichte und Gestaltung

Seit der Entstehung großer Teile dieser Studie in meiner Zeit als Doktorand an der *Universität Hamburg* sind inzwischen mehrere Jahre vergangen. Während der Grundriss und Teile der ersten Studien noch in den Jahren vor dem Ausbruch der Finanz- und Wirtschaftskrise entstanden, fiel das tiefere Durchdringen des Themas genau in die akuten Krisenjahre. Die Vielschichtigkeit und die Zähigkeit der mannigfachen Krisen der letzten Jahre, die meisten davon bis heute keineswegs ausgestanden, haben viele Beobachter überrascht und sowohl in der Wissenschaft als auch in der Wirtschaftspolitik zu Umwälzungen geführt. An dieser Studie ist der Wandel auch nicht spurlos vorbeigegangen. Die 1. Auflage war innerhalb von etwas mehr als zwei Jahren vollständig vergriffen, das Buch wurde von über 130 Bibliotheken im In- und Ausland beschafft, die Urfassung der Dissertation bei der *Staats- und Universitätsbibliothek Hamburg* wird seit gut fünf Jahren immer noch über 100 Mal pro Monat heruntergeladen: Wenn man bedenkt, wie viel zum Thema Neoliberalismus seit Jahrzehnten publiziert wird und dass Deutsch in den Sozialwissenschaften kaum noch en vogue ist, zeugen solche Beobachtungen doch von einem unverminderten Interesse an „dem" neoliberalen Staat.

Vor diesem Hintergrund setzen sich diese Vorbemerkungen zur 2. Auflage, welche gründlich durchgesehen, um zahlreiche neue Quellen aktualisiert und stellenweise auch erheblich angepasst wurde, zwei zentrale Ziele. Zum einen gilt es, die neue Tonalität des Jahres 2016 einzufangen. Zum anderen bedarf es aber auch einer neuen Kontextualisierung der Studie insgesamt. Nicht nur wandeln sich jüngst bestimmte Facetten der Diskurse über Staat, Wirtschaft und Gesellschaft in einer atemberaubenden Geschwindigkeit – parallel zu dieser Dynamik führt meine eigene Erschließung weiterführender Autorenkreise und Interpretationen des Neoliberalismus notwendigerweise zum ständigen Weiterdenken neuer Kontexte für den Untersuchungsgegenstand. Solche Reflexionen, einerseits aus aktuellem Anlass und andererseits aus grundsätzlicher Notwendigkeit, stehen im Mittelpunkt dieser Vorbemerkungen.

Die Krisenphänomene unserer Zeit hatten und haben für diese Studie, die an der Schnittstelle zwischen Geschichte des (neo-)liberalen ökonomischen Denkens einerseits und Ordnungsökonomik als Teil der politischen Ökonomie andererseits angesiedelt ist, mindestens zwei zentrale Auswirkungen. Als erster Effekt ist zu beobachten, dass die Geschichte des ökonomischen Denkens durchaus ein bescheidenes wissenschaftliches und öffentliches Comeback feiert. Das passiert zwar noch nicht in dem Maße, wie es mittlerweile für die Wirtschaftsgeschichte festzustellen ist, für die neue Ressourcen nicht nur innerhalb des Wissenschaftssystems, sondern auch

DOI 10.1515/9783110489910-002

von externen Interessenten an ihren Erkenntnissen bereitgestellt werden.[1] Die Öffentlichkeit sieht sich aber dennoch mit neuen umfangreichen Zeitungsserien zu den „Klassikern" des ökonomischen Denkens konfrontiert,[2] es erscheinen neue Bücherreihen, die auch für die Heranführung von Studenten an das ökonomische Denken wunderbar geeignet sind,[3] bis hin zu Rap-Videos über zentrale theoriegeschichtliche Kontroversen, welche in den sozialen Medien millionenfach geteilt werden.[4] Auch ist es durchaus bemerkenswert, dass in den letzten Jahren von studentischer Seite deutschlandweit Vorlesungszyklen mit theoriegeschichtlichen Schwerpunkten durch verschiedene lokale Initiativen und überregionale Netzwerke organisiert werden. Gerade dieses Zeichen seitens der perspektivisch gesehen wichtigsten „Kunden" des Faches zeigt eindrücklich, dass viele Studenten mit dem Zustand der ihnen „ex cathedra" präsentierten Version des Faches Volkswirtschaftslehre unzufrieden sind. Dies war zwar schon länger an den abnehmenden Einschreibezahlen ablesbar.[5] Dass die Volkswirtschaftslehre aber zunehmend nicht mehr als ein Schattendasein gerade gegenüber der Betriebswirtschaftslehre fristet, ist ein Befund, der mittelfristig auch wesentliche Ressourcenfragen innerhalb der wirtschaftswissenschaftlichen Fakultäten aufwerfen wird.[6] In dieser besorgniserregenden Lage wird die Frage nach alternativen Erklärungsansätzen seitens der Studenten nicht nur aktiv gestellt – die Integration solcher Ansätze in die Lehre wird vielmehr durch studentische Selbstorganisation selbst betrieben. Bei einer solchen Suche nach Pluralität von Inhalten und Methoden kann die Historizität des Faches naturgemäß nicht außen vor bleiben – und hat mittlerweile in einigen Nischen einen neuen, institutionalisierten Platz gefunden, etwa im neuen Masterstudiengang „Plurale Ökonomik" an der *Universität Siegen* oder im Masterstudiengang „Philosophy, Politics, and Economics" an der *Universität Witten/Herdecke*.[7]

Die zweite Auswirkung der krisenhaften Jahre auf die Studie ist, dass die Auseinandersetzung mit „dem Neoliberalismus" nicht nachgelassen hat, ganz im Gegenteil. Sowohl in der Öffentlichkeit als auch in den verschiedenen Sozialwissenschaften ist dieser Begriff nach wie vor geradezu omnipräsent – ein etwas überraschender

---

1 Vgl. Bankhaus Metzler (2014), Braunberger (2015) sowie Plickert (2016a).

2 Besonders erwähnenswert ist die Reihe „Die Weltverbesserer" der *Frankfurter Allgemeinen Sonntagszeitung*, in der zwischen Juli 2013 bis März 2015 85 prominente Gesichter der Theoriegeschichte portraitiert wurden. 66 dieser Portraits sind in Nienhaus (2015) erschienen.

3 Besonders erwähnenswert sind die Reihen „Ökonomen für jedermann" bei *Frankfurter Allgemeine Buch* (seit 2009) sowie „Die größten Ökonomen" bei *UTB* (seit 2012).

4 Besondere Bekanntheit erlangten die beiden Folgen des Hayek-versus-Keynes-Videos von 2010 bzw. 2011, deren Youtube-Zugriffszahlen sich mittlerweile auf über 10 Millionen belaufen.

5 Für die Einschreibezahlen während der ersten Jahrzehnte der Bundesrepublik vgl. Hesse (2010), S. 82–87.

6 Für die aktuellen Einschreibezahlen im Vergleich zu anderen Studiengängen vgl. Statistisches Bundesamt (2011).

7 Für eine aktuelle Diskussion zur Notwendigkeit pluraler Ansätze in Forschung und Lehre vgl. Weimann (2016) und Goldschmidt (2016).

Befund, wenn man beobachtet, welche Unbestimmtheit oder gar Beliebigkeit sehr oft bei der Verwendung des Begriffs mitschwingt. Es ist zwar unzählige Male darauf hingewiesen worden, dass der ursprüngliche Begriff mit der heutigen Bedeutungsladung kaum noch etwas zu tun hat – solche etymologischen Analysen sind allerdings angesichts der „normativen Kraft des Faktischen" in den relevanten gegenwärtigen Diskursen so gut wie machtlos.[8] Vielleicht ist es aber gerade die Unbestimmtheit, die zur Eignung als ein ganz besonderer Sammelbegriff beiträgt. Ganz ähnlich der Pauschalität, mit der sich Liberale über ihre Gegner mit Floskeln wie „Etatist" oder „Sozialist" mokieren, werden all jene mit dem Etikett „neoliberal" überzogen, die mit dem Versagen des gegenwärtigen „Systems" in Verbindung zu bringen sind – bis hin zu Kuriositäten wie der Schuld des Neoliberalismus am Verfall der deutschen Volksparteien.[9] Im Vergleich zur Entstehungszeit der Studie hat sich allerdings ein gewisser Konnotationswandel noch weiter verstärkt. In den frühen 2000er-Jahren zeichneten Globalisierungskritiker wie Joseph Stiglitz oder Naomi Klein „den Neoliberalismus" noch als ein schier allmächtiges Wesen, das kaum besiegbar erschien.[10] Seit dem Ausbruch der jüngsten Krisen ist hingegen immer mehr festzustellen, wie sich zunehmend die Hoffnung und die Zuversicht einschleichen, dass dieses Wesen zwar „zählebig"[11] ist und Wirtschaft und Gesellschaft noch eine Weile mit seinem „strange non-death"[12] beschäftigen wird – kein Geringerer als Jürgen Habermas sieht aber nach dem „Zerplatzen der letzten neoliberalen Sprechblasen" das nahende Ende mittels seiner „Selbstzerstörung".[13] Seit der amerikanischen Übersetzung von Thomas Pikettys *Capital in the Twenty-First Century* im Jahre 2014 tobt die Debatte über Ungleichheit und Ungerechtigkeit auf beiden Seiten des Atlantiks mit neuer Vehemenz und hat damit zu einem zusätzlichen diskursiven Schlachtfeld geführt, auf dem der Neoliberalismus endgültig delegitimiert werden soll. Im Sinne von Karl Polanyis klassischem „double movement" könnte es sich also nunmehr um eine deutliche Rückbewegung des Polanyi'schen Pendels handeln: weg von der Dominanz der entfesselten Wirtschaftsordnung über die anderen gesellschaftlichen Teilordnungen und hin zur Einbettung und Einhegung dieser Wirtschaftsordnung.[14] Die Deutungsmacht über das Adjektiv „neoliberal" liegt heute eindeutig bei denjenigen, die sich diese Rückbewegung des Pendels herbeiwünschen.

Über diese *quantitative* Verstärkung der Delegitimierungsversuche durch links der Mitte stehende Sozialwissenschaftler hinaus, die als solche schon länger beobachtbar sind, hat sich in jüngster Zeit eine *qualitativ* neuartige Ebene der Kritik

---

8 Vgl. Horn (2010a) sowie Straubhaar (2015).
9 Vgl. SPD-Parteivorstand (2010).
10 Vgl. Kolev (2015c), S. 363–366.
11 Plehwe (2014), S. 29.
12 Crouch (2011), S. viii.
13 Habermas in Assheuer (2008).
14 Vgl. Polanyi (1944/2001), S. 136–140.

aufgespannt. Diese neue Ebene unterscheidet sich von den alten Delegitimierungs-versuchen in doppelter Hinsicht. Zum einen hat diese Kritik die Grenzen der Wissenschaft und der „traditionellen" Publizistik des Feuilletons überregionaler Zeitungen verlassen und sich stattdessen hin zu Diskursen in den sozialen Medien sowie hin zu Medien „jenseits des Mainstreams" verlagert. Diese Debatten sind eigenartig, denn die dort verwendete Sprachqualität, die Seriosität des Argumentaustausches und die sich verstärkende Lautstärke im Sinne eines „echo chamber" erzeugen eine ganz andere Debattenkultur als die oben dargestellten „traditionellen" Kanäle der Neoliberalismus-Kritik.[15] Das ist keineswegs abwertend gemeint, denn die neuen Kanäle ermöglichen sicherlich mehr demokratische Teilhabe an den Debatten als die frühere Feedback-Möglichkeit eines Leserbriefes. Allerdings ist hier noch sehr viel schwerer möglich, Argumente durch wissenschaftliche Gegenargumente zu entkräften, als es in den „traditionellen" Debatten bereits der Fall war. Außerdem ist der Grad der Pauschalität ein ganz anderer: Es geht hier oft nicht um einzelne Denker oder um „den Neoliberalismus", sondern tatsächlich um eine Fundamentalkritik des Liberalismus und damit der freiheitlich-demokratischen Ordnung schlechthin. Da kommt der zweite Unterschied zu den „traditionellen" Debatten zum Tragen: Während „traditionell" die Neoliberalismus-Kritik meist von linken Wissenschaftlern oder Publizisten geäußert wurde, kommen die heutigen Attacken gegen den Liberalismus der freiheitlich-demokratischen Ordnung oft aus Kreisen, die entweder sich selbst als rechts bezeichnen und/oder von Fachleuten als solche eingestuft werden.[16] Bemerkenswert an dieser Art der Kritik ist außerdem, dass sie sich nicht nur auf der abstrakten Ebene der Ideen abspielt, sondern mittlerweile in Gestalt konkreter politischer Persönlichkeiten wie etwa dem russischen oder dem türkischen Staatspräsidenten realexistierende Vorbilder für die praktische Art der Umsetzung ihres Ordnungsentwurfes ausgemacht hat. Der liberale Westen mit seinem Individualismus, seiner Toleranz und der Wertschätzung von Vielfalt wird zur Zielscheibe von Hohn, Häme und – um einen zutreffenden Ausdruck von Bundeskanzlerin Merkel zu verwenden – einer „Freude am Scheitern"[17] der für diesen liberalen Westen stehenden Institutionen, und das nicht erst seit der Brexit-Krise der EU oder der gegenwärtigen Flüchtlingskrise.

Auch wenn diese Zwei-Fronten-Konstellation einer Konfrontation von links und von rechts für den Liberalismus zumindest in der Bundesrepublik neuartig erscheint, so wäre die Prognose kaum anmaßend, dass diese Konstellation für die Legitimation der liberalen Wirtschafts- und Gesellschaftsordnung keineswegs zuträglich sein wird. Ob das neoliberale Zeitalter zu Ende ist, wird die politische Gestaltung der

---

15 Für Analysen der besonderen Charakteristika dieser neuen Debattenkreise vgl. Horn (2015a), Horn (2015b), Horn (2016a) sowie Horn (2016b).

16 Vgl. Vorländer/Herold/Schäller (2016), S. 105–136.

17 Merkel in Gutschker/Zastrow (2016).

Wirtschaftsordnung in den nächsten Jahren zeigen. Dass sich aber jüngst so viele Bürger offen auch das Ende der liberalen Gesellschaftsordnung schlechthin wünschen, lässt den Grad der Krisenhaftigkeit in einem genuin anderen Licht erscheinen.

Für die neue Auflage dieses Buches stellt das eine zusätzliche Herausforderung und einen zusätzlichen Ansporn dar, die potenzielle Relevanz der Geschichte des ökonomischen Denkens für die Gestaltung der Wirtschaftspolitik aufzuzeigen. Die vielfältigen Begründungen der liberalen Wirtschafts- und Gesellschaftsordnung, welche die hier analysierten Autoren anbieten, sind nun noch deutlicher herauszuarbeiten und einem weiter präzisierten Ordnungsversuch zu unterziehen. Neben der Partizipation am wissenschaftlichen Diskurs sollen auf diese Weise die Begründungen auch für den an derartigen Fragen interessierten Bürger noch besser zugänglich werden. In einer an die Gegebenheiten des digitalen Zeitalters und an die Zersplitterung des medialen Raums angepassten Social-Change-Theorie im Sinne Hayeks[18] kann es heute nicht (nur) um das Erreichen von Multiplikatoren, sondern auch um das direkte Ansprechen des einzelnen, sozial-medial aktiven Bürgers gehen. Ein solcher neuartiger Dialog, in dessen Sinne sich diese Studie versteht, bietet auch neuartige Chancen für die Bürgerberatung – denn nicht die Politikerberatung, sondern die Bürgerberatung im Sinne Susanne Cassels ist und bleibt die langfristig effektivste Form der Politikberatung, auf welcher in der Demokratie letztlich jede Gestaltung künftiger Ordnungen fußt.[19]

2.2 Ordnen und Vergleichen

Der Begriff der Ordnung hat für diese Studie mindestens zwei zentrale Rollen: zum einen als Substantiv und zum anderen in Gestalt des Verbes „ordnen". Das Substantiv „Ordnung" taucht an zahlreichen Stellen auf, weil alle vier analysierten Ökonomen sich selbst als Ordnungstheoretiker verstanden haben, als Sozialwissenschaftler also, welche die verschiedenen gesellschaftlichen Teilordnungen im Sinne Max Webers verstehen wollten, besonders die Wirtschaftsordnung und ihre Interdependenzen zu den anderen gesellschaftlichen Teilordnungen.[20] Bei jedem Autor wird der Versuch unternommen, sein besonders akzentuiertes Verständnis von Staat, Wirtschaft und Gesellschaft herauszuarbeiten. Gräbt man daran anknüpfend beim Begriff der Ordnung tiefer, d. h. sowohl geistesgeschichtlich länger zurückreichend als auch über die ökonomische Domäne hinausgehend, so stößt man auf ein fast unergründliches Faszinosum. Wenn man dazu die faszinierenden Analysen

---

18 Vgl. Hayek (1949), S. 418–422.
19 Vgl. Cassel (2001/2004), S. 75–108.
20 Für eine frühe Analyse der Zentralität des Interdependenz-Begriffs für die Neoliberalen, der in der Nähe des Konzeptes der „embeddedness" verortet wird, vgl. Friedrich (1955), S. 511–512.

Andreas Anters zur Hand nimmt, begreift man, wie breit der geistesgeschichtliche Kontext ist, in den man die hier analysierten Ordnungstheoretiker stellen kann.[21] Man erkennt etwa, dass der doppelte Charakter der Suche der Autoren – einerseits positiv nach identifizierbaren Ordnungszusammenhängen und andererseits normativ nach wünschenswerten Ordnungsentwürfen – fast immer die Auseinandersetzung mit Ordnungen in Philosophie, Theologie oder Jurisprudenz gekennzeichnet hat und es bis heute weiterhin tut.[22] Vor allem aber arbeitet Anter eindrücklich heraus, wie schwierig es überhaupt ist, „Ordnung" zu definieren, ohne diese Definitionen tautologisch oder aber mithilfe ähnlich unscharfer Begriffe wie System oder Struktur vorzunehmen.[23] Der häufig beobachtbare Definitionsversuch „ex negativo", meist über die Figur des Chaos, ist auch den Autoren dieser Studie nicht fremd: Ihre Ordnungsentwürfe grenzen sie, je nach Frontstellung, gegenüber dem Chaos in den Vorstellungen des Sozialismus, des Anarchismus oder des Konservatismus ab. Besonders aufschlussreich hierbei ist Anters Definitionsversuch selbst, der schließlich in die Gleichung „Ordnung = Grenzziehung" mündet.[24] Dies mag zuerst konterintuitiv klingen, konstituieren sich doch die in dieser Studie betrachteten Ordnungen gerade durch die Schleifung von Grenzen – ob in der Wirtschaft mit der Öffnung von Märkten oder in der Gesellschaft mit der Beseitigung feudaler Privilegien durch den Rechtsstaat. Wenn man aber solche Intuitionen überwindet, stellt man fest, wie fruchtbar Anters Ansatz sein kann. Denn durch Grenzziehungen ist man überhaupt erst befähigt, die Unterschiede der einzelnen gesellschaftlichen Teilordnungen sowie ihrer jeweiligen Logiken zu erkennen und sie analytisch zur verwerten, also etwa „die Wirtschaft" als eigene Ordnung überhaupt herausdestillieren zu können – ein Destillationsprozess übrigens, den die Volkswirtschaftslehre in unterschiedlichen kulturellen Kontexten zu unterschiedlichen Zeitpunkten durchgeführt hat, weil sich das Herausbilden der Ordnungsgrenze „der Wirtschaft" gegenüber den anderen gesellschaftlichen Teilordnungen historisch in den einzelnen Ländern unterschiedlich früh vollzogen hat.[25] Außerdem ist man erst durch die Grenzziehungen zu den anderen oben aufgeführten Ordnungsentwürfen, etwa demjenigen des Sozialismus, befähigt, die Vorzüge des eigenen Ordnungsentwurfes im Wettbewerb mit anderen Entwürfen hervorzuheben.

Man kann auch noch weiter gehen, wie sich in der Anter'schen Auseinandersetzung mit dem Verb „ordnen" zeigt. Es lässt sich hierbei die – auch in der Nähe von Hayeks *Sensory Order* und dessen Verständnis über die Funktionsweise des menschlichen Gehirns verortbare – These aufstellen, dass alles Denken ein Prozess des Ordnens sowie des permanenten Neuordnens ist, sobald

---

21 Vgl. Anter (1995/2014), Anter (2004/2007) sowie Anter (2012).
22 Vgl. Anter (2004/2007), S. 127–158.
23 Vgl. Anter (2004/2007), S. 23–37.
24 Vgl. Anter (2004/2007), S. 259–267.
25 Vgl. Zweynert/Kolev/Goldschmidt (2016a), S. 3–4.

die bisherigen Mustervorstellungen mit neuem Wissen konfrontiert werden. Für die Vorgehensweise dieser Studie ist ein Resultat dieser These von zentraler Bedeutung: Dass nämlich Wissenschaft als Form des Denkens ebenfalls im Kern ein Prozess des Ordnens ist, und zwar Wissenschaft nicht „nur" im Sinne von Geschichte oder den Sozialwissenschaften, sondern Wissenschaft schlechthin.[26] Fügt man noch die obige Aussage hinzu, dass Ordnung konstitutiv mit Grenzen zusammenhängt, so ergibt sich für das Wesen der Wissenschaft, dass sie Ordnen – und damit auch Vergleichen bedeutet.[27] Denn Vergleichen lässt sich als die Gegenüberstellung von Untersuchungsgegenständen fassen, bei der gerade durch die Identifikation von entscheidenden Gemeinsamkeiten und Unterschieden die Ordnungszusammenhänge in den komparativ untersuchten Gegenständen besser verstanden werden.

Genau das ist die Hauptstoßrichtung der vorliegenden Studie. Der komparative Ansatz zu den vier Autoren in den drei Vergleichen, aus denen die Studie besteht, verfolgt gerade das Ziel, das Dickicht an Positionen in der Primär- und an Interpretationen in der Sekundärliteratur neu zu ordnen. Die Gefahren und Einschränkungen, die mit solchen Komplexitätsreduktionen immer einhergehen, werden zwar in der den Vorbemerkungen folgenden Einführung herausgearbeitet. Ein in der Zwischenzeit rezipiertes Werk hat aber in besonderem Maße als weitere Bestärkung fungiert, dass der hier verwendete – und größtenteils eigenständig im Zuge der Analysen entwickelte – komparative Ansatz, derjenige der Topoi, auf solidem methodischem Fundament steht: Wilhelm Hennis' *Max Webers Fragestellung* zeigt eindrücklich, dass die Suche und anschließende Verwendung eines Mittelpunkts im Werk eines Denkers gleichermaßen zu Ordnung und zu Originalität in der Interpretation des Denkers führen kann.[28] Wenn man eine Ordnungstechnik wie die Topoi-Methode der vorliegenden Studie mit einem komparativen Ansatz kombiniert, zeigen sich sowohl die Grenzen zwischen als auch die Schnittmengen von den Denkern in – hoffentlich – klarer geordneten Formen und fügen damit eine Nuance zur bestehenden Sekundärliteratur hinzu. Die Einbeziehung von neuen Teilen ebendieser Sekundärliteratur hat an einigen Stellen zu variierten oder angereicherten Interpretationen geführt, allerdings ohne dass sich der Tenor der Ergebnisse grundlegend verändert hat. Außerdem wird sich unten zeigen lassen, dass ein solches, um die Prozesse von Ordnen und Vergleichen kreisendes Verständnis von Wissenschaft nicht nur für diese Studie, sondern auch allgemein für das Selbstverständnis und das Selbstvertrauen der Geschichte des ökonomischen Denkens als Teildisziplin der Volkswirtschaftslehre eine besondere Relevanz entfalten kann.

---

26 Vgl. Anter (2004/2007), S. 11–23.
27 Vgl. Anter (2004/2007), S. 18–37.
28 Vgl. Hennis (1987), S. 3–58.

2.3 Theoriegeschichte und Theoriebildung

Anknüpfend an die obigen Ausführungen zur Rolle komparativer Untersuchungen als allgemeines und omnipräsentes Erkenntnisinstrument in der Wissenschaft, ist es angebracht, auch über die Rolle theoriegeschichtlicher Untersuchungen zu sprechen, denn die vorliegende Studie ist komparativ ordnend und theoriegeschichtlich zugleich. Spricht man mit Ökonomen-Kollegen über die Sinnhaftigkeit der Geschichte des ökonomischen Denkens als Forschungsgegenstand und als potenzielle Bereicherung des studentischen Curriculums, so stößt man nur zu oft auf eine ablehnende Haltung, die von höflicher Geringschätzung bis schroffer Abneigung reicht.[29] Differenziert man nach Alterskohorten, deutet die eigene Erfahrung der letzten zehn Jahre darauf hin, dass jüngere Kollegen in ihrer Ablehnung besonders radikal sein können, während ältere Kollegen häufig die Theoriegeschichte nach Jahrzehnten eigener Theoriebildung neu entdecken.[30] Die Gründe der überwiegenden Geringschätzung sind vielfältig, und es ist besonders für die eigene Verortung dieser Studie lohnenswert, einige Erklärungsversuche zu unternehmen.

Als zentrales Argument gegen den Einbau von theoriegeschichtlichen Inhalten ins Curriculum werden die Opportunitätskosten solcher Module im Hinblick auf das bereits überfrachtete heutige Bachelorstudium genannt, gegeben die Unverzichtbarkeit der dort unterrichteten Fächer als Zugang zur modernen Sprache der ökonomischen Analyse.[31] Zwar ist die Überfrachtung eine unbestreitbare Tatsache, möglicherweise lässt sich aber gerade die theoretische und methodische Überlast durch ein geschichtliches Modul auflockern. Außerdem lehrt die eigene Lehrerfahrung, dass der Einbau theoriegeschichtlicher Inhalte gerade in die ersten Semester des Studiums, in denen die Studenten den Reichtum und den intellektuellen Reiz des Faches zu schätzen beginnen, das Interesse an der Volkswirtschaftslehre im weiteren Studium nachhaltig erhöhen kann, was im Hinblick auf die weiterhin zurückgehenden Studentenzahlen kein unerhebliches Argument sein sollte. Als ein weiteres Argument gegen theoriegeschichtliche Inhalte wird die Gefahr der Ideologisierung von Studenten vorgebracht.[32] Das Argument lässt sich aber leicht ins Gegenteil drehen – gerade durch die Auseinandersetzung mit oft der Ideologie verdächtigten Denkern wie Marx oder Hayek können Studenten lernen, mit der Normativität des Faches umzugehen

---

29 Im Zuge und in der Nachfolge des „jüngsten Methodenstreits" hat sich „Fazit – das Wirtschaftsblog" der *Frankfurter Allgemeinen Zeitung* als Plattform etabliert, auf der immer wieder über Sinn und Zukunft der Geschichte des ökonomischen Denkens diskutiert wird. Für einen aktuellen Beitrag, der auch einige Argumente vergangener Debatten rekapituliert, vgl. Braunberger (2016a).
30 Für die in diesem Zusammenhang besonders relevanten Analysen Carl Christian von Weizsäckers vgl. Pennekamp (2014) sowie Weizsäcker (2015).
31 Vgl. Weimann (2016).
32 Vgl. Bachmann in Plickert (2016b).

und wären so gegen die Vorstellung immunisiert, dass Sozialwissenschaftler ohne das explizite oder implizite Fällen von Werturteilen auskommen können.

Wichtiger noch für diese Studie ist der Blick auf die Ablehnung der Geschichte des ökonomischen Denkens als Forschungsgegenstand. Hier sind zwei zentrale Quellen auszumachen, eine erkenntnistheoretische und eine wissenschaftssoziologische. Erkenntnistheoretisch hat die Abneigung gegenüber theoriegeschichtlichen Studien oft mit einer nicht immer reflektierten und deshalb in solchen Fällen als naiv zu bezeichnenden, positivistischen Haltung zu tun, was wissenschaftlichen Fortschritt in den Sozialwissenschaften angeht, die auch als „presentism" bezeichnet wird.[33] Dabei wird der Glaube an einen linearen Erkenntnisfortschritt, der auch in den Naturwissenschaften in seiner quasi-automatischen Form als zweifelhaft gelten muss, auf die Sozialwissenschaften übertragen – mit der Konsequenz, dass alle Erkenntnisse, die nicht „in den Publikationen des Jahres 2016" enthalten sind, zu Recht aus der Wissenschaft „ausgeschieden" sind, zu Recht „vergessen" wurden und damit als irrelevant zu betrachten sind, getreu dem überlieferten und oft zitierten Ausspruch von Arthur Cecil Pigou, es handele sich dabei bloß um die „wrong ideas of dead men".[34] Die wissenschaftssoziologische Erklärung ist ebenfalls nicht schwer nachzuvollziehen: Gerade jüngere Kollegen, in Deutschland und auch in den angelsächsischen Ländern, sind ohne jegliche Theoriegeschichte im eigenen Studium sozialisiert worden, die gängigen Lehrbücher beschränken sich in ihren Portraits von Smith, Ricardo und Co. auf Inhalte, die eher wikipedia-artigen Charakter haben. Außerdem haben junge Forscher im Laufe ihrer Karriere kaum theoriegeschichtliche Forschungsstätten an den eigenen Fakultäten vorgefunden, die hätten zeigen können, dass theoriegeschichtliche Forschung auch für Kollegen jenseits dieser Teildisziplin befruchtend sein kann. Es kommt ein deutsches Spezifikum hinzu, welches gerade im Verlauf des „jüngsten Methodenstreits" im Jahre 2009 deutlich wurde: Gerade in Verbindung mit der Ordnungsökonomik, wie sie an deutschen Fakultät bis zur Schließung oder Umwidmung der meisten Lehrstühle für Wirtschaftspolitik in den vergangenen Jahrzehnten oft unterrichtet wurde, haben viele Kollegen eine parallele Abneigung gegenüber der Theoriegeschichte entwickelt, weil oft gerade frühere Ordnungsökonomen als Inhaber der Lehrstühle für Wirtschaftspolitik auch eine Affinität zur Theoriegeschichte in Forschung und Lehre zeigten.[35] Bedauerlicherweise hat die Vermengung von Ordnungsökonomik und Theoriegeschichte, in Sätzen wie „Wie Eucken/Hayek schon wusste, [...]" versinnbildlicht, eine Aversion sowohl der Theoriegeschichte als auch der Ordnungsökonomik als Theoriestrang

---

33 Für eine klassische Studie zur Rolle und den Grenzen des Positivismus in den Sozialwissenschaften vgl. Caldwell (1982/1994). Für eine Erläuterung des Begriffs „presentism" vgl. Samuels (1992), S. 1–2.

34 Vgl. Faccarello/Kurz (2016a), S. 1.

35 Für einen Überblick des „jüngsten Methodenstreits" zur Ordnungsökonomik, gerade auch mit dem Nexus zur Geschichte des ökonomischen Denkens, vgl. Kolev (2017b).

und der Wirtschaftspolitik als damals institutionalisierte Teildisziplin eingebracht. Ob berechtigt oder nicht: Der auch jenseits des Methodenstreits oft vernehmbare Vorwurf, solche Kollegen hätten Theoriegeschichte als Ersatz für die eigene Theoriebildung betrieben, hat sicher Schaden angerichtet.[36]

Im Verständnis der vorliegenden Studie soll Theoriegeschichte gerade das *nicht* sein: Ersatz für Theoriebildung. „It is all in Smith" oder „It is all in Hayek" sind Aussagen, die – verständlicherweise – gerade für junge Ökonomen kaum befriedigend klingen können, da sie den künftigen Jahrzehnten eigener Theoriebildung gleichsam sofort die Grundlage entziehen. Außerdem birgt ein Verständnis von Theoriegeschichte im Sinne der „Wie schon …"-Aussagen die ernste Gefahr, dass die Auseinandersetzung mit dem jeweiligen Denker an Distanz und Kritikfähigkeit einbüßt, bis hin zum Vorwurf einer unkritischen Heldenverehrung.[37] Im Gegensatz dazu wird Theoriegeschichte in der vorliegenden Studie als Komplement oder, noch präziser, als Voraussetzung origineller Theoriebildung verstanden. Je länger man den Luxus genießt, sich als Forscher schwerpunktmäßig mit der Geschichte des ökonomischen Denkens zu befassen, umso mehr steigt die Faszination für den Reichtum an Ideen, Theorien und Systemen, die man in ihr vorfindet und wo jede einzelne Idee, Theorie und System sehr oft schon in sich eine fast unergründliche Nuancenvielfalt mitbringt. Solche Befunde dürfen nicht erdrücken oder zu Epigonentum verleiten, sondern im Gegenteil zu eigener Kreativität anstacheln. Die Theoriegeschichte liefert einen fast unendlichen „Steinbruch" an Fragmenten, welche die vergangenen Jahrhunderte hinterlassen haben, von denen viele vollständig in Vergessenheit geraten oder in einer übersimplifizierten Art überliefert sind, was gerade den Reiz der Nuancen zunichtemacht.

Die Innovationstheorie Joseph Schumpeters lässt sich auch auf den Prozess wissenschaftlicher Neuerungen übertragen und kann helfen, die hier anvisierte Rolle der Theoriegeschichte zu verdeutlichen. Eine Invention (hier das Erfinden einer neuartigen Theorie oder eine Neuerung innerhalb bestehender Theorien) ist in Schumpeters Verständnis eine bisher unbekannte Kombination bereits bestehender Produktionsfaktoren.[38] Mit anderen Worten können Forscher, die sich auf die Geschichte des ökonomischen Denkens spezialisiert haben, als eine Art „Lieferanten" von „bestehenden Produktionsfaktoren" verstanden werden, die zu einer bestimmten Fragestellung, etwa dem Konjunkturzyklus, mit Theoretikern auf diesem Gebiet in Interaktion treten, um mit neu geordneten Erkenntnissen vergangener Zeiten die heutige Forschung zum Konjunkturzyklus zu befruchten. Das Beispiel der Wirtschaftsgeschichte, welche eine diesem Ansatz ähnliche Koexistenz mit der Makroökonomik als (oft) auf Augenhöhe stehender „Datenlieferant" führt, kann hierzu auch mit praktischen Hinweisen zur

---

36 Vgl. Feld/Köhler (2016), S. 71–76 sowie Zweynert/Kolev/Goldschmidt (2016a), S. 7–8.
37 Vgl. Braunberger (2016b), S. 227–229.
38 Vgl. Schumpeter (1911/1952), S. 100 sowie Schumpeter (1939/1961), S. 93–94.

institutionellen Ausgestaltung der Zusammenarbeit dienen.[39] Eine solche Interaktion zwischen dem Theoretiker und dem Impulsgeber aus der Theoriegeschichte wäre als „win-win" sowohl für beide Spezialisten, die sich in ihrer Forschung gegenseitig voranbringen können, als auch für das Wissenschaftssystem insgesamt einzustufen, weil ansonsten völlig unökonomisch, mit immensem Aufwand und oft auch ohne Ex post-Kenntnis der Doppelungen mit älteren Theorien das Rad immer wieder neu erfunden wird. Wohlgemerkt ist das nicht als Plädoyer dafür zu verstehen, dass jeder Konjunkturforscher auch Spezialist für „seine" Theoriegeschichte sein soll – eine solche Auffassung stünde in offensichtlichem Widerspruch zur Theorie komparativer Kosten und den Vorteilen der Spezialisierung. Was man hier beiden Forschertypen stattdessen „lediglich" abverlangt, ist, sich des Hayek'schen Dilemmas der Spezialisierung bewusst zu sein[40] – und es nach Kräften zu überwinden zu versuchen, indem jeder eine Schnittstelle zum anderen schafft und dessen Wissen als potenzielle Bereicherung der eigenen Erkenntnisse anerkennt.

Joseph Schumpeter ist an dieser Stelle auch deshalb beachtenswert, weil er sowohl als einer der wichtigsten Theoretiker des 20. Jahrhunderts als auch als einer der wichtigsten Vertreter der Theoriegeschichte im 20. Jahrhundert gilt – seine posthum veröffentlichte *History of Economic Analysis* und die darin enthaltenen Vorbemerkungen zur Rolle theoriegeschichtlicher Studien machen einen der Meilensteine in der Geschichte des ökonomischen Denkens überhaupt aus.[41] Wie oben festgehalten, ist es ein (zu) ambitioniertes (und durchaus verzichtbares) Ziel, beide Expertisen in der gleichen Forscherperson zu vereinen. Allerdings zeigt Schumpeters Beispiel ein denkwürdiges, durchaus verallgemeinerungsfähiges Phänomen auf: Große Ökonomen waren typischerweise auch ausgewiesene Kenner der Geschichte des Faches. Gerade die großen Innovatoren in der Theoriebildung scheinen also die Newton'sche Erkenntnis in besonderem Maße verinnerlicht zu haben, dass Schultern von Riesen (und das Kennen dieser Riesen) eine wesentliche Voraussetzung sind, um weiter sehen zu können. Eine besonders interessante Episode ist die erste Hälfte des 20. Jahrhunderts: Ausgelöst durch die Verunsicherung des Faches im Ersten Weltkrieg folgen Jahrzehnte, die Craufurd Goodwin als das „Golden Age" der Theoriegeschichte bezeichnet, weil in dieser Zeit praktisch jeder große Theoretiker (u. a. Haberler, Hayek, Hicks, Keynes, Robbins, Samuelson, Sraffa, Stigler, Viner) auch Theoriegeschichte betreibt und weil theoriegeschichtliche Beiträge in allen wichtigen ökonomischen Zeitschriften willkommen sind.[42] Dieser Prozess lässt sich auch innerhalb der Österreichischen Schule aufzeigen, die einen Mittelpunkt dieser Studie ausmacht und die wegen ihrer fast 150-jährigen Existenz gutes Anschauungsmaterial

---

39 Für einen Überblick der verschiedenen Rollen, welche die Wirtschaftsgeschichte gegenüber der Theoriebildung einnehmen kann, vgl. Spoerer/Streb (2013), S. 1–20.
40 Vgl. Hayek (1956/1967), S. 126–131.
41 Vgl. Schumpeter (1954/2006), S. 1–22.
42 Vgl. Goodwin (2008).

hierzu bietet. Carl Mengers Werk zeugt deutlich davon, dass er – später über Wien hinaus auch für seine Bibliophilie berühmt – bereits als Habilitand die lange zurückreichende subjektivistische Tradition innerhalb der deutschsprachigen Werttheorien ausführlich kennt und diese als Ausgangspunkt für die eigenen subjektivistischen Beiträge zur marginalistischen Revolution nimmt. Eugen von Böhm-Bawerk eröffnet sein kapitaltheoretisches Opus magnum mit einem ganzen Band zur Geschichte der Kapital- und Zinstheorien, bevor er sich seiner eigenen Theoriebildung zuwendet, und auch Friedrich von Wiesers Schriften, in ihrer Zitationsweise idiosynkratrisch beim Ignorieren zeitgenössischer Autoren, lassen im Vergleich zur Handhabung der Zeitgenossen eine theoriegeschichtliche Verortungen der eigenen Ideen zu. Mises und Hayek betonen zwar stets ihre Zugehörigkeit zur Tradition der Österreichischen Schule und leisten selbst einen erheblichen Beitrag dazu, damit das Œuvre Mengers, Böhm-Bawerks und Wiesers nicht in Vergessenheit gerät – Hayek etwa gibt, mit nicht unerheblichem editorischem Aufwand, zeitgleich zu den Debatten mit Keynes und den Marktsozialisten Mitte der 1930er-Jahre Mengers Gesammelte Werke heraus.[43] Gleichzeitig leisten Mises und Hayek aber auch, zum Teil in explizitem Widerspruch zu den Vordenkern der früheren Wiener Generationen, eigenständige Beiträge auf den Gebieten der Geld-, Kapital- und Zinstheorie – auch indem sie, gemäß der oben beschriebenen Schumpeter'schen Inventionstechnik, die bekannten Bausteine früherer Theoretiker zu etwas genuin Neuem kombinieren, der „österreichischen" Konjunkturtheorie.[44] Dieses Beispiel zeigt besonders eindrücklich, dass die profunde Kenntnis verschiedener theoriegeschichtlicher Traditionen nicht nur kein Widerspruch zur theoriebildenden Invention ist, sondern ein beschleunigender Katalysator für genau solche Durchbrüche in der Theoriebildung sein kann. Oder, in der Metapher der Kapitaltheorie Böhm-Bawerks ausgedrückt: Die Investition in das Studium der Theoriegeschichte bzw. die Zusammenarbeit mit Spezialisten auf diesem Gebiet kann zunächst als eine Verlängerung der Produktionsumwege in der eigenen Theoriebildung erscheinen, allerdings als eine, die auch Mehrergiebigkeit der eigenen Theoriebildung verspricht.

2.4 Dynamik und Fixpunkte

Bei komparativen theoriegeschichtlichen Analysen wie dieser Studie verdient ein Aspekt stets Aufmerksamkeit, der bei den vier hier betrachteten Autoren auch eine zusätzliche besondere Relevanz entfaltet: der Fragenkomplex von Dynamik und

---

43 Vgl. Hayek (1934/1968), S. VII–XXXVI.
44 Für die Einstufung der Theorieentwicklung der Österreichischen Schule als ein „progressive research program", das allerdings – auf kritische Weise – immer wieder Rückbindungen an die eigene Tradition und an verwandte theoriegeschichtliche Forschungsprogramme sucht, vgl. Boettke/Coyne (2015a), S. 1–9.

Statik. Die allgemeine Bedeutung liegt erstens darin, dass Denker in unterschiedlichem Ausmaße dazu neigen, ihre Positionen im Werksverlauf evolvieren zu lassen.[45] Solche Wandlungen lassen sie für spätere Forschergenerationen besonders spannungsreich erscheinen, machen sie als Objekte des Ordnens spannend, aber auch komplex, wenn man versuchen will, die Ursachen für die Revision bestimmter Positionen auszumachen. Bei Autoren, denen ein langes Leben beschieden ist und die in verschiedenen kulturellen Kontexten leben, kann sich diese Spurensuche besonders anspruchsvoll gestalten. Zweitens liegt die allgemeine Bedeutung von Dynamik darin, dass komparativ angelegte Betrachtungen notwendigerweise die Frage aufwerfen, inwieweit die Objekte des Vergleichens im Hinblick auf eine bestimmte Position zueinander konvergieren oder voneinander divergieren. Und unabhängig davon, ob Konvergenz oder Divergenz feststellbar ist, lässt sich außerdem die Frage stellen, ob die Bewegungen durch Entwicklungen innerhalb des untersuchten Autorenvergleichs erklärbar sind oder ob Faktoren von außerhalb für die Bewegungen verantwortlich gemacht werden können.[46] Die vorliegende Studie versucht an vielen Stellen Antworten auf diese Fragen zu geben, wobei anzumerken ist, dass gerade solche Fragen oft erst innerhalb von Jahrzehnten des eigenen Forscherlebens beantwortbar sind und außerdem einer Eigendynamik des langfristig mit Ordnen und Vergleichen befassten Forschers unterliegen. Drittens spielt für Sozialwissenschaftler auch das vorherrschende gesellschaftliche Klima hinsichtlich der erwünschten Ordnung von Wirtschaft und Gesellschaft eine wichtige Rolle, das sich durch das bereits erwähnte Polanyi'sche Pendel treffend kennzeichnen lässt, d. h. durch dessen Schwankungen zwischen der Präferenz für eine Dominanz der entfesselten Wirtschaftsordnung über die anderen gesellschaftlichen Teilordnungen und der Präferenz für ein Zurück zur Einbettung und Einhegung der Wirtschaftsordnung. Die Häufigkeit und Intensität der Schwünge dieses Pendels und damit die Dynamik der gesellschaftlichen Großwetterlage können eine immense prägende Kraft für die Art und für die Intensität der Rezeption des Werkes eines polit-ökonomischen Autors spielen. Überragende Figuren der Sozialwissenschaften wie Smith, Marx, Weber oder Keynes sind damit einigermaßen zuverlässige Barometer für die Wetterumschwünge der gesellschaftlichen Stimmungswandlungen.

Der Begriff der Dynamik hat aber gerade für diese Studie eine weitere, besondere Relevanz – und gleichzeitig auch eine besondere Brisanz. Die hier analysierten Autoren sind Liberale, und indem sie Ordnungsentwürfe herausarbeiten, bei denen der Wert der individuellen Freiheit von fundamentaler Bedeutung ist, weisen

---

45 Ein aufschlussreiches Beispiel ist das Vorwort zu einer Neuauflage des *Road to Serfdom* aus dem Jahre 1976, in dem Hayek erklärt, er habe sich nunmehr von den „interventionist superstitions" der Entstehungszeit des Buches befreit, vgl. Hayek (1944/1994), S. XXIV.
46 Erneut liefert Hayek ein anschauliches Beispiel: Sein Aufsatz *Economics and Knowledge* wird einerseits als Emanzipation von seinem Mentor Mises gedeutet, andererseits aber auch als Reaktion auf die zeitgleich tobenden „socialist calculation debates", vgl. Hayek (1936/1937).

diese Ordnungsentwürfe durch das Einfordern des Zulassens von Freiheit auch eine besondere Affinität zur Dynamik der Prozesse in Wirtschaft und Gesellschaft auf. Die Dynamik von Wirtschaft und Gesellschaft kann faszinieren – aber auch Ängste auslösen, wenn beim Individuum die subjektive Wahrnehmung vorzuherrschen beginnt, dass seine Lebenswelt durch ein „Zu viel" an Dynamik charakterisiert ist, wenn es also – in der oben erläuterten Ordnungsdefinition Anters –[47] keine Grenzen mehr gibt, die kognitiv Halt geben und damit die Wahrnehmung von Ordnung ermöglichen.[48] Gerade Autoren, deren Theorien im Sinne eines methodologischen und eines normativen Individualismus das Individuum als handelndes und wertendes Subjekt in den Mittelpunkt stellen, müssen solchen subjektiven Wahrnehmungen ganz besondere Aufmerksamkeit schenken, auch wenn man zunächst unsicher ist, ob diese durch die objektive Faktenlage gerechtfertigt erscheinen oder nicht. Diese Wahrnehmung eines „Zu viel" an Dynamik kann leicht zur kognitiven Überforderung führen, zu einem Gefühl vorherrschender Instabilität und zu einem zunehmenden Verschwimmen von Grenzen. Die Wahrnehmung von Ordnung – und, um mit Heinrich Popitz zu sprechen, von Ordnungssicherheit –[49] kann so leicht in eine Wahrnehmung von Chaos umschlagen. Die liberale politische Ökonomie seit Adam Smith sucht deshalb stets nach Gegengewichten zu einer solchen möglichen Wahrnehmung der freiheitlichen Ordnung als Chaos. Zum einen versucht sie die (oft konterintuitiven) Ordnungsmechanismen der frei evolvierenden Wirtschaft und Gesellschaft dem Einzelnen verständlich zu machen, zum anderen sucht sie aber auch nach dem Einbau konzeptioneller Bausteine, die der Wahrnehmung eines „Zu viel" an Dynamik entgegenwirken sollen. Die Autoren dieser Studie suchen auch danach: allen voran in Form von Regeln als Prinzip der politischen Gestaltung der Realität, aber auch in Form von besonderen Akteuren wie den ordnenden Potenzen Euckens oder den „clercs" Röpkes, sowie in Form von besonderen Stützen wie der überschaubaren Gemeinschaft bei Röpke oder der liberalen Sozialpolitik der Großgesellschaft bei Hayek.

Überhaupt lässt sich der Staat als solcher in diesen Ordnungsentwürfen als etwas bezeichnen, was die Suche der liberalen politischen Ökonomie metaphorisch wohl am besten veranschaulicht: der *Staat als Fixpunkt*, als Garant eines Mindestmaßes an Statik. Liberale hatten und haben zum Staat stets ein ambivalentes Verhältnis, Libertäre möchten ihn möglichst gleich wegdefinieren, in der naiven Hoffnung, dass damit auch gleich Macht und Herrschaft als soziale Phänomene überwunden wären. Die Autoren dieser Studie sehen aber die verschiedensten Rollen für den Fixpunkt, die sich durch den Staat – auch in Kooperation mit anderen Akteuren – übernehmen lassen. Die Aufgabenpakete dieser Rollen sind quantitativ betrachtet unterschiedlich

---

47 Vgl. Anter (2004/2007), S. 259–267.
48 Für eine Verbindung zwischen der freiheitlichen Ordnung und dem Phänomen der damit oft einhergehenden Angst und Überforderung vgl. Kirsch (2006).
49 Vgl. Popitz (1986/1992), S. 35–36.

breit und qualitativ betrachtet unterschiedlich akzentuiert – ohne den Staat kommt aber keiner der vier Ordnungstheoretiker aus.

Einige Jahrzehnte nach deren Tod lässt sich diese Unerlässlichkeit des Staates als Fixpunkt gegen ein „Zu viel" an Dynamik nur noch weiter unterstreichen: Die Globalisierung und die Digitalisierung entfesseln faszinierende Prozesse, die allerdings ohne Fixpunkte dem Einzelnen leicht als völlig unkontrollierbar erscheinen, und das Gefühl eines solchen Kontrollverlustes oder gar der Handlungsunfähigkeit kann jede politische Gemeinschaft leicht bis ins Mark treffen – somit ist nicht das Herbeiwünschen eines nahenden „Endes des Staates", sondern ein echtes Neudenken des Staates im Kontext von Globalisierung und Digitalisierung gefragt.[50] Wenn Liberale der subjektiven Wahrnehmung vom Fehlen Popitz'scher Ordnungssicherheit keinerlei Fixpunkte entgegenzusetzen haben, steht zu befürchten, dass ganz andere Anbieter im Wettbewerb der Ordnungsentwürfe deren Fixpunkte mit Erfolg werden anbieten können. Hans Willgerodt hat gerade hinsichtlich dieser liberalen Aversion gegenüber Staat und Statik die Warnung ausgesprochen, dass wenn sich Liberale nicht um den Staat kümmern, sie ihn den Illiberalen überlassen, was mit verheerenden Konsequenzen einhergehen kann, wie sich historisch leicht und mannigfach nachzeichnen lässt.[51] Fixpunkte sind in dieser Lesart nicht nur kein Kompromiss mit der Freiheit, sondern eine absolut notwendige Bedingung und unerlässliche Voraussetzung für die Fortentwicklung der Dynamik freiheitlicher Ordnungen in der global-digitalen Welt.[52] Genau deshalb steht die Suche nach der „richtigen" Ordnungspolitik – die als Synonym für diese Fixpunkte verstanden werden kann – im Mittelpunkt dieser Studie.

2.5 Spannungen und Bindungen

Dieser abschließende Abschnitt der Vorbemerkungen versucht zwei Aspekte zu verdeutlichen, die mit der Domäne der Ideen zusammenhängen. Zwar widmet sich diese Studie primär der Geschichte von Theorien, aber es ist immer wieder im Verlauf des Textes unabdingbar, auch die dahinter stehenden Ideen zu kontextualisieren. Es kann hier natürlich noch nicht darum gehen, im Detail über Freiheit oder Gerechtigkeit zu sprechen. Wohl aber darum, über die spezifische Art und Weise zu reflektieren, wie die analysierten Autoren mit Ideen hantiert haben und welche Konsequenzen das für deren politischen Ökonomien damals sowie für deren ideelles Erbe heute mit sich bringt.

---

50 Vgl. Anter (2010), S. 6–9.
51 Vgl. Willgerodt (2007), S. 29.
52 Vgl. Kolev (2016a), S. 16–21.

Als Erstes sei der Aspekt der Abstraktheit und Reinheit von Ideen angesprochen. Viele Verehrer bestimmter Denker betreiben mit ihren Idolen Verbiegungen, die sich im Sinne dieser Studie verbieten. Nicht zufällig heißt es oft, dass es eine ehrenvolle Aufgabe – auch der Theoriegeschichte – ist, etwa Keynes vor den Keynesianern zu retten,[53] was sich im hiesigen Kontext unmittelbar und zutreffend damit übersetzen lässt, dass auch Denker wie Mises und Hayek einer solchen Rettung bedürfen. Zwar darf natürlich niemandem die Freiheit genommen werden, Vordenker zu interpretieren, wohl aber kann man über die verschiedenen Zugänge zu diesen Interpretationen und auch über deren Zielsetzung sprechen. Zwei Wege scheinen dabei besonders gefährlich und irreführend: das unreflektierte Entreißen der Denker aus deren Zeit und die Suche nach Reinheit bzw. Verunreinigungen in deren Systemen. Beides hängt oft zusammen, überschneidet sich aber nicht immer ganz. Genauso wie oben der naive Positivismus im Sinne eines „presentism" bezüglich des wissenschaftlichen Fortschritts kritisiert wurde, kann und muss man auch die automatische Übertragung der Systeme früherer Denker auf die heutige Zeit kritisieren. Natürlich haben Autoren *auch* das Ziel, Abstraktes zu hinterlassen, also theoretische Bausteine, die einigermaßen flexibel über Raum und Zeit übertragbar sind. Gleichzeitig sind sie aber immer Akteure ihrer Zeit, die innerhalb der Debatten ihrer Zeit argumentieren, die die konkreten Probleme ihrer Zeit lösen wollen und mit den Restriktionen der jeweiligen wirtschaftshistorischen Periode zu kämpfen haben.[54] Der Versuch dieser Studie, zwischen der abstrakten Ebene der Staatsverständnisse und der Ebene der konkreten wirtschaftspolitischen Empfehlungen zu differenzieren, ist genau im Sinne einer wünschenswerten Trennbarkeit von „Beständigem" und „Vergänglichem" zu verorten, wobei das nicht mehr als ein Versuch sein kann. Man kann jedenfalls nicht „einfach so" Aussagen etwa von Mises zum Goldstandard oder von Röpke zur sozialen Kohäsion dem Kontext der Zeit entreißen und direkt etwa in den laufenden US-Präsidentschaftswahlkampf einspeisen – was aber leider gerade im Zeitalter der sozialen Medien besonders verlockend ist. Ein weiterer „presentism" ist die Suche von „Verunreinigungen" in den Gedankengebäuden von Autoren und das Bestreben, diese als „inkonsequent" oder „nicht radikal genug" bereinigen zu wollen. Solche Versuche führen leider nur zu oft zu einem Auf-den-Kopf-stellen des Denkers, wie besonders eindrücklich am Beispiel von Mises und dessen in der Tradition Murray Rothbards stehenden Verehrer beobachtbar ist: Wenn man zwei „Verunreinigungen" aus der Welt schafft, nämlich Mises' Ablehnung der Anarchie und des Naturrechts, entstehen Systeme, die vielleicht „konsequenter" und „radikaler" erscheinen mögen, aber an entscheidenden Stellen das Gegenteil der politischen Ökonomie desjenigen fordern,

---

53 Vgl. Hutchison (1977), S. 17–20.
54 Für Beispiele, welche die Einbindung theoriegeschichtlicher Forschung in den zeithistorischen Kontext besonders stark berücksichtigen, vgl. die Studien von Heinz Rieter in Allgoewer/Kasprzok/Zweynert (2014).

den sie so verehren. Die „Verunreinigungen" sind vielleicht gerade diese unabdingbaren Spannungen, die jeder spannende Denker in sich trägt und die gerade seine
Komplexität ausmachen. Wenn man das Einstein'sche Plädoyer „Keep it as simple
as possible, but not simpler" nicht beherzigt und die Komplexität des Denkers beim
Streben nach Reinheit zu sehr reduziert, läuft man nur zu leicht Gefahr, sich aus dem
wissenschaftlichen Diskurs zu verabschieden, der gerade mit dem Verstehen solcher
Spannungen und „Verunreinigungen" beschäftigt ist, um sich in sekten- oder kult-
artige Nischen zurückzuziehen. Indem man hierbei die Theoriegeschichte in den
Dienst der eigenen Ideologie stellt, richtet man in der Rezeption des entsprechenden Denkers Schaden an und erweist außerdem überhaupt der Reputation theoriegeschichtlicher Studien einen Bärendienst.[55]

Zweitens sei die Frage aufgeworfen, wie Denker unterschiedlicher Ideen-
Ausstattung miteinander kooperieren können – oder, anders gesagt, Bindungen
eingehen können, im Sinne von strategischen Koalitionen und dem Aufbau gemeinsamer Institutionen. Die Autoren dieser Studie haben jeweils einen unterschiedlich
akzentuierten Umgang damit. Mises wird zwar oft als unnachgiebig und kompro-
misslos beschrieben, bleibt aber dennoch über Jahrzehnte hinweg aktives Mitglied
der *Mont Pèlerin Society* und übernimmt dabei die wichtige Rolle des Dissidenten.
Hayek und Röpke bauen die Gesellschaft gemeinsam auf, mit dem gemeinsam
Bestreben – im Gegensatz zur Vorstellung Karl Poppers aus den Jahren 1946–1947 –
durchaus ein Mindestmaß an ideeller Homogenität bei den Mitgliedern zu haben, die
aber durchaus auch eine ziemliche Breite zulässt, im Gegensatz zur Vorstellung Mises'
aus der gleichen Zeit. Eucken durstet nach dem Krieg geradezu nach Austausch und
auch nach dem Aufbau der Institution, die solchen Austausch dauerhaft ermöglichen
wird, warnt aber gleichzeitig davor, den Ausbau zu schnell voranzutreiben, wie sich
etwa bei seiner Skepsis gegenüber einer sofortigen Aufnahme Alfred Müller-Armacks
zeigt.[56] Was aber allen vier gemein ist, ist das Bedürfnis, die Bindung einzugehen, die
sich schon beim *Colloque Walter Lippmann* als vielversprechend andeutet und die in
den ersten Jahrzehnten der Mont *Pèlerin Society* auch als akademisch ausgesprochen
fruchtbar erweist, wie die Geschichten der Gesellschaft einvernehmlich zeigen. Mit
dieser Bindung gehen – wie mit jeder anderen Bindung auch – Spannungen einher,
sowie auch durchaus wechselnde Koalitionen, innerhalb der Gesellschaft oder auch
darüber hinaus, etwa die jahrzehntelange, nicht immer unproblematische Koalition
mit Konservativen in den USA oder Großbritannien, die heutzutage immer brüchiger
erscheint. Auch die Koalitionen innerhalb der *Mont Pèlerin Society* wechseln, wenn
die Spannungen übermäßig werden: Beispielsweise ist Hayek in der Frühphase der

---

55 Für ein Beispiel von Missbrauch der Theoriegeschichte für ideologische Zwecke durch das
Verfassen hagiografischer Werke wie der Biografie Ludwig von Mises' vgl. Hülsmann (2007) sowie die
kritische Auseinandersetzung damit in Caldwell (2008).
56 Vgl. Kolev/Goldschmidt/Hesse (2014), S. 5–6.

Gesellschaft, ganz anders als Mises, gegenüber den Ordoliberalen ausgesprochen freundlich und integrierend, was sich nach Euckens Tod und besonders im Zuge der sogenannten Hunold-Affäre durchaus stark verschiebt. In der Rückschau auf alle vier Autoren bleibt aber die Feststellung stets valide, dass sich niemand aus Angst vor Spannungen in das eigene Schneckenhaus verzieht und sich dem Diskurs aus lauter Angst vor „Verunreinigungen" der eigenen Ideen entzieht: Man kann und soll Koalitionen, Diskurse und institutionelle Bindungen kündigen, wenn die gemeinsame Grundlage nicht mehr da ist, allerdings nicht um anschließend in Isolationismus zu verfallen, sondern um neue Institutionen aufzubauen, um sich weiterhin an den Ideen anderer zu reiben und an dieser Reiberei ideell zu wachsen.[57]

Liberalismus heißt zwar nicht Beliebigkeit, aber eben auch nicht Dogmatismus und Sektierertum. Die vier Denker, um die diese Studie kreist, haben ein Menü an Impulsen hinterlassen, das an Breite und Tiefe kaum zu wünschen übrig lässt. Es sei hier noch die Hoffnung ausgedrückt, dass der Ordnungsversuch dieser Vorbemerkungen und der folgenden Kapitel es schaffen werden, gerade die Vielfalt der vier Ordnungstheoretiker im Sinne Max Webers besser zu verstehen und ihre Spannungen spannend darzulegen.

---

[57] Für die besondere Bedeutung von Gesprächen und Gesprächsplattformen gerade für die Österreichische Schule vgl. Dekker (2016).

3 Einführung

3.1 Die Krise(n) und der Neoliberalismus

Die vergangenen Jahre waren und sind eine von Krisen geprägte Zeit. Die Zukunftsfähigkeit der Wirtschaftsordnung zahlreicher westlicher Demokratien wird zunehmend kritischer diskutiert, und das nicht erst seit dem Ausbruch der Finanz- und Wirtschaftskrise. Ob etwa die Soziale Marktwirtschaft noch eine Zukunft in Zeiten der Globalisierung hat, ist ein Thema, welches die Bundesrepublik seit vielen Jahren beschäftigt. Als Alternative wurde von vielen der angelsächsische Kapitalismus gesehen, der über die letzten Jahrzehnte hinweg eine deutlich bessere Wachstumsbilanz aufwies. Es wurde gleichzeitig natürlich vielfältige Kritik an ihm geäußert, aber in vielen Kommentaren beider Seiten des Diskurses gleichermaßen schwang immer ein Begriff mit, den man erstaunlich selten erklärt hat: der Neoliberalismus. Er ist demnach an der Entfesselung der Globalisierung maßgeblich beteiligt, an der Liberalisierung der Finanzmärkte, am zunehmenden Standortwettbewerb und an vielen weiteren Prozessen, denen man als Bürger machtlos ausgeliefert sei. Gelegentlich stieß man auf die Namen von Margaret Thatcher und Ronald Reagan, welche in ihrer Regierungszeit dem Neoliberalismus zum Durchbruch verholfen hätten. Nebulös blieb trotzdem, was Neoliberalismus ist, und auch andere „Ismen" wie Turbokapitalismus, Sozialdarwinismus etc. schafften keine wirkliche Abhilfe.

Dann brach die Finanz- und Wirtschaftskrise auf die globale Ökonomie hinein. Zunächst als Platzen von Blasen auf einzelnen Märkten sichtbar, stand bald das gesamte Finanzsystem am Rande des Kollapses, anschließend waren einzelne Länder am Pranger und nunmehr stehen sowohl die Eurozone als auch die USA vor der größten Belastungsprobe seit der Großen Depression. Wieder ist der Neoliberalismus in aller Munde, allerdings in einer neuen Rolle. Was vorher eine beängstigende, weil sehr machtvolle Gestalt war, der man sich ausgeliefert fühlte, ist nun zu etwas geworden, dessen man sich schnell entledigen will und muss und dem man höchstens Verachtung und Hohn entgegenbringen kann. Der angelsächsische Kapitalismus scheint für viele Bürger „entlarvt", seine Wachstumsbilanz wird jeden Tag von Neuem im medialen Raum als nicht nachhaltig, als gigantische Blase „enttarnt" und scheidet somit plötzlich in der öffentlichen Wahrnehmung als Alternative zur Sozialen Marktwirtschaft aus. Der Neoliberalismus, unverändert diffus, wird nunmehr zunehmend als eine geschichtliche Epoche betrachtet, die man jetzt mit Erleichterung hinter sich bringt.

Es ist immer schwierig, über Mythen rational zu diskutieren. Sowohl seine Befürworter als auch seine Gegner haben lange vom Mythos Neoliberalismus profitiert, die einen besaßen darin eine Ikone und die anderen einen Buhmann, was argumentativ scheinbar hilfreich war. Nur der einzelne Bürger hat wenig von diesen Debatten profitieren können. Im bisherigen Diskurs über den Neoliberalismus koexistieren

DOI 10.1515/9783110489910-003

mindestens drei problematische Missverständnisse. Erstens wird die Geschichte des Begriffs vollständig ausgeblendet oder durch Verfremdung so sehr verzerrt, dass die reformerischen Absichten der Autoren, welche den Begriff „neoliberal" (im Gegensatz zu „paläoliberal") als Selbstbezeichnung eingeführt haben, gerade ins Gegenteil verkehrt werden. Zweitens besteht über die konkreten Inhalte des neoliberalen Forschungsprogramms größtenteils entweder Unkenntnis oder aber sie werden so wiedergegeben, dass die Öffentlichkeit (bewusst oder unbewusst) ein Zerrbild neoliberaler Autoren präsentiert bekommt. Drittens, und das erklärt möglicherweise die ersten beiden Punkte, wird der Neoliberalismus als etwas ausgesprochen Monolithisches dargestellt: Es verschwimmen dabei nicht nur die mannigfaltigen Ideen der breiten Autorenpalette neoliberaler Denker, sondern es werden oft Ideen- und Wirtschaftsgeschichte vermengt. Bestimmte Autoren werden dabei in den Vordergrund gerückt, wie etwa die Chicago-Schule um Milton Friedman und George Stigler, und es wird der Eindruck vermittelt, dass ihre Politikberatung und deren wirtschaftsgeschichtliche Folgen – mit den Namen von Thatcher und Reagan verknüpft – als der Kern dieses Neoliberalismus zu sehen sind.

Ist nicht die gegenwärtige Krise, die auch einen Neuanfang bedeuten kann, gerade der richtige Moment, den Mythos loszuwerden? Die vorliegende Studie will versuchen, einen Beitrag dazu zu leisten.

3.2 Definition eines operationalen Neoliberalismus-Begriffs

Die Idee, dass ein neuer Liberalismus zu begründen wäre, ist nicht neu: Versuche einer Neuformulierung unter der Bezeichnung „Neoliberalismus" gibt es bereits im 19. Jahrhundert – in diesem Sinne lässt sich die These aufstellen, dass jede neue Generation liberaler Denker mit ihren originellen Beiträgen auch neue Neoliberalismen begründet.[58] In den 1920er-Jahren allerdings treibt die Idee nur wenige Wissenschaftler in der westlichen Welt um. Der „alte", klassische Liberalismus des 19. Jahrhunderts hat in den vorausgegangenen Jahrzehnten immer mehr an Relevanz eingebüßt, und zwar sowohl in der praktischen Politik als auch – in noch größerem Ausmaße – als normativer Kompass für Sozialwissenschaftler.[59] Der marxistische Vorwurf, dass Imperialismus und Militarismus als notwendige Folgen einer liberalen Weltordnung zu sehen sind, klingt besonders für viele in der Generation, die den Ersten Weltkrieg zu kämpfen hat, überzeugend und macht den Liberalismus gerade nach Ende des Krieges zunehmend zu etwas Obsoletem. Mitten in dieser Zeit kommt allerdings nach der zeitgenössischen Beobachtung des Schweizer Ökonomen Hans Honegger eine neue „volkswirtschaftliche Gedankenströmung" auf, welche die Prinzipien der

---

58 Vgl. Kolev (2016b), S. 2–5.
59 Vgl. Hayek (1951), S. 333.

wirtschaftlichen Freiheit, des Wettbewerbs und des Unternehmertums wieder in den Vordergrund rücken will. So reaktiviert Honegger 1925 den Begriff des Neoliberalismus im Sinne dieser aufkommenden Debatten und will damit die Anfänge einer seiner Auffassung nach „staatsfeindlichen" Haltung innerhalb der ökonomischen Theorie in Europa kennzeichnen.[60]

An vier Orten formieren sich, zunächst weitgehend unabhängig voneinander, in den 1920er- und 1930er-Jahren vier Gruppen liberaler Ökonomen und verfolgen mit recht unterschiedlichen Herangehensweisen ein verwandtes Ziel: Sie wollen überprüfen, welche Bausteine aus dem klassischen Liberalismus des 19. Jahrhunderts noch in ihre Zeit passen und ob der klassische Liberalismus, möglicherweise in modifizierter Form, Antworten für ihre eigenen Probleme in Wirtschaft und Gesellschaft liefern kann.[61] Die vier Orte dieser Gruppen sind Wien, London, Chicago und Freiburg. Bis Ende der 1930er-Jahre fehlt den beteiligten Ökonomen, trotz zunehmender personeller Vernetzung der vier Zentren, ein gemeinsames Forum des Austausches, welches aufgrund der isolierten Situation der einzelnen Gruppen in den jeweiligen Ländern vonnöten wäre. 1938 kommt dieses Forum kurzzeitig zustande, und zwar mit dem sogenannten *Colloque Walter Lippmann* in Paris. Bei diesem ersten internationalen Treffen wird nicht nur inhaltlich intensiv diskutiert, sondern auch die Frage erörtert, wie sich die Gesamtheit dieser Gruppen nach außen hin nennen soll. So wird der Begriff des Neoliberalismus endgültig aus der Taufe gehoben: Er ist zunächst die Konsens-Selbstbezeichnung einiger beteiligter Wissenschaftler. Bereits bei diesem Treffen wird allerdings offenkundig, dass die versammelten Individualisten keineswegs alle unter eine einheitliche Bezeichnung – etwa im Sinne einer Schule – passen, da sie unterschiedliche, zum Teil konträre Meinungen vertreten, was genau einen neuen Liberalismus ausmachen soll.[62] Aber es herrscht trotzdem Konsens vor, dass dieser neue Liberalismus dringend notwendig ist. Die Vernetzung nimmt durch den Zweiten Weltkrieg ein jähes Ende, wird aber bald nach dem Krieg im Jahre 1947 in Form der *Mont Pèlerin Society* dauerhaft institutionalisiert, einer bis heute aktiven internationalen Gesellschaft liberaler Persönlichkeiten aus Wissenschaft und Politik.

Dieser kurze geschichtliche Abriss kann keinesfalls Anspruch auf Vollständigkeit beanspruchen, soll aber zeigen, dass der so geborene Neoliberalismus in seiner Genesezeit drei wichtige Kennzeichen aufweist. Er ist erstens ein internationales

---

60 Vgl. Honegger (1925), S. 12–15.

61 Für ausführliche Schilderungen der Aktivitäten und involvierten Akteure in dieser Gründungszeit vgl. Hartwell (1995), S. 17–20, Wegmann (2002), S. 135–141, Walpen (2004), S. 66–73, Plickert (2008), S. 54–86, Burgin (2012), S. 12–54 sowie White (2012), S. 202–230.

62 Die Protokolle des Pariser Treffens sind bisher als *Compte-rendu des séances du Colloque Walter Lippmann* nur in der Originalausgabe auf Französisch vorhanden. Es existieren mindestens zwei unveröffentlichte Übersetzungen: die in dieser Studie verwendete Übersetzung von *Liberty Fund* sowie diejenige von Professor Herbert J. Izzo und Dr. Olga F. Izzo, welche in der neuesten Biografie zu Walter Lippmann verwendet wird, vgl. Goodwin (2014), S. 247.

Phänomen, das, wie aus seinen vier Gründungszentren ersichtlich wird, nicht auf einen Sprachraum oder ein Land beschränkt ist. Zweitens handelt es sich um einen losen Verbund von Wissenschaftlern, die – aus ihrem individualistischen Selbstverständnis heraus – nicht danach streben, eine intellektuell homogene Mannschaft zu bilden. Drittens handelt es sich aber bei dieser Gruppe um Persönlichkeiten, die – mit unterschiedlichen Mitteln – ein gemeinsames Ziel verfolgen: den für erledigt erklärten Diskurs über freiheitliche Ordnungen von Staat, Wirtschaft und Gesellschaft neu zu beleben. Dieses gemeinsame Bestreben erzeugt gerade für die erste Generation des noch jungen Neoliberalismus einen Geist der Zugehörigkeit und des Zusammenhalts, der vor dem Hintergrund der individuellen Isolation, der zahlreichen Exilsituationen und der Bedrohungen der omnipräsenten Totalitarismen nur zu leicht verständlich ist.[63]

Die neoliberalen Wissenschaftler bleiben lange in dieser unkomfortablen Situation, die – außer in der jungen Bundesrepublik – durch ein weitgehendes Ignorieren ihrer Ideen durch Wissenschaft und Politik charakterisiert ist.[64] Der Neoliberalismus wird aber trotzdem immer bunter, besonders durch das stetige Erweitern der an der *Mont Pèlerin Society* beteiligten Personen, durch das Gründen erster „think tanks" sowie durch die Wandlungen in den äußeren Bedingungen der Nachkriegs-Debatten. Bald handelt es sich um ein schwer überschaubares globales Netzwerk von Wissenschaftlern, Politikern und Praktikern – und durch die Krise des Keynesianismus in den 1970er-Jahren werden Neoliberale zunehmend auch als maßgebliche Politikberater einbezogen. Dabei wird der Mythos Neoliberalismus geboren: Der Begriff wird paradoxerweise im Zuge dessen immer mehr zu einer (stark pejorativen) *Fremd*bezeichnung für die Verursacher aller möglichen Schieflagen in der globalen Ökonomie. Deshalb wird innerhalb dieser Studie der Neoliberalismus-Begriff in seiner ursprünglichen Bedeutung verwendet: Als *Selbst*bezeichnung der ersten Generation Wissenschaftler, die sich beim *Colloque Walter Lippmann* und bei der Gründung der *Mont Pèlerin Society* treffen und damit die Debatten um einen neuen Liberalismus aufnehmen. Nur in dieser speziellen gruppenbezogenen, auf enge inhaltliche Umgrenzung verzichtenden, stattdessen wissenschaftssoziologisch konnotierten Bedeutung einer in jahrzehntelangen Debatten involvierten Gruppe, die dabei ihre eigenen Neoliberalismen entwickelt, erscheint der Begriff für die vorliegende theoriegeschichtliche Studie operational.

---

63 Für eine Rekonstruktion des Enthusiasmus, mit dem sich gerade der während des Nationalsozialismus isolierte Eucken in der unmittelbaren Nachkriegszeit in den Aufbau der *Mont Pèlerin Society* einbringt, vgl. Kolev/Goldschmidt/Hesse (2014).
64 Für eine neuere Analyse, dass der Einfluss der Neoliberalen in der jungen Bundesrepublik zwar in der Öffentlichkeit und der Politikberatung deutlich spürbar ist, für die Entwicklung der Volkswirtschaftslehre an den Universitäten aber nicht von vergleichbarer Bedeutung ist, vgl. Hesse (2010), S. 48–56, S. 170–177 und S. 201–206.

3.3 Umgrenzung des Untersuchungsgegenstandes

Wie lässt sich eine Analyse über einen solchen Theoretiker-Verbund konzipieren? Es wäre unmöglich, auch in der oben operationalisierten Form des Begriffs, über *die* Neoliberalen zu schreiben, da dies der Vielfalt der Positionen der zahlreichen Protagonisten keinesfalls gerecht werden kann. Unweigerlich muss eine Auswahl getroffen werden, über welchen Autorenkreis sich die Analyse erstreckt, was immer zwei Teilentscheidungen beinhaltet: Es ist eine Wahl *für* bestimmte Autoren und gleichzeitig *gegen* die übrigen infrage kommenden Autoren. Im Folgenden werden beide Facetten dieser der Studie zugrunde liegenden Entscheidungen begründet.

Die Studie fokussiert sich auf das Werk vierer Autoren, die im Sinne der obigen Definition als neoliberal bezeichnet werden können: Walter Eucken (1891–1950), Friedrich August von Hayek (1899–1992), Ludwig von Mises (1881–1973) und Wilhelm Röpke (1899–1966). Alle vier Autoren sind Gründungsmitglieder der *Mont Pèlerin Society* und nehmen, bis auf Eucken, 1938 am *Colloque Walter Lippmann* teil. Was macht diese vier Persönlichkeiten zu einem geeigneten Untersuchungsgegenstand für die vorliegende Studie? Sie bringen eine geradezu ideale Kombination aus Gemeinsamkeiten und Unterschieden mit, was die unverzichtbare Grundlage für eine komparative Studie bildet. Zunächst handelt es sich bei ihnen um Wissenschaftler, die im deutschsprachigen Raum sozialisiert sind, Mises und Hayek in Österreich-Ungarn und der Ersten Republik, Eucken und Röpke im Deutschen Reich und der Weimarer Republik. Das ist eine ganz wesentliche Gemeinsamkeit, wenn man sich Mises' Auffassung anschließt, dass die gemeinsame Sprache das zentrale Kennzeichen einer Nation schlechthin ist, welches ihre politischen und eben auch wissenschaftlichen Diskurse entscheidend prägt.[65] Eine weitere Gemeinsamkeit ist die Stellung des Liberalismus sowohl in Österreich als auch in Deutschland während der ersten Jahrzehnte im Leben der vier Autoren: Im politischen und wissenschaftlichen Diskurs sind die Liberalen in beiden Ländern in einer ausgesprochen defensiven Position und stehen einer überwältigenden Mehrheit gegenüber, die wirtschaftspolitisch entweder dem Sozialismus oder den verschiedenen Spielarten des Interventionismus anhängt.[66] Den fast untergegangenen Liberalismus und das damit verbundene Primat der Freiheit versuchen die vier Ökonomen, jeder auf seinem individuellen Wege, wieder diskursfähig zu machen. Neben diesen wichtigen Gemeinsamkeiten bestehen allerdings auch wesentliche Unterschiede, die für die Vergleiche dieser Studie von ebenso hoher Bedeutung sind. Mises und Hayek wachsen wissenschaftlich in der Tradition

---

65 Vgl. Mises (1983/2006), S. 7–17.

66 Für die Debatten der letzten Generation der Historischen Schule in den ersten Jahrzehnten des 20. Jahrhunderts vgl. Rieter (1994/2002), S. 154–162. Für die Position der Österreichischen Schule im Diskurs ihres Heimatlandes zur Zeit der Großen Depression vgl. Klausinger (2005a), S. 12–19. Für eine hervorragend strukturierte und ausgesprochen detaillierte Übersicht zur Vielschichtigkeit der deutschsprachigen Debatten dieser Zeit vgl. Köster (2011).

der ersten beiden Generationen der Österreichischen Schule der Nationalökonomie auf, während Eucken und Röpke wesentlich von der jüngeren Historischen Schule geprägt werden. Außerdem legen die vier Autoren unterschiedliche Gewichte auf die relative Bedeutung der reinen Theorie und ihres praktischen Anwendungsbezugs: Während Eucken, Röpke, Mises in seiner frühen Schaffensphase und Hayek in seiner mittleren Schaffensphase häufig gezielt den wirtschaftspolitischen Diskurs vor dem Hintergrund der konkreten totalitären Bedrohungen und ihrer Hinterlassenschaft zu beeinflussen suchen,[67] wirken Hayek und Mises in ihren späteren Schaffensphasen eher gemäß der Auffassung, dass auf die langfristige Macht der Ideen zu setzen ist und deshalb wahrscheinlich erst spätere Generationen ihre Ideen in die praktische Politik umsetzen werden.[68] Diese Mischung aus Gemeinsamkeiten und Unterschieden, in Biografie und diskursiver Positionierung, ist bereits vielversprechend für die komparative Analyse. Es ist allerdings gleich im Anschluss zu erläutern, warum nur diese und nicht andere Neoliberale einbezogen wurden.

Zwei Fragen stellen sich bei der Begründung des Ausschlusses anderer Autoren: Erstens, warum nur deutschsprachige Wissenschaftler ausgewählt wurden und zweitens, warum nicht auch andere von den deutschsprachigen Neoliberalen einbezogen wurden. Die erste Frage lässt sich dahingehend beantworten, dass der Einschluss anderssprachiger Gruppen zu einer wesentlich erhöhten Heterogenität des Projektes geführt hätte. Wenn die Debatten in den USA, etwa der Chicago-Schule oder der Virginia-Schule der Public-Choice-Theorie, einzubeziehen wären, hieße das, dass gänzlich neue kulturelle Kontexte einzubeziehen wären, die – aufgrund der sehr unterschiedlichen Tradition der Staatsverständnisse und der Stellung des Liberalismus dort im Vergleich zum deutschsprachigen Raum – den Rahmen der Analyse gesprengt hätten. Eine Erweiterung wäre selbstverständlich ertragreich, aber sie scheint besser in separaten Studien aufgehoben zu sein, die auf die Argumentationen dieser Studie zurückgreifen können.[69] Was den Ausschluss weiterer deutschsprachiger Neoliberaler

---

67 Der wesentliche Unterschied zwischen einem Ökonomen, der in der wirtschaftspolitischen Beratung involviert ist und einem, der auf die reine Theorie fokussiert ist, wird besonders durch die Schriften Mises' deutlich, welche dieser in seiner Zeit als Funktionär der Handelskammer Wien verfasst hat und die stellenweise von den bekannten Schriften des Theoretikers Mises in Sachen Pragmatismus und Kompromissbereitschaft erheblich abweichen, vgl. Mises (2000), Mises (2002) sowie Mises (2012). Für die Einordnung dieser Mises'schen Positionen in seiner Rolle als „economic policy advocate in an interventionist world" vgl. Ebeling (2016), S. 98–107.

68 Für Hayeks Theorie des sozialen Wandels und die Transmissionskanäle für Ideen in der Gesellschaft vgl. Hayek (1949).

69 Für eine solche Untersuchung der Parallelitäten zwischen den Argumentationsmustern der „Alten" Chicago-Schule, der Freiburger Schule und denjenigen Hayeks in den 1930er- und 1940er-Jahren vgl. Van Horn (2009), Köhler/Kolev (2011) sowie Köhler/Kolev (2013). Für eine Analyse der bulgarischen wirtschaftspolitischen Debatten zur Zeit der Großen Depression vgl. Kolev (2009). Für eine Studie, welche besonders die biografischen Beziehungen in der hier untersuchten Generation herausarbeitet, vgl. Kolev/Goldschmidt/Hesse (2014).

anbetrifft, so lassen sich für die einzelnen infrage kommenden Persönlichkeiten unterschiedliche Begründungen anführen. Alexander Rüstow wurde nicht einbezogen, weil in seinem vielfältigen Werk die ökonomische Analyse nicht im Zentrum steht und außerdem die wirtschaftspolitischen Positionen keine systematischen Unterschiede zu denen Röpkes aufweisen. Das Werk von Alfred Müller-Armack mit dessen speziellem religionssoziologischem Ansatz in die Analyse einzubeziehen, wurde aus einem anderen Grund verworfen: Es ist fraglich, ob er mit seinem irenischen Konzept der Sozialen Marktwirtschaft noch in eine polit-ökonomisch fokussierte Analyse des Neoliberalismus mit Gewinn integriert werden kann. Außerdem verlässt Müller-Armack nach der Gründung der Bundesrepublik immer mehr das Feld der Wissenschaft und wendet sich zunehmend seiner praktischen Tätigkeit in der Bonner Politikwelt zu. Letzteres gilt noch mehr für Ludwig Erhard: Da er hauptsächlich als Praktiker und nicht als Theoretiker tätig ist, scheint die Einstufung seiner Rolle als politischer Unternehmer zutreffender, welcher sich nicht primär um die Genese, umso mehr aber um die Popularisierung der neoliberalen Ideen Verdienste erworben hat. Franz Böhm schließlich hat als Jurist einen anderen Blickwinkel auf ökonomische Fragestellungen, der hier durch das Prisma seines engen Weggefährten Eucken hinreichend gewürdigt erscheint. Auf diese und andere Vertreter neoliberalen Gedankengutes wird dennoch durch Verweise immer wieder Bezug genommen.[70]

Als Fazit dieser schwierigen Abwägungen kristallisiert sich das Geviert Eucken, Hayek, Mises und Röpke als der am besten geeignete Untersuchungsgegenstand heraus: Die vier deutschsprachigen Ökonomen stehen im Folgenden im Zentrum. Die ausgesprochen umfangreiche Sekundärliteratur über diese Autoren hier zu erörtern, wäre aufgrund ihres Umfangs und ihrer Diversität anmaßend, stattdessen sei schon an dieser Stelle auf die zahlreichen Bezüge auf Quellen im Hauptteil der Studie verwiesen. In den nächsten beiden Abschnitten wird nunmehr die eigene Herangehensweise methodisch und inhaltlich umrissen.

3.4 Methodische Herangehensweise

Der Ansatz der vorliegenden Studie ist ein doppelter. Zum einen wurde eine komparative Analyse der Autoren in den Mittelpunkt gestellt, sodass schon durch die Gegenüberstellung die eigenständige Interpretation der vier wirtschaftspolitischen Theorien geschärft wird. Zum anderen wurde für die Analyse jedes einzelnen Autors eine besondere Methode angewandt, um das Ziel der analytischen Klarheit bestmöglich zu erfüllen und gleichzeitig die einzelnen Aussagen nicht als bloße

---

70 Für eine frühe ausführliche Auflistung von Wissenschaftlern und Politikern, welche als Vertreter neoliberaler Gruppen in verschiedenen Ländern bezeichnet werden können, vgl. Nawroth (1961/1962), S. 5–6.

Behauptungen, sondern als überprüfbare Hypothesen zu formulieren. Es handelt sich um die Methode der Topoi-Analyse, die hier näher erläutert werden soll.

Der Zugang zum System eines Autors, welcher über Jahrzehnte eine Fülle von unterschiedlichsten Primärtexten hinterlassen hat, kann sich unter Umständen ausgesprochen schwierig und unübersichtlich gestalten. Um dies zu umgehen, benötigt man – neben einer klaren Fragestellung – eine Methode, mit der die Komplexität des umfangreichen und häufig ausgesprochen verästelten Œuvre adäquat abgebildet werden kann. Es wäre dabei gerade die Frage zu stellen, welches das zentrale Thema ist, das den untersuchten Autor „umtreibt" und auf das er in besonderer Weise Antworten in seinem Werk sucht. Es ist also zu ergründen, ob ein inhaltliches „Gravitationszentrum" besteht, um das die jeweilige politische Ökonomie „kreist" und zu dem der Autor besonders in seinen Begründungen immer wieder zurückkehrt. Ein solches Zentrum wird im Folgenden als Topos bezeichnet. Diese Konstruktion weist eine wesentliche Verwandtschaft zu Karl Pribrams Herangehensweise an Fragen der Theoriegeschichte auf, welche durch das Aufdecken von den Theorien und Diskursen zugrunde liegenden „patterns of thought"/„patterns of reasoning" charakterisiert ist.[71]

Es gilt hier einige Aspekte dieser Methode zu erläutern und auf mögliche Probleme ihrer Verwendung einzugehen. Erstens kann es natürlich nicht darum gehen, den Autor auf einen einzigen Begriff „reduzieren" zu wollen. Die Tausenden Seiten, die die untersuchten Autoren jeweils hinterlassen haben, sind so vielfältig und verzweigt, dass selbstverständlich sehr verschiedene Fragestellungen von ihnen angegangen und beantwortet werden. Die Komplexitätsreduktion durch den Topos darf also nur als vorsichtige Näherung betrieben und dabei eher als fragende Hypothese statt als fertige Antwort formuliert werden. Natürlich kann zweitens ein Autor in seinem Werk mehrere Topoi aufweisen, und das tun die hier untersuchten Autoren auch. Bei der Vorgehensweise dieser Studie geht es jedoch darum, den *Haupt*topos ausfindig zu machen – also diejenige Begründung freiheitlicher Ordnungen, welche die überragende Bedeutung im Werk einnimmt. Es ist des Weiteren naheliegend, dass die Topoi der einzelnen Autoren nicht überschneidungsfrei sind, wie in den einzelnen Vergleichen ausführlich dargelegt wird. Drittens stellt sich die Frage, ob der Topos, sobald er extrahiert wird, nur positiver Art ist oder auch normativen Gehalt aufweist. Wenn also etwa Hayeks Werk positiv um den Topos des Wissens kreist, stellt sich unmittelbar die Frage, ob er auch normativ für eine bestmögliche Nutzung der Wissensteilung plädiert. Der Aspekt der Normativität der Topoi wird ebenfalls detailliert in den einzelnen Vergleichen analysiert. Da sich diese Studie mit Wirtschaftspolitik – also den normativen Leitideen zur Gestaltung der Wirtschaftsordnung – beschäftigt, kann als für die Studie erfreuliches Ergebnis vorweggenommen werden, dass die Topoi bei den vier Autoren auch mit normativer Kraft in die jeweilige Rolle des Staates einfließen. Es gilt viertens zu thematisieren, wie der Topos genau festgestellt und extrahiert

---

71 Vgl. Pribram (1951), S. 1–3 sowie Pribram (1953), S. 243–245.

wird. Darauf ist „lediglich" eine hermeneutische Antwort möglich. Bei der Lektüre der Primär- und Sekundärliteratur wurde nämlich immer wieder die Frage introspektiv aufgeworfen, wo ein Mittelpunkt in der Argumentation des analysierten Autors ausgemacht werden kann. Die Topoi wurden also im Zuge der Auseinandersetzung mit den Texten selbst „destilliert", damit entzieht sich ihre Extraktion ex ante einer strengen Überprüfbarkeit. Eine Aufgabe der Studie wird es daher sein, den Leser ex post, also im Laufe der vorgenommenen Vergleiche, davon zu überzeugen, dass tatsächlich der korrekte Topos extrahiert worden ist. Außerdem stellt sich fünftens die Frage, ob der Autor, auch wenn er einen Haupttopos aufweist, ihn immer als explizite Begründung für seine Theorie bzw. seine wirtschaftspolitischen Forderungen heranzieht. In den vorgenommenen Vergleichen dieser Studie wird nach Kräften der Versuch unternommen, zwischen explizitem und implizitem Topoi-Bezug zu unterscheiden. Bei einem impliziten Bezug wird die Frage überprüft, ob sich eine bestimmte Begründung einer Rolle des Staates auf den Topos zurückführen ließe, auch wenn dies an der konkreten Stelle im Primärtext nicht direkt nachzuweisen ist.

Trotz dieser beachtenswerten Einschränkungen erscheint es lohnenswert, die Methode der Topoi-Analyse mit einer gesunden Dosis Skepsis auszuprobieren. In der Sekundärliteratur wird etwa häufig die These vertreten, dass Euckens Werk um die Frage der Macht und Entmachtung kreist. Meines Wissens ist aber noch nicht der Versuch unternommen worden, an zentrale Stelle eine solche Perspektive auf die zahlreichen Facetten des Staatsverständnisses neoliberaler Autoren einzunehmen und eine Rekonstruktion der jeweiligen jahrzehntelangen Werke um den Topos herum systematisch zu betreiben.

Bevor aufgezeigt wird, welche inhaltlichen Ergebnisse sich durch die so gewählte Methode in der Studie erzielen lassen, seien noch zwei Strukturmerkmale der Untersuchung erläutert, welche die Anwendung der Topoi-Analyse umgeben – sie stehen hier als Übergang zwischen Methode und Inhalt der Studie. Um sie kompakt zu verdeutlichen, ist Abbildung 1 anzuführen, anhand derer sich die beiden Strukturmerkmale gut fokussieren lassen.

An der y-Achse sind die Schaffenszeiträume der vier Autoren ablesbar, sie bedarf darüber hinaus keiner besonderen Erläuterung. Es sei zunächst die z-Achse dieses Würfels betrachtet. Die Studie vollzieht sich auf zwei interdependenten, aber trotzdem analytisch separat zu behandelnden Ebenen. Auf der ersten Ebene wird das *abstrakte* Staatsverständnis des jeweiligen Autors herausgearbeitet, während auf der zweiten die *konkreten* Politikempfehlungen analysiert werden. Die erste Ebene stellt damit die Frage, welche Rolle der Staat in der Ordnungstheorie einnimmt, auf der zweiten Ebene wird anschließend deutlich, welche Optionen für ordnungspolitische Betätigung auf den vier für die Neoliberalen zentralen Feldern der Wirtschaftspolitik möglich sind und welche davon vom jeweiligen Autor präferiert werden. Auf beiden Ebenen wird der Topos an zentraler Stelle eingesetzt, er bildet geradezu die Verbindung zwischen beiden Ebenen der Erörterung.

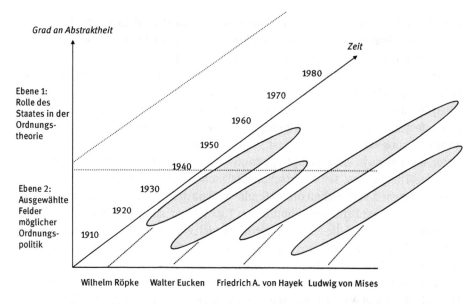

Abb. 1: Dreidimensionale Analysestruktur der Studie (Quelle: Eigene Darstellung.)

Das zweite hier zu erörternde Strukturmerkmal hängt eng mit der x-Achse zusammen. Diese führt die vier Autoren auf, und zwar in einer Reihenfolge, welche für das weitere Vorgehen von wesentlicher Bedeutung ist. Zunächst spiegelt sich in ihr eine frühe Hypothese des Projektes wider, welche besagte, dass das Kontinuum Röpke-Eucken-Hayek-Mises einen „abnehmenden Staatsumfang" ergibt.[72] Diese Hypothese wurde bald aufgrund ihrer Eindimensionalität verworfen, weil sie in dieser Form der Vielschichtigkeit der analysierten Staatsverständnisse nicht gerecht wird. Trotzdem wird die Reihenfolge beibehalten, weil sie für die aus drei Vergleichen bestehende Studie zielführend ist: Sie erlaubt, die Ordoliberalismen von Röpke und Eucken zu kontrastieren, ebenfalls die verschiedenen Facetten der Österreichischen Schule bei Hayek und Mises unter die Lupe zu nehmen, vor allem aber die Beziehung der beiden Schulen an der Schnittstelle zwischen Eucken und Hayek zu erläutern. Die sechs Vergleiche, die maximal möglich sind, wären in höchstem Maße redundant, stattdessen ermöglichen es die drei Vergleiche ohne großen Aufwand, auch die mittelbaren Beziehungen zu konstruieren: So ist etwa die Beziehung zwischen Eucken und Mises leicht durch den Übergang via Hayeks Positionen herstellbar.

Eine verwandte Sicht der Anordnung der Autoren findet sich in Abbildung 2.

---

72 Ein Beispiel für eindimensionale, mit dem Ansatz dieser Studie inkompatible Vergleiche sind Walter Adolf Jöhrs Aussagen über die Beziehung zwischen Eucken, Hayek und Röpke: Demnach würde Eucken dem Staat eine „bedeutend größere Rolle" als Hayek zusprechen, sei aber „liberaler" als Röpke, vgl. Jöhr (1950), S. 275.

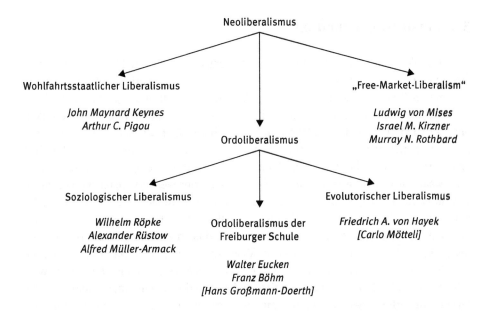

Neoliberalismus

Wohlfahrtsstaatlicher Liberalismus

John Maynard Keynes
Arthur C. Pigou

„Free-Market-Liberalism"

Ludwig von Mises
Israel M. Kirzner
Murray N. Rothbard

Ordoliberalismus

Soziologischer Liberalismus

Wilhelm Röpke
Alexander Rüstow
Alfred Müller-Armack

Ordoliberalismus der
Freiburger Schule

Walter Eucken
Franz Böhm
[Hans Großmann-Doerth]

Evolutorischer Liberalismus

Friedrich A. von Hayek
[Carlo Mötteli]

Abb. 2: Spielarten des Neoliberalismus nach Renner (Quelle: Eigene Darstellung in Anlehnung an Renner 2002, S. 61.)

Von der wichtigen Abweichung abgesehen, dass in der vorliegenden Studie **Keynes** und Pigou nicht zum Neoliberalismus gezählt werden, beinhaltet die Darstellung von Andreas Renner[73] wesentliche Parallelen zur hier gewählten Anordnung der Autoren im obigen Würfel. Alle vier Autoren der Studie werden auch hier zum Neoliberalismus gezählt, außerdem stimmt die Renner'sche Darstellung mit dem zentralen Ergebnis der Studie überein, dass sowohl Röpke, als auch Eucken, als auch Hayek auf ihre spezifische individuelle Art zum Ordoliberalismus – verstanden als die deutsche Spielart des Neoliberalismus – gehören, Mises aber eindeutig nicht.[74] Außerdem ist als Ähnlichkeit zu sehen, dass die vier Autoren für individuelle Spielarten des Neoliberalismus stehen, wobei Röpke, Eucken und Hayek als Vertreter der drei wesentlichen Spielarten des Ordoliberalismus eingestuft werden.

Nachdem damit die Methode der Topoi-Analyse sowie die Zwei-Ebenen- und Drei-Vergleiche-Struktur beleuchtet wurde, kann nun das „Innere" des Würfels, also die Ergebnisse der Interpretationen über das Werk der vier Autoren, kompakt zusammengefasst werden.

---

73 Renner rekurriert dabei auf die Systematisierungen Helmut Paul Beckers über die Spielarten des Neo- und Ordoliberalismus und fasst diese grafisch zusammen, vgl. Becker (1965), S. 38–49.
74 Für die häufig von Missverständnissen geprägten, jahrzehntelangen Debatten zwischen Mises und den von ihm als „Ordo-Interventionisten" bezeichneten Ordoliberalen vgl. Kolev (2016b).

3.5 Inhaltlicher Grundriss

Die zentrale Intention der Studie kann am besten durch ein Bild des Chicagoer Ökonomen Henry Simons verdeutlicht werden: Simons spricht 1934 in seinem berühmten Essay *A Positive Program for Laissez Faire* von einer „genuine ‚division of labor' between competitive and political controls",[75] also von der Notwendigkeit einer Arbeitsteilung zwischen Markt und Staat für die Lösung gesellschaftlicher Probleme. Die Smith'sche Idee der Arbeitsteilung wird also aufgegriffen sowie gedanklich erweitert und es wird die Frage gestellt, in welcher arbeitsteiligen Beziehung Markt und Staat am besten stehen sollen.[76] Dies ist eine der wesentlichsten Fragestellungen im Werk der ausgewählten Neoliberalen, und so wird sie in den Mittelpunkt der vorliegenden Studie gestellt. Auf einer sehr abstrakten Ebene lautet die Antwort, der sich alle vier Autoren anschließen können, dass die Lösung in der *regelbasierten Politik* besteht. Für Eucken, Hayek, Mises und Röpke steht das Herausarbeiten von Prinzipien (synonym: Grundsätzen) und daraus abgeleiteten Regeln für die wirtschaftspolitische Betätigung des Staates im Zentrum des neuen Liberalismus, den sie jeweils entwerfen. Diese Neoliberalismen unterscheiden sich sehr wohl voneinander, wie gleich deutlich wird, haben aber die Regelbasierung als gemeinsamen abstrakten Kern ihres Staatsverständnisses.

Die Regelbasierung harmoniert mit einer zentralen Figur der Neoliberalen: dem Markt als Spiel der beteiligten Individuen. Dieses Spiel wird von den Privaten gespielt, während die Spielregeln vom Staat zu setzen und zu überwachen sind. Es gibt unter den vier Autoren keinen Konsens, worin diese Spielregeln idealerweise bestehen sollen, aber ihre Bedeutung für das Funktionieren der Marktwirtschaft ist für alle vier wesentlich. Bei Eucken, Hayek und Röpke wird explizit das Konzept des Ordnungsrahmens thematisiert: Seine Herstellung und Gewährleistung ist ihrer Auffassung nach *die* zentrale Rolle des Staates schlechthin. Mises schließt sich diesem sogenannten Primat der Ordnung nicht an, begründet aber an zahlreichen Stellen seine Distanz zum Anarchismus durch die Notwendigkeit der Festlegung und Überwachung von Eigentumsregeln durch den Staat. Der liberale Staat ist – trotz der Unterschiede – für alle vier Autoren absolut unverzichtbar für die Ermöglichung von Freiheit: Ohne ihn herrscht entweder Anarchie oder Totalitarismus. Besonders für die drei Ordoliberalen

---

75 Simons (1934/1948), S. 41–42.

76 Eine ausführliche eigene Auseinandersetzung mit dem Œuvre Smiths muss den Rahmen dieser Studie sprengen. Im Hauptteil wird stattdessen immer wieder auf vergleichende Arbeiten verwiesen, welche die vielschichtige Beziehung zwischen dem klassischen Liberalismus und dem Neoliberalismus analysieren. Für die berühmten Erwähnungen der – in dieser Studie im Zusammenhang mit den Neoliberalen thematisierten – „invisible hand" in Smiths Hauptwerken vgl. Smith (1759/1976), S. 184 sowie Smith (1776/1976), S. 477.

Eucken, Hayek und Röpke gilt daher als Maxime für die Ordnung der Freiheit, dass sie durch ein „laissez-faire within rules" charakterisiert ist.[77]

Worin bestehen die primären Unterschiede der vier Autoren bezüglich der „Dicke" des Ordnungsrahmens? Sie lassen sich durch die vier Leitbilder charakterisieren, die auf der *ersten Ebene der Analyse* extrahiert werden. Euckens Staat ist ein *Schiedsrichter*, der für das Spiel der Privaten einen Katalog an – aus Prinzipien (Grundsätzen) abgeleiteten – Regeln vorhält und der, vom Topos ausgehend, besonders darauf zu achten hat, dass keine Machtballungen entstehen. Für den Fall, dass das Spiel der privaten Akteure dieses Kriterium der Entmachtung nicht erfüllt, ist der Schiedsrichter befugt, das Spiel zu unterbrechen und zu intervenieren, um die Regeleinhaltung zu bewerkstelligen: Für Eucken ist private Macht eine zentrale Gefahrenquelle für die Marktwirtschaft, zumal sie stets nach Verstärkung und Verstetigung durch die Usurpierung staatlicher Macht strebt. Für Hayek trifft das Schiedsrichter-Bild ebenfalls teilweise zu, allerdings besteht ein anderes Bild, welches ihn noch treffsicherer beschreibt: der Staat als *Gärtner eines englischen Gartens*. Dieser Staat hat sehr wohl eine gestaltende Funktion, allerdings besteht diese nicht im Kontrollieren einzelner Akteure, sondern im Kultivieren allgemeiner Muster. Von seinem Topos ausgehend, fragt Hayek, welche Rolle dieser kultivierende Staat bei der Ermöglichung der Wissensteilung im Spiel der Privaten spielen soll. Letzteres verläuft über zwei Vehikel: Im Bild des Rechners sind die Preise gleichzeitig als Prozessor des neuen Wissens und als Speicher für kurzfristiges marktliches Wissen, die Regeln wiederum als Speicher für langfristiges gesellschaftliches Wissen zu verstehen. Diese zwei Kanäle der Wissensteilung in Wirtschaft und Gesellschaft zu kultivieren, ist die primäre Aufgabe des Hayek'schen Staates. Röpkes Spiel der Privaten wird etwas anders modelliert: Anders als bei Eucken und Hayek, findet das Spiel nicht auf einem stabilen Spielfeld statt, sondern auf einem schwierigen Terrain, welches immer wieder einzubrechen droht. Denn für Röpke fußt der Markt auf anthropologischen und soziologischen Voraussetzungen, die er nicht nur nicht selber schafft, sondern die er unter Umständen sogar aufbraucht, sodass das Spielfeld des Marktes ausgesprochen labil sein kann. Die Aufgabe des Staates ist es daher, als *Statiker* die Fundamente des Spielfeldes immer wieder zu befestigen und – im Zusammenspiel mit verschiedenen Akteuren der Bürgergesellschaft – die Säulen, auf denen sich das Spielfeld stützt, immer wieder zu stärken, ansonsten ist die Kohäsion der beteiligten Akteure, die für Röpke nur in kleinen Regelkreisen möglich ist, ernsthaft bedroht. Davon ist die Mises'sche Vorstellung von der Arbeitsteilung zwischen Markt und Staat weit entfernt. Das Spiel der Katallaxie, wie Mises die marktlichen Prozesse nennt, ist für ihn extrem wenig voraussetzungsvoll. Die Akteure des Spiels sind seiner Auffassung nach ohne jegliche

---

[77] Für die Verortung aktueller Forschungsprogramme, welche ebenfalls unter dem Motto „laissez-faire within rules" subsumiert werden können, vgl. Kolev (2015a), S. 438–439 sowie Zweynert/Kolev/Goldschmidt (2016).

Friktionen vernetzungsfähig und tätigen Handlungen, die weder individuell noch im Austausch zwischen den Personen durch äußere Eingriffe verbesserungsfähig sind. Deshalb sieht Mises keine Veranlassung, vom Bild des Staates als *Nachtwächter* abzuweichen, welches er sich trotz (oder gerade wegen) dessen Karikaturcharakters im öffentlichen Diskurs zu eigen macht. Der Staat hat hier lediglich für die Unversehrtheit von Körper und Eigentum zu sorgen, die übrigen Aufgaben im Spiel sind ausschließlich den Spielern vorbehalten.

Die Ergebnisse der *zweiten Ebene der Analyse* seien ebenfalls hier in ihren Grundzügen wiedergegeben: Um an dieser Stelle nicht allzu weit vorauszugreifen, ist auf die ausführlichere Zusammenfassung im Fazit zur Studie zu verweisen. Es handelt sich um die Wettbewerbs-, die Konjunktur-, die Währungs- und die Sozialpolitik. Die Autoren setzen in ihren Schriften zwar individuelle Gewichte auf die relative Bedeutung der Felder, in der Gesamtschau bilden die vier Felder aber die gemeinsame „Landkarte" zur Positionierung im Diskurs über die Betätigungsnotwendigkeit des Staates auf der Ebene der konkreten Wirtschaftspolitik.

Auf dem Gebiet der *Wettbewerbspolitik*, diesem zentralen Feld des Freiburger Paradigmas, offenbaren sich wesentliche Divergenzen zwischen den Autoren. Eucken plädiert, vom Topos der Entmachtung ausgehend, für eine ausgesprochen aktive Rolle des Staates, welcher bei der Etablierung der Wettbewerbsordnung für Leistungswettbewerb sowie für die Marktform der vollständigen Konkurrenz zu sorgen hat, und zwar auf dem Güter- und dem Arbeitsmarkt. Marktöffnung allein genügt für Eucken nicht, um die Wettbewerbsordnung durchzusetzen – ist also als notwendige, nicht aber als hinreichende Bedingung einzustufen. Dort, wo vollständige Konkurrenz nicht möglich ist, also etwa im Bereich der natürlichen Monopole, plädiert er für staatliche Aufsicht und die Durchsetzung wettbewerbsanaloger Preise. Hayek ist skeptischer, was die staatliche Gestaltbarkeit des Wettbewerbs anbetrifft. Zwar betont er in seiner mittleren Schaffensphase den positiven Charakter der Wettbewerbspolitik, welche er als essenziell für die Etablierung der Wettbewerbsordnung hält. Allerdings zeigt er kaum, wie das praktisch auszusehen hat und distanziert sich später von dieser Position, indem er betont, dass die Wettbewerbspolitik primär negativen Charakter haben soll, also Zutrittsbarrieren jeglicher Art beseitigen soll – jede positive Aktivität, etwa eine staatliche Monopolaufsicht, ist aus seiner Sicht mit einem unüberwindbaren Wissensproblem konfrontiert. Röpke äußert ebenfalls Skepsis gegenüber Euckens Empfehlung der Durchsetzung vollständiger Konkurrenz, stattdessen plädiert er wie Hayek in einem pragmatischeren Ansatz für die Marktöffnung, im Inneren wie im Internationalen, in der er das beste Mittel gegen Konzentration sieht. Parallel strebt er durch seine Struktur- und Gesellschaftspolitik das bewusste Etablieren von kleinen Einheiten an, welches er allerdings nicht wettbewerbspolitisch, sondern aus anthropologischen und soziologischen Notwendigkeiten heraus begründet. Mises steht der Wettbewerbspolitik äußerst skeptisch gegenüber und betont, dass bei offenen Märkten Monopole durch die Möglichkeit der Substitutionskonkurrenz selten relevant und Kartelle durch ihre Instabilität kaum langfristig schädlich sein können. Deshalb plädiert er, ähnlich wie der „späte" Hayek und wie Röpke, für die Marktöffnung im Sinne einer notwendigen *und* hinreichenden Bedingung für das Funktionieren des Wettbewerbsprozesses.

Die *Konjunkturpolitik* nimmt in der Frühphase der Autoren ebenfalls eine zentrale Rolle ein. Alle drei jüngeren Neoliberalen schließen sich zunächst – vor der Herausbildung der individuellen Topoi – der durch Mises begründeten monetären Überinvestitionstheorie an und argumentieren mit ihr zu Beginn der Großen Depression, indem sie betonen, dass expansive Impulse nutzlos oder gar schädlich sind, da sich die Fehlinvestitionen des vorausgegangenen Booms bereinigen müssen. Hayek verfeinert diese Theorie in den 1930er-Jahren und strebt danach, den Mises'schen Entwurf durch komplementäre Bausteine, etwa in Form einer neuen Kapitaltheorie, auszubauen. Eucken distanziert sich kurz nach dem Ausbruch der Großen Depression nicht nur von diesem Ansatz, sondern von jeglichem dynamischen Versuch der allgemeinen Erklärung von konjunkturellen Schwankungen. Stattdessen sucht er die konjunkturpolitische Lösung in seiner Theorie der Wettbewerbsordnung, in welcher er sich von der Etablierung gleichgewichtiger Marktformen und einer stabilisierenden Währungsordnung die Beseitigung übermäßiger konjunktureller Schwankungen verspricht. Röpke verbleibt, anders als Eucken, argumentativ im Rahmen der Mises-Hayek'schen Theorie, distanziert sich allerdings im Zuge der Großen Depression durch eine theoretische Erweiterung von der konjunkturpolitischen Schlussfolgerung der österreichischen Ökonomen. Zwar bleibt er dabei, dass in der ersten Phase der Rezession die Korrekturen der Fehlinvestitionen notwendig sind und deshalb nicht zu intervenieren ist. In einer sekundären Phase beginnen sich die deflationären Prozesse allerdings „festzubeißen", weshalb sie auch auf Sektoren übergreifen, in denen keine Fehlinvestitionen zu bereinigen sind: In dieser Phase empfiehlt Röpke sehr wohl einen expansiven Impuls, um diese ökonomisch destruktiven Prozesse zu unterbinden, die auch für die politische Ordnung gefährlich werden können, sodass das Einsetzen des Aufschwungs beschleunigt wird.

In der *Währungspolitik* gibt es ebenfalls Variationen, die allerdings weniger ausgeprägt sind als in den beiden obigen Politikfeldern. Dies rührt von einem Grundkonsens her, den die vier Autoren hier teilen: Sie vertreten einvernehmlich erstens die Auffassung, dass ohne eine stabile Währungsordnung marktliches Handeln unmöglich wird und dass zweitens die stabile Währungsordnung nur durch Regelbasierung möglich ist. Alle vier Ökonomen starten als Verfechter des Goldstandards, und die sonst weit auseinander liegenden Röpke und Mises bleiben ihm durch ihre gesamte Schaffenszeit „treu". Eucken und Hayek sind „offener" für theoretische Innovationen, die den regelbasierten Charakter des Goldstandards beibehalten, ohne allerdings die Schwächen der tradierten Ordnung aufzuweisen. So befürworten beide in den 1940er-Jahren die Waren-Reserve-Währung als eine Lösung, die gerade dieses Kriterium erfüllt. Eucken will sie zur Entmachtung der Geschäftsbanken mit dem sogenannten Chicago-Plan einer 100-Prozent-Deckung bei der Kreditvergabe komplementieren, dem Hayek allerdings skeptischer gegenübersteht. Hayek formuliert in den 1970er-Jahren nach dem Zusammenbruch des Bretton-Woods-Systems und vor dem Hintergrund der entstehenden europäischen Währungsunion einen Plan in der Tradition des „free banking", welcher dem Staat zwar nicht die Möglichkeit der Geldemission nehmen will, sehr wohl aber das Privileg, der alleinige Emittent zu sein. Im Rahmen staatlich gesetzter Regeln soll es auch privaten Emittenten erlaubt werden, konkurrierende Währungen zu etablieren, von denen sich Hayek auch eine bessere Lösung des Inflationsproblems der westlichen Welt erhofft.

Auf dem Gebiet der *Sozialpolitik* divergieren die Empfehlungen deutlich. Eucken sieht, ähnlich wie in der Konjunkturpolitik, die Lösung der sozialen Frage seiner Zeit in der Etablierung der Wettbewerbsordnung. In dieser erwartet er eine Entlohnung der Arbeit nach den strikten Regeln des Wettbewerbs, sodass durch Vermachtung entstehende Ungleichgewichte kaum möglich sind. Gewerkschaften betrachtet er nur im Falle von Vermachtungen auf der Nachfrageseite des Arbeitsmarktes als legitim, weil sie dann der Machtbalance zwischen beiden Seiten dienen können. Besondere Vorkehrungen zum sozialen Ausgleich sind in einem speziellen Fall der Arbeitsangebotsfunktion Mindestlöhne sowie eine moderat progressive Besteuerung. Hayek formuliert eine anders gelagerte Antwort auf die Frage der sozialen Sicherheit. Er beobachtet in seiner Zeit ein omnipräsentes Bedürfnis nach Sicherheit, welches er schon früh mit der Gewährung einer Mindestsicherung beantworten will. In diesem sieht er eine regelbasierte Möglichkeit, ein Mindestmaß an absoluter Sicherheit zu gewährleisten, welches er in der Großgesellschaft – ohne Rückgriff auf die Sicherheitsmechanismen der Kleingruppe – als notwendig erachtet und von welcher er sich erhofft, dass die Gesellschaft nach ihrer Herstellung davon absehen wird, die relativen Einkommenspositionen zu beeinflussen und zu regulieren. Gewerkschaften steht er skeptischer als Eucken gegenüber und stuft vor allem ihre Privilegien und die Unterhöhlung des Gewaltmonopols des Staates als mit einer rechtsstaatlichen Ordnung inkompatibel ein. Röpke bekämpft ebenfalls den aufkommenden Wohlfahrtsstaat und versucht ähnlich wie Hayek, ihm einen konträren Entwurf entgegenzusetzen. Den kollektivistischen Wohlfahrtstaat bezeichnet er als „komfortable Stallfütterung" und versucht, ganz in Einklang zu seinem Topos der Kohäsion in kleinen Regelkreisen, eine individualistische Antwort zu formulieren. Diese besteht in der Stärkung der kleinen Einheiten in Staat, Wirtschaft und Gesellschaft, die in sich die Fähigkeit entfalten sollen, für die beteiligten Mitglieder zu sorgen: Durch diese Herstellung der Vitalsituation werden die Akteure für sich Vor- und Fürsorge treffen können. Mises sieht in allen sozialpolitischen Bemühungen, ähnlich wie oben in der Wettbewerbspolitik, unzulässige interventionistische Eingriffe, die mit dem Topos der individuellen Handlungsautonomie unvereinbar erscheinen. Gewerkschaften sind für ihn Fremdkörper in einer Marktwirtschaft, jegliche Fürsorge für schwache Mitglieder der Gesellschaft will er karitativen Organisationen überlassen.

Wie aus dieser Skizze deutlich geworden sein sollte, unterscheiden sich die Autoren wesentlich sowohl in ihren abstrakten Staatsverständnissen als auch in ihren Vorstellungen von der konkreten Rolle des Staates in der Wirtschaftspolitik. Dies wird in den folgenden drei Vergleichen in zahlreichen Details aufgefächert und erörtert. Die Studie beginnt an der Schnittstelle zwischen Ordoliberalismus und Österreichischer Schule: Der Vergleich zwischen Eucken und Hayek zeigt, dass die „bunten Wiesen", welche alle vier Autoren hinterlassen haben, keinesfalls überschneidungsfrei sind und dass der komparative Zugang in Kombination mit der Topoi-Analyse eine geeignete Strukturierungshilfe bietet.

Die Entzauberung des Mythos Neoliberalismus kann damit beginnen.

4 Macht und Wissen als Leitideen: Zur Rolle des Staates in der Wirtschaftspolitik bei Walter Eucken und Friedrich August von Hayek

4.1 Einleitung

Walter Eucken (1891–1950) und Friedrich August von Hayek (1899–1992) werden in der Sekundärliteratur gemeinsam als Initiatoren der Ordnungsökonomik bezeichnet, was darin begründet ist, dass beide Autoren parallel und zeitweise unabhängig voneinander Forschungsprogramme entwickeln, welche sich der Problematik wirtschaftlicher und gesellschaftlicher Ordnungen widmen.[78] Die bibliometrisch richtige Feststellung relativ seltener Bezüge aufeinander in den Werken darf keineswegs im Sinne eines gegenseitigen Ignorierens fehlinterpretiert werden.[79] Eucken und Hayek kennen sich spätestens[80] seit der Tagung des *Vereins für Socialpolitik* in Zürich 1928, bei der beide kurz nacheinander konjunkturtheoretische Vorträge halten.[81] In den 1930er-Jahren fährt Hayek auf seinen Reisen zwischen London und Wien häufig über Freiburg und tauscht sich dort in Vorträgen und Diskussionen mit der entstehenden Freiburger Schule[82] um Eucken aus,[83] gerade in dieser Zeit findet der Austausch trotz der Kriegswirren seinen Niederschlag in einer umfangreichen Korrespondenz.[84]

---

78 Vgl. Streit/Wohlgemuth (2000), S. 461. Für den Vorschlag, den Begriff der Ordnungsökonomik anstelle des traditionellen Begriffspaares Ordnungstheorie/Ordnungspolitik einzuführen, vgl. Hoppmann (1995), S. 43. Für die Prägung des Begriffs „Ordoliberalismus" vgl. Moeller (1950), S. 224. Für einen Überblick zur internationalen Rezeption des Ordoliberalismus vgl. Streit/Kasper (1992/1995), S. 106–110.
79 Für die Hypothese eines „benign neglect" zwischen Eucken und Hayek vgl. bspw. Streit/Wohlgemuth (1997), S. 2. Dass Hayek im *Road to Serfdom* keine zeitgenössischen deutschen (und italienischen) Autoren erwähnt, begründet er explizit mit der Sorge um die Sicherheit dieser Autoren im Falle einer positiven Bezugnahme in einem derart politischen Buch, vgl. Hayek (1944/1994), S. 265. Ungefährlich ist es hingegen, Bewunderung für Euckens Wissenschaftstheorie aus den *Grundlagen der Nationalökonomie* in der auf dem Kontinent nicht verfügbaren *LSE*-Zeitschrift *Economica* zu zeigen, vgl. Hayek (1941a), S. 312, Hayek (1942), S. 285 sowie Hayek (1943a), S. 62. Im Anhang zur *Constitution of Liberty* steht wiederum der Hinweis, dass Eucken (wie Mises und andere) zu den bedeutsamen Persönlichkeiten für die Entwicklung Hayeks gehört und deshalb dessen Werke reich an Bezügen zu ihm sein sollten, falls diese explizit zu benennen wären, vgl. Hayek (1960/1978), S. 415.
80 Für Hayeks (leider undatierte) Erinnerung, dass er Eucken durch Röpkes Vermittlung kennengelernt hat, vgl. Hayek (1983/1992), S. 189.
81 Vgl. Eucken (1928/1929) sowie Hayek (1928/1929).
82 Für die Geschichte des Begriffs „Freiburger Schule" und das Zusammenwachsen der ersten Generation vgl. Miksch (1950), S. 288–289.
83 Vgl. Hayek (1962/1969), S. 1–2 sowie Hayek (1983/1992), S. 189–191. Für die Entstehungsgeschichte der Freiburger Schule vgl. Goldschmidt/Wohlgemuth (2008a), S. 1–16.
84 Vgl. Kolev/Goldschmidt/Hesse (2014), S. 1–4.

DOI 10.1515/9783110489910-004

Nach dem Krieg ist Eucken 1947 Gründungsmitglied der von Hayek und Röpke initi-ierten *Mont Pèlerin Society*,[85] im selben Jahr willigt Hayek ein, bei der Etablierung des *ORDO-Jahrbuches* ab 1948 mitzuwirken.[86] Tragischerweise verstirbt Eucken im Frühjahr 1950 in London beim Abhalten einer Reihe von Vorträgen an der *London School of Eco-nomics*, zu der ihn Hayek eingeladen hat.[87] Nach seinem Ruf an die *Universität Freiburg* 1962[88] engagiert sich Hayek stark im *Walter Eucken Institut*, wobei er schon in seiner Freiburger Antrittsvorlesung die Bedeutung der Tradition Euckens würdigt.[89]

Eine durchgehend zentrale Rolle – trotz der inhaltlichen Wandlungen und Akzent-verschiebungen im Laufe ihrer Schaffenszeit – spielt sowohl bei Eucken als auch bei Hayek der Staat in seinen Funktionen beim Aufbau und Erhalt einer freiheitlichen Ordnung.[90] Der vorliegende Autorenvergleich wendet sich diesem Aspekt der Theo-rien beider Autoren zu und versucht, ihr Staatsverständnis zu rekonstruieren und die dabei wesentlichen Ähnlichkeiten und Unterschiede herauszuarbeiten. Primär soll aufgezeigt werden, inwieweit die Rolle des Staates in der Wirtschaftspolitik im Werk von Eucken und Hayek miteinander harmoniert sowie wie die Divergenzen zu erklären sind. Es wird dabei bewusst ein dynamischer Zugang gesucht, d. h. es stellt sich die Frage, wie besonders die Evolution des jeweiligen Autors zu verstehen ist.

Das Hauptergebnis der Studie darf hier vorweggenommen werden: Obwohl Hayek in der Tradition der Österreichischen Schule und Eucken in der Tradition der jüngeren Historischen Schule sozialisiert sind, bestehen zwischen dem „mittleren" Hayek (1930er- sowie 1940er-Jahre) und dem „späten" Eucken (1940er-Jahre) trotz des im Kriege kurzzeitig abgebrochenen Kontakts sehr weitgehende Ähnlichkeiten. Eine der zentralen Thesen im Folgenden wird sein, dass dieser „mittlere" Hayek durch-weg als Ordoliberaler – wenn auch einer eigenen Spielart – gesehen werden kann.[91]

---

85 Für die Entstehungsgeschichte der *Mont Pèlerin Society* und die Rolle Euckens vgl. Hartwell (1995), S. 41–45 und S. 82–84, Hennecke (2000), S. 212–224, Walpen (2004), S. 124–127, Plickert (2008), S. 156–158, Karabe-las (2010), S. 84–86, Burgin (2012), S. 84–85, White (2012), S. 202–208 sowie Kolev/Goldschmidt/Hesse (2014), S. 4–9. Für Hayeks eigene Darstellung vgl. Hayek (1983/1992), S. 191–195 sowie Hayek (1994), S. 132–134.

86 Für die Entstehungsgeschichte des *ORDO-Jahrbuches* vgl. Peacock (1949), 176–179 sowie Klin-ckowstroem (2000), S. 107.

87 Für die in der *American Economic Review* veröffentlichte Einschätzung, dass es sich beim *LSE*-Vortragsband um „one of the most inspired and concise treatises ever written on economic policy" handelt, vgl. Beckmann (1952), S. 435. Für Hayeks Einschätzung kurz nach Euckens Tod, dass der Freiburger Ökonom zwar „langsam gereift" ist, aber – nach dem „segensreichen" und „fruchtbaren" Œuvre der letzten zwei Jahrzehnte – zum Zeitpunkt des Todes als einer „der ganz Großen" im Kreise der internationalen Neoliberalen zu sehen ist, vgl. Hayek (1951), S. 337.

88 Für die Feststellung der Besonderheit eines Rufes an einen 63-jährigen „in einem so sparsamen Land wie Baden-Württemberg" vgl. Streit (2006), S. 11. Im Gegensatz zum in der Literatur häufig anzu-treffenden Irrtum hat Hayek in Freiburg nicht den Eucken-Lehrstuhl inne, vgl. Vanberg (2012), S. 10.

89 Vgl. Hayek (1962/1969), S. 1–2.

90 Vgl. Watrin (2000), S. 327–339.

91 Vgl. Kolev (2010). Für die These, dass Hayeks Nähe zu ordoliberalen Positionen „eine bisher unerhörte Frage" darstellt, vgl. Nass (2008), S. 12. Dies erscheint aber schon im Hinblick auf die vorhandene Sekundärliteratur als kaum haltbar.

Insbesondere gilt für beide, dass sie sich in dieser Zeit von der Analyse des Wirtschafts-prozesses (im Sinne von Kapital- und Konjunkturtheorie) wegbewegen und sich zuneh-mend Fragen der Wirtschaftsordnung (und der damit interdependenten gesellschaftli-chen Teilordnungen) zuwenden. Dabei gilt die Wettbewerbsordnung Eucken wie Hayek in dieser Periode als gemeinsamer normativer Referenzpunkt,[92] während Hayek später auf die Begriffe der spontanen Ordnung und der erweiterten Ordnung umfokussiert.[93]

Die komparative Untersuchung[94] wird im Folgenden mithilfe der Ermittlung des jeweiligen Haupttopos des Autors durchgeführt, was als wichtige Innovation im Ver-gleich zur bestehenden Sekundärliteratur über die beiden Autoren gesehen werden kann. Es wird sich zeigen lassen, dass die Methode sehr ertragreich eingesetzt werden kann, um die Unterschiede zwischen Eucken und Hayek und ihre Wandlungen zu beleuchten und systematisch einzufangen. Dabei wird eine zweistufige Sicht gewählt: In einem ersten Schritt (Abschnitte 4.2 bis 4.4) wird das abstrakte Staatsverständnis in der Ordnungs*theorie* vergleichend rekonstruiert, während auf der zweiten Ebene (Abschnitte 4.5 bis 4.8) die konkreten ordnungs*politischen* Handlungsempfehlungen für vier Felder der Wirtschaftspolitik untersucht werden.

4.2 Der Staat in der Ordnungstheorie Walter Euckens

4.2.1 Haupttopos und Ordnungsbegriff

Bei der Analyse der Ordnungstheorie Euckens, wie sie sich in den 1930er- und 1940er-Jahren herausbildet,[95] gilt es zunächst, den Haupttopos seines Systems auszumachen. Vor dieser Zeit durchläuft Eucken bemerkenswerte Wandlungen,[96] die im Zeichen der

---

92 Eucken stellt ein Jahr vor Hayeks Vortrag zur Wettbewerbsordnung bei der *Mont Pèlerin Society* (vgl. Hayek (1947/1948)) in privater Korrespondenz mit Hayek fest, dass im *Road to Serfdom* durch-aus der Kerngedanke der Wettbewerbsordnung enthalten ist, dass dieser allerdings noch deutlicher herausgearbeitet werden kann, vgl. Eucken (1946). Für den Hinweis auf diesen Brief bin ich Prof. Dr. Michael Wohlgemuth dankbar. Für eine komparative Studie zwischen Eucken und Hayek gerade auf der Grundlage dieses Briefes vgl. Goldschmidt/Hesse (2012).
93 Für eine historische Einbettung von Hayeks Ordnungsleitideen vgl. Boettke (1990).
94 Für einen Beleg, dass derartige Vergleiche zwischen Schulen und Autoren auch in der täglichen wirtschaftspolitischen Debatte eine mediale Rolle spielen können, vgl. Mayer (2013), S. 30: Die Be-ziehung zwischen Ordoliberalismus und Österreichischer Schule wird hier in der *Frankfurter All-gemeinen Sonntagszeitung* thematisiert und durch die Verwandtschaft zwischen Hund und Wolf veranschaulicht. Für eine ähnliche Charakterisierung des Ordoliberalismus als „a tame version of laissez-faire which sprouts in Southern Germany" vgl. Dornbusch (1993), S. 883.
95 Für eine Schilderung des ausgesprochen fruchtbaren Austausches der Ökonomen und Juristen an der *Universität Freiburg* in den 1930er-Jahren, bei dem sich das Problem der privaten Macht als der zentrale inhaltliche Punkt der jeweiligen Forschungsprogramme herauskristallisiert, vgl. Böhm (1957), S. 98–113.
96 Für die Beobachtung, dass Eucken in seiner theoretischen Entwicklung ein „Spätgereifter" ge-wesen ist, vgl. Preiser (1950), S. 241.

Emanzipation von der Historischen Schule[97] und dem intellektuellen Erbe seines Vaters stehen.[98] In der Sekundärliteratur zum Autor herrscht weitgehend Konsens darüber, dass es das komplexe Phänomen der *Macht* und die Suche nach entmachtenden Lösungen sind, die im Mittelpunkt seines ordnungsökonomischen[99] Forschungsprogramms stehen.[100] Wirtschaftliche Macht wird als Beeinflussung des Marktverhaltens anderer Akteure definiert und kann in diesem Zusammenhang sowohl von privaten Akteuren als auch vom Staat ausgehen.[101] Somit gilt die zentrale Maxime:

> Verstehen wirtschaftlicher Wirklichkeit in aller Vergangenheit und in der Gegenwart und wahrscheinlich in aller Zukunft erfordert Verstehen wirtschaftlicher Macht.[102]

Wichtig für das gesamte Paradigma der Freiburger Schule ist,[103] dass hierunter keinesfalls nur wirtschaftliche Macht (also private oder staatliche Macht zur Gestaltung der Wirtschaftsordnung) zu verstehen ist,[104] sondern vielmehr auch die Interdependenz zwischen wirtschaftlicher und politischer Macht (also der Macht zur Gestaltungen auch der anderen gesellschaftlichen Teilordnungen), und es ist diese Interdependenz, welche eine gegenseitige Verstärkung der Vermachtung in den verschiedenen Teilordnungen mit sich bringen kann.[105]

---

97 Seine Dissertations- und Habilitationsschriften (zur Verbandsbildung in der Seeschifffahrt bzw. zur Stickstoffversorgung der Welt) stehen noch deutlich in der Tradition der Historischen Schule, die Dissertation wird 1914 im *Journal of Political Economy* und 1915 im *Economic Journal* positiv besprochen. Für eine Analyse dieser frühen Werke, die auch den Unterschied im Grad an Historismus in der den beiden Schriften herausarbeitet, vgl. Peukert (2000), S. 97–98. Für die Analyse des Einflusses von Euckens akademischen Lehrern auf dessen Werk vgl. Goldschmidt (2002), S. 144–189.

98 Für die Betätigung des jungen Walter Eucken im dem väterlichen Erbe gewidmeten Euckenbund vgl. Dathe (2009), S. 59–63. Für die kontroverse Frage, ob der Nationalökonom Eucken in einer Kontinuität zur väterlichen Lebensphilosophie steht oder sich von ihr emanzipiert, vgl. bspw. Pies (2001), S. 8–31, Goldschmidt (2002), S. 86–91 sowie Goldschmidt (2003), S. 380–381.

99 Im Frühwerk zur Geld- und Kapitaltheorie spielt der Topos noch keine zentrale Rolle. Für die prominente Erwähnung in einem der Gründungsdokumenten des Ordoliberalismus, welche die spätere Zentralität der Macht erahnen lässt, vgl. Eucken (1932a), S. 298 sowie zeitgleich im Kontext der Großen Depression, vgl. Eucken (1932b), S. 44.

100 Vgl. bspw. Woll (1989), S. 93, Streit/Wohlgemuth (1997), S. 4, Sprich (2001), S. 9 sowie Vanberg (2003), S. 5.

101 Vgl. Eucken (1948a), S. 74–75. Für diese Zweiseitigkeit der Frage der Macht vgl. Streit/Wohlgemuth (1997), S. 4–6.

102 Eucken (1940/1989), S. 196–197.

103 Für die zentrale Rolle der Macht im Werk von Franz Böhm vgl. Zieschang (2003), S. 64–94 und S. 141–152.

104 Es lässt sich die These aufstellen, dass Eucken damit die Böhm-Bawerk'sche Herausforderung annimmt, die Frage der Macht noch enger mit der ökonomischen Theorie zu verzahnen, vgl. Böhm-Bawerk (1914/1999), S. 159–174.

105 Vgl. Eucken (1932a), S. 303–304, Eucken (1940/1989), S. 12, Eucken (1950/1951), S. 10–18 sowie Eucken (1952/2004), S. 375–376. Für eine Rekonstruktion der Gefahren, die aus der Macht resultieren, vgl. Sally (1998), S. 110–111.

Nach der Identifizierung des Haupttopos im Eucken'schen Werk kann sein Begriff der Ordnung erläutert werden.[106] Es handelt sich für ihn bei der Wirtschaftsordnung eines Landes um die Gesamtheit der Formen, in denen der Wirtschaftsprozess abläuft, und zwar genauer betrachtet um die Gesamtheit der Marktformen und der Geldsysteme, die den Wirtschaftsprozess umrahmen.[107] Diese Dichotomie Wirtschaftsordnung (synonym: Spielregeln, Ordnungsrahmen) versus Wirtschaftsprozess (synonym: Spielzüge, Ablauf) ist einer der zentralen konzeptionellen Bausteine des Ordoliberalismus und hat für Euckens Analyse und die Umgrenzung der Rolle des Staates in seinem Werk weitreichende Implikationen.

Je nach realer Ausprägung weisen Wirtschaftsordnungen ein unterschiedliches Ausmaß an Vermachtung[108] und damit auch an Freiheit[109] aus. Dies ist der *positive* Begriff der Wirtschaftsordnung, der in der Nähe des ebenfalls wertfreien Begriffs des Wirtschaftssystems anzusiedeln ist – allerdings gilt die Einschränkung, dass der Begriff der Wirtschaftsordnung von Eucken auch realtypisch angewendet wird, während Wirtschaftssysteme für ihn strikt idealtypisch sind.[110] Von der Ausgestaltung der Wirtschaftsordnung hängt ab, ob das ordnungspolitische Problem des arbeitsteiligen und interdependenten Wirtschaftsprozesses gelöst werden kann.[111] Davon zu unterscheiden ist der *normative* Begriff der Ordnung der Wirtschaft, d. h. der Ordnung als Ordo, als funktionsfähige und menschenwürdige Ordnung.[112] „Funktionsfähig" ist hierbei im Sinne der ökonomischen Ergiebigkeit zu verstehen, während „menschenwürdig" bedeutet, dass eine Ordnung dem Individuum Freiräume und Bedingungen zur eigenen Entwicklung („selbstverantwortliches Leben")[113] bietet.[114] *Die Grundlagen der Nationalökonomie* sind nach Euckens eigener Darstellung ausschließlich dem positiven Begriff der Wirtschaftsordnung gewidmet,[115] während die

---

106 Für eine gelungene Einbettung des Eucken'schen Ordnungsbegriffsapparats in den komplexen Kontext der okzidentalen ordnungstheoretischen Traditionen vgl. Anter (2004/2007), S. 129–143.
107 Vgl. Eucken (1940/1989), S. 50–58.
108 Vgl. Eucken (1940/1989), S. 196–205.
109 Vgl. Eucken (1948a), S. 76–77.
110 Vgl. Eucken (1940/1989), S. 234–236. Bemerkenswert ist, dass in den *Kapitaltheoretischen Untersuchungen* der Begriff der Wirtschaftsordnung kein einziges Mal vorkommt, vgl. Eucken (1934/1940). Das ändert sich in späteren Beiträgen zur Kapitaltheorie, vgl. Eucken (1944), S. 176–178.
111 Vgl. Eucken (1948a), S. 61–63.
112 Vgl. Eucken (1940/1989), S. 238–241. Es handelt sich dabei um Textausschnitte, welche erst in der 6. Auflage der *Grundlagen* von 1950 hinzugefügt worden sind und die im Anhang der *Grundsätze* in leicht abgeänderter Form erscheinen: Für die Entstehungsgeschichte dieser Textausschnitte vgl. Peter (1950/1951), S. 753 sowie Gerken/Renner (2000), S. 15. Allerdings findet sich das doppelte Kriterium „funktionsfähig und menschenwürdig" schon in Texten aus der Kriegszeit, vgl. Eucken (1941/1942), S. 48.
113 Eucken (1940/1989), S. 240.
114 Vgl. Eucken (1940/1989), S. 238–241 sowie Eucken (1952/2004), S. 372–374.
115 Vgl. Eucken (1940/1989), S. 239.

posthum veröffentlichten *Grundsätze der Wirtschaftspolitik* sich mit der normativen Ausrichtung der funktionsfähigen und menschenwürdigen Ordnung der Wirtschaft befassen.[116]

Die Wirtschaftsordnung ist allerdings nicht der einzige Gegenstand der Ordnungstheorie. Es gilt vielmehr, die Summe der gesellschaftlichen Teilordnungen, d. h. der Wirtschafts-, Gesellschafts-, Staats- und Rechtsordnung mit den zahlreichen zwischen ihnen bestehenden gegenseitigen Verbindungen (in Euckens Terminologie: Interdependenz der Ordnungen) zu analysieren.[117] Innerhalb des politischen Gestaltungsprozesses der Wirtschaftsordnung bestehen wiederum weitere Beziehungen zwischen den einzelnen Maßnahmen des Staates, sodass bei jeder wirtschaftspolitischen Handlung drei Aspekte zu überprüfen sind: Erstens deren unmittelbare Effekte, die je nach Wirtschaftsordnung ganz unterschiedlich ausfallen können,[118] zweitens die damit ausgelösten Tendenzen und drittens die Wirkungen auf die anderen Ordnungen.[119]

Nach Eucken existieren zwei Arten von Ordnungen: gewachsene und gesetzte Ordnungen.[120] Geschichtlich sind die meisten Ordnungen gewachsen, d. h. dass sie ohne die bewusste staatliche Durchsetzung von Ordnungsprinzipien entstanden sind – allerdings häufen sich seit der Industrialisierung (durch ihre besonderen Notwendigkeiten und die der modernen Technik)[121] vom Staat gesetzte, d. h. bewusst geschaffene Ordnungen.[122]

Die idealtypische Analyse[123] ergibt zwei Grundarten von Wirtschaftssystemen (im Sinne möglicher Lenkungsprinzipien für die realtypischen Wirtschaftsordnungen): die Verkehrswirtschaft und die zentralgeleitete Wirtschaft.[124] Innerhalb der Verkehrswirtschaft kann wiederum mithilfe von Abstraktionsverfahren eine genau umgrenzte Vielfalt von fünf idealtypischen Marktformen unterschieden werden: von der vollkommenen Konkurrenz über das Teiloligopol, das Oligopol, das Teilmonopol bis zum Monopol.[125] Neben den Marktformen müssen des Weiteren drei Geldsysteme,

---

116 Für eine frühe Einschätzung der Beziehungen zwischen *Grundlagen* und *Grundsätzen* im Sinne eines „korrelativen Sinnzusammenhangs" und einer „harmonischen Einheit" vgl. Muhs (1954), S. 118–119.

117 Vgl. Eucken (1940/1989), S. 54–58, Eucken (1941/1942), S. 43–44, Eucken (1948a), S. 72 sowie Eucken (1952/2004), S. 180–184 und S. 332–334. Für eine frühe Analyse der wirtschaftspolitischen Interdependenzen im außen- und konjunkturpolitischen Kontext vgl. Eucken (1932b), S. 44–50.

118 Vgl. Eucken (1952/2004), S. 10.

119 Vgl. Eucken (1948a), S. 77 sowie Eucken (1952/2004), S. 220–221.

120 Vgl. Eucken (1952/2004), S. 373–374.

121 Vgl. Eucken (1949), S. 31.

122 Vgl. Eucken (1940/1989), S. 51–54.

123 Für die zentrale Bedeutung des Paares Idealtyp/Realtyp im Eucken'schen Begriffssystem als eine wesentliche Ebene des Einflusses von Max Weber auf Eucken vgl. Goldschmidt (2013), S. 129–133.

124 Vgl. Eucken (1940/1989), S. 78–79.

125 Vgl. Eucken (1940/1989), S. 91–112.

die in Abschnitt 4.6.1 im Zusammenhang mit der Währungspolitik erläutert werden, unterschieden werden.[126] Die Kombinationen aus Marktformen und Geldsystemen umgeben als Rahmen der verkehrswirtschaftlichen Wirtschaftsordnung den jeweiligen Wirtschaftsprozess. Was die zentralgeleitete Wirtschaft anbetrifft, so können auch bei ihr zwei Idealtypen unterschieden werden: die Eigenwirtschaft (im Sinne des einzelnen Haushalts) und die Zentralverwaltungswirtschaft (im Sinne des heute üblichen Begriffs der Planwirtschaft).[127]

In Bezug auf die wirtschaftspolitische Betätigung des Staates ergeben sich aus der geschichtlichen Analyse ebenfalls grundsätzlich zwei Ausprägungen, genauer gesagt zwei Realtypen: die Politik des Laissez-faire und die Politik der Experimente.[128] Letztere lässt sich wiederum in zwei (in der Realität nicht immer absolut präzise voneinander unterscheidbare)[129] Unterkategorien unterteilen,[130] nämlich in die Politik der zentralen Leitung des Wirtschaftsprozesses und die Politik der Mittelwege.[131] Die Ökonomien des Laissez-faire-Zeitalters zeichnen sich dadurch aus, dass bei ihnen sowohl die Wirtschaftsordnung als auch der darin stattfindende Wirtschaftsprozess den privaten Akteuren überlassen werden. Die Vertreter dieser Politikart gehen laut Eucken davon aus, dass sich im Rahmen der Rechtsordnung eine adäquate Wirtschaftsordnung von allein bildet – allerdings werden nach Euckens Einschätzung die geschichtlichen Ergebnisse der Politik des Laissez-faire weder dem Kriterium der Funktionsfähigkeit noch dem der Menschenwürdigkeit gerecht.[132] Die Politik der zentralen Leitung des Wirtschaftsprozesses ist gewissermaßen das Gegenteil davon: Ordnung und Prozess werden bei ihr beide vom Staat beherrscht, die Vermachtung nimmt hierbei enorme Ausmaße an.[133] Die Politik der Mittelwege, von Eucken leider nur skizzenhaft dargestellt,[134] zeichnet sich dadurch aus, dass punktuell und ohne Beachtung von Grundsätzen in Ordnung und Prozess interveniert wird. Allerdings ist diese Politikart aufgrund der mit ihr einhergehenden Zerstörung des Preissystems instabil und muss mittel- und langfristig zur Zentralverwaltungswirtschaft

---

126 Vgl. Eucken (1940/1989), S. 112–123.

127 Vgl. Eucken (1940/1989), S. 79–87.

128 Vgl. Eucken (1949), S. 2–3.

129 Vgl. Eucken (1949), S. 8.

130 Vgl. Eucken (1952/2004), S. 26 und S. 58.

131 Diese Unterteilung erinnert stark an die Mises'sche Trias Kapitalismus-Sozialismus-Interventionismus aus den 1920er-Jahren. Tatsächlich ist dieser Zusammenhang eine von insgesamt nur zwei Stellen in den *Grundsätzen*, an denen Eucken Mises zitiert. Er bezieht sich dabei auf Mises' *Kritik des Interventionismus*, daneben auf Röpke und auf die Angehörige des Mises-Privatseminars Martha Stephanie Braun, vgl. Eucken (1952/2004), S. 28.

132 Vgl. Eucken (1949), S. 3–7 sowie Eucken (1952/2004), S. 26–30.

133 Vgl. Eucken (1949), S. 12–13 sowie Eucken (1952/2004), S. 127–128.

134 Für eine ähnliche Einschätzung zur fragmentarischen Darstellung der Mittelwege vgl. Beckerath (1953), S. 292.

konvergieren.[135] Der Staat wird dabei geschwächt, weil er sich in seiner Betätigung zu sehr ausdehnt, indem er bei seinen Interventionen prinzipienlos Privilegien verteilt und dabei als zunehmend attraktivere Beute den Machtgruppen mit ihren Partikularinteressen zum Opfer fällt.[136]

4.2.2 Der Staat als Schiedsrichter in der Wettbewerbsordnung

Euckens in den *Grundlagen* formulierte positive ordnungstheoretische Fragen werfen die normative Suche nach der adäquaten Wirtschaftsordnung auf und findet ihre Antwort im Ideal der Wettbewerbsordnung, welches Eucken in den späten 1940er-Jahren[137] und dann in den posthum erschienenen *Grundsätzen* ausformuliert.[138] Er bezeichnet die Wettbewerbsordnung auch als „dritten Weg",[139] welcher nach der Vorstellung der Freiburger Schule von der Laissez-faire-Ökonomie und der Zentralverwaltungswirtschaft gleich weit entfernt ist und des Weiteren nicht als Politik der Mittelwege zu verstehen ist.[140] Dabei handelt es sich um eine Ordnung, deren Leitbild aus der geschichtlichen Erfahrung heraus durch einen Findungsprozess der Wissenschaft gewachsen ist und somit eine „Mittelstellung" zwischen den gesetzten und den gewachsenen Ordnungen einnimmt.[141] Sie zeichnet sich dadurch aus, dass sie nicht den inhärenten Tendenzen der Wirtschaft und der Technik[142] entgegengesetzt ist.[143] Man kann die Wettbewerbsordnung als einen Mechanismus verstehen, der gewährleistet, dass Eigeninteresse und Gemeinwohl miteinander in Einklang gebracht werden, auch

---

135 Vgl. Eucken (1949), S. 14–22, Eucken (1950/1951), S. 42–44 sowie Eucken (1952/2004), S. 143–145. Für Franz Böhms zeitgenössische Rekonstruktion der Grenzziehung zwischen Zentralverwaltungswirtschaft und Interventionismus in Euckens ordnungstheoretischem Denken vgl. Böhm (1950), S. XXVIII–XXX. Für eine Kritik der Eucken'schen These von der Instabilität der Mittelwege vgl. Peter (1951/1952), S. 731–732. Für die These, dass Eucken die Politik der Mittelwege und hier besonders die Vollbeschäftigungspolitik als instabil einstuft, vgl. Beckmann (1955), S. 229.
136 Ein solches Gebilde, das von den Partikularinteressen einzelner Gruppen dominiert wird, nennt Eucken schon früh einen „Wirtschaftsstaat", vgl. Eucken (1932a), S. 302–303.
137 Vgl. Eucken (1946/1999a), S. 17–24 sowie Eucken (1949), S. 1–99.
138 Vgl. Eucken (1952/2004), S. 241–318.
139 Eucken (1946/1999a), S. 17. Für eine frühe Darstellung des „dritten Weges", der auf vollständige Konkurrenz und Leistungswettbewerb zielt, vgl. Eucken (1941/1942), S. 37–45.
140 Vgl. Meyer/Lenel (1948), S. IX–X. Für eine ausführliche Differenzierung zwischen Wettbewerbsordnung und Interventionismus bei Eucken vgl. Böhm (1950), S. XXXIV–XXXVIII.
141 Vgl. Eucken (1952/2004), S. 373–374. Diese Klarstellung Euckens, dass die Prinzipien der Wettbewerbsordnung nicht am Reißbrett entstanden sind, sondern anhand der geschichtlichen Erfahrung gefunden werden mussten, wird in Abschnitt 4.4.2 in Bezug auf Hayeks Kritik des konstruktivistischen Rationalismus wieder aufgenommen.
142 Vgl. Eucken (1950), S. 3–17.
143 Vgl. Eucken (1952/2004), S. 374.

und vor allem, indem sie für Entmachtung sorgt.[144] Macht und Entmachtung sind auch für die ordnungspolitische Betätigung des Staates ein leitender Kompass:

> Die Wirtschaftspolitik wird wie alle Politik vor das Problem der Macht gestellt. Wie die ganze Geschichte ist die Wirtschaftsgeschichte von Machtmißbrauch erfüllt. Freilich ist der Grad der drohenden Vermachtung je nach den verwirklichten Ordnungen verschieden.[145]

Mit anderen Worten: Die Smith'sche „invisible hand" bedarf für Eucken einer Institutionalisierung, welche sie gerade in der Wettbewerbsordnung findet.[146] Zusammen mit dem Rechtsstaat bildet die Wettbewerbsordnung somit den Ordnungsrahmen im Sinne von allgemeingültigen Spielregeln, die durch den *Staat als Schiedsrichter* zu setzen, durchzusetzen, zu überwachen und gegebenenfalls an neue Gegebenheiten anzupassen sind, sodass innerhalb dieser Spielregeln die privaten Spieler ihre Spielzüge autonom tätigen können.[147] In Abgrenzung zu dieser wünschenswerten Ordnungspolitik sind Interventionen staatliche Eingriffe, die nicht auf allgemeingültigen Spielregeln beruhen und außerdem den Wirtschaftsprozess behelligen, indem sie die Preisbildung beeinträchtigen und die relativen Preise verzerren. Sie sind deshalb nur in begründeten Ausnahmen, etwa im Falle natürlicher Monopole, zulässig und werden ansonsten als Prozesspolitik (synonym: Ablaufpolitik) verworfen.

Bevor zur inhaltlichen Ausformulierung der Prinzipien der Wettbewerbsordnung übergegangen wird, ist es von besonderem Interesse, sich die Pfeiler anzusehen, auf denen Euckens Ideal ruht. Es handelt sich dabei um die sogenannten ordnenden Potenzen,[148] also um die Akteure, die für Aufrichtung und Erhalt der Wettbewerbsordnung unverzichtbar erscheinen. Neben Wissenschaft und Kirche handelt es sich dabei an erster Stelle um den Staat.[149] Allerdings äußert Eucken bereits in den *Staatlichen Strukturwandlungen* seine Skepsis gegenüber dem ausufernden und so den Machtgruppen zum Opfer fallenden Staat, den er als „Wirtschaftsstaat" bezeichnet,[150] eine Skepsis gegenüber diesem „labilen Gebilde",[151] die sich in den *Grundsätzen* unvermindert wiederfindet. Vor dieser Falle kann nur ein klar begrenzter Tätigkeitsbereich des *starken Staates*[152]

---

144 Vgl. Eucken (1952/2004), S. 359–360.

145 Eucken (1952/2004), S. 169.

146 Vgl. Vanberg (2003), S. 6.

147 Vgl. Eucken (1949), S. 27. Für die ähnliche Darstellung Walter Lippmanns über die Rolle von Spielregeln in einer liberalen Ordnung vgl. Lippmann (1937/1944), S. 266–267.

148 Für den Begriff der ordnenden Potenz, der sprachlich und inhaltlich unmittelbar an den Haupttopos anknüpft, vgl. Eucken (1952/2004), S. 325 und S. 338–350.

149 Vgl. Eucken (1952/2004), S. 325–338.

150 Vgl. Eucken (1932a), S. 302–309. Für die zeitgleiche und annähernd identische Diagnose Alexander Rüstows des sich in Interventionismus verstrickenden Staates vgl. Rüstow (1932/1963), S. 254–258.

151 Eucken (1948d), S. 119.

152 Die Kongruenz mit dem zeitgenössischen Begriff Carl Schmitts hat zum Vorwurf eines „autoritären Liberalismus" geführt, vgl. Haselbach (1991), S. 84–113, Ptak (2004), S. 33–38 sowie die kritische Auseinandersetzung damit in Goldschmidt (2005b), S. 319–324.

im Sinne der Ordnungspolitik[153] bewahren – und es ist genau diese Umgrenzung der Rolle des Staates als notwendige Voraussetzung für die Realisierung des Ideals des *starken Staates* des deutschsprachigen Neoliberalismus, die im Mittelpunkt dieser Studie steht. Eucken versucht die Umgrenzung mit seinen beiden staatspolitischen Grundsätzen der Wirtschaftspolitik zu fixieren. Erstens soll der Staat stets wirtschaftliche Machtgruppen auflösen oder begrenzen (idealerweise soll er sie gar nicht erst entstehen lassen),[154] zweitens soll er nur die Gestaltung der Ordnungsformen, nicht aber des Wirtschaftsprozesses für sich beanspruchen.[155] Aus dieser Leitidee ergibt sich der zentrale Satz, dass die Frage nach der Staatstätigkeit nicht quantitativ (*Wie viel* Staat ist notwendig?), sondern qualitativ (*Welche* sind die legitimen Aktivitäten des Staates?) zu beantworten ist.[156]

Inhaltlich basiert die Wettbewerbsordnung auf zwei[157] Prinzipien-Gruppen – konstituierenden und regulierenden Prinzipien – die im Sinne der ordnungspolitischen Gesamtentscheidung als ein zusammenhängendes Ganzes zu sehen sind. Dies bedeutet, dass sie gleichzeitig realisiert sein müssen, damit die Wirtschaftsordnung als Wettbewerbsordnung bezeichnet werden darf.[158]

Zunächst handelt es sich bei den konstituierenden Prinzipien um das *Grundprinzip* der Funktionsfähigkeit des Preissystems. Bei vollständiger Konkurrenz – Euckens wettbewerbspolitischem Leitbild, welches in der Wettbewerbsordnung auf möglichst vielen Märkten zu realisieren ist und welches nicht mit dem neoklassischen Modell vollkommener Konkurrenz übereinstimmt –[159] gibt das Preissystem die Knappheiten wieder.[160] Anschließend wird das *Primat der Währungspolitik* festgehalten, da ohne eine stabile Währungsordnung die Wettbewerbsordnung nicht zu realisieren ist.[161] Es

---

153 Der heute von der Wirtschaftspolitik in Deutschland geradezu inflationär benutzte Begriff „Ordnungspolitik" kommt bei Eucken relativ spät auf, vgl. Eucken (1948a), S. 77 sowie Eucken (1949), S. 18. In früheren Publikationen verwendet er andere Begriffe wie Wirtschaftsverfassungspolitik, vgl. Eucken (1941/1942), S. 47. Dieser Begriff wird später in den *Grundsätzen* deutlich seltener verwendet und bewegt sich wohl auf einer zeitlich vorgelagerten Ebene, während die Ordnungspolitik (jenseits der ordnungspolitischen Gesamtentscheidung) durchaus auch im täglichen Politikverkehr zu betreiben ist, vgl. Eucken (1952/2004), S. 255.

154 Vgl. Eucken (1952/2004), S. 169–172.

155 Vgl. Eucken (1952/2004), S. 334–337.

156 Vgl. Eucken (1952/2004), S. 336–337. Für Analysen des Begriffspaares quantitativ/qualitativ im Kontext der Aktivitäten eines auf freiheitskompatible Ordnungen fokussierten Staates vgl. Kolev (2012), S. 48–52 sowie Dierksmeier (2016), S. 54–61.

157 Für eine Rekonstruktion weiterer Prinzipiengruppen, die Eucken nicht explizit vornimmt, vgl. Grossekettler (1987), S. 12–14 sowie Grossekettler (1997), S. 46–52.

158 Vgl. Eucken (1952/2004), S. 250–253.

159 Für die Abgrenzung der Eucken'schen *vollständigen* Konkurrenz vom neoklassischen Modell der *vollkommenen* Konkurrenz vgl. Renner (2000b), S. 19–20, Renner (2002), S. 72–77 sowie Abschnitt 4.5.1.

160 Vgl. Eucken (1938/2005), S. 76 und S. 85, Eucken (1949), S. 32–34 sowie Eucken (1952/2004), S. 254–255.

161 Vgl. Eucken (1949), S. 34–36 sowie Eucken (1952/2004), S. 255–264. Für Erläuterungen der konkreten institutionellen Empfehlungen Euckens zur Währungspolitik vgl. Abschnitt 4.6.1.

folgt das Prinzip der *offenen Märkte*. Dieses besagt, dass jegliche Behinderung des Marktzutritts, welche sowohl durch private als auch durch staatliche Macht hervorgerufen werden kann, untersagt werden soll.[162] *Privateigentum* ist der nächste Grundsatz,[163] der bei Realisierung der vollständigen Konkurrenz (aber auch nur dann) dazu dient, dem Einzelnen eine Sphäre zur Entfaltung seiner Kräfte zu überlassen.[164] Hierdurch stellt sich gleichzeitig eine Kongruenz zwischen Eigeninteresse und Gemeinwohl ein, weil alle Akteure entmachtet sind und somit nur marktliche Interaktionen eingehen, die für beide Seiten vorteilhaft sind.[165] Es folgt der Grundsatz der *Vertragsfreiheit*, für den analog zum Privateigentum gilt: Nur bei vollständiger Konkurrenz ist für Eucken gewährleistet, dass dieses Prinzip nicht missbraucht werden kann, um durch die eigene Machtposition die Vertragsfreiheit anderer zu beschränken.[166] Anschließend wird das Prinzip der *Haftung* angeführt.[167] Es lautet, dass eine personelle Äquivalenz herrschen soll zwischen demjenigen, der durch eine Maßnahme Nutzen erlangt, und demjenigen, der den durch dieselbe Maßnahme ausgelösten Schaden trägt.[168] Schließlich wird die *Konstanz der Wirtschaftspolitik* angeführt, ein Grundsatz, der den privaten Akteuren erlauben soll, alle Möglichkeiten ihres Umfeldes zu realisieren, ohne von einem erratischen Handeln des Staates darin behindert zu werden.[169]

Bei den regulierenden Prinzipien handelt es sich um vier Maximen, die mögliche Unzulänglichkeiten bei der Realisierung der Wettbewerbsordnung beheben sollen.[170] Es ist grundsätzlich der Einschätzung zuzustimmen, dass sie auf einer anderen ordnungstheoretischen Ebene anzusiedeln sind als die konstituierenden Prinzipien und als eine Begründung von Eingriffen gesehen werden können.[171] Zunächst wird

---

162 Vgl. Eucken (1949), S. 36–42 sowie Eucken (1952/2004), S. 264–270.

163 Die Reihenfolge im *ORDO*-Aufsatz von 1949 und in der Veröffentlichung in den *Grundsätzen* unterscheidet sich. Hier wird die Reihenfolge der *Grundsätze* wiedergegeben.

164 Die Ordnungsbedingtheit der Vorteilhaftigkeit von Privateigentum (vgl. auch Eucken (1948a), S. 83–85) unterscheidet Eucken besonders stark von Mises: Für Mises ist der Kapitalismus ausschließlich durch die Feststellung von Privateigentum als vorherrschender Eigentumsform gekennzeichnet, nicht aber von der Intensität der Konkurrenz, innerhalb derer die Akteure zu handeln haben, vgl. Mises (1929/1976), S. 4.

165 Vgl. Eucken (1949), S. 46–52, Eucken (1950/1953), S. 18–20 sowie Eucken (1952/2004), S. 270–275.

166 Vgl. Eucken (1949), S. 52–57 sowie Eucken (1952/2004), S. 275–279.

167 Für die These, dass gerade die Nichteinhaltung des Haftungsprinzips durch zahlreiche politökonomische Akteure eine wesentliche Ursache der gegenwärtigen Finanz- und Wirtschaftskrise ausmacht, vgl. Kolev/Zweynert (2013).

168 Vgl. Eucken (1949), S. 57–62, Eucken (1950/1953), S. 20–22 sowie Eucken (1952/2004), S. 279–285.

169 Vgl. Eucken (1949), S. 42–46, Eucken (1950/1953), S. 23–24 sowie Eucken (1952/2004), S. 285–289.

170 Für eine kritische Analyse zur generellen Notwendigkeit regulierender Prinzipien vgl. Hoppmann (1995), S. 47–48.

171 Vgl. Horn (2010a), S. 87. Dass daraus der Schluss gezogen werden kann, das Phänomen des Marktversagens spielt eine „wesentliche Rolle" in Euckens Werk (vgl. Doering (2008), S. 15), ist allerdings zu bezweifeln.

das *Monopolproblem* angeführt, ein Kernanliegen Euckens, das sich direkt aus dem Haupttopos ergibt und das als einziges von den regulierenden Prinzipien hinreichend ausführlich formuliert ist. Der Staat kann hier unter bestimmten Umständen ausnahmsweise auch in den Wirtschaftsprozess intervenieren, da es sich um ein besonderes Problem privater wirtschaftlicher Macht handelt. Zwar mag private Macht auf offenen Märkten nur kurzfristig relevant sein, allerdings attestiert ihr Eucken ein ständiges Streben nach dem Usurpieren staatlicher Macht, weshalb sie auch kurzfristig nicht zugelassen werden darf.[172]

Die verbleibenden drei regulierenden Prinzipien sind leider nur skizzenhaft überliefert. Das zweite Prinzip, welches die Frage nach einer *Einkommenspolitik* aufwirft, also nach einer Korrektur des Marktergebnisses in der Einkommensverteilung, legitimiert eine (nicht zu steile, weil sonst investitionshemmende) steuerliche Progression.[173] Das dritte regulierende Prinzip widmet sich der möglichen Unzulänglichkeit der *Wirtschaftsrechnung* und thematisiert, dass eine Wettbewerbsordnung einzelwirtschaftlich richtige, aber gesamtwirtschaftlich fehlerhafte Ergebnisse (in heutiger Terminologie: externe Effekte) induzieren kann, wie etwa Umweltschäden oder Schäden für die Arbeitnehmer, die nur unzureichend von der kaufmännischen Rechnungsführung ausgewiesen werden.[174] Als Letztes[175] schlägt Eucken vor, bei *anomalem*[176] *Verhalten des Angebots*, also im ganz speziellen Fall, dass auf dem Arbeitsmarkt die Arbeitnehmer auf sinkende Löhne mit steigendem Arbeitsangebot reagieren, gesetzliche Mindestlöhne festzulegen.[177]

Neben der Frage der notwendigen Akteure und der inhaltlichen Ausgestaltung der Wettbewerbsordnung stellt sich last but not least die Frage, wie der Staat der Wettbewerbsordnung verfasst sein soll. Eucken geht auf diese Frage, möglicherweise aufgrund der prekären politischen Situation ab 1933 sowie wegen seines unerwartet frühen Todes, nur in Umrissen ein. Biografisch, sowohl aus der Endzeit der Weimarer Republik[178] als auch aus der Widerstandtätigkeit während des

---

172 Vgl. Eucken (1949), S. 64–71 sowie Eucken (1952/2004), S. 291–299. Für weitere Ausführungen zur Handhabung des Monopolproblems vgl. Abschnitt 4.5.1.

173 Vgl. Eucken (1949), S. 72–73, Eucken (1950/1953), S. 23 sowie Eucken (1952/2004), S. 300–301. Für weitere Ausführungen zur Handhabung des Verteilungsproblems vgl. Abschnitt 4.8.1.

174 Vgl. Eucken (1949), S. 73–75 sowie Eucken (1952/2004), S. 301–303.

175 Im *ORDO*-Aufsatz kommt noch als letztes regulierendes Prinzip „Der währungspolitische Stabilisator" hinzu, das aber in den *Grundsätzen* unter dem konstituierenden Prinzip „Primat der Währungspolitik – Der währungspolitische Stabilisator" subsumiert wird.

176 Auch hier ist eine Abweichung, diesmal eine terminologische, zwischen dem *ORDO*-Aufsatz und den *Grundsätzen* feststellbar: So nennt Eucken das Verhalten in *ORDO* „antikonjunkturell", später aber „anomal". Für eine Erläuterung der Bezeichnung „antikonjunkturell" vgl. Eucken (1948d), S. 116–117.

177 Vgl. Eucken (1949), S. 75–76 sowie Eucken (1952/2004), S. 303–304.

178 Vgl. Dathe (2009), S. 64–79.

Nationalsozialismus,[179] ist die liberale staatsbürgerliche Haltung Euckens eindeutig. Die Akzeptanz des Prinzips der Gewaltenteilung ist damit auch selbstverständlich.[180] Ein explizites Bekenntnis zur (unbeschränkten) Demokratie aber findet sich in den hier analysierten Werken nicht, dem stünde auch die häufig von Eucken erläuterte Gefahr der Vermassung stark entgegen.[181] Stattdessen handelt es sich um ein Demokratieverständnis, bei dem die Demokratie durch besondere Schichten und Institutionen, im Sinne der ordnenden Potenzen, getragen und gleichzeitig beschränkt wird.[182]

4.3 Der Staat in der Ordnungstheorie Friedrich August von Hayeks

4.3.1 Haupttopos und Ordnungsbegriff

Wie bei Eucken, beginnt die Analyse der Hayek'schen Ordnungstheorie mit der Identifizierung des Haupttopos. Nach übereinstimmender Meinung in der Literatur handelt es sich dabei um das Phänomen des *Wissens* und der Wissensteilung in Wirtschaft und Gesellschaft.[183] Wissen wird von Hayek wie folgt definiert:

> [...] all the human adaptations to environment in which past experience has been incorporated.[184]

Es werden in der Sozialphilosophie Hayeks unterschiedliche Wissensarten erörtert, wobei die Differenzierung von explizitem (formalem, wissenschaftlichem) und implizitem (informellem, tazitem, lokalem) Wissen von besonderer Bedeutung ist.[185] Im Zentrum seiner Ausführungen steht das implizite Wissen, also das besondere individuelle Wissen von Raum und Zeit,[186] das kaum zentralisierbar ist, weshalb der Versuch der Aggregation durch einen zentralen Planer notwendigerweise einer Anmaßung von Wissen gleichkommt.[187] Weitere Schwierigkeiten für den Planer wären

---

179 Vgl. Goldschmidt (2005a), S. 289–314 sowie Horn (2006b), S. 407–411 als Besprechung von Goldschmidt (2005). Bemerkenswert mutig ist Euckens Formulierung der Suche nach einer Ordnung, die „unabdingbaren Freiheitsrechte des Menschen" zu wahren. Dieses Ziel trägt er in einem 1941 gehaltenen Referat vor, das 1942 sogar in einem Band der regimenahen *Akademie für Deutsches Recht* publiziert wird, vgl. Eucken (1941/1942), S. 44.
180 Vgl. bspw. Eucken (1952/2004), S. 252–253 und S. 327–328.
181 Vgl. bspw. Eucken (1948a), S. 79–80 sowie Eucken (1952/2004), S. 16–19 und S. 190–193.
182 Für eine aktuelle eingehende Analyse des Eucken'schen Demokratieverständnisses, welches auch mit demjenigen Hayeks kontrastiert wird, vgl. Nientiedt/Köhler (2016).
183 Vgl. bspw. Streit/Wohlgemuth (1997), S. 7, Sprich (2001), S. 6 sowie Vanberg (2003), S. 7.
184 Hayek (1960/1978), S. 26.
185 Vgl. Hayek (1960/1978), S. 22–29 sowie Hayek (1973/1983), S. 11–19.
186 Vgl. Hayek (1945), S. 521–522 sowie Hayek (1960/1978), S. 156.
187 Vgl. Hayek (1960/1978), S. 22–23.

der strikt subjektive und außerdem dynamische Charakter des impliziten Wissens der Akteure.[188]

In der Sekundärliteratur ist es eine häufig diskutierte Frage, in wie viele Phasen das Werk Hayeks unterteilt werden kann. Im Folgenden wird die These vertreten, dass es hilfreich ist, anstatt der üblichen, am Gleichgewichtsbegriff orientierten Zweiteilung[189] eine Dreiteilung vorzunehmen: „Hayek I" als der Konjunkturtheoretiker, „Hayek II" als der ordoliberale Ordnungstheoretiker/Sozialphilosoph und „Hayek III" als der evolutorische Ordnungstheoretiker/Sozialphilosoph. Der Wissens-Topos kristallisiert sich zwar ab Hayeks Beteiligung an der zweiten Auflage der „socialist calculation debates" seit Mitte der 1930er-Jahre heraus.[190] Es kann aber die These aufgestellt werden, dass die zentrale Bedeutung der relativen Preise in der Hayek'schen Konjunkturtheorie („Hayek I") implizit auch schon den Wissens-Topos in sich trägt: Wie Hayek ab seinen berühmten Aufsätzen zum Wissensproblem erörtert, stellt das System relativer Preise ein Signalwerk dar, welches für die Lenkung des wissensteiligen Wirtschaftsprozesses unabdingbar ist.[191] Damit erscheint die Verwendung des Wissens-Topos für alle drei Phasen als zulässig und wird sich im Folgenden in verschiedenen komparativen Kontexten zu Eucken als hilfreich erweisen.

Ausgehend vom so festgestellten unterschiedlichen Haupttopos, hat Hayek auch einen anderen Ordnungsbegriff als Eucken.[192] Es handelt sich dabei um die Frage, wie Wissensteilung durch Preise und durch Regeln (vgl. Abschnitt 4.3.2) zustande kommen kann,[193] sodass der omnipräsente und permanente Wissensmangel bestmöglich überwunden wird und adäquate Erwartungen an die Handlungen der anderen, ebenfalls epistemisch beschränkten Individuen gebildet werden können.[194] In Hayeks Worten ist unter Ordnung folgendes zu verstehen:

> [...] das Bestehen von Beziehungen zwischen wiederkehrenden Elementen [...], die es für uns möglich macht, aufgrund der Kenntnis eines (räumlich oder zeitlich) beschränkten Teils des Ganzen Erwartungen bezüglich des Restes zu bilden, die gute Aussicht auf Erfüllung haben.[195]

---

188 Vgl. Burczak (2006), S. 29–37.

189 Für diese klassische Formulierung der Zweiteilung, die den zentralen Unterschied der zwei Phasen im Kontext von *Economics and Knowledge* verortet, vgl. die Debatte zwischen Hutchison (1979/1981b), S. 210–219 und Caldwell (1992), S. 1–14. Für eine davon abweichende Zweiteilung, die auf den Wandel im Gleichgewichtsbegriff Hayeks im Zuge der „socialist calculation debates" zurückgeführt wird, vgl. Caldwell (1988a), S. 521–536.

190 Für die retrospektive Wichtigkeit seiner Herausgeberschaft zu den „socialist calculation debates" (vgl. Hayek (1935)) für sein Forschungsprogramm und für die Herausbildung des Wissens-Topos vgl. Hayek (1994), S. 79–80. Für zwei der ersten zeitgenössischen Reaktionen auf Hayeks Herausgeberschaft vgl. Dobb (1935), S. 532–535 sowie Wootton (1935), S. 348–350.

191 Vgl. Hayek (1936/1937) sowie Hayek (1945).

192 Die möglichen Beziehungen der Topoi werden am Anfang der komparativen Analyse in Abschnitt 4.4 erörtert.

193 Vgl. Hayek (1963/1969a), S. 37–40.

194 Vgl. Hayek (1945), S. 519 sowie Hayek (1962/1969), S. 11.

195 Hayek (1967/1969), S. 164.

Der direkte Bezug eines solchen Ordnungsbegriffs zum Wissens-Topos ergibt sich unmittelbar aus dem darin enthaltenen Konzept der Erwartungen, das wiederum auf den eingangs definierten Hayek'schen Wissensbegriff reflektiert.

Wie bei Eucken, handelt es sich auch bei Hayeks Sozialphilosophie um ein höchst interdependentes System, in dem Aussagen über die unterschiedlichen sozialen Ordnungen miteinander verzahnt sind. Daher erscheint die Benutzung des Begriffs der Interdependenz der Ordnungen auch bei Hayek als gerechtfertigt.[196] Allerdings kann Hayek, anders als der früh verstorbene Eucken, die Interdependenzen in seiner Ordnungstheorie tatsächlich ausformulieren und expliziert seine freiheitlichen Kriterien für die Rechts- und die Staatsordnung besonders in der *Constitution of Liberty* und in *Law, Legislation and Liberty*.

In *Law, Legislation and Liberty* unterscheidet Hayek des Weiteren, ähnlich wie bei der Eucken'schen Differenzierung zwischen „gewachsen" und „gesetzt", zwischen endogenen und exogenen Ordnungen – altgriechisch zwischen *kosmos* und *taxis*. Erstere sind Ordnungen, die spontan entstehen, komplex sowie frei von einem vorgegebenen Ziel sind, während Letztere bewusst geschaffen werden, relativ einfach sind und den Zielen ihres Schöpfers dienen sollen.[197] Dementsprechend ist die Kontrollmöglichkeit von außen über die Anordnung der einzelnen Elemente in der *taxis* wesentlich höher als beim *kosmos*.[198]

4.3.2 Der Staat als Gärtner in der spontanen Ordnung

Wie im vorherigen Abschnitt angedeutet, ist bei Hayek (vom „ordoliberalen Hayek II" zum „evolutorischen Hayek III") ein bedeutender Wandel zu beobachten,[199] was die Rolle des Staates in Bezug auf die Setzung, Durchsetzung und Anpassung von Regeln betrifft.[200] Als die Phase des „ordoliberalen Hayek II" lassen sich seine frühen sozialphilosophischen Schriften aus den 1930er- und 1940er-Jahren klassifizieren, wobei James Buchanan zuzustimmen ist, wenn er auch Teile der *Constitution of Liberty* in diese Phase einsortiert.[201] Dem Hayek'schen Staat kommt hier eine Rolle bei der

---

196 Für eine explizite Erwähnung des Begriffs der Interdependenz im Zusammenhang mit Wirtschaftsordnung und Wirtschaftsprozess vgl. Hayek (1962/1969), S. 12.

197 Für Hayeks Hypothese, dass sich die Bezeichnung „Kristallisieren" als Beschreibung für den Entstehungsvorgang spontaner Ordnungen auch auf Goethe zurückführen lässt, vgl. Hayek (1985a), S. 4.

198 Vgl. Hayek (1973/1983), S. 36–39.

199 Hayek selbst ist später kritisch, was einige seiner früheren Positionen betrifft. So schreibt er in einem Vorwort zum *Road to Serfdom* aus dem Jahre 1976, dass er 1944 noch nicht ganz frei von „all the current interventionist superstitions" gewesen ist, vgl. Hayek (1944/1994), S. XXIV. Ob damit gerade seine ordoliberalen Positionen gemeint sind, muss offen bleiben.

200 Für eine damit verwandte Analyse dieses Aspekts von Hayeks Wandlungen vgl. Sally (2000), S. 101 sowie Vanberg (2003), S. 10.

201 Vgl. Buchanan (1992), S. 130–132.

bewussten Schaffung des Ordnungsrahmens zu, der den Markt umgibt – ähnlich der Eucken'schen ordnenden Potenz für eine positive[202] Ordnungspolitik.[203] Dem Staat mangelt es demnach nicht an der Fähigkeit oder am Wissen, die Regeln für Wirtschaft und Gesellschaft aktiv und adäquat zu setzen, durchzusetzen und anzupassen. Bei der Gründungsversammlung der *Mont Pèlerin Society* im April 1947 spricht sich Hayek (paradigmatisch für diese zweite Schaffensphase) explizit für eine „competitive order" als normativen Kompass für die Wirtschaftspolitik aus.[204] Dabei handelt es sich um eine direkte begriffliche Übernahme des Konzeptes der Wettbewerbsordnung von Eucken, der ebenfalls bei der Tagung anwesend ist, sowie des verwandten Konzeptes des kurz vor der Tagung verstorbenen Chicagoer Ökonomen Henry Simons.[205] Wenige Monate später thematisiert Hayek explizit die wesentliche Nähe der Freiburger Wettbewerbsordnung zum eigenen, im *Road to Serfdom* skizzierten positiven Konzept des „planning for competition"[206] und formuliert dabei folgende Sätze:

> Gerade auf diesem Gebiet [des Schaffens von Bedingungen für einen leistungsfähigen Wettbewerb, SK] sind schon vor dem Kriege in Deutschland eine Anzahl sehr wichtiger Studien erschienen, die vor allem der Anregung von Professor Walter Eucken in Freiburg i. B. und von Professor Franz Böhm, nun in Frankfurt, zu verdanken sind und auf die ich Sie ganz besonders hinweisen möchte. Das Problem der „Ordnung der Wirtschaft" in dem Sinne, in dem es diese Forscher stellten und seine Lösung zu skizzieren versuchten, ist eine der wichtigsten Aufgaben, die sich der menschliche Geist heute stellen kann und von deren Lösung unendlich viel abhängt.[207]

In der Phase des „evolutorischen Hayek III" dagegen findet sich eine solche ordoliberale Position nicht mehr. An die Stelle der *Wettbewerbsordnung* tritt als normativer Referenzpunkt das Konzept der *spontanen Ordnung* und, im Spätwerk, das Konzept der *erweiterten Ordnung*.[208] Darunter ist eine Ordnung zu verstehen, welche unkontrolliert aus den Handlungen der Individuen entsteht, weswegen sie Hayek auch *Handelnsordnung* nennt.[209] Die Individuen werden zwar in ihren Handlungen durch (bewusste oder unbewusste) Regeln koordiniert, sind sich aber beim Tätigen dieser

---

202 Für Euckens Erläuterung am Beispiel der Wettbewerbspolitik, dass *negative* Politik hier das Verbot von Kartellen und (die von ihm geforderte) *positive* Politik die aktive Durchsetzung der vollständigen Konkurrenz bedeutet, vgl. Eucken (1952/2004), S. 255.

203 Vgl. Hayek (1935a), S. 21–24, Hayek (1939), S. 8–12, Hayek (1944/1994), S. 40–43 sowie Hayek (1947/1948), S. 110–112.

204 Vgl. Hayek (1947/1948), S. 110–112.

205 Für die intellektuelle Nähe in den 1930er- und 1940er-Jahren zwischen Hayek, Eucken und Simons vgl. Van Horn (2009), Köhler/Kolev (2011) sowie Köhler/Kolev (2013).

206 Vgl. Hayek (1944/1994), S. 40–43.

207 Hayek (1947/2004), S. 170.

208 Obwohl der konzeptionelle Kern der erweiterten Ordnung bereits in der *Constitution of Liberty* ein essenzieller Baustein der Hayek'schen Sozialphilosophie ist, findet man den Begriff expressis verbis erst in der *Fatal Conceit*, vgl. Hayek (1988), S. 6–28.

209 Vgl. Hayek (1967/1969), S. 172–176. Für eine Erläuterung der Rolle von Regeln in der Herausbildung von sozialen Ordnungen vgl. Hayek (1967a), S. 66–72.

Handlungen nur selten der Regelhaftigkeit des Ordnungszusammenhanges bewusst. Das Zwillingskonzept der spontanen Ordnung[210] ist der Prozess der kulturellen Evolution,[211] welcher über den Mechanismus der Gruppenselektion[212] die Regeln für den Ordnungsrahmen im Zeitablauf ohne bewussten Entwurf herausbilden lässt.[213]

In diesem Zusammenhang stellen sich mindestens zwei wesentliche Fragen. Zum einen, ob sich bei diesem Wandel Hayeks Staatsverständnis kategorial verändert oder ob „nur" eine Akzentverschiebung stattfindet.[214] In der Interpretation dieser Studie handelt es sich hier um mehr als nur um eine Akzentverschiebung: Zwar ist der Staat auch beim Prozess der kulturellen Evolution nicht passiv, ist aber dem dynamischen Prozess evolvierender Regeln untergeordnet und hat das zu vollziehen, was die Suche dieses Prozesses an Änderungsnotwendigkeiten herausfiltert. Der Staat wird damit gewissermaßen zu einem formalen Durchsetzer dessen, was die Gesellschaft im wettbewerblichen Lernprozess mit anderen Gesellschaften an erfolgreichen Mustern für kopierwürdig befindet und in die bestehenden Regeln der eigenen Rechtsordnung integrieren will. Als Brücke zwischen den Kategorien „regelsetzender Staat als Schiedsrichter" („Hayek II") und „formaler Durchsetzer von Regeländerungen innerhalb der kulturellen Evolution" („Hayek III") kann das Bild vom *Staat als Gärtner* eingesetzt werden. Dieses Bild taucht bereits im *Road to Serfdom* auf[215] und wird auch in der Schlusspassage der Nobelpreis-Vorlesung zur *Pretence of Knowledge* aufgegriffen[216] – etwas ausführlicher wird es aber gerade in den 1950er-Jahren erörtert, zu der Zeit also, in der gemäß der Interpretation dieser Studie Hayeks Staatsverständnis im Übergang begriffen ist.[217] Natürlich ist auch der Gärtner kein passiver Akteur. Allerdings lässt sich entlang Hayeks Formulierungen die These aufstellen, dass er dabei einen *englischen Garten* (in Abgrenzung zum französischen Garten) vor Augen hat, da in Letzterem das strikte geometrische Entwerfen der Ordnung aller Elemente vorgenommen wird, während in Ersterem deutlich mehr Spontaneität für die Entwicklung der einzelnen Subsysteme und ihrer Elemente zugelassen wird. Der Hayek'sche Staat

---

210 Für die Einordnung des Begriffs „twin concepts of evolution and spontaneous order" vgl. Hayek (1979/1981), S. 158.

211 Für die Charakterisierung der Theorie kultureller Evolution als eine der „spannendsten, aber auch heikelsten sozialwissenschaftlichen Arbeiten" Hayeks vgl. Wohlgemuth (2011), S. 97.

212 Für eine frühe Formulierung des Mechanismus der Gruppenselektion als Element des evolutorischen Prozesses auf der überindividuellen Ebene im sozialen Kontext vgl. Hayek (1967a), S. 67.

213 Vgl. Hayek (1960/1978), S. 229–230 sowie Hayek (1979/1981), S. 155–158. Für eine kritische Analyse des in Abschnitt 4.4.2 diskutierten Panglossismus-Vorwurfs vgl. Geue (1998), S. 147–148 sowie Watrin (1999), S. 285.

214 Für das Verhältnis des Hayek'schen Evolutionismus zur Gestaltbarkeit von Regeln vgl. Vanberg (1981) sowie Vanberg (1994b).

215 Vgl. Hayek (1944/1994), S. 22.

216 Vgl. Hayek (1974/1989), S. 7. Für den Hinweis auf die Verwendung der Gärtner-Metapher in der Nobelpreis-Vorlesung bin ich Roland Fritz, MSc dankbar.

217 Vgl. Hayek (1955/1967), S. 19 sowie Hayek (1956), S. 523–524.

hat zwar (wenig verwunderlich) nicht die Aufgabe, jedes Element in der Gesellschaft zu kontrollieren, wohl aber – wie der Gärtner eines englischen Gartens – die Muster der gesellschaftlichen Subsysteme zu kultivieren. Diese Metapher als denkbare Fortsetzung des ordoliberalen Bildes vom Staat als Schiedsrichter wird in Abschnitt 4.4 wieder aufgegriffen.

Wenn man diese erste Frage nach den obigen Abwägungen im Sinne der kategorialen Veränderung beantwortet, stellt sich natürlich die Folgefrage nach dem möglichen Grund für eine solche Entwicklung innerhalb des Hayek'schen Werkes. Dazu können im Folgenden drei Hypothesen aufgestellt werden. Der erste mögliche Erklärungsansatz wäre in der zunehmenden intellektuellen Beschäftigung Hayeks mit den Denkern der Schottischen Aufklärung zu verorten, wo die Analyse der Prozesse innerhalb nicht geplanter, spontaner Ordnungen sowie die Evolution solcher Ordnungen von zentraler Bedeutung für jede Auseinandersetzung mit sozialen Phänomenen sind.[218] Ein zweiter Grund wäre in der epistemologischen Konsequenz der *Sensory Order* zu suchen: Die besondere Beachtung der Grenzen menschlicher Kognition, die sich in diesem Werk als Ergebnis von Hayeks neurowissenschaftlicher Fundierung seiner Sozialphilosophie artikuliert, bewegt ihn möglicherweise dazu, auch die „Machbarkeit" und die bewusste Planbarkeit des Ordnungsrahmens durch Politiker im Vergleich zu seiner ordoliberalen Phase zu revidieren.[219]

Ein dritter Grund kann in der Ausdifferenzierung des Hayek'schen Regelbegriffs ausgemacht werden, welche gerade in *Law, Legislation and Liberty* im Mittelpunkt steht und an zentraler Stelle zwischen *nomos*- und *thesis*-kompatiblen Regeln unterscheidet. Für eine komplexe spontane Ordnung wie den *kosmos* bedarf es laut Hayek besonderer Bindemittel, damit diese Ordnung trotz ihrer Komplexität funktionieren kann. Als solche Bindemittel macht er, dabei Bausteine der für ihn prägenden Schottischen Aufklärung aufgreifend,[220] zwei Typen von Elementen aus. Zum einen geht es um die Marktpreise, welche – heute am besten in der Metapher eines Rechners abbildbar – als Prozessor des jederzeit neu in den Markt eingespeisten Wissens und außerdem als Speicher für das kurzfristige unter den Marktakteuren verteilte Wissen fungieren, zum anderen um die Regeln gerechten Verhaltens als Speicher für das langfristige, aus dem Prozess der kulturellen Evolution herausdestillierte Wissen

---

218 Zunächst stehen für die monetären Konjunkturtheoretiker die strikt ökonomischen Theorien der Schottischen Aufklärung, bspw. Humes, gelegentlich im Vordergrund, vgl. Hayek (1931/2008), S. 203–204. Für eine frühe sozialphilosophische Einordnung der Denker der Schottischen Aufklärung als „wahre" Individualisten vgl. Hayek (1945/1948), S. 3–4 und S. 11–13. Für die spätere ausführliche Beschäftigung mit der Philosophie Humes vgl. Hayek (1963/1967b), S. 106–121.
219 Die Analyse dieses Buches liegt außerhalb der vorliegenden Studie. Für eine ausführliche Darstellung der Bedeutung der *Sensory Order* für Hayeks Epistemologie und besonders für seine Vorstellung menschlicher Rationalität vgl. Sprich (2008), S. 99–164. Für den Zusammenhang zwischen den Erkenntnissen aus der *Sensory Order* und Hayeks Theorie komplexer Phänomene vgl. Streit (2004a), S. 115–119 sowie Lewis (2015), S. 1171–1178.
220 Vgl. Hayek (1945/1948), S. 4–13, Hayek (1960/1978), S. 54–70 sowie Hayek (1973/1983), S. 17–24.

von Wirtschaft und Gesellschaft.[221] Die Regeln gerechten Verhaltens – auch *nomos* genannt – müssen allgemein (d. h. kein Privileg für einzelne Gruppen), abstrakt (d. h. vom Einzelfall losgelöst) und negativ (d. h. als Verbote einzelner Optionen statt als Befehle bestimmter Handlungen) ausgestaltet sein, damit sie dem dynamischen Wesen des *kosmos* genügen können. Befehle als zielgerichtete, positive Regeln – auch *thesis* genannt – sind stattdessen zur Koordination von hierarchischen, einem einheitlichen Zweck unterstellten Organisationen im Sinne der *taxis* imstande und können, falls sie einem *kosmos* auferlegt werden, dessen Dynamik erheblich beeinträchtigen.[222] Regeln im Sinne des *nomos* sind nach Hayek außerdem mit Kapital vergleichbar, da sie wie dieses für unbekannte und mannigfaltige Zwecke verwendet werden können, also zur Koordination des keinem bestimmten Zweck unterstellten *kosmos*.[223] Sie umgeben als Ordnungsrahmen das Spiel des gegenseitigen Tausches zwischen den Marktakteuren, welches Hayek das Spiel der Katallaxie nennt. Gerade dieses bildet auch den Kern seines Verständnisses vom Wirtschaftsprozess, womit er sich von der Robbins'schen Definition des „economizing individual" deutlich abhebt und an seine Stelle das in Arbeits- und Wissensteilung involvierte und sich daher auf Regeln verlassende Individuum setzt.[224] Die sich verschiebenden Kategorien des Hayek'schen Staatsverständnisses im Übergang von „Hayek II" zu „Hayek III" können also in dieser dritten Hypothese damit erklärt werden, dass „Hayek II" noch seinen Fokus auf den *thesis*-kompatiblen Regeln der konkreten staatlichen Gesetzgebung à la *taxis* hat, während sich das Interesse von „Hayek III" zunehmend den *nomos*-kompatiblen Regeln der abstrakten Ordnung des Rechts und dessen *kosmos* widmet. Das Verblassen der Rolle des Staates in diesem Übergang wird auch dadurch veranschaulicht, dass „Hayek III" in seiner Auseinandersetzung mit den *nomos*-bezogenen Zuständigkeiten betont, dass die zentrale Rolle hier nicht beim Politiker mit dessen Gesetzgebung liegt, sondern beim Richter und dessen Rechtsfindung auf der Basis der jahrtausendealten Erfahrungen in der Evolution des Rechts.[225]

Hayek, anders als der früh verstorbene Eucken, bietet ein differenziertes Bild der demokratischen Institutionen und ihrer jeweiligen Rollen im sogenannten Modell der *Demarchie*. Allgemein soll aus seiner Sicht angestrebt werden, dass die Legislative und Exekutive zwei disjunkte Funktionen ausführen, deren paralleler Vollzug zu ernsthaften Problemen führen kann. Es handelt sich um die Setzung (Legislative und Judikative), Durchsetzung (Exekutive) und gegebenenfalls um die Anpassung (Legislative und Judikative) der Regeln für Wirtschaft und Gesellschaft. Neben diesem

---

221 Vgl. Loy (1988), S. 165–170 sowie Hoppmann (1993/1999), S. 143–149.
222 Vgl. Hayek (1973/1983), S. 48–52.
223 Vgl. Hayek (1976/1978b), S. 23.
224 Vgl. Hayek (1960/1978), S. 58–60. Für eine Analyse der Hayek'schen Menschenbildes vgl. Rembold (2006), S. 298–313. Für das Konzept des „rule-following behaviour" im Kontext von Hayeks Vorstellung menschlicher Rationalität vgl. Vanberg (1994a), S. 11–24.
225 Vgl. Hayek (1973/1983), S. 94–101.

rechtsstaatlichen Tätigkeitsbereich („coercive function") kann der Staat aber auch ein Leistungsstaat („service function") sein, der über Ressourcen verfügt, durch deren Einsatz er diverse Güter zur Verfügung stellt – nach Möglichkeit ohne das Einverleiben von Monopolrechten und damit idealerweise im Wettbewerb zu privaten Anbietern.[226] Falls die Legislative aus einer einzigen Kammer besteht, führt die Vermengung dieser Tätigkeitsbereiche laut Hayek dazu, dass keine der beiden Aufgaben (rechtsstaatliche Regelsetzung versus leistungsstaatliche Gesetzgebung) zufriedenstellend ausgeführt werden kann. Die Lösung besteht für Hayek darin, dass eine separate Kammer geschaffen wird, die zusammen mit der Judikative die Regeln setzt, durchsetzt und anpasst,[227] während die andere Kammer die Kontrolle über die Exekutive und die leistungsstaatlichen Aspekte übernimmt.[228]

Ähnlich wie oben zu Euckens regulierenden Prinzipien angemerkt, spricht auch Hayek von Gütern, bei denen die Äquivalenz zwischen Nutzen und Kosten bei privaten Interaktionen nicht gewährleistet ist, sodass externe Effekte (synonym: Spillover- oder Nachbarschaftseffekte) auftreten können, die möglicherweise Trittbrettfahrer-Verhalten verursachen. Solche Güter werden vom Markt nicht adäquat zur Verfügung gestellt, sodass hier der Staat aktiv werden muss. Hayek benutzt hierfür den Begriff der Gemeinschaftsgüter („collective goods").[229] Es handelt sich dabei etwa um den Schutz vor Gewalt, Epidemien oder Fluten, den Bau von Infrastruktur (Autobahnen ausgenommen, da sie privat realisierbar sind), die Förderung der städtischen Kultur sowie die Verbreitung von Information in Form von Statistiken sowie die Zertifizierung von Qualität.[230]

Wie aus den obigen Ausführungen deutlich wird, kann der Staat zwar diverse Aufgaben wahrnehmen, dies muss aber keinesfalls bedeuten, dass er diese Aufgaben auch effektiv umzusetzen hat. Zwar werden die Tätigkeiten aus Steuermitteln finanziert, allerdings können sie sehr wohl von privaten Auftragnehmern ausgeführt werden.[231] Auch ist es wichtig, dass die Tätigkeiten nicht zentral, sondern subsidiär auf einer möglichst niedrigen föderalen Ebene des Staates lokal ausgeführt werden, damit auch die rechtsstaatliche Kontrolle besser gewährleistet werden kann.[232] Außerdem wären somit die Möglichkeiten für einen Wettbewerb zwischen den Jurisdiktionen um

---

226 Vgl. Hayek (1960/1978), S. 222–223. Für die Abgrenzung der „coercive function" von der „service function" und die Darstellung der damit gestellten doppelten Aufgabe an den Staat vgl. Hayek (1979/1981), S. 41–43.
227 Für die Bezeichnung dieser Kammer als „ein auf Dauer tagender Verfassungs- bzw. Gesetzgebungskonvent" vgl. Watrin (2005), S. 8.
228 Vgl. Hayek (1979/1981), S. 22–38.
229 Vgl. Hayek (1979/1981), S. 43.
230 Vgl. Hayek (1979/1981), S. 44.
231 Vgl. Hayek (1979/1981), S. 46–47.
232 Vgl. Hayek (1973/1983), S. 139–140.

die besten Lösungen geschaffen, den man heutzutage unter dem Begriff des System-wettbewerbs subsumiert.[233]

Hayek betont, dass der Umfang des Staatssektors effektiv auf der Ebene der Besteuerung festgelegt wird, da die Gesellschaft sich zum einen über die Prinzipien der Besteuerung – also etwa über die Frage, ob die Besteuerung proportional oder progressiv auszugestalten ist – und zum anderen über die Höhe der Steuersätze einigen muss. Dies kommt einer Determinierung des quantitativen Spielraums des Staates gleich.[234] Interessant ist, dass er für die beiden genannten Teilaktivitäten unterschiedliche politische Akteure vorsieht, die die Entscheidungen treffen sollen: Über die Prinzipien der Besteuerung soll die erste Kammer der Legislative entschei-den (im historischen Beispiel aus England ist es das House of Lords), während die zweite Kammer (das House of Commons) sich mit der Ausgestaltung der Steuersätze für das laufende Jahr befassen soll.[235]

4.4 Vergleich der Ordnungstheorien

Bevor zur komparativen Untersuchung des Staatsverständnisses in beiden Ordnungs-theorien entlang der Topoi übergegangen wird, ist es notwendig, die möglichen Beziehungen zwischen den zwei Topoi selbst einer Analyse zu unterziehen. Es soll also untersucht werden, wie sich die Kategorien „Macht" und „Wissen" zueinander verhalten.

Als Erstes stellt sich die Frage, ob die Topoi „nur" positiv zu sehen sind (im Sinne von beschreibenden, im Topos enthaltenen Ist-Aussagen, um welche das System des Autors „kreist") oder ob sie auch eine normative Komponente enthalten (im Sinne von wertenden Soll-Aussagen).[236] „Nur" positiv wären die Topoi, wenn etwa bei Eucken und Hayek es hieße, dass Macht bzw. Wissen die zentralen Phänomene gesellschaft-licher Realität sind – „auch" normativ wären sie dann, wenn die Autoren auf der Basis der jeweiligen Ist-Aussage über die Zentralität des Phänomens auch Empfeh-lungen zur gestaltenden Veränderung der Realität abgäben. Es lässt sich im Folgen-den (sowohl ordnungstheoretisch in Abschnitt 4.4 als auch ordnungspolitisch in den Abschnitten 4.5 bis 4.8) zeigen, dass die Topoi auf beiden Ebenen, positiv wie nor-mativ, präsent sind. Die normativen Konzepte der Entmachtung bzw. der Notwendig-keit bestmöglicher Wissensnutzung als normatives Kriterium des jeweiligen Systems haben offenbar einen expliziten Bezug zum Topos Euckens bzw. Hayeks.

---

233 Für die Relevanz des Subsidiaritätsprinzips beim Systemwettbewerb in der EU vgl. Streit/Wohlgemuth (1999) sowie Vaubel (2005), S. 124–134.
234 Vgl. Hayek (1979/1981), S. 51–54.
235 Vgl. Hayek (1963/1969b), S. 55.
236 Für den Hinweis auf die notwendige explizite Analyse der möglichen Normativität des Topos bin ich Prof. Dr. Rolf W. Puster dankbar.

Nach der Klärung des normativen Gehalts der Topoi soll deren inhaltliche Beziehung beleuchtet werden. Zunächst kann festgestellt werden, dass Macht und Wissen bei Eucken bzw. Hayek eng mit dem jeweiligen Begriff der Freiheit zusammenhängen. Für Eucken ist Macht gerade das Gegenteil von Freiheit, individuelles Verhalten kann also entweder frei oder von fremder Macht determiniert sein.[237] Dies bedeutet, dass die Herstellung einer funktionsfähigen und menschenwürdigen Ordnung notwendigerweise mit Entmachtung einhergehen muss, was er im Ideal der Wettbewerbsordnung erfüllt sieht. Bei Hayek ist der Topos des Wissens gleichzeitig auch seine Freiheitsbegründung: Freiheit als Grundwert der Ordnung ist besonders deshalb zu befürworten, weil nur freie Wirtschaften und Gesellschaften einen hohen Grad an Nutzung und Entdeckung von individuellem Wissen gewährleisten.[238] Macht und Wissen sind also in diesem Sinne als Begründung der Freiheit auf einer Ebene zu sehen. Parallel dazu verkörpert die oft getroffene Annahme von „omniscience and omnipotence" des Staates die doppelte Gefahr für eine freiheitliche Wirtschafts- und Gesellschaftsordnung, bei der unmittelbar die Interdependenz von Wissen und Macht deutlich wird.[239]

Es ist mindestens eine weitere Zuordnung der zwei Begriffe zueinander möglich, die allerdings anders als oben lediglich als Hypothese formuliert werden kann. Hierbei wäre die Macht als asymmetrisch verteiltes Wissen zu sehen, d. h. sie entstünde aus ungleichen Wissenssets, aufgrund derer man fremdes Verhalten (mit-)bestimmen kann.[240] Tatsächlich schreibt Eucken in *Nationalökonomie – wozu?*, dass Wissen auch Macht darstellen kann[241] – ein Leitmotiv des politischen Denkens seit Francis Bacons geflügeltem Wort.[242] Macht kann man in diesem Sinne als eine „Soziologisierung" der strikt individuellen Wissenskategorie auffassen. Es stellt sich somit die weitere Frage, ob in einer entmachteten Gesellschaft auch die Wissensflüsse der Katallaxie unbehindert fließen können, d. h. ob die Eucken'sche Wettbewerbsordnung bereits die Hayek'sche wissensteilige spontane Ordnung „enthält". Eine solche Inklusion kann nicht grundsätzlich verneint werden. In der entmachtenden Wettbewerbsordnung wird gerade der Kanal des Preismechanismus als korrekter Knappheitsmesser freigelegt,[243] sodass das Preissystem als Prozessor des jederzeit neu in den Markt eingespeisten Wissens und außerdem als Speicher für das (kurzfristige Wirtschaftsprozess-)Wissen unbehelligt funktionieren kann. Des Weiteren sind die Eucken'schen Prinzipien, wie unten analysiert wird, den Hayek'schen „Common-law"-Prinzipien nicht unähnlich, sodass aufgrund des Pfeilers der geschichtlich

---

237 Vgl. Eucken (1949), S. 22–23 sowie Eucken (1952/2004), S. 175–179.
238 Vgl. Hayek (1960/1978), S. 29–30. Für die Bedeutung der Ungewissheit menschlichen Handelns für die Hayek'sche Freiheitsbegründung vgl. Zöller (1979), S. 123–125.
239 Vgl. Lippmann (1937/1944), S. 24–37 und S. 71.
240 Vgl. Nenovsky (2007), S. 22.
241 Vgl. Eucken (1938/2005), S. 62.
242 Vgl. Anter (2012), S. 70–71.
243 Vgl. Eucken (1949), S. 32–34 sowie Eucken (1952/2004), S. 247–249.

entdeckten konstituierenden und regulierenden Prinzipien Euckens gleichsam auch
der zweite Speicher für das (langfristige Wirtschaftsordnungs-)Wissen zumindest
teilweise präsent ist.

Damit ist es in beiden oben angeschnittenen Sichtweisen auf die Topoi-Beziehungen nicht leicht von der Hand zu weisen, dass die auf Entmachtung bzw. bestmögliche Wissensnutzung beruhenden Gebäude wesentlich miteinander harmonieren.
Dies soll im Folgenden anhand der Gemeinsamkeiten und Unterschiede zwischen
den beiden Ordoliberalismen erörtert werden.

4.4.1 Ähnlichkeiten

Als erste zentrale Gemeinsamkeit kann aus den Werken Euckens und Hayeks ganz
deutlich herausgelesen werden, dass das Staatsverständnis in beiden Ordnungsentwürfen keinesfalls mit dem in der Tradition Robert Nozicks oft verwendeten Begriff
des Minimalstaates kompatibel ist.[244] Wie bereits in den Abschnitten 4.2.2 und 4.3.2
erläutert, lehnen Eucken und Hayek die quantitative Frage nach dem Staatsumfang
als unbeantwortbar ab und wenden sich stattdessen qualitativen Lösungen für die
Arbeitsteilung zwischen Markt und Staat zu, welche in den Metaphern des Schiedsrichters und des Gärtners bestmöglich abgebildet wurden. Das Bild vom „ordoliberalen Nachtwächterstaat",[245] welches in der Literatur manchmal gezeichnet wird,
erscheint als missverständlich und als mit der Interpretation des Eucken'schen und
Hayek'schen Staatsverständnisses in dieser Studie unvereinbar. Vielmehr wird von
beiden dem Staat ein Betätigungsbereich zugewiesen, der deutlich über eine negative
Politik – im Sinne der Beseitigung von Hindernissen für marktliche Interaktionen –
hinausgeht: Der Staat hat die positive Aufgabe, bei der Herstellung und dem Erhalt
des jeweiligen Ordnungsentwurfs aktiv mitzuwirken.[246] Wenn man hierbei die zwei
in Abschnitt 4.3.2 erläuterten Hayek'schen Funktionen des Staates (rechts- und leis-
tungsstaatlicher Betätigungsbereich) verwendet,[247] gilt auf beiden Ebenen, dass der
Staat sein Gewaltmonopol zu mehr nutzen soll als „nur" zur Sicherung des Friedens
im Inneren und Äußeren.

---

244 Für Euckens Beurteilung der Rolle des Staates im Laissez-faire und deren Unzulänglichkeit vgl.
Eucken (1949), S. 3–7 sowie Eucken (1952/2004), S. 53–55. Für Hayeks explizite Stellungnahme gegen
den Minimalstaat vgl. Hayek (1979/1981), S. 41. Für eine Kritik an Euckens Beurteilung der Klassik und
des Laissez-faire vgl. Sally (1998), S. 109–110.
245 Kliemt (1995), S. 39.
246 Für Euckens Plädoyer für eine positive Wirtschaftsordnungspolitik, die über negative Politikmaßnahmen deutlich hinausgehen soll, vgl. Eucken (1952/2004), S. 255. Wie in Abschnitt 4.3.2 dargelegt, positioniert Hayek bei der Gründungsversammlung der *Mont Pèlerin Society* sein Plädoyer für
einen positiven Politikansatz sowohl begrifflich als auch inhaltlich sehr nahe bei Eucken, vgl. Hayek
(1947/1948), S. 110.
247 Vgl. Sprich (2001), S. 27.

Neben dieser grundsätzlichen Feststellung der Notwendigkeit positiver Politik für eine freiheitliche Ordnung ist besonders wichtig, dass Eucken und Hayek ein ähnliches grundsätzliches Kriterium formulieren, wie diese positive Politik zu definieren und zu umgrenzen ist. An zahlreichen Stellen benutzen sie das zentrale Bild der Trennbarkeit und Notwendigkeit unterschiedlicher Behandlung von Wirtschaftsordnung und Wirtschaftsprozess, also von Spielregeln und Spielzügen.[248] Die Figur des ordoliberalen Staates, welcher sich als Schiedsrichter der Gestaltung des Ordnungsrahmens annimmt, ohne dabei den Wirtschaftsprozess der Privaten zu determinieren, ist kennzeichnend für den Ordoliberalismus als deutsche Ausprägung des Neoliberalismus.[249] Gleichzeitig dient sie zur Abgrenzung dieses Autorenkreises von anderen liberalen Ökonomen, etwa von denjenigen, die in der Tradition Ludwig von Mises' stehen.[250] All dies bedeutet jedoch nicht, dass der Staat ausschließlich den Rahmen formen soll: Die regulierenden Prinzipien, die Eucken formuliert, und die leistungsstaatliche Betätigung, die Hayek skizziert, sind klare Hinweise darauf, dass der Staat auch am Wirtschaftsprozess teilnehmen darf. Allerdings lassen beide Autoren die Aktivität in diesem Bereich nur für die besonderen Fälle zu, in denen sie den Wirtschaftsprozess trotz des adäquaten Ordnungsrahmens als unzureichend ansehen, etwa beim Vorhandensein von Externalitäten oder von öffentlichen Gütern.

Obwohl in dieser Hinsicht Euckens und Hayeks Staatsverständnisse im Ergebnis sehr ähnlich ausfallen, ist der Weg der Begründung für den ordoliberalen Staat ein unterschiedlicher und harmoniert jeweils auffallend mit den Topoi. Für Eucken darf dem Staat nicht die mit individueller Freiheit inkompatible Macht zugewiesen werden, das planerische Feld der Wirtschaftssubjekte im Wirtschaftsprozess zu usurpieren.[251] Hayek geht wiederum davon aus, dass lediglich die Marktakteure das verteilte Wissen besitzen können, das für den zentralen Koordinationskanal im Wirtschaftsprozess, das Preissystem, notwendig ist.[252] Ein verwandtes Ergebnis ist, dass Eucken wie Hayek dem Staat die Fähigkeit absprechen, eine eigene, übergeordnete Wohlfahrt zu maximieren: Dies ist (innerhalb des staatlich gesetzten Ordnungsrahmens) ausschließlich den Individuen vorbehalten.[253]

Sowohl Eucken als auch Hayek entwickeln ihre Argumente vor dem Hintergrund ihrer zeitgenössischen Diskussion zum Thema, wie viel staatliche Betätigung in der

---

248 Vgl. bspw. Eucken (1948a), S. 77, Eucken (1949), S. 23 und Eucken (1952/2004), S. 54 sowie Hayek (1935a), S. 21–22, Hayek (1947/1948), S. 110–112, Hayek (1963/1969b), S. 49–50 und Hayek (1976/1978b), S. 71.
249 Vgl. bspw. Blum (1969), S. 74–78.
250 Für die Ablehnung der Trennbarkeit von Wirtschaftsordnung und Wirtschaftsprozess bei den „Ordo-Interventionisten" durch Mises vgl. Hülsmann (2007), S. 738–739.
251 Vgl. Eucken (1949), S. 18.
252 Vgl. Hayek (1945), S. 520–521.
253 Vgl. Eucken (1952/2004), S. 337–338 sowie Hayek (1976/1978b), S. 2.

Ökonomie notwendig ist.[254] Sie stellen, wie in den vorangegangenen Abschnitten dargelegt, in ihrem jeweiligen System Leitlinien auf, welche Art von Staatseingriffen gerechtfertigt ist und welche nicht. Damit positionieren sie sich gewissermaßen orthogonal zu großen Teilen des theoriegeschichtlichen Diskurses und zum Diskurs ihrer Zeit[255] und stellen die qualitative Frage nach der Art der Staatsaktivität („welcher Staat") anstatt der quantitativen Frage nach dem Umfang der Staatsaktivität („wie viel Staat").[256]

Eng mit der vorhergehenden Gemeinsamkeit ist ein weiterer Aspekt verknüpft, der ebenfalls direkt mit dem wirtschaftspolitischen Staatsverständnis zusammenhängt: die gemeinsame Ablehnung einer auf Zweckmäßigkeitsüberlegungen basierenden Wirtschaftspolitik.[257] Eine solche Politik wäre nach dem Einzelfall der zu treffenden Entscheidung ausgerichtet und räumte dem Politiker einen erheblichen diskretionären Spielraum ein.[258] Eucken und Hayek verwerfen die individuelle Zweckmäßigkeit als Maxime entschieden. Stattdessen plädieren sie für die strikte Ausrichtung und Bindung der Wirtschaftspolitik an Regeln, die aus Prinzipien (Grundsätzen) abgeleiteten werden.[259] Beide sehen in einem (in den Worten Euckens) „ungrundsätzlichen Punktualismus"[260] eine eminente Gefahr für die freiheitliche Wirtschaftsordnung. Die jeweilige Begründung hierfür harmoniert wieder mit dem entsprechenden Topos: Für Eucken führt die Loslösung der Politik von Prinzipien über eine Überhandnahme durch die Gruppeninteressen zur Gruppenanarchie, welche chaotisch verläuft und damit als das Gegenteil der Koordination der Wettbewerbsordnung angesehen werden kann.[261] Hayek hingegen, besonders in seiner späteren evolutorischen Phase, sieht die Missachtung von Prinzipien als sträflichen Verzicht auf das in ihnen akkumulierte Wissen und damit als potenzielle Fehlkoordination der Politik.[262] Was allerdings die Frage der Findung und Setzung der Regeln anbetrifft, so besteht ein wesentlicher Unterschied zwischen Eucken und dem „ordoliberalen Hayek II" auf der einen Seite und dem „evolutorischen Hayek III", was in Abschnitt 4.4.2 ausführlich erörtert wird.

Das so geäußerte Plädoyer für eine regelbasierte Wirtschaftspolitik hat erhebliche Konsequenzen für die von beiden Autoren präferierte Staatsordnung. Die realtypische Demokratie kann – so besonders explizit Hayek, aber durch die

---

254 Für eine Übersicht des zeitgenössischen Diskurses zur Frage der Zulässigkeit staatlicher Interventionen vgl. Röpke (1929), S. 861–882.

255 Vgl. Pies (2001), S. 135.

256 Vgl. Kolev (2012), S. 48–52.

257 Für eine Kritik am Ordoliberalismus wegen dessen Verweigerung gegenüber einem Ziel-Mittel-Denken in der Wirtschaftspolitik vgl. Riese (1972), S. 35 und S. 43–45.

258 Für die Beobachtung, dass die Erklärung der Freiburger Ordnungspolitik bei Gesprächspartnern in den USA häufig direkte Analogien zu Hayeks Staatsverständnis weckt, vgl. Zöller (1995), S. 84.

259 Vgl. Eucken (1952/2004), S. 250–253 sowie Hayek (1960/1978), S. 220–222.

260 Eucken (1952/2004), S. 251.

261 Vgl. Eucken (1949), S. 14–21.

262 Vgl. Hayek (1973/1983), S. 56–59.

Vermassungs-Befürchtungen[263] auch implizit Eucken – durch einzelne Gruppeninteressen oder auch freiheitsinkompatible Ideologien leicht unterminiert werden.[264]
Damit bedarf der demokratische Mechanismus besonderer Stützen, um stabil an den
jeweiligen Prinzipien ausgerichtet zu bleiben. Die Lösungen Euckens und Hayeks
ähneln sich stark.[265] Eucken will der ordnenden Potenz Staat weitere Eliten[266] aus
Wissenschaft und Kirche an die Seite stellen, die mögliche Machtmissbräuche und
Abweichungen von der funktionsfähigen und menschenwürdigen Ordnung schwieriger machen sollen.[267] Hayeks Eintreten für sein Zweikammern-Modell der Demarchie geht in dieselbe Richtung: Der rechtsstaatliche Regelfindungsprozess soll hier in
einer anderen Kammer des Parlaments stattfinden als die alltägliche leistungsstaatliche Gesetzgebung, sodass es schwieriger werden sollte, die Regeln aufgrund von
Sachzwängen zu missachten oder gar zu brechen.[268] Eine rechtsstaatlich verfasste
und durch Gegengewichte balancierte Demokratie kann damit als Ideal für die angestrebte Staatsordnung sowohl Euckens als auch Hayeks angesehen werden.

Als letzte wichtige inhaltliche Gemeinsamkeit beider Ordnungstheorien kann herausgearbeitet werden, dass dem Wettbewerb in beiden Systemen eine zentrale Rolle
zukommt. Zwar legen Eucken und Hayek, wie in Abschnitt 4.4.2 erörtert wird, verschiedene Vorstellungen über den Wirtschaftsprozess (Denken in Marktformen bzw.
Denken in Marktprozessen) an den Tag und haben, wie in Abschnitt 4.5 erläutert wird,
unterschiedliche Leitideen von der konkret anzustrebenden Wettbewerbspolitik.
Trotzdem ist der Wettbewerb für beide – als dynamisierender Faktor der Ökonomie,
neben den als statisch anzusehenden Ordnungsaufgaben des Staates – ein unverzichtbarer Kanal für den Aufbau und Erhalt einer freiheitlichen Ordnung. Die genaue
Begründung der Wichtigkeit dieses Mechanismus erfolgt wieder parallel zum Topos
des jeweiligen Autors. Für Eucken ist der Wettbewerb, in seinem Leitbild der zum
Leistungswettbewerb geordneten vollständigen Konkurrenz, primär ein Instrument
der Entmachtung innerhalb der privaten Marktbeziehungen – ein Mechanismus
also, welcher Optionen für den Akteur bereitstellt, sodass diese nun vorhandenen
Wahlmöglichkeiten die Marktmacht der Marktgegenseite schmälern.[269] Für Hayek hingegen ist es, gemäß seiner inzwischen in der Literatur häufig aufgegriffenen Metapher,
ein Entdeckungsverfahren, mit dem brachliegendes Wissen nutzbar gemacht werden

---

263 Für eine lebensphilosophische Fundierung des Vermassungs-Phänomens vgl. Eucken (1931/1932),
S. 82–86.
264 Vgl. Eucken (1952/2004), S. 16–19 sowie Hayek (1979/1981), S. 1–19.
265 Vgl. Wohlgemuth (2001), S. 6 sowie Nientiedt/Köhler (2016), S. 1754–1757.
266 Für eine Kritik der möglicherweise als elitär einzustufenden Position, welche die Ordoliberalen
gegenüber der eigenen Rolle als Wissenschaftler einnehmen, vgl. Ebeling (2003a), S. 242.
267 Vgl. Eucken (1952/2004), S. 338–350. Für frühe Formulierungen der jeweiligen Rollen von Nationalökonomie und Jurisprudenz als Gegengewichte zu Partikularinteressen von Machtgruppen vgl.
Böhm/Eucken/Großmann-Doerth (1936/1908), S. 27–28.
268 Vgl. Hayek (1964/1969a), S. 64–74 sowie Hayek (1979/1981), S. 105–152.
269 Vgl. Eucken (1949), S. 24–25 sowie Eucken (1952/2004), S. 246–247.

kann – ein Mechanismus also, welcher den im Wettbewerb befindlichen Akteur dem laufenden Druck aussetzt, Innovationen auszuloten und umzusetzen, wodurch ständig neues technisches und/oder kaufmännisches Wissen generiert wird oder bereits vorhandenes Wissen neuen Verwendungen zugeführt wird.[270] Für die ordnungs*politische* Rolle des Staates hat diese im Vergleich zu Eucken andersgeartete „Brille" zwar den Effekt einer unterschiedlichen Wettbewerbspolitik, wie in Abschnitt 4.5 erläutert wird. Ordnungs*theoretisch* sehen aber beide Autoren einen funktionierenden Wettbewerbsmechanismus als unverzichtbare Voraussetzung für die „richtigen" Signale durch das Preissystem, das bei Vermachtung bzw. brachliegendem individuellem Wissen ein nur unvollkommener Knappheitsmesser ist.[271]

Mit diesem Punkt kann der inhaltliche Vergleich der Gemeinsamkeiten im ordnungstheoretischen Staatsverständnis als vorläufig abgeschlossen betrachtet werden. Als Nächstes stellt sich die Frage, auf welchem normativen Fundament die Systeme beider Autoren fußen.

Zuerst kann festgehalten werden, dass sowohl Eucken als auch Hayek Vertreter und Befürworter der These sind, dass die Gestaltung der Realität in der Domäne der Ideen verortet ist. Beide setzen diesen fundamentalen Fixpunkt ihrer Systeme bezeichnenderweise gleich zu Beginn ihrer Laufbahn bei der Berliner bzw. Londoner Antrittsvorlesung: Eucken sucht in seiner Berliner Antrittsvorlesung die Relevanz Saint-Simons für seine Zeit gerade durch den Beweis zu führen, dass dieser kein Materialist wie etwa Marx gewesen ist,[272] während Hayek in seiner Londoner Antrittsvorlesung die langfristige Relevanz der Ideen sowie der Geschichte des ökonomischen Denkens als Untersuchungsplattform der ideellen Entwicklung herausarbeitet.[273] In beiden Ordnungsentwürfen dominiert also hinsichtlich der Dynamik von Wirtschaft und Gesellschaft die Macht der Ideen („ideas matter"), und es ist diese Macht, die als Treiber der menschlichen Entwicklung gesehen wird.[274] Damit stellen sie sich explizit der materialistischen Vorstellung über die Dominanz des Seins über dem Bewusstsein entgegen, ohne allerdings die Macht der Partikularinteressen, die durch Medien und Intellektuelle zusätzlich verstärkt werden kann, für die Dynamik von Wirtschaft und Gesellschaft zu unterschätzen.[275] Die Entstehung dieser materiellen Interessen kann jedoch durch den übergeordneten Einfluss der Ideen möglicherweise endogen erklärt

---

270 Vgl. Hayek (1968/1969), S. 249–251 sowie Hayek (1979/1981), S. 67–68.

271 Vgl. Eucken (1952/2004), S. 255 sowie Hayek (1945), S. 525–527.

272 Vgl. Eucken (1921), S. 117–122.

273 Vgl. Hayek (1933a), S. 121–122.

274 Vgl. Eucken (1952/2004), S. 338–340 sowie Hayek (1947/1992), S. 243–246. Für Euckens Glaube an die langfristige Macht der Ideen und weniger an die kurzfristigen Erfolge wissenschaftlicher Kompetenz im Sinne der konkreten Politikberatung (wobei er Letztere trotzdem persönlich betreibt) vgl. Böhm (1950), S. LXIII–LXIV. Für eine der frühesten sozialphilosophischen Äußerungen Hayeks aus dem Jahre 1937 zur Frage der langfristigen Macht der Ideen vgl. Hayek (1937/2008), S. 422.

275 Vgl. Eucken (1932a), S. 302–308 und Eucken (1952/2004), S. 16–19 sowie Hayek (1949), S. 417–420, Hayek (1953/1954), S. 5–6 und Hayek (1979/1981), S. 89–97.

und damit elegant in eine ideengetriebene Analyse einbezogen werden. Neben der Rekonstruktion solcher theoriestrategischer Positionen im Werk kann die Betätigung beider Autoren bei der Gründung der *Mont Pèlerin Society* und des *ORDO-Jahrbuches* gerade unter diesem Gesichtspunkt interpretiert werden.[276]

Nach der Klärung der grundsätzlichen Bedeutung von Ideen ist es folgerichtig zu fragen, welche zentralen Ideen sich im Werk beider Autoren manifestieren, mit anderen Worten welche normativen Vorstellungen sich in den Schriften Euckens und Hayeks identifizieren lassen. Wie aus den obigen Zeilen herauszulesen ist, engagieren sich beide Ökonomen in der Gründungszeit des Neoliberalismus in verschiedenen organisationalen Kontexten dieser Gruppen.[277] Daher ist es nicht erstaunlich, dass auch im Werk beider Autoren die Freiheit als zentraler Wert auszumachen ist.[278] Freiheit bedeutet für Eucken und Hayek Abwesenheit von Macht bzw. Zwang[279] – bei beiden ist also zunächst ein negatives Freiheitsverständnis im Sinne Isaiah Berlins[280] herauszulesen. Besonders bei Eucken ergibt sich hier der direkte Bezug zur normativen Dimension seines Topos, dem Streben nach Entmachtung.[281] Während Hayek an zahlreichen Stellen explizit auf den negativen Charakter seines Freiheitsverständnissen hinweist,[282] kann bei Eucken nicht abschließend geklärt werden, ob möglicherweise zusätzlich eine Komponente positiven Freiheitsverständnisses mitschwingt.[283] Besonders im Zusammenhang mit der Forderung nach einer menschenwürdigen Wirtschaftsordnung kann herausgelesen werden, dass Eucken Freiheit auch positiv als „Freiheit zu" versteht und damit nicht allein die Abwesenheit von Zwang als hinreichende Bedingung zur Herstellung von Freiheit ansieht.[284] Für beide gültig ist trotz dieser möglichen Divergenz, dass wirtschaftliche Freiheit konstitutiv zur Freiheitssphäre des Individuums gehört und ohne deren Realisierung die Ordnung nicht als freiheitlich bezeichnet werden darf.[285] Außerdem zeichnet sich eine freiheitliche

---

276 Vgl. Plickert (2008), S. 137–142 sowie Ptak (2009), S. 119–125.

277 Trotzdem sind beide skeptisch, was den Begriff „Neoliberalismus" – lediglich in der frühen Phase von Röpke und Rüstow bevorzugt – als Bezeichnung der neuen intellektuellen Strömungen anbetrifft, vgl. Eucken (1952/2004), S. 374–375 sowie Hayek (1979/1981), S. 83. Für die Begriffsgeschichte vgl. Wegmann (2002), S. 104–110.

278 Für die Einbettung des Freiheitsbegriffs in die zwei Sozialphilosophien vgl. Sprich (2001), S. 4, S. 17 und S. 24.

279 Für die Unterscheidung der Begriffe Macht (bei Eucken) und Zwang (bei Hayek) und eine mögliche Erklärung der unterschiedlichen Begriffsverwendung vgl. Biebricher (2014).

280 Vgl. Berlin (1958/1969).

281 Für die Verwendung des Begriffs „Freiheitssphäre", welcher direkt mit einem negativen Freiheitsverständnis harmoniert, vgl. Eucken (1952/2004), S. 176.

282 Vgl. Hayek (1960/1978), S. 19 sowie Hayek (1979/1981), S. 130–133.

283 Für diesen Hinweis bin ich Prof. Dr. Nils Goldschmidt dankbar. Für die verwandte These, dass auch Hayeks Freiheitsverständnis positive Komponenten enthält, vgl. Dekker (2016), S. 192–201.

284 Vgl. Eucken (1940/1989), S. 239–240 sowie Eucken (1952/2004), S. 372–373.

285 Vgl. Eucken (1952/2004), S. 176–179 sowie Hayek (1960/1978), S. 35.

Ordnung in der Vorstellung beider auch dadurch aus, dass kein „trade-off" zwischen den Grundwerten Freiheit und (kommutativer)[286] Gerechtigkeit besteht.[287] Im Gerechtigkeitsverständnis lassen sich allerdings – wie in Abschnitt 4.8 noch ausführlicher diskutiert wird – Unterschiede ausmachen: Während Eucken den Begriff der sozialen Gerechtigkeit nicht nur akzeptiert, sondern als Ziel der Wettbewerbsordnung erklärt,[288] lehnt ihn Hayek – wenn er im Sinne der distributiven Gerechtigkeit interpretiert wird – als gefährliches „weasel-word"[289] und freiheitszerstörendes Konzept ab.[290]

Zusammenfassend lässt sich also bezüglich des normativen Gehalts beider Theorien festhalten, dass sie eine besondere Interpretation von Max Webers Werturteilsfreiheitspostulat vertreten.[291] Es ist für Liberale wie Eucken und Hayek nicht annehmbar, dass man Webers Diktum als Forderung nach absoluter Enthaltung von Werturteilen liest.[292] In Einklang auch mit der in der heutigen Weber-Forschung herrschenden Meinung über Webers Forderung[293] ist es Eucken und Hayek besonders wichtig, ihre Normativität deutlich kenntlich zu machen.[294] Außerdem formulieren sie nicht absolute (synonym: unbedingte oder kategorische), sondern bedingte (synonym: hypothetische) Werturteile: Statt absoluter Aussagen wie „man sollte X tun", stellen sie bedingte Aussagen wie „wenn man Y will, sollte man X tun" auf.[295] Damit ist für den Leser transparent, dass er sich dem Ordnungsentwurf des jeweiligen Autors nur dann anschließen kann, wenn er dessen Zielvorstellung Y akzeptiert – zum Beispiel ist es für ihn ersichtlich, dass er der Zielvorstellung Y „freiheitliche Ordnung wünschenswert" folgen muss, um die konkreten Forderungen X für die Rolle des Staates bei Eucken und Hayek als Mittel hin zur Zielvorstellung Y zu akzeptieren. Der Vorwurf des „*krypto*normativen"[296] Gehalts der Ordnungstheorie läuft also ins Leere: Sie ist ein *explizit* normativer, weil erklärt freiheitlich motivierter Zugang zu sozialwissenschaftlichen Problemen.

---

286 Für die grundsätzliche Nähe seines Gerechtigkeitsverständnisses zum Begriff der kommutativen Gerechtigkeit und die damit verbundenen Interpretationsschwierigkeiten vgl. Hayek (1960/1978), S. 440–441.

287 Vgl. Eucken (1952/2004), S. 315–318 sowie Hayek (1960/1978), S. 85–86.

288 Vgl. Eucken (1952/2004), S. 315–317.

289 Vgl. Hayek (1979), S. 16 sowie Hayek (1983b).

290 Vgl. Hayek (1960/1978), S. 99–100 sowie Hayek (1976/1978b), S. 62–100. Für einen damit verwandten Überblick über den heutigen Gerechtigkeitsdiskurs vgl. Hank (2012), S. 75–90.

291 Für die kritische Beurteilung von Max Webers Werturteilsfreiheitspostulat durch beide Autoren vgl. Eucken (1952/2004), S. 340–341 sowie Hayek (1962/1969), S. 3–4 und S. 14.

292 Vgl. Streit/Wohlgemuth (1997), S. 9–10.

293 Vgl. Anter (1995/2014), S. 117–120.

294 Genau eine solche Explizierung sieht auch Franz Böhm als zentrales „Gebot wissenschaftlicher Redlichkeit", wenn es um die Erörterung der Positionen einzelner Mitglieder der Freiburger Schule geht, vgl. Böhm (1957), S. 96.

295 Vgl. Vanberg (1997), S. 708–710, Vanberg (2000), S. 254–255 sowie Vanberg (2009), S. 2–4.

296 Vgl. Kirchgässner (1988), S. 62–65.

Damit wurden die Gemeinsamkeiten im positiven Inhalt und im normativen Fundament beider ordnungstheoretischer Staatverständnisse dargelegt. Um den Abschnitt zu den Ähnlichkeiten zwischen beiden Autoren abzuschließen, ist es als letzter Punkt hilfreich zu zeigen, dass sie nicht nur *für* ähnliche Inhalte eingetreten sind, sondern dass sie auch *gegen* ähnliche zeitgenössische Positionen gekämpft haben. Es darf also hier kompakt die jeweilige Position zu den „socialist calculation debates" und zur Keynes'schen Makroökonomik dargelegt werden. Die Stellungnahmen in diesen beiden Diskursen sollen mittels Kontrast die Verortung der beiden Ordnungstheorien und die darin eingebettete Rolle des Staates anreichern.

Eucken und Hayek beteiligen sich gleichermaßen an der späteren Auflage der „socialist calculation debates"[297] in den 1930er- und 1940er-Jahren.[298] Eucken formuliert in dieser Zeit eine Kritik der Funktionsfähigkeit der Zentralverwaltungswirtschaft, die – zusammen mit seiner frühen Betätigung im Senat der *Universität Freiburg* als Gegenspieler von Martin Heidegger und den späteren Aktivitäten in den verschiedenen Freiburger Widerstandskreisen – gerade in der Zeit des Nationalsozialismus[299] als ausgesprochen mutig bezeichnet werden kann.[300] Es ist eben diese Zeit von Widrigkeiten, in der Eucken die Antwort auf die Suche nach der wünschenswerten Ordnung in der entmachtenden Wettbewerbsordnung findet.[301] Auch für Hayek ist die Zeit der Debatten prägend, sowohl für seine ersten (ordoliberalen) Formulierungen sozialphilosophischer Positionen als auch besonders für die Herausbildung des lebenslang bedeutsamen Wissens-Topos.[302] Macht und Wissen als Gravitationszentren des jeweiligen Werkes kristallieren sich also in der Zeit der noch tobenden Debatten um die

---

297 Für eine Zusammenfassung des Verlaufs der Debatten, bei der Euckens Positionen mehr Beachtung als in anderen Darstellungen finden, vgl. Levy/Peart (2008), S. 685–689.

298 Eucken formuliert bereits in den 1920er-Jahren eine ethische Sozialismus-Kritik in der Tradition der Philosophie seines Vaters, die aufgrund ihres nicht primär ökonomischen Charakters außerhalb des Fokus dieser Studie verbleibt. Für unterschiedliche Erörterungen dieser frühen Positionen vgl. Pies (2001), S. 8–21, Goldschmidt (2002), S. 94–101 sowie Dathe (2009), S. 61–63.

299 Für die Raum- und Zeitbezogenheit der Eucken'schen Sozialismus-Kritik auf die Erfahrungen während der Zeit des Nationalsozialismus vgl. Meijer (2007), S. 176–177.

300 Für die Rolle Euckens im Freiburger Widerstand vgl. Goldschmidt (2005a), S. 289–314. Trotz der von Ralf Ptak behaupteten „Verstrickungen in das NS-System" des Ordoliberalismus scheut dieser Autor davor zurück, Eucken selbst in die direkte Nähe des Nationalsozialismus zu rücken, vgl. Ptak (2004), S. 109–131. Im Hinblick auf die lebensgefährlichen Gestapo-Verhöre der Freiburger Fakultät nach dem 20. Juli 1944 erscheint es geradezu zynisch, wenn Ptak die Haltung der Ordoliberalen als „sich als Gegner des Nationalsozialismus in Szene setzen" beschreibt, vgl. Ptak (2004), S. 131. Für eine Auseinandersetzung mit Ptaks Thesen vgl. Goldschmidt (2005b), S. 319–323.

301 Für erste Formulierungen der Suche nach der freiheitlichen Wirtschaftsordnung und die zeitgleiche Kritik der Zentralverwaltungswirtschaft vgl. Eucken (1938/2005), S. 67–87 sowie Eucken (1941/1942), S. 34–49.

302 Für eine detaillierte Darstellung von Hayeks Beteiligung an den Debatten und den Reaktionen seiner marktsozialistischen Kontrahenten vgl. Caldwell (1997), S. 1858–1866.

Funktionsfähigkeit des Sozialismus heraus und es ist nicht verwunderlich, dass die Kritik der zentralen Planung genau diese Topoi zum Ausgangspunkt nimmt.

Eucken kritisiert die Zentralverwaltungswirtschaft auf zweifache Weise.[303] Das erste Argument ist die Unmöglichkeit der Wirtschaftsrechnung, wobei der Fokus besonders auf der fehlenden Kostenrechnung liegt. Dies kann durchaus als Kritik in der Mises'schen Tradition eingeordnet werden,[304] ohne dass sich Eucken explizit auf Mises bezieht.[305] Die zweite Stoßrichtung befasst sich direkt mit der Frage der Macht. Eucken kritisiert die extreme „Massierung wirtschaftlicher Macht"[306] und zusätzlich deren Kombination mit politischer Macht, welche in der Ordnungsform der Zentralverwaltungswirtschaft notwendigerweise angelegt ist.[307] Damit erzeugt diese Machtballung eine neue soziale Frage, weil sie einseitige Abhängigkeitsverhältnisse vom Staat und seiner Planungsbürokratie schafft.[308] Hayeks Sozialismus-Kritik wiederum kreist um den Wissens-Topos, ist also zunächst anders gelagert und weniger normativ aufgeladen als Euckens Machtakkumulations-Argument: Hayek betrachtet 1935 zunächst primär die Planbarkeit an sich[309] und nicht, ob zentrale Planung aus freiheitlicher Perspektive wünschenswert ist.[310] Der letzte Aspekt tritt erst später hinzu und bildet den Kern des Arguments im *Road to Serfdom*.[311] Aus Hayeks Sicht kann die Planungsbürokratie das verstreute, unvollständige und vor allem dynamische individuelle Wissen nicht angemessen verarbeiten und speichern – diese Vorgänge werden im marktwirtschaftlichen System durch das Preissystem bewältigt.[312] Gemeinsam haben Eucken und Hayek also erstens die Verneinung der Möglichkeit einer funktionsfähigen Zentralverwaltungswirtschaft sowie deren Vereinbarkeit mit der Freiheit. Die zweite Gemeinsamkeit – bei Hayek zumindest in dieser Phase – ist die Planbarkeit des Ordnungsrahmens der Wettbewerbsordnung im Sinne eines positiven Programmentwurfs, den Hayek – wie in Abschnitt 4.3.2 erwähnt – im *Road to Serfdom* „planning for competition" nennt.[313] Diese Planbarkeit ist wegen der Dichotomie

---

303 Für die kurze Einschätzung, dass Eucken die Probleme der Zentralverwaltungswirtschaft in ihrer Funktionsfähigkeit und der Machtfrage sieht, vgl. Beckmann (1952), S. 435. Für die Vorrangstellung der Machtfrage vor dem Funktionsfähigkeits-Argument in Euckens Positionen vgl. Beckmann (1955), S. 230.
304 Für eine ähnliche Einordnung von Euckens Sozialismus-Kritik in die Tradition Mises' vgl. Ebeling (2003a), S. 233.
305 Vgl. Eucken (1948c), S. 86–94 sowie Eucken (1952/2004), S. 119–122.
306 Eucken (1952/2004), S. 124.
307 Vgl. Eucken (1952/2004), S. 149–150.
308 Vgl. Eucken (1948c), S. 182–190, Eucken (1948d), S. 115–120 sowie Eucken (1952/2004), S. 122–127 und S.150.
309 Vgl. Hayek (1935a), S. 1–8 sowie Hayek (1935b), S. 241–243.
310 Vgl. Hayek (1935a), S. 21–24 sowie Hayek (1935b), S. 214–217.
311 Vgl. Hayek (1944/1994), S. 39–41 und S. 83–84.
312 Vgl. Hayek (1945), S. 521–528.
313 Für eine pointierte Darstellung sowohl der beiden Kriterien der Sozialismus-Kritik als auch des ordnungspolitischen Impetus des „Planning for competition"-Ansatzes im *Road to Serfdom* vgl. Pigou (1944), S. 217–218.

zwischen Spielregeln und Spielzügen sowie dem auf die Gestaltbarkeit der Spielregeln gelegten Fokus auf einer gänzlich anderen analytischen, mit anderen epistemischen Voraussetzungen einhergehenden Ebene angesiedelt als die Planbarkeit auch des Wirtschaftsprozesses (also auch der Spielzüge), die in der sozialistischen Zentralverwaltungswirtschaft vorgesehen ist.[314]

Abschließend soll die Keynes-Kritik Euckens und Hayeks kompakt beleuchtet werden: Hier geht es um eine Kritik, die bei beiden in die gleiche Richtung zielt.[315] Eucken vertritt eine Kapitaltheorie, die stark in der Nähe der „österreichischen" Kapitaltheorie in der Tradition Eugen von Böhm-Bawerks zu verorten ist.[316] Deshalb nehmen für ihn die unverzerrten Proportionalitäten der Kapitalgüter verschiedener Ordnung eine zentrale Stellung als Kriterium für die Funktionsfähigkeit des Wirtschaftsprozesses ein.[317] Die Wichtigkeit relativer Preise nimmt damit bei Eucken eine ähnlich bedeutsame Rolle wie in Hayeks Konjunkturtheorie ein.[318] Hier setzt die Kritik beider an der Vollbeschäftigungspolitik à la Keynes an, die entsprechende mikroökonomische Aspekte nicht beachtet und deshalb der möglichen Behinderung der Funktionsfähigkeit des Preissystems durch die Vollbeschäftigungspolitik nicht genügend Aufmerksamkeit schenkt.[319] Die Fokussierung auf mechanistische Aggregate und Durchschnitte[320] (beide sehen hier das ingenieurhafte Denken des Technikers als Ursache)[321] kritisieren Eucken wie Hayek aufgrund der (in heutiger Sprache) mangelhaften mikroökonomischen Fundierung, d. h. aufgrund der Loslösung vom individuellen Verhalten der Wirtschaftsakteure.[322] Des Weiteren haben Eucken und Hayek in dieser Hinsicht gemeinsam, dass sie die Vollbeschäftigungspolitik als instabiles System, als „slippery slope" ansehen: Durch die Zuweisung von zentralen Befugnissen zur Steuerung des Wirtschaftsprozesses an den Staat beinhaltet dieses System die

---

314 Vgl. Eucken (1950/1951), S. 69–72 und Eucken (1952/2004), S. 242 sowie Hayek (1935a), S. 21–24 und Hayek (1944/1994), S. 41–48.

315 Für eine kompakte Darstellungen der Hayek'schen Keynes-Kritik vgl. Streit/Wohlgemuth (1997), S. 9.

316 Vgl. Eucken (1934/1954), S. 52–131. Für die Klassifizierung der Eucken'schen Kapitaltheorie in einem breiteren dogmenhistorischen Kontext vgl. Lutz (1954), S. IX–XXVII. Für eine damit verwandte Einschätzung der Nähe der Eucken'schen Theorie zur „österreichischen" Kapitaltheorie vgl. Machlup (1935), S. 334–336.

317 Vgl. Eucken (1934/1954), S. 68–85, Eucken (1937), S. 537–547 sowie Eucken (1952/2004), S. 308–312.

318 Vgl. Eucken (1934/1954), S. 122–124 und Eucken (1937), S. 561–562 sowie Hayek (1929/1976), S. 56–61 und Hayek (1931/2008), S. 237–252.

319 Vgl. Eucken (1952/2004), S. 140–142 sowie Hayek (1966/1969a), S. 91–96.

320 Für die verwandte Kritik an den aufkommenden mathematischen Methoden in der Volkswirtschaftslehre vgl. Streit/Wohlgemuth (1997), S. 10.

321 Vgl. Eucken (1952/2004), S. 153 sowie Hayek (1945/1948), S. 8–10 und Hayek (1964/1969b), S. 78–83. Für die bemerkenswerte Bezeichnung Keynes' als „moderner Erzengel des Rationalismus" vgl. Hayek (1985b), S. 52.

322 Vgl. Eucken (1952/2004), S. 142–144 sowie Hayek (1975a), S. 18–20 und Hayek (1975b), S. 3–4.

von Eucken diagnostizierte „Tendenz zur Ausdehnung"[323] solcher wirtschaftspolitischer Praktiken durch den wichtigen menschlichen „Trieb zur Macht",[324] der naturgemäß auch Politikern und Bürokraten inhärent ist, und muss so mittelfristig in die
Zentralverwaltungswirtschaft münden.[325]

4.4.2 Unterschiede

Im vorangegangenen Abschnitt wurden zahlreiche sehr weitgehende Gemeinsamkeiten zwischen Eucken und Hayek in Bezug auf den Inhalt des ordnungstheoretischen
Staatsverständnisses, auf die normative Positionierung sowie die diskursive Partizipation festgestellt. Allerdings hat die Analyse gezeigt, dass die beiden Autoren zwar zu
ähnlichen Stellungnahmen gelangen, dies aber über einen unterschiedlichen Zugang
im Sinne des jeweiligen Topos tun. Die genannten differierenden Begründungen
dürfen vor dem Hintergrund der akademischen Sozialisation der beiden Autoren nicht
verwundern: Diese kann bei zwei Zeitgenossen aus dem gleichen Sprachraum kaum
unterschiedlicher sein. Hayek ist Mitglied der vierten Generation der Österreichischen
Schule und ist wissenschaftlich im Umfeld von Friedrich von Wieser und Ludwig von
Mises „aufgewachsen", deren Denkgebäude theoretisch wie weltanschaulich für ihn
prägend sind.[326] Für Eucken ist der Weg zum Theoretiker liberaler Couleur deutlich
länger und komplexer: Zum einen muss er im Zeichen des lebensphilosophischen Erbes
seines Vaters den ökonomischen Zugang und Fokus erst finden,[327] zum anderen hat
er als angehender Ökonom eine schwerpunktmäßig historistische Ausbildung genos-
sen,[328] die mit der Begründung des ordnungstheoretischen Forschungsprogramms
in einer besonderen Beziehung steht – Macht etwa ist ein omnipräsenter Begriff im
Schrifttum der Historischen Schulen.[329] Diese unterschiedliche intellektuelle Herkunft
der beiden Autoren kann möglicherweise auch ein Grund für die unterschiedlichen

---

323 Eucken (1952/2004), S. 154.
324 Eucken (1952/2004), S. 149.
325 Vgl. Eucken (1952/2004), S. 144 sowie Hayek (1944/1994), S. 97–111.
326 Vgl. Hennecke (2000), S. 61–74, Caldwell (2004), S. 141–149 sowie Hülsmann (2007), S. 472–476.
327 Vgl. Pies (2001), S. 8–31.
328 Vgl. Hutchison (1979/1981a), S. 164 und S. 172 sowie Klinckowstroem (2000), S. 61–63 und S. 68–70.
Für die unterschiedliche Rolle seiner akademischen Lehrer und die Beziehung zu ihnen vgl. Goldschmidt (2002), S. 144–186. Für die Rolle der Gruppe der sogenannten Ricardianer in den Wandlungen
einiger theoretisch denkender deutscher Ökonomen hin zum Liberalismus vgl. Janssen (1998/2009),
S. 34–48 und S. 66–67, Hennecke (2005), S. 54–55 sowie Köster (2011), S. 222–228. Für den allgemeinen
sozialphilosophischen Wandel Euckens vgl. Oswalt (2005), S. 324–342 sowie Dathe (2009), S. 59–79.
329 Vgl. Goldschmidt (2002), S. 163–189 sowie Wohlgemuth (2008), S. 206–207. Für eine Einbettung
Euckens im Vergleich zu den Systemen Adam Smiths und Gustav Schmollers vgl. Zweynert (2007),
S. 7–10. Für eine Einschätzung des Einflusses der Schottischen Aufklärung und besonders Adam
Smiths auf Eucken vgl. Hutchison (1979/1981a), S. 162–163.

Haupttopoi sein, die wiederum die anders akzentuierten Ordnungsbegriffe bedingen. Denn auch der „ordoliberale Hayek II" begründet sein Plädoyer gegen das Laissez-faire und für einen Ordnungsrahmen nicht aus der Perspektive der Entmachtung – wie es die Ordoliberalen der Freiburger Schule zu dieser Zeit unablässig tun. Damit darf hier die zentrale These aufgestellt werden, dass Hayek – auch wenn er zu dieser Zeit deutlich in der Nähe des jungen ordoliberalen Paradigmas anzusiedeln ist – als Ordoliberaler einer anders akzentuierten Spielart zu sehen ist. Dies ähnelt etwa der Einstufung Röpkes und Rüstows in Relation zum unmittelbaren Kreis um Eucken, wie im Vergleich von Eucken und Röpke dargelegt wird.

Trotz der in Abschnitt 4.4.1 erläuterten Gemeinsamkeiten vis-à-vis Sozialismus und Keynesianismus, besteht zwischen Hayek und Eucken – auch aufgrund des unterschiedlichen Diskurses in den Ländern ihres Wirkens – eine bedeutende Differenz in Bezug auf die *primären* intellektuellen Gegner. Bei Eucken sind es die späten Vertreter der Historischen Schule,[330] auch Neohistoristen genannt,[331] die in seinen Augen mit ihrem Mangel an theoretischem Verständnis für den „ökonomischen Gesamtzusammenhang"[332] maßgeblich dazu beitragen, den Wirtschaftsprozess mit punktuellen staatlichen Interventionen zu behelligen oder gar zu zerstören.[333] Bei Hayek sind es – nach Abschluss der Debatten mit Keynes[334] und den Theoretikern des Marktsozialismus[335] – zunehmend die von ihm so titulierten konstruktivistischen Rationalisten (synonym: Konstruktivisten),[336] für die die menschliche Vernunft und damit auch der Staat die Fähigkeit besitzen, komplexe gesellschaftliche Ordnungen am Reißbrett zu entwerfen und zu erschaffen.[337] Die Formulierung der Kritik an der „Hybris der Vernunft"[338] und der „Anmaßung von Wissens"[339] bei seinen intellektuellen Gegnern[340]

---

330 Für die Beziehung zwischen Eucken und der Historischen Schule vgl. Peukert (2000), S. 97–119 sowie Schefold (2003), S. 103–115.

331 Für die Entwicklungen innerhalb der Historischen Schulen vgl. Rieter (2002), S. 154–162.

332 Eucken (1952/2004), S. 344.

333 Vgl. Eucken (1950/1951), S. 60–61 und S. 70. Für einen Überblick des Diskurses zwischen den historistischen und den theoretischen Ökonomen im Reich vgl. Janssen (1998/2009), S. 32–48 sowie Köster (2011), S. 31–51.

334 Für Hayeks eigene Darstellung der Positionen in den Debatten mit Keynes vgl. Hayek (1966/1969a), S. 90–96 sowie Hayek (1983/1995), S. 247–255.

335 Für Hayeks eigene Darstellung seiner Positionierung in den „socialist calculation debates" vgl. Hayek (1994), S. 79–80. Für eine ausführlichere Analyse der Debatten mit den Marktsozialisten vgl. Caldwell (1997), S. 1858–1866.

336 Für erstere Bezeichnung vgl. bspw. Hayek (1964/1969b), S. 87 sowie Hayek (1973/1983), S. 5, für letztere Bezeichnung vgl. bspw. Hayek (1973/1983), S. 10 sowie Hayek (1976/1978), S. 30.

337 Vgl. bspw. Hayek (1945/1948), S. 8–10, Hayek (1960/1978), S. 32–38 sowie Hayek (1973/1983), S. 5–15.

338 Vgl. Hayek (1964/1969b), S. 77–87 sowie Hayek (1973/1983), S. 33–34.

339 Vgl. Hayek (1974/1989), S. 3–7. Für eine Warnung vor der möglichen pauschalen Verwendung dieses Hayek'schen Begriffs in Wissenschaft und Politik vgl. Willgerodt (2004), S. 27–34.

340 Für den aus Hayeks Vorliebe für spontan gewachsene Ordnungen abgeleiteten Konservatismus-Vorwurf vgl. Harrod (1946), S. 437–439.

sowie bei der praktischen Wirtschaftspolitik[341] gewinnt im Zuge seines Schaffens zunehmend an Zentralität in seinem Werk und bildet den Übergang vom „ordoliberalen Hayek II" zum „evolutorischen Hayek III" deutlich ab.

Aus dieser Kritik von der Warte des vor Wissensanmaßung warnenden „Hayek III" lässt sich der in der Sekundärliteratur vielfach diskutierte sogenannte Konstruktivismus-Vorwurf an Eucken ableiten.[342] Es handelt sich um die These, dass Eucken möglicherweise zu den von Hayek bekämpften konstruktivistischen Rationalisten gezählt werden kann, da der deutsche Ökonom behauptet, die Grundsätze einer wünschenswerten Ordnung – der Wettbewerbsordnung – entwerfen zu können.[343] Unter Umständen kollidiert dies mit dem „Hayek III"-Konzept der kulturellen Evolution, nach dem die Regeln einer kosmos-artigen Ordnung nicht bewusst kreiert, sondern ohne bewussten Plan in einem langfristigen Prozess entdeckt werden.[344] Diese zentrale Stelle in der Sekundärliteratur über die Beziehung zwischen den Ordoliberalen und Hayek kann leicht als Bruchstelle gedeutet und zum Anlass genommen werden, die Ansichten von Eucken und Hayek zur Rolle des Staates in der Setzung von Regeln als unvereinbar zu verorten.[345]

Dem wird an dieser Stelle mit einer zweifachen Begründung widersprochen, erstens durch ein Argument aus Euckens Werk und zweitens im Hinblick auf Hayeks eigenes Wirken. Zunächst kann festgehalten werden, dass Eucken sich der Problematik des Konstruktivismus implizit bewusst ist.[346] Tatsächlich fordert er zwar in seinem berühmten Diktum zur Formulierung der Prinzipien der Wettbewerbsordnung:

> Ein Haus ist zu bauen, und sein Grundriß ist zu entwerfen.[347]

Allerdings betont er in demselben Zusammenhang, dass die Philosophie der Wettbewerbsordnung durch Findung aus der Geschichte heraus entstanden[348] und außerdem der Wirtschaft inhärent ist.[349] In diesem Sinne hält er unmissverständlich fest:

> Wir erfinden die Wettbewerbsordnung nicht; sondern wir finden ihre Elemente in der konkreten Wirklichkeit vor. Wir erzwingen nichts, sondern wir bringen zur Entfaltung, was – neben

---

341 Für wirtschaftspolitische Stellungnahmen Hayeks in der Londoner *TIMES* vgl. bspw. Hayek (1977), Hayek (1980b), Hayek (1981a), Hayek (1981b) sowie Hayek (1982).
342 Vgl. bspw. Watrin (2000), S. 327–333 sowie Wohlgemuth (2008), S. 205–206.
343 Für den Vorwurf, dass Eucken – anders als Hayek – keine Theorie zur Entstehung von Regeln aufstellt, vgl. Streit (1992), S. 680–682.
344 Vgl. Hayek (1960/1978), S. 56–65, Hayek (1973/1983), S. 8–34 sowie Hayek (1979/1981), S. 155–159.
345 Für einen Beleg, dass dies keinesfalls nur in der deutschsprachigen Sekundärliteratur kontrovers diskutiert wird, vgl. Leonidov (2000), S. 72–82.
346 Für Erläuterungen zum Charakter der Eucken'schen Prinzipien der Wettbewerbsordnung als geschichtlich vorgefundene, entdeckte und gerade nicht bewusst geschaffene Grundsätze vgl. Böhm (1950), S. XLVIII–LI.
347 Eucken (1952/2004), S. 250.
348 Vgl. Eucken (1949), S. 30 sowie Eucken (1952/2004), S. 325.
349 Vgl. Eucken (1952/2004), S. 240.

anderen Formen – in der Wirklichkeit da ist. Die ungemein starken Tendenzen zur vollständigen Konkurrenz, die wir in den Dingen selbst vorfinden, suchen wir zu entfalten.[350]

Diese Aussage – zusammen mit der ihr vorausgegangen Klassifizierung der Wettbewerbsordnung in einer „Mittelstellung" zwischen gewachsenen und gesetzten Ordnungen –[351] macht deutlich, dass Eucken mit der Formulierung der Prinzipien der Wettbewerbsordnung kein gedankliches Reißbrett-Konstrukt meint, das losgelöst von der Realität und vom Suchprozess der Wissenschaft ist. Stattdessen hat er eine graduelle Extraktion von Grundsätzen im Auge, welche die Nationalökonomie und die Jurisprudenz seit ihren Anfängen zu finden versuchen.

Zusätzlich zu diesen Feststellungen, die als Entkräftung des Konstruktivismus-Verdachts bereits schlagkräftig genug wären, kann ein Argument aus Hayeks Werk und Vita hinzugefügt werden. So ist es gerade „Hayek III" – dem das Konzept der kulturellen Evolution besonders am Herzen liegt und der das Konstruktivismus-Problem noch schärfer als in seiner frühen Descartes-Kritik formuliert –,[352] der zwei ganz konkrete Ordnungsentwürfe unterbreitet: den Zweikammern-Vorschlag der Demarchie zur Lösung der effektiven Gewaltenteilung in der Demokratie[353] und den Vorschlag zur Entnationalisierung des Geldes.[354] Nicht nur sieht er sich mit diesen beiden Angeboten an den zeitgenössischen Diskurs keinesfalls in der Nähe des konstruktivistischen Rationalismus, sondern er bezeichnet gerade diese Angebote (neben seiner Entdeckung des Preissystems als Kanal der Wissensteilung) als die beiden zentralen Erfindungen seines wissenschaftlichen Lebens.[355] Damit wird zum einen deutlich, dass der Konstruktivismus-Vorwurf sich auf Entwürfe bezieht, die losgelöst von der geschichtlichen Realität postuliert werden – sowohl das Zweikammern-Modell als auch das entnationalisierte Geld lassen sich jedoch auf reale historische Beispiele u.a. in Großbritannien zurückführen.[356] Zum anderen ist für Hayek – mit seiner steten Betonung der Wissensteilung als zentralem Prozess der freiheitlichen Wirtschafts- und Gesellschaftsordnung – ein Vorschlag, der lediglich als Angebot an den gesellschaftlichen Diskurs formuliert und vorgetragen wird, von totalitären Entwürfen zu unterscheiden, die mit (staatlichem) Zwang bestimmte Ordnungskonstrukte aufoktroyieren wollen. Somit erscheint die in Abschnitt 4.3.2 erwähnte Hayek'sche Analogie vom Staat als Gärtner – der nicht individuelle Elemente kontrollieren soll, wohl aber allgemeine Muster kultivieren kann –[357] als diejenige, die zum einen „Hayek II" mit „Hayek III" verbindet

---

350 Eucken (1952/2004), S. 374.
351 Vgl. Eucken (1952/2004), S. 374.
352 Vgl. Hayek (1945/1948), S. 8–10.
353 Vgl. Hayek (1979/1981), S. 105–127.
354 Vgl. Hayek (1976), S. 17–22 sowie Hayek (1976/1978b).
355 Vgl. Hayek (1979/1980), S. 37–41.
356 Für die Geschichte des „free banking", gerade in Schottland und England, vgl. White (1984/1995), S. 21–88.
357 Vgl. Hayek (1955/1967), S. 19.

und zum anderen als weitere Entkräftung des Konstruktivismus-Vorwurfs an Eucken gesehen werden kann. Denn auch Euckens Verständnis der Rolle des Staates in Bezug auf die Regeln der Wettbewerbsordnung lässt sich (neben dem klassischen ordoliberalen Bild des Schiedsrichters) entlang der obigen beiden Zitate durchaus treffend mit der Gärtner-Analogie beschreiben. Mit diesen Begründungen aus Euckens Schriften und Hayeks Schaffen wird hier der These ausdrücklich zugestimmt, dass es sich bei der Konstruktivismus-Problematik lediglich um eine oberflächliche („superficial")[358] Divergenz zwischen Eucken und Hayek handelt.

Eine weitere Kritik in der Sekundärliteratur an Eucken im Vergleich zu Hayek ist der Umgang des Freiburger Ordoliberalen mit den Annahmen bezüglich der Anreize und Wissensausstattung der beteiligten Akteure, einschließlich des Staates.[359] Dieser Vorwurf wird in Abschnitt 4.5 über die Ansätze in der Wettbewerbspolitik im Zusammenhang mit dem Freiburger Leitbild des „Als-ob"-Wettbewerbs detailliert ordnungs*politisch* diskutiert. Weil er allerdings ebenfalls für das ordnungs*theoretische* Staatsverständnis von Bedeutung ist, verdient er auch hier Beachtung. Es kann demnach bei Eucken ein unrealistischer Perfektionismus bemängelt werden, den er von seinen ordnenden Potenzen bei der Errichtung und beim Erhalt der Wettbewerbsordnung erwartet.[360] Es wird ihm auch vorgehalten, dass er ein naives Verständnis des politischen Prozesses und der darin beteiligten Akteure hat, d. h. von einem höchst unrealistischen, weil gemeinwohlorientierten Politikerbild ausgeht.[361] Somit ergibt sich die Kritik, dass Eucken – möglicherweise anders als Hayek – den individuellen Anreizstrukturen sowie der Wissensausstattung der Politiker nicht hinreichend Beachtung schenkt. Während der Kritikpunkt zu den in seinem Politikerbild unterstellten Anreizstrukturen aus der Perspektive der Public-Choice-Theorie zutreffend erscheint, muss der Vorwurf der Naivität bezüglich der Wissensausstattung der Politiker in einem dynamischen Sinne relativiert werden: Für Eucken ist nämlich das relevante Wissen – in deutlichem Unterschied zu Hayeks Betonung der Rolle impliziten Wissens – primär wissenschaftlich und es ist daher nicht verwunderlich, dass Eucken der Wissenschaft eine so zentrale Rolle als ordnende Potenz der Wettbewerbsordnung zuweist.[362] Die in wirtschaftlichen Zusammenhängen relevanten Sozialwissenschaften, also die Nationalökonomie und die Jurisprudenz, haben bei Eucken demnach explizit den Auftrag, für theoretische Aufklärung und eine Rationalisierung des politischen Diskurses zu sorgen.[363] Mit einer solchen „Begleitung" verfügt die Politik also dynamisch gesehen über das relevante Wissen, etwa bezüglich der Beschaffenheit und der Rolle des Wettbewerbs im Wirtschaftsprozess auf einzelnen Märkten. Obwohl für Euckens

---

358 Hutchison (1979/1981a), S. 163.
359 Vgl. Streit/Wohlgemuth (1997), S. 12.
360 Vgl. Sally (1998), S. 112–113.
361 Vgl. Kirchgässner (1988), S. 53–62.
362 Vgl. Eucken (1934/1954), S. 1–10, Eucken (1938/2005), S. 55–87 sowie Eucken (1952/2004), S. 338–346.
363 Vgl. Pies (2001), S. 33–44.

Wissenschaftsverständnis die Kategorien Raum und Zeit fundamental sind,[364] schenkt er dem wissenschaftlich kaum fassbaren impliziten Wissen von Raum und Zeit, das unartikuliert bei den einzelnen Akteuren liegt, nicht die Beachtung, die ihm Hayek stets ordnungstheoretisch zukommen lässt.[365]

An die Adresse des „späten" Hayek kann entlang der Topoi symmetrisch zu den obigen Ausführungen zum Konstruktivismus bei Eucken die sogenannte Passivitäts-Kritik gerichtet werden,[366] die einer Vernachlässigung der Frage der Macht in Wirtschaft und Gesellschaft gerade im Hinblick auf die Pfade ihrer Evolution gleichkäme – so auch im hiermit verwandten Panglossismus-Vorwurf bezüglich des automatischen Herausbildens fehlerfreier Lösungen im Verlauf der Evolution.[367] Wie bereits ausführlich dargelegt, erfolgt bei Hayek eine wesentliche kategoriale Veränderung in seinem Verständnis von der bewussten Gestaltbarkeit des Ordnungsrahmens. Die Passivitäts-Kritik setzt gerade an den Vorstellung von „Hayek III" an: Ihm wird vorgeworfen, dass er in seinem evolutorischen Konzept die originäre ordoliberale Aufgabe des Staates verleugnet, aktiv den Rahmen der Wirtschaftsaktivität der Privaten zu prägen, was im Vorschlag zur Entnationalisierung des Geldes möglicherweise (wie sich allerdings später zeigen wird, nur bei oberflächlicher Lektüre) einen Höhepunkt erreicht. Eucken, aber auch dem „ordoliberalen Hayek II", kann dies nicht angelastet werden, weil beide in den 1930er- und 1940er-Jahren den Staat in seiner Rolle als ordnende Potenz positionieren und ihm ordnungspolitische Aufgaben zuweisen. Es stellt sich damit die Frage, wie der „späte" Hayek die Frage der Macht handhabt, und besonders, ob er durch das Betonen des evolutorischen Charakters sozialer Prozesse das Phänomen der Macht, speziell der privaten Macht, nicht ungerechtfertigterweise missachtet. Die Kritik erscheint dahingehend berechtigt, als Hayek zwar dem Begriff des Zwanges („coercion") als Umkehrung der Freiheit ausführlich Platz einräumt,[368] dieses Phänomen jedoch lediglich auf den staatlichen Zwang fokussiert.[369] Demgegenüber findet die private Macht zwischen einzelnen nicht-staatlichen Akteuren bei ihm nicht das Interesse, welches sie im Werk Euckens und Franz Böhms genießt.[370]

---

364 Vgl. Eucken (1940/1989), S. 65–67.

365 Vgl. Hayek (1945), S. 521–522, Hayek (1960/1978), S. 157–159 sowie Hayek (1973/1983), S. 11–17.

366 Vgl. Sprich (2001), S. 24 und S. 34.

367 Vgl. Geue (1998), S. 147–148.

368 Vgl. bspw. Hayek (1960/1978), S. 11–21 und S. 133–147 sowie Hayek (1979/1981), S. 41–43.

369 Für eine der Erwähnungen potenzieller privater Macht im Zusammenhang mit Gruppeninteressen, die aber nur mittelbar privaten Charakters ist, weil die Gruppen Einflussnahme über die Macht des Staates anstreben, vgl. Hayek (1979/1981), S. 13–17. Für eine ausführliche Kontrastierung des Macht-Fokus bei Eucken und des Zwang-Fokus bei Hayek vgl. Biebricher (2014).

370 Für Franz Böhms Diktum zum Kern der Freiburger Schule: „Wer privatwirtschaftliche Autonomie in Anspruch nimmt, darf auf dem Markt keine Macht besitzen; wer über Marktmacht verfügt, hat keinen Anspruch auf privatwirtschaftliche Autonomie", vgl. Zieschang (2003), S. 76. Für verwandte programmatische Positionen im Vorwort des ersten *ORDO*-Bandes vgl. Meyer/Lenel (1948), S. X. Für Böhms Verortung der zentralen Fragestellung privater Macht in einer freien Gesellschaft für die Freiburger Schule vgl. Böhm (1957), S. 99.

Dies wird möglicherweise vor dem zeitgeschichtlichen und geografischen Hintergrund, vor dem die jeweiligen Denker ihre Ideen präsentieren, verständlich: Eucken und seine Mitstreiter leben im totalitären System des Nationalsozialismus, welches ideell die Gesellschaft erstickt und materiell neben der staatlichen Omnipotenz auch durch Allmacht der stark kartellierten Großindustrie gekennzeichnet ist. Hayek hingegen wird das Privileg zuteil, Österreich schon früh zu verlassen und die folgenden Jahrzehnte in vergleichsweise freiheitlichen Ländern wie Großbritannien, den Vereinigten Staaten, der Bundesrepublik Deutschland und der Zweiten Republik Österreich zu verbringen. Dies wäre eine Möglichkeit, die relative Vernachlässigung privater Macht in seinem Werk zu erklären. Damit verbunden ist auch der stark unterschiedliche Grad an Abstraktheit in der politischen Ökonomie Euckens und Hayeks: Während Eucken stets vor dem Hintergrund der deutschen Entwicklung seiner Zeit argumentiert[371] und damit die ordnungspolitische Dringlichkeit[372] der Situation vor Augen hat,[373] hält Hayek seine Theorie (mit der bemerkenswerten Ausnahme des *Road to Serfdom*) immer abstrakt und nimmt zu den konkreten Fragen seiner Zeit höchstens in Leserbriefen Stellung.[374] Zusammenfassend lässt sich zu diesem Punkt also festhalten, dass beide Autoren deutlich unterschiedliche primäre Gefahrenquellen für eine freie Gesellschaft sehen, wofür erneut die Topoi einen guten komparativen Ausgangspunkt bilden: Während für die Ordoliberalen um Eucken die in der Wirtschaftsordnung enthaltene *private* Macht die zentrale Gefahr darstellt, auch (aber nicht nur) weil sie stets nach Usurpierung der staatlichen Macht strebt, sind es für Hayek am ehesten die *staatlichen* freiheitsbeschneidenden Eingriffe, welche die spontane Ordnung der Wissensteilung behindern können.[375]

Nach der Klärung dieser zentralen Unterschiede und der topoi-verwandten möglichen Kritiken an beiden Staatsverständnissen verbleibt für diesen Abschnitt, drei ergänzende ordnungstheoretische Aspekte zu beleuchten. Es handelt sich um die divergierende Bewertung des klassischen Liberalismus, um das unterschiedliche

---

371 Für die Beschreibung des Zusammenbruchs der deutschen Wirtschaftsordnung unmittelbar nach dem Krieg und die Erläuterung der Dringlichkeit ordnungspolitischen Handlungsbedarfes kurz vor den Erhard'schen Reformen vgl. Eucken/Meyer (1948), S. 58–62. Für Erhards eigene Darstellung des Reformablaufs vgl. Erhard (1957/2009), S. 27–63.

372 Vgl. Streit/Wohlgemuth (1997), S. 13. Für die These, dass Eucken seine *Nationalökonomie – wozu?* explizit auf die Konstellationen praktischer Macht im Wirtschaftssystem des Nationalsozialismus ausrichtet, vgl. Lederer (1938), S. 756–757. Für die These, dass Euckens Sozialismus-Kritik einen „empirical approach" mit Fokus auf die besonderen Erfahrungen während des Nationalsozialismus verfolgt, vgl. Beckmann (1955), S. 229. Für die damit verwandte These, dass Eucken für seine Theorien stets den empirischen Bezug zur deutschen Realität sucht, vgl. Bonn (1952), S. 394–395.

373 Für Euckens rege Betätigung in verschiedenen wirtschaftspolitischen Gremien der unmittelbaren Nachkriegszeit vgl. Nicholls (1994/2000), S. 145–146, S. 185–205 und S. 296–297.

374 Vgl. Hayek (1977), Hayek (1980), Hayek (1981a) sowie Hayek (1981b).

375 Vgl. Woll (1989), S. 97 sowie Wohlgemuth (2013), S. 157–158.

Verständnis vom Wirtschaftsprozess und abschließend um ein Fazit bezüglich der praktischen Methode zur Umgrenzung staatlicher Betätigung in der Marktwirtschaft.

In der Bewertung des klassischen Liberalismus des 18. und 19. Jahrhunderts können mehr als Nuancenunterschiede zwischen beiden Autoren festgestellt werden. Eucken zeichnet ein differenziertes Bild vom Naturrechtsdenken der Klassik: Zwar ist er skeptisch gegenüber dem von ihm bei Smith verorteten Glauben an die Selbstschaffung der „natürlichen Ordnung",[376] seine Korrespondenz mit Rüstow macht aber gleichzeitig deutlich, dass er etwa die Vorstellungen von François Quesnay als „für uns wesentlicher" einstuft als diejenigen Smiths und dass er außerdem den Verlust vom „religiös-metaphysischen Gehalt" des Liberalismus für einen bedeutsamen Schaden in dessen Begründung einstuft.[377] Es gehört geradezu zu den Kernpositionen der Freiburger Schule, dass das Überlassen des Aufbaus der Wirtschaftsordnung an die privaten Akteure unzulässig ist und zu erheblichen Vermachtungen führen kann.[378] Es wird allerdings wegen des Charakters der Eucken'schen Klassik-Kritik – der sich in einer Überlappung seiner Bewertungen von Ideen und von konkreten geschichtlichen Episoden manifestiert – nicht explizit deutlich, ob seine Kritik der Schottischen Aufklärung,[379] der klassischen politischen Ökonomie nach Smith[380] oder den späteren Vertretern des Liberalismus im 19. Jahrhundert gilt – es gibt hierbei lediglich Indizien, dass auch Ordoliberale das Denken in interdependenten Ordnungen in der Tradition der Smith'schen politischen Ökonomie angelegt sehen.[381] Bei Hayek fällt die Analyse eindeutiger aus. Schon in seiner ordoliberalen Periode,[382] aber noch deutlicher in seiner evolutorischen Periode verortet er seine Sozialphilosophie explizit in der Nachfolge des klassischen Liberalismus Humes und Smiths. Im Übergang von „Hayek II" zu „Hayek III" macht er sich dann auch zunehmend deren

---

376 Vgl. Eucken (1952/2004), S. 52–53 und S. 194–195.

377 Vgl. Brief von Eucken an Rüstow vom Dezember 1943, zitiert nach Lenel (1991), S. 13. Für den Hinweis auf Euckens Verhältnis zum Naturrecht bin ich dessen Sohn, Prof. Dr. Christoph Eucken, dankbar, der mich in einem persönlichen Gespräch kurz nach dem Erscheinen der 1. Auflage dieser Studie darauf hinwies.

378 Vgl. Meyer/Lenel, S. IX–X sowie Eucken (1950/1951), S. 4–5 und Eucken (1952/2004), S. 169–170. Für die Wiedergabe der Auffassung Euckens, dass die Klassik Wettbewerbsordnung und natürliche Ordnung gleichsetzt und diese einseitig analysiert, ohne die anderen möglichen Ordnungsformen zu beachten, vgl. Böhm (1950), S. XVII.

379 Für die interpretativen Probleme bei Euckens Smith-Rezeption im Hinblick auf das jeweilige Staatsverständnis vgl. Klump/Wörsdörfer (2010), S. 30–47. Für eine knappe Besprechung von Klump/Wörsdörfer (2010), in welcher auf die „überfällige" Notwendigkeit der Erschließung vom Eucken'schen Nachlass hingewiesen wird, um Probleme wie dieses seiner Smith-Rezeption in Zukunft besser auflösen zu können, vgl. Hennecke (2011), S. 32.

380 Für die besondere Rolle Ricardos und später Walras' bei der Abwendung der Nationalökonomie vom Smith'schen moralphilosophischen Forschungsprogramm vgl. Vanberg (2004b), S. 244–246.

381 Vgl. Hutchison (1979/1981a), S. 162–163. Für die These, dass die Ordnungstheorie gerade in Smiths Werk ihren Ursprung hat, vgl. Böhm (1973), S. 22.

382 Vgl. Hayek (1945/1948), S. 4–13.

Vorstellungen von der unvermeidbaren Wissensanmaßung beim reißbrettartigen Entwerfen gesellschaftlicher Ordnungen zu eigen.[383] So beurteilt Hayek, möglicherweise auch im Spiegel dieser deutlich unterschiedlichen Klassik-Rezeption und von der Warte seiner Leitideen der 1970er- und 1980er-Jahre, den „Ordo-Kreis" skeptischer als noch in früheren Jahrzehnten und spricht – Eucken explizit aus der Beurteilung herausnehmend – vom „gemäßigten Liberalismus" des „Ordo-Kreises" nach Euckens Tod.[384]

In den bisher angestellten Erörterungen wurde das Verständnis beider Autoren in Bezug auf die Rolle des Staates in der Wirtschafts*ordnung* als Rahmen der einzelnen Handlungen verglichen. Eucken ist dabei Verfechter des Konzepts der Ordnung als Summe der Formen, in denen gewirtschaftet wird (Abschnitt 4.2.1), während Hayek beim Ordnungsbegriff auf die Erkenntnisfähigkeit von Mustern noch unbekannter Elemente abstellt (Abschnitt 4.3.1). Hayek ist damit nach den bisherigen Ausführungen als Ordoliberaler zu sehen, allerdings einer eigenen Spielart, die um den Wissens-Topos zentriert ist. Es besteht jedoch zusätzlich ein wesentlicher Unterschied zwischen beiden Autoren bezüglich ihres Verständnisses vom Wirtschafts*prozess*. Da dieser Punkt besondere Relevanz für die Wettbewerbspolitik des jeweiligen Autors hat, wird in Abschnitt 4.5 wieder darauf Bezug genommen, allerdings soll hier bereits die grundsätzliche theoretische Divergenz beider Auffassungen beleuchtet werden. Der Wirtschaftsprozess ist für Eucken zentral durch das Konstrukt der Marktformen gekennzeichnet, an denen er in seiner Morphologie eine endliche Anzahl an Idealtypen extrahieren kann.[385] Die Intensität und Beschaffenheit des Wettbewerbs auf einem Markt werden durch die Marktformen der Angebots- und der Nachfrageseite determiniert. Bei einem solchen Verständnis vom Wirtschaftsprozess lässt sich der Vorwurf eines *statischen* Marktverständnisses nicht leicht abweisen – zudem erinnert es grundsätzlich an die neoklassische Sicht auf die Ökonomie als System von Gleichgewichtszuständen. Hayeks Verständnis vom Marktprozess – wie der Ablauf der einzelnen Handlungen in der Österreichischen Schule in Abgrenzung zum neoklassischen Gleichgewichts-Marktverständnis häufig genannt wird –[386] ist ein deutlich *dynamischeres*.[387] Zur Zeit des „ordoliberalen Hayek II", also noch in den 1940er-Jahren und besonders bei der Gründung der *Mont Pèlerin Society*, macht er sich zwar grundsätzlich die Freiburger Wettbewerbsordnung als Leitidee zu eigen.[388] Aber schon

---

383 Vgl. Hayek (1960/1978), S. 54–70 sowie Hayek (1973/1983), S. 17–24.

384 Vgl. Hayek (1983a), S. 15. In der späteren englischen Fassung ist der Ausdruck etwas unpräzise mit „restrained liberalism" übersetzt, vgl. Hayek (1983/1992), S. 190.

385 Vgl. Eucken (1940/1989), S. 91–112.

386 Für eine gelungene Abgrenzung des Konzepts des Marktprozesses in der Österreichischen Schule vom neoklassischen Gleichgewichts-Marktverständnis vgl. Loy (1988), S. 28–45 und S. 86–132. Für die klassische Darstellung des Konzepts des Marktprozesses in der Österreichischen Schule vgl. Kirzner (1973).

387 Vgl. Hayek (1946/1948), S. 93–94.

388 Vgl. Hayek (1947/1948), S. 111–112.

zu diesem Zeitpunkt wird deutlich, dass auch der ordoliberale Hayek kein Ordoliberaler „Freiburger Provenienz" ist, sondern ein eigens akzentuiertes Verständnis sowohl von der Wirtschaftsordnung als auch vom Wirtschaftsprozess hat. Hayek fokussiert sein Interesse schon zu dieser Zeit – noch vor der Formulierung der Leitidee des Wettbewerbs als Entdeckungsverfahren –[389] auf den Wettbewerb als dynamischen Prozess temporärer Anpassungen der handelnden Subjekte, anstatt sich ausschließlich mit „long-term-equilibrium"-Konstrukten zu befassen.[390] Einem statisch-gleichgewichtigen Denken wirft er (wie schon in der Formulierung seiner Konjunkturtheorie[391] und besonders nach *Economics and Knowledge*) vor, den für alles Wirtschaften essenziellen Faktor Zeit[392] sträflich zu vernachlässigen.[393] Wie bereits angedeutet, haben solch ordnungstheoretische Divergenzen zwischen Eucken und Hayek schwerwiegende ordnungspolitische Konsequenzen für die Rolle des Staates auf dem Gebiet der Wettbewerbspolitik, wie in Abschnitt 4.5 erörtert wird.

Anstelle einer Zusammenfassung kann abschließend ein letzter wesentlicher Unterschied zwischen beiden Autoren herausgearbeitet werden, und zwar bezüglich ihrer praktischen Vorgehensweise in der Bestimmung des Umfangs der Staatstätigkeit,[394] d. h. in der Kernfrage dieser Studie. Zwar wurde in Abschnitt 4.4.1 festgestellt, dass beide *grundsätzlich* die Auffassung von der Dichotomie zwischen Spielregeln und Spielzügen – bzw. zwischen Ordnungspolitik und Prozesspolitik – teilen, allerdings stellt sich die Frage, wie diese Politikarten bei den beiden Autoren *konkret* voneinander zu trennen sind. Für Eucken ist die Antwort auf die Frage, ob ein Eingriff des Staates gerechtfertigt ist, primär davon abhängig, ob der jeweilige Akt der Aufrechterhaltung der in Abschnitt 4.2.2 dargelegten normativen Vision der Wettbewerbsordnung dient oder aber deren Prinzipien zuwiderläuft.[395] Es handelt sich also um eine *inhaltliche* Umgrenzung des legitimen Bereichs für die Betätigung des Staates: Für ihn und seine Mitstreiter hat die Freiheit dort ihre Grenzen, wo sie die Ordnung gefährdet.[396] Möglicherweise besteht bei einer so formulierten inhaltlichen Fixierung die Gefahr der dogmatischen Erstarrung, falls die Theorie des Begründers innerhalb der jeweiligen Schule nicht an neue Gegebenheiten angepasst und unreflektiert rezipiert wird.[397] Hayek geht anders vor: Er stellt in seiner Sozialphilosophie ein *formales* Kriterium auf, welches erfüllt sein muss, damit staatliche Aktivitäten als legitim

---

389 Vgl. Hayek (1968/1969), S. 249–265.
390 Vgl. Hayek (1946/1948), S. 101–102.
391 Vgl. Hayek (1929/1976), S. 24–27.
392 Für eine gelungene Rekonstruktion der Bedeutung des Faktors Zeit für die Kapitaltheorie „österreichischer" Provenienz vgl. Skousen (1990), S. 184–211.
393 Vgl. Hayek (1946/1948), S. 102–106.
394 Vgl. Grossekettler (1997), S. 9–10 sowie Bönker/Wagener (2001), S. 189–190.
395 Vgl. Eucken (1952/2004), S. 334–338.
396 Vgl. Eucken (1952/2004), S. 179 sowie Meyer/Lenel (1948), S. X.
397 Für eine Kritik gerade der Rezeption von Euckens System durch die späteren ordoliberalen Generationen vgl. Kirchgässner (1988), S. 63–65.

anzusehen sind – nämlich die Rechtsstaatlichkeit des Eingriffes.[398] Dies bedeutet, dass der Staat sich den in Abschnitt 4.3.2 erläuterten allgemeinen, abstrakten und negativen Regeln unterwerfen muss, wenn er in das katallaktische Spiel des Marktes eingreifen will.[399]

Damit kann die abstrakte Analyse der Rolle des Staates in den Ordnungstheorien beider Denker abgeschlossen werden. Im nächsten Schritt wird der Versuch unternommen, die konkreten Empfehlungen, die sich aus diesem Staatsverständnis für die einzelnen Bereiche der Wirtschaftspolitik ergeben, zu rekonstruieren und komparativ entlang der Topoi gegenüberzustellen. Von besonderem Interesse wird sein, inwieweit sich Eucken und Hayek an die oben herausgearbeitete Maxime für den Staat, der Regeln über Ordnungspolitik setzen und als Schiedsrichter diese Regeln überwachen soll, halten und wo sie, über diese Vorstellung hinausgehend, Maßnahmen fordern, die eher im Bereich der Prozesspolitik anzusiedeln sind.[400]

4.5 Vergleich der Vorstellungen zur Wettbewerbspolitik

Die Theorie der Wettbewerbspolitik stellt eine Facette des Neoliberalismus im Allgemeinen und des Freiburger Ordoliberalismus im Besonderen dar, die im Vergleich zum klassischen Liberalismus des 19. Jahrhunderts als neuartig erscheint und häufig als geradezu kennzeichnend für die politische Ökonomie von Eucken und seinen Mitstreitern eingestuft wird.[401] Deshalb soll in den folgenden komparativen Ausführungen zu den vier ausgewählten Bereichen der Wirtschaftspolitik dieses Politikfeld als Erstes analysiert werden.

4.5.1 Vorstellungen Euckens

Euckens wettbewerbspolitisches Leitbild kann – anknüpfend an sein besonderes, in den Abschnitten 4.2.1 und 4.4.2 beleuchtetes Verständnis des Wirtschaftsprozesses innerhalb der Wirtschaftsordnung – als zweigeteilt angesehen werden. So verknüpft er die beiden Kategorien „vollständige Konkurrenz" und „Leistungswettbewerb", die in Kombination als normativer Referenzmaßstab für den Handlungsbedarf des Staates

---

398 Vgl. Hayek (1960/1978), S. 220–233 sowie Hayek (1976/1978b), S. 33–38.
399 Für eine Kritik gerade dieses formalen Charakters von Hayeks Beschreibung des freiheitlichen legitimen Staates vgl. Robbins (1961), S. 68–69.
400 Für die klassische Darstellung der möglichen Klassifikationen wirtschaftspolitischer Maßnahmen vgl. Tuchtfeldt (1957), S. 52–61.
401 Vgl. bspw. Blum (1969), S. 63–70, Meijer (1987), S. 581, Grossekettler (1997), S. 9–11 sowie Hülsmann (2007), S. 869–871.

dienen.[402] Als Konkurrenz wird nach Euckens Darstellung eine Situation bezeichnet, in der der Preis durch die Marktakteure als ein vom Verhalten Einzelner unabhängiges Datum angesehen wird.[403] Die Definition dieses Zustandes verlangt weniger rigide zugrunde liegende Annahmen, als dies beim Konzept der neoklassischen vollkommenen Konkurrenz der Fall ist.[404] Eucken betont etwa, dass seine Definition eines wettbewerblichen Marktes nicht an die Homogenität des Produkts geknüpft ist.[405] Der Zusatzbegriff „vollständig" ist bei ihm nicht als Aufstellung zusätzlicher inhaltlicher Bedingungen zu verstehen, sondern lediglich als Kennzeichnung dafür, dass *beide* Marktseiten durch Konkurrenz gekennzeichnet sind.[406] Darüber hinaus kann jede Marktseite offen oder geschlossen gegenüber Neuzutritten sein.[407] Die vollständige Konkurrenz ist dabei eine Marktform, die mit Euckens Haupttopos in direkter Weise korrespondiert: In ihr besitzen die einzelnen Akteure – durch die Eigenschaft des Preises als Datum für die individuellen Spielzüge – keinerlei Macht über die Handlungen der anderen Marktakteure, sodass diese Marktform sich im Hinblick auf Entmachtung als wettbewerbspolitisches Leitbild geradezu ideal anbietet.[408]

Dies wird durch das Konzept des Leistungswettbewerbs komplementiert, das in den *Grundlagen* noch nicht enthalten ist.[409] Leistungswettbewerb kennzeichnet dabei diejenige Art des Konkurrierens, bei der die Befriedigung der Kundenwünsche und nicht das Ausschalten von Konkurrenten (im Sinne des Behinderungs- oder Schädigungswettbewerbs) den Markterfolg sichert.[410] Bezüglich des Verhältnisses der Kategorien „vollständige Konkurrenz" und „Leistungswettbewerb" zueinander kann bei Eucken ein Wandel vom Beginn der 1940er-Jahre bis zur Veröffentlichung der *Grundsätze* festgestellt werden: So erachtet er es 1941 für notwendig, dass der Staat zur Gewährleistung der vollständigen Konkurrenz extra „für die genaue Einhaltung der Spielregeln des Leistungswettbewerbs"[411] sorgen muss, sodass demnach

---

402 Für die Aktualität des normativen Gehalts des Leistungswettbewerbskonzepts (in Kombination mit der Hoppmann'schen Wettbewerbsfreiheit) als Maxime für die Wettbewerbspolitik vgl. Vanberg (2009), S. 7–16.
403 Vgl. Eucken (1940/1989), S. 95–96.
404 Vgl. Renner (2002), S. 72–77.
405 Vgl. Eucken (1940/1989), S. 101.
406 Vgl. Eucken (1940/1989), S. 111.
407 Vgl. Eucken (1940/1989), S. 110–111.
408 Vgl. Eucken (1940/1989), S. 201–202.
409 Das Konzept des Leistungswettbewerbs taucht zu dieser Zeit in der Trilogie Röpkes auf, vgl. Röpke (1942/1979), S. 364. Allerdings verwendet Eucken die Kategorie schon 1941, wie sein Vortrag bei der *Akademie für Deutsches Recht* belegt, vgl. Eucken (1941/1942), S. 29. Wenn man der ordoliberalen Genesis des Begriffs nachgeht, so identifiziert man in Schriften der Eucken-Mitstreiter Franz Böhm und Leonhard Miksch aus den 1930er-Jahren erste Erläuterungen des Konzepts. Dieser wichtigen begrifflichen Frage wird in der vorliegenden Studie ausführlicher im Vergleich zwischen Eucken und Röpke nachgegangen.
410 Vgl. Eucken (1952/2004), S. 42–43.
411 Eucken (1941/1942), S. 38.

vollständige Konkurrenz nicht automatisch zum Leistungswettbewerb führt. In *ORDO* sowie in den *Grundsätzen* äußert er sich dagegen folgendermaßen zur vollständigen Konkurrenz:

> Sie ist nicht Behinderungs- oder Schädigungswettbewerb, sondern ‚Leistungswettbewerb'.[412]

Es scheint für ihn also nunmehr ein Automatismus zu sein, dass vollständige Konkurrenz den Leistungswettbewerb gewährleistet. Gleichzeitig verdeutlicht er, dass andere Marktformen als die vollständige Konkurrenz (hier besonders Monopole, aber auch Teilmonopole und Oligopole) zu keinem Leistungswettbewerb führen können.[413]

Somit besteht ein enger Zusammenhang zwischen den beiden Kategorien, allerdings sind sie systematisch auf unterschiedlichen Ebenen anzusiedeln: Die Regeln des Leistungswettbewerbs sind *verfahrensorientiert*, während die vollständige Konkurrenz *ergebnisorientiert* ist, d. h. einen Endzustand beschreibt, den es zu erreichen gilt.[414] So kann der Leistungswettbewerb als Verfahren zum Zweck der Leistungssteigerung durchaus auch in der Ordnungsform der Zentralverwaltungswirtschaft verwendet werden.[415]

Als Nächstes soll untersucht werden, wie die konkreten, aus diesen Überlegungen abgeleiteten Politikempfehlungen Euckens für die Wettbewerbspolitik aussehen. Das Monopolproblem, wie er die Problematik von privater Macht auf dem Markt nennt, spielt in den *Grundsätzen* eine eminente Rolle. Dabei ist anzumerken, dass die Marktformen des Oligopols und des Teilmonopols von Eucken als im Wirtschaftsprozess gleichgewichtslos[416] (im Sinne der Gruppenanarchie)[417] eingestuft werden und er davon ausgeht, dass außerdem die Marktakteure durch die prophylaktische Wirkung der Monopolaufsicht zu wettbewerblichem Verhalten gelangen werden.[418] Des Weiteren sind Kartelle lediglich als Kollektivvariante des Monopols zu sehen,[419] sodass insgesamt lediglich das Monopol (individuell als Einzelmonopol oder kollektiv als Kartell) als Problem und langfristig relevanter Fall des nicht-wettbewerblichen Wirtschaftsprozesses verbleibt. So spricht Eucken 1941 davon, dass sich die Wirtschaft in zwei Sektoren unterteilen lässt, wobei in dem einen vollständige Konkurrenz als Kontrollmechanismus herrscht und in dem anderen der Staat mit dem Monopolproblem konfrontiert ist.[420]

---

412 Eucken (1949), S. 25 sowie Eucken (1952/2004), S. 247.
413 Vgl. Eucken (1952/2004), S. 43.
414 Vgl. Vanberg (1997), S. 718–720.
415 Vgl. Eucken (1949), S. 27 sowie Eucken (1952/2004), S. 249.
416 Vgl. Eucken (1949), S. 21 sowie Eucken (1952/2004), S. 244.
417 Vgl. Eucken (1949), S. 21–22 sowie Eucken (1952/2004), S. 171.
418 Vgl. Eucken (1949), S. 70–71 sowie Eucken (1952/2004), S. 298–299.
419 Vgl. Eucken (1940/1989), S. 103–104 sowie Eucken (1952/2004), S. 34–36.
420 Vgl. Eucken (1941/1942), S. 38–40.

Für eine wirksame Wettbewerbspolitik sollen zunächst die *konstituierenden* Prinzipien der Wettbewerbsordnung durchgesetzt werden, was schon größtenteils zu Wettbewerb und Entmachtung führt – sowohl für die Wirtschafs-, als auch (über die Interdependenz der Ordnungen) für die Staatsordnung, welche bei Realisierung der Wettbewerbsordnung vom Einfluss der Machtgruppen befreit wären: So wäre auch die potenzielle fatale Vermengung von privater und staatlicher Macht zerschlagen.[421] Dabei ist natürlich besonders die binnen- und außenwirtschaftliche Öffnung der Märkte zu betonen,[422] die sich im Folgenden als wichtige Gemeinsamkeit mit Hayek herauskristallisiert – und, wie im Autorenvergleich von Hayek und Mises zu zeigen sein wird, auch mit Letzterem, trotz der sonstigen wettbewerbspolitischen Kontroversen, vor allem in der *Mont Pèlerin Society*, zwischen Eucken und Mises.[423] Daneben sollen – im Sinne der Eucken'schen Ablehnung von Punktualismus in der Wirtschaftspolitik –[424] alle relevanten Rechtsbereiche wie etwa das Gesellschafts-, Patent- oder Steuerrecht danach durchforstet werden, ob sie Monopolisierung erleichtern oder gar fördern, was zu unterbinden wäre. Durch solche Maßnahmen kann bereits die Entstehung von Macht unterbunden und nicht lediglich ihre späteren Auswüchse verhindert werden, was dem in Abschnitt 4.2.2 erläuterten ersten staatspolitischen Grundsatz der Wirtschaftspolitik entspricht.[425]

Marktöffnung ist jedoch für Eucken explizit nicht automatisch mit dem Leitbild der vollständigen Konkurrenz verknüpft[426] – mit anderen Worten ist Marktöffnung eine notwendige, aber keine hinreichende Bedingung für Entmachtung im Sinne der Wettbewerbsordnung. Es können demnach trotz Einhaltung der *konstituierenden* Prinzipien monopolistische Strukturen im oben geschilderten, politisch immer weiter zurückzudrängenden zweiten Sektor bestehen bleiben, weshalb das erste *regulierende* Prinzip der Wettbewerbsordnung notwendig ist. Besonders relevant sind dabei unvermeidliche Monopole auf kommunaler Ebene, in heutiger Terminologie natürliche Monopole.[427] Eucken ist strikt gegen deren Verstaatlichung, weil dies in seiner Analyse durch die Vermengung von staatlicher und privater wirtschaftlicher Macht zu einer weiteren, in seiner Sprache „doppelten Machtkonzentration"[428] führt,[429] stattdessen sollen sie unter staatliche Aufsicht gestellt werden.[430] Diese Kompetenz ist einem Monopolaufsichtsamt zu übertragen, welches zum einen das Recht hat, Monopole

---

421 Vgl. Eucken (1949), S. 64 sowie Eucken (1952/2004), S. 291–293.
422 Vgl. Eucken (1949), S. 36–42 sowie Eucken (1952/2004), S. 264–270.
423 Vgl. Hülsmann (2007), S. 870–880, Plickert (2008), S. 198–207, Kolev/Goldschmidt/Hesse (2014), S. 33–36 sowie Kolev (2016b), S. 18–19.
424 Vgl. Eucken (1941/1942), S. 43–44.
425 Vgl. Eucken (1952/2004), S. 172, S. 183 und S. 292.
426 Vgl. Eucken (1940/1989), S. 256.
427 Vgl. Eucken (1949), S. 65–66 sowie Eucken (1952/2004), S. 291–292.
428 Eucken (1950/1953), S. 7.
429 Vgl. Eucken (1948d), S. 122–123.
430 Vgl. Eucken (1949), S. 68 sowie Eucken (1952/2004), S. 292–293.

aufzulösen, zum anderen aber die verbleibenden Monopole unter seine Aufsicht zu nehmen.[431] Allerdings gibt Eucken dem Wettbewerb stets den Vorzug vor dem Staat als Kontrollinstanz:

> Die Preiskontrolle von staatlichen Behörden kann nicht so gut sein wie die anonyme Kontrolle des Leistungswettbewerbs.[432]

Des Weiteren formuliert Eucken gerade im Hinblick auf die eben erwähnte Preiskontrolle ein Kriterium, welches das Monopolaufsichtsamt für die verbleibenden Monopole politisch durchsetzen soll: Die Marktakteure sollen demnach zu einem Verhalten gezwungen werden, *als ob* vollständige Konkurrenz herrschte, d. h. sie sollen zu wettbewerblichen Grenzkosten-Preisen die entsprechenden kompetitiven Mengen anbieten.[433] Dass dabei theoretische und besonders praktische Probleme bei der „wettbewerbsanalogen Feststellung der Preise"[434] auftreten können, ist Eucken allerdings bewusst.[435]

Zudem wird die Durchsetzung der Prinzipien des Leistungswettbewerbs nicht nur für die Gütermärkte, sondern ausdrücklich auch für die Arbeitsmärkte gefordert.[436] Außerdem sollen einige besondere Praktiken, wie etwa Preisdiskriminierung, durch Verbote ausgeschlossen werden, da preisdiskriminierendes Verhalten für Eucken als Zeichen von Marktmacht zu deuten ist.[437]

Insgesamt soll die Kontrolle des Monopolamtes damit zu wettbewerbsanalogem Verhalten, aber indirekt auch (etwa durch dynamisches Anpassen der „Als-ob"-Preise an Änderungen von objektiven Daten) zu Produktivitätssteigerungen in den kontrollierten Betrieben führen.[438] In expliziter Abgrenzung zur Idee der „gebundenen Konkurrenz" seines engen Mitarbeiters Leonhard Miksch, welcher die Oligopolisten unter direkte staatliche Aufsicht stellen will,[439] setzt Eucken darauf, dass die Monopolaufsicht für diese prophylaktisch wirken wird: Sie soll also allein durch ihre Existenz verhindern, dass Oligopolisten deren Macht missbrauchen, da sie ansonsten unter Aufsicht gestellt werden.[440]

Zusammenfassend lässt sich festhalten, dass Eucken in der Wettbewerbspolitik mehr als nur ordnungspolitische Mittel zur Erreichung seines Ziels der Entmachtung in Erwägung zieht und vorschlägt. Preiskontrollen und Preisdurchsetzung können

---

431 Vgl. Eucken (1941/1942), S. 39–42, Eucken (1949), S. 68–70 sowie Eucken (1952/2004), S. 294–295.
432 Eucken (1941/1942), S. 42.
433 Vgl. Eucken (1949), S. 66–67 sowie Eucken (1952/2004), S. 295.
434 Eucken (1952/2004), S. 297.
435 Vgl. Eucken (1949), S. 69 sowie Eucken (1952/2004), S. 297–298.
436 Vgl. Eucken (1952/2004), S. 295–296.
437 Vgl. Eucken (1949), S. 69 sowie Eucken (1952/2004), S. 296.
438 Vgl. Eucken (1949), S. 69–70 sowie Eucken (1952/2004), S. 297–298.
439 Vgl. Eucken (1952/2004), S. 298–299.
440 Vgl. Eucken (1949), S. 70–71 sowie Eucken (1952/2004), S. 298–299.

zwar als allgemeine Regel im Sinne etwa des Grenzkostenprinzips festgeschrieben werden, sind aber im von ihm geforderten konkreten Feststellen und Festschreiben der Preise im Einzelfall als geradezu idealtypisches Beispiel von Prozesspolitik zu sehen. Die Macht, die Eucken damit dem Staat in der Wettbewerbspolitik als legitim zuweist, erscheint ihm notwendig für den Erhalt der Wettbewerbsordnung und dabei gilt wohl (ähnlich wie in seinem Beispiel zum Notenprivileg der Zentralbank):

> Doch auch diese Machtbildung erfolgt zu dem Zweck, die Wettbewerbsordnung zu ermöglichen.[441]

Diese Macht ist deshalb innerhalb seines Systems legitimiert.

4.5.2 Vorstellungen Hayeks

Auf dem Feld der Wettbewerbspolitik bestehen deutliche Divergenzen zwischen Eucken und Hayek – und zwar bereits deutlich vor dem Übergang zum „evolutorischen Hayek III". Dies ist wohl als direkte Folge des jeweiligen, in Abschnitt 4.4.2 kontrastierend skizzierten Wettbewerbsverständnisses zu sehen, das schon beim „ordoliberalen Hayek II" stark von demjenigen Euckens abweicht.[442] Es lässt sich – das Bild aus Abschnitt 4.4.2 wieder aufnehmend – in der Gegenüberstellung Marktformen (Eucken) versus Marktprozesse (Hayek) zusammenfassen. Zwar gibt es theoretische Ähnlichkeiten wie die gemeinsame Ablehnung der neoklassischen Leitidee der vollkommenen Konkurrenz aufgrund ihrer Realitätsferne[443] sowie praktische Gemeinsamkeiten wie den Vorschlag eines Verbotes von Preisdiskriminierung durch Monopolisten.[444] Die Hauptstoßrichtung bei Hayek ist aber eine andere, wie im Folgenden erläutert wird. Diese qualitativ sehr unterschiedliche Auffassung hat möglicherweise auch quantitativ zur Folge, dass dem Bereich der Wettbewerbspolitik bei Hayek eine deutlich weniger prominente Rolle zukommt als in den Werken Euckens und seiner Freiburger Mitstreiter, wofür Hayek von Zeitgenossen kritisiert wird.[445]

Zunächst lässt sich ein bemerkenswerter Wandel in den Formulierungen Hayeks in Bezug auf die wettbewerbspolitischen Aufgaben des Staates rekonstruieren. So sieht der „ordoliberale Hayek II" die Herstellung des Wettbewerbs als Notwendigkeit *positiver* Politik und betont dementsprechend sowohl im *Road to Serfdom* als auch

---

441 Eucken (1949), S. 64 sowie Eucken (1952/2004), S. 291.

442 Für eine Formulierung seines an den dynamischen Marktprozess angelehnten Wettbewerbsverständnisses, gerade in seiner ordoliberalen Phase, vgl. Hayek (1946/1948), S. 92–96.

443 Vgl. Hayek (1966/1969b), S. 122–124 sowie Hayek (1979/1981), S. 65–67.

444 Vgl. Hayek (1960/1978), S. 136.

445 Für den faktisch berechtigten Vorwurf, dass in der *Constitution of Liberty* die Wettbewerbspolitik nur am Rande thematisiert wird, vgl. den Diskussionsbeitrag des Heidelberger Ökonomen Egon Sohmen in Haberler (1975), S. 17–18.

bei der Gründung der *Mont Pèlerin Society* diesen positiven Charakter des von ihm befürworteten „planning for competition".[446] Allerdings beschränkt er sich auf diese Charakterisierung, ohne die konkreten positiven Politikmaßnahmen zu benennen, weshalb Eucken den *Road to Serfdom* in Korrespondenz mit Hayek in Bezug auf die konkrete Realisierung der Wettbewerbsordnung als nicht ausführlich genug kritisiert.[447] In einer weniger bekannten Schrift vom Sommer 1947 – kurz nach Gründung der *Mont Pèlerin Society* – verdeutlicht Hayek explizit die Nähe seines „Planning for competition"-Ansatzes zur Freiburger Wettbewerbsordnung von Eucken und Böhm.[448] Später wandeln sich Hayeks Positionen deutlich.[449] Besonders in seinen erst in *Law, Legislation and Liberty* ausgearbeiteten wettbewerbspolitischen Positionen ist nicht zu verkennen, dass er primär *negative* Politiken – im Sinne der Beseitigung von Behinderungen des Wettbewerbs – befürwortet. Bezeichnend ist dabei, dass Hayek in den Fußnoten zum Text zunächst den amerikanischen Mises-Schüler Murray Rothbard zitiert, dann Israel Kirzner und Erich Hoppmann, dagegen auf jegliche Verweise auf die „frühen" Freiburger wie Eucken, Böhm oder Miksch verzichtet.[450] Er greift sogar (ohne Namen zu nennen) diese „neo-liberals" an, welche vergessen, dass Monopole auf Gütermärkten (anders als auf dem Arbeitsmarkt) oft durch überlegene Leistung im Marktprozess entstanden sind[451] und fasst seine Position wie folgt zusammen:

> It is not monopoly as such but only the prevention of competition which is harmful.[452]

Und schon in den 1960er-Jahren hält Hayek in einer Skizze seiner liberalen Utopie fest, dass es für ihn wichtiger ist, „dass die Regierung sich jeglicher Unterstützung von Monopolen enthält, als dass sie sie bekämpft".[453]

Die Kernforderung Hayeks in diesen erst spät formulierten ausführlichen Thesen zur Wettbewerbspolitik kann am besten mit dem Begriff der Disziplinierung durch potenziellen Wettbewerb – in heutiger Terminologie im Sinne der Contestable-Markets-Theorie – beschrieben werden. Es handelt sich um die Vorstellung, dass dem Staat sowie den bestehenden Anbietern auf einem Markt verboten sein muss, den Zugang zu diesem zu versperren, da solche Sperren den bestehenden Anbietern ungerechtfertigte (weil auf dem Privileg der Marktschließung beruhende) Gewinne

---

446 Vgl. Hayek (1944/1994), S. 42–43 und S. 213–218 sowie Hayek (1947/1948), S. 110.
447 Vgl. Eucken (1946) sowie die ausführliche Diskussion dieses Briefes Euckens in Goldschmidt/ Hesse (2012).
448 Vgl. Hayek (1947/2004), S. 169–170. Hayeks Zitat zur immensen Bedeutung der Freiburger Wettbewerbsordnung wird in Abschnitt 4.3.2 aufgeführt.
449 Bereits bei einem Vortrag an der *Universität Köln* im Jahre 1953 steht die Wettbewerbspolitik negativer Art im Vordergrund, vgl. Hayek (1953/1954), S. 12–14.
450 Vgl. Hayek (1979/1981), S. 188–189.
451 Vgl. Hayek (1979/1981), S. 83.
452 Hayek (1979/1981), S. 83.
453 Hayek (1966/1969b), S. 123.

garantieren würden. Bei Zutritt von neuen Wettbewerbern würden solche kurzfristig möglichen Gewinne stattdessen in Form von niedrigeren Preisen an die Marktgegenseite abgegeben.[454] Darüber hinaus sollen die Marktakteure aber, aus dem Prinzip des Privateigentums abgeleitet, jeden Preis verlangen dürfen, der ihnen passend erscheint: In Monopolstellungen und -preisen, die einer überlegenen Leistung entspringen, aber aufgrund von Neuzutritt und Imitation notwendigerweise nur temporär auftreten können, sieht Hayek eine nicht nur nicht zu korrigierende, sondern sogar begrüßenswerte Eigenschaft des Marktprozesses.[455] Der offene Markt ist für ihn also, anders als bei Eucken, nicht nur eine notwendige, sondern auch eine hinreichende Bedingung für den staatlichen Umgang mit Monopolen.

Aus dieser Argumentation ergibt sich, dass eine Unterscheidung in der Behandlung der Unternehmen seitens des Staates nach ihrer Größe Hayek nicht angebracht erscheint, da diese bei offenen Märkten keine Gefahr im Sinne von Macht darstellt.[456] Die Größe der Unternehmen auf einem Markt stellt für ihn vielmehr eine der endogen zu bestimmenden Variablen des Wettbewerbs als Entdeckungsverfahren dar, die aufgrund von permanentem technologischem und ökonomischem Wandel den Bedingungen ständiger Dynamik unterworfen ist.[457] Allerdings definiert Hayek die Frage der Macht nicht weg, sondern nimmt eine definitorische Differenzierung vor und unterscheidet zwischen der Macht über Ressourcen und der Macht über das Verhalten anderer Menschen.[458] Da er beide als nicht zwingend miteinander verknüpft und nur letztere Variante als gefährlich ansieht, stellt er fest, dass nicht Größe, sondern die Diskriminierungsmöglichkeit zwischen den verschiedenen Marktteilnehmern als Gefahr für die Beeinflussung menschlichen Verhaltens anzusehen ist.[459] Daher auch das oben erwähnte geforderte Verbot der Preisdiskriminierung. Zwar erkennt er (durchaus im Sinne der Eucken'schen Interdependenz der Ordnungen) auch die Möglichkeit der Einflussnahme durch große Unternehmen auf die Willensbildung des Staates, allerdings liegt für ihn die primäre Gefahr nicht in der Größe des einzelnen Unternehmens, sondern in der Koalitionsmöglichkeit beliebig großer Unternehmen zu Gruppen.[460]

Einer institutionalisierten Monopolaufsicht erteilt Hayek wegen des ihr inhärenten Wissensmangels eine deutliche Absage. Für ihn kann eine Behörde keine Kenntnisse über das fiktive Verhalten von Unternehmen unter nicht existierenden Bedingungen besitzen.[461] Die „Als-ob"-Vorgabe zur Durchsetzung kompetitiver

454 Vgl. Hayek (1979/1981), S. 71–73.
455 Vgl. Hayek (1979/1981), S. 73–74.
456 Vgl. Hayek (1979/1981), S. 77–80.
457 Vgl. Hayek (1979/1981), S. 77–78.
458 Vgl. Hayek (1979/1981), S. 80.
459 Vgl. Hayek (1979/1981), S. 81.
460 Vgl. Hayek (1979/1981), S. 82 und S. 89–93.
461 Vgl. Hayek (1966/1969b), S. 124 sowie Hayek (1979/1981), S. 85–88.

Preisen lehnt er mit demselben Argument der Unmöglichkeit der Prognostizierbarkeit von Marktverhalten ab.[462] Polit-ökonomisch führt er des Weiteren an, dass ein beaufsichtigtes Monopol häufig dazu neigt, sich zu einem staatlich geschützten Monopol zu entwickeln.[463] Für die Regulierung von monopolistischem oder kartellartigem Verhalten schlägt er eine zivilrechtliche Lösung vor, die ein ausnahmsloses Verbot von solchen Praktiken vorsieht und den eventuell dadurch Geschädigten privatrechtlichen Schadensersatz (explizit ohne strafrechtliche Folgen) gewährt.[464] Ähnlich wie Eucken im Rahmen seiner konstituierenden Prinzipien betont auch Hayek, dass dies kein Verstoß gegen die Vertragsfreiheit ist, da diese für ihn nicht beinhaltet, dass unrechtmäßige, die Vertragsfreiheit anderer beschneidende Verträge Gültigkeit haben sollen.[465]

Zwei weitere komparative Aspekte zu Eucken ergeben sich, wenn man Hayeks wettbewerbspolitische Notizen analysiert. Zum einen fordert Hayek – ähnlich wie Eucken – rechtliche Vorgaben des Staates zu vermeiden, die die Monopolisierung fördern, und erwähnt dabei explizit Schutzzölle und die Bereiche des Gesellschafts-, Patent- und Steuerrechts.[466] Zum anderen teilt er mit Eucken die Forderung, dass die Prinzipien der Wettbewerbspolitik nicht nur auf die Gütermärkte, sondern besonders auch auf den Arbeitsmarkt anzuwenden sind: Monopolistische Praktiken gerade bei den Gewerkschaften sieht er als die gravierendere Gefahr für das Funktionieren der Marktwirtschaft im Vergleich zu solchen Handlungen auf der Unternehmensseite.[467]

Als Zusammenfassung des Hayek'schen Verständnisses von Wettbewerbspolitik im Sinne eines Plädoyers für Marktöffnung und von Skepsis gegenüber staatlicher Prozesspolitik in der Regulierung einzelner Preise kann folgender Satz gelten:

> Thus to set potential competitors as watchdogs over the monopolist and to give them the remedy against the use of price discrimination would seem a more promising check [...] than to place enforcement in the hands of a supervising authority.[468]

Das kommt zwar sehr nahe an Euckens zweites Zitat in Abschnitt 4.5.1, welches ebenfalls die Unterlegenheit staatlicher Aufsicht im Vergleich zur Kontrolle durch die Spieler im Leistungswettbewerb feststellt. Der wesentliche Unterschied zwischen beiden verbleibt, dass Hayek die Marktöffnung und die endogene Machterosion innerhalb des katallaktischen Spiels als hinreichend einstuft und auf weitere positive Politikmaßnahmen zu verzichten bereit ist.

---

462 Vgl. Hayek (1966/1969b), S. 124 sowie Hayek (1979/1981), S. 70–71.
463 Vgl. Hayek (1979/1981), S. 79.
464 Vgl. Hayek (1966/1969b), S. 124 sowie Hayek (1979/1981), S. 85–88.
465 Vgl. Hayek (1979/1981), S. 86–87.
466 Vgl. Hayek (1966/1969b), S. 123 sowie Hayek (1979/1981), S. 88.
467 Vgl. Hayek (1966/1969b), S. 125 sowie Hayek (1979/1981), S. 89. Weitere Aspekte der geforderten Verfassung des Arbeitsmarktes werden ausführlich in Abschnitt 4.8 erörtert.
468 Hayek (1979/1981), S. 85.

4.5.3 Analyse entlang der Haupttopoi

Der Bezug zu den Topoi wurde in den obigen Ausführungen bereits an einigen Stellen hergestellt. Im Folgenden wird, wie in jedem dritten Unterabschnitt eines Politikbereichs, die Relevanz der Topoi noch deutlicher herausgearbeitet und zur Grundlage der komparativen Analyse verwendet.

Zunächst kann aus den Erläuterungen zu jedem Autor rekonstruiert werden, dass das unterschiedliche Wettbewerbsverständnis (Denken in Marktformen bei Eucken versus Denken in Marktprozessen bei Hayek) tatsächlich zu deutlich divergierenden wettbewerbspolitischen Empfehlungen führt. Der Topos ist hier unmittelbar eingeflochten, denn Euckens Plädoyer für vollständige Konkurrenz hängt direkt mit ihrer entmachtenden Funktion zusammen, während Hayek im Bild des Wettbewerbs als Prozess primär dessen Entdeckungsfunktion für neues Wissen im Markt hervorhebt.

Dabei ergibt sich bei den Autoren jeweils eine potenzielle Schwachstelle, wenn man Eucken aus der Warte Hayeks und umgekehrt analysiert. So hält Hayek einer Monopolaufsicht, die einen „Als-ob"-Wettbewerb schafft, die Problematik ihres nicht existenten Wissens über die fiktiven wettbewerblichen Kostenstrukturen entgegen. Eucken hingegen (wie oben zu den Debatten mit Mises in der *Mont Pèlerin Society* angemerkt) wirft dem „österreichischen" Marktprozessverständnis Blindheit gegenüber der privaten Macht vor, die ohne Weiteres in staatliche Macht übergehen kann. Allerdings wurde in den Abschnitten 4.5.1 und 4.5.2 gezeigt, dass bei Eucken und Hayek das Bewusstsein für diese jeweiligen Probleme explizit vorhanden ist: Eucken ist sich über die Schwierigkeiten in Bezug auf das Wissen des Monopolaufsichtsamtes beim „Als-ob"-Wettbewerb im Klaren, und Hayek setzt sich mit der Frage der privaten Macht von koalierenden Interessen auf dem Markt auseinander. So gesehen kann festgehalten werden, dass die jahrelange Bekanntschaft der beiden Autoren und die zahlreichen Diskussionen über Wettbewerbspolitik etwa in der *Mont Pèlerin Society* die Unterschiede in den Argumentationslinien nicht nivelliert, aber immerhin eine Reflexion der anderen Seite über die verschiedenen Positionen befördert haben.

Als letzte Ähnlichkeit können wiederum die von Röpke so oft betonten soziologischen Gefahren der Unternehmensgröße und Machtballung herausgearbeitet werden. Diese ergeben sich bei Eucken direkt aus dem Macht-Topos und den verwandten Phänomenen der Vermachtung und Vermassung,[469] während Hayek sie im Zusammenhang mit der Zunahme von unselbstständigen Akteuren an der Arbeits- und Wissensteilung als kritisch sieht – allerdings stuft er die staatliche Macht zu ihrer Bekämpfung als ebenso gefährlich ein.[470]

Zusammenfassend lässt sich festhalten, dass Eucken aufgrund des Macht-Topos und der darin enthaltenen Gefahr durch private Macht dem Staat eine deutlich

---

469 Vgl. Eucken (1952/2004), S. 190–193.
470 Vgl. Hayek (1979/1981), S. 79–80.

vielfältigere Aufgabe als Hayek zuweist, die bei den konkreten Empfehlungen zur Monopolaufsicht über Ordnungspolitik hinausgeht und stark prozesspolitische Züge trägt. Möglicherweise ist Hayek hier gewissermaßen „der bessere Ordoliberale", weil er sich im Wesentlichen auf Marktöffnung, Verbote und privatrechtliche Lösungen beschränkt, die deutlich den Charakter von ordnungspolitischen Regeln tragen. Die dynamische, ständig neu entdeckte und neu „wieder aufgefüllte" Wissensausstattung der Marktteilnehmer führt dazu, dass überlegene Marktpositionen zwar durch überlegene Leistung temporär entstehen können, diese aber endogen im Markt durch Neuzutritt und Imitation abgebaut werden. Eucken sieht also im Wirtschaftsprozess eher die Tendenz zur Vermachtung und erst durch die *exogene* Etablierung der Wettbewerbsordnung und durch die dann freigelegten, der Technik inhärenten wettbewerbsfördernden Tendenzen[471] eine Chance auf Entmachtung. Demgegenüber vertraut Hayek, hier durchaus in der Tradition Mises' stehend, dem *endogenen* machterodierenden Charakter eines dynamischen Marktprozesses.

4.6 Vergleich der Vorstellungen zur Währungspolitik

Für Eucken besteht die Wirtschaftsordnung, wie in Abschnitt 4.2.1 geschildert, nicht nur aus der Summe der Marktformen, die – im Sinne des realen Teils des Ordnungsrahmens – den Wirtschaftsprozess umgeben, sondern auch aus den Geldsystemen – im Sinne des monetären Teils des Ordnungsrahmens. Da im vorangegangenen Abschnitt die wettbewerbspolitische Gestaltung der Marktformen diskutiert wurde, erscheint es im Sinne des Eucken'schen Verständnisses der Wirtschaftsordnung als folgerichtig, im nächsten Schritt die Gestaltung des monetären Teils des Ordnungsrahmens, also die Währungspolitik, zu beleuchten.

4.6.1 Vorstellungen Euckens

Bei der Analyse der währungspolitischen Leitideen sind, wie auch sonst im Eucken'schen Œuvre, zwei Phasen zu unterscheiden. In der ersten Phase, beim „frühen" Eucken, sind die Ordnungstheorie und die normative Idee der Wettbewerbsordnung noch nicht entdeckt oder nur schemenhaft erkennbar. Auch wenn Vorläuferschriften wie *Nationalökonomie – wozu?* in der Genesis des ordnungstheoretischen Forschungsprogramms bedeutsam sind, wird zweite Phase endgültig durch die Veröffentlichung der *Grundlagen* eingeläutet und erstreckt sich damit über das letzte Jahrzehnt seines Lebens, in dem er nunmehr ordnungstheoretisch und ordnungspolitisch argumentiert.

---

471 Vgl. Eucken (1950), S. 3–17.

Bevor Eucken die Ordnungstheorie formuliert, publiziert er 1923 inmitten der Hyperinflation die *Kritischen Betrachtungen zum deutschen Geldproblem*, in denen er Stellung zu den monetären Problemen seiner Zeit bezieht. Nachdem er darin die Gründe für die Inflation im monetären und nicht – wie viele Zeitgenossen – im realen Bereich der Ökonomie ausmacht,[472] formuliert er ein ausdrückliches Plädoyer für den Goldstandard als währungspolitische Lösung. Dabei lehnt er die Einführung einer Goldrechenwährung (in heutiger Terminologie also des Goldes nur als „unit of account") ab, weil er nicht davon ausgeht, dass diese einzelne Maßnahme die Inflation aufhalten kann: Die Quelle der Inflation, die vielfach erhöhte Geldmenge, wäre durch die Goldrechenwährung nicht beseitigt.[473] Stattdessen sieht Eucken es als notwendig an, nach der Überwindung der aktuellen Inflation dem Staat die Möglichkeit der übermäßigen Geldmengenexpansion ganz zu nehmen, was für ihn erst durch eine volle Goldwährung erreicht werden kann.[474] Von dieser verspricht er sich nicht nur die kurzfristig relevante binnenwirtschaftliche Stabilität der Währung, sondern auch eine mittelfristige außenwirtschaftliche Belebung des Welthandels, falls es zu einer multilateralen Belebung des Goldstandards käme.[475] Allerdings sieht er auch die Unvollkommenheiten des realen Standards, wie etwa politische Probleme beim gleichzeitigen Übergang zahlreicher Länder zur Goldwährung, und prognostiziert so für die mögliche Neuauflage ein weniger reibungsloses und weniger wertstabiles Funktionieren als vor dem Ersten Weltkrieg.[476] Trotzdem ist diese – vielleicht als „Second-best"-Alternative zu betrachtende – Lösung einer politisierten Handhabung der Geldmenge deutlich vorzuziehen und so endet die Schrift mit einem Zitat Carl Mengers:

> Die Schwankungen im Weltpreise der Edelmetalle scheinen mir gegenwärtig immer noch geringere Gefahren in sich zu schließen als die Regelung des inneren Tauschwertes des Geldes durch Regierungen oder soziale und politische Parteien.[477]

Etwas differenzierter fällt Euckens Urteil in der Schrift *Das internationale Währungsproblem* aus, die er kurz nach dem Ende der Hyperinflation verfasst.[478] Zwar präferiert er auch hier nach wie vor den Goldstandard als Währungsordnung sowohl für den internationalen Kontext als auch für die neue deutsche Reichsmark. Er nimmt aber eine Unterscheidung zwischen automatischen und freien (manipulierbaren) Währungen vor und fasst unter den freien Währungen nicht nur Papierwährungen, sondern auch die manipulierte Goldwährung der USA seiner Zeit zusammen.[479] Letztere zeichnet

---

472 Vgl. Eucken (1923), S. 5–70.
473 Vgl. Eucken (1923), S. 70–78.
474 Vgl. Eucken (1923), S. 79–80.
475 Vgl. Eucken (1923), S. 80.
476 Vgl. Eucken (1923), S. 80–81.
477 Eucken (1923), S. 82.
478 Vgl. Eucken (1925b).
479 Vgl. Eucken (1925b), S. 4–5.

sich dadurch aus, dass man sich im Zuge der Kriegsprobleme vom Grundsatz verabschiedet hat, den Geldumlauf direkt an den verfügbaren Goldbestand zu binden.[480] Aus Euckens Sicht sprechen besonders in seiner Zeit viele *praktische* Probleme gegen die *theoretisch* vorzuziehende automatische Goldwährung, insbesondere der Unwille vieler Politiker, deflationäre Perioden ohne Rütteln am Goldmechanismus zu akzeptieren.[481] Daneben sieht er – zusätzlich zur auch sonst häufig geäußerten Befürchtung allzu rigider Metallförderung – die zwischenzeitliche übermäßige Konzentration der Goldbestände in den USA als polit-ökonomische Unwägbarkeit.[482] Somit erachtet Eucken die automatische Lösung erst *langfristig* für realistisch erreichbar, während er *kurzfristig*, also bis zur Angleichung der Goldbestände unter den Ländern und der Gewährleistung flexibler Goldproduktion, Verständnis für freie Ordnungen in Gestalt von manipulierten Gold- oder Papierwährungen zeigt.[483] Bemerkenswert im Hinblick auf die Herausbildung des Topos ist, dass er bei der Diskussion der spezifisch deutschen Währungsproblematik von einer „Machtstellung"[484] ausländischer Staaten gegenüber dem deutschen Fiskus spricht.

In Bezug auf Euckens Vorstellungen in seiner späteren, ordnungstheoretischen Phase sind zwei Argumentationsstränge rekonstruierbar: Zum einen nimmt er auf einer übergeordneten Ebene Stellung zur Ausgestaltung der Währungsordnung innerhalb der Wettbewerbsordnung, zum anderen thematisiert er auf der Mikroebene Vorkehrungen, die bei einer Reform des Bankensystems getroffen werden müssten. Im Zusammenhang mit Letzterer erscheint es notwendig, auch seine in den *Grundlagen* entwickelte Typologie der Geldsysteme zu schildern, da deren Verständnis für die Stoßrichtung der politischen Empfehlungen von besonderer Relevanz ist.

An sehr prominenter Stelle in den *Grundsätzen* unterstreicht Eucken bei der Formulierung der in Abschnitt 4.2.2 erläuterten konstituierenden Prinzipien die essenzielle Bedeutung der Währungsfrage – es ist vom Primat der Währungspolitik die Rede –[485] für die Funktionsfähigkeit einer Wettbewerbsordnung. In diesem Sinne muss ein staatlich institutionalisierter monetärer Ordnungsrahmen geschaffen werden, der einen möglichst reibungslosen Wirtschaftsprozess der realen privaten Interaktionen ermöglicht. Dafür erscheint Eucken nun – in Abkehr von der früheren Präferenzen für den Goldstandard – die Waren-Reserve-Währung („commodity reserve currency") als besonders geeignet.[486] Es handelt sich dabei um einen in den USA der 1930er-Jahre von Benjamin Graham und Frank D. Graham entwickelten Ordnungsentwurf, den 1943 auch Hayek in einem von Eucken in den *Grundsätzen* zitierten Aufsatz

---

480 Vgl. Eucken (1925b), S. 5.
481 Vgl. Eucken (1925b), S. 12–13.
482 Vgl. Eucken (1925b), S. 8–11.
483 Vgl. Eucken (1925b), S. 13–15.
484 Eucken (1925b), S. 20.
485 Vgl. Eucken (1952/2004), S. 255.
486 Vgl. Eucken (1952/2004), S. 261–264.

befürwortet.[487] Diese Konstruktion hat zum Ziel, die Vorteile des aufgegebenen Goldstandards zu erhalten, ohne seine Nachteile in Kauf nehmen zu müssen. Dass auch Eucken den Goldstandard in den 1920er-Jahren als „Second-best"-Alternative sieht, wurde bereits festgehalten. Anstatt des Goldes wird in der Waren-Reserve-Währung ein breiter Warenkorb definiert, für den eine zentrale Agentur Zertifikate zu einem festgelegten Preis kauft und verkauft. Der Hauptvorteil ist für Eucken hierbei die automatisierte Geldschöpfung der Zentralbank, d. h. die Verringerung des diskretionären Spielraums der Politik auf ein Minimum, allerdings ohne die Rigiditäten der Goldproduktion aufzuweisen.[488] Dass einer so ausgestalteten, regelbasiert operierenden Zentralbank das Monopol der Geldschöpfung übertragen wird, hält Eucken für mit der Wettbewerbsordnung kompatibel und auch notwendig.[489] Damit erfüllt dieses Modell gerade die von ihm 1923 formulierte Notwendigkeit, dem Staat die diskretionäre Macht über die Entwicklung der Geldmenge zu entziehen oder zumindest auf ein unumgängliches Mindestmaß zu reduzieren. Somit wäre durch die Einführung dieser „Spielregel"[490] die Gefahr der *staatlichen* Macht als Quelle von monetärer Instabilität weitestgehend gebannt.

Was die *private* Macht und deren Eindämmung betrifft, so erörtert Eucken auf der mikroökonomischen Ebene Maßnahmen, wie das Geldsystem und hier insbesondere die Geldschöpfung der Geschäftsbanken zu verfassen ist, damit die Währungsordnung den oben erläuterten Anforderungen gerecht wird. Explizit spricht er sich bei der Herstellung des Gleichgewichts zwischen Ersparnissen und Investitionen gegen den Einbau von Elementen in das System der Verkehrswirtschaft aus, die den Charakter der Zentralverwaltungswirtschaft tragen – stattdessen setzt er auf eine Reform des Bankensystems.[491] Es sind im Wesentlichen zwei Vorschläge, die er thematisiert und miteinander verknüpft: die Abschaffung des von ihm so bezeichneten dritten Geldsystems sowie die Aufspaltung der Geschäftsbanken.

Eucken entwickelt in den *Grundlagen* eine eigene monetäre Typologie mit drei unterschiedlichen Geldsystemen. Beim ersten Geldsystem entsteht Geld dadurch, dass ein Sachgut (etwa Getreide, Silber oder Gold) zu Geld wird. Beim zweiten Geldsystem entsteht Geld als Gegenleistung bei Lieferung einer Ware oder bei Leistung von Arbeit. Beim dritten Geldsystem ist es der Kreditgeber (etwa die Geschäftsbank), der imstande ist, Geld zu schaffen.[492] Die Goldwährung des 19. Jahrhunderts stellt nach seiner Darstellung als Realtyp eine Verschmelzung der drei Systeme dar, wobei das idealtypische dritte Geldsystem immer mehr an Bedeutung gewinnt.[493] Dieses

---

487 Vgl. Eucken (1952/2004), S. 261.
488 Vgl. Eucken (1952/2004), S. 262.
489 Vgl. Eucken (1952/2004), S. 291.
490 Eucken (1952/2004), S. 264.
491 Vgl. Eucken (1952/2004), S. 259–260.
492 Vgl. Eucken (1940/1989), S. 117–121.
493 Vgl. Eucken (1940/1989), S. 122.

dritte Geldsystem weist für Eucken den entscheidenden Mangel auf, dass es instabil ist und durch die private Geldschöpfung – aufgrund der Vergabe von Krediten durch die Geschäftsbanken – zu kumulativen Prozessen der Expansion und Kontraktion neigt, die auch bei der Großen Depression zu beobachten sind.[494] Aus diesem Grund plädiert Eucken für die Abschaffung des dritten Geldsystems. Stattdessen muss eine Ordnung geschaffen werden, bei der die Geschäftsbanken nicht mehr die Fähigkeit haben, eigenes Geld zu schöpfen.[495]

Dies kann durch den sogenannten Chicago-Plan, vertreten u. a. von Henry Simons,[496] realisiert werden, den Eucken sowohl in den *Grundsätzen* als auch in einem gesonderten Gutachten für die Alliierten (hier übrigens auch auf Mises Bezug nehmend)[497] befürwortet.[498] Dieser Plan sieht vor, dass die Geschäftsbanken nicht – wie von vielen Zeitgenossen gefordert – verstaatlicht werden, weil eine Verstaatlichung (ganz analog zu der in Abschnitt 4.5.1 erläuterten Ablehnung der Verstaatlichung natürlicher Monopole) nur eine weitere Machtkonzentration mit sich bringen würde.[499] Stabile Geldschöpfung kann allerdings für Eucken im Sinne der Konkurrenz zwischen den privaten Akteuren nicht gelingen,[500] und so sucht er auch hier nach einem „dritten Weg“.[501] Die Geldschöpfung ist in staatlicher Hand zu belassen (idealerweise entsprechend dem oben erläuterten Muster einer Waren-Reserve-Währung), während sich die Privaten auf das davon zu trennende Kreditgeschäft beschränken sollen.[502] Letzteres ist von unpolitischen Bankiers zu betreiben, die durch den Wettbewerb und – bei inadäquater Kreditvergabe – durch die Konkursbedrohung diszipliniert werden. Eine Verstaatlichung des Kreditgeschäfts ist somit nicht nötig.[503] Stattdessen sind die Geschäftsbanken in eine Giralgeld- und eine Bankabteilung aufzuteilen. Die Giralgeldabteilung soll vollkommen abhängig von der Zentralbank sein, da das Giralgeld zu 100 Prozent mit Zentralbankengeld zu decken ist.[504] Die Bankabteilung bleibt währenddessen zwar unabhängig, führt allerdings auf der Passivseite ihrer Bilanz lediglich nicht täglich fällige Verbindlichkeiten, also solche, die keinen

---

494 Vgl. Eucken (1952/2004), S. 47 und S. 54.

495 Vgl. Eucken (1952/2004), S. 260.

496 Für die bedeutende Rolle, die gerade Henry Simons und die „Alte" Chicago-Schule mit ihrer Spielart des Neoliberalismus direkt und indirekt für die Beziehung zwischen Eucken und dem „ordoliberalen Hayek II" haben, vgl. Wegmann (2002), S. 184–187, Plickert (2008), S. 84– 86, S. 140–142 und S. 199–201, Van Horn (2009), S. 209–213, Köhler/Kolev (2011), Burgin (2012), S. 51–54 sowie Köhler/Kolev (2013).

497 Vgl. Eucken (1946/1999b), S. 41.

498 Vgl. Eucken (1952/2004), S. 260–261 sowie Eucken (1946/1999b), S. 38–58.

499 Vgl. Eucken (1952/2004), S. 259.

500 Vgl. Eucken (1946/1999b), S. 50.

501 Eucken (1946/1999b), S. 48.

502 Vgl. Eucken (1946/1999b), S. 52.

503 Vgl. Eucken (1946/1999b), S. 51.

504 Vgl. Eucken (1946/1999b), S. 55.

Geldcharakter haben. Alle anderen Verbindlichkeiten sind bei der Giralgeldabteilung zu vereinigen.[505] Damit wäre also das Ziel erreicht, den Geschäftsbanken die Möglichkeiten der eigenen Geldschöpfung zu entziehen. Allerdings ist für Eucken zusätzlich ein Automatismus für die Zentralbank nötig, damit die gesamte Währungsordnung mit der Wettbewerbsordnung konform[506] bleibt.[507]

Was die außenwirtschaftliche Ausgestaltung der Währungsordnung anbetrifft, so befürwortet Eucken nur Konstellationen, die – wie beim Goldstandard – „auf möglichste Stabilhaltung der Wechselkurse hinwirken".[508] Neben der Beschränkung des Spielraums für die Zentralbank und der Forderung nach Vermeidung von kumulativen Inflations- oder Deflationsprozessen durch die Aktivtäten der Geschäftsbanken ist dies die letzte seiner drei zentralen Forderungen an die adäquate Währungsordnung.[509] Das Plädoyer für fixe oder zumindest weitgehend stabile Wechselkurse sieht er ausdrücklich in der Waren-Reserve-Währung erfüllt.[510]

Zusammenfassend wird in den so rekonstruierten interdependenten Überlegungen Euckens sowohl der Zentralbank (durch die Waren-Reserve-Währung) als auch den Geschäftsbanken (durch den Chicago-Plan) ihre jeweilige Macht bei der möglichen diskretionären Bestimmung der Geldmenge entzogen. Diese wäre stattdessen einem bei der Ausgestaltung der Waren-Reserve-Währung festzulegenden regelbasierten Automatismus anvertraut.

4.6.2 Vorstellungen Hayeks

Bei Hayek werden, wohl auch bedingt durch seine sehr lange Schaffenszeit und die wirtschaftsgeschichtlichen Wandlungen während dieser Periode, zu unterschiedlichen Zeitpunkten unterschiedliche institutionelle Ausgestaltungen der Währungspolitik befürwortet. In komparativer Hinsicht ist besonders hervorzuheben, dass seine Leitideen zunächst (bis in die 1940er-Jahre) eine ähnliche Evolution durchlaufen wie die Euckens. Eine Skizzierung gerade dieses Wandels steht auch im Zentrum der folgenden Ausführungen, während weitere Einzelheiten im späteren Vergleich zu Mises nachgetragen werden, da sie dort einen höheren Ertrag versprechen.

Auch Hayek beginnt seine Karriere als Verfechter des Goldstandards. Doch befürchtet er, ähnlich wie Eucken, Probleme der realtypischen Lösung und sieht den Goldstandard daher ebenfalls als eine „Second-best"-Alternative (in seiner eigenen

---

505 Vgl. Eucken (1946/1999b), S. 54–55.
506 Den Begriff der Konformität übernimmt Eucken von Röpke und bezieht sich dabei direkt auf dessen Autorenschaft, vgl. Eucken (1952/2004), S. 305.
507 Vgl. Eucken (1952/2004), S. 264.
508 Eucken (1952/2004), S. 169.
509 Vgl. Eucken (1952/2004), S. 168–169.
510 Eucken (1952/2004), S. 263.

Sprache: „immer noch [...] das *relativ beste*, d. h. [das] die natürliche Preisbildung *verhältnismäßig* am wenigsten störende Geldsystem".[511] Hier kommt gleichzeitig sein geldtheoretisches Ideal zu dieser Zeit zum Ausdruck, welches eine möglichst neutrale, d. h. die relativen Preise nicht verzerrende Währung ist.[512] Allerdings warnt er gleichzeitig davor, die befürchteten Probleme als ausschließlich dem Goldstandard inhärent zu betrachten, vielmehr sind es politische Interventionen in seine Mechanik, die für viele Unvollkommenheiten verantwortlich sind.[513] Das Plädoyer für den Goldstandard begründet Hayek auf drei Ebenen. Erstens ist, wie bei Eucken 1923, der weitgehend unpolitische Charakter einer regelbasierten Währung von entscheidender Wichtigkeit, da die Manipulierung der Währung und ihres Wertes (etwa durch expansive Politik) gerade in der Hayek'schen monetären Konjunkturtheorie zu größten realwirtschaftlichen Verwerfungen führen kann.[514] So bezeichnet er das Geld später auch als „loose joint in the otherwise self-steering mechanism of the market".[515] Zweitens sieht er zu dieser Zeit noch Defizite in der Geldtheorie, was das Aufstellen eines theoretischen Ersatzmodells für den sicherlich unvollkommenen Goldstandard (noch) behindert.[516] Drittens sind für ihn der Welthandel und die internationalen Kapitalverflechtungen auf eine international kompatible Währungsordnung (einschließlich fixer Wechselkurse)[517] angewiesen, wie Hayek in seinen 1937 gehaltenen Genfer Vorlesungen zum monetären Nationalismus festhält.[518] Ebenfalls hier attestiert er dem u. a. von Henry Simons vertretenen Chicago-Plan zwar die richtige theoretische Stoßrichtung, hält ihn aber wegen der ungenügenden Berücksichtigung von Geldsurrogaten und der damit verbundenen Substitutionseffekte – zwischen dem regulierten Geld und den im Plan nicht regulierten „near-moneys" –[519] für nicht direkt umsetzbar.[520]

Schon 1937 ist Hayek allerdings skeptisch, ob eine Rückkehr zum seit 1931 schwer angeschlagenen Goldstandard in der Praxis möglich ist. Die Skepsis rührt daher, dass er eine zentrale Voraussetzung für das Funktionieren des Goldstandards nicht mehr erfüllt sieht: die Bereitschaft in den jeweiligen Ländern, sich der Disziplin des Automatismus zu unterwerfen und damit auf diskretionäre Politiken zu verzichten.[521] In einer weniger bekannten zeitgenössischen Schrift legt er ausführlich dar, wie „die sonst so konservativen Leiter der Zentralbanken verhältnismäßig leichten Herzens von den traditionellen Regeln der Währungspolitik abgewichen sind", weil sie unter

---

511 Hayek (1928a), S. 68.
512 Vgl. Hayek (1931/2008), S. 301–304.
513 Vgl. Hayek (1931/2008), S. 300.
514 Vgl. Hayek (1929/1976), S. 45–48.
515 Hayek (1960/1978), S. 325.
516 Vgl. Hayek (1931/2008), S. 299–300.
517 Vgl. Hayek (1937/2008), S. 393–396.
518 Vgl. Hayek (1937/2008), S. 388–401.
519 Hayek (1937/2008), S. 412.
520 Vgl. Hayek (1937/2008), S. 410–413.
521 Vgl. Hayek (1937/2008), S. 418–420.

den „Einfluß neuer, von wissenschaftlicher Seite propagierter währungspolitischer Ideen",[522] u. a. derjenigen von Keynes, geraten sind. Wenig später – gerade in der Zeit des Übergangs zwischen dem „Konjunkturtheoretiker Hayek I" und dem „ordoliberalen Hayek II" – zeigt er sich jedoch unabhängig von den politischen Unwägbarkeiten optimistisch, dass die richtigen Ideen trotz der kurzfristig abweichenden Einstellungen langfristig über die Macht verfügen, durch Aufklärung der Bevölkerung ihren Durchbruch zu erzielen.[523]

Wenige Jahre später kommen in diesem Zusammenhang zwei wichtige Aspekte hinzu: Zum einen kommt eine neue theoretische Idee auf, zum anderen werden die praktischen Voraussetzungen für die Realisierung von neuen Ideen durch die intensiven Debatten im Vorfeld von Bretton Woods günstiger. In den frühen 1940er-Jahren besteht die Chance, dass sich Ideen und äußere Umstände (in der Sprache John Stuart Mills) miteinander „verschwören" („conspire") und somit sich eine Idee auch kurzfristig durchsetzen kann.[524] So schaltet sich Hayek in die laufenden Debatten um die Währungsordnung der Nachkriegszeit 1943 mit einem Beitrag im *Economic Journal* ein, das vom in den Bretton-Woods-Verhandlungen besonders intensiv involvierten Keynes editiert wird, und plädiert dort für die Einführung einer Waren-Reserve-Währung.[525] Dies ist der Beitrag, auf den sich Eucken später in den *Grundsätzen* bezieht und der unmittelbar nach Hayeks Veröffentlichung eine kurze Kontroverse mit Keynes hervorruft.[526] Darin setzt sich Hayek erneut mit den Vor- und Nachteilen des Goldstandards auseinander und betont – wie bereits im Zusammenhang mit Euckens Sicht auf den Plan erwähnt –, dass der von Benjamin Graham und Frank D. Graham[527] unterbreitete Vorschlag sich dadurch auszeichnet, dass er die Vorteile des Goldstandards verkörpert, dabei vor allem der Automatismus der Geldschöpfung sowie die internationale Implementierbarkeit.[528] Zu den wesentlichen Nachteilen des Goldstandards, die im Plan durch die Ersetzung des Goldes mit einem breiten Warenkorb umgangen werden sollen, gehören laut Hayek primär eine zu langsame Anpassung der Goldproduktion an die Schwankungen seines Wertes sowie die verbesserungsfähigen Eigenschaften des Goldstandards bezüglich des Faktors Liquidität.[529] Nicht zuletzt besteht die

---

522 Hayek (1932/1965), S. 7.

523 Vgl. Hayek (1937/2008), S. 421–422.

524 Für das Mill-Zitat und die Anwendung des enthaltenen Bildes der „conspiration" im Falle Euckens und der Durchsetzung ordoliberaler Ideen unter Ludwig Erhard vgl. Hutchison (1979/1981a), S. 156–157 und S. 170–171.

525 Vgl. Hayek (1943b).

526 Die Kontroverse mit Keynes, in die sich auch Frank D. Graham einschaltet, wird im Autorenvergleich zu Mises erneut aufgegriffen.

527 Erwähnenswert ist, dass Hayek wenige Jahre später Frank D. Graham zur Gründungsversammlung der *Mont Pèlerin Society* einlädt und dieser auch teilnimmt, vgl. Hartwell (1995), S. 45–49.

528 Vgl. Hayek (1943b), S. 176–177.

529 Vgl. Hayek (1943b), S. 177–178.

Waren-Reserve-Währung Hayeks Überprüfung bezüglich der Inflationsgefahr, was er als zentrales Kriterium für jedes währungspolitische Regime ansieht.[530]

Nachdem sich die Idee der Waren-Reserve-Währung bei den Bretton-Woods-Vereinbarungen nicht durchsetzt, lebt die westliche Welt für die nächsten knapp drei Jahrzehnte in einem System – wie oben dargelegt, von Hayek grundsätzlich befürworteter – fixer Wechselkurse zwischen Währungen, die allerdings über keine Deckung durch Gold oder durch einen Warenkorb verfügen und nur indirekt mittels der Dollar-Bindung an das Gold gekoppelt sind. In dieser Zeit erscheint die *Constitution of Liberty*, in der sich Hayek nach langer Zeit wieder monetären Fragen zuwendet.[531] Dabei lenkt er seinen Fokus auf die Geldpolitik im engeren Sinne und nimmt damit den generellen währungspolitischen Ordnungsrahmen von Bretton Woods als gegeben hin. Hayek sieht vor allem die Gefahren der Inflation sowie besonders deren verzerrenden Einwirkungen auf die relativen Preise in der staatlichen Macht über das Geld.[532] Diese Befürchtungen erscheinen ihm geschichtlich gut begründet und werden außerdem zu dieser Zeit zusätzlich durch den in vielen westlichen Ländern inzwischen etablierten und sich ausdehnenden Wohlfahrtsstaat verstärkt.[533] Diesen sieht Hayek wegen der sozialpolitisch motivierten überzogenen Lohnsteigerungen und der Vollbeschäftigungspolitik als stark inflationsinduzierend, was in seinem Verständnis wiederum zusätzliche wohlfahrtsstaatliche Aktivitäten zum Schutz vor der Inflation auf den Plan ruft.[534] Der Wohlstand der westlichen Welt im Allgemeinen und Großbritanniens im Besonderen ist in Hayeks Analyse gerade im Zeitalter des Goldstandards entstanden, in dem wesentlich weniger Inflation vorgeherrscht hat und in dem sich inflationäre und deflationäre Perioden in etwa die Waage gehalten haben.[535] Vor diesem Hintergrund spricht er sich wie zuvor dafür aus, dem Betreiber der Geldpolitik durch eine mechanische Verhaltensregel, etwa im Sinne Henry Simons', die Hände zu binden, sodass die diskretionären Spielräume eingegrenzt werden und die Politik für die Privaten längerfristig vorhersehbar wird.[536] Auch wiederholt er sein langfristiges Plädoyer für die Waren-Reserve-Währung, falls sich die Zukunft offener für automatische Ordnungsentwürfe zeigen soll, was er allerdings zu dieser Zeit weder im Hinblick auf eine Einführung des Goldstandards noch der Waren-Reserve-Währung als wahrscheinlich erachtet.[537]

---

530 Vgl. Hayek (1943b), S. 181–182.
531 Vgl. Hayek (1960/1978), S. 324–339.
532 Vgl. Hayek (1960/1978), S. 325–327.
533 Vgl. Hayek (1960/1978), S. 328–329.
534 Vgl. Hayek (1960/1978), S. 328.
535 Vgl. Hayek (1960/1978), S. 329–331.
536 Vgl. Hayek (1960/1978), S. 333–334.
537 Vgl. Hayek (1960/1978), S. 335.

Durch die Erfahrungen mit der galoppierenden Inflation der 1970er-Jahre verschiebt sich Hayeks Plädoyer anderthalb Jahrzehnte später sehr deutlich.[538] In der *Constitution of Liberty* betont er noch, dass in der damaligen Welt mit den etablierten Zentralbanken ein freier Wettbewerb privater Währungen nicht mehr möglich ist.[539] In den 1970er-Jahren haben aus seiner Sicht die in der Realität in unterschiedlichem Maße regelbasiert operierenden Zentralbanken allerdings gezeigt, dass sie nicht imstande sind, eine inflationsfreie Geldpolitik zu betreiben, weshalb sie in seinen Augen das Recht auf ein Monopol über die Geldpolitik verwirkt haben. In einer Reihe von Publikationen, zunächst beim Londoner *Institute of Economic Affairs* und später in deutscher Übersetzung beim *Walter Eucken Institut*, tritt er für eine Entnationalisierung des Geldes ein. Das bedeutet, dass er es befürwortet, den Zentralbanken das Geldmonopol zu entziehen und damit den Wettbewerb zwischen dem Staat und verschiedenen privaten Geldanbietern im Sinne des „free banking" zuzulassen.[540] Von einer solch wettbewerblichen Lösung erwartet er nunmehr eher monetäre Stabilität als vom nationalen Monopol in den Händen der jeweiligen Zentralbank.[541] Wie bereits im Zusammenhang mit der *Constitution of Liberty* angemerkt, zeigt die geschichtliche Analyse für Hayek klar, dass das Zeitalter des Goldstandards die einzige Zeit war, in der der Staat seine Bürger monetär nicht betrügen konnte. Hingegen sind zu seiner Zeit die politischen Anreize eindeutig so gesetzt, dass die Regierungen – irregeführt vom Keynes'schen Erbe und gefangen in den Zwängen dysfunktional verfasster demokratischer Institutionen (etwa zur gleichen Zeit entwickelt Hayek auch sein Demarchie-Modell) – dazu neigen, ihre Macht über die Geldpolitik zu missbrauchen.[542] Hayek versucht in seinem Beitrag nachzuweisen, dass der freie Wettbewerb der Währungen sich spontan selbst reguliert, indem die wertstabilen Währungen, die weder zu Inflation noch zu Deflation neigen, sich durchsetzen, weil sowohl inflationäre als auch deflationäre Währungen mittelfristig durch die Akteure gemieden werden.[543] Demnach ist für ihn der Wettbewerb auch einer internationalen Währungsunion vorzuziehen, die eine einheitliche Währung in Europa (die sich gerade in dieser Zeit abzuzeichnen

---

538 Da Eucken keine Positionen zum „free banking" äußert und (wie oben erläutert) das Monopol der Zentralbank als mit der Wettbewerbsordnung konform bezeichnet, werden Hayeks Positionen zum „free banking" ausführlicher im Autorenvergleich zu Mises erläutert.
539 Vgl. Hayek (1960/1978), S. 324. Im Jahre 1936 promoviert Vera C. Smith bei Hayek an der *LSE* mit einer Dissertation, die sich gerade mit der Gegenüberstellung von Zentralbanken und „free banking" auseinandersetzt, vgl. Smith (1936). Smiths Arbeit und Hayeks Positionierung dazu wird im währungspolitischen Abschnitt 6.6 des Autorenvergleichs zu Mises wieder aufgegriffen.
540 Vgl. Hayek (1976) sowie Hayek (1976/1978a). Für eine damit verwandte Publikation zur Entnationalisierung, die allerdings nicht beim *IEA* erscheint, vgl. Hayek (1977/1979). Auch im dritten Band von *Law, Legislation and Liberty* ist ein Plädoyer für die Entnationalisierung enthalten, vgl. Hayek (1979/1981), S. 57–59.
541 Vgl. Hayek (1976), S. 14–17.
542 Vgl. Hayek (1976), S. 16.
543 Vgl. Hayek (1976), S. 20.

beginnt) oder gar der ganzen Welt einführt und verwaltet, was einer internationalen Zuspitzung des Monopols gleichkommt.[544] Insgesamt gleicht dieser Beitrag allerdings nicht einer gänzlichen Absage an staatliche Währungspolitik: Es verbleibt in seinem Modell – neben der weiteren (nicht-monopolistischen) Existenz der Zentralbank – als Rolle des Staates, durch Regeln des rechtlichen Ordnungsrahmens die Bedingungen zu gewährleisten, innerhalb derer die privaten Emittenten die vielfältigen Währungen entwickeln dürfen und sich der Lernprozess der Gesellschaft mit der Entwicklung dieser Währungen entfalten kann.[545] Eine solche Rollenaufteilung zwischen Staat und Wettbewerb kann zwar einerseits als Formulierung des „evolutorischen Hayek III" gesehen werden, erinnert allerdings auch stark an die Hayek'sche Spielart eines mit allgemeinen, abstrakten und negativen Regeln operierenden Ordoliberalismus.

4.6.3 Analyse entlang der Haupttopoi

Bemerkenswert erscheint bei diesem Feld zunächst die Parallelität der frühen Entwicklung beider Autoren, die bis weit in die 1940er-Jahre hineinreicht. So starten beide als Verfechter des Goldstandards, sehen allerdings dessen theoretische und vor allem durch die praktische Politik bedingte Schwächen. Vom Graham-Plan der Waren-Reserve-Währung sind beide gleichermaßen überzeugt und loben besonders dessen automatischen Charakter und die dadurch entstehende Bindung der Zentralbank.

Die jeweilige Begründung der Währungsordnung kann vor dem Hintergrund der Topoi rekonstruiert werden. Für Eucken stellt sich – neben der Frage der Instabilität einer gleichzeitig staatlichen und privaten Geldschöpfung – auch die Frage, wie die Macht auf diesem Feld am besten einzudämmen ist. In einem Monopol der Geldschöpfung bei der Zentralbank sieht er das mit der Wettbewerbsordnung konforme Mindestmaß an Macht, wobei er die Kreditvergabe auch aufgrund der Vermachtungen nicht diesem Monopol, sondern dem Wettbewerb der Privaten überlassen will. Bei Hayek ist schon in seiner frühen Phase als Konjunkturtheoretiker die Bedeutung des Systems relativer Preise eminent, das er später als Kern der marktwirtschaftlichen Wissensverarbeitung bezeichnen wird. Somit sucht er schon hier nach einer Währungsordnung, die gerade die relativen Preise – als essenzielle Träger von Wissen über die Knappheiten in der Ökonomie – möglichst unverzerrt lässt. Nach der Ausformulierung seines Konzepts vom Wettbewerb als Entdeckungsverfahren für neues Wissen folgt in den 1970er-Jahren die Anwendung dieses Konzepts auf die Währungsordnung, und so gibt Hayek die Befürwortung des Monopols der Zentralbanken zugunsten der wettbewerblichen Lösung auf. Von dieser verspricht er sich

---

544 Vgl. Hayek (1976), S. 21–22.
545 Vgl. Hayek (1976), S. 22.

offenbar eine monetäre Entwicklung, die nicht nur makroökonomische Preisstabilität, sondern gerade mikroökonomisch die relativen Preise als Träger von Wissen nicht verfälscht. Bei der Überprüfung der Legitimität des staatlichen Monopols spielt allerdings auch die Frage der Macht organisierter Gruppeninteressen, die sich u. a. im Wohlfahrtsstaat manifestiert, eine wichtige Rolle. Sie und die daraus entstehenden Gefahren sind es, die ihn auch schon in der *Constitution of Liberty* im monetären Zusammenhang beschäftigen und die ihn dann auch zur Ablehnung des Monopols eines durch diese Gruppen gefangenen Staates bewegen. Somit ist wieder festzustellen, dass die Topoi keinesfalls überschneidungsfrei sind und aufeinander reflektieren.

Was den ordoliberalen Charakter der jeweiligen währungspolitischen Vorschläge anbetrifft, so werden erneut die Unterschiede der zwei Spielarten des Ordoliberalismus deutlich, die beide Autoren verkörpern. Eucken plädiert, wie bei der Wettbewerbspolitik und seinem Konzept der Marktformen, für besondere Formen des Geldsystems und ist im Kontext der Entmachtung bereit, beim Vorschlag der Aufspaltung der Geschäftsbanken sehr weit in die Privatautonomie der einzelnen Akteure einzugreifen. Bei Hayek erscheint ebenfalls das Wettbewerbsverständnis vom wissensentdeckenden Marktprozess als entscheidend, wenn er für die Entnationalisierung des Geldes plädiert. Abschließend kann festgestellt werden, dass das *gemeinsame* Plädoyer der 1940er-Jahre für die Waren-Reserve-Währung die in Abschnitt 4.4.2 diskutierte Oberflächlichkeit der Konstruktivismus-Kritik an Eucken wieder unterstreicht. Auch wird die ebenfalls dort erläuterte Passivitäts-Kritik an den angeblich blind auf evolutorische Prozesse vertrauenden Hayek durch seine aktive Teilnahme an den währungspolitischen Debatten der 1940er- und der 1970er-Jahre sowie durch seine Unterbreitung konkreter Lösungsvorschläge erneut stark relativiert.

4.7 Vergleich der Vorstellungen zur Konjunkturpolitik

Die beiden obigen wirtschaftspolitischen Abschnitte waren schwerpunktmäßig der Ausgestaltung der Wirtschafts*ordnung* gewidmet: Die Wettbewerbspolitik wandte sich dabei deren realer, die Währungspolitik deren monetärer Seite zu. Nach diesen Ausführungen kann jetzt der Blick auf den Wirtschafts*prozess* gelenkt werden, wobei sich die Frage nach dessen Dynamik und den eventuell möglichen Stockungen stellt. In Bezug auf Letztere sollen die konjunkturpolitischen Ansichten beider Autoren geschildert und verglichen werden. Wie bereits bei Hayeks währungspolitischem Entnationalisierungsvorschlag, werden auch seine Ausführungen zur Konjunkturpolitik schwerpunktmäßig im Vergleich zu Mises analysiert: Dort verspricht der Kontrast von höherer komparativer Ergiebigkeit zu sein als im Vergleich zu Eucken, für den die Konjunkturtheorie keine derart zentrale Rolle im Werk spielt. Die Konjunktur*theorien* beider Autoren können nicht als bekannt vorausgesetzt werden, sodass sie, ihre

Wandlungen und besonders ihre konjunktur*politischen* Schlussfolgerungen im Folgenden rekonstruiert werden sollen.

4.7.1 Vorstellungen Euckens

Bevor Eucken das Forschungsprogramm der Ordnungstheorie und -politik in den 1930er-Jahren entdeckt und zu erschließen beginnt, ist die Frage nach der Erklärung der Konjunkturschwankungen in seinem Werk durchaus präsent – allerdings gewinnt sie für ihn nie ähnlich große Bedeutung wie etwa für Mises und Hayek oder den „frühen" Röpke.[546] Interessant ist dabei besonders ein sehr deutlicher theoretischer Wandel, den Eucken zwischen 1928 und 1933 durchläuft. Diesen gilt es zu rekonstruieren, weil er als eine deutliche Divergenz zu Hayeks Positionen der Zeit gedeutet werden kann. Da bei der geheimen Tagung der *Friedrich-List-Gesellschaft* aus dem Jahre 1931 die Konjunkturpolitik besonders im Hinblick auf Röpkes Konzept der sekundären Depression diskutiert wird, werden Euckens Beiträge bei der Tagung nicht hier, sondern beim Vergleich zu Röpke erörtert.

Bei der Tagung des *Vereins für Socialpolitik* in Zürich 1928 hält Eucken einen Vortrag mit dem Titel „Kredit und Konjunktur", der hier als Ausgangspunkt seiner diesbezüglichen Positionen betrachtet wird.[547] Dieser kann eindeutig als Spielart der „österreichischen" monetären Überinvestitionstheorie charakterisiert werden, wie auch Mises in der darauffolgenden Aussprache darlegt und die These aufstellt, dass diese Theorie im deutschsprachigen Raum zu diesem Zeitpunkt Konsensrang genießt.[548] Eucken bezeichnet die Dynamik der Investitionsgüterindustrien als den Treiber des Konjunkturzyklus und nimmt dabei als analytischen Ausgangspunkt nicht eine Situation im Sinne des allgemeinen Gleichgewichts, sondern stattdessen ein Unterbeschäftigungs-Ungleichgewicht an.[549] Grundsätzlich sieht er zwar monetäre Faktoren als entscheidend für den Aufschwung an, geht aber nicht davon aus, dass ein niedriger Zins die alleinige Ursache hierfür ist.[550] Stattdessen diskutiert er die Frage, wie das für den Aufschwung nötige Kapital entsteht und bereitgestellt wird, damit der Aufschwung in Gang kommen kann.[551] Dabei gelangt Eucken zu dem Ergebnis, dass es nicht etwa brachliegende Ersparnisse aus der Periode der Rezession sind, die den Aufschwung befeuern können, sondern vielmehr die zusätzlichen, nicht mit

---

546 Für die Parallelität in den Wandlungen Euckens, Hayeks und Adolf Löwes sowie die sich verändernde Rolle der Konjunkturtheorie in den jeweiligen Forschungsschwerpunkten vgl. Blümle/ Goldschmidt (2006), S. 547–559.

547 Vgl. Eucken (1928/1929), S. 287–305.

548 Vgl. Mises (1928/1929), S. 323 und S. 326.

549 Vgl. Eucken (1928/1929), S. 288–290.

550 Vgl. Eucken (1928/1929), S. 290.

551 Vgl. Eucken (1928/1929), S. 292–296.

realen Ersparnissen gedeckten Kredite der Geschäftsbanken.[552] Den Abschwung erklärt er symmetrisch, d. h. mit dem Rückgang der Kredite, dem Rückgang der Investitionstätigkeit und dem Absinken des Zinses.[553] Bedauerlicherweise enthält das Referat keine expliziten konjunkturpolitischen Folgerungen. Allerdings kann das vorsichtige politische Fazit gezogen werden, dass die Ordnung des Bankensystems der Schalthebel ist, der es erlaubt, die kreditinduzierten Schwankungen der Wirtschaft zu mildern.

Bald danach, in der im Mai 1933 erschienenen Festschrift für Arthur Spiethoff, vertritt Eucken eine Auffassung zur Erklärung konjunktureller Schwankungen, die ganz klar als Bruch zu den oben geschilderten „österreichischen" Positionen zu sehen ist. So ist für ihn nunmehr jede Konjunkturentwicklung einmalig:

> Die Konjunkturprobleme sind und bleiben aber konkrete, individuelle Probleme und vertragen keine Verallgemeinerung.[554]

Die Ähnlichkeiten, die sich über die Zyklen hinweg unbestreitbar feststellen lassen, sind für Eucken somit keine hinreichende Grundlage mehr dafür, allgemeine Konjunkturtheorien aufzustellen.[555] Was dabei auf den ersten Blick als eine Art Rückkehr zum Historismus aussieht, wird im nächsten Schritt von ihm präzisiert. Es ist nicht sein Ziel, den Zyklus rein empirisch zu erforschen, sondern vielmehr, die einzelnen Bausteine der ökonomischen Theorie (im Sinne der Geld- oder der Preistheorie) für das Erklären konjunktureller Phänomene heranzuziehen, ohne allerdings dabei den Anspruch zu erheben, eine allgemeingültige Theorie zu formulieren.[556] Wenn sich hierbei die Frage stellt, wie diese Eucken'sche bruchartige epistemologische Entwicklung im Hinblick auf das Konjunkturphänomen zu erklären ist, kann der These nachgegangen werden, dass es die Zusammenarbeit mit seinem Schüler Friedrich A. Lutz ist, die zum Abschied von der Beschäftigung mit dynamischen Konjunkturtheorien führt.[557] So schreibt Lutz wenige Seiten weiter in derselben Spiethoff-Festschrift:

> Jede Konjunktur ist dann als ein einmaliges historisches Ereignis anzusehen, das es mit Hilfe der Werke der ökonomischen Theorie zu erklären gilt.[558]

Dabei befürwortet er explizit ausschließlich die Verwendung *statischer* Theorien, die die Einflüsse von (exogenen) Datenänderungen – d. h. Änderungen etwa des

---

552 Vgl. Eucken (1928/1929), S. 297.
553 Vgl. Eucken (1928/1929), S. 301–304.
554 Eucken (1933), S. 74.
555 Vgl. Eucken (1933), S. 74–75.
556 Vgl. Eucken (1933), S. 76–77.
557 Für eine damit verwandte Deutung dieser Eucken'schen Wandlung vgl. Blümle/Goldschmidt (2006), S. 555.
558 Lutz (1933), S. 164.

technischen Fortschritts, der Kapitalbildung oder der Geldmenge – auf die Preis- und Produktionsstruktur der Ökonomie zu erklären versuchen (in heutiger Sprache also komparativ-statische Analysen).[559] *Dynamischen* Theorien, die er als Beschreibung endogener Verschiebungen der Preis- und Produktionsstruktur definiert, erteilt Lutz aufgrund der unmöglichen Verallgemeinerung dieser Phänomene eine ausdrückliche Absage.[560] Ausführlichere Formulierungen dieser Thesen finden sich im fünften und sechsten Kapitel der von Eucken betreuten Lutz'schen Habilitationsschrift aus dem Jahre 1932,[561] in deren Vorwort er sich für die „häufigen Diskussionen" mit Eucken bedankt.[562] Offenbar hat nicht nur der Habilitand, sondern auch der Betreuer von diesen Gesprächen profitiert, wie der vollzogene Wechsel in der theoretischen Positionierung Euckens belegt.[563]

Verständlicherweise meidet Eucken ab 1933 in der Zeit des Nationalsozialismus konkrete konjunktur*politische* Aussagen und trifft auf dem Feld der Konjunkturforschung lediglich konjunktur*theoretische* Aussagen. So wiederholt er sowohl in den *Kapitaltheoretischen Untersuchungen* als auch in den *Grundlagen*, dass eine allgemeine dynamische Konjunkturtheorie nicht möglich ist.[564] Stattdessen entwickelt Eucken (ganz im Sinne des Lutz'schen Plädoyers für den Einsatz statischer Theorien) die Variationsmethode, mit der komparativ-statische Einflüsse von Datenänderungen auf die Variablen der Ökonomie untersucht werden können.[565]

Konjunkturpolitische Positionen äußert Eucken erst in den späten 1940er-Jahren, als er seine Anmerkungen zur Handhabung des Konjunkturproblems in *ORDO* und in den *Grundsätzen* formuliert.[566] Ordnungstheoretisch gehören für ihn in den *Grundsätzen* Konjunkturschwankungen – anders als bei der Zentralverwaltungswirtschaft – zu den Hauptcharakteristika der (nicht im Sinne der Wettbewerbsordnung gestalteten) Verkehrswirtschaft.[567] Es handelt sich dabei um Schwankungen, die als Preis- und Mengenschwankungen die einzelnen Märkte der gesamten Ökonomie hin zur Herausbildung von Disproportionalitäten prägen und auch in akuten Formen auftreten können.[568] Als theoretische Referenz für den gut funktionierenden Wirtschaftsprozess sieht er das Modell des allgemeinen Gleichgewichts, sodass seine ordnungspolitisch eingebettete Konjunkturpolitik darin besteht, durch die Auswahl

---

559 Vgl. Lutz (1933), S. 164–165.

560 Vgl. Lutz (1933), S. 162–163.

561 Vgl. Lutz (1932), S. 138–171.

562 Lutz (1932), S. I.

563 Für weitere Hinweise auf die Beziehung zwischen Eucken und Lutz, der als dessen erster Doktorand (noch in Tübingen) promoviert und die hier erwähnte Habilitationsschrift zwischen 1929 und 1932 in Freiburg verfasst, vgl. Hagemann (2008), S. 273–275.

564 Vgl. Eucken (1934/1954), S. 17–18 sowie Eucken (1940/1989), S. 182–185.

565 Vgl. Eucken (1934/1954), S. 132–136 sowie Eucken (1940/1989), S. 188–190.

566 Vgl. Eucken (1949), S. 88–92 sowie Eucken (1952/2004), S. 308–312.

567 Vgl. Eucken (1952/2004), S. 108.

568 Vgl. Eucken (1952/2004), S. 108–109.

geeigneter (d. h. zum Gleichgewicht tendierender) Marktformen wie der vollständigen Konkurrenz sowie geeigneter Geldsysteme die Wettbewerbsordnung anzustreben.[569]

Über diese *ordnungs*politische Vorgabe hinaus[570] äußert sich Eucken in Bezug auf eine aktive Konjunkturpolitik keynesianischer Provenienz strikt ablehnend, sodass diese von späteren ordoliberalen Autoren als *prozess*politischer Eingriff eingestuft wird.[571] Der Hauptgrund hierfür ist, dass sie dem Grundprinzip der Wettbewerbsordnung – der Herstellung und Aufrechterhaltung eines funktionsfähigen Preissystems – zuwiderläuft.[572] Das Erreichen dieses zentralen Zieles wird in Euckens Analyse durch eine aktive Konjunktursteuerung erschwert oder sogar verhindert, weswegen solche relative Preise verzerrenden Eingriffe in den Wirtschaftsprozess zu verwerfen sind.[573] Außerdem führen die keynesianischen Experimente wegen des Nichteinhaltens ihrer hohen wirtschafts- und sozialpolitischen Versprechen zur ständigen Notwendigkeit immer weiterer Eingriffe und so zu einer polit-ökonomisch bedingten Instabilität – mittelfristig weisen sie dadurch laut Eucken eine Tendenz zur Zentralverwaltungswirtschaft auf, was dann auch ernsthaft die Frage der Macht aufwirft.[574]

Dass der Konjunkturpolitik bei Euckens Zeitgenossen eine große Bedeutung beigemessen wird, sieht er dadurch hervorgerufen, dass sich viele davon eine längerfristige Lösung des zentralen Problems der Arbeitslosigkeit und allgemein der sozialen Sicherheit erhoffen, was in dieser von vielen eingenommenen Perspektive gerade der Staat herbeiführen soll.[575] Diese Erwartungshaltung der Öffentlichkeit hängt für ihn damit zusammen, dass der in Abschnitt 4.2.2 erläuterte Wirtschaftsstaat sehr viel politische Macht akkumuliert.[576] Die Senkung der Arbeitslosigkeit kann zwar erreicht werden, allerdings mit hohen Kosten: Der Prozesseingriff erschwert zum einen, wie oben angedeutet, die Funktionsfähigkeit des Preissystems und verzerrt dabei besonders die relativen Preise. Zum anderen werden die Hauptursachen für Depressionen durch die diskretionären konjunkturpolitischen Interventionen im Wirtschaftsprozess sogar zusätzlich gefördert: Zu nennen sind hierbei sowohl die strukturellen Disproportionalitäten und die Verzerrung der relativen Preise als auch die Instabilität der Wirtschaftspolitik und des Geldsystems, die die Investitionsneigung entscheidend bremsen. Diese zwei Probleme werden nicht nur nicht gelöst, sondern durch die diskretionären konjunkturpolitischen Interventionen in den Wirtschaftsprozess

---

569 Vgl. Eucken (1952/2004), S. 110.
570 Für den Begriff „ordnungspolitische Hygiene" im Sinne der zentralen konjunkturpolitischen Rolle des Staates, „vorbeugend, aufklärend und krisenvermeidend" zu wirken, vgl. Willgerodt (2007), S. 29 sowie Willgerodt (2011), S. 219–220.
571 Vgl. Tuchtfeldt (1957), S. 57–58.
572 Vgl. Eucken (1952/2004), S. 141–143.
573 Vgl. Eucken (1952/2004), S. 254.
574 Vgl. Eucken (1952/2004), S. 149–150 und S. 154.
575 Vgl. Eucken (1949), S. 88 sowie Eucken (1952/2004), S. 308.
576 Vgl. Eucken (1949), S. 88–89 sowie Eucken (1952/2004), S. 308.

sogar zusätzlich erschwert.[577] Das so ausgemachte Problem erinnert stark an seine Diagnose auf der Tagung der *Friedrich-List-Gesellschaft* von 1931, dass es die Preisrigiditäten sind, die den Wirtschaftsprozess maßgeblich behindern. Neu hingegen ist der nunmehr ordnungspolitische Vorschlag, der explizit auf die Durchsetzung der vollständigen Konkurrenz und der wirtschaftspolitischen Konstanz zielt.[578]

Über diese Politik der Wettbewerbsordnung hinaus – die in der Durchsetzung und Einhaltung aller in Abschnitt 4.2.2 erläuterten konstituierenden und regulierenden Prinzipien besteht – sieht Eucken wegen der so eingebauten Tendenzen zum Gleichgewicht bei Marktformen und Geldsystemen keinen weiteren staatlichen Handlungsbedarf bezüglich der Konjunkturbewegungen.[579] Zur Verdeutlichung benutzt er das Bild der Wettbewerbsordnung als gesunden Organismus, der – sobald alle Ordnungsprinzipien implementiert sind – über genügend Abwehrkräfte verfügen wird, um die Konjunkturschwankungen selbst zu überwinden.[580]

4.7.2 Vorstellungen Hayeks

Wie eingangs angemerkt, wird es hier nur darum gehen, Hayeks Ansichten soweit darzustellen, als sie im Vergleich zu Euckens Positionen relevant sind – weitere Aspekte werden dem Vergleich zu Mises vorbehalten. Bei der komparativen Analyse mit Eucken wird von besonderem Interesse sein, die Ansichten in den „gemeinsamen", d. h. in denselben Herausgeberschaften befindlichen Publikationen der beiden Autoren, einmal im Tagungsband des *Vereins für Socialpolitik* in Zürich 1928 und dann in der Spiethoff-Festschrift von 1933, zu kontrastieren.

Bevor die Essenz von Hayeks frühen konjunkturpolitischen Positionen präsentiert wird, ist das Spannungsfeld zu erörtern, das sich aus den beiden hier ausgewählten Schriften ergibt. Wenn man sie, einmal den Vortrag von 1928[581] und dann den Beitrag zur Festschrift von 1933,[582] heranzieht und dahingehend zueinander in Beziehung setzt, als dazwischen gerade die akuten Jahre der Große Depression liegt, so lässt sich feststellen, dass die Krise auch Hayek nicht unbeeindruckt gelassen hat. Während er 1928 in Zürich und auch in seiner darauf aufbauenden[583] Habilitationsschrift als „reiner" Konjunkturtheoretiker auftritt, der von den Vorzügen

---

577 Vgl. Eucken (1949), S. 89 sowie Eucken (1952/2004), S. 310.
578 Vgl. Eucken (1949), S. 90–91 sowie Eucken (1952/2004), S. 310–312.
579 Für eine Kritik der Eucken'schen These, dass die Wettbewerbsordnung den Konjunkturzyklus aufhebt, vgl. Beckmann (1955), S. 250.
580 Vgl. Eucken (1952/2004), S. 312.
581 Vgl. Hayek (1928/1929), S. 369–374.
582 Vgl. Hayek (1933b), S. 110–117.
583 Für die Aussage, dass die Züricher Tagung eine zentrale Rolle für die Ausarbeitung der Habilitationsschrift gespielt hat, vgl. Hayek (1929/1976), S. VIII–XI.

seiner[584] Theorie überzeugt ist und trotz „theoretischer Sonderprobleme"[585] resolut an diesem Forschungsprogramm festhält, deuten sich bereits in der Spiethoff-Festschrift erste Zweifel und Skepsis an. Die Tiefe und Länge der Depression, die Hayek zwar grundsätzlich aus den monetären Erfahrungen der 1920er *qualitativ* erklären kann, offenbar aber nicht in diesem *quantitativen* Ausmaße erwartet hat, wirft nicht nur im deutschsprachigen Raum, sondern weltweit[586] die Frage nach einer neuen Konjunkturpolitik auf. Zwar bekundet Hayek noch im Oktober 1932 in einem gemeinsamen Leserbrief mit Londoner Kollegen, dass expansive Politik nicht als die Lösung der Probleme angesehen werden kann.[587] In der Spiethoff-Festschrift stellt er aber fest, dass seine Theorie ungleichmäßig entwickelt ist: So herrscht nach seiner Darstellung zwar unter Konjunkturforschern Konsens, dass sie eine gute Abbildung des Aufschwungs darstellt, aber der „Prozeß der Liquidation und Wiederanpassung [...] ist im wesentlichen noch unerforscht".[588] Damit stellt sich natürlich unmittelbar die Frage nach der wirtschaftspolitischen Relevanz der Theorie inmitten der Krise. Die primäre Lösung sieht Hayek in der Flexibilisierung der Preise der Ökonomie, deren Starrheit er nach wie vor als eine ganz wesentliche Ursache der Depression und besonders ihrer ausufernden Länge ansieht.[589] Im Vergleich zu früheren Stellungnahmen ist allerdings die Einschätzung bezüglich einer Kreditexpansion etwas weniger ablehnend: Statt sie rigoros zu verwerfen, sieht er nunmehr weiteren Forschungsbedarf zu ihren Wirkungen in einem dynamischen Kontext der Unterbeschäftigung.[590] Es kann also insgesamt – auch in seinen Augen – ein „Widerspruch"[591] zwischen den Fortschritten der monetären Theorien einerseits und ihren noch vorhandenen Unzulänglichkeiten bei der Erklärung des Abschwungs andererseits ausgemacht werden. Diesen versucht er zu umgehen, indem er erstens dringend auf den weiteren Forschungsbedarf hinweist und zweitens vor der Gefahr warnt, dass „von unberufener Seite Irrtümer primitivster Art wieder zum Leben erweckt wurden".[592] Deutlich später berichtet Hayek bei einer Podiumsdiskussion,[593] dass er einen konjunkturpolitischen Beitrag über Röpkes Konzept der sekundären

---

584 Für die Stelle, an der Hayek neben Mises noch 1933 auch Eucken und Röpke zu den Vertretern dieser Tradition der Konjunkturtheorie zählt, vgl. Hayek (1933b), S. 110.

585 Hayek (1928/1929), S. 369.

586 Für die Rekonstruktion bspw. der konjunkturpolitischen Debatten in Bulgarien im Zusammenhang mit der Großen Depression vgl. Kolev (2009).

587 Vgl. Gregory/Hayek/Plant/Robbins (1932).

588 Hayek (1933b), S. 112.

589 Vgl. Hayek (1933b), S. 113.

590 Vgl. Hayek (1933b), S. 115.

591 Hayek (1933b), S. 116.

592 Hayek (1933b), S. 116.

593 Für Hayeks Bericht zu diesem Vorgang bei der von Gottfried von Haberler moderierten Podiumsdiskussion in Washington am 9. April 1975 vgl. Haberler (1975), S. 12–13.

Depression verfasst und an Röpke geschickt hat, wobei Letzterer sich gegen eine Veröffentlichung entschieden hat.[594]

Zusammenfassend lässt sich also festhalten, dass Hayek in der Krise zwar offenbar eine enorme Herausforderung für seine Theorie sieht, trotzdem aber konjunkturpolitisch nicht von seiner früheren, in dieser Studie im Vergleich zu Mises ausführlich zu erörternden Kernbotschaft abrückt: Es sind nicht expansive Maßnahmen *während* der Krise, sondern Maßnahmen der Währungspolitik sowie der Ordnung des Bankensystems *vor* der Krise (Festhaltung am Goldstandard in der allgemeinen Währungspolitik sowie Umlaufsmittelbegrenzung mit dem Hauptziel eines möglichst neutralen Geldes in der besonderen Politik gegenüber den Geschäftsbanken), die es zu ergreifen gilt, damit Überinvestitionsprozesse und die sich daraus zwangsweise ergebenden Krisen überhaupt erst verhindert werden.[595] Anders als bei Eucken, bleibt die Konjunktur- und Kapitaltheorie ein Forschungsschwerpunkt Hayeks bis Anfang der 1940er-Jahre. Erst nach dem Herauskristallisieren des Wissens-Topos in *Economics and Knowledge* und besonders in den „socialist calculation debates" wendet er sich zunehmend sozialphilosophischen Fragen zu.

In den sozialphilosophischen Schriften, die er in den späten 1930er-Jahren mit *Freedom and the Economic System* einläutet,[596] nimmt Hayek nur sporadisch konjunkturpolitisch Stellung. Im *Road to Serfdom* spricht er kurz vom „supremely important problem of combating general fluctuations of economic activity and the recurrent waves of large-scale unemployment which accompany them".[597] Was deren konjunkturpolitische Bekämpfung anbetrifft, wägt er skizzenhaft die möglichen Instrumente der Geld- und Fiskalpolitik gegeneinander ab und kommt zu dem Schluss, dass Geldpolitik freiheitskompatibel ist, während Fiskalpolitik wegen der möglichen zentralverwaltungswirtschaftlichen Tendenzen als deutlich gefährlicher einzustufen ist.[598] Letztere wären dann zu beobachten, wenn im Zuge fiskalpolitischer Maßnahmen immer stärkere Abhängigkeiten der privaten Akteure vom Staat entstehen können.[599] Wie eine solche freiheitskompatible Geldpolitik konkret auszugestalten ist, lässt der „junge Sozialphilosoph" nach mehr als fünfzehn Jahren Betätigung auf dem Gebiet

---

594 Für eine aktuelle Diskussion dieses Hayek-Röpke-Austausches sowie der Frage, ob aus Hayeks Aussagen der 1970er-Jahre ein Wandel in seinen konjunkturtheoretischen Positionen identifiziert werden kann, vgl. Magliulo (2016). Im ersten der jüngst von Prof. Dr. Hansjörg Klausinger in der Mohr Siebeck-Ausgabe herausgegebenen Bände zur Hayek'schen Geld- und Konjunkturtheorie ist dieser an Röpke adressierte Aufsatz aus dem Jahre 1931 abgedruckt, vgl. Hayek (1931/2015), S. 499–506.
595 Für Hayeks frühe konjunkturpolitische Forderungen vgl. Hayek (1929/1931), S. 168–169 sowie Hayek (1929/1976), S. 109–113.
596 Vgl. Hayek (1939). Für die Geschichte der Schrift, die 1938 in einer ersten Fassung erscheint, vgl. Hennecke (2000), S. 138–141.
597 Hayek (1944/1994), S. 134.
598 Vgl. Hayek (1944/1994), S. 134–135.
599 Vgl. Hayek (1944/1994), S. 135.

der monetären Konjunkturtheorie – möglicherweise implizit auf das vorausgegangene eigene Werk verweisend – offen.

Spätere Konkretisierungen der geldpolitischen – und damit auch konjunkturpolitischen – Leitideen sind in der *Constitution of Liberty* nachzulesen. Wie in Abschnitt 4.6.2 bereits erläutert, nimmt Hayek zu dieser Zeit den währungspolitischen Ordnungsrahmen als gegeben hin und formuliert in diesem vorläufig als fix anzunehmenden Kontext seine Vorstellungen zur Geldpolitik im engeren Sinne. Demnach ist die Geldpolitik – wie schon in seinen frühen Schriften zum Ziel des neutralen Geldes gefordert – mechanischen Regeln zu unterwerfen, sodass sie nicht im Sinne eines konjunkturpolitischen „fine tuning", sondern als erwartungsstabilisierendes Instrument zu sehen ist.[600] Darin kann übrigens eine „klassische" ordnungspolitische Forderung herausgelesen werden, die besonders mit Euckens konstituierenden Prinzipien des währungspolitischen Stabilisators und der Konstanz der Wirtschaftspolitik harmoniert.

Ein weiteres Argument gegen den diskretionären konjunkturpolitischen Einsatz von Fiskalpolitik wird in *Law, Legislation and Liberty* angeführt. Jenseits der theoretischen Einwände ist es für Hayek auch aus praktischen Gründen nicht zielführend, fiskalpolitische Programme aufzulegen, die die Investitionsneigung der Ökonomie stabilisieren sollen. Die Anforderungen an die zeitliche Anpassungsfähigkeit dieser Programme sind nämlich in der Realität zu hoch, da bei der Umsetzung der Programme (in heutiger Terminologie) das Timing-Problem der unterschiedlich langen „lags" besteht.[601]

4.7.3 Analyse entlang der Haupttopoi

Die Konjunkturpolitik ist, wie bereits dargelegt, ein Betätigungsfeld Euckens und Hayeks, auf dem sie schon vor der Herausbildung des jeweiligen Topos aktiv sind. So endet Euckens Beschäftigung mit dynamischen Konjunkturerklärungen bereits Anfang der 1930er-Jahre, und auch Hayek zieht sich Anfang der 1940er-Jahre mit Blick auf die anbrechende „keynesianische Revolution" vom Gebiet der reinen ökonomischen Theorie zurück. Deshalb fehlen in diesen frühen konjunkturtheoretischen und -politischen Ausführungen die Bezüge zur Macht bzw. zum Wissen fast vollständig. Durch spätere Formulierungen ist die Lage der Topoi vis-à-vis den jeweiligen konjunkturpolitischen Stellungnahmen trotzdem, wenn auch mit Vorsicht, rekonstruierbar. So betont Eucken, dass die Vollbeschäftigungspolitik als instabil einzustufen ist und mittelfristig zentralverwaltungswirtschaftliche Tendenzen aufweist. Die Frage nach der potenziellen (All-)Macht eines solchen Staates, die von

---

600 Vgl. Hayek (1960/1978), S. 333–334.
601 Vgl. Hayek (1979/1981), S. 59–60.

einem zentralverwaltungswirtschaftlichen „slippery slope" aufgeworfen wird, stellt sich unmittelbar – übrigens auch für Hayek in seinen obigen Darstellungen zur Fiskalpolitik im *Road to Serfdom*. Hayeks Einsichten in die Rolle der Preise als sensibles Prozessor- und Speichersystem von marktlichem Wissen harmonieren ebenfalls direkt mit seinem Plädoyer für möglichst neutrales Geld, welches die relativen Preise der Ökonomie idealerweise unverzerrt lässt. Mit einem solchen Verständnis des derart fragilen mikroökonomischen Gebildes der Wissensteilung ist die Vorstellung von diskretionärer globalsteuernder Konjunkturpolitik, auch jenseits der weiteren Überlegungen zum Schaden für das intertemporale Gleichgewicht, absolut unvereinbar. Dazu kommt zusätzlich der Wissensmangel des Staates über die Aktionsgeschwindigkeit der Privaten im Sinne der nicht prognostizierbaren „lags".

Das allgemeine Plädoyer Euckens und Hayeks auf dem Gebiet der Konjunkturpolitik ist durchaus ähnlich. So sind beide Gegner keynesianischer Politik, was aber nicht bedeutet, dass sie dem Konjunkturproblem mit den möglichen schwerwiegenden sozialen Folgeproblemen indifferent gegenüberstehen. Stattdessen versuchen sie, die dynamischen Probleme der Ökonomie durch das Aufstellen eines möglichst krisenvermeidenden Ordnungsrahmens in den Griff zu bekommen, also ganz im Sinne der späteren Eucken'schen Vision einer regelbasierten Ordnungspolitik. So hat die in Abschnitt 4.6 diskutierte Währungspolitik, die vom Grundgedanken her der Ordnungspolitik näher steht, eindeutig das Primat gegenüber der Konjunkturpolitik im engeren Sinne. Die Aufstellung eines realen (durch Wettbewerbspolitik) und monetären (durch Währungspolitik) Ordnungsrahmens im Sinne der Wettbewerbsordnung führt für Eucken und Hayek dazu, dass der dadurch umgebene Wirtschaftsprozess vergleichsweise gleichgewichtig verläuft und außerdem dynamisch gesehen imstande ist, krisenhafte Probleme durch sein flexibles und unbehindertes Preissystem endogen zu beheben. Falls also das Preissystem im Sinne der Entmachtung bzw. der funktionierenden Wissensteilung von Rigiditäten freigelegt ist und somit Preise und Löhne nach oben *und* unten flexibel sind, besteht für beide Autoren kein Handlungsbedarf im Sinne eines aktionistischen, keynesianisch operierenden Staates. Der wichtige Unterschied zur Möglichkeit dynamischer Erklärungsansätze bleibt demnach ein theoretischer, während die Empfehlungen politisch sehr eng beieinander liegen.

4.8 Vergleich der Vorstellungen zur Sozialpolitik

Die Sozialpolitik wird zwar an letzter Stelle in dieser Rekonstruktion der vier wirtschaftspolitischen Felder analysiert, allerdings sollte daraus nicht gefolgert werden, dass sie bei den beiden Autoren eine Randnotiz ist oder gar zur „nonagenda" wie etwa bei Mises gehört. Im Gegenteil: Sowohl Eucken als auch Hayek suchen intensiv nach liberalen Ordnungsentwürfen für die sozialpolitischen Fragen ihrer Zeit.

4.8.1 Vorstellungen Euckens

Euckens Positionen zur sozialen Frage und der damit verbundenen Sozialpolitik stehen in scharfem Kontrast zum im heutigen Diskurs oft geäußerten Vorwurf einer sozialen Indifferenz des Neoliberalismus. So wird schon auf der ersten Seite der *Grundsätze* die soziale Frage thematisiert,[602] deren besonders sensibler Charakter mit dem Satz „Wir arbeiten nicht auf Papier, sondern auf der empfindlichen Menschenhaut"[603] pointiert festgehalten wird. Zum Abschluss der *Grundsätze* formuliert Eucken folgende zwei zentrale Aussagen:

> Es ist eine der Hauptabsichten dieses Buches gewesen, immer wieder deutlich zu machen, dass die Sozialpolitik nicht als Anhängsel der übrigen Wirtschaftspolitik betrachtet werden sollte, sondern in erster Linie Wirtschaftsordnungspolitik zu sein hat.[604]

sowie

> Es gibt keine wirtschaftspolitische Maßnahme, die nicht zugleich auch, sei es direkt oder indirekt, soziale Auswirkungen und soziale Bedeutung hätte.[605]

Sozialpolitik ist somit, direkt oder indirekt, in Euckens System omnipräsent und hängt unmittelbar mit der Realisierung der Wettbewerbsordnung zusammen.[606] Es sei an dieser Stelle wiederholt, dass Eucken die Wettbewerbsordnung nicht nur wegen ihrer ökonomischen Ergiebigkeit (in Euckens Terminologie: Funktionsfähigkeit), sondern genauso auch wegen ihres menschenwürdigen Charakters fordert.[607] Die Begriffe der Menschenwürde und der Humanität sind bei Eucken direkt bei dessen Freiheitsbegriff[608] und dem damit verknüpften ethischen Ziel des selbstverantwortlichen Lebens zu verorten.[609] Ein zusätzlicher, wiederum ökonomischer Grund für das Primat der Ordnungspolitik auch auf dem Gebiet der Sozialpolitik ergibt sich aus Euckens Betonung des untrennbaren Zusammenhangs zwischen Wirtschaftslenkung (in heutiger Sprache: Allokation) und der Frage der Verteilung, sodass Verteilungsfragen nicht losgelöst von der übrigen Wirtschaftspolitik zu beantworten sind.[610] Das zentrale Ziel einer so verstandenen Ordnungspolitik soll also – in Analogie zur ordnungspolitischen Stoßrichtung des Staates in Euckens Wettbewerbs- und Konjunkturpolitik – sein, die Entstehung sozialer Probleme überhaupt erst zu verhindern.

---

602 Vgl. Eucken (1952/2004), S. 1 und S. 11–13.
603 Eucken (1952/2004), S. 318.
604 Eucken (1952/2004), S. 313.
605 Eucken (1952/2004), S. 313.
606 Vgl. Eucken (1952/2004), S. 313–314.
607 Vgl. Eucken (1952/2004), S. 373.
608 Vgl. Eucken (1952/2004), S. 324.
609 Vgl. Eucken (1940/1989), S. 240 sowie Eucken (1952/2004), S. 176.
610 Vgl. Eucken (1952/2004), S. 12–13.

Was macht aber die soziale Frage in diesem Zusammenhang genau aus? Eucken betont, dass es für ihn keine zeitinvariante Antwort darauf gibt: Vielmehr ist ein ausgeprägter Wandel darin zu beobachten, was unterschiedliche Epochen darunter verstehen.[611] Im Wesentlichen kann laut Eucken zwischen dem Verständnis des 19. und dem des 20. Jahrhunderts differenziert werden. Im 19. Jahrhundert wird vor allem eine materielle *Ungerechtigkeit* ausgemacht, die mit Marx einen ihrer prominentesten Kritiker findet. Im gesellschaftlichen Diskurs des 20. Jahrhunderts drängt sich hingegen eine neue Problematik in den Vordergrund: *Unsicherheit* in Form lang andauernder Arbeitslosigkeit. Hier ist die von den meisten Zeitgenossen befürwortete Lösung wiederum Keynes' Theorie mit ihrer Vollbeschäftigungspolitik.[612] Insgesamt ist also eine Entwicklung zu beobachten, die erneut direkt in Bezug zum Haupttopos der Macht und ihren unterschiedlichen Ausprägungen steht: Es bilden sich im 20. Jahrhundert im Zuge der wirtschaftspolitischen Experimente einseitige Abhängigkeiten der Arbeitnehmers (sowie der Bauern, Handwerker, Händler und auch der freien Berufe) vom Staat, was die private Abhängigkeit von den im 19. Jahrhundert oft anzutreffenden Nachfragemonopolen des Arbeitsmarktes verdrängt.[613] Diese neuartige soziale Frage führt für Eucken wiederum dazu, dass sich in den Augen vieler der Arbeitsvertrag weg von einer *privaten* Angelegenheit und hin zu einem *öffentlich-rechtlichen* Institut wandelt.[614]

Es ist erneut die Wettbewerbsordnung, in der Eucken auch die Lösung der sozialen Frage seiner Zeit sieht. Hier wird für ihn das Kapital der Ökonomie am ergiebigsten eingesetzt, und in Bezug auf Verteilung und soziale Gerechtigkeit gilt:

> Soziale Gerechtigkeit sollte man also durch Schaffung einer funktionsfähigen Gesamtordnung und insbesondere dadurch herzustellen suchen, daß man die Einkommensbildung den strengen Regeln des Wettbewerbs, des Risikos und der Haftung unterwirft.[615]

Aus diesen und anderen Abschnitten in den *Grundsätzen*[616] sowie den Ausführungen in der Festschrift für Alfred Weber[617] folgt, dass sich Eucken die Erreichung sozialer Gerechtigkeit primär von den Regeln der wettbewerblichen Preismechanik verspricht, wie sie in der Marktform vollständiger Konkurrenz realisiert sind. Damit bekundet er eine deutliche Präferenz für diesen unpersönlichen Mechanismus gegenüber der Alternative „willkürlicher Entscheidungen privater oder öffentlicher Machtkörper".[618]

---

611 Vgl. Eucken (1948d), S. 115–120.
612 Vgl. Eucken (1952/2004), S. 186.
613 Vgl. Eucken (1948d), S. 116 sowie Eucken (1952/2004), S. 44–46, S. 125–126 und S. 134–139.
614 Vgl. Eucken (1948d), S. 116–117 sowie Eucken (1952/2004), S. 187.
615 Eucken (1952/2004), S. 317.
616 Vgl. Eucken (1952/2004), S. 300 und S. 314–315.
617 Vgl. Eucken (1948d), S. 129–131.
618 Eucken (1952/2004), S. 300.

Hieraus ergibt sich unmittelbar eine wichtige komparative Ebene zu Hayek, die in Abschnitt 4.8.3 wieder aufgegriffen wird. Zwar ist für Eucken die soziale Gerechtigkeit durchaus ein anzustrebendes Ziel der Wettbewerbsordnung und somit freiheitskompatibel – was sie bei Hayek nicht ist. Allerdings ist das Gerechtigkeitsverständnis beider offenbar ähnlich. Wie sich gezeigt hat, ist die Herstellung sozialer Gerechtigkeit bei Eucken daran geknüpft, dass distributive Ergebnisse an Regeln gebunden sind und innerhalb dieser Regeln entstehen, was wiederum genau Hayeks Gerechtigkeitsvorstellung entspricht. Die Differenz zwischen beiden ist also möglicherweise primär terminologischer Natur, wenn es um die Konkretisierung des Begriffs der sozialen Gerechtigkeit geht und sich die Frage stellt, ob diese besondere Gerechtigkeitsforderung mit freiheitlichen Regeln vereinbar ist.

Laut Euckens Ordnungstheorie herrscht also – im Gegensatz zu Marx – nicht zu viel, sondern zu wenig Wettbewerb, was als Ursache für die soziale Frage ausgemacht werden kann.[619] Neben der Antwort auf die soziale Frage durch die konstituierenden Prinzipien der Wettbewerbsordnung lassen sich allerdings noch einige weitere institutionelle Aspekte beleuchten, die das Bild der Eucken'schen Sozialpolitik vervollständigen. Wie bereits in Abschnitt 4.2.2 im Zusammenhang mit den regulierenden Prinzipien erläutert, ist für Eucken nicht gewährleistet, dass die konstituierenden Prinzipien stets als Garant und hinreichende Bedingungen für Funktionsfähigkeit und Menschenwürde genügen, und das gilt auch für die Sozialpolitik. Aus diesem Grund formuliert er ergänzende Maßnahmen, die er *spezielle* Sozialpolitik nennt und welche über die allgemeine Ordnungspolitik hinausgehen. Denn:

> Selbst eine Ordnungspolitik, die auf den Menschen ausgerichtet ist, kann den individuellen Fall als solchen nicht berücksichtigen; aber jeder Fehler, sei es ein Tun oder Unterlassen, rächt sich nicht zuletzt an der Existenz von Menschen.[620]

Zur Frage der Sozialversicherung nimmt Eucken eine Position ein, die mit der obigen Darstellung der Frage der Macht – im Sinne einer in jüngster Zeit zunehmenden Abhängigkeit vom Staat – harmoniert. Nach Eucken sollte sowohl für allgemeine Risiken wie Krankheit als auch für besondere Risiken wie Erwerbslosigkeit privat vorgesorgt werden – der Wettbewerb unterschiedlicher Anbieter bietet der Initiative des Einzelnen dabei den größten Freiraum. Es sollen also die Initiative des einzelnen Nachfragers und die Konkurrenz privater Versicherungsanbieter gestärkt werden.[621] Nur dort, wo die Selbsthilfe und die Versicherungslösungen nicht ausreichen, spricht er sich für ein Eingreifen des Staates im Sinne staatlicher Wohlfahrtseinrichtungen aus.[622]

---

619 Vgl. Eucken (1952/2004), S. 44–46.
620 Eucken (1952/2004), S. 318.
621 Vgl. Eucken (1952/2004), S. 318–319.
622 Vgl. Eucken (1952/2004), S. 319.

Der betrieblichen Mitbestimmung steht er offen gegenüber, da in der Wettbewerbsordnung die Interessen der Arbeiter notwendigerweise „zureichend geltend gemacht werden"[623] sollen. Allerdings sieht er eine Grenze darin, dass die Mitbestimmung nicht die Autonomie der Planung beeinträchtigen darf, die in der Hand des Eigentümers (im Sinne „klarer Führungsverhältnisse")[624] verbleiben soll. Zur Abgrenzung zwischen ausschließlich unternehmerischen und gemeinsamen Entscheidungen äußert er wenig ausführlich, dass diejenigen Punkte gemeinsam zu entscheiden sind, die alle gemeinsam betreffen.[625] Ordnungstheoretisch betont Eucken, dass Mitbestimmung nur in der Wettbewerbsordnung möglich ist, während sie der Logik der Zentralverwaltungswirtschaft und ihren stark zentralisierten Entscheidungen – die nicht einmal dem Betriebsleiter Freiraum belassen – zuwiderläuft.[626]

Eng verbunden mit der Machtfrage ist die Rolle der Gewerkschaften. Historisch sind sie in Euckens Analyse deshalb entstanden, weil der Arbeitsmarkt oft – besonders wenn er regional abgeschottet ist – durch eine einseitige Vermachtung auf Seiten der Arbeitgeber beherrscht wird. Die Gewerkschaften können somit grundsätzlich als Ausgleich der Machtposition gesehen werden, wobei ihnen Verdienste bei der Entmachtung zugestanden werden sollen.[627] Allerdings dürfen sie keine „Übermacht"[628] erlangen, da dies die feine Balance des Arbeitsmarktes beeinträchtigen kann. Wenn sie nicht als Gegenmacht fungieren, sondern bei auf Seiten der Arbeitgeber durch Konkurrenz gekennzeichneten Arbeitsmärkten zu Machtkörpern werden, können sie demnach zur Gefahr für die Wettbewerbsordnung werden.[629] Als Referenz sieht er (in gewisser Analogie zum „Als-ob"-Wettbewerb in Abschnitt 4.5.1) die Lohnhöhe, die auf einem fiktiven, durch vollständige Konkurrenz gekennzeichneten Arbeitsmarkt realisiert wäre: Falls diese überschritten wird, wäre das als Zeichen der Vermachtung auf der Seite des Arbeitsangebots zu werten.[630]

In den direkten Ausführungen zu den regulierenden Prinzipien finden sich zwei weitere Überlegungen, die in den Bereich der Sozialpolitik fallen: die Frage nach der richtigen Einkommenspolitik und das Problem des Mindestlohns. Zur Einkommenspolitik sagt Eucken grundsätzlich, wie oben schon kurz angerissen, dass die Verteilung am besten durch die Regeln des Wettbewerbs organisiert werden soll. Allerdings ist es unter Umständen, um etwa ein Mehr an sozialer Gerechtigkeit zu erreichen, legitim, diese Verteilung durch steuerpolitische Maßnahmen zu korrigieren: Zu große Ungleichheiten im Einkommen zwischen den einzelnen Individuen sieht Eucken als

---

623 Eucken (1952/2004), S. 320.
624 Eucken (1952/2004), S. 320.
625 Vgl. Eucken (1952/2004), S. 320–321.
626 Vgl. Eucken (1952/2004), S. 320.
627 Vgl. Eucken (1952/2004), S. 322.
628 Eucken (1952/2004), S. 322.
629 Vgl. Eucken (1952/2004), S. 322–323.
630 Vgl. Eucken (1952/2004), S. 323.

mögliche Gefahr für den Lenkungsmechanismus der Verkehrswirtschaft, da hierdurch nicht immer alle Konsumentenwünsche adäquat und gleichberechtigt in den Marktmechanismus einfließen können.[631] In diesem Zusammenhang plädiert er für eine moderate progressive Einkommensbesteuerung, die explizit der Umverteilung dienen soll. Was die Steilheit der Progression anbetrifft, besteht für Eucken nach oben hin eine Grenze dort, wo durch eine zu starke Progression die Investitionsneigung im Wirtschaftsprozess gefährdet wird.[632] Mindestlöhne sieht er nur in dem speziellen Fall gerechtfertigt, dass das Arbeitsangebot anomal (d. h. mit Ausweitung des Arbeitsgebots auf fallende Löhne) reagiert: Dies kann auf dem Arbeitsmarkt eine ungewollte Dynamik nach unten auslösen, die durch die Festsetzung eines Mindestlohns verhindert werden soll.[633]

4.8.2 Vorstellungen Hayeks

Auch Hayek begibt sich, in offensichtlichem Kontrast zum an ihn gerichteten unqualifizierten Vorwurf des Sozialdarwinismus,[634] auf die Suche nach einer mit seinem System kompatiblen Sozialpolitik und gelangt dabei zu etwas andersgearteten Vorschlägen als Eucken. Bereits im *Road to Serfdom* formuliert er das Prinzip, das sein gesamtes Werk in diesem Punkt prägt: Eine freie Gesellschaft kann dem menschlichen Bestreben nach Sicherheit insofern nur beschränkt nachkommen, als sie eine allgemeine Mindestsicherung gewährt, nicht aber die relative Position des Einzelnen innerhalb der Gesellschaft festschreibt.[635] Ein Festschreiben – im Sinne von staatlichem Zuteilen von Privilegien durch konkrete Befehle – ist mit dem oben erläuterten Hayek'schen Verständnis des katallaktischen Spiels, in dem sich die marktlichen Einkommen nach abstrakten Regeln bilden, unvereinbar und kann den Mechanismus des Marktes im Kern zerstören. In diesem Sinne spricht er sich für eine Mindestsicherung aus, die jedem Jurisdiktionsmitglied zusteht.[636]

Bezüglich der Sozialversicherung äußert er sich in diesem Stadium noch relativ unverbindlich. Er betont, dass allgemeine Risiken bestehen, denen alle Bürger ausgesetzt sind, und so stellt sich die Frage, welche Rolle der Staat in diesem Bereich

---

631 Vgl. Eucken (1952/2004), S. 300.
632 Vgl. Eucken (1952/2004), S. 300–301.
633 Vgl. Eucken (1952/2004), S. 303–304.
634 Vgl. bspw. Schui (2000).
635 Vgl. Hayek (1944/1994), S. 132–133.
636 Vgl. Hayek (1944/1994), S. 133. Die Frage nach den möglicherweise daran zu knüpfenden Bedingungen (im Sinne der Unterscheidung von bedingungsloser versus an Bedingungen geknüpfter Mindestsicherung) lässt Hayek hier offen. Für den Hinweis auf diesen zentralen Aspekt eines Mindestsicherung-Vorschlags bin ich Prof. Dr. Thomas Straubhaar und, speziell bezüglich Hayek, Prof. Dr. Gerhard Wegner dankbar.

übernehmen soll.[637] Im Sinne der Wissensteilung und der Dynamik der Wissensentdeckung wäre es angebracht, die institutionelle Lösung dem Wettbewerb zu überlassen. Dementsprechend betont Hayek auch die Vorzüge des wettbewerblichen Systems, in Bezug auf die Ordnung dieses Systems sieht er aber staatlichen Handlungsbedarf.[638] Es wird dabei allerdings nicht klar, ob es sich hierbei um eine einmalige oder um eine dauerhafte Maßnahme seitens des Staates handeln soll. Allgemein sieht er jedoch keinen Konflikt zwischen dem Prinzip der individuellen Freiheit und einer staatlichen Betätigung auf diesem Feld.[639] Dies kann als weiteres Indiz dafür gewertet werden, dass der Hayek der 1940er-Jahre dem Ordoliberalismus zugeordnet werden kann: Die Ordnung des Marktprozesses – hier also die Bedingungen, innerhalb derer sich die Interaktionen im Versicherungssystem vollziehen können – wäre eine „klassische" Aufgabe der Ordnungspolitik, die aus dieser Perspektive nicht mit der Freiheit kollidiert. Zur Verhinderung von sozialer Unsicherheit im Rahmen des Konjunkturzyklus zieht er, wie in Abschnitt 4.7.2 erläutert, die Geldpolitik als mit der Marktwirtschaft kompatibleres Instrument der Fiskalpolitik vor.[640]

Zur Frage der Gewerkschaften findet sich im *Road to Serfdom* noch wenig. Hayek betont zum einen, dass sie – wie auch das organisierte Kapital – zur Vermachtung in der Industrie beitragen.[641] Zum anderen können sie mit ihren Abschlüssen der Ökonomie und ihrer Lohnbildung eine Rigidität verleihen, die einer anpassungsfähigen dynamischen Ressourcenlenkung und dem Umgang von Konjunkturschwankungen abträglich ist.[642] Neben dieser makroökonomischen Analyse sieht Hayek – wie so häufig bei seinen makroökonomischen Stellungnahmen – das Problem auch auf der mikroökonomischen Ebene: Es entstehen demnach nicht einfach gleichmäßig verteilte Rigiditäten, sondern – durch den unterschiedlich starken gewerkschaftlichen Druck in den verschiedenen Gruppen und Sektoren – darüber hinaus auch Verzerrungen im System der relativen Preise und Löhne.[643]

Eine deutliche Vertiefung und Präzisierung erfahren diese institutionellen Vorschläge in der *Constitution of Liberty*, wo Hayek eine – explizit gegen den Wohlfahrtsstaat gerichtete – liberale sozialpolitische Utopie zu formulieren sucht.[644] In Bezug auf die Sozialversicherung wiederholt Hayek das Plädoyer für eine Mindestsicherung – mit der Begründung der zwar beschränkten, aber nur auf diese Weise freiheitskompatiblen Sicherheit, da andere Vorschläge die relativen Positionen innerhalb der Einkommensverteilung festschreiben.[645] Allerdings sieht Hayek bei der Gewährung

---

637 Vgl. Hayek (1944/1994), S. 133–134.
638 Vgl. Hayek (1944/1994), S. 134.
639 Vgl. Hayek (1944/1994), S. 133–134.
640 Vgl. Hayek (1944/1994), S. 134–135.
641 Vgl. Hayek (1944/1994), S. 213.
642 Vgl. Hayek (1944/1994), S. 226–227.
643 Vgl. Hayek (1944/1994), S. 227.
644 Vgl. Hayek (1960/1978), S. 253–266.
645 Vgl. Hayek (1960/1978), S. 259–260 und S. 285–286.

solcher Leistungen die Gefahr eines Trittbrettfahrer-Verhaltens, dem er durch die Einführung eines Versicherungszwangs begegnen will: Ansonsten werden die nicht versicherten Individuen im Bedarfsfall stets der Allgemeinheit zur Last fallen.[646] Der staatliche Handlungsbedarf wird diesmal klarer umgrenzt: Es handelt sich nicht um dauerhafte Ordnungspolitik, sondern um eine Anschubhilfe, die als Wissensverbreitung anzusehen ist: Hierdurch kann der Staat die ansonsten möglicherweise stagnierende Entwicklung mit ersten institutionellen Vorschlägen beschleunigen.[647] Dieses Vorgehen schließt allerdings explizit die Etablierung einer monopolartigen staatlichen Behörde aus, die eine weitere evolutorische Entwicklung des Marktprozesses blockieren kann – und es sind gerade diese Freiheitsgrade für die weitere Evolution des Systems, die für Hayeks Konzept essenziell sind.[648] Eine monopolartige Rolle des Staates wäre für Hayek auch deswegen gefährlich, weil es wahrscheinlich eine Umverteilung innerhalb des einheitlichen Systems mit sich bringt, was den Versicherungscharakter leicht unterminieren kann.[649] Des Weiteren führt Hayek polit-ökonomische Argumente dafür an, dass eine staatliche Umlagefinanzierung *direkt* – oder durch eine vom Wohlfahrtsstaat induzierte und die private Kapitalbildung zerstörende Inflation *indirekt* – zu ernsthaften intergenerationalen Konflikten innerhalb der Gesellschaft führen kann.[650] Auch für die Kranken- und Arbeitslosenversicherung schlägt er eine staatliche Basissicherung sowie – hauptsächlich – private Versicherungslösungen, gepaart mit Versicherungszwang vor.[651]

Die Gewerkschaften und ihre Rolle werden hier ebenfalls detaillierter in einem separaten Kapitel analysiert, obwohl Hayek schon bei den Ausführungen zur Sozialversicherung betont, dass die Gewerkschaften direkt in die Betrachtung einzubeziehen sind, etwa wenn es sich um die Etablierung der Arbeitslosenversicherung handelt.[652] Im Laufe der Zeit haben sie sich nach Hayeks Darstellung von unter- zu stark überprivilegierten Gebilden entwickelt, die mit dieser Position zu seiner Zeit jenseits der allgemeinen Regeln des Rechtsstaates stehen.[653] Aufgrund der in vielen Ländern seiner Zeit herrschenden Zwangsmitgliedschaft und der Möglichkeit der Arbeitsbehinderung von Streikbrechern unterlaufen sie das Gewaltmonopol des Staates und somit eines seiner zentralen Charakteristika.[654] Außerdem kann für Hayek extreme Gewerkschaftsmacht effektiv einer Enteignung gleichkommen, was mit dem Prinzip der individuellen Freiheit und dem damit zusammenhängenden

---

646 Vgl. Hayek (1960/1978), S. 285–286.
647 Vgl. Hayek (1960/1978), S. 286.
648 Vgl. Hayek (1960/1978), S. 287 und S. 291–292.
649 Vgl. Hayek (1960/1978), S. 288–290.
650 Vgl. Hayek (1960/1978), S. 295–297.
651 Vgl. Hayek (1960/1978), S. 297–302.
652 Vgl. Hayek (1960/1978), S. 302.
653 Vgl. Hayek (1960/1978), S. 267–269.
654 Vgl. Hayek (1960/1978), S. 267 und S. 274.

Privateigentum unvereinbar ist.[655] Für die Lohnbildung hat diese Macht unter Umständen den Effekt, dass die Löhne stark organisierter Gruppen über das wettbewerbliche Niveau angehoben werden können, was Hayek (ähnlich wie Eucken) kritisch bewertet.[656] Die Begründung dafür sieht er (in heutiger Terminologie) im Insider-Outsider-Problem verankert: Einige Arbeitnehmer werden von der Lohnerhöhung in bestimmten Gruppen profitieren, während andere ihre Arbeit verlieren, was wiederum den Sozialstaat auf den Plan ruft.[657] Mittelfristig ist es aber in Hayeks Analyse unmöglich, die Nominallöhne für alle Arbeitnehmer künstlich zu erhöhen.[658] Somit führt der Gewerkschaftsdruck auf die Löhne unter Umständen langfristig sogar zu im Durchschnitt niedrigeren Nominallöhnen, weil Sektoren mit hohem Lohnniveau immer weniger Arbeitnehmer beschäftigen.[659] Außerdem entsteht mikroökonomisch (wie bereits in den Ausführungen zum *Road to Serfdom* angemerkt) eine Verzerrung der relativen Löhne zwischen mehr und weniger organisierten Sektoren, was der Funktionsfähigkeit des Arbeitsmarktes abträglich ist und außerdem dynamisch gesehen zu makroökonomischen Rigiditäten führt.[660] Diese Ausführungen kann man zusammenfassend als Plädoyer für gewaltfrei operierende Gewerkschaften interpretieren, die für die Lohnbildung, wie es auch Eucken unterstreicht, eine positive Rolle spielen können und außerdem oft zur selbstorganisierten Hilfe der Gewerkschaftsmitglieder beitragen.[661]

Der betrieblichen Mitbestimmung wird, anders als bei Eucken, eine klare Absage erteilt, weil eine solche institutionalisierte Berücksichtigung der Arbeitnehmerinteressen die Orientierung des Unternehmens an den Konsumentenwünschen verhindert.[662] Außerdem sieht er eine zeitliche Unvereinbarkeit von Managementaufgaben mit einer Arbeitnehmertätigkeit.[663]

Auch bei der Frage nach einer freiheitskompatiblen Besteuerung unterscheidet sich Hayek von Eucken, da der deutsche Ordoliberale eine progressive Einkommensteuer als Korrektur der marktlichen Einkommensverteilung durchaus zulässt. Hayek betont zwar, dass indirekte Steuern degressiv sein können, was für die direkte Besteuerung eine ausgleichende Progression rechtfertigen kann, allerdings spricht er sich allgemein dezidiert für eine insgesamt proportionale Besteuerung des Einkommens

---

655 Vgl. Hayek (1960/1978), S. 270.
656 Vgl. Hayek (1960/1978), S. 270–271.
657 Vgl. Hayek (1960/1978), S. 270–272.
658 Hier verläuft Hayeks Argumentation parallel zu derjenigen von Eugen von Böhm-Bawerk in dessen klassischem Aufsatz über das Verhältnis von Macht und ökonomischem Gesetz, vgl. Böhm-Bawerk (1914/1999).
659 Vgl. Hayek (1960/1978), S. 272–273.
660 Vgl. Hayek (1960/1978), S. 271–272.
661 Vgl. Hayek (1960/1978), S. 276–278.
662 Vgl. Hayek (1960/1978), S. 277.
663 Vgl. Hayek (1960/1978), S. 277.

aus.[664] Eine davon abweichende Konstruktion ist in der Gestaltung der Progression willkürlich und mit den allgemeinen Regeln, die – wie in Abschnitt 4.3.2 dargestellt wurde – für das Aufrechterhalten der freiheitlichen Ordnung von Wirtschaft und Gesellschaft unverzichtbar sind, unvereinbar.[665] Außerdem erhalten bei einem nichtproportionalen, in der Praxis also progressiven Besteuerungsprinzip einzelne Gruppen im demokratischen Mechanismus die Macht, andere Gruppen einseitig zu belasten, was bei proportionaler Besteuerung nicht möglich ist.[666] Interpersonellen Nutzenvergleichen – wie sie von seinem Lehrer Friedrich von Wieser für das Einkommen thematisiert werden und als theoretisches Argument für eine progressive Gestaltung der Besteuerung dienen – erteilt Hayek mit der Begründung eine Absage, dass das Prinzip abnehmenden Grenznutzens nur auf einzelne Güter, nicht aber auf das gesamte Einkommen anwendbar ist.[667]

Soziale Gerechtigkeit, eine Forderung, der Eucken explizit zu entsprechen versucht, lehnt Hayek am ausführlichsten in *Law, Legislation and Liberty* als Kategorie strikt ab. Es handelt sich dabei nach seiner Darstellung um eine Leerformel, die deshalb als bedeutungslos zu erachten ist, weil Gerechtigkeit lediglich menschlichem Verhalten inhärent ist, während soziale Gerechtigkeit ein Charakteristikum der Gesellschaft sein soll. Hayek verwirft einen solchen Ansatz als für die Freiheit gefährliches anthropomorphes Denken,[668] da die Forderung keinen realen Adressaten im Sinne von konkreten menschlichen Handlungen besitzt und weil dabei das Denken der Kleingruppe (im Sinne der *taxis*) unzulässigerweise auf den abstrakten Kontext der Großgesellschaft (*kosmos*) übertragen wird.[669] Gerechtigkeit stellt für ihn lediglich eine *prozedurale* Größe dar: Sie wird dadurch erreicht, dass – auf dem Markt und in der Gesellschaft – von den Einzelnen Regeln gerechten Verhaltens befolgt werden.[670] Das katallaktische Spiel, das nach solchen Regeln ablaufen soll, gewährleistet „lediglich" kommutative Gerechtigkeit:[671] Dies ist eine Form der Gerechtigkeit, die ausschließlich Rücksicht auf die Bewertung des katallaktischen Partners auf der Marktgegenseite nimmt, nicht aber auf die subjektiven Bemühungen

---

664 Vgl. Hayek (1960/1978), S. 307. Für eine frühere Formulierung der ähnlich begründeten Ablehnung der Progression (noch ohne die Erwähnung des möglichen degressiven Effektes indirekter Steuern) vgl. Hayek (1952), S. 513–517.

665 Vgl. Hayek (1960/1978), S. 308.

666 Vgl. Hayek (1960/1978), S. 313–315.

667 Vgl. Hayek (1960/1978), S. 309.

668 Für eine Erläuterung der laut Hayek häufigen Neigung zur unzulässigen Personalisierung von Ursachen-Wirkungs-Zusammenhängen in komplexen Phänomenen, die er anthropomorphes Denken nennt, vgl. Hayek (1963/1967a), S. 51–52.

669 Vgl. Hayek (1976/1978b), S. 62–64.

670 Vgl. Hayek (1976/1978b), S. 85–86.

671 Für die Zulässigkeit der Verwendung der Begriffe distributiver und kommutativer Gerechtigkeit vgl. Hayek (1960/1978), S. 440–441.

oder Bedürfnisse desjenigen, der die Leistung anbietet.[672] Die Mindestsicherung wird zum wiederholten Male befürwortet, diesmal jedoch mit einer etwas abweichenden Argumentation: Eine Mindestsicherung wird demnach gerade in der Großgesellschaft benötigt, weil in ihr die individuellen Ansprüche, die noch in der Kleingruppe bestanden haben, nicht mehr existieren.[673] Eine Rückadressierung der Härtefälle an die Kleingruppe kann somit erstens bei denjenigen ins Leere laufen, die in der Großgesellschaft über keine derartige Gruppe verfügen, zweitens ist sie – gerade an einem solchen neuralgischen Punkt – mit einem umfassenden Plädoyer für das Primat einer Logik der Großgesellschaft inkonsistent.[674]

4.8.3 Analyse entlang der Haupttopoi

Auch auf dem Gebiet der Sozialpolitik erweist sich die topoi-fokussierte Perspektive auf die beiden Autoren als zielführend. Eucken und Hayek suchen beide nach freiheitskompatiblen Lösungen, in denen die Prinzipien des Rechtsstaates auch auf die Sozialpolitik Anwendung finden. Es bestehen trotzdem Unterschiede, die sich anhand der Topoi gut begründen lassen.

Eucken sieht die Gewerkschaften primär als möglichen Ausgleich zu den einseitigen Vermachtungen auf der Seite der Arbeitsnachfrage, sodass sie bei bestimmten Konstellationen auf dem Arbeitsmarkt eine wichtige Rolle übernehmen können. Für Hayek stellen sie hingegen – falls sie, jenseits der rechtsstaatlichen Forderung nach Vereinigungsfreiheit, zusätzlich zur Ausübung von Gewalt auf dem Arbeitsmarkt privilegiert sind – Fremdkörper für den Rechtsstaat und dessen Gewaltmonopol dar, weil sie durch ihre Privilegien die Arbeits- und Wissensteilung in der Katallaxie wesentlich behindern können. Während also Eucken die Vermachtung als primäres Problem sieht, stehen für Hayek die allgemeinen Regeln des Rechtsstaates im Vordergrund, die als geronnenes Wissen aus dem Prozess der kulturellen Evolution entstanden sind und deren Befolgung für ihn gerade im anonymen Kontext der Großgesellschaft strikt notwendig ist.

Beide sehen die Notwendigkeit für das Primat der privaten Versicherungslösung auf dem Gebiet der Sozialversicherung, wobei dem Staat bei der Ordnung dieses Systems eine wichtige Rolle zugeteilt und auch eine staatliche Mindestsicherung in den einzelnen Teilsystemen der Sozialversicherung vorgesehen ist. Sowohl Eucken als

---

672 Vgl. Hayek (1962/1969), S. 6–7.
673 Vgl. Hayek (1976/1978b), S. 87 sowie Hayek (1979/1981), S. 55. Für eine Brücke zwischen dem heutigen Diskurs über Mechanismen der Mindestsicherung und den neoliberalen Positionen dazu vgl. Straubhaar (2007), S. 7–9.
674 Für die Einbettung dieses Hayek'schen Arguments zur notwendigen Gewährleistung von sozialer Sicherheit durch die Großgesellschaft in den heutigen Kontext von Globalisierung und Digitalisierung, auch im Vergleich zu den Positionen Röpkes, vgl. Kolev (2016a), S. 16–21.

auch Hayek suchen eine ordnungspolitische Lösung, von der aber auch hier prozess-politische Ausnahmen bestehen können. So betont Eucken, dass die Wettbewerbs-ordnung am besten geeignet ist, die Einkommensverteilung freiheitlich – also ohne Ausübung staatlicher oder privater Macht – auszugestalten. Wenn aber Sonderfälle wie das anomale Arbeitsangebot auftreten, ist er bereit, zum Schutz der Wettbewerbs-ordnung auch zu Mitteln der Prozesspolitik im Sinne einer Mindestlohnfestlegung zu greifen. Hayek betont, dass Mechanismen wie die Mindestsicherung – ähnlich seiner Analyse zur proportionalen Besteuerung – die einzige Möglichkeit darstellen, Sozial-politik in der Großgesellschaft auf der Basis von allgemeinen Regeln zu betreiben. Er ist aber zum mittelfristigen Schutz der Katallaxie etwa vor Trittbrettfahrer-Verhalten bereit, auch zur Regel des Versicherungszwangs zu greifen.

Unterschiede bestehen hingegen – neben der komparativ diskutierten Frage der sozialen Gerechtigkeit als mögliches Ziel der freiheitlichen Ordnung – in der Frage der Besteuerung, die möglicherweise mit der tiefer liegenden Divergenz der Bewertung von Ungleichheit in der Marktwirtschaft zusammenhängen. Während Eucken die Notwendigkeit einer Korrektur der möglichen übermäßigen Ungleich-heit selbst in der bereits entmachtend wirkenden Wettbewerbsordnung sieht und dafür die progressive Besteuerung in Erwägung zieht,[675] ist für Hayek Ungleichheit nicht nur nicht zu bekämpfen, sondern ist geradezu als wichtiger Treiber der Ent-wicklung von Arbeits- und Wissensteilung einzustufen.[676] Allgemein mag es wieder angebracht sein, die in Abschnitt 4.4.2 diskutierte Unterscheidung zwischen beiden Autoren bei ihrem Verständnis von Dynamik in Wirtschaft und Gesellschaft heranzuziehen. Während Ungleichheit in einer statischen Analyse grundsätzlich nachteilig erscheinen kann, spielt sie dynamisch gerade eine nivellierende Rolle, weil ungleiche Positionen zwischen Individuen und zwischen Unternehmen zu Neuzutritt und Imitation und damit letztlich zur Erosion von Ungleichheit führen. Aus der Perspektive der Macht ist also Ungleichheit korrekturbedürftig, aus der Perspektive der Wissensteilung und der Entdeckung neuen Wissens geradezu begrüßenswert.

4.9 Zusammenfassende Anmerkungen

Im Gesamtplan der vorliegenden Studie wird das Vergleichspaar Eucken-Hayek an erster Stelle behandelt. Dieses Vorgehen ist zunächst darin begründet, dass mit der erstmaligen Ausarbeitung ihrer Positionen eine Basis gelegt ist, um anschließend – im

---

675 Vgl. Eucken (1952/2004), S. 300.
676 Vgl. Hayek (1960/1978), S. 42–43. Für eine Analyse von Hayeks Fortschrittsbegriff vgl. Zintl (1983), S. 190–196. Für den von Hayeks Argumentation ausgehenden Zusammenhang zwischen Ungleich-heit, gesellschaftlichem Fortschritt und individueller Strebsamkeit vgl. Horn (2011b), S. 45–52.

Sinne des in der Einführung vorgestellten Analyse-Würfels – Eucken in Beziehung zu Röpke und Hayek in Beziehung zu Mises zu setzen.

Vielleicht noch wichtiger ist allerdings, dass durch diese Anordnung der Vergleiche ein besonderer Blick auf den Ordoliberalismus möglich wird. Denn es ist eines der zentralen Ergebnisse der obigen Studie, dass Hayek in seiner Sozialphilosophie ganz wesentliche ordoliberale Züge aufweist. Zwar ist es – ähnlich wie bei der im nächsten Autorenvergleich zu erläuternden Einordnung Röpkes – ein anderer Ordoliberalismus als die ursprüngliche Freiburger Spielart Euckens und seiner Schüler. Aber wie beim Neoliberalismus insgesamt, erscheint es zulässig, auch den Ordoliberalismus als eine breitere intellektuelle Strömung aufzufassen, als es der Blick ausschließlich auf die Freiburger Schule erlauben kann.

So wurden in den obigen Darstellungen wesentliche Gemeinsamkeiten zwischen den beiden Autoren festgestellt. Sowohl deren Ordnungstheorien (erste Analyseebene, Abschnitte 4.2 bis 4.4) als auch die ordnungspolitischen Leitideen (zweite Analyseebene, Abschnitte 4.5 bis 4.8) zeichnen sich durch das Primat der Freiheit sowie durch die essenzielle Funktion des Ordnungsrahmens aus, innerhalb dessen der Einzelne seine Freiheit unbehindert ausleben kann. Dies gilt besonders für den „späten" Eucken der 1940er-Jahre und „Hayek II" der späten 1930er- und 1940er-Jahre. In Bezug auf die Unterschiede haben sich die Topoi der Macht bzw. des Wissens als ausgesprochen fruchtbarer systematischer Zugang erwiesen, durch den die Divergenzen leichter verständlich werden. Zwar sind die Topoi nicht überschneidungsfrei, aber eine politische Ökonomie, in der Entmachtung im Zentrum steht, scheint durchaus zu einem anders akzentuierten Staatsverständnis zu führen als eine politische Ökonomie, bei der die Wissensteilung und ihre Nutzung im Mittelpunkt stehen.

Dem durch den Wissens-Topos charakterisierten Hayek'schen Ordoliberalismus ist der spätere „evolutionary twist" möglicherweise sogar inhärent. Denn der Fokus auf Entmachtung und Gleichgewicht, wie er sich in Euckens Sozialphilosophie manifestiert, kann Eucken durchaus in die Nähe der Statik rücken, während Hayeks Wissens-Topos im Sinne des Entdeckungsverfahrens und der kulturellen Evolution schon in sich starke dynamische Züge trägt. Allerdings gilt auch für den „evolutorischen Hayek III", dass er keinesfalls in der Nähe des Anarchismus zu sehen ist. Zwar wandelt sich hier die Rolle des Hayek'schen Staates wesentlich, zeitgleich betont er aber in *Law, Legislation and Liberty*, dass sein Staatsverständnis kein Minimalstaatliches (oder gar Anarchistisches) ist. Es wird besonders deutlich, dass Hayek auch in dieser Phase die ordoliberalen Züge nicht ganz abgestreift hat, wenn er ausgerechnet in seinen Vorschlägen zur Entnationalisierung des Geldes unterstreicht, wie die Spielregeln für die privaten Akteure, ganz im Sinne der Ordnungspolitik, durch den Staat mitzubestimmen sind.

Es wäre also bedauerlich, diese österreichische Spielart des Ordoliberalismus außer Acht zu lassen.

5 Macht und soziale Kohäsion als Leitideen: Zur Rolle des Staates in der Wirtschaftspolitik bei Walter Eucken und Wilhelm Röpke

5.1 Einleitung

Der deutsche Ordoliberalismus wurde im Sommer des Jahres 2008 im Zusammenhang mit dem 60. Jahrestag der Erhard'schen Reformen[677] von 1948 erneut öffentlich gefeiert.[678] Zahlreiche Kommentatoren waren sich bei diesem Ereignis grundsätzlich darin einig, dass die Soziale Marktwirtschaft, obwohl sie als Leitmotiv nicht in Freiburg entworfen wurde, ohne das ordoliberale Forschungsprogramm theoretisch[679] und praktisch nicht möglich gewesen wäre.[680] Der Neoliberalismus in Europa, dessen „Geburtsstunde" sich ebenfalls 2008 – zum 70. Mal – jährte,[681] ist allerdings in den letzten Jahren durch die Antiglobalisierungsbewegung und die Finanz- und Wirtschaftskrise erheblich in die diskursive Defensive geraten.[682] Nichtsdestotrotz bekennen sich nach wie vor prominente politische Repräsentanten der Bundesrepublik immer wieder zum Neoliberalismus im ursprünglichen Sinne des Begriffs – wie etwa

---

677 Für die Beziehung Erhards zur Freiburger Schule vgl. Berghahn (2010), S. 4–12. Für Erhards Nähe zum Ordoliberalismus Röpke'scher Prägung vgl. Commun (2004), S. 4–17 sowie Commun (2016), S. 229–268. Für Erhards Darstellung der „Freundschaft" zu Röpke und weiteren Vertretern des „Neo-Liberalismus" vgl. Erhard (1967/1968), S. 9–21. Für Erhards Ausspruch, dass Röpke und er als „Brüder im Geiste" zu sehen sind, vgl. Löffler (2007), S. 121.

678 Für eine gelungene kompakte Analyse von Vergangenheit und Gegenwart ordoliberaler Wirtschaftspolitik vgl. bspw. die Beilage der *FAZ* vom 20. Juni 2008. Für die ironische Frage „Are we all ordoliberals now?" vgl. Wohlgemuth (2003), S. 574. Für eine der ersten ausführlichen Analysen ordoliberalen Denkens vgl. Dürr (1954).

679 Für die Relevanz der „neoliberalen Nationalökonomie" für das Konzept der Sozialen Marktwirtschaft vgl. Müller-Armack (1959/1974), S. 119–120 und S. 125. Für die Rekonstruktion verschiedener ideeller Quellen des Konzepts vgl. Zweynert (2006), S. 464–471, Goldschmidt/Wohlgemuth (2008b), S. 262–272 sowie Zweynert (2013), S. 114–122.

680 Vgl. bspw. Starbatty (1984/2002), S.263–264 sowie Schlecht (1992), S. 89. Für davon abweichende Darstellungen der Beziehung zwischen Ordoliberalismus und Sozialer Marktwirtschaft vgl. Haselbach (1991) sowie Ptak (2004).

681 Für die Geschichte des *Colloque Walter Lippmann* vom August 1938 vgl. Plickert (2008), S. 93–103. Für eine Einbettung des *Colloque Walter Lippmann* in den Kontext der Wirkungsgeschichte Walter Lippmanns vgl. Goodwin (2014), S. 245–260.

682 Für die Phasen in der Begriffsgeschichte und die damit einhergehenden wirtschaftspolitischen Diskurse um den Neoliberalismus vgl. Renner (1999), S. 35–46 sowie Renner (2000a), S. 28–60. Für eine Kontrastierung der frühen begriffsgeschichtlichen Inhalte mit dem heutigen „Schmähwort" vgl. Streit (2005), S. 5–8. Für die Frage nach der möglichen Rückkehr keynesianischen Denkens in der aktuellen Krise vgl. Wohlgemuth/Zweynert (2009), S. 25.

DOI 10.1515/9783110489910-005

Bundespräsident Joachim Gauck beim 60. Geburtstag des *Walter Eucken Instituts* oder Bundeskanzlerin Angela Merkel beim 125. Geburtstag Walter Euckens.[683]

Zu den Gründungsvätern des ordoliberalen Forschungsprogramms und des europäischen Neoliberalismus insgesamt gehören die beiden Ökonomen, die im Zentrum dieses Autorenvergleichs stehen: Walter Eucken (1891–1950) und Wilhelm Röpke (1899–1966). Beide kennen sich[684] seit den 1920er-Jahren[685] und gehen nach 1933 in Opposition zum Nationalsozialismus: Eucken im Reich,[686] Röpke aus der Emigration heraus.[687] Eucken begründet die Freiburger Schule,[688] welche bald große Bedeutung für die junge Bundesrepublik erlangt. Röpke spielt dabei, ohne schulbildend[689] gewirkt zu haben,[690] eine interessante Sonderrolle.[691] Mit Eucken befreundet und in regem Briefverkehr,[692] zählt er auch zu den Gründungsherausgebern des *ORDO-Jahrbuches*,[693] außerdem sind beide Gründungsmitglieder der *Mont Pèlerin Society*.[694] Allerdings

---

683 Für die Freiburger Vorträge des Bundespräsidenten und der Bundeskanzlerin vgl. Gauck (2014/2015) sowie Merkel (2016).

684 Für zwei frühe biografische Berührungsmomente zwischen Eucken und Röpke, einmal bei der zeitgleichen Bewerbung beider auf den Jenaer Lehrstuhl und dann bei der Berufung in die *Brauns-Kommission*, vgl. Klinckowstroem (2000), S. 69 sowie Hennecke (2005), S. 47 und S. 75. Für eine ausführliche Darstellung der Parallelen in der biografischen und intellektuellen Entwicklung Euckens und Röpkes vgl. Johnson (1989), S. 40–61.

685 Für die gemeinsame Betätigung Euckens und Röpkes im Kreise der sogenannten Ricardianer vgl. Janssen (1998/2009), S. 34–48, Janssen (2009), S. 107–115 sowie Köster (2011), S. 222–228.

686 Für die Aktivitäten und Programmentwürfe während des Nationalsozialismus vgl. Rieter/Schmolz (1993), S. 96–108.

687 Für eine Statistik zu den Zufluchtsländern der nach 1933 entlassenen deutschen Ökonomen vgl. Hagemann (2005), S. 3 und S. 9.

688 Für die Eindrücke eines Studenten und späteren Doktoranden von Eucken als akademischem Lehrer vgl. Heuß (1991), S. 4–9.

689 Für die Einschätzung, dass Röpke – anders als etwa Eucken – seine Philosophie als „Einzelkämpfer" entwickelt hat vgl. Hayek/Sieber/Tuchtfeldt/Willgerodt (1979), S. XXXIV.

690 Für die Eindrücke eines Studenten von Röpke als akademischem Lehrer vgl. Boarman (1998/1999), S. 69–73.

691 Für die Einschätzung des sonst dem Ordoliberalismus nicht immer wohl gesinnten Mises, dass Röpke und Eucken als „the intellectual authors of Germany's economic resurrection" anzusehen sind, vgl. Mises (1966), S. 200.

692 Für die im *ORDO-Jahrbuch* abgedruckte Korrespondenz zwischen beiden vgl. Röpke (1960), S. 4–9, für weitere Briefe an oder über Eucken vgl. Röpke (1976), S. 82–83, S. 90 und S. 153–154. Von Bedeutung sind auch Röpkes Nachruf auf Eucken in der *NZZ*, in dem er ihn „Freund, Kamerad und Lehrer" nennt, vgl. Röpke (1950/1959), S. 374, sowie die Darstellung von Röpkes Freiburg-Besuch bei Eucken im Herbst 1946, vgl. Röpke (1958b), S. 8–9.

693 Für eine zeitgenössische Besprechung der Beiträge Euckens und Röpkes zum ersten Band des *ORDO-Jahrbuches* vgl. Peacock (1949), S. 176–179.

694 Für die Rolle Röpkes als (zusammen mit Hayek) Hauptideengeber und -gründer der Gesellschaft vgl. Hartwell (1995), S. 26–33, Walpen (2004), S. 98–101, Plickert (2008), S. 123–137 sowie Burgin (2012), S. 97–102. Für Euckens besondere Bedeutung in den ersten Jahren der Gesellschaft vgl. Hartwell (1995), S. 82–84, Plickert (2008), S. 156–165 sowie Kolev/Goldschmidt/Hesse (2014), S. 4–9.

gehört Röpke nicht zu den expliziten Verfechtern des Freiburger Paradigmas.[695] Stattdessen entwickelt er eine eigene Sozialphilosophie, die zwar bedeutende Ähnlichkeiten zu den Freiburger Ideen aufweist, aber in wesentlichen Bestandteilen ihres Plädoyers für eine Wirtschafts- und Gesellschaftsreform von Euckens Forderungen abweicht.

Die vergleichende Analyse beider Ansätze steht hier im Mittelpunkt. Wie in der Einführung der Studie erläutert und im obigen Autorenvergleich von Eucken und Hayek praktiziert, wird der Schwerpunkt auch hier auf die auszumachenden Topoi sowie auf die durch die Topoi fokussierte komparative Lektüre gelegt. Erneut wird der Autorenvergleich in zwei Blöcke unterteilt: Der erste widmet sich der Ordnungs*theorie* und dem darin enthaltenen abstrakten Staatsverständnis (Abschnitte 5.2 bis 5.4), der zweite den konkreten institutionellen Vorschlägen auf vier Feldern der Ordnungs*politik* (Abschnitte 5.5 bis 5.8).[696] Es soll überprüft werden, inwieweit die Topoi Erklärungsgehalt für Parallelen und Unterschiede zwischen den gegenübergestellten Theorien haben. Als Hauptergebnis darf vorweggenommen werden, dass der Röpke'sche Ordoliberalismus ein deutlich anders akzentuiertes Staatsverständnis als Euckens offenbart: Einerseits weist er den wirtschaftspolitischen Akteuren aufgrund seiner umfassenderen Vorstellung des Ordnungsrahmens eine vielfältigere Gestaltungsaufgabe zu, andererseits siedelt er aber – im Sinne seiner Philosophie der kleinen Regelkreise und seines soziologischen Liberalismus – einen Großteil der Aktivitäten nicht beim Staat, sondern innerhalb einer Kombination aus gesellschaftlichen Eliten und Bürgergesellschaft an. Somit bildet sein Programm ein bereicherndes Komplement zum ordnungspolitischen Entwurf der Freiburger Schule. Hieraus ergibt sich im Folgenden auch die Reihenfolge der Analyse: Zuerst werden Eucken und die Freiburger Positionen und dann der Kontrast zu und die Ergänzungen durch Röpkes soziologischen Liberalismus betrachtet.

5.2 Der Staat in der Ordnungstheorie Walter Euckens

5.2.1 Haupttopos und Ordnungsbegriff

Euckens Positionen wurden zwar bereits ausführlich im obigen Autorenvergleich in Bezug zu Hayek erörtert, jedoch bestehen im Vergleich zu Röpke zum Teil andere komparative Berührungspunkte, sodass der Fokus der Analyse hier ein anderer sein wird. Aus den obigen Ausführungen kann rekapitulierend festgestellt werden, dass der Haupttopos in Euckens Werk die *Macht* ist, die jede Wirtschaftsordnung zu einem unterschiedlichen Grade kennzeichnet und die vom Staat ebenso wie von privaten

---

695 Für Hayeks Würdigung der unterschiedlichen Bedeutung Euckens (vor allem als Theoretiker und Lehrer) und Röpkes (vor allem als Publizist und Popularisierer) für den deutschen Neoliberalismus vgl. Hayek (1951), S. 336–337.

696 Für das synonym zum Paar Ordnungstheorie/Ordnungspolitik verwendete Begriffspaar „theoretical paradigm"/„policy paradigm" vgl. Vanberg (1998), S. 174 sowie Vanberg (2004a), S. 8–9.

Akteuren ausgehen kann. Die Wirtschafts*ordnung* wiederum ist die Gesamtheit der Formen (Marktformen und Geldsysteme), in denen der Wirtschaftsprozess abläuft.

Es können an dieser Stelle zwei wichtige Aspekte der Eucken'schen Ordnungstheorie erläutert werden, die beim Vergleich zur Ideenwelt Hayeks nicht von zentraler Bedeutung erschienen, im Vergleich zu Röpke aber an Relevanz gewinnen.[697] Es handelt sich um die Morphologie der Marktformen sowie um die Konstruktion des sogenannten Datenkranzes. Die Morphologie wird besonders von Belang sein, wenn in Abschnitt 5.5.1 Euckens Wettbewerbsbegriff betrachtet wird, während die Idee des Datenkranzes beim Vergleich der Ordnungstheorien in Abschnitt 5.4.2 als ein Hauptunterschied zu den sozialphilosophischen Leitideen Röpkes herausgearbeitet wird.

Die *Grundlagen* bezeichnet Eucken im Vorwort zur 1. Auflage als nicht primär methodologisches Buch.[698] Allerdings stellt er im Rahmen dieses Werkes[699] auch seine an Edmund Husserl angelehnte Methode der pointierend-hervorhebenden Abstraktion vor, mit deren Hilfe er die „große Antinomie" zwischen individuell-historischer und allgemein-theoretischer ökonomischer Forschung überwinden will.[700] Mithilfe dieses Verfahrens gelingt es ihm, die in Abbildungen 3 und 4 dargestellten idealtypischen Formen festzuhalten, die nicht zeitgebunden sind und in der Wirklichkeit (durch generalisierende Abstraktion auffindbar)[701] nur als Kombinationen in Gestalt von Realtypen vorzufinden sind.[702] Die erste Ebene seiner so entwickelten Morphologie[703] bildet die Unterscheidung zwischen der zentralgeleiteten Wirtschaft und der Verkehrswirtschaft, wobei das Unterscheidungskriterium („der archimedische Punkt")[704] die Anzahl der zu erstellenden Wirtschaftspläne ist.[705] Erstere kann weiter in Eigenwirtschaft und Zentralverwaltungswirtschaft unterteilt werden,[706] während bei Letzterer eine Vielzahl von Marktformen und Geldsystemen zu unterscheiden sind.[707]

---

697 Für Hinweise hierzu bin ich Dr. Tim Petersen dankbar, der diese und andere Aspekte in seiner unveröffentlichten Diplomarbeit aus dem Jahre 2003 darlegt, vgl. Petersen (2003).

698 Vgl. Eucken (1940/1989), S. IX. Für die Charakterisierung der *Grundlagen* gerade als „methodological essay" vgl. Bye (1952), S. 288.

699 Für frühere, noch vergleichsweise fragmentarische Formulierungen seiner Methode vgl. Eucken (1934/1954), S. 18–20 sowie Eucken (1938/2005), S. 30–54 (in der 1. Auflage letzterer Schrift auf S. 24–27). Für eine frühe Bewertung des innovativen Charakters der Methode in einer weniger bekannten Rezension von *Nationalökonomie – wozu?* vgl. Swrakoff (1939), S. 122–123.

700 Für eine Darstellung der Nähe Euckens zu Max Webers Idealtypen und Edmund Husserls Phänomenologie vgl. Goldschmidt (2002), S. 43–65.

701 Für die Frage, ob diese beiden Abstraktionsverfahren als zwei gleichberechtigte Stufen eines Verfahrens gesehen werden dürfen, vgl. Gerken/Renner (2000), S. 6–8 sowie Goldschmidt (2002), S. 50–52.

702 Vgl. Eucken (1940/1989), S. 41–42.

703 Vgl. Eucken (1940/1989), S. 168.

704 Eucken (1950/1953), S. 9.

705 Vgl. Eucken (1940/1989), S. 78.

706 Vgl. Eucken (1940/1989), S. 79–87.

707 Die drei Arten des Geldsystems wurden im Autorenvergleich von Eucken und Hayek in Abschnitt 4.6.1 erörtert.

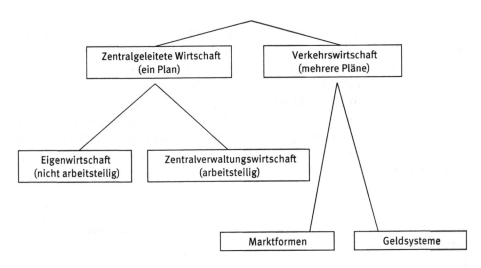

Abb. 3: Ordnungsschema Euckens (Quelle: Eigene Darstellung in Anlehnung an Petersen 2003, S. 130.)

An den Enden des Kontinuums der Marktformen stehen die Konkurrenz und das Monopol, wobei Eucken wichtig ist, dass diese beiden als etwas genuin Unterschiedliches und nicht als mathematisch-formale Grenzfälle desselben Phänomens zu betrachten sind.[708] Die Konkurrenz ist demnach die Marktform, in der der Preis als Datum angesehen wird, während im Monopol der einzige Anbieter den Markt beherrscht und deshalb Preis oder Menge festlegen kann.[709] Im Oligopol wiederum bestehen nur wenige Anbieter, deren Spielzüge untereinander zusätzlich zu den Reaktionen der Marktgegenseite zu berücksichtigen ist.[710] Soweit erscheint die Morphologie der gängigen neoklassischen Typologisierung (möglicherweise bedingt durch die Beziehung zu Heinrich von Stackelberg)[711] nicht unähnlich. Allerdings führt Eucken zwei weitere Kategorien ein: das Teilmonopol und das Teiloligopol.

---

708 Vgl. Eucken (1940/1989), S. 100–101. Solche – von Eucken verworfenen – Analogien entwirft aus seiner Sicht die „neuere Forschung", und dabei besonders Edward Chamberlin und Joan Robinson, vgl. Eucken (1940/1989), S. 97–98. Für eine Kritik zu Euckens Vernachlässigung des unvollkommenen Wettbewerbs vgl. Oliver (1951), S. 538.
709 Vgl. Eucken (1940/1989), S. 96–97 und S. 94.
710 Vgl. Eucken (1940/1989), S. 101–103.
711 Eine Würdigung von Heinrich von Stackelbergs Beitrag findet sich in dem Nachruf, den Eucken 1948 für das *Economic Journal* verfasst, vgl. Eucken (1948b), S. 132–135. Nicht weniger lesenswert ist die ausgesprochen ausführliche Rezension, die Stackelberg über Euckens *Grundlagen* im *Weltwirtschaftlichen Archiv* 1940 verfasst: Darin wird die Eucken'sche Morphologie u. a. einem kritischen Vergleich mit den Theorien Sombarts oder Spiethoffs unterzogen und für überlegen erklärt. Neben dem allgemeinen Lob für das Buch kritisiert Stackelberg allerdings die Ablehnung Euckens, in seiner Morphologie die Unterscheidung zwischen vollkommenen und unvollkommenen Märkten aufzunehmen. Zusätzlich stellt er den Eucken'schen Ansatz in den geschichtlichen Zusammenhang der Entwicklung von Marktformen in der Nationalökonomie, u. a. in Bezug zur eigenen Oligopoltheorie, vgl.

Im Unterschied zum Monopol bzw. Oligopol existieren neben einem bzw. einigen wenigen großen Marktakteuren kleine Spieler, deren Reaktionen ebenfalls ins Kalkül einzubeziehen sind, die aber von denen der großen Akteure dominiert werden.[712] Insgesamt ergeben sich also fünf Möglichkeiten für jede Marktseite, d. h. insgesamt 25 denkbare Variationen der Marktformen. Da Eucken des Weiteren unterscheidet, ob es sich um eine geschlossene oder offene Marktseite handelt, ergeben sich insgesamt 100 idealtypische Marktformen, deren Rolle für die Erforschung der Ökonomie er durch die Analogie mit den Buchstaben im Alphabet gegenüber einem Text zu schildern versucht.[713]

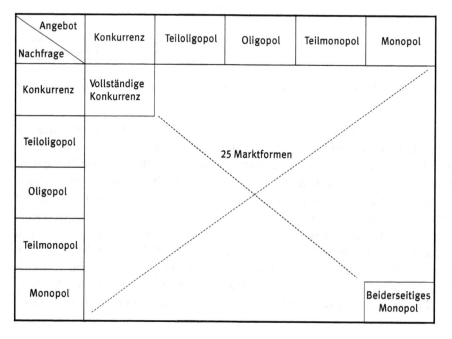

Abb. 4: Morphologie der Marktformen (Quelle: Eigene Darstellung in Anlehnung an Eucken 1940/1989, S. 111.)

Die vollständige Konkurrenz, welche später von besonderer Bedeutung sein wird, ist also durch Konkurrenz auf beiden Marktseiten gekennzeichnet.[714]

Stackelberg (1940), S. 245–285. Für die intellektuellen Bezüge zwischen Eucken und Stackelberg vgl. Blum (1969), S. 57–59 und S. 64–70 sowie Kolev (2015b), S 132–135.
712 Vgl. Eucken (1940/1989), S. 103 sowie Miksch (1941/1942), S. 99–102.
713 Vgl. Eucken (1940/1989), S. 72.
714 Für die Abgrenzung des Eucken'schen Konzept der *vollständigen* Konkurrenz vom neoklassischen Konzept der *vollkommenen* Konkurrenz vgl. Renner (2000b), S. 19–20 sowie Renner (2002), S. 72–77.

5.2.2 Der Staat als Schiedsrichter in der Wettbewerbsordnung

Der Begriff der Wettbewerbsordnung taucht im Sachregister der *Grundlagen* nicht auf, hier ist er immer noch „nur" eine sporadische Bezeichnung für das naturrechtliche Leitbild der Klassik.[715] Anstelle einer ausführlichen Schilderung der Wettbewerbsordnung und ihrer dazugehörigen Prinzipien in den *Grundsätzen*, die bereits im Vergleich zu Hayek erfolgte, sollen hier drei zusätzliche Aspekte beleuchtet werden. Es handelt sich dabei um die Bedeutung des sogenannten Datenkranzes, um ergänzende Erläuterungen zum Staatsverständnis sowie eine detaillierte Analyse der ordnenden Potenzen.

Zunächst soll der Begriff des Datums bei Eucken erläutert werden. Gemäß der Definition aus den *Grundlagen* handelt es sich bei den Daten um Tatsachen, die vom einzelnen wirtschaftlichen Akteur als gegeben angesehen werden. Der individuelle Plan stützt sich auf *einzelwirtschaftliche* Gegebenheiten wie etwa die Größe und Art der ihm zu einem Zeitpunkt zur Verfügung stehenden Anlagen.[716] Des Weiteren bestehen auch sechs sogenannte *gesamtwirtschaftliche* Daten, auf die ein Betrieb bei seiner Planung trifft und die außerökonomisch vorbestimmt sind: Es handelt sich dabei um Natur, Arbeit, Bedürfnisse, technisches Wissen, Gütervorräte sowie die rechtlich-soziale Organisation und bei vollständiger Konkurrenz – wegen der Nichtbeeinflussbarkeit der Preise durch die individuellen Akteure in dieser Marktform – auch um die Gesamtheit der Preise, die Betriebe wie Haushalte gleichermaßen umgeben.[717]

Eine zentrale Aussage in der Eucken'schen Ordnungstheorie ist, dass die ökonomische Theorie in ihrem Erkenntnisziel bis zum *Datenkranz* – also bis zur Kombination der gesamtwirtschaftlichen Daten – vorstoßen darf, allerdings soll (und kann) sie darüber hinaus nicht versuchen, das Zustandekommen der Daten selbst zu erklären. Änderungen, die sich durch eine Datumsvariation auf ein anderes Datum auswirken, sind also nicht Gegenstand der ökonomischen Theorie.[718] Die gesamtwirtschaftlichen Daten stellen damit eine Grenze dar, die dem Ökonomen und seinem Erkenntnisbereich vorgegeben ist. Diese Beschränkung des Forschungsgegenstandes gilt allerdings explizit *nicht für die Wirtschaftspolitik* als nationalökonomische Teildisziplin: Diese ist gerade so beschaffen, dass sie durch ihre Maßnahmen Daten permanent ändert, besonders das Datum der rechtlich-sozialen Organisation.[719] Letztere

---

715 Für eine (nicht im Sachregister erfasste) Erwähnung des Begriffs „Wettbewerbsordnung" im Zusammenhang mit den Vorstellungen der Klassik vgl. Eucken (1940/1989), S. 25. Euckens Bild des Naturrechts in der Klassik wird in Abschnitt 4.4.2 des Vergleichs mit Hayek nachgezeichnet. Für diesen Hinweis kurz nach dem Erscheinen der 1. Auflage dieser Studie danke ich Walter Euckens Sohn, Prof. Dr. Christoph Eucken.

716 Vgl. Eucken (1940/1989), S. 93.

717 Vgl. Eucken (1940/1989), S. 144–145 und S. 156.

718 Vgl. Eucken (1940/1989), S. 156–157.

719 Mit dieser Unterscheidung zwischen der reinen ökonomischen Theorie und der Theorie der Wirtschaftspolitik entkräftet Eucken den späteren Inkonsistenz-Vorwurf, welcher im Hinblick auf die Frage der Überschreitbarkeit des Datenkranzes an ihn gerichtet wird, vgl. Kirchgässner (2006), S. 75.

enthält (in heutiger Sprache) nicht nur formale Institutionen wie Gesetze, sondern auch informelle Gegebenheiten wie den „Geist, in dem die Menschen leben und sich an die Spielregeln halten".[720] Der die Wirtschaftspolitik beratende Wissenschaftler kann zwar unterstützen und mitgestalten, aber der Kosmos der „reinen" ökonomischen Theorie bleibt durch die Daten begrenzt.[721] Es lässt sich hier demnach die These aufstellen, dass die *Grundlagen* die Aufgabe der reinen ökonomischen Theorie innerhalb des Datenkranzes umreißen sollen, während die *Grundsätze* primär analysieren, wie wirtschaftspolitisches Verhalten die Daten verändert und verändern soll.

Im Mittelpunkt der Ausführungen der vorliegenden Studie steht die Frage der Rolle des Staates in einer marktwirtschaftlichen Ordnung. Um sie beleuchten zu können, bedarf es einer Analyse des Staatsverständnisses des jeweiligen Autors, welches auch auf der inneren Verfasstheit des Staates – also den jeweiligen staatlichen Institutionen innerhalb der Staatsordnung – beruht. Bei Eucken ist aufgrund der Hinterlassenschaft an Notizen zu den *Grundsätzen*, welche posthum zusammengetragen und veröffentlicht werden, besonders in diesem Punkt Vorsicht angebracht. Leicht kann nämlich der Eindruck entstehen, dass er (in deutlichem Gegensatz etwa zu Hayek) den Staat als eine Einheit betrachtet.[722] Eine solche Auffassung mag möglicherweise im Hinblick auf die eher spärlich beschriebene Rolle der einzelnen Staatsgewalten in der Demokratie berechtigt sein, es darf aber daraus nicht auf ein naives oder organisches Staatsverständnis Euckens geschlossen werden.[723] Sowohl in den *Staatlichen Strukturwandlungen* von 1932 als auch in den *Grundsätzen* beschreibt er den staatlichen Willensbildungsprozess als Ergebnis der Aktivität von verschiedenen Machtgruppen, bei denen es sich entweder um organisierte Interessen oder um die kaum organisierbaren „Massen" handelt,[724] die ihrerseits Einfluss auf den Staat nehmen. Auf diese Weise tragen sie dazu bei, dass die Staatsaktivität ausgeweitet wird (wobei teilweise sogar die Gruppen physisch an der Ausführung beteiligt werden), dass aber gleichzeitig die staatliche Autorität wegen des überbordenden Staatsumfangs abnimmt.[725]

Was die Gliederungen des Staates anbetrifft, so merkt Eucken auch hier relativ kurz an, dass erstens sowohl die Rechtsprechung als auch das Parlament immer mehr durch die Bürokratie aus der Gestaltung der Wirtschaftsordnung zurückgedrängt werden. Des Weiteren kann für ihn eine Tendenz zur Zentralisierung innerhalb von föderalen Staatsgebilden beobachtet werden.[726] Diese Entwicklung trägt dazu bei, dass

---

720 Eucken (1952/2004), S. 377.
721 Vgl. Eucken (1940/1989), S. 158.
722 Für sehr frühe Notizen zu dieser Studie, welche die Gefahr einer solchen Interpretation noch nicht umschiffen konnten, vgl. Kolev (2008), S. 8.
723 Für den Hinweis auf das Problem bin ich Prof. Dr. Alfred Schüller dankbar. Für eine aktuelle Analyse des Eucken'schen Staats- und Demokratieverständnisses, welches auch mit demjenigen Hayeks kontrastiert wird, vgl. Nientiedt/Köhler (2016).
724 Vgl. Eucken (1952/2004), S. 331.
725 Vgl. Eucken (1932), S. 302–309 sowie Eucken (1952/2004), S. 327–328.
726 Vgl. Eucken (1952/2004), S. 327.

der Staat vermehrt als ein „Wesen" betrachtet wird, das sich in Gestalt eines unabhängigen und wohlwollenden Vaters um seine Bürger kümmern soll.[727] In Euckens Diktion ist der Aufbau des Staates dagegen ordnungspolitisch zu durchdenken, wobei besonders die Frage zu beantworten ist, wie in der modernen industrialisierten Gesellschaft das Ideal des Rechtsstaates genau zu verwirklichen ist.[728] Da Wirtschafts- und Staatsordnung interdependent sind, sollen bei der Entwicklung einer Ordnungspolitik neben den Grundsätzen der Wettbewerbsordnung parallel auch staatspolitische Grundsätze der Wirtschaftspolitik entwickelt werden.[729] Letztere beschreibt Eucken folgendermaßen: Erstens muss die Politik darauf ausgerichtet sein, wirtschaftliche Machtgruppen aufzulösen, zweitens sollen die Ordnungsformen, nicht aber der Wirtschaftsprozess durch den Staat gestaltet werden.[730]

Zusammenfassend lässt sich folgende Formulierung Euckens anbringen:

> Die Interdependenz von Staatsordnung und Wirtschaftsordnung zwingt dazu, den Ordnungsaufbau von beiden in einem Zuge in Angriff zu nehmen. [...] Ohne eine Wettbewerbsordnung kann kein aktionsfähiger Staat entstehen und ohne einen aktionsfähigen Staat keine Wettbewerbsordnung.[731]

Der Staat wird dabei als *entmachtender Schiedsrichter* gesehen, der die Einhaltung der verschiedenen Grundsätze und der daraus abgeleiteten Regeln aktiv durchsetzt und überwacht. Er bildet damit die erste von drei sogenannten ordnenden Potenzen, die als tragende Kräfte für die Realisierung der Wettbewerbsordnung zu sehen sind. Dazu kommen noch zwei weitere, die hier umrissen werden sollen, weil sie im Vergleich zu Röpkes Vorstellungen über die Akteure der Wirtschaftspolitik von besonderer Wichtigkeit sind: Wissenschaft und Kirchen.

Als Ausgangspunkt ist festzuhalten, dass bei Eucken die Macht der Ideen – im Guten wie im Schlechten – eine zentrale Bedeutung für die Gestaltung der geschichtlichen Realität besitzt, wie wegen der besonderen komparativen Ergiebigkeit im Vergleich zu Hayek erörtert wurde.[732] Dabei kommt der Wissenschaft[733] eine besondere, zweigeteilte Rolle zu: Sie soll zum einen die reale Welt beschreibend erforschen, zum anderen aber auch Urteile darüber abgeben, welche die passenden, zeitgemäßen Ordnungsformen sein sollen.[734] In Bezug auf die erste Aufgabe stellt Eucken ein geradezu

---

727 Vgl. Eucken (1952/2004), S. 330.

728 Vgl. Eucken (1952/2004), S. 332.

729 Vgl. Eucken (1952/2004), S. 332–334.

730 Vgl. Eucken (1952/2004), S. 334–337.

731 Eucken (1952/2004), S. 338.

732 Vgl. Eucken (1952/2004), S. 16–19.

733 Für eine Übertragung des Eucken'schen Impetus zur Rolle der Wissenschaften auf die heutige ökonomische Analyse vgl. Horn (2010b), S. VII–XIII.

734 Hier kann eine Analogie zur im Zusammenhang mit den Eucken'schen Daten getroffenen obigen Zweiteilung zwischen reiner Theorie und Theorie der Wirtschaftspolitik hergestellt werden.

fatales Auseinanderklaffen zwischen dem Fortschritt in den Naturwissenschaften und der Unfähigkeit der Sozialwissenschaften fest, für diese technischen Neuerungen eine adäquate Ordnung zu entwerfen.[735] In Bezug auf die zweite Aufgabe sieht sich Eucken in Opposition zu den bekannten Postulaten Max Webers, die Eucken für den Fall einer verabsolutierten Interpretation der von Weber geforderten Werturteilsfreiheit – die in der Sekundärliteratur auch „Vulgär-Weber'sche"[736] Interpretation genannt wird – als „positivistisch" bezeichnet.[737] Falls die Sozialwissenschaften diese beiden Aufgaben nicht erfüllen – die nach seiner Darstellung niemand anders lösen kann – ist eine von Machtgruppen induzierte Anarchie als das Gegenteil der Ordnung vorprogrammiert.[738] In der modernen Welt der Ideen sieht er – besonders in Gestalt des Relativismus und Punktualismus – Gefahren, welche die ordnende Potenz der Wissenschaft fatal beeinträchtigen können.[739] Unter Relativismus versteht er eine Verneinung leitender, für die Individuen feststehender, also zeit- und milieuunabhängiger Werte wie der Freiheit.[740] Punktualismus fasst Eucken als ein Verständnis von Politik auf, bei dem ohne für den (wirtschafts-)politischen Akteur feststehende Grundsätze versucht wird, die Wirtschaftsordnung zu gestalten und darüber hinaus in den Wirtschaftsprozess zu intervenieren – Ordnung wie Prozess können dabei aufgrund der wahrscheinlichen Widersprüche dieser von Grundsätzen losgelösten Maßnahmen schwer beschädigt werden.[741]

Die Kirchen sind die dritte ordnende Potenz[742] und sollen zusammen mit dem Staat und der Wissenschaft wirken.[743] Im Subsidiaritätsprinzip, das der katholischen Soziallehre zugrunde liegt, sieht er eine starke Analogie zu seinem Verständnis, wie eine menschenwürdige Gesellschaft von unten nach oben aufzubauen ist. Im Gegensatz dazu hält er das Prinzip der ständischen Ordnung der katholischen Soziallehre für weniger kompatibel mit seinen Vorstellungen.[744] Die Interdependenz zwischen der

---

735 Vgl. Eucken (1952/2004), S. 15–16.

736 Wohlgemuth (2002b), S. 336.

737 Vgl. Eucken (1952/2004), S. 340–341. Für die Position, dass der Einfluss Webers auf Eucken größer ist, als den expliziten Verweisen im Werk zu entnehmen ist, etwa in der Frage der Interdependenz der gesellschaftlichen Teilordnungen oder des zentralen Begriffspaares Idealtyp/Realtyp, vgl. Streit (1992), S. 6–7 sowie Goldschmidt (2013), S. 129–133.

738 Vgl. Eucken (1952/2004), S. 342.

739 Vgl. Eucken (1952/2004), S. 342–346.

740 Vgl. Eucken (1952/2004), S. 342–343. Für den gemeinsamen Niedergang von Nationalökonomie und Jurisprudenz als Gestalter der politischen Realität aufgrund ihres jeweiligen Relativismus vgl. Böhm/Eucken/Großmann-Doerth (1936/2008), S. 32–34.

741 Vgl. Eucken (1952/2004), S. 251–253 und S. 344–345. Für eine ausführliche Analyse der Eucken'schen Bearbeitung der Gefahren aus Relativismus und Punktualismus vgl. Pies (2001), S. 32–53.

742 Für eine frühe Formulierung der ordnungsstiftenden Rolle der Religion vgl. Eucken (1931/1932), S. 82–87.

743 Vgl. Eucken (1952/2004), S. 347.

744 Vgl. Eucken (1952/2004), S. 348.

Wirtschaftsordnung und den übrigen gesellschaftlichen Teilordnungen muss nach Eucken auch im Zusammenhang mit der Institution der Kirche berücksichtigt werden, wie er am Beispiel des Zinses verdeutlicht.[745] Insgesamt sieht er in dieser ordnenden Potenz eine Instanz, die in ihrer katholischen Fassung schon lange das Denken in Ordnungen vorpraktiziert hat und der es nicht gleichgültig sein kann, in welcher Ordnung die ihr anvertrauten Menschen leben.[746] Daraus ergeben sich wichtige Parallelen zur Rolle als Orientierungsanker, die Eucken der Wissenschaft zuweist.[747]

Damit wurde die Analyse der Eucken'schen Ordnungstheorie um wichtige Aspekte ergänzt, die im Folgenden beim Vergleich zur Ordnungstheorie Röpkes von besonderem Interesse sein werden.

5.3 Der Staat in der Ordnungstheorie Wilhelm Röpkes

5.3.1 Haupttopos und Ordnungsbegriff

Bevor die Inhalte dieses Abschnitts erläutert werden, ist zunächst der Äußerung Helge Peukerts am Anfang seiner zweibändigen Monografie beizupflichten, dass man in der Tat leicht den Eindruck gewinnen kann, in Röpkes Werk „blühen viele bunte Blumen wild und ohne gestaltende Hand umher".[748] Röpke macht es dem interessierten Leser nicht einfach, einen strukturierten Einblick in sein Werk zu bekommen: Eine stringente Systematik der Begriffe und Argumente wie etwa bei Eucken oder Hayek findet sich nicht an jeder Stelle. Gerade deshalb erscheint eine strukturierte vergleichende Analyse, wie sie Ziel dieser Ausführungen ist, von besonderem Wert.[749] Gleichzeitig ist Röpkes politische Ökonomie reich an Positionen und Konzepten, die als ausgesprochen originell und vorausschauend eingestuft werden können: Hayek etwa würdigt Röpkes besonders frühe Erkenntnis, dass ein Nationalökonom, der nur Nationalökonom ist, kein guter Nationalökonom sein kann,[750] was im Hinblick auf Röpkes Positionierung innerhalb der Großen Depression durchaus als stichhaltig erscheint. Konzeptionell ist zu dieser oft übersehenen Vorreiterrolle beispielsweise

---

745 Vgl. Eucken (1952/2004), S. 349–350.
746 Vgl. Eucken (1952/2004), S. 347–348.
747 An dieser Stelle möchte ich, nach dem bewusst kurz gehaltenen Absatz zur Rolle der Kirchen, auf die Arbeiten von Dr. Tim Petersen verweisen, der in seiner Dissertation u. a. die Beziehung zwischen Neoliberalismus und katholischer Soziallehre ausführlich analysiert, vgl. Petersen (2008) sowie Petersen (2016), S. 162–191.
748 Peukert (1992), S. 7.
749 Die Dissertation Peukerts, der das obige Zitat entnommen wurde, nimmt zwar eine Strukturierung vor, ist aber mit ihren über 1300 Seiten selbst ein ausgesprochen umfangreiches Werk.
750 Vgl. Hayek (1959), S. 26.

festzuhalten, dass Röpke den für Hayek zentralen Begriff der Marktwirtschaft als spontane Ordnung deutlich früher entdeckt und einführt.[751]

Hier werden hauptsächlich Werke ausgewertet, die sich in die mittlere und späte Schaffensphase Röpkes einordnen lassen, also in eine Zeit, in der er das Feld der Konjunkturtheorie als primäres Forschungsfeld verlässt und sich immer mehr der Sozialphilosophie zuwendet.[752] Von Letzterer und gerade nicht mehr von der ökonomischen Theorie erhofft er sich die Antworten auf die eigentlichen Fragen seiner Epoche: Die Krisis seiner Zeit, so stellt er am Anfang seiner Trilogie – bestehend aus der *Gesellschaftskrisis der Gegenwart*, *Civitas humana* und *Internationale Ordnung* –[753] fest, hat Ursachen auf Gebieten, die außerhalb der „reinen" ökonomischen Analyse liegen.[754] Damit vollzieht er eine Wandlung, die auch die drei anderen in dieser Studie untersuchten Autoren kennzeichnet und die sich bei weiteren Ökonomen dieser Zeit beobachten lässt.[755]

Nach der Analyse sowohl der Primärquellen als auch der Sekundärliteratur kann die Hypothese aufgestellt werden, dass der Haupttopos des Röpke'schen Denkens die *soziale Kohäsion der kleinen Regelkreise* ist, im Folgenden kurz als *soziale Kohäsion* bezeichnet. Dabei handelt es sich um einen Begriff, welchen zwar Röpke selbst nicht explizit verwendet, der aber in der jüngeren Sekundärliteratur aufkommt.[756] So spricht Röpke im Englischen von „social coherence",[757] im Deutschen kennzeichnet er die „soziale Integration" als essenziellen Bestandteil seiner gesellschaftlichen Ordnungstheorie.[758] Dass hier der Begriff der „Kohäsion" anstelle der „Kohärenz" oder „Integration" den Vorzug erhält, wird besonders im Hinblick auf den ausdrücklich prozeduralen Aspekt dieses Begriffs begründet, während „Kohärenz" oder „Integration" eher für die Beschreibung eines Zustandes geeignet sind.[759] Wie im Folgenden gezeigt wird, beschäftigt sich Röpke in seinem Werk auch mit der Herausarbeitung eines Endzustandes, allerdings misst er der Beschreibung des Weges hin zu diesem Zustand eine größere Bedeutung bei.

Das Reizvolle am so festgestellten Topos der sozialen Kohäsion ist zum einen, dass er imstande ist, den Fokus auf die Eigenart des Röpke'schen Liberalismus zu

---

751 Vgl. Röpke (1937/1954), S. 19, in der 1. Auflage aus dem Jahre 1937 auf S. 5. Für eine ähnliche Beobachtung teilweiser Vorwegnahmen Hayek'scher Konzepte durch Röpke vgl. Johnson (1989), S. 57.
752 Die Röpke'sche Konjunkturtheorie und -politik wird gesondert in Abschnitt 5.7 betrachtet.
753 Vgl. Röpke (1942/1979), Röpke (1944/1979) sowie Röpke (1945/1979).
754 Vgl. Röpke (1942/1979), S. 22–24.
755 Für die Rekonstruktion einer ähnlichen Entwicklung bei Eucken, Hayek und Adolf Löwe vgl. Blümle/Goldschmidt (2006).
756 Vgl. Zmirak (2001), S. 108–109 sowie Zweynert (2007), S. 7–16.
757 Vgl. Röpke (1942), S. 6.
758 Vgl. Röpke (1942/1979), S. 148–151.
759 Für die Herausarbeitung dieser unterschiedlichen Konnotationen bin ich den Teilnehmern im *Adam-Smith-Seminar* der *Universität Hamburg* im Wintersemester 2008/2009 dankbar.

lenken, der nach seiner eigenen Darstellung als „soziologischer Liberalismus"[760] zu verstehen ist – dabei lässt sich komparativ die These aufstellen, dass Röpke in seiner Analyse die Logik der Kleingruppe und der kleinen sozialen Einheiten in den Vordergrund rückt, während Hayek im Gegensatz dazu gerade die Übertragung dieser Logik der Kleingruppe auf die erweiterte Ordnung der Großgesellschaft befürchtet.[761] Zum anderen macht er deutlich, dass im gesamten ausgewerteten Werk ein bestimmtes, noch zu erörterndes gesellschaftliches Idealbild vorherrscht, welches möglicherweise die Inhalte und Thesen Röpkes entscheidend prägt. Deshalb eignet sich dieser Topos als Hypothese zur Strukturierung der folgenden Analyse: Es gilt wie bei den anderen drei Autoren zu überprüfen, ob der genannte Topos der Ordnungstheorie und dem darin enthaltenen Staatsverständnis tatsächlich maßgeblich zugrunde liegt und Erklärungsgehalt für die im Werk aufgestellten wirtschaftspolitischen Positionen besitzt.

Der Topos bei Röpke entfaltet sich auf zwei Ebenen. Zum einen geht er auf die Voraussetzungen ein, welche für das Zusammenleben von Individuen in ihrer unmittelbaren, greifbaren Umwelt, in den Gruppen und auf den Märkten gelten, die das jeweilige Individuum direkt kennt und betritt: Um dies zu erfassen, wurde oben der Zusatz „kleine Regelkreise" zum Topos hinzugefügt. Die Koordination dieser Beziehungen steht im Mittelpunkt des mittleren und späten Röpke'schen Werkes – ihr sind die *Gesellschaftskrisis* und die *Civitas* schwerpunktmäßig gewidmet. Von Bedeutung ist allerdings auch die zweite Ebene, welche die Kohäsion im Hinblick auf die abstraktere, internationale Verflechtung der Märkte betrifft, die Röpke schon in seinem Frühwerk im Zusammenhang mit der Konjunktur- und Währungspolitik thematisiert: Zu den entsprechenden Positionen findet sich eine Zusammenfassung in der *International Economic Desintegration* aus dem Jahre 1942 sowie im dritten Band der Trilogie, *Internationale Ordnung*, aus dem Jahre 1945. Röpke unterscheidet in seiner wirtschaftspolitischen Diagnose also zwei Hauptfragen: die innere Wirtschafts- und Sozialordnung der einzelnen Nation sowie die Frage nach der internationalen Ordnung.[762] Beiden Ebenen ist gemein, dass sie den ökonomischen und den sozialen Interaktionen im jeweiligen Kontext Aufmerksamkeit schenken und dabei die Institutionen beleuchten, welche notwendig sind, damit das Konzept der Smith'schen unsichtbaren Hand tatsächlich greift. Aus diesem Zwei-Ebenen-Topos lässt sich die zentrale Röpke'sche These herleiten, dass der Nationalstaat gleichzeitig zu groß (d. h. die Kohäsion der kleinen Regelkreise behelligt) und zu klein ist (d. h. die Kohäsion im Internationalen beeinträchtigt), als dass er die vielfältigen politischen Probleme der Gegenwart lösen kann.[763]

---

760 Röpke (1944/1979), S. 51.
761 Vgl. Wohlgemuth (2010), S. 101 sowie Kolev (2016a), S. 16–21.
762 Vgl. Röpke (1949), S. 5–22.
763 Vgl. Röpke (1945/1979), S. 68–70.

Eng mit dem Haupttopos verbunden ist Röpkes Ordnungsbegriff. Ähnlich wie Eucken verwendet Röpke in der *Gesellschaftskrisis* den Begriff des Staats- und Wirt-schafts*systems*, wenn es sich um eine idealtypische Analyse handelt.[764] Der Begriff der Wirtschafts*ordnung* taucht dort nur an einer Stelle auf, an der untersucht wird, was Liberale oder Sozialisten in ihren Theorien normativ fordern.[765] Dieser norma-tive Charakter des Ordnungsbegriffs wird auch durch die Ausführungen im ein-leitenden Kapitel der *Lehre von der Wirtschaft* deutlich: Dort spricht Röpke von der „Ordnung, die unser Wirtschaftssystem beherrscht".[766] Allerdings wird bei Röpke die Eucken'sche Unterscheidung zwischen dem idealtypischen System und der real-typischen Ordnung nicht durchgehalten, vielmehr verwendet Röpke zu dieser Zeit den Begriff des Systems in beiden Bedeutungen. Was den zentralen normativen Eucken'schen Begriff der Wettbewerbsordnung betrifft, so taucht dieser bei Röpke als Bezeichnung für den Idealtyp der reinen Marktwirtschaft erst 1944 in der *Civitas* auf,[767] also nachdem ihn Eucken in seinem 1942 veröffentlichten Beitrag für die *Aka-demie für Deutsches Recht*[768] als seine zentrale Zielvorstellung präsentiert hat.[769]

Ein Wirtschaftssystem definiert Röpke, weitgehend in Übereinstimmung mit Eucken und Hayek, als die „Grundsätze, [...] nach denen die Volkswirtschaft eines Volkes geordnet sein kann"[770] Ohne mit Eucken'scher Ausführlichkeit das besondere methodische Vorgehen zu thematisieren,[771] entwickelt Röpke ein Ordnungsschema, welches in Abbildung 5 dargestellt wird.

Wie man der Abbildung entnehmen kann, unterscheidet Röpke grundsätzlich drei idealtypische Möglichkeiten, wie ein Wirtschaftssystem geordnet sein kann: Eigenwirtschaft, Marktwirtschaft und Kommandowirtschaft. Diese sind in zwei-facher Hinsicht Variationsmöglichkeiten unterworfen: Zum einen unterscheidet er bereits bei den Idealtypen zwischen den reinen und den entarteten Untergruppen. Zum anderen entsprechen die Realtypen, die die Wirklichkeit kennzeichnen, keines-falls genau den Idealtypen, sondern stellen Mischungen aus ihnen dar. Röpke führt dabei die für seine Kapitalismus-Interpretation zentrale Unterscheidung zwischen

---

764 Vgl. Röpke (1942/1979), S. 33 und S. 232, wo er auch explizit auf Eucken verweist.

765 Vgl. Röpke (1942/1979), S. 193.

766 Röpke (1937/1954), S. 19.

767 Vgl. Röpke (1944/1979), S. 39. Der Verweis auf Euckens Aufsatz ist bereits in der 1. Auflage der *Civitas* auf S. 95 enthalten.

768 Vgl. Eucken (1941/1942). Für die zu diesem Zeitpunkt immer noch bestehende Korrespondenz-beziehung zwischen Eucken in Freiburg und Röpke in Genf, die erst im Laufe des Jahres 1943 aus Vorsichtsgründen unterbrochen wird, vgl. Hennecke (2005), S. 153 und S. 267.

769 Vgl. Eucken (1941/1942), S. 45. Auch Peukert sieht die Autorschaft des Begriffs „Wettbewerbsord-nung" bei dessen Neubestimmung im Neoliberalismus, also jenseits der Verwendung in der Klassik, bei Eucken, vgl. Peukert (1992), S. 53.

770 Röpke (1944/1979), S. 36.

771 Für die Darstellung des Röpke'schen Ordnungsschemas im Vergleich zu den Real- und Idealtypen bei Weber und Eucken vgl. Peukert (1992), S. 97–104.

philosophischer Kategorie (Idealtyp) und historischer Kombination (Realtyp) ein: So ist der Kapitalismus als Realtyp bzw. als historische Kombination zu sehen und damit vielfachen Verzerrungen unterworfen, wodurch er sich vom idealtypischen Wesen der philosophischen Kategorie Marktwirtschaft in wichtigen Punkten unterscheidet.[772]

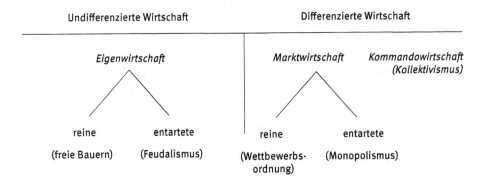

Abb. 5: Ordnungsschema Röpkes (Quelle: Eigene Darstellung in Anlehnung an Röpke 1944/1979, S. 39).

Ein zentraler Gedanke in Röpkes System ist seine Vorstellung, dass die Wirtschaftsordnung in einer höheren Gesamtordnung eingebettet ist.[773] Diese These korrespondiert direkt mit der Eucken'schen Idee der Interdependenz der Ordnungen. Röpke spricht in diesem Zusammenhang von einem festen Zuordnungsverhältnis, etwa zwischen politischem und ökonomischem System.[774] Dieses Prinzip der festen Zuordnung macht es insbesondere unmöglich, kollektivistische Ansätze „lediglich" auf die Sphäre der Wirtschaft zu beschränken.[775] Allerdings unterscheiden sich Röpke und Eucken deutlich bei der Antwort auf die Frage, wie der relevante Forschungsgegenstand abgegrenzt werden soll, was besonders in den Abschlusssätzen von Röpkes Rezension der *Grundlagen* deutlich wird.[776] Es handelt sich also (in Eucken'scher Terminologie) um die Frage, wie weit der Datenkranz zu ziehen ist. Diese Problematik, welche einen der wichtigsten Unterschiede zwischen den Ordnungstheorien beider Autoren ausmacht, wird ausführlich in Abschnitt 5.4.2 erläutert.

---

772 Vgl. Röpke (1944/1979), S. 40–42.

773 Vgl. bspw. Röpke (1958a), S. 19.

774 Für die Darstellung der entgegengesetzten, zu dieser Zeit u. a. von prominenten Sozialdemokraten vertretenen These, dass eine kollektivistische Wirtschaftsordnung mit freiheitlichen Teilordnungen in anderen gesellschaftlichen Bereichen vereinbar ist, vgl. Nicholls (1994/2000), S. 83–88.

775 Vgl. Röpke (1942/1979), S. 143, Röpke (1944/1979), S. 63 sowie Röpke (1958a), S. 133.

776 Vgl. Röpke (1942/1959), S. 343–344.

5.3.2 Der Staat als Statiker in der natürlichen Ordnung

Wie bei der Formulierung des Topos bereits angedeutet, zeichnet sich Röpke in seinem Werk im Vergleich zu den anderen in dieser Studie analysierten Ökonomen besonders dadurch aus, dass er eine in seinen Schriften omnipräsente *gesellschaftliche* Idealvorstellung vertritt. Diese bezeichnet er selbst als „liberalen Konservatismus".[777] Es handelt sich (wie oben erwähnt) um eine Sozialphilosophie der kleinen Regelkreise[778] oder, anders formuliert, um einen „liberalism from below".[779] Sowohl sein Staatsverständnis als auch die wirtschaftspolitischen Folgerungen hängen, so die Hypothese im Folgenden, eng mit diesem Leitbild zusammen, weshalb es hier am Beginn dieses Abschnittes kompakt wiedergegeben werden soll.

Im ersten Buch seiner sozialphilosophischen Trilogie beginnt Röpke umgehend mit dem Problembefund seiner Zeit, welcher für ihn zwei Facetten hat. Die Krisis, die den Ausgangspunkt für seine Ordnungstheorie bildet, hat zwei Seiten, eine geistig-moralische und eine politisch-sozial-ökonomische, Letztere bezeichnet er auch als soziologisch.[780] Diese Teilung,[781] einschließlich der Wechselwirkungen zwischen den beiden Seiten,[782] zieht sich durch alle hier analysierten Werke des „mittleren" und „späten" Röpke: Auch wenn sich die Bezeichnungen gelegentlich ändern, orientieren sich Probleme wie Lösungen an diesem zweigeteilten Muster, möglicherweise analog zur Unterscheidung zwischen Geist und Materie in der Philosophie.[783] Die Hauptursachen für die Probleme seiner Zeit sieht Röpke in den Phänomenen der Vermassung und der Proletarisierung.[784] Es handelt sich dabei um eine Krankheit, die für ihn sowohl auf individueller als auch auf sozialer Ebene ausgemacht werden kann. Die Vermassung resultiert daraus, dass die einzelnen Menschen die Einbettung in ihre natürlichen Gemeinschaften verlieren, in der Familie ebenso wie im Dorf.[785] Diese so entstehende amorphe Ansammlung von Individuen wandert dann in die Großstädte und bildet dort ein geistiges Proletariat, das sich vor allem *im*materiell durch Vereinsamung und Verzehr kultureller Reserven auszeichnet.[786] Später stellt Röpke neben

---

[777] Röpke (1944/1979), S. 18.

[778] Vgl. Renner (2002), S. 234.

[779] Vgl. Sally (1998), S. 131.

[780] Vgl. Röpke (1942/1979), S. 16.

[781] Für die These, dass der geistig-moralische Aspekt für Röpke in Diagnose und Therapie eine größere Rolle spielt als die politisch-sozial-ökonomische Seite, vgl. Rieter (2010).

[782] Vgl. Hahn (1997), S. 34–35.

[783] Vgl. Peukert (1992), S. 39.

[784] Für das Bild des „Dust-Bowl", welches eine der Vermassung anheimgefallene Gesellschaft – in Analogie zum übermäßig Verbrauch der Böden im Mittleren Westen der USA – beschreibt, vgl. Röpke (1946), S. 522–523.

[785] Vgl. Röpke (1942/1979), S. 17–20.

[786] Vgl. Röpke (1942/1979), S. 17.

der Vermassung auch das Phänomen der (nicht nur ökonomischen) Konzentration in den Mittelpunkt des Problembefunds.[787]

Diesem säkularen Trend stellt er seine Vision einer *vital*[788] *befriedigten Gesellschaft*[789] entgegen, die er zeitweise auch als *natürliche Ordnung* bezeichnet.[790] Röpke formuliert in seinen einzelnen Werken verschiedene Facetten dieser Leitidee. Am deutlichsten ist die Darstellung in der *Civitas* an der Stelle, an der er das schweizerische Dorf schildert: Dort postuliert er, dass die aus seiner Sicht ideale geografische Einheit etwa 3000 Einwohner einschließen sollte und somit das Gegenteil der vermassten Großstadt darstellt. Des Weiteren sollte ein großer Teil der Bevölkerung selbstständig tätig sein, sei es in der Landwirtschaft, im Handwerk oder in Kleinindustrien.[791] Allein solche Einheiten sind seiner Auffassung nach imstande, die Gesellschaftskrisis seiner Zeit zu lösen und eine soziale Kohäsion zu gewährleisten, die der menschlichen Natur gemäß ist.[792]

Es stellt sich bei der Gegenüberstellung von Problembefund und Ideallösung die zentrale Frage, auf welchem Wege von dem einen Zustand zu dem anderen zu gelangen ist. In der *Gesellschaftskrisis* – und besonders in der *Civitas* – entwirft Röpke dafür einen ausdifferenzierten Vorschlag. Es werden dabei sowohl die relevanten Aspekte des umfassenden Politikprogramms umrissen als auch die dafür notwendigen Akteure definiert, unter ihnen auch der Staat. Diese beiden Aspekte, die Inhalte sowie die unverzichtbaren treibenden Kräfte, werden im Folgenden strukturiert wiedergegeben.

Als Ordoliberaler – wenn auch nicht der Freiburger Spielart – übernimmt Röpke eines der Hauptcharakteristika dieses deutschen Zweigs des Neoliberalismus,[793] nämlich das Primat der Ordnung.[794] Ein Ordnungsrahmen ist also notwendig, damit individuelle ökonomische Interaktionen zu sinnvollen Ergebnissen bzw. zu einem mit dem Gemeinwohl harmonierenden Gesamtergebnis führen können.[795] Bevor die

---

787 Vgl. Röpke (1958a), S. 19–20.

788 Für den im neoliberalen Kontext auf Rüstow zurückgehenden Begriff „Vitalsituation" und seine Bedeutung für die Wirtschaftspolitik vgl. Rüstow (1942), S. 279–280.

789 Vgl. Röpke (1944/1979), S. 84.

790 Vgl. Röpke (1948/1979), S. 151–152.

791 Für die Fragwürdigkeit der Übertragbarkeit dieses Modells außerhalb der Schweiz und Skandinavien auf andere europäische Länder oder gar die amerikanische Gesellschaft vgl. Pribram (1944), S. 171–172.

792 Vgl. Röpke (1944/1979), S. 80–81.

793 Für den Vorschlag einer Vierteilung der Geschichte des Liberalismus in die Phasen des Prä-, Früh-, Alt- und Neuliberalismus vgl. Kuehnelt-Leddihn (2000), S. 277–279.

794 Für den analogen Begriff „Primat der Rahmenordnung" vgl. Renner (2002), S. 57–58. In einem Brief an Rüstow berichtet Röpke von der Gründungsversammlung der *Mont Pèlerin Society*, bei der in den Diskussionen der „Vorrang unserer Rahmenprobleme" bei manchen „Hartgesottenen" nur Kopfschütteln ausgelöst hätten – gemeint ist primär der „in einer fast tragikomischen Weise isolierte" Ludwig von Mises, vgl. Röpke (1976), S. 96.

795 Für die dogmenhistorisch bemerkenswerte Zuordnung, dass Röpke diese Grundposition des Ordoliberalismus auf Léon Walras zurückführt, vgl. Röpke (1942/1979), S. 298–299.

Unterschiede zum Freiburger Paradigma in Abschnitt 5.4.2 diskutiert werden, wird an dieser Stelle zunächst das Politikprogramm erörtert, das den sogenannten *anthropologisch-soziologischen Rahmen* herstellen soll, welcher mit der *natürlichen Ordnung* korrespondiert.[796] Der Begriff des anthropologisch-soziologischen Rahmens wird in der *Civitas* eingeführt[797] und erscheint als besonders geeignet, einerseits die individuellen geistig-moralischen (hier anthropologischen) und andererseits die intersubjektiven (hier soziologischen) Voraussetzungen der Marktwirtschaft zu kennzeichnen, die in Kombination einen Kernaspekt der Röpke'schen Sozialphilosophie darstellen.

Zu Beginn sollte in Abbildung 6 das vollständige Schema der Politikarten abgebildet werden, welche anschließend einzeln kompakt thematisiert werden, bevor sie in den Abschnitten 5.5 bis 5.8 im Rahmen der wirtschaftspolitischen Erörterungen einer ausführlichen Analyse unterzogen werden:

I.   Herstellung einer echten Wettbewerbsordnung (Antimonopolpolitik)

II.   Positive Wirtschaftspolitik (Anti-Laissez-faire)

    1.   Rahmenpolitik

    2.   Marktpolitik (liberaler Interventionismus)

        a.   Anpassungsinterventionen contra Erhaltungsinterventionen

        b.   Konforme Interventionen contra nichtkonforme Interventionen

III. Wirtschaftlich-soziale Strukturpolitik (Ausgleich, Dezentralisierung, „Wirtschaftshumanismus")

IV. Gesellschaftspolitik

Abb. 6: Gesamtprogramm der Wirtschafts- und Gesellschaftsreform (Quelle: Eigene Darstellung in Anlehnung an Röpke 1944/1979, S. 100.)

Bemerkenswerterweise enthält schon der erste Punkt den Eucken'schen Begriff der Wettbewerbsordnung, und so bezieht sich Röpke in diesem Punkt durchgehend auf die Arbeiten von Eucken und dessen Freiburger Kollegen Franz Böhm. Da in Abschnitt 5.5.2 explizit die wettbewerbspolitischen Aspekte im Röpke'schen Werk geschildert werden, wird hier auf diese Ausführungen verwiesen.

Mit der Bezeichnung *positive Wirtschaftspolitik* im zweiten Punkt macht Röpke deutlich, dass es ihm um mehr geht als nur um die Beseitigung von staatlichen Zwängen, was eine negative Politik kennzeichnet.[798] Die Ergänzung

---

796 Vgl. Röpke (1948/1979), S. 151–152.

797 Vgl. Röpke (1944/1979), S. 83.

798 Für die These, dass die Notwendigkeit positiver Wirtschaftspolitik für die Ordoliberalen der entscheidende Unterschied im Vergleich zu den wirtschaftspolitischen Leitideen der Klassik darstellt, vgl. Starbatty (2002), S. 256.

„Anti-Laissez-faire" macht des Weiteren etwas klar, was für den Mitschöpfer des Begriffs „neoliberal"[799] als selbstverständlich gilt: Röpke vertritt eine Äquidistanzthese, die besagt, dass sein Programm „vom Sozialismus mindestens so weit entfernt ist wie vom alten Liberalismus".[800] In der Tat entsteht aus den unter den Punkten II-IV aufgeführten Maßnahmen ein ausgesprochen umfangreiches Projekt. Der Röpke'sche anthropologisch-soziologische Rahmen ist also ein äußerst komplexes Artefakt, das offenbar mittels weit in die (für Liberale aller Couleur als essenziell erachtete) Privatautonomie der Marktakteure hineinreichender Interventionen einzurichten ist.[801]

Der erste Unterpunkt, die *Rahmenpolitik*, setzt sich mit der Formulierung sowie der Überwachung der Wirtschaftsordnung und ihrer Spielregeln auseinander, die notwendig sind, wenn der Wettbewerb „nicht in eine wüste Schlägerei ausarten soll".[802] Die Setzung dieses Ordnungsrahmens hat eine formale (d. h. juristische) und eine informelle (d. h. moralische) Seite, die jeweils direkt mit den oben erläuterten zwei Grundproblemen aus der *Gesellschaftskrisis* (politisch-sozial-ökonomisch versus geistig-moralisch) korrespondieren.

Die *Marktpolitik* hingegen befasst sich nach Röpke mit dem tatsächlichen ökonomischen Ablauf, d. h. mit dem Wirtschaftsprozess. Er selbst konzediert, dass es sich hierbei um einen „wirklichen Eingriff in die Freiheit des Marktes"[803] handelt und grenzt sich damit von anderen Autoren ab, die die Notwendigkeit solcher Eingriffe in die Marktwirtschaft verneinen. Da für ihn eine „prinzipienlose [...] Politik"[804] nicht befürwortet werden darf, führt er die beiden in der Abbildung dargestellten Unterkategorien a) und b) ein. Diese sollen eine Eingrenzung des Zulässigen mit sich bringen und auf diese Weise frühere Schemata Röpkes aus den 1920er-Jahren[805] ergänzen.[806]

In der Sekundärliteratur wird die Ansicht vertreten, dass die beiden nun zu erläuternden Interventions-Kriterienpaare den Kriterien der Ziel- bzw. der

---

799 Für die sehr frühe These zur Notwendigkeit einer Erneuerung des Liberalismus vgl. Röpke (1923/1959), S. 43–45.

800 Röpke (1942/1979), S. 39–40.

801 Für die Zulässigkeit von Interventionen bei einzelnen neoliberalen Ökonomen vgl. Tuchtfeldt (1976), S. 62–72.

802 Röpke (1944/1979), S. 76.

803 Röpke (1944/1979), S. 76.

804 Röpke (1944/1979), S. 77.

805 Für Röpkes frühe, eher kasuistische und konzeptionell nicht durchgehend konsistente „Maximen rationeller Interventionen", die er in seinem viel beachteten Beitrag für das *Handwörterbuch der Staatswissenschaften* formuliert, vgl. Röpke (1929), S. 861–882. Für eine Zusammenfassung der 1929 als erwünscht (oder legitim) gesehenen Interventionen vgl. Peukert (1992), S. 137–138.

806 Für die Einschätzung, dass der Beitrag im *Handwörterbuch der Staatswissenschaften* eine bedeutende Rolle für Röpkes spätere Klassifikationsschemata staatlicher Interventionen spielt, vgl. Hayek/Sieber/Tuchtfeldt/Willgerodt (1979), S. XXXII–XXXIII.

Mittelkonformität[807] entsprechen.[808] Daneben kann aber auch die These vertreten werden, dass es sich beim Paar „Anpassungsinterventionen versus Erhaltungsinterventionen" um eine dynamische Unterscheidung handelt, während das Paar „konform versus nichtkonform" auf der statischen Ebene anzusiedeln ist. Ob eine Intervention als Erhaltungs- oder als Anpassungsintervention einzustufen ist, hängt für Röpke davon ab, ob ein Zementieren des Status quo bezweckt wird oder ob der wirtschaftliche Wandel durch den Eingriff beschleunigt und human gestaltet wird.[809] Es stellt sich allerdings die naheliegende praktische Frage, ob nicht Politiker mit den beiden Etiketten ihre tatsächlichen Absichten verschleiern können, indem sie etwas als Anpassungsintervention deklarieren, was aber in Wirklichkeit dem Erhalt von Vorteilen für bestimmte Wählergruppen dienen soll. Auch beim Konformitätspaar ist fraglich, ob die Eindeutigkeit der Zuordnung jedes Eingriffs gegeben ist.[810] Das Kriterium, das Röpke hier aufstellt, bezieht sich auf die Frage, ob der jeweilige Eingriff den marktwirtschaftlichen Prinzipien entspricht oder nicht. Wenn ja, d. h. bei konformen Interventionen, kann der Eingriff leicht „verdaut",[811] also von der Marktwirtschaft verarbeitet und eingepreist werden, indem sich ein neues Gleichgewicht auf dem Markt bildet. Andernfalls, d. h. bei nichtkonformen Maßnahmen, verharrt der Markt in einem Ungleichgewichts-Zustand, der Marktmechanismus wird also ernsthaft behindert. Als Beispiel für Konformität führt Röpke den Außenhandelszoll an, dessen Klassifizierung allerdings in der späteren Sekundärliteratur kontrovers diskutiert wird,[812] als entsprechende außenwirtschaftliche Beispiele für Nichtkonformität nennt er Devisenkontrollen sowie Einfuhrkontingente.[813]

Es folgt als „dritter Richtpfahl"[814] die *Strukturpolitik*, die deshalb von zentraler Bedeutung ist, weil sie die für Röpke so essenziellen Voraussetzungen der Marktwirtschaft in den Fokus rückt. Diese dürfen nach seiner Darstellung nicht als gegeben hingenommen werden, sondern müssen bewusst hergestellt werden, und zwar immer wieder aufs Neue.[815] Es handelt sich bei dieser Politikkategorie um wirtschaftspolitische Eingriffe in die Einkommens- und Vermögensverteilung, in die vorherrschende

---

807 Für diese inzwischen klassische Einteilung wirtschaftspolitischer Instrumente vgl. Tuchtfeldt (1957), S. 54–61.

808 Vgl. Renner (2002), S. 246–247. In der *Civitas* finden sich Sätze, die die Renner'sche Klassifikation implizit unterstützen, vgl. Röpke (1944/1979), S. 78.

809 Vgl. Röpke (1944/1979), S. 77.

810 Für Röpkes gegenläufige These, dass eine klare Differenzierung immer möglich ist, vgl. Röpke (1944/1979), S. 78.

811 Röpke (1944/1979), S. 78.

812 Für die These, dass diese Zuordnung gerade im Falle der Zölle ambivalent ist, vgl. Starbatty (2002), S. 268.

813 Vgl. Röpke (1944/1979), S. 78–79.

814 Röpke (1944/1979), S. 79.

815 Für das verwandte und vielfach diskutierte sogenannte Böckenförde-Theorem, bei dem allerdings kein expliziter Bezug auf Röpke genommen wird, vgl. Böckenförde (1976a), S. 411–420.

Betriebsgröße sowie in die Bevölkerungsverteilung zwischen Stadt und Land, zwischen Industrie und Landwirtschaft sowie zwischen den einzelnen beruflichen Ständen. Röpke schlägt den Namen „Wirtschaftshumanismus" für diese Politikart vor, weil gerade sie „die menschlichen Dimensionen"[816] gewährleistet, die der Autor auch hier in den kleinen Regelkreisen verortet. Außerdem betont Röpke, dass die Strukturpolitik eng mit den oben genannten Politiktypen im Gesamtprogramm zusammenhängt. Insgesamt erwartet er von ihr eine Entproletarisierung und Dezentralisation in der Ökonomie.

Die *Gesellschaftspolitik*, die an vierter Stelle folgt, bezeichnet er als „wichtigsten Richtpfahl"[817] seines Programms. Nach der Erläuterung der obigen drei Hauptpunkte verlässt Röpke das Feld der Wirtschaftspolitik im engeren Sinne:

> Nun aber heißt es für uns, als Soziologen und Sozialphilosophen zu denken.[818]

In diesem Zusammenhang betont er erneut, dass für ihn die Marktwirtschaft kein Automatismus und „kein Dietrich"[819] für die Lösung aller sozialen Probleme ist. Die Bedeutung der Gesellschaftspolitik kommt besonders deutlich dadurch zum Ausdruck, dass Röpke die Marktwirtschaft ohne anthropologisch-soziologischen Rahmen, speziell ohne ebendiese „widergelagerte Gesellschaftspolitik",[820] als „gefährlich, ja unhaltbar"[821] einstuft. Was die konkreten Politikinhalte in diesem zentralen Punkt anbetrifft, so bleibt Röpke in der *Civitas* noch erstaunlich vage: Es sollen gesellschaftliche Strukturen hergestellt werden, die ein Gegengewicht zum kommerziellen Geist der Marktwirtschaft darstellen, also um die bereits bei der Strukturpolitik genannten Maßnahmen wie Entmassung, Deproletarisierung, Entkollektivierung, Verbäuerlichung, Verhandwerklichung und Dezentralisation.[822]

Für den Leser der *Civitas* ist es nicht einfach, Struktur- und Gesellschaftspolitik auseinanderzuhalten. Obwohl Röpke sie getrennt anspricht, handelt es sich bei beiden um die Herstellung der Voraussetzungen für die Marktwirtschaft. In den späteren Erläuterungen in der *Civitas* wird so im Teil „Gesellschaft" über Entmassung und Entproletarisierung, im Teil „Wirtschaft" über Dezentralisation und Verbäuerlichung gesprochen. Im weiteren Verlauf dieser Studie wird die Unterscheidung deshalb so nicht beibehalten, stattdessen werden beide Begriffe – in Anlehnung an die Sekundärliteratur –[823] als prinzipiell synonym betrachtet. Zusammenfassend wird

---

816 Röpke (1944/1979), S. 80.
817 Röpke (1944/1979), S. 81.
818 Röpke (1944/1979), S. 82.
819 Röpke (1952b), S. 19.
820 Röpke (1944/1979), S. 85.
821 Röpke (1944/1979), S. 82.
822 Vgl. Röpke (1944/1979), S. 84.
823 Vgl. Peukert (1992), S. 120–121 sowie Renner (2002), S. 246.

also im Folgenden von *Struktur- und Gesellschaftspolitik* gesprochen, wenn die Frage nach der Herstellung der ökonomischen *und* sozialen Voraussetzungen marktwirtschaftlicher Systeme thematisiert wird.

Nachdem damit das wirtschafts- und gesellschaftspolitische Programm inhaltlich rekonstruiert wurde, ist die Frage naheliegend, durch welche konkreten Akteure sie zu realisieren ist. Es handelt sich dabei zunächst um den Staat, aber auch um andere treibende Kräfte, die Röpke gerade als Gegengewichte des Staates definiert. Im Folgenden soll zunächst das im Werk erläuterte Staatsverständnis dargestellt werden, zum Abschluss werden dann die „clercs", also die nicht-staatlichen wirtschafts- und gesellschaftspolitischen Akteure beschrieben. In der *Civitas* widmet Röpke dem Staat die erste Hälfte des zweiten Teils, in der zweiten Hälfte desselben werden dann die Gegengewichte präsentiert.

Ein erstes Kriterium für die Gestalt des gewünschten Staates stellt Röpke mit dem Paar *legitimer-illegitimer* Staat auf.[824] Der legitime Staat zeichnet sich für ihn nicht durch offizielle Rechtstitel aus, sondern dadurch, dass er in den Augen der Bevölkerung als legitim angesehen wird.[825] Nur in diesem Fall kann „das innere Band"[826] zwischen Regierenden und Regierten als gesichert betrachtet werden. Der Bezug zum Topos der sozialen Kohäsion wird dabei ganz deutlich: Röpke spricht von der Notwendigkeit einer intakten vertikalen Beziehung zwischen Regierung und Bürgern, damit das Bestehen von horizontalen Beziehungen zwischen den einzelnen Bürgern gelingt.[827] Die demokratische Republik als für ihn zukunftsweisende Regierungsform benötigt allerdings – ähnlich wie bereits erläutert die Marktwirtschaft – komplexe Voraussetzungen in der Gesellschaft, in der sie implementiert werden soll. So werden etwa Reife und hoher Integrationsgrad genannt, wobei erneut der Bezug zum Topos deutlich wird.[828]

Das Kriterienpaar *legitim-illegitim* reicht jedoch nicht aus, um einen „guten" – d. h. der für Röpke essenziellen europäischen Tradition folgenden – Staat zu charakterisieren. Der Autor stellt ihm deshalb die Unterscheidung zwischen *herrschaftlich* und *genössisch* an die Seite. Historisch setzt sich nach Röpkes Darstellung immer mehr der Herrschaftsstaat durch, während nur „Inseln des genössischen Prinzips"[829] verblieben sind. Ersterer ist durch eine Kluft zwischen der Regierung und den Bürgern, durch eine zentralistische Bürokratie sowie Staatsentfremdung oder

---

824 Vgl. Röpke (1944/1979), S. 172.
825 Dieser Fokus auf die Bevölkerung als Souverän, der die politischen Charakteristika des Gemeinwesens determiniert, steht in der Tradition liberalen politischen Denkens und erscheint außerdem als Vorwegnahme einer zentralen Idee der Public-Choice-Theorie, vgl. Buchanan (2003), S. 1–4.
826 Röpke (1944/1979), S. 174.
827 Vgl. Röpke (1944/1979), S. 174–5.
828 Vgl. Röpke (1944/1979), S. 176.
829 Röpke (1944/1979), S. 178.

Staatsfrömmigkeit gekennzeichnet – der genössische wiederum ist durch das Gegenteil charakterisiert, also durch Kohäsion unter den Bürgern sowie durch Kohäsion zwischen Bürgern und Staat.[830]

Ein drittes Charakteristikum des Röpke'schen Staatsverständnisses, welches bereits im Zusammenhang mit der Strukturpolitik erwähnt wurde, ist die Kategorie *dezentralistisch*. Von seinem Gesellschaftsideal ausgehend, hält Röpke auch bezüglich des Staates fest, dass „wahre Gemeinschaft nur im überschaubaren Kreise möglich ist".[831] Deshalb soll der Staat vom Grundsatz der Subsidiarität geprägt sein – vom Grundsatz also, dass das Individuum und die niedrigen Gliederungen des staatlichen Gemeinwesens bei der politischen Entscheidungsfindung den Vorrang haben, sodass die oberen Gliederungen erst Aufgaben erhalten, wenn die oberen Gliederungen den überzeugenden Beweis erbringen, dass diese Aufgaben sinnvollerweise bei ihnen aufgehoben sind und nicht in der standardmäßigen Zuweisung an die niedrigen Gliederungen.[832]

Der Idealstaat Röpkes erscheint damit klar umrissen: Er ist *legitim-genössisch-dezentralistisch*. Durch Abweichung von diesen Grundätzen – ausgelöst etwa durch Druck partikularer Gruppenwünsche oder durch Ideologien wie den Sozialismus – sieht er die Staatskrise seiner Zeit verursacht.[833] Um diese Gefahren nach Möglichkeit zu bändigen, stellt er mannigfaltige Gegengewichte zum Staat auf. Es handelt sich bei diesen sowohl um geistig-moralische Aspekte wie die Religion als auch um politisch-sozial-ökonomische Institutionen wie etwa das Privateigentum.[834]

Neben solchen *allgemeinen* Vorkehrungen spricht er auch von *spezifischen Gegengewichten* und führt dabei Kirchen, Wissenschaft, Richter und Presse[835] an.[836] Später, in *Jenseits von Angebot und Nachfrage*, erweitert er die Auflistung in Richtung einer Mischung aus gesellschaftlichen Eliten und weiteren (in heutiger Sprache) bürgergesellschaftlichen Akteuren.[837] So fügt er im Zusammenhang mit seiner Leitidee einer „nobilitas naturalis" Zentralbank, Stiftungen sowie Bildungswesen zum Verzeichnis der „clercs" hinzu.[838] Es sind diese „clercs" Röpkes, eine Art säkulärer Kleriker,[839] die für die Schaffung und den Erhalt der Ordnung unerlässlich sind. Die Wissenschaft soll dabei „die Wahrheit vertreten".[840] Diese für die Gesellschaft zentrale Aufgabe,

---

830 Vgl. Röpke (1944/1979), S. 178.
831 Röpke (1944/1979), S. 179.
832 Vgl. Röpke (1958a), S. 314–315.
833 Vgl. Röpke (1944/1979), S. 182–188.
834 Vgl. Röpke (1944/1979), S. 193–216.
835 Für die besondere Rolle der Medien in einer freiheitlichen Ordnung vgl. Horn (2006a), S. 4–9.
836 Vgl. Röpke (1944/1979), S. 222–235.
837 Für den Hinweis auf die Einschränkung, dass die Analogie zur Bürgergesellschaft nur gilt, wenn die „nobilitas naturalis" inklusiv formuliert ist, bin ich Prof. Dr. Joachim Zweynert dankbar.
838 Vgl. Röpke (1958a), S. 197.
839 Für eine etymologische Erläuterung des Begriffs „clerc" vgl. Peukert (1992), S. 28–29.
840 Röpke (1944/1979), S. 229. Für eine Kritik an den möglicherweise zu hohen Erwartungen Röpkes an das Einbringen wissenschaftlicher Objektivität durch die akademischen Institutionen vgl. Zöller (1999), S. 35.

die wegen der Relevanz des Forschungsgegenstandes besonders den Sozialwissenschaften zufällt, ist bei einer Vereinnahmung durch den Staat sowie aufgrund der zunehmenden Belastungen durch nicht-akademische Tätigkeiten in permanenter Gefahr.[841] Analog verhält es sich mit dem Richter, der wiederum der „überstaatlichen Majestät des Rechtes"[842] verpflichtet sein soll und deshalb als „Wall gegenüber unerträglicher Willkür und Tyrannis"[843] aufzurichten ist. Die Presse schließlich kann als „unbequemstes Hindernis eines Gewalt- und Willkürregiments"[844] dienen und ist bei Abweichung von den legitim-genössisch-dezentralistischen Grundsätzen wie die anderen beiden durch staatliche Vereinnahmung besonders bedroht.[845]

Mit den obigen Ausführungen wurden sowohl das politische Gesamtprogramm als auch das damit harmonierende Staatsverständnis im Rahmen der Ordnungstheorie Röpkes für die weitere Analyse hinreichend erläutert. Als Zusammenfassung dieser Ausführungen kann das Leitbild vom *Staat als Statiker* herausgearbeitet werden: Der Staat hat demnach, zusammen mit den anderen involvierten gesellschaftlichen Akteuren, primär die Aufgabe, für die Stabilität des Fundaments der natürlichen Ordnung von Wirtschaft und Gesellschaft zu sorgen und damit die Voraussetzungen für deren Funktionsfähigkeit immer wieder aufs Neue zu gewährleisten. Röpkes beauftragt also „seinen" Staat insbesondere damit, *Fixpunkte der Statik* zu bieten und deren Tragfähigkeit zu jedem Zeitpunkt zu überprüfen – damit sich auf der Basis dieser Statik die vielfältige Dynamik von Wirtschaft und Gesellschaft entfalten kann.[846] Im folgenden Abschnitt sollen nun diese Leitideen mit denen Euckens verglichen werden.

5.4 Vergleich der Ordnungstheorien

Vor dem Übergang zur komparativen Analyse der Ordnungstheorien und der darin enthaltenen politischen Ökonomien Euckens und Röpkes erscheint es angebracht, hier zunächst die Beziehung zwischen den beiden Topoi wegen ihrer bereits erläuterten Kompassfunktion zu diskutieren.

Wie auch bei den anderen Autorenpaaren in dieser Studie, ist die Zuordnung eines Autors zu seinem Topos nicht eindeutig. Dies bedeutet, dass die Frage der Macht auch bei Röpke thematisiert wird,[847] und ebenso behandelt Eucken soziologische

---

841 Vgl. Röpke (1944/1979), S. 230.
842 Röpke (1944/1979), S. 231.
843 Röpke (1944/1979), S. 231.
844 Röpke (1944/1979), S. 233.
845 Vgl. Röpke (1944/1979), S. 232–235.
846 Für die besondere Notwendigkeit statischer Elemente in einer Ordnungstheorie im Zeitalter von Globalisierung und Digitalisierung vgl. Kolev (2016), S. 16–21.
847 Vgl. bspw. Röpke (1945/1979), S. 39–40.

Phänomene wie etwa die Vermassung.[848] Allerdings kann deutlich festgestellt werden, dass die Bedeutung, die der Topos für den betreffenden Autor hat, wesentlich größer ist als für den jeweils anderen Denker. Somit ist auch hier zu wiederholen, dass es sich bei den formulierten Hypothesen um den *Haupt*topos des untersuchten Ökonomen handelt, was keinesfalls so zu verstehen ist, dass andere Argumentationsmuster von ihm nicht angewendet werden.

Die inhaltliche Beziehung der beiden Kategorien „Macht" und „soziale Kohäsion" ist nicht von gegenseitiger Orthogonalität, sondern von Überschneidungen gekennzeichnet.[849] Im Röpke'schen Sinne ist es etwa kaum vorstellbar, dass eine freiheitliche und kohäsive Gesellschaft durch private Vermachtungen oder durch einen omnipotenten Staat gekennzeichnet wäre. Wiederum ist Kohäsion der kleinen Regelkreise sowie der internationalen Integration im Eucken'schen Sinne entmachtend, da eine Gesellschaft, die viele Lösungen subsidiär und/oder über globale Vernetzung findet, darauf verzichten kann, diese Bereiche auf die politische Agenda zu setzen: Letztere ist immer mit der Macht des Staates und/oder privater Gruppen verbunden.

Als weitere Gemeinsamkeit der beiden Topoi-Kategorien kann angeführt werden, dass sowohl Eucken als auch Röpke die Topoi in ihrer positiven Analyse *und* zur Formulierung ihrer normativen Leitidee – also auch für den von ihnen als wünschenswert umrissenen Staat – verwenden. So begnügt sich Eucken nicht mit der Analyse bestehender Machtbeziehungen, sondern formuliert darüber hinaus die normative Leitidee für eine entmachtete Wettbewerbsordnung. Auch Röpke verfasst eine klar normative Empfehlung für sein Wirtschafts- und Gesellschaftsideal. Somit sind die Kategorien sowohl auf einer positiven als auch auf einer normativen Ebene angesiedelt.

Trotzdem unterscheiden sich die Topoi, und dies nicht nur in Nuancen. Euckens Stoßrichtung beziehen sich primär auf die Beziehungen innerhalb der *Wirtschaftsordnung* und hat – im Sinne des in Abschnitt 5.2.2 diskutierten Konzeptes des Datenkranzes – nicht in demselben Ausmaße den Anspruch, die anderen gesellschaftlichen Teilordnungen zu entmachten. Bei Röpke drängt sich hingegen der Eindruck auf, dass er sich – so auch im Topos der *sozialen* Kohäsion – primär für die Gestaltung der Beziehungen innerhalb der *Gesellschaftsordnung* interessiert und erst an zweiter Stelle für die darin eingebettete, im Verlauf seines Werkes immer mehr in den Hintergrund tretende Wirtschaftsordnung.

Eine mit der in dieser Studie vertretenen Auffassung verwandte Hypothese aus der Sekundärliteratur – die allerdings hier nicht im Detail überprüft und deshalb lediglich hier bei der kategorialen Analyse der Topoi erwähnt wird – besagt, dass der Unterschied auch darin gesehen werden kann, dass Eucken seine Theorie als der *exakte und systematische Ökonom* um die Frage der Macht aufspannt, während Röpke in seinem mittleren und späten Werk als der *weniger exakte und oft auch*

---

848 Vgl. bspw. Eucken (1952/2004), S. 16–17.
849 Für das Konzept der orthogonalen Positionierung vgl. Pies (2001), S. 130–131.

unsystematischere Sozialphilosoph auftritt, der die soziale Kohäsion in den Mittelpunkt seiner Analyse stellt.[850]

5.4.1 Ähnlichkeiten

Wie in der Einleitung dieses Autorenvergleichs angesprochen, bestehen zahlreiche biografische Parallelen zwischen Eucken und Röpke. Diese werden am Ende dieses Abschnittes soweit thematisiert, als sie für das Verständnis und die Evolution beider Systeme von Belang erscheinen. Im Vordergrund der Analyse stehen aber die beiden Ordnungstheorien als solche und das darin eingebettete jeweilige Staatsverständnis. Die Erörterung ihrer Ähnlichkeiten umfasst zwei größere Teilabschnitte: Erstens die inhaltlichen Überschneidungen und zweitens die methodischen Gemeinsamkeiten beim Entwurf der zwei politischen Ökonomien – bei Letzterem einschließlich der Wandlungen in der biografisch-intellektuellen Verortung beider Autoren.

Vor dem Übergang zur detaillierten komparativen Analyse der Rolle des Staates bei beiden Ordoliberalen gilt es zunächst, die offenkundigen Ähnlichkeiten der zugrunde liegenden Ordnungsentwürfe festzustellen, in deren Gestaltung und Umsetzung der Staat als Akteur einfließt. Die Autoren konzipieren in ihren Theorien – wie aus den Ausführungen und Abbildungen in den obigen Abschnitten deutlich geworden ist – Ordnungsschemata bezüglich der möglichen Formen in einer Ökonomie. Diese sind sich in ihrem Grundaufbau durchaus ähnlich: Beide sehen die für den Neoliberalismus insgesamt konstitutive[851] Unterscheidung zwischen Wirtschaften, die auf einem einheitlichen Plan (Eucken: zentralgeleitete Wirtschaft, Röpke: Kommandowirtschaft) oder aber auf zahlreichen Plänen (Eucken: Verkehrswirtschaft, Röpke: Marktwirtschaft) basieren. Eucken stellt hierbei in den *Grundlagen* die Anzahl der zu erstellenden Pläne als Kriterium auf, das Röpke direkt von ihm übernimmt.[852] Eher ein Nuancenunterschied ist, dass Röpke – diesmal in expliziter Abgrenzung von Eucken –[853] die Eigenwirtschaft als eigenständige dritte Form definiert, während sie bei Eucken neben der Zentralverwaltungswirtschaft die zweite Unterform der zentralgeleiteten Wirtschaft darstellt.[854]

---

850 Für diese komplementäre Hypothese bin ich wieder Dr. Tim Petersen dankbar. Für deren ausführliche Aufstellung und Überprüfung vgl. Petersen (2003).

851 Für die in der Sekundärliteratur vertretene These, dass diese dichotome Unterscheidung konstitutiv für den Neoliberalismus insgesamt ist, vgl. Wegmann (2002), S. 141 und S. 148–149.

852 Vgl. Röpke (1944/1979), S. 89.

853 Für Röpkes explizite Abgrenzung von Euckens Ansatz bzgl. der Eigenwirtschaft vgl. Röpke (1944/1979), S. 89–90.

854 Für die spätere Relativierung, dass der Eigenwirtschaft in seiner Zeit nur eine ergänzende Rolle zukommt, vgl. Röpke (1950), S. 11–12.

Sowohl Eucken als auch Röpke teilen beim Entwurf dieser Schemata die Unterscheidung Max Webers von Ideal- und Realtypen: Eucken formuliert sie explizit, während sie sich bei Röpke durch die Differenzierung in reine Formen (auch: philosophische Kategorie, Prinzip oder Wesen) und entartete Erscheinungsformen (auch: historische Kombination) mittelbar ergibt.[855] Die Gegenüberstellung der Ausdrücke in den Klammern wird besonders an der Darstellung der Kapitalismus-Problematik deutlich: Während die Verkehrs- bzw. Marktwirtschaft eine idealtypische, reine Form ist, stellt der Kapitalismus für Eucken und Röpke eine realtypische, historische Erscheinungsform des 19. und 20. Jahrhunderts dar, die als reale Kombination wettbewerblicher, monopolistischer sowie kommandowirtschaftlicher Elemente zu verstehen ist. Ein letzter im Zusammenhang mit den Ordnungsschemata wichtiger komparativer Punkt ist die Stellung des Begriffs „Wettbewerbsordnung" im jeweiligen Werk. Beim „späten" Eucken ist sie – wie oben ausführlich geschildert – die zentrale, in den *Grundsätzen* entwickelte wirtschaftspolitische Zielvorstellung mit den dazugehörigen Prinzipienkatalogen. Bei Röpke steht sie auch als Synonym für die reine Form Marktwirtschaft, der ebenfalls eine bedeutende Stellung zukommt, ohne allerdings mit der noch umfassenderen Röpke'schen Zielvorstellung der vital befriedigten Marktwirtschaft kongruent zu sein.

Ein weiterer ordnungstheoretischer Aspekt, den Eucken und Röpke gemeinsam haben und der in Abschnitt 5.3.1 bereits angerissen wurde, ist das Denken in interdependenten Ordnungen, welches ihren Leitideen von Wirtschaft und Gesellschaft an zentraler Stelle zugrunde liegt. Beide sehen die Wirtschaftsordnung als Teilordnung der Gesellschaft, die in vielfacher, wechselseitiger Abhängigkeit mit den anderen gesellschaftlichen Teilordnungen steht. Demnach muss für ordnungstheoretisch denkende Ökonomen nicht nur das Feld der wirtschaftlichen Beziehungen erörtert werden, sondern es sind parallel auch die darüber hinausgehenden Beziehungen der Ökonomie „nach außen" in die Analyse einzubeziehen. Eucken spricht von den Interdependenzen zu den „übrigen Lebensordnungen",[856] Röpke von der Einbettung in eine „höhere Gesamtordnung"[857] oder dem „festen Zuordnungsverhältnis"[858] zwischen den gesellschaftlichen Teilungen. Die aus der Interdependenz der Ordnungen ableitbare These, dass wirtschaftliche Freiheit für den freiheitlichen Charakter einer Gesellschaftsordnung zwingend notwendig ist, bildet einen wesentlichen Unterschied

---

855 Für diesen methodischen Aspekt bei Eucken vgl. Goldschmidt (2002), S. 50–54, sowie bei Röpke vgl. Peukert (1992), S. 98.

856 Eucken (1952/2004), S. 14. An dieser speziellen Wortwahl wird deutlich, dass die Eucken'sche Ordnungstheorie in einer gewissen Kontinuität zur Lebensphilosophie seines Vaters Rudolf Eucken steht und damit kein rigoroser Bruch mit den väterlichen Positionen und den eigenen frühen Publikationen in der Zeitschrift *Der Euckenbund/Die Tatwelt* zu sehen ist. Für diese Kontinuitätsthese vgl. Goldschmidt (2002), S. 80–91. Für die gegenteilige Emanzipationsthese vgl. Pies (2001), S. 8–31. Für eine Darstellung der Lebensphilosophie und zum Beitrag Rudolf Euckens vgl. Hirschberger (1949/2007), Band 2, S. 571–587.

857 Röpke (1958a), S. 19.

858 Röpke (1942/1979), S. 143.

zwischen Eucken und Röpke einerseits und anderen wichtigen europäischen Liberalen dieser Epoche andererseits, wie sich beispielhaft aus der Korrespondenz Röpkes mit Benedetto Croce ergibt.[859]

Auf dieser vergleichbaren ordnungstheoretischen Basis kann nun zur Hauptfrage übergegangen werden: Welche Gemeinsamkeiten im Staatsverständnis lassen sich aus den Systemen Euckens und Röpkes rekonstruieren? Zunächst soll hierzu ihr allgemeines Leitbild für die vom Staat zu verfolgende Politik beleuchtet werden, das als übergeordnete „Klammer" zu einem nicht unerheblichen Teil die weiteren Aspekte für die Rolle des Staates beeinflusst. Sowohl Eucken als auch Röpke postulieren nämlich, dass der Wirtschaftspolitik stets eine ordnungspolitische Gesamtentscheidung zugrunde liegen soll.[860] Dies bedeutet in der Terminologie der modernen Verfassungsökonomik, dass auf der konstitutionellen Ebene eine umfassende Politikvorstellung festzuschreiben ist, an der anschließend auf der sub-konstitutionellen Ebene alle weiteren wirtschaftspolitischen Handlungen auszurichten sind.[861] Das Durchsetzen einer solchen langfristigen Denkweise in der Wirtschaftspolitik – seitdem ein zentrales Ziel der Ordoliberalen –[862] bietet die für beide Autoren ausgesprochen wertvolle Garantie, dass wirtschaftspolitischer Punktualismus verhindert und außerdem den der Gesamtentscheidung zuwiderlaufenden Partikularinteressen nur seltener stattgegeben wird. Die Leitideen Euckens und Röpkes stehen damit im Zeichen des Primats der Ordnung, welches für die Ausgestaltung und die Umgrenzung der Wirtschaftspolitik gerade im alltäglichen Politikbetrieb von entscheidender Bedeutung werden soll. Dies bedeutet konkret, dass stets zwischen Wirtschaftsordnung und Wirtschaftsprozess zu unterscheiden ist und der Staat (vor allem) auf der Ordnungs- und nur in begründeten Ausnahmen auf der Prozessebene aktiv werden darf – eine zentrale Leitplanke des ordoliberalen „dritten Weges",[863] der so durch die Antithese Laissez-faire versus Kollektivismus führen soll.[864]

Neben diesem Primat der Ordnungspolitik gegenüber der Prozesspolitik kann bezüglich der Betätigung des Staates außerdem angemerkt werden, dass aus beiden Systemen das Plädoyer für eine positive Wirtschaftspolitik abgeleitet werden kann. Damit grenzen sich Eucken und Röpke – wie weiter unten ausführlicher dargelegt wird – nach

---

859 Vgl. Röpke (1976), S. 68–69.

860 Vgl. Eucken (1952/2004), S. 250–251 sowie Röpke (1950), S. 10–11.

861 Vgl. Vanberg (1998/1999), S. 223–228. Für das Beispiel einer solchen Gesamtentscheidung im Fall der Erhard'schen Währungs- und Wirtschaftsreform vom Juni 1948 vgl. Röpke (1950), S. 17–18.

862 Für die Wirkung des Freiburger Schule auf die Nachkriegsentwicklung der Bundesrepublik vgl. Lenel (1989/2008), S. 310–311 sowie Schlecht (1992), S. 89–100.

863 Röpke gehört im deutschsprachigen Raum zu den Vätern des Begriffs „dritter Weg" innerhalb des neoliberalen Kontextes, vgl. Röpke (1937/1954), S. 297. Für eine Kritik an den verschiedenen Konzeptionen vom „dritten Weg", auch im Zusammenhang mit der Erhard'schen Sozialen Marktwirtschaft, vgl. Klaus (2000), S. 107–111.

864 Für die Erläuterung des „dritten Weges" als Synthese aus der antithetischen Beziehung zwischen Kapitalismus und Sozialismus vgl. Wegmann (2002), S. 146–156.

eigenem Bekunden von der Vorstellung der Klassik ab, die in ihren Augen eine negative Politik, d. h. die Beseitigung von Hemmnissen für die Marktakteure, als hinreichend ansieht.[865] Stattdessen wird im ordoliberalen Staatsverständnis auf das Zusammenspiel wirtschaftspolitischer Akteure abgestellt, die im Sinne einer positiven Politik bewusst Institutionen schaffen: Dies wird sowohl im Eucken'schen Programm für die Wettbewerbsordnung als auch im Röpke'schen Programm für den anthropologisch-soziologischen Rahmen der natürlichen Ordnung deutlich.[866] Die Funktionsfähigkeit der politischen Institutionen und ihrer Wirkungsmechanismen muss sich bei der Ausgestaltung des Ordnungsrahmens bewähren. Das ordoliberale Leitbild ist also gewissermaßen einem bedingten Laissez-faire – d. h. Freiheit innerhalb des durch die positive Wirtschafts- und Gesellschaftspolitik institutionalisierten Ordnungsrahmens – verpflichtet.[867] In der Begriffswelt der heutigen Verfassungsökonomik lässt sich dieses Leitbild als ein „laissez-faire within rules" bezeichnen.[868]

Nachdem damit der ordoliberale Politikansatz prozedural charakterisiert wurde, stellt sich die Frage nach der notwendigen strukturellen Ausgestaltung eines Staates, der diese langfristig orientierte, an Grundsätze gebundene Politik durchführen soll. Zuerst soll hierbei das Verhältnis zur Demokratie erläutert werden. Beide Autoren nehmen diese Staatsform als allen Alternativen überlegen wahr.[869] Allerdings stellen sie bei ihrer konkreten Ausgestaltung besonderen Handlungsbedarf fest. Ein zentrales Problem, das sowohl Eucken als auch Röpke sehen, liegt in der Vermassung – ein Begriff, der sowohl in den *Grundsätzen* als auch in der *Gesellschaftskrisis* am Anfang der Erörterungen steht.[870] Vor dem Hintergrund des jeweiligen Topos wird klar, warum das Phänomen der Vermassung eine Schwierigkeit für das Gelingen einer demokratischen Staatsverfassung darstellt. Eucken diskutiert es in direktem Zusammenhang mit der Vermachtung, also der Übernahme des Staates und seiner Willensbildung durch Partikularinteressen.[871] Vermassung wird möglich, weil eine Gesellschaft, die versucht, die von Eucken als unabdingbar erachteten Klassen abzuschaffen,[872] ihrer als ebenso unverzichtbaren betrachteten geistigen Führungsschicht

---

865 Für Euckens Betonung des positiven Charakters der Politik der Wettbewerbsordnung vgl. Eucken (1952/2004), S. 255. Für Röpkes Darstellung der Notwendigkeit einer positiven Politik vgl. Röpke (1944/1979), S. 75–79 sowie Röpke (1948/1979), S. 142–147.

866 Für die These, dass die Notwendigkeit positiver Wirtschaftspolitik bei den Ordoliberalen der entscheidende Unterschied im Vergleich zur Sozialphilosophie der Klassik ist, vgl. Starbatty (2002), S. 256.

867 Vgl. Röpke (1942/1979), S. 365.

868 Für eine Verknüpfung des ordoliberalen Begriffssystems mit neueren angelsächsischen Ansätzen vgl. Kolev (2015a), S. 436–439 sowie Zweynert/Kolev/Goldschmidt (2016).

869 Für das besondere Demokratieverständnis neoliberaler Theoretiker vgl. Wegmann (2002), S. 194–196.

870 Vgl. Eucken (1952/2004), S. 18 sowie Röpke (1944/1979), S. 23.

871 Vgl. Eucken (1952/2004), S. 186.

872 Vgl. Eucken (1952/2004), S. 188.

beraubt wird.[873] Damit entsteht das, was Röpke „die moderne Massengesellschaft"
nennt.[874] Aus dessen gesellschaftlichen Idealvorstellung geht hervor, dass er – ähnlich
wie Eucken – feste horizontale und vertikale soziale Strukturen für unerlässlich hält,
damit eine Gesellschaft nicht der Vermassung anheimfällt und somit für die Demokratie untauglich wird. Der Bezug zum Röpke'schen Topos der sozialen Kohäsion
ergibt sich auch hier unmittelbar.

Ergänzend kann die These aufgestellt werden, dass Eucken und besonders Röpke
ein Staats- und Gesellschaftsverständnis haben, das – trotz der Betonung der Notwendigkeit vertikaler Stützen – der heutigen Vorstellung einer Bürgergesellschaft
recht nahe kommt.[875] Das wird besonders in der Diskussion über die ordnenden
Potenzen (Eucken) bzw. über die „clercs"/Gegengewichte des Staates (Röpke) deutlich. Auch wenn sie nicht die gleichen Akteure für die wünschenswerte gesellschaftliche Arbeitsteilung auswählen, was im nächsten Abschnitt als Unterschied noch
einmal komparativ erläutert wird, sehen sie doch die Notwendigkeit einer Demokratie, auf vielfältigen Stützen zu ruhen. So betont Eucken, ganz ähnlich dem Röpke'-
schen „liberalism from below", dass seiner Auffassung nach die Stützen einer freiheitlichen Gesellschaft „von unten her" aufgebaut werden müssen, durch „Familien,
spontan entstandene lokale Selbstverwaltungskörper, Genossenschaften usw."[876]
und nicht von Staats wegen, sondern „aus spontanen Kräften"[877] heraus. Die Wissenschaft, womit primär die Sozialwissenschaften gemeint sind, gehört wie in den vorausgegangenen Abschnitten erläutert bei beiden zu den unverzichtbaren Akteuren
des politischen Lebens, die den demokratischen Prozess begleiten sollen. Das macht
gleichzeitig deutlich, dass sich sowohl Eucken als auch Röpke von diesen komplementären Kräften – die einer Kombination aus Eliten und Akteuren der Bürgergesellschaft gleichkommen – eine Stütze und gleichzeitig eine Beschränkung für die
Demokratie erhoffen, in der Exzesse vermieden werden und vor allem die Einhaltung
der für notwendig befundenen Prinzipien garantiert wird soll.[878]

Nachdem herausgearbeitet wurde, dass sowohl der Aufbau der beiden Ordnungstheorien als auch der Platz und die Struktur des Staates innerhalb dieses
Geflechts wichtige Parallelen aufweisen, stellt sich nun die Frage, ob diese inhaltlich ähnlichen Ergebnisse auch mit verwandten Methoden erzielt wurden. Als erste

---

873 Für die Problematik der beschleunigten Zirkulation dieser Schichten vgl. Eucken (1952/2004),
S. 17.
874 Vgl. Röpke (1958a), S. 56 sowie Röpke (1961), S. 7–8.
875 Für eine davon abweichende Darstellung des Verhältnisses Staat-Gesellschaft bei Eucken, die
allerdings nur auf die *Staatlichen Strukturwandlungen* Bezug nimmt, vgl. Voigt (2000), S. 129–132.
876 Eucken (1948d), S. 117.
877 Eucken (1948d), S. 118.
878 Euckens posthumes Werk von 1952 ist schon im Titel solchen Grundsätzen gewidmet. Röpke
spricht ebenso von „bestimmten Regeln und festen Prinzipien", die als Schranken der Wirtschaftspolitik zu verstehen sind, vgl. Röpke (1944/1979), S. 309. Für die inhaltliche Auflistung eines solchen
Prinzipienkatalogs vgl. Röpke (1997), S. 50–59.

der methodischen Gemeinsamkeiten kann eindeutig ausgemacht werden, dass beide Autoren einen sehr ähnlichen Umgang mit Normativität in ihren Schriften pflegen.[879] Eucken und Röpke sind stets explizit bei der Formulierung ihres normativen Ausgangspunkts innerhalb einer auf Freiheit beruhenden Sozialphilosophie.[880] Zwar sind beide vorsichtig, was das Etikett „neoliberal" betrifft – obwohl Röpke in den 1930er-Jahren maßgeblich an der Prägung des Begriffs beteiligt ist.[881] Der Wert der Freiheit bildet aber trotz der Frage nach der richtigen Liberalismus-Begrifflichkeit zweifellos den Kern ihrer Idealvorstellungen der funktionsfähigen und menschenwürdigen Wettbewerbsordnung (Eucken) bzw. der vital befriedigten Marktwirtschaft (Röpke). Auch kann die These aufgestellt werden, dass beiden in der Terminologie von Isaiah Berlin[882] eine Kombination aus Elementen des negativen und des positiven Freiheitsverständnisses gemein ist. Im Sinne der positiven Freiheit („Freiheit zu") ist demnach der gewünschte Weg zu den beiden menschenwürdiges Leben ermöglichenden Idealvorstellungen, die sich im Verständnis der beiden Ordoliberalen nicht automatisch bei der Herstellung negativer Freiheit („Freiheit von") etablieren. Trotz der zweifellos vorhandenen negativen Komponenten bei Eucken (im Topos und dem Ziel der Entmachtung sichtbar) ist Freiheit für Eucken und besonders für Röpke nicht ausschließlich ein negatives Konzept im Sinne der Freiheit von Zwang – im Gegensatz zu den beiden österreichischen Ökonomen dieser Studie.[883] Dass Freiheit für Eucken und Röpke den obersten Wert darstellt, bedeutet allerdings nicht, dass sie andere mögliche gesellschaftliche Werte wie etwa die soziale Gerechtigkeit ablehnen. Vielmehr stellen sie die Behauptung auf, dass ihre ordnungspolitischen Antworten sowohl „freier" als auch „gerechter" sind als die denkbaren alternativen Vorschläge.[884] Zusammenfassend kann also festgehalten werden, dass beide Autoren der Forderung Max Webers nach Werturteilsfreiheit nur dahingehend folgen, dass sie für den Leser explizit deutlich machen, dass ihre Gebäude normativ beladen sind, womit der Leser die Entscheidung hat, sich den zugrunde liegenden Werten anzuschließen und im Anschluss die weiteren Schritte in Diagnose und Therapie mit den Autoren zu gehen, oder aber bei Nichtkongruenz der Werte sich gleich zu Beginn

---

879 Für die Bedeutung der Methodologie für die theoriegeschichtliche Forschung vgl. Helmstädter (1984/2002), S. 7–9.

880 Für den normativen Gehalt der Ordnungstheorie vgl. Kliemt (1991/1992) sowie Vanberg (1997).

881 Für Euckens kritischen Umgang mit den Begriffen „liberal" und „neoliberal" in den *Grundsätzen* vgl. Eucken (1952/2004), S. 374–375. Röpke distanziert sich in den späteren Auflagen seiner *Lehre* ebenfalls zunehmend von der früheren eigenen, aber zu möglichen Missverständnissen verleitenden Begrifflichkeit des „dritten Weges", vgl. Röpke (1937/1954), S. 291–301. Den Begriff „liberal" selbst empfindet er, wie Eucken, als nicht uneingeschränkt passend für seine eigenen Positionen, vgl. Röpke (1976), S. 165.

882 Vgl. Berlin (1958/1969), S. 121–127.

883 Für diesen Hinweis bin ich Prof. Dr. Nils Goldschmidt dankbar.

884 Vgl. Eucken (1952/2004), S. 315–317, Röpke (1942/1979), S. 363–364 sowie Röpke (1944/1979), S. 395–396.

der Analyse zu verabschieden. Werturteile in den Sozialwissenschaften erscheinen Eucken und Röpke schlicht unverzichtbar, zumal in ihrer in totalitären Ideologien erstickenden Zeit.[885]

Von Relevanz in Bezug auf das methodische Vorgehen ist zudem die ähnliche Handhabung des Schumpeter'schen Postulats des methodologischen Individualismus.[886] Grundsätzlich teilen beide die Bestrebung, soziale Phänomene zu entmystifizieren und auf das Verhalten Einzelner zurückzuführen. In diesem Zusammenhang kann auch die bereits erläuterte Ablehnung des Kapitalismus-Begriffs gesehen werden: Beide weigern sich, diesem „Götter-, Riesen- und Geisterglauben"[887] oder „dem Einfluß der marxistischen Propaganda"[888] zu folgen und verwerfen den Begriff des Kapitalismus als für ihre Analyse nicht operational. Eucken spricht in diesem Zusammenhang über unzulässige Hypostasen und über „ein selbstkonstruiertes Wesen, eine mythische Gestalt",[889] Röpke vom logischen Fehler des Begriffsrealismus, der auftritt, wenn einer überpersönlichen Entität menschliche Eigenschaften zugeschrieben werden.[890] Allerdings kann bei genauer Lektüre der Werke festgestellt werden, dass beide Autoren durchaus ein Denken in Aggregaten oder makroökonomischen Größen nicht vollständig vermeiden (wollen). Dies wird besonders in den Ausführungen zur Theorie der Zentralverwaltungswirtschaft bei Eucken[891] und zu gesellschaftlichen Vorgängen oder Konjunkturprozessen bei Röpke[892] deutlich. Insgesamt kann also das Vorgehen in diesem Punkt als undogmatisch bezeichnet werden: Wo die Autoren eine Existenz von genuin kollektiven Phänomenen vermuten, sind sie bereit, an diesen Stellen vom methodologischen Individualismus Abstand zu nehmen.

Die Gemeinsamkeiten zwischen den Ordnungstheorien Euckens und Röpkes werden nun mit einer Übersicht zur Positionierung dieser Theorien gegenüber drei intellektuellen Strömungen abgeschlossen, die zum weiteren Verständnis der Theorien hilfreich sind: Es handelt sich dabei um die Verortung beider Ordnungstheorien gegenüber der Historischen Schule, dem Marxismus (einschließlich der jeweiligen Kritik an der Planwirtschaft) und dem klassischen Liberalismus des 19. Jahrhunderts.

Die Historische Schule bildet, allein aufgrund der Dauer ihrer Existenz und der zahlreichen in ihr vertretenen Forscher-Generationen, keine homogene Entität:

---

885 Für die Unerlässlichkeit der Normativität in den Sozialwissenschaften vgl. Eucken (1952/2004), S. 341–342 sowie Röpke (1944/1979), S. 151–161.

886 Für die Unerlässlichkeit des methodologischen Individualismus für die individualistische Theoriebildung vgl. Vanberg (1975), S. 4–7 und S. 260–264.

887 Eucken (1952/2004), S. 18.

888 Röpke (1942/1979), S. 162.

889 Eucken (1952/2004), S. 206.

890 Vgl. Röpke (1942/1979), S. 339.

891 Vgl. Eucken (1952/2004), S. 84–92.

892 Vgl. Röpke (1944/1979), S. 243–246 sowie Röpke (1958a), S. 263–270.

Deshalb ist bei der Rekonstruktion ihrer eigenen Geschichte die Dreiteilung in Ältere Schule, Jüngere Schule sowie Neohistoristen sinnvoll.[893] Eucken und Röpke genießen beide eine schwerpunktmäßig historistische Ausbildung, die bei dem acht Jahre älteren Eucken länger ausfällt, was auch Teile ihres Frühwerkes kennzeichnet. Später allerdings, zunächst durch die Theoriedebatten im Kreis der sogenannten Ricardianer[894] und dann durch das Formulieren eigener methodischer Positionen, emanzipieren sie sich vom Historismus.[895] Wie in Abschnitt 5. 4.2 zu zeigen sein wird, ist Eucken der methodisch Präzisere, weshalb auch seine Kritik im Hinblick auf die Vorgehensweise der Historischen Schule ausführlicher und expliziter ausfällt. Ende der 1930er-Jahre, also noch vor dem Erscheinen der *Grundlagen*, formuliert er eine Historismus-Kritik, die sich sowohl gegen die zentralen inhaltlichen Aspekte der Schule – Fortschrittsglaube und Relativismus – als auch gegen das Haupt der Jüngeren Schule – Gustav Schmoller – richtet.[896] Trotz dieser unversöhnlichen Position und dem starkem Emanzipationsbestreben Euckens wird in verschiedenen Publikationen der Sekundärliteratur auf die Kontinuität zwischen der Historischen Schule und dem Ordoliberalismus hingewiesen, die sich u. a. im starken Fokus auf das Komplexfeld der Macht oder im gemeinsamen Wunsch nach einer Überwindung der „großen Antinomie" zwischen historischer und theoretischer Ausrichtung manifestiert.[897] Bei Röpke ist die Kritik nicht minder deutlich, spricht er sich doch auch vehement gegen den historistischen Relativismus und Positivismus aus und vermutet in ihnen Quellen für das „Ruinieren" der vom Historismus ergriffenen Sozialwissenschaften.[898] Wichtig ist in diesem Zusammenhang allerdings, dass sowohl Eucken als auch Röpke ihre Theorien durchaus mit einem Raum- und Zeitbezug aufstellen. Euckens bemerkenswert mutiger, weil klar freiheitlicher Beitrag im Band der *Akademie für Deutsches Recht* von 1942 verdeutlicht, welche überragende Rolle die konkreten Probleme der Zwischenkriegs- und Kriegszeit in Deutschland und Europa für die Entwicklung seiner ordnungstheoretischen und ordnungspolitischen Ideen spielen.[899] Bei Röpke wird der Zeitbezug schon unmittelbar aus dem Titel der *Gesellschaftskrisis der Gegenwart* deutlich. Gerade hier besteht aber ein Spannungsfeld, gewissermaßen eine Röpke'sche Antinomie, da als eines der herausragenden Kennzeichen seines Denkens die Konstanz seiner Anthropologie zu sehen ist.[900] Auch Euckens Menschenbild ist losgelöst von Raum und Zeit, er betont häufig etwa den stets und überall

---

893 Für eine Übersicht zu den Entwicklungen innerhalb der Historischen Schulen vgl. Rieter (1994/2002), S. 133 und S. 142–164.

894 Vgl. Janssen (1998/2009), S. 34–48, Janssen (2009), S. 107–115 sowie Köster (2011), S. 222–228.

895 Für eine Übersicht zum frühen theoretischen Werk Röpkes vgl. Schüller (2003), S. 25–31.

896 Vgl. Eucken (1938) sowie Eucken (1940).

897 Vgl. Rieter (1994/2002), S. 159, Peukert (2000), S. 120–127 sowie Schefold (2003), S. 103–115.

898 Vgl. Röpke (1942/1979), S. 130.

899 Vgl. Eucken (1941/1942), S. 30–32 und S. 47.

900 Vgl. Röpke (1944/1979), S. 158–159.

vorhandenen menschlichen Trieb zur Macht.[901] Der Raum- und Zeitbezug der ordoliberalen politischen Ökonomien aber, der hier trotz des überzeitlichen Menschenbildes deutlich wird, spielt eine besondere Rolle, wenn es um die Abgrenzung des
Ordoliberalismus zur Österreichischen Schule geht. Letztere, besonders im Umkreis
von Mises, erhebt einen deutlich allgemeineren Erklärungsanspruch, wie die Lektüre
von dessen 1940, mitten im Weltkrieg, erschienener *Nationalökonomie* leicht deutlich macht, auch wenn Mises in anderen Werken die Rolle von Historizität in seiner
Ordnungstheorie klarer herausarbeitet.[902] Die Dringlichkeit, welche die ordoliberalen Schriften Euckens, Röpkes, aber auch von „Hayek II" sowie anderer Denker ihrer
Generation auszeichnet,[903] ist somit ein zentrales Charakteristikum ihrer Theorien
und macht möglicherweise auch verständlich, warum bei den Politikempfehlungen
die ordnungstheoretische Stringenz – etwa beim Primat der Ordnung und der Ordnungspolitik – nicht immer eingehalten wird. In diesem Punkt bilden die Ordoliberalen also gewissermaßen eine Brücke zwischen der Historischen Schule, von der
sie sich zunehmend emanzipieren, und der Österreichischen Schule, zu der sie als
liberale Theoretiker einen besonderen Bezug haben.

Eine weitere theoriestrategische Ähnlichkeit zwischen Eucken und Röpke
besteht in der Positionierung ihrer Ordnungstheorien gegenüber dem Marxismus. Die
Haltung diesem gegenüber ist entschieden ablehnend: Laut der Einschätzung Franz
Böhms geht es dem Ordoliberalismus sogar am dringlichsten darum, sich gerade mit
Marx und dessen intellektuellem Erbe auseinanderzusetzen.[904] Die Divergenzen sind
dabei inhaltlicher sowie methodischer Natur, allerdings liegt der Fokus Euckens und
Röpkes darauf, die wirtschaftspolitische Diskussion von den Marx'schen Determi-
nismen zu befreien und an deren Stelle das Denken in frei setzbaren und gestaltba-
ren Ordnungen zu stellen. So bezieht Eucken Marx auch in seine Historismus-Kritik
ein und bezeichnet ihn zwar nicht als Vertreter der Historischen Schule, aber wegen
dessen Denken in deterministischen gesellschaftlichen Vorgängen als einen der
mächtigsten und wirkungsvollsten Historisten.[905] Auch Röpke argumentiert in seinen
Werken stets gegen den Determinismus des Marxismus und dessen Kapitalismus-
Mythos.[906] Trotzdem lässt sich auch hier eine gemeinsame Divergenz der Ordoliberalen in der Positionierung im Vergleich zur Österreichischen Schule rekonstruieren. Anders als etwa Mises, der die Kategorien des Marxismus für nichtig und

---

901 Für eine gelungene Darstellung des Eucken'schen Menschenbildes vgl. Rembold (2006),
S. 266–280.
902 Vgl. Mises (1957/2005), S. 123–132.
903 Für eine Analyse des Erhard'schen Verständnisses der Sozialen Marktwirtschaft im Sinne eines
Konzeptes für die konkrete wirtschaftspolitische Transformation der Nachkriegszeit vgl. Uzunov
(2009), S. 99–104.
904 Vgl. Böhm (1950), S. LVI–LIX sowie Böhm (1957), S. 97.
905 Vgl. Eucken (1938), S. 66 und S. 80.
906 Vgl. Röpke (1942/1979), S. 218 sowie Röpke (1944/1979), S. 36–37.

unwissenschaftlich erklärt, nehmen die Ordoliberalen sehr wohl das in ihrer Zeit omnipräsente marxistische Vokabular auf und versuchen, gerade dieses aus liberaler Perspektive neu zu besetzen.[907] So sind sowohl die Frage der Vermachtung als auch die Frage der Vermassung und Proletarisierung zentrale Themenfelder für den Marxismus und es ist bezeichnend für die diskursive Positionierung der Ordoliberalen, dass gerade diese Fragen zu den Topoi Euckens bzw. Röpkes werden.

Zwar lässt sich bei Marx kein detailliertes Programm für die Verwirklichung seiner Alternative in der Zeit nach der Überwindung der kapitalistischen Marktwirtschaft finden, die später Planwirtschaft genannt wird. Trotzdem stehen viele der späteren Verfechter dieser nicht-marktwirtschaftlichen Ordnungsform selbst in der Nähe des Marxismus, sodass auch die liberale Kritik an der Planwirtschaft durchaus in der Nähe der liberalen Marx-Kritik anzusiedeln ist. Für Eucken und Röpke gehört die Verwerfung der sozialistischen Planwirtschaft – neben ihrem positiven Programm für die Wettbewerbsordnung bzw. die natürliche Ordnung – zum Kernbestandteil ihrer jeweiligen ordnungstheoretischen Analyse.[908] Wie oben dargestellt, entwickeln sie, ähnlich wie Mises,[909] Ordnungsschemata, in denen die Marktwirtschaft der Planwirtschaft (Eucken nennt sie Zentralverwaltungswirtschaft, Röpke Kommandowirtschaft) diametral entgegensteht. Die ordoliberale Kritik der Planwirtschaft hat jedoch eine andere Hauptstoßrichtung als die Kritik von Mises oder Hayek: Während die Wiener Ökonomen ihre Kritik an der Funktionsfähigkeit der Planwirtschaft ins Zentrum stellen und das Wirtschaftsrechnungs- bzw. das Wissensargument formulieren, kritisieren Eucken und Röpke primär die Inkompatibilität der Planwirtschaft mit dem zweiten ordnungstheoretischen Kriterium, der Menschenwürde.[910] Zwar rekurriert auch Eucken auf die fehlende Fähigkeit zur rationalen Wirtschaftsrechnung[911] und Röpke betont, ganz im Sinne seiner zweiten Topoi-Ebene, immer wieder die Unfähigkeit von Planwirtschaften zur außenwirtschaftlichen Kooperation.[912] Das ordoliberale Hauptargument ist aber ein anderes und entwickelt sich ganz parallel zum jeweiligen Topos: Eucken kritisiert an erster Stelle die schiere Akkumulation und Konzentration an Macht in den Händen des zentral planenden

---

907 Für die Feststellung von Ähnlichkeiten in der Wortwahl und den Problemstellungen zwischen Ordoliberalismus und Marxismus vgl. Moeller (1950), S. 225. Für die These, dass es sich bei Euckens Ordnungstheorie um einen „umgekehrten Marxismus" handelt, vgl. Brinkmann (1940), S. 359.

908 Für Röpkes These, dass die Beschäftigung mit der Theorie der Planwirtschaft zum besseren Verständnis der marktwirtschaftlichen Ordnung wesentlich beitragen kann, vgl. Röpke (1936b), S. 318–319.

909 Hier überrascht erneut der Mangel an expliziten Bezügen zu Mises' Werk bei Eucken und Röpke. Für eine der seltenen (impliziten) Einbeziehungen von dessen Argumenten zur Sozialismus-Kritik vgl. Röpke (1931/1959), S. 91.

910 Für die Betonung, dass die Inkompatibilität der Zentralverwaltungswirtschaft mit der Freiheit „schwerer ins Gewicht fällt" als das Funktionsfähigkeits-Problem, vgl. Eucken (1950/1953), S. 11.

911 Vgl. Eucken (1948c), S. 86–94 sowie Eucken (1952/2004), S. 119–122.

912 Vgl. Röpke (1942), S. 252–256 sowie Röpke (1945/1979), S. 140–156.

Staates,[913] während Röpke die Unvereinbarkeit der Kommandowirtschaft mit den für die soziale Kohäsion unerlässlichen kleinen Regelkreisen sowie ihre notwendigerweise darauffolgende Zerstörung betont.[914] Vermachtung sowie (ökonomische *und* soziale) Konzentration erreichen also laut der Eucken-Röpke-Kritik an der Planwirtschaft ein absolutes Höchstmaß, weswegen der Sozialismus und die Planwirtschaft als dessen ökonomische Teilordnung in Gänze abzulehnen sind. In bemerkenswert ähnlichen Bahnen verläuft auch die Kritik der beiden Ordoliberalen an Keynes, da sie (in den Worten Röpkes) im Keynesianismus schlichtweg eine „Planwirtschaft der ‚leichten Hand'" sehen.[915] Den faschistischen und den nationalsozialistischen Entwürfen wird ebenfalls eine „Slippery-slope"-Tendenz zur sozialistischen Planwirtschaft attestiert, wobei der Grund für diese Transformation hier besonders im unsystematischen und unstetigen Charakter der staatlichen Interventionen in den Wirtschaftsprozess zu suchen ist.[916]

Abschließend lässt sich ebenfalls kurz die Verortung der beiden ordoliberalen Systeme gegenüber dem klassischen Liberalismus des 19. Jahrhunderts nachzeichnen. Die Beziehung des Neoliberalismus zum klassischen Liberalismus ist ein Feld, welches bereits aus verschiedenen Perspektiven untersucht wurde[917] – sowohl von Autoren, die eher eine Nähe sehen,[918] als auch von solchen, die eher eine Divergenz feststellen und das „neo" betonen.[919] Einerseits steht für Eucken und Röpke fest, dass die Klassik – verstanden als das klassische ökonomische Denken und als frühe Formulierungen des Liberalismus im 19. Jahrhundert – essenzielle theoretische Entdeckungen gemacht hat, die Eucken unter dem Begriff „ökonomischer Gesamtzusammenhang" subsumiert, womit die Vorstellung vom allgemeinen Gleichgewicht innerhalb des Wirtschaftsprozesses auf verschiedenen Märkten gemeint ist.[920] Röpke lobt die Klassik in ähnlichen Bahnen für die „große Entdeckung" der „Selbststeuerung der auf der Konkurrenz beruhenden Marktwirtschaft".[921] Andererseits hat sie nach Meinung der ordoliberalen Autoren bestimmte Themen nur unzulänglich behandelt – insbesondere diejenigen, die mit den Topoi Macht und soziale Kohäsion verbunden sind. So kritisiert Eucken, dass die klassische Theorie an die automatische Vorteilhaftigkeit gewachsener Institutionen glaubt, außerdem bleibt er gegenüber dem Automatismus der Smith'schen unsichtbaren Hand skeptisch.[922] Röpke rückt hingegen den

---

913 Vgl. Eucken (1948c), S. 182–190 sowie Eucken (1952/2004), S. 126–127.

914 Vgl. Röpke (1939/1959), S. 129–133 sowie Röpke (1948/1979), S. 138–140.

915 Röpke (1948/1979), S. 151.

916 Vgl. Eucken (1948c), S. 79 und S. 182–183 sowie Röpke (1935), S. 88–100.

917 Für eine Analyse der unterschiedlichen Nähe deutschsprachiger Neoliberaler zum klassischen Liberalismus vgl. Zweynert (2007), S. 7–16 sowie Zweynert (2013), S. 114–122.

918 Vgl. bspw. Starbatty (1984/2002), S. 254–256.

919 Vgl. bspw. Streissler (1972/1973), S. 1397–1402.

920 Vgl. Eucken (1934/1954), S. 52–53 und S. 70–71 sowie Eucken (1940/1989), S. 24–25.

921 Vgl. Röpke (1942/1979), S. 87.

922 Vgl. Briefe von Eucken an Rüstow vom September 1943 sowie vom März 1944, zitiert nach Lenel (1991), S. 13.

folgenschweren Glauben der Klassik an die „soziologische Autonomie der Konkurrenzwirtschaft"[923] als „den wahren Kardinalfehler der Laissez-faire-Philosophie"[924] in den Vordergrund. In einer solchen Analyse wäre allerdings auch zu berücksichtigen, dass die Rezeption Smiths durch Eucken und Röpke einerseits und ihr Verständnis der ricardianischen Klassik, einschließlich Bentham und Mill, andererseits unterschieden werden müssten.[925] Dabei zeigt sich, dass aufgrund der moralphilosophischen Tiefe des Smith'schen Systems in seinen beiden großen Werken eine Nähe zum Neoliberalismus erkennbar ist,[926] während Ricardo und seine Nachfolger besonders von Röpke des Materialismus und „Ökonomismus" – in Röpkes Terminologie auch als vergänglicher Liberalismus bezeichnet –[927] verdächtigt werden.[928] Abschließend lässt sich hierzu ergänzen, dass eine gewisse Skepsis gegenüber dem Tiefgang der ordoliberalen Klassik-Rezeption angebracht erscheint. Hayeks Unterscheidung zwischen dem Grad der Vertrautheit mit der Klassik bei der Älteren und bei der Jüngeren Historischen Schule ist hierbei hilfreich,[929] und die Werke der Ordoliberalen lassen sich eher bei Letzterer verorten.[930]

Damit soll die Zusammenstellung der inhaltlichen, methodischen und theoriestrategischen Gemeinsamkeiten beider Theorieentwürfe abgeschlossen und zur Analyse der Unterschiede zwischen den Positionen beider Autoren übergegangen werden.

5.4.2 Unterschiede

Dass im Mittelpunkt der Theorien Euckens und Röpkes die Ordnungsfrage und die Idee des Ordnungsrahmens stehen, wurde bislang ausführlich diskutiert. Doch weder die Frage, was zu ordnen ist, noch wie es zu ordnen ist, beantworten sie einheitlich.

---

923 Röpke (1942/1979), S. 95.

924 Röpke (1942/1979), S. 95.

925 Für die These der deutlich unterschiedlichen Relevanz von Smith und Ricardo in ihrem Einfluss auf Eucken bzw. Röpke vgl. Hutchison (1979/1981a), S. 162–163. Für eine ähnliche Einschätzung bezüglich Röpke vgl. Gregg (2010), S. 10–16. Für die Unterscheidung eines kontextualen und eines isolierenden Ansatzes in der ökonomischen Theoriebildung, wobei sich Ersterer primär Fragen der Interdependenz gesellschaftlicher Teilordnungen widmet und theoriegeschichtlich bei Smith gelagert ist, während sich Letzterer primär Fragen des Wirtschaftsprozesses widmet und theoriegeschichtlich bei Ricardo gelagert ist, vgl. Goldschmidt/Wegner/Wohlgemuth/Zweynert (2009), S. 12 sowie Zweynert/Kolev/Goldschmidt (2016a), S. 1–4.

926 Für eine Kritik der einseitigen Smith-Rezeption durch Rüstow vgl. Willgerodt (2006), S. 71–72.

927 Für eine Kritik der Röpke'schen Ökonomismus-Kritik vgl. Horn (2011a), S. 7–20.

928 Vgl. Röpke (1947), S. 11–27.

929 Für eine Verortung der Älteren und der Jüngeren Historischen Schule in deren unterschiedlichen Klassik-Rezeptionen vgl. Hayek (1934/1968), S. VIII–XI.

930 Für eine Verortung des Ordoliberalismus gegenüber verschiedenen ordnungstheoretischen Elementen der Klassik vgl. Schneider (2004), S. 57–193.

Die Divergenz zwischen beiden Autoren kann mithilfe der in den Abschnitten 5.2.2 und 5.3.1 erläuterten Konzeption des Datenkranzes besonders gut verdeutlicht werden. Die Ausgangsfrage – mit der sich jeder Ordnungstheoretiker konfrontiert sieht – ist, wie weit der Datenkranz zu ziehen ist, d. h. welche Aspekte der Interdependenz der Ordnungen in die theoretische Analyse einbezogen und welche nicht mehr endogenisiert werden. Eucken führt in seinen *Grundlagen* den Begriff des Datenkranzes ein und fasst ihn für einen theoretisch arbeitenden Nationalökonomen sehr eng.[931] Durch spätere ergänzende Ausführungen und die *Grundsätze* wird zwar deutlich, dass die wirtschaftspolitische Teildisziplin und damit die wirtschaftspolitisch beratende Wissenschaft sehr wohl das Datum der rechtlich-sozialen Organisation und damit die Wirtschaftsordnung mitgestalten soll.[932] Daraus wird ersichtlich, dass Euckens Rahmen in der Gestaltung der Wirtschaftsordnung – nach dem Leitbild der Wettbewerbsordnung – sein äußeres Ende findet. Bezeichnend an dieser Stelle gerade im Vergleich zu Röpke ist das Zitat aus einem Brief Euckens an Alexander Rüstow:

> Moralisch machen kann m. E. eine Wirtschaftsordnung den Menschen nicht. Das muß durch andere Kräfte geschehen. Sie soll aber so sein, dass der Mensch frei ist, daß er also selbstverantwortlich so oder so handeln kann.[933]

Das Ziel seiner Wettbewerbsordnung ist also lediglich die Entmachtung, nicht aber die Herstellung oder Förderung einer bestimmten Moral für Wirtschaft und Gesellschaft.

Deutlich anders verhält es sich mit Röpkes Auffassung. Dies wird am Ende seiner ansonsten ausgesprochen positiven Rezension von Euckens *Grundlagen* aus dem Jahre 1942 in der *Neuen Zürcher Zeitung* deutlich.[934] Dort spricht Röpke den zentralen Unterschied explizit an: die Antwort auf die ganz wesentliche Frage, ob das „soziologische Rahmenwerk"[935] in die ordnungstheoretische Analyse einzubeziehen ist. Ohne Eucken ausdrücklich des Ökonomismus zu bezichtigen, betont er doch unmissverständlich, dass sozialwissenschaftliche Phänomene ganzheitlich zu betrachten sind und deshalb eine strikte Trennung zwischen Nationalökonomie und Soziologie nicht angebracht erscheint.[936] Damit wird an dieser Stelle klar, was Röpke schon in der *Lehre* andeutet[937] und in den späteren sozialphilosophischen Werken genauer ausformuliert: Es ist seiner Ansicht nach ein breiterer, d. h. umfassenderer Ordnungsrahmen zu analysieren und zu verwirklichen als „nur" die Gestaltung der Wirtschaftsordnung.[938]

---

931 Vgl. Eucken (1940/1989), S. 156.

932 Vgl. Eucken (1940/1989), S. 158–162.

933 Vgl. Brief von Eucken an Rüstow vom Dezember 1943, zitiert nach Lenel (1991), S. 13.

934 Vgl. Röpke (1942/1959), S. 343–344.

935 Röpke (1942/1959), S. 343.

936 Für Müller-Armacks Einschätzung, dass sich in Röpkes Werk Wirtschaftspolitik und Gesellschaftspolitik „in dialektischer Einheit" zueinander befinden, vgl. Müller-Armack (1966), S. 382.

937 Vgl. Röpke (1937/1954), S. 297–299.

938 Für Rüstows verwandten Vorwurf der Soziologieblindheit an die Ökonomen vgl. Rüstow (1945/2001), S. 90–98.

Die Bezeichnungen für diesen breiteren Rahmen – bei dem die notwendigen politischen Maßnahmen im Vergleich zur „reinen" Wirtschaftsordnungspolitik der Wettbewerbsordnung Euckens wesentlich weiter gehen – wechseln oft. Nach Analyse der Evolution von Röpkes Terminologie erscheint es sinnvoll, zunächst die Bezeichnung aus der *Civitas* zu verwenden und ihn – wie in den obigen Ausführungen – anthropologisch-soziologisch zu nennen.[939] Wie der Name verdeutlicht, beinhaltet diese Schicht des Röpke'schen Rahmens zwei Unterkategorien, die separat erörtert werden sollten.

Zum einen handelt es sich um eine individuelle Schicht, die das notwendige Menschenbild beinhaltet, um eine funktionierende Ordnung zu erhalten. Röpke beschreibt an vielen Stellen im Werk seine anthropologische Leitidee. Dabei handelt es sich um einen Katalog von Werten, die Röpke als Reserven sieht, welche die Marktwirtschaft benötigt und verzehrt, aber nicht selbst schafft, weswegen sie immer wieder von außen neu „aufzufüllen" sind.[940] Unterbleibt dieses „Auffüllen" – also die moralische „Umgrenzen und Moderierung des Wettbewerbs" –[941] ist als Folge „Erbgutverbrauch" zu beobachten, der direkt in die geistig-moralische Seite der Krise mündet.[942] In *Jenseits von Angebot und Nachfrage* bietet Röpke eine konkrete Aufzählung der möglichen benötigten und immer wieder zu erzeugenden Werte: Es handelt sich etwa um individuelle Anstrengung und Verantwortung, im Eigentum verankerte Unabhängigkeit, Einbettung in die Gemeinschaft, Familiensinn, Sinn für Überlieferung oder auch Verbundenheit der Generationen.[943] Dieser im Folgenden als *geistig-moralische Schicht* bezeichnete Teil des anthropologisch-soziologischen Rahmens kann als der äußerste und einflussreichste Baustein eingestuft werden. Die individuellen Werte sind außerhalb der weiteren Rahmenschichten zu positionieren, weil sie die Wirtschaftsordnung und den soziologischen Rahmen determinieren und nicht umgekehrt.[944] Zum anderen ist die darin eingebettete, überindividuelle Schicht zu umreißen, die hier als *soziologische Schicht* bezeichnet wird. Dabei handelt es sich um Voraussetzungen für die Marktwirtschaft, welche für die aus der Interaktion zwischen Individuen im anonymen gesellschaftlichen Kontext, also jenseits der überschaubaren Gemeinschaften, bestehen.[945] Diese Voraussetzungen werden somit

---

939 Röpke (1944/1979), S. 83. Für die Analyse des gesellschaftlichen „Gesamtzusammenhangs", in den die Wirtschaftsordnung immer einzubetten ist, vgl. Röpke (1997), S. 38–39.
940 Für die Bezeichnung „bürgerliche Tugenden", mit der ein vergleichbarer, gleichzeitig aber systematischerer und differenzierter ausformulierter Katalog von für die Marktwirtschaft unerlässlichen Werten charakterisiert wird, vgl. McCloskey (2006).
941 Röpke (1958a), S. 175.
942 Vgl. Röpke (1942/1979), S. 16–18.
943 Vgl. Röpke (1958a), S. 139–140.
944 Vgl. Röpke (1958a), S. 26–27.
945 Wie die obige Auflistung von Werten zeigt, ist die Unterscheidung individuell-soziologisch zwischen den beiden Teilschichten in einem solchen Kontext von zwischenmenschlichen Prozessen nicht immer eindeutig.

zwar zunächst vom Wertebestand der Individuen bestimmt, gehen aber darüber hinaus und können erst im gesellschaftlichen Kontext analysiert werden. Gemeint sind die im Werk omnipräsenten und oben bereits ordnungstheoretisch erläuterten Gefahren der Vermassung und Proletarisierung[946] sowie die für den Staat damit verbundenen Handlungsnotwendigkeiten, der diesen Tendenzen durch eine Politik der Entmassung und Entproletarisierung entgegenwirken soll.[947]

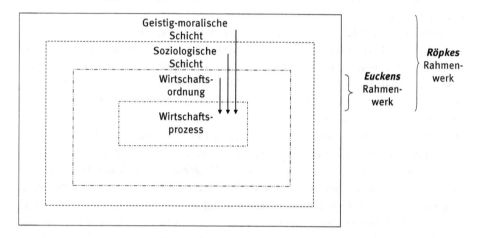

Abb. 7: Schichtenmodell der Ordnungsrahmen von Eucken und Röpke (Quelle: Eigene Darstellung.)

Damit ergibt sich der in Abbildung 7 dargestellte Unterschied zwischen den Rahmendefinitionen Euckens und Röpkes. Röpke weist dem Staat, aber auch den „clercs", ein wesentlich umfangreicheres Betätigungsfeld als Eucken zu. Für Letzteren sind die nicht-ökonomischen Teilordnungen ebenfalls wichtig, sind aber für die Analyse als exogene Faktoren anzusehen.

Der Topos des jeweiligen Autors scheint bei der Erklärung dieses zentralen Unterschieds sehr hohen Erklärungsgehalt zu besitzen: Während Eucken primär das Ausmaß an Macht untersucht, das unterschiedliche Wirtschaftsordnungen mit sich bringen und nach entmachtenden Instrumenten dafür sucht, ist für Röpke durch das Ziel der sozialen Kohäsion ein breiteres Analyse- und damit auch Handlungsfeld unverzichtbar. Zwar können auch die anderen Teilordnungen für Eucken die Gefahr der Vermachtung fördern, da sie über die Kanäle der Interdependenz auf die Wirtschaftsordnung Einfluss nehmen. Trotzdem sind diese Auswirkungen für die *ökonomische* Theorie Euckens schwer zugänglich. Röpke hingegen entwirft um seinen Topos herum eine *gesellschaftliche* Theorie, die zwar einen ökonomischen Kern im

---

946 Vgl. Röpke (1942/1979), S. 23–33.
947 Vgl. Röpke (1944/1979), S. 273–291.

Sinne der *Wirtschaft*sordnungspolitik hat, allerdings in weiten Teilen über die streng wirtschaftlichen Beziehungen hinausgeht und daher vor allem als *Gesell-schaft*sordnungspolitik zu verstehen ist.[948]

Der Ordnungsrahmen Röpkes ist neben dieser inhaltlichen Dimension auch in einer anderen Hinsicht umfassender: In Bezug auf den räumlichen Aspekt endogenisiert Röpke auch die internationalen Wirtschaftsbeziehungen an zentraler Stelle in seinem Geflecht der interdependenten Teilordnungen,[949] während Eucken die Außenwirtschaftstheorie nur selten[950] behandelt.[951] Röpke spannt also die in Abschnitt 5.3.1 erläuterte zweite Ebene seines Topos der Kohäsion im Hinblick auf die internationalen Beziehungen auf, während Eucken seine Analyse der Vermachtung auf den nationalen Kontext beschränkt, obwohl auch hier eine Ausweitung und Übertragung möglich wäre.[952] Es kann nur gemutmaßt werden, wie dies zu erklären ist. Ein Ansatz ergäbe sich aus dem unterschiedlichen geografischen Lebensmittelpunkt der beiden Autoren: Röpke wirkt ab 1937 in Genf am *Institut de Hautes Études Internationales*, also in einer Stadt und an einer Institution, für die die internationalen Beziehungen eine zentrale Rolle spielen.[953] Euckens Position ist in dieser Hinsicht ungleich schwieriger: Sich bis 1945 als Liberaler zu internationalen Fragen zu äußern, wäre noch gefährlicher gewesen, als es bei der mutigen Kritik der Zentralverwaltungswirtschaft der Nationalsozialisten bereits der Fall war. Zwischen Kriegsende und seinem frühen Tod 1950 ist das aufgeteilte Deutschland dann kein eigenständiges Subjekt internationaler Beziehungen mehr, sodass es folgerichtig erscheint, in dieser Zeit den Fokus auf die Etablierung der Wettbewerbsordnung im westdeutschen Kontext zu setzen.[954]

Ein dritter Unterschied, nach dem inhaltlichen Umfang und der räumlichen Dimension des Ordnungsrahmens, ist die Rolle, die beide Autoren dem Wettbewerb in der jeweiligen Ordnungstheorie zuweisen. Für beide ist der Wettbewerbsmechanismus ein zentrales Element der marktwirtschaftlichen Wirtschaftsordnung. Allerdings bieten gerade die Topoi einen idealen Erklärungsansatz für die Differenz in der konkreten primären Aufgabe, die sie dem Wettbewerb zuweisen. Für Eucken ist

---

948 Für eine damit verwandte These vgl. Goldschmidt (2009/2010), S. 109–110.

949 Dies wird bereits aus den Titeln der Werke *International Economic Disintegration* und *Internationale Ordnung* deutlich, vgl. Röpke (1942) sowie Röpke (1945/1979).

950 Für eine der wenigen außenwirtschaftlichen Abhandlungen vgl. Eucken (1925a).

951 Für die Einschätzung des Eucken-Doktoranden Hans Otto Lenel, dass die Außenwirtschaftstheorie in den Arbeiten Euckens keine zentrale Rolle spielt, vgl. Lenel (1989/2008), S. 310.

952 Dies wird auch daraus deutlich, dass einer der seltenen Abschnitte zu dieser Thematik in den *Grundsätzen* (mit dem Titel „Das Problem der internationalen Ordnung") unmittelbar vor dem Abschnitt „Das Problem der wirtschaftlichen Macht" steht, vgl. Eucken (1952/2004), S. 167–169.

953 Für die Funktion der Röpke'schen nationalen Ordnungspolitik als unverzichtbare Voraussetzung für die internationale Integration vgl. Petersen/Wohlgemuth (2009/2010), S. 209–211.

954 Für eine detaillierte Analyse der konkreten wirtschaftspolitischen Situation in der unmittelbaren Nachkriegszeit in Westdeutschland vgl. Eucken (1951), S. 134–180.

der Wettbewerb, in Anlehnung an Franz Böhm,[955] ein Mittel der Entmachtung wirtschaftlicher Akteure, die lediglich bei vollständiger Konkurrenz keinen Einfluss auf den Marktpreis und damit auf das Verhalten anderer haben.[956] Röpke sieht darin stattdessen ein Instrument, mit dem die verschiedenen individuellen Interessen auf dem Markt untereinander und mit dem Gemeinwohl in Einklang gebracht werden können.[957] Diese soziologische Sicht auf die Rolle des Wettbewerbs findet auch darin Ausdruck, dass Wettbewerb bei Röpke, anders als bei Eucken, besondere Voraussetzungen hat. Diese Voraussetzungen verbraucht der Wettbewerb – wie auch die Arbeitsteilung insgesamt –[958] permanent, sodass sie, bildlich gesprochen, laufend aus den äußeren beiden Schichten des Modells in Abb. 7 eingespeist werden müssen. So bedürfen sie der dauernden Wiederherstellung durch die umfassende Wirtschafts- und Gesellschaftspolitik aus Abschnitt 5.3.2. Die Analyse der Eucken'schen Texte führt hingegen zu dem Ergebnis, dass der Wettbewerb für ihn ein autonomer Mechanismus ist, der zwar wirtschaftspolitisch in Gang zu setzen und zu erhalten ist. Allerdings wird dies bei Eucken allein durch die Politik der Wettbewerbsordnung und nicht durch Bestrebungen hin zu einem anthropologisch-soziologischen Rahmen erreicht.[959] Hier wirkt sich also, neben den unterschiedlichen Topoi, erneut die Frage aus, wie weit der Datenkranz vom jeweiligen Autor gezogen wird.

Neben der unterschiedlichen Rolle des Wettbewerbs ist des Weiteren relevant, inwieweit die beiden Autoren staatliche Korrekturen der wettbewerblichen Ergebnisse in der Ökonomie fordern, also welche Arten von Eingriffen in die marktlichen Interaktionen legitimiert werden. Da die institutionellen Details zu den einzelnen Feldern der Ordnungs*politik* in den späteren Abschnitten ausführlich betrachtet werden, genügt an dieser Stelle die Beantwortung der ordnungs*theoretischen* Fragen, wie der jeweilige Autor mögliche Eingriffe klassifiziert und welche er akzeptiert bzw. verwirft. Bei Eucken ist das Kriterium ein Inhaltliches: Maßnahmen im Rahmen der ordnungspolitischen Gesamtentscheidung sind zu befürworten, wenn sie mit den konstituierenden und regulierenden Prinzipien der Wettbewerbsordnung harmonieren.[960] Ob es sich hierbei um ein immer eindeutiges Kennzeichen handelt, ist schwer zu beantworten: Beispielsweise kann eine progressive Besteuerung – wie er sie in Verbindung mit den regulierenden Prinzipien ins Spiel bringt – durchaus mit dem konstituierenden Prinzip des Privateigentums kollidieren. Demgegenüber erscheint Röpkes eher die auf die Prozedur der Intervention ausgelegte Unterscheidung

---

955 Vgl. Böhm (1933/1964), S. 24.
956 Vgl. Eucken (1952/2004), S. 246–247.
957 Vgl. Röpke (1942/1979), S. 154 und S. 200–202.
958 Vgl. Röpke (1937/1954), S. 74–80 und S. 94–104.
959 In dieser Hinsicht ist er gewissermaßen für die Kritik Rüstows empfänglich, der auf die absolute Notwendigkeit der soziologischen Voraussetzungen für die Marktwirtschaft hinweist und die „sociological blindness" von liberalen Theoretikern anprangert, vgl. Rüstow (1942), S. 270–272.
960 Vgl. Eucken (1952/2004), S. 250–253.

zwischen konformen und nichtkonformen Eingriffen operationaler: Es sind für ihn immer die Eingriffe vorzuziehen, die der Marktmechanismus verarbeiten und einpreisen kann, die ihn also nicht behindern.[961] Neben dieser statischen Differenzierung führt er, wie bereits in Abschnitt 5.3.2 erläutert, die dynamische Einteilung zwischen nicht erwünschten Erhaltungs- und gegebenenfalls erwünschten Anpassungsinterventionen ein. Röpke entwirft also für den politischen Prozess einen im Vergleich zu Eucken umfassenderen und klareren Katalog zulässiger Interventionen – ähnlich wie bei der ebenfalls in Abschnitt 5.3.2 diskutierten formulierten Idealvorstellung des legitim-genössisch-dezentralistischen Staates, die er ausführlicher formuliert, als es Eucken bei „seinem" Staat tut.[962]

Nachdem nun die jeweiligen Kriterien für die Zulässigkeit wirtschaftspolitischer Eingriffe komparativ zueinander in Beziehung gesetzt wurden, kann als Nächstes die Frage angesprochen werden, inwieweit sich die inzwischen zum Standard der ordoliberalen Theorie der Wirtschaftspolitik gewordene Unterscheidung bei staatlicher Betätigung zwischen Ordnungs- und Prozesspolitik in den Werken dieser beiden Pioniere der Ordnungsökonomik rekonstruieren lässt. Wie oben bei den Gemeinsamkeiten erläutert, postulieren beide in ihren Ordnungstheorien die Trennbarkeit von Ordnung und Prozess bzw. von Spielregeln und Spielzügen. In bestimmten Abschnitten ist auch klar feststellbar, welche Politikmaßnahmen welcher der beiden Politikgattungen zuzuordnen sind: Euckens konstituierende Prinzipien sind das Beispiel schlechthin für einen ordnungspolitischen Kompass für den Staat,[963] und auch Röpke ist bei der Einteilung seiner positiven Wirtschaftspolitik in Rahmenpolitik als Ordnungspolitik und Marktpolitik als Prozesspolitik eindeutig.[964] Schwieriger ist die Einteilung bei den regulierenden Prinzipien Euckens und der Strukturpolitik Röpkes: Einerseits kann man sie als die Setzung von Regeln betrachten, andererseits aber auch als diskretionären Eingriff in den Ablauf der individuellen Interaktionen. Nicht zufällig ist der unterschiedliche Grad der Eindeutigkeit ihrer Klassifizierbarkeit ein wichtiges Thema der ordnungsökonomischen Sekundärliteratur.[965]

Die Vorstellungen eines Autors darüber, welche die relevanten Akteure für die Umsetzung des wirtschaftspolitischen Gesamtprogramms sind, stehen direkt mit der jeweiligen Rolle des Staates in der Wirtschaftspolitik in Verbindung. Wie in den Abschnitten 5.2.2 bzw. 5.3.2 dargelegt wurde, benennt Eucken die ordnenden Potenzen und Röpke die „clercs" bzw. die „nobilitas naturalis" als Träger des jeweiligen Ordnungsentwurfes. Hierbei ist von besonderem Interesse, wie der Staat eingestuft

---

961 Vgl. Röpke (1942/1979), S. 258–260.
962 Für den klassischen Kriterienkatalog von Interventionen vgl. Tuchtfeldt (1957), S. 54–61. Für neuere Ordnungsversuche vgl. Peukert (1992), S. 142–157 sowie Renner (2002), S. 241–249.
963 Vgl. Eucken (1952/2004), S. 245–246.
964 Vgl. Röpke (1944/1979), S. 76–77.
965 Vgl. bspw. Renner (2002), S. 176–177 und S. 243.

wird: Für Eucken ist er die erste ordnende Potenz,[966] während von Röpke die „clercs" explizit als Gegengewichte zum Staat aufgestellt werden.[967] Daraus kann die These abgeleitet werden, dass Röpke eine Auffassung vertritt, die dem Staat im Vergleich zu Eucken distanzierter gegenübersteht. Zwar sind der Ordnungsrahmen und damit das Reformprogramm bei Röpke, wie oben gezeigt wurde, umfassender und tiefgreifender – wie auch in den beiden Metaphern Staat als Schiedsrichter (Eucken) und Staat als Statiker (Röpke) abgebildet. Allerdings ist sein „liberalism from below"[968] näher am heutigen Konzept der Bürgergesellschaft[969] als Euckens Leitidee: Für die als Röpkes Topos gewählte soziale Kohäsion ist der omnipotente, aber kranke Leviathan-Staat der Gegenwart[970] eine Gefahr, gegen die neben den spezifischen Gegengewichten („clercs") auch allgemeine Gegengewichte aufzurichten sind, wie etwa die individuellen religiösen Einstellungen oder auch materiell-institutionelle Vorkehrungen wie die Dezentralisation von Staat, Wirtschaft und Gesellschaft.[971] Eucken hingegen, der die *Grundsätze* in den späten 1940er-Jahren verfasst, hofft womöglich auf einen Neuanfang in der westlichen Welt und malt nunmehr, anders als 1932 beim Wirtschaftsstaat in den *Staatlichen Strukturwandlungen*,[972] ein deutlich optimistischeres Bild von der Rolle, die er dem entmachtenden Staat zutraut.[973]

Neben diesen inhaltlichen Aspekten lässt sich auch beim methodischen Vorgehen Euckens und Röpkes Folgendes beobachten: Während Eucken beim Entwurf seiner Ordnungstheorie sehr explizit und ausführlich die angewandten Abstraktionsverfahren erläutert und diese auch als wesentliche methodische Innovation gesehen werden können, setzt Röpke eher auf die Intuition der Forschergemeinschaft in Bezug auf die nur selten direkt erörterten Methoden zum Aufstellen seiner Theorien.[974] Eucken „ordnet" also gewissermaßen durch seine Theorie nicht nur die Ökonomie, sondern schafft auch innerhalb der Genese seiner Theorie eine intersubjektiv nachvollziehbare Ordnung.

Als letzter, aber sehr bedeutender Unterschied kann die intellektuelle Dynamik innerhalb der Schaffenszeit beider Autoren rekonstruiert werden: Eucken beginnt seine wissenschaftliche Laufbahn als Konservativer und stirbt 1950 als Liberaler, während Röpke – dazu entgegengesetzt – zu Beginn seiner Schaffenszeit eindeutig als Liberaler einzustufen ist, während er in den 1950er- und 1960er-Jahren in

---

966 Vgl. Eucken (1952/2004), S. 325–338.
967 Vgl. Röpke (1944/1979), S. 222–235.
968 Sally (1998), S. 131.
969 Deshalb kann Röpke – zusammen mit Rüstow – als Vertreter eines „kommunitaristischen Liberalismus" innerhalb der verschiedenen Ordoliberalismen aufgefasst werden, vgl. Renner (2002), S. 21 und S. 217.
970 Vgl. Röpke (1944/1979), S. 182–188.
971 Vgl. Röpke (1944/1979), S. 192–212.
972 Vgl. Eucken (1932), S. 301–309.
973 Vgl. Eucken (1952/2004), S. 334–337.
974 Vgl. Peukert (1992), S. 13–15.

zunehmendem Maße dezidiert konservative Positionen vertritt. Der Wandel in Euckens Positionen lässt sich gut durch eine Gegenüberstellung des Frühwerkes aus den 1920er-Jahren in der väterlichen Zeitschrift *Der Euckenbund/Die Tatwelt* mit den im Mittelpunkt dieser Studie stehenden Hauptwerken aus den 1930er- und 1940er-Jahren verdeutlichen. Die Akzentverschiebung lässt sich allerdings bereits während der Zeit der Weimarer Republik ausmachen, wie die Analyse der politischen und publizistischen Aktivitäten Euckens zeigt.[975] In dieser Zeit lässt Eucken schwerpunktmäßig die Beschäftigung mit der väterlichen Lebensphilosophie ruhen. In komparativer Hinsicht ist dabei bemerkenswert, dass die frühe durchaus konservative Eucken'sche Vorstellung von der nötigen Einhegung des Kapitalismus in eine umfassende Lebensordnung[976] sehr stark an die späte Röpke'sche Sozialphilosophie und hier besonders an Röpkes äußerste Rahmenschicht erinnert. Diese fehlt später in der Eucken'schen Ordnungstheorie vollständig bzw. gehört zum Datenkranz. Ab den frühen 1930er-Jahren wendet sich Eucken dann zunehmend der Nationalökonomie zu – zunächst dem Wirtschaftsprozess in Form seiner Kapitaltheorie und anschließend der Wirtschaftsordnung. Durch die Kontakte zu Hayek und anderen europäischen Neoliberalen, die sich besonders nach dem Zweiten Weltkrieg intensivieren, ist Eucken bis zu seinem Tode einer der bedeutendsten Vertreter dieses neuen europäischen Liberalismus.[977]

Bei Röpke lässt sich die genau entgegengesetzte Wandlung ausmachen. Er beginnt seine Karriere als einer der wenigen jungen liberalen Ökonomen in der Weimarer Republik, forscht in Form seiner Konjunkturtheorie fast ausschließlich auf dem Feld der theoretischen Nationalökonomie und emanzipiert sich dabei sehr schnell von seiner historistischen Ausbildung. Möglicherweise durch die immer intensivere Zusammenarbeit mit Alexander Rüstow wendet sich Röpke um die Wende der 1930er- zu den 1940er-Jahren von der Konjunkturtheorie ab und der Sozialphilosophie zu – er verlagert seine Forschung also ebenfalls weg vom Wirtschaftsprozess hin zur Wirtschafts- und Gesellschaftsordnung. Seine Sozialphilosophie nimmt in den folgenden Jahrzehnten zunehmend konservativere Züge an.[978] Parallel dazu wechseln auch die Selbstbezeichnungen: Während sich Röpke in der *Civitas* noch im Sinne eines liberalen Konservatismus verstanden haben will,[979] verortet er in *Jenseits von Angebot und Nachfrage* seinen Antikollektivismus bei einem nunmehr adjektivlosen

---

975 Vgl. Dathe (2009), S. 56–79. Für ein Beispiel der unterschwelligen Eucken'schen Kritik am Liberalismus während der Weimarer Republik vgl. Eucken (1928), S. 550.

976 Vgl. Eucken (1926a), S. 15–16.

977 Für Hayeks Einschätzung kurz nach Euckens Tod, dass der Freiburger Ökonom als einer „der ganz Großen" im Kreise der internationalen Neoliberalen zu sehen ist, vgl. Hayek (1951), S. 337. In einem Nachruf auf Röpke würdigt auch Mises die Verdienste Euckens: Demnach sind beide als „the intellectual authors of Germany's economic resurrection" zu sehen, vgl. Mises (1966), S. 200.

978 Da nicht immer geklärt werden kann, ob die Bezugspunkte der konservativen Leitideen in Röpkes späten Schriften in der wirtschaftsgeschichtlichen Realität tatsächlich nachvollzogen werden können, werden diese Vorstellungen auch als eine „Retro-Utopie" bezeichnet, vgl. Solchany (2015), S. 484–501.

979 Vgl. Röpke (1944/1979), S. 18.

Konservatismus.[980] Die Evolution Euckens ist für die Analyse in dieser Studie nur am Rande relevant, da seine hier im Fokus stehende Ordnungstheorie und die damit einhergehende Ordnungspolitik erst im mittleren und späten Werk entstehen. Die Röpke'sche Wandlung ist hingegen von besonderer Relevanz für die folgenden Ausführungen, da sie seine im Zeitverlauf variierenden Positionierungen, etwa in der Konjunktur- oder in der Sozialpolitik, stark prägt.

Damit soll der Vergleich der Ordnungstheorien und des darin enthaltenen Staatsverständnisses beider Autoren abgeschlossen werden. Hierbei wurde deutlich, dass zwar zwischen beiden Gründungsvätern des Ordoliberalismus weitreichende Ähnlichkeiten, aber auch mehr als nur Nuancenunterschiede bestehen, für deren Erklärung der jeweilige Topos häufig einen guten Ansatz bietet. In den folgenden vier Abschnitten sollen nun konkrete Felder der Wirtschaftspolitik analysiert werden, indem das bisher verwendete Verfahren der Auswertung entlang der Topoi erneut eingesetzt wird. Die zentrale Frage wird dabei sein, inwieweit in den Empfehlungen das Primat der Ordnungspolitik eingehalten wird und unter welchen Umständen die Autoren prozesspolitische Eingriffe legitimieren.

5.5 Vergleich der Vorstellungen zur Wettbewerbspolitik

Die Wettbewerbspolitik gehört für den Ordoliberalismus, und hier besonders für dessen Freiburger Spielart, zum Kernbereich der ordnungspolitischen Betätigung des Staates. Deshalb wird der entsprechende Abschnitt auch hier an den Anfang des Vergleichs der Leitideen in der konkreten Wirtschaftspolitik gestellt.

5.5.1 Vorstellungen Euckens

Wie in den vorhergehenden Ausführungen, wird auch hier der Versuch unternommen, die im Eucken-Hayek-Vergleich erläuterten Positionen Euckens nicht wiederholt zu rekonstruieren, sondern sie um besondere Aspekte anzureichern, die in komparativer Sicht gerade im Hinblick auf die Gegenüberstellung mit Röpke relevant erscheinen. Es handelt sich dabei um eine weitere Präzisierung der Beziehung der Leitbilder „vollständige Konkurrenz" und „Leistungswettbewerb", die den Kern der Eucken'schen Wettbewerbspolitik ausmachen und die im Vergleich zu Röpke von besonderer Wichtigkeit sind.

Aus dem Topos der Macht folgt in Euckens System direkt der Auftrag an den Staat, mittels Wettbewerbspolitik für Marktformen zu sorgen, in denen die involvierten privaten Akteure möglichst wenig private Macht aufbauen können. Aus der in Abschnitt

---

980 Vgl. Röpke (1958a), S. 308.

5.2.1 erläuterten Morphologie der Marktformen bietet sich für eine solche Zielsetzung allein die vollständige Konkurrenz an. Bei dieser bestehen beide Marktseiten aus sehr vielen Teilnehmern und der Preis wird anonym am Markt erzeugt, ohne dass der Einzelne einen signifikanten Einfluss auf ihn ausüben kann. Den Auftrag an die Wettbewerbspolitik zur Herstellung vollständiger Konkurrenz formuliert Eucken bereits in seinem oben erwähnten Aufsatz aus dem Jahre 1942.[981] In diesem Aufsatz nimmt er eine zentrale begriffliche Klärung vor, welche in *ORDO* und den *Grundsätzen* wieder verschwimmt und deshalb für Schwierigkeiten in der Rezeption ursächlich sein kann: Es handelt sich um die kategoriale Beziehung zwischen der vollständigen Konkurrenz und dem Leistungswettbewerb. Diese Begriffe sind – dies wird aus beiden Quellen klar – nicht synonym, aber in der Realität eng verwandt. Der Eucken-Schüler Leonhard Miksch, auf den sich Eucken immer wieder beruft (sodass ihre Positionen als eng miteinander verzahnt, aber keinesfalls als identisch angesehen werden können), zeigt in seiner in der Reihe *Ordnung der Wirtschaft* erschienenen Habilitationsschrift *Wettbewerb als Aufgabe* auf, dass die Marktformenlehre als nationalökonomische Neuerung eine geeignete Faustregel darstellt, um das früher im Recht kodifizierte Leistungsprinzip[982] zu ergänzen und zu operationalisieren.[983] Die genaue Verknüpfung beider Konzepte wird aber ganz explizit erst im Eucken'schen Aufsatz von 1942 deutlich. Innerhalb des durch vollständige Konkurrenz gekennzeichneten Sektors der Ökonomie hat der Staat laut Eucken folgende Aufgabe:

> Er hat für ein strenges Vertrags- und Konkursrecht zu sorgen, für Ausschaltung unlauteren Wettbewerbs und überhaupt für genaue Einhaltung der Spielregeln des Leistungswettbewerbs.[984]

Hieraus wird unmittelbar deutlich, dass auch bei einem staatlich induzierten Vorherrschen der vollständigen Konkurrenz der Leistungswettbewerb nicht automatisch gesichert ist – das Einhalten der leistungswettbewerblichen Spielregeln muss vielmehr durch zusätzliche staatliche Maßnahmen gewährleistet werden. Bei vollständiger Konkurrenz sind also Verhaltensweisen möglich, die Eucken mit den Begriffen des Schädigungs- oder Behinderungswettbewerbs kennzeichnet und die damit den leistungswettbewerblichen Spielregeln entgegenstehen.[985] Vollständige Konkurrenz und Leistungswettbewerb sind also als Kategorien auf zwei unterschiedlichen Ebenen angesiedelt: Während die vollständige Konkurrenz eine Marktform ist, somit einen statischen Zustand beschreibt und ergebnisorientiert ist, führt das obige Zitat direkt zur Definition des Leistungswettbewerbs als Prozedur, welche demnach mit verfahrensorientierten Regeln einen dynamischen Marktprozess umrahmt.[986]

---

981 Vgl. Eucken (1941/1942), S. 29–50.
982 Für eine Analyse des Leistungsprinzips vgl. Böhm (1933), S. 212–214.
983 Vgl. Miksch (1937), S. 19–23.
984 Eucken (1941/1942), S. 38.
985 Vgl. Eucken (1952/2004), S. 247.
986 Vgl. Vanberg (1998), S. 176–177 sowie Vanberg (2004a), S. 13–14.

In den *Grundsätzen* postuliert Eucken dann eine etwas andere Beziehung zwischen den beiden obigen Kategorien:

> Vollständige Konkurrenz besteht nicht im Kampf von Mann gegen Mann, sondern vollzieht sich in paralleler Richtung. Sie ist nicht Behinderungs- oder Schädigungswettbewerb, sondern ‚Leistungswettbewerb'.[987]

Die zusätzliche Frage, die sich aus diesen beiden Definitionen ergibt, ist, ob Eucken nunmehr das Vorhandensein vollständiger Konkurrenz auch für eine hinreichende Bedingung dafür hält, dass der Leistungswettbewerb ohne weitere Maßnahmen gewährleistet wird. Die Formulierung „ist" deutet darauf hin, und dabei muss die mögliche Wandlung seiner wettbewerbspolitischen Leitidee zwischen beiden Publikationen offen bleiben.

Was die Durchsetzung der vollständigen Konkurrenz durch den Staat betrifft, wurden bereits im Vergleich zu Hayek die dafür notwendigen Maßnahmen im Zusammenhang mit der Auflösung von monopolistischen Strukturen und dem „Als-ob"-Wettbewerb für die verbleibenden natürlichen Monopole ausführlich erörtert. Und auch die zentrale Forderung, alle wirtschaftspolitischen Gebiete nach konzentrationsfördernden Maßnahmen zu durchforsten, wurde dort rekonstruiert. Besonders wichtig für den Vergleich zu Röpke ist die Annahme Euckens, dass offene Märkte keine hinreichende Bedingung für das Vorhandensein von vollständiger Konkurrenz oder Leistungswettbewerb sind: In seiner Analyse ist es durchaus möglich, dass die staatliche Garantie des Marktzutritts im Sinne der Gewerbefreiheit durch Behinderungswettbewerb privater Machtgruppen – direkt oder auch durch Vereinnahmung des Staates durch diese Gruppen – unterlaufen werden kann, sodass auch bei offenem Marktzutritt eine Wettbewerbspolitik notwendig ist.[988] Eucken bezieht dieses Plädoyer für offene Märkte explizit auf die interdependente Gesamtheit der Märkte, auf denen diese Marktform durchzusetzen ist, und nicht auf isolierte Märkte, weil sich ansonsten Vermachtungen aus den nicht-wettbewerblichen Märkten im Gesamtsystem fortpflanzen können.[989]

Zusammenfassend lässt sich festhalten, dass die Eucken'sche Wettbewerbspolitik vor allem auf die Einhaltung des Leistungswettbewerbs zielt. Dieser ist aus seiner Sicht nur in der Form der vollständigen Konkurrenz möglich, sodass ausschließlich diese Marktform durch Ordnungspolitik zu implementieren ist. Es genügt dabei ausdrücklich nicht, dass Märkte geöffnet und offen gehalten werden – auch auf solchen Märkten sieht Eucken die Notwendigkeit positiver Politik bei der Durchsetzung des Paares Leistungswettbewerb/vollständige Konkurrenz sowie ergänzender prozesspolitischer Maßnahmen wie etwa des „Als-ob"-Wettbewerbs, da auch auf offenen Märkten private Macht kurzfristig möglich ist, die während ihrer noch

---

987 Eucken (1949), S. 25 sowie Eucken (1952/2004), S. 247.
988 Vgl. Eucken (1950/1953), S. 16–17 sowie Eucken (1952/2004), S. 266–267.
989 Vgl. Eucken (1952/2004), S. 265–266.

so kurzen Existenz außer für Behinderungswettbewerb auch dafür genutzt werden kann, den entmachtenden Staat zu vereinnahmen und seine auf Marktöffnung ausgerichteten Aktivitäten zu unterminieren.

5.5.2 Vorstellungen Röpkes

Beim ordnungs*theoretischen* Vergleich in Abschnitt 5.4.2 wurde bereits auf die unterschiedliche Rolle hingewiesen, welche die beiden Ordoliberalen in ihren Systemen dem Wettbewerb zuweisen. Daran anknüpfend wird nun die ordnungs*politische* Leitidee untersucht: Hierzu muss das soziologisch akzentuierte Bild Röpkes vom Wettbewerb als interessenausgleichendem Mechanismus auf die konkrete Wettbewerbspolitik angewendet werden.[990]

Röpke platziert zwar im Gesamtprogramm der *Civitas*, das in Abschnitt 5.3.2 erörtert wurde, die Antimonopolpolitik an vorderster Stelle. Allerdings kann bei der Analyse seiner Schriften grundsätzlich festgestellt werden, dass der Bereich Wettbewerbspolitik keinen derart zentralen Platz wie bei Eucken oder dessen Mitstreitern Böhm und Miksch einnimmt.[991] Zwar ist der Wettbewerb für Röpke essenziell:

> [...] daß unser Wirtschaftssystem in der Tat mit der Konkurrenz steht und fällt, da nur sie den Wildbach des Privatinteresses zu bändigen und in eine wohltätige Kraft zu verwandeln vermag.[992]

Und wie Eucken spricht auch Röpke – im Gegensatz zum Marxismus – von der inhärenten Tendenz des Marktmechanismus zur Konkurrenz und nicht zur Konzentration, wobei diese Tendenz zur Konkurrenz wirtschaftspolitisch nicht nur nicht zu behindern, sondern mit positiver Politik freizulegen ist.[993] Allerdings ist es für die Stellung von Röpkes wettbewerbspolitischen Ideen charakteristisch, dass er im Gutachten, welches er für die erste Regierung Adenauer anfertigt und in dem er die Wirtschaftspolitik Erhards rück- und ausblickend bewertet, die Wettbewerbspolitik kaum explizit erwähnt. In der folgenden lapidaren Formulierung verbirgt sich die Essenz seines wettbewerbspolitischen Leitbildes, welches den Fokus in diesem Gutachten eindeutig auf die Öffnung der Märkte legt:

> [...] daß eine Wirtschaftspolitik der Markt- und Wettbewerbswirtschaft den regulierenden Einfluß des ausländischen Wettbewerbs schlechterdings nicht entbehren kann. Es muß nachdrücklich hervorgehoben werden, daß ein niedriger Zolltarif das beste Kartellgesetz ist.[994]

---

990 Vgl. Röpke (1937/1954), S. 101–102.
991 Für die These, dass gerade in der *Civitas* Ausführungen zur Wettbewerbspolitik nur mittelbar – über den Fokus auf Dezentralisation – vorhanden sind, vgl. Lovasy (1944), S. 908.
992 Röpke (1937/1954), S. 285.
993 Vgl. Röpke (1937/1954), S. 203–204 sowie Eucken (1952/2004), S. 227–232.
994 Röpke (1950), S. 82.

Diese These, in der (wie auch bei Mises) ein Keim der späteren Contestable-Markets-Theorie mitschwingt, macht sich auch Ludwig Erhard zu eigen.[995]

Ein Grund für die eher kursorische Behandlung der Wettbewerbspolitik kann möglicherweise in einer impliziten wissenschaftlichen Arbeitsteilung gesucht werden. Die Ergebnisse der Freiburger Kollegen auf diesem Politikgebiet sind Röpke bekannt: So verweist er explizit auf die Arbeiten Böhms sowie auf die 1936 von Eucken, Böhm und Großmann-Doerth begründete Reihe *Ordnung der Wirtschaft*,[996] in der wie erwähnt 1937 auch Mikschs Habilitationsschrift erscheint.[997] Als weiteres Indiz für die These der impliziten Kooperation übernimmt er den in Freiburg so wichtigen Begriff der Wettbewerbsordnung als Synonym für die Zielsetzung der Antimonopolpolitik[998] und verweist dabei schon in der 1. Auflage der *Civitas* (trotz der kriegsbedingten teilweisen Abschottung Freiburgs)[999] explizit auf den bereits mehrfach erwähnten Aufsatz Euckens aus dem Jahre 1942.[1000] Auch die knappen Anmerkungen Röpkes in der *Gesellschaftskrisis* zur „Marktpolitik", also der Rolle des Staates in der Wettbewerbspolitik jenseits der Marktöffnung, tragen semantisch eine deutliche Freiburger Handschrift:

> Freier Markt und Leistungswettbewerb stellen sich jedoch nicht, wie es die Laissez-faire-Philosophie des historischen Liberalismus behauptet hatte, von selbst als Ergebnis eines völlig passiven Staates ein; sie sind keineswegs das überraschend positive Produkt einer negativen Wirtschaftspolitik.[1001]

Und weiter bezüglich des Leistungswettbewerbs, unter direkter Bezugnahme[1002] auf Eucken, Böhm und Miksch:

> [...] auch einen Staat voraussetzt, der durch Gesetzgebung, Verwaltung, Rechtsprechung, Finanzpolitik und geistige Führung fortgesetzt für die Aufrechterhaltung von Marktfreiheit und Wettbewerb sorgt, indem er das notwenige Rahmenwerk des Rechts und der Institutionen schafft, die Regeln des Wirtschaftskampfes bestimmt und ihre Innehaltung mit unnachsichtiger, aber unparteiischer Strenge überwacht.[1003]

---

995 Vgl. Erhard (1962), S. 333–336. Für die Verknüpfung dieser Erhard'schen Auffassung mit späteren Problemen der Wettbewerbspolitik im Zusammenhang mit der europäischen Integration vgl. Möschel (1991/1992), S. 69–73.

996 Für das Herausgeber-Geleitwort *Unsere Aufgabe* zu dieser Reihe, welches als eines der Gründungsdokumente des Ordoliberalismus gilt, vgl. Böhm/Eucken/Großmann-Doerth (1936/2008).

997 Vgl. Röpke (1944/1979), S. 97.

998 Vgl. Röpke (1944/1979), S. 74.

999 Für die zu diesem Zeitpunkt immer noch bestehende Korrespondenzbeziehung zwischen Eucken in Freiburg und Röpke in Genf, die erst im Laufe des Jahres 1943 aus Vorsichtsgründen unterbrochen wird, vgl. Hennecke (2005), S. 153 und S. 267.

1000 Vgl. Röpke (1944/1979), S. 95–96, in der 1. Auflage aus dem Jahre 1944 auf S. 95.

1001 Röpke (1942/1979), S. 364.

1002 Vgl. Röpke (1942/1979), S. 395.

1003 Röpke (1942/1979), S. 365.

Allerdings werden auch hier die Ausführungen mit der Röpke'schen Betonung der Unverzichtbarkeit der Marktöffnung nach außen abgerundet:

> Selbst wenn der Staat [...] die Bedingungen für das Entstehen von Monopolen schafft, wird ihrer Entfaltung so lange eine enge und wirksame Grenze gesetzt sein, als sie auf die Landesgrenzen beschränkt sind und sich mit der ausländischen Konkurrenz auf gleichem Fuße messen müssen. [...] Daraus ergibt sich, dass in einer großen Zahl von Fällen eine protektionistische Handelspolitik zwar nicht eine ausreichende, aber die notwendige Bedingung der Monopolbildung ist.[1004]

Ein wichtiger Unterschied besteht in der Einschätzung der Realisierbarkeit vollständig wettbewerblicher Märkte. Für Eucken ist dies, wie erläutert, die Leitidee und das zentrale ordnungspolitische Ziel. Röpke verwendet stattdessen einen weiteren, explizit dynamischen Begriff[1005] von Wettbewerb im Sinne der Erzielung und Einholung zeitlicher Vorsprünge einzelner Akteure.[1006] Dieser Begriff erinnert konzeptionell an die „workable competition" von John Maurice Clark, auf die sich Röpke später auch explizit beruft.[1007] Mit dieser Herangehensweise muss er sich nicht allein an der Marktform der vollständigen Konkurrenz orientieren, da aus dieser Perspektive etwa weite Oligopole nicht unbedingt abzulehnen sind.[1008]

Als Ergebnis der bisherigen Analyse lässt sich Röpkes Forderung dahingehend wiedergeben, dass der Wettbewerb *frei* (es kann ein Zuwenig an Wettbewerb geben im Sinne von Wettbewerbsbeschränkungen), aber auch *echt* sein muss (hier ist stattdessen ein Zuviel an Wettbewerb im Sinne von Entartungen und Schrankenlosigkeit durch Nichtbeachtung von Regeln möglich).[1009] Röpke thematisiert die Seltenheit der „vollkommen freien Konkurrenz" und erachtet es als notwendig und hilfreich, sich mit den zeitgenössischen Theorien des unvollkommenen Wettbewerbs u. a. von Edward Chamberlin und Joan Robinson zu befassen.[1010] Wie in Abschnitt 5.2.1 erwähnt, steht Eucken diesen ausgesprochen skeptisch gegenüber.[1011] Die Diskrepanz besteht aber nur bezüglich des „frühen" Röpke: Später stellt er die wirtschafts*politische* Relevanz der Positionen Chamberlins und Robinsons wie Eucken stark infrage und sieht bei ihnen einen Fortschritt lediglich in der analytischen Schärfung der *theoretischen* Diskussion.[1012]

1004 Röpke (1942/1979), S. 372.

1005 Für eine Darstellung des Wettbewerbs im Sinne eines dynamischen Prozesses vgl. Röpke (1965), S. 33.

1006 Vgl. Röpke (1958a), S. 357. Für weitere Erläuterungen dieses Konzepts vgl. Peukert (1992), S. 72–73.

1007 Für eine Darstellung des Konzepts der „workable competition" vgl. Borchert/Grossekettler (1985), S. 151–161.

1008 Für die These, dass gerade Röpkes Wettbewerbstheorie (im Vergleich zu Euckens Leitbild der vollständigen Konkurrenz) unter den Neoliberalen das Verständnis vom dynamischen Wettbewerbsprozess gefördert hat, vgl. Willgerodt (1975), S. 104–105.

1009 Vgl. Röpke (1965), S. 34.

1010 Vgl. Röpke (1937/1954), S. 221.

1011 Vgl. Eucken (1940/1989), S. 97–98.

1012 Vgl. Röpke (1965), S. 29–30.

Einen gewissen Wandel durchläuft Röpke im Hinblick auf die konkrete Behandlung von Monopolen und dort besonders von natürlichen Monopolen. In der *Gesellschaftskrisis* spricht er sich innerhalb der „Marktpolitik" für eine Verstaatlichung der natürlichen Monopole aus, welche aus seiner Sicht der (von Eucken präferierten) strengen Überwachung vorzuziehen ist, alle nicht-natürlichen Monopole sind – wie bei den Freiburgern – in die Form der Konkurrenz zu überführen.[1013] Ähnlich wie Eucken sieht auch Röpke die Notwendigkeit für den Staat, alle Politikfelder nach Regeln zu durchsuchen, die die Konzentration fördern, und diese Regeln abzuschaffen.[1014] Anders als Eucken fordert Röpke in diesem Stadium neben der bisher geschilderten passiven Antimonopolpolitik auch eine aktive Betätigung des Staates bei der Aufgabe, für Konkurrenz zu sorgen, indem er etwa eigene Betriebe gründet.[1015] Dass er neben dem Staat außerdem die privaten Nachfrager in der Verantwortung sieht, ihr Kaufverhalten im Sinne einer Art privater Wirtschaftspolitik so zu gestalten, dass Monopole nicht gefördert werden,[1016] spricht für die in Abschnitt 5.4.2 formulierte These, dass Röpke im Vergleich zu Eucken ein bürgergesellschaftlich akzentuiertes Staats- und Gesellschaftsverständnis an den Tag legt.

In *Jenseits von Angebot und Nachfrage* erfahren einige dieser Forderungen eine Weiterentwicklung. Zum einen behandelt Röpke die Wettbewerbspolitik im Zusammenhang mit der von ihm gewünschten Dezentralisation sozialer Strukturen und spricht sich für eine aktive Förderung kleiner und mittlerer Akteure aus.[1017] Dabei bezieht er explizit die Gewerkschaften in seine antimonopolistischen Positionen ein: Der Arbeitsmarkt ist aus seiner Sicht ebenfalls der Wettbewerbspolitik zu unterziehen.[1018] Bemerkenswert ist, dass hier die Leitfrage der Dezentralisation mit der Wettbewerbs- und die Sozialpolitik verzahnt wird, weswegen sie unten im Zusammenhang mit der Röpke'schen sozialpolitischen Leitidee erneut aufgenommen wird. Wie bei der frühen theoretischen Position zum Wettbewerb als Interessensausgleicher wird die Wettbewerbspolitik hier wiederholt primär unter soziologischen Gesichtspunkten analysiert, diesmal allerdings ausdrücklich. Zum anderen sieht er die Betätigung staatlicher Unternehmen – die er im Zusammenhang mit der Verstaatlichung natürlicher Monopole und der aktiven Antimonopolpolitik noch explizit begrüßt und gefordert hat – durch die Ereignisse in der wirtschaftspolitischen Realität der Zwischenzeit und die bedeutsame quantitative Ausdehnung der Staatsbetriebe deutlich kritischer.[1019] Eine interessante Zwischenetappe dieser Wandlung ist in der 7. Auflage der *Lehre* von 1954 zu finden, in der er zwischen ökonomischen sowie soziologischen

---

1013 Vgl. Röpke (1942/1979), S. 366.
1014 Vgl. Röpke (1942/1979), S. 368–372.
1015 Vgl. Röpke (1942/1979), S. 373.
1016 Vgl. Röpke (1942/1979), S. 374.
1017 Vgl. Röpke (1958a), S. 326–327.
1018 Vgl. Röpke (1958a), S. 323–325.
1019 Vgl. Röpke (1958a), S. 46.

Vor- und Nachteilen der Verstaatlichung natürlicher Monopole abwägt. Hierbei kommt er zwar zu keinem allgemeinen Ergebnis, neigt aber gerade mit dem soziologisch Argument der Berührung des Staates mit den Bedürfnissen der Bürger und der erwarteten ständigen Korrektur staatlichen Handelns durch den Druck der Öffentlichkeit immer noch zur Empfehlung der Verstaatlichung.[1020]

5.5.3 Analyse entlang der Haupttopoi

Wie die beiden vorangegangenen Abschnitte gezeigt haben, bestehen zwischen beiden Ordoliberalen zahlreiche Ähnlichkeiten, aber auch mehr als nur Nuancenunterschiede. Dies gilt es nun anhand der Topoi zu erläutern. Als eine zentrale Gemeinsamkeit erscheint die Forderung nach konsequentem staatlichem Durchforsten aller Felder der Wirtschaftspolitik nach konzentrationsfördernden Maßnahmen, um nicht etwa in der Steuerpolitik Größe zu fördern, was man bei der Wettbewerbspolitik genau verhindern will. Beide Autoren sehen außerdem kleine und mittlere Akteure in der Ökonomie als vorteilhaft und Konzentration als sehr bedenklich an. Der jeweilige Topos scheint besonders an diesem Punkt zu greifen: Für Eucken ist der Wettbewerb ein Instrument der Entmachtung, weshalb vollständige Konkurrenz herzustellen ist, während Röpke zu dieser Forderung über den dezentralen Charakter der kleinen Regelkreise als Voraussetzung harmonischen sozialen Lebens im Sinne der Kohäsion gelangt. Dieser soziologische Zugang ermöglicht es Letzterem, sich zwar den weiteren Wettbewerbsbegriff Clarks zu eigen zu machen, aber ordnungspolitisch – trotz der unterschiedlichen ordnungstheoretischen Auffassung – eine ähnlich strikte Wettbewerbspolitik wie Eucken zu fordern. Es fällt dabei auf, dass Röpke, anders als Eucken, nicht zu prozesspolitischen Maßnahmen wie der Durchsetzung der „Als-ob"-Wettbewerbspreise greifen muss und hier als der ordnungspolitisch Stringentere eingestuft werden kann. Bei der unterschiedlichen Behandlung natürlicher Monopole (Aufsicht durch das Monopolamt bei Eucken versus Verstaatlichung beim „frühen" Röpke) scheint der Topos wieder von Relevanz zu sein: Für Eucken ist der Staat nicht mit mehr Macht als absolut notwendig auszustatten, was gegen eine Verstaatlichung spricht, welche nach seiner Darstellung das Maximum an Machtkonzentration – „doppelte Machtkonzentration" genannt –[1021] darstellt.[1022] Bei Röpkes stetiger Betonung des für ihn essenziellen Aspektes der Marktöffnung nach außen greift sein Topos in dessen zweiter Dimension: Entlang der in Abschnitt 5.3.1 erörterten Forderung nach Kohäsion in den internationalen Wirtschaftsbeziehungen

---

1020 Vgl. Röpke (1937/1954), S. 222.
1021 Eucken (1950/1953), S. 7.
1022 Vgl. Eucken (1952/2004), S. 173–175.

postuliert er zusätzlich die wettbewerbspolitische Relevanz einer solchen internationalen Ordnung und stellt gerade diese, anders als die Freiburger, in den Mittelpunkt.

Die trotz der Unterschiede durchaus ähnliche Hauptstoßrichtung der beiden ordoliberalen Politikempfehlungen lässt sich auf zwei Ebenen erklären. Zum einen ist die Frage der wirtschaftlichen Macht bei Eucken wie bei Röpke, wenn auch in unterschiedlichem Ausmaße, an zentraler Stelle präsent. Beide sehen den Wettbewerb – anders als in der heutigen Mikroökonomik – nicht primär als Instrument ökonomischer Ergiebigkeit (in heutiger Sprache: optimaler Allokation), sondern hauptsächlich als Instrument zur Erreichung ihrer im Topos angelegten ordnungspolitischen Hauptziele. Der Wettbewerb soll vor allem entmachten bzw. für kohäsive und harmonische Marktbeziehungen sorgen und erst an zweiter Stelle seine Lenkungsrolle im Sinne der Ergiebigkeit erfüllen.[1023] Zum anderen wollen sich sowohl Eucken als auch Röpke nicht darauf verlassen, dass Kartelle *langfristig* instabil sind oder dass die Marktmacht von Monopolen auf offenen Märkten *langfristig* erodiert. Sie sehen hier ordnungspolitischen Handlungsbedarf und tragen damit der konkreten wirtschaftspolitischen Dringlichkeit ihrer Zeit besonders Rechnung. Deshalb suchen sie konkrete Antworten auf die zentralen Fragen der Umbruchsituation, in die ihre Schaffenszeit fällt, und die besonders um den Zweiten Weltkrieg herum durch eine extrem vermachtete Industrie und weitgehend abgeschottete nationale Märkte gekennzeichnet ist. Hier wird – im Hinblick auf die Berücksichtigung der historischen Dringlichkeit – erneut der Unterschied besonders zu Mises deutlich, dessen Theorie einen überzeitlichen Anspruch erhebt und deshalb auf die konkreten, zeitgebundenen Probleme der praktischen Wirtschaftspolitik nicht eingehen muss. Des Vorwurfs, einem „Ricardian vice" des Denkens in abstrakten Modellen mit realitätsfernen Annahmen und einem zu starken Fokus auf die lange Frist zu unterliegen,[1024] machen sich die Ordoliberalen hier also nicht schuldig.

5.6 Vergleich der Vorstellungen zur Währungspolitik

Als Nächstes soll nun die Währungspolitik erörtert werden. Der Grund hierfür ist erstens, dass Währungspolitik an sich bereits ordnungspolitische Züge trägt, weil sie darauf abzielt, einen geeigneten monetären Ordnungsrahmen für die Interaktionen der privaten Akteure zu setzen. Zweitens beinhaltet Euckens Begriff der Wirtschaftsordnung, wie in Abschnitt 5.2.1 dargestellt, mit den Marktformen eine reale und mit den Geldsystemen eine monetäre Seite: Nachdem also in Abschnitt 5.5 die reale Seite

---

1023 Für die Betonung des lediglich abgeleiteten Zieles der materiellen Ergiebigkeit im ordoliberalen Wettbewerbsverständnis, im Gegensatz zum Primat der freiheitsstiftenden Funktion des Wettbewerbs vgl. Möschel (2001), S. 4–7.
1024 Für die Definition des „Ricardian vice" und dessen Verortung als Problem für die Lösung praktischer Probleme der Wirtschaftspolitik vgl. Schumpeter (1954/2006), S. 447–449.

des Ordnungsrahmens dargelegt wurde, sollen nun in diesem Abschnitt die Eigenschaften des gewünschten monetären Ordnungsrahmens erörtert werden.

5.6.1 Vorstellungen Euckens

Wie oben im Vergleich zu Hayek, erscheint es auch an dieser Stelle angebracht, zwischen dem „frühen" Eucken der 1920er-Jahre und dem „späten" Eucken der 1930er- und 1940er-Jahre zu unterscheiden. Die Wandlung bezieht sich vor allem auf die Einschätzung des Goldstandards als erstrebenswerte Währungsordnung, und gerade dies soll hier in Bezug auf Röpkes währungspolitische Leitideen herausgearbeitet werden.

Eucken verfasst mitten in der Hyperinflation 1923 seine *Kritischen Betrachtungen zum deutschen Geldproblem*, in denen er – ausgehend von der Erörterung verschiedener Inflationstheorien – zu dem Schluss kommt, dass die Ursachen für die Inflation seiner Zeit nicht auf den Gütermärkten, sondern im monetären Bereich zu suchen sind. Dabei stellt er zwei primäre Inflationskomponenten fest: Sowohl das Staatsdefizit als auch den zu niedrigen Diskontzins sieht er als Faktoren, die inflationsinduzierend wirken.[1025] Da der Staat aus Euckens Sicht nicht dauerhaft der Versuchung widerstehen kann, Haushaltsdefizite in Kauf zu nehmen, und Interessentengruppen immer auf einen niedrigen Diskontzins drängen, ist für ihn aus dieser polit-ökonomischen Perspektive der Goldstandard die einzige Währungsordnung, die für stabile Warenpreise und Wechselkurse sorgen kann.[1026] Einem Zitat Carl Mengers folgend, fasst er seine Position so zusammen, dass die Schwankungen der Edelmetallpreise, die Eucken gerade für die Phase nach dem Ersten Weltkrieg aufgrund vieler außenpolitischer Faktoren befürchtet, trotzdem geringere Gefahren bergen, als wenn der Geldwert den Regierungen und weiteren sozialen Gruppierungen überlassen wird.[1027] Zwei Jahre später analysiert er ausführlich die Übergangsprobleme für die Zeit zwischen dem damaligen System und einer Geldverfassung mit Golddeckung, die besonders um die Akzeptanz des automatischen Charakters des Goldstandards seitens der Politik sowie die weltweite Verteilung des Metalls kreisen.[1028] In einer weiteren Publikation, ebenfalls aus dem Jahre 1925, erläutert Eucken den Fragenkomplex diesmal im Zusammenhang mit dem Übertragungsproblem der Nachkriegszeit,[1029] wobei hier implizit das später für den Ordoliberalismus wichtige Spannungsverhältnis zwischen dem durch die Wissenschaft beratenen *starken Staat* und dem in partikularen Gruppeninteressen gefangenen und durch sie gelenkten

---

1025 Vgl. Eucken (1923), S. 61.
1026 Vgl. Eucken (1923), S. 80.
1027 Vgl. Eucken (1923), S. 82.
1028 Vgl. Eucken (1925b), S. 5–13.
1029 Vgl. Eucken (1925a), S. 161–164.

Wirtschaftsstaat auftaucht.[1030] 1926 verfeinert er seine Analyse der Inflationsprozesse, indem er die Quantitätstheorie mit psychologischen Elementen anzureichern versucht, um damit gerade das Phänomen der Hyperinflation besser zu verstehen.[1031]

In der späteren, ordnungspolitischen Phase Euckens können grundsätzlich zwei währungspolitische Ebenen herausgearbeitet werden, gewissermaßen eine makro- und eine mikroökonomische Analyseebene. In der makroökonomischen Betrachtung wird untersucht, welche Währung für die Wettbewerbsordnung nötig ist, wobei Eucken sich nun zugunsten der in den 1930er-Jahren in den USA theoretisch entworfenen Waren-Reserve-Währung entscheidet. Er äußert sich zwar zunächst prinzipiell positiv zum Goldstandard, der in seiner geschichtlichen Analyse dafür gesorgt hat, dass zur damaligen Zeit internationale Gleichgewichte automatisch realisiert wurden.[1032] Allerdings merkt er nunmehr an, dass der Goldstandard Voraussetzungen besitzt, die im 20. Jahrhundert immer weniger erfüllt sind: die Bereitschaft seitens der Politik, die automatischen Regeln des Goldstandards einzuhalten, sowie der wettbewerbliche Charakter der beteiligten Ökonomien.[1033] Wie bereits ausgeführt, weist der Goldstandard außerdem besonders dahingehend Fehler auf, dass die Goldproduktion Zufälligkeiten unterworfen ist und der Mechanismus nicht robust genug gegenüber Inflation und Deflation ist.[1034] Aufgrund der Kombination dieser beiden Unzulänglichkeiten befürwortet Eucken nunmehr anhand der Waren-Reserve-Währung den Ersatz des Goldes durch einen breiten Warenkorb, der die Vorteile des Goldstandards – insbesondere die politische Unabhängigkeit und den automatischen Charakter – beibehält, ohne die dargestellten Nachteile zu besitzen. Schwierigkeiten kann allerdings gerade die Breite des Warenbündels bereiten, wenn sich verschiedene Länder nicht an die identische Zusammensetzung halten.[1035]

Auf der mikroökonomischen Ebene handelt es sich vor allem um die Rolle des Staates gegenüber den Geschäftsbanken. In ihrer Beteiligung an der Geldschöpfung verortet Eucken eine besonders bedeutsame Quelle für die Instabilität der Währung und damit der Wettbewerbsordnung.[1036] Dieser Effekt wäre zwar durch die vorgeschlagene Einführung der Waren-Reserve-Währung stark eingedämmt – als komplementär notwendig sieht er jedoch den u. a. von Henry Simons vertretenen Chicago-Plan, der eine 100-Prozent-Deckung bei der Kreditvergabe vorsieht und damit die Geschäftsbanken zusätzlich entmachtet.[1037] Wie im Autorenvergleich zu Hayek ausführlich dargelegt, geht Eucken diesbezüglich an anderer Stelle noch einen Schritt weiter:

1030 Vgl. Eucken (1923), S. 83.
1031 Vgl. Eucken (1926c).
1032 Vgl. Eucken (1952/2004), S. 167.
1033 Vgl. Eucken (1952/2004), S. 168.
1034 Vgl. Eucken (1952/2004), S. 169.
1035 Vgl. Eucken (1952/2004), S. 263.
1036 Vgl. Eucken (1952/2004), S. 263–264.
1037 Vgl. Eucken (1952/2004), S. 260–261.

So befürwortet er – neben der Abschaffung des sogenannten dritten Geldsystems durch den Chicago-Plan – eine mögliche Aufspaltung der Geschäftsbanken.[1038]

5.6.2 Vorstellungen Röpkes

In Röpkes währungspolitischen Empfehlungen lassen sich ebenfalls zwei Ebenen unterscheiden, wobei das Kriterium ein anderes ist als bei Eucken: Die erste Ebene stellt die ordnungstheoretische Idealvorstellung dar, die zweite die konkrete wirtschaftspolitische Beratung innerhalb der gegebenen institutionellen Bedingungen. Euckens Vorstellungen bewegen sich primär auf der ersten Röpke'schen Ebene, wahrscheinlich auch, weil er nur wenige Monate nach Gründung der Bundesrepublik stirbt und konkrete Politikberatung zuvor nur in beschränktem Maße möglich ist.[1039] Bei Röpke handelt es sich um die Differenzierung zwischen der allgemeinen Präferenz für den Goldstandard einerseits und den publizistischen Bemühungen um freie Konvertibilität der neuen D-Mark andererseits.[1040]

Die Befürwortung des Goldstandards besteht während Röpkes gesamter Schaffenszeit fort und findet sich in seinen Werken von der *Lehre* über die *International Economic Disintegration* und die Trilogie bis *Jenseits von Angebot und Nachfrage* wieder. In diesen Veröffentlichungen macht er immer wieder deutlich, dass der Goldstandard bei Abwesenheit eines Weltstaates die einzige Möglichkeit darstellt, um nach dem Zusammenbruch der verschiedenen goldstandard-basierten Systeme im Zeitraum 1914–1931 wieder eine multilaterale außenwirtschaftliche Integration zu ermöglichen.[1041] Außenwirtschaftlich ist für ihn also gerade der Goldstandard dasjenige Bindemittel, das idealiter wiederherzustellen ist und das dafür sorgen kann, dass Handels- und Investitionsströme international erneut ungehemmt in einer Art globaler Zahlungsgemeinschaft fließen können.[1042] Hinzu kommt eine binnenwirtschaftliche Komponente, die er später im Zusammenhang mit dem ausufernden Wohlfahrtsstaat aufgreift und die diese Lösung noch besser erscheinen lässt: Der Goldstandard bietet für Röpke die beste Gelegenheit, das Geld zu entpolitisieren und es somit dem – durch die Vollbeschäftigungspolitik und die Ausdehnung des Wohlfahrtsstaates induzierten – Inflationsdruck dauerhaft zu entziehen.[1043] Allerdings ist sich Röpke wie Eucken

---

1038 Vgl. Eucken (1952/2004), S. 311 sowie Eucken (1999), S. 38–58.
1039 Eine Ausnahme bilden die Gutachten für die Verwaltung der französischen Besatzungszone, vgl. Eucken (1999). Für Euckens Beratertätigkeit für Erhards *Verwaltung für Wirtschaft* in deren Wissenschaftlichen Beirat und dessen Vorgängerorgan, auch im Zusammenhang mit der Erhard'schen Währungsreform vom Juni 1948, vgl. Nicholls (1994/2000), S. 178–205.
1040 Für Röpkes währungspolitische Analyseebenen vgl. Feld (2012), S. 8–10.
1041 Vgl. Röpke (1937/1954), S. 108–109, Röpke (1942), S. 191–197, Röpke (1945/1979), S. 30–32 und 110–113 sowie Röpke (1958a), S. 260–262.
1042 Vgl. Röpke (1945/1979), S. 110–113.
1043 Vgl. Röpke (1958a), S. 260–262.

dessen bewusst, dass der Goldstandard besonderer politischer Voraussetzungen bedarf, die zu ihrer Zeit nur schwer oder erst langsam wieder zu erfüllen sind.[1044] Im Jahrhundert zweier nationalistischer Weltkriege eine internationale Entpolitisierung des Geldes zu fordern, erscheint daher gewagt und visionär. Im Vergleich zu anderen denkbaren Lösungen stellt aber gerade der Goldstandard nach Röpkes Überzeugung diejenige Währungsordnung dar, die es ermöglicht, ein „Maximum an internationaler Ordnung mit einem Minimum an Anforderungen an diese"[1045] zu erzielen.

Die obigen Ausführungen zeigen, dass sich Röpke auch durch den Kompromiss von Bretton Woods – den er u. a. wegen des ihm inhärenten Phänomens einer grenzüberschreitenden „importierten Inflation" kritisiert –[1046] nicht von seiner ordnungstheoretischen Position zur Überlegenheit des Goldstandards abbringen lässt. Allerdings ist das weltweite System nach 1944 in seiner Funktion als wirtschaftspolitischer Berater der frühen Bundesrepublik als exogen zu betrachten. Dabei geht es eher darum – nach dem Sieg über die im Verlauf des nationalsozialistischen Preisstopps entstandene „zurückgestaute Inflation"[1047] durch die Erhard'schen Reformen –[1048] zu entscheiden, welche Gestalt die neu eingeführte D-Mark im Prozess der von Röpke publizistisch intensiv verfolgten europäischen Integration einnehmen soll.[1049] Für Europa endet der Krieg mit sehr rigiden außenwirtschaftlichen Strukturen, in deren Mittelpunkt Röpke die sogenannte Devisenzwangswirtschaft sieht. Es handelt sich dabei um zahlreiche und vielfältige Regularien, in welcher Art und Weise mit Fremdwährungen gehandelt werden darf. Darin sieht Röpke ein fundamentales Problem und Hindernis für die zwischenstaatlichen Wirtschaftsbeziehungen.[1050] Dessen Überwindung erhofft er sich einzig und allein von der Wiederherstellung der freien Konvertibilität der einzelnen Währungen zueinander, weswegen er diese Forderung auch besonders umfangreich im vieldiskutierten Gutachten an die erste Regierung Adenauer darstellt.[1051] Einen entscheidenden Schritt in Richtung freier Konvertibilität sieht er im Ersatz der zu dieser Zeit geplanten und umgesetzten europäischen Zahlungsunion: Mit der Wiederherstellung der Konvertibilität kann ein wichtiger Grund für die Ungleichgewichte in den Zahlungsbilanzen der westeuropäischen

---

1044 Vgl. Röpke (1945/1979), S. 112.

1045 Röpke (1945/1979), S. 113.

1046 Vgl. Röpke (1956/1959), S. 291–299.

1047 Für den Bericht über das Entstehen des Begriffs der „zurückgestauten Inflation" bei Röpkes erster Reise in Deutschland nach dem Krieg während des Besuchs bei Eucken in Freiburg im Herbst 1946 vgl. Röpke (1958b), S. 8–9. Für Euckens Verwendung des Begriffs in Bezug auf Westdeutschland vor der Reform von 1948 vgl. Eucken (1951), S. 151 und S. 156.

1048 Für diese Diagnose der währungspolitischen Lage im besetzten Deutschland der unmittelbaren Nachkriegszeit vgl. Röpke (1947/1959), S. 162–168.

1049 Für eine systematische Analyse der zahlreichen Einflusskanäle Röpkes auf den Prozess der europäischen Integration vgl. Warneke (2013).

1050 Vgl. Röpke (1945/1979), S. 332–334.

1051 Vgl. Röpke (1950), S. 78–93.

Länder entfallen.[1052] In diesem Zusammenhang betont er – wie bereits beim Gold-standard, nur in abgewandelter Form –, dass eine multilaterale Integration der europäischen und der Weltwirtschaft ohne die Bedingung der Konvertibilität nicht möglich ist.[1053] Zusammen mit der Unabhängigkeit der Zentralbank, die er explizit anmahnt[1054] und in der er nach dem Wegfall des „staatsfreien" Goldstandards den „letzten Damm gegen die Gouvernementalisierung des Geldes"[1055] sieht, erscheint für ihn also die Ordnung der freien Konvertibilität – im Sinne einer „Second-best"-Alternative – eine zufriedenstellende Alternative zur Idealvorstellung des Goldstan-dards zu sein. Flexible Wechselkurse lehnt er allerdings, im Gegensatz zu anderen Neoliberalen,[1056] ab und setzt sich stattdessen für gelegentliche Anpassungen der sonst fixierten Austauschverhältnisse ein.[1057]

5.6.3 Analyse entlang der Haupttopoi

Die Topoi scheinen auch hier, diesmal in etwas abgewandelter Form, für die Erläute-rung der Unterschiede in den Positionen der beiden Ordoliberalen von Relevanz zu sein. Für Eucken ist nur eine Währungspolitik tragfähig, die staatliche wie private Ver-machtung nicht entstehen lässt, wie der Vorschlag zur Aufteilung der Geschäftsbanken im Hinblick auf private Macht verdeutlicht. Für eine Politik der ordnungspolitischen Entmachtung des Staates wiederum eignet sich besonders die Waren-Reserve-Währung, weil bei ihr – durch den automatischen Ablauf der Geldmengensteuerung – der Politik Möglichkeiten in Bezug auf etwaige Währungsmanipulationen genommen werden. Allerdings wird an diesem Punkt, wie in Abschnitt 5.4.2 bereits angemerkt, wiederholt deutlich, dass für Eucken der internationale Kontext eine geringere Rolle als bei Röpke spielt: Denn der entscheidende Nachteil der Waren-Reserve-Währung liegt, wie er selbst in den *Grundsätzen* feststellt, in der Gefahr, dass unterschiedli-che Regierungen den einzelnen Gütern divergierende Gewichte im Warenkorb zuwei-sen und damit der internationale Verkehr Schaden nimmt.[1058] Diese Gefahr besteht beim Goldstandard nicht, da naturgemäß nur ein Gut hinterlegt wird. Für Röpke ist, spiegelbildlich zum „späten" Eucken, die zweite Ebene des Röpke'schen Topos – die Kohäsion im Internationalen – so wichtig, dass er nicht für die Waren-Reserve-Währung, sondern ein Leben lang für den Goldstandard optiert, obwohl er natürlich

---

1052 Vgl. Röpke (1950), S. 82–83.
1053 Vgl. Röpke (1950), S. 84.
1054 Vgl. Röpke (1958a), S. 284.
1055 Röpke (1952/1959), S. 284.
1056 Für die Nachkriegs-Positionierung von Friedrich A. Lutz als Befürworter flexibler Wechselkurse vgl. Hagemann (2008), S. 274–275.
1057 Vgl. Röpke (1945/1979), S. 289–291 sowie Röpke (1976), S. 169–170.
1058 Vgl. Eucken (1952/2004), S. 263.

das Konzept der Waren-Reserve-Währung und Euckens (sowie Hayeks) Präferenz dafür kennt.[1059] Insgesamt ist allerdings die Stoßrichtung, trotz der Unterschiede der konkreten befürworteten Ordnung und der jeweiligen Begründung, bei beiden eine durchaus ähnliche: Es geht um die parallel verlaufende Suche nach einer Währungsordnung, die möglichst weder staatlich noch privat durch die Macht der Diskretion manipulierbar ist und so einen adäquaten monetären regelbasierten Ordnungsrahmen für die reale Ökonomie bietet.

5.7 Vergleich der Vorstellungen zur Konjunkturpolitik

5.7.1 Vorstellungen Euckens

Wie in den vorangegangenen Feldern der Wirtschaftspolitik, lässt sich auch auf dem Gebiet der Konjunkturpolitik eine Unterteilung von Euckens Positionen in zwei Phasen vornehmen. Die erste Phase umfasst dabei die frühen Konzepte und dauert bis etwa 1932 an. Die zweite Phase beginnt mit der Zusammenarbeit Euckens mit Friedrich A. Lutz und dauert bis zu Euckens Tod, schließt also auch das ordnungspolitische Werk in Bezug auf die Konjunkturpolitik ein. Allgemein lässt sich hier bereits vorwegnehmen, dass die Konjunkturpolitik in Euckens Werk zu keinem Zeitpunkt einen ähnlich wichtigen Platz wie bei Mises und Hayek, aber auch beim „frühen" Röpke einnimmt – die Ausnahme scheint die Zeit der Großen Depression zu sein. Deshalb wird hier – auch wegen ihres expliziten Bezugs zu Röpkes Theorie – die Tagung der *Friedrich-List-Gesellschaft* vom September 1931 besonders erläutert.

Eucken formuliert 1928 bei der Tagung des *Vereins für Socialpolitik* in Zürich eine Position zur Konjunkturtheorie,[1060] welche dezidiert „österreichische" Züge trägt und damit zum Konsens in der deutschsprachigen Welt beiträgt, wie ihn Mises bei der Tagung feststellt.[1061] Auch wenn Eucken sich bald danach von dieser konjunktur*theoretischen* Auffassung verabschiedet, spielen die konjunktur*politischen* Folgerungen daraus für ihn bis zum Ende seines Lebens eine entscheidende Rolle: Bis in die *Grundsätze* hinein betont er immer wieder, dass die Stabilität der Ökonomie – im Sinne eines Systems unverzerrter relativer Preise – maßgeblich mit dem Verhalten der Geschäftsbanken und ihrer Kreditschöpfung zusammenhängt.

Von unmittelbarem Interesse bezüglich der Präzisierung dieser frühen konjunkturpolitischen Verortung ist Euckens Rolle im Rahmen der Diskussionen bei der Tagung der *Friedrich-List-Gesellschaft* zur Kreditausweitung im September 1931.[1062] Im Zuge der Großen Depression verwerfen immer mehr Ökonomen die

---

1059 Vgl. Röpke (1945/1979), S. 161.
1060 Vgl. Eucken (1928/1929), S. 287–305.
1061 Vgl. Mises (1928/1929), S. 323 und S. 326.
1062 Vgl. Borchardt/Schötz (1991).

„österreichische" Ablehnung expansiver Geldpolitik,[1063] was auch die Analyse der Voten bei der Tagung der *Friedrich-List-Gesellschaft* zum sogenannten Lautenbach-Plan verdeutlicht. Eucken bleibt allerdings der in diesem Dokument geforderten Kreditexpansion gegenüber skeptisch und betont noch immer die „österreichische" Position, dass er sich eine Kräftemobilisierung der Marktwirtschaft primär von einer Auflockerung des rigide gewordenen Preissystems – und hier besonders von der Herabsetzung der Löhne – verspricht.[1064] Der in Abschnitt 5.7.2 zu erörternden Unterscheidung Röpkes in primäre und sekundäre Depressionen folgt er zwar grundsätzlich, teilt aber nicht dessen Position, dass die sekundäre Depression zu diesem Zeitpunkt bereits erreicht ist: Aus Euckens Sicht ist der Reinigungsprozess der primären Depression wegen der rigiden Preise noch bei Weitem nicht abge-schlossen.[1065] Zudem befürchtet er, dass eine Kreditinjektion einen Preisauftrieb[1066] und/oder eine Verschlechterung der außenwirtschaftlichen Bedingungen nach sich ziehen kann.[1067] Letztendlich stellt Eucken jedoch fest, dass er die *außerökonomische* Gefahr der Situation Anfang der 1930er-Jahre ähnlich kritisch wie die anderen ver-sammelten Ökonomen einschätzt und deshalb, nach der Durchführung einer Politik der Auflockerung des Preissystems, unter diesen besonderen Umständen auch eine Kreditexpansion unterstützen kann.[1068]

Konjunkturtheoretisch distanziert sich Eucken in den Folgejahren deutlich von diesen Auffassungen, was darin mündet, dass er in den *Grundlagen* lapidar feststellt:

> Es gibt keinen Normal-Zyklus der Konjunktur.[1069]

Die Aussage führt ihn unmittelbar zu der These, dass dynamische ökonomische Theorien, worunter er die Konjunkturtheorien versteht, nicht möglich sind.[1070] Begründet ist diese sehr generelle und für die Eucken'sche Forschung folgenschwere Position mit der Einzigartigkeit jeder historischen Konjunkturbewegung, die von so zahl-reichen innen- und außenpolitischen, also oft auch außerökonomischen Faktoren beeinflusst werden kann, dass ihre Erfassung in einer Theorie unmöglich erscheint.[1071] Damit wird implizit die eigene Theorie von 1928 und 1931 für nicht allgemeingültig erklärt. Der Verweis in den *Grundlagen* auf die von Eucken betreute Habilitations-schrift von Friedrich A. Lutz aus dem Jahre 1932[1072] ist die Spur, die diese Wandlung

---

1063 Vgl. Skousen (2005), S. 48–50.
1064 Vgl. Borchardt/Schötz (1991), S. 146 und S. 243–245.
1065 Vgl. Borchardt/Schötz , S. 145.
1066 Vgl. Borchardt/Schötz (1991), S. 245.
1067 Vgl. Borchardt/Schötz , S. 148.
1068 Vgl. Borchardt/Schötz (1991), S. 149.
1069 Eucken (1940/1989), S. 182.
1070 Vgl. Eucken (1940/1989), S. 182–184.
1071 Vgl. Eucken (1940/1989), S. 183.
1072 Vgl. Eucken (1940/1989), S. 251.

zu erklären hilft.[1073] Lutz entwickelt im besagten Werk und in weiteren Schriften die nunmehr auch von Eucken vorgetragene Position, dass eine universelle Konjunkturtheorie über die allgemeine Gleichgewichtstheorie hinaus erstens nicht nötig und zweitens aufgrund der Individualität der Zyklen auch nicht möglich ist.[1074] Die Kooperation zwischen Eucken und Lutz, die auch die gemeinsame Arbeit an Euckens *Kapitaltheoretischen Untersuchungen* umfasst,[1075] erscheint für Euckens Loslösung von der „österreichischen" Konjunkturtheorie von entscheidender Bedeutung.

Die späte, also ordnungspolitische Formulierung der Konjunkturpolitik lässt sich gut aus den *Grundsätzen* rekonstruieren. Besondere Konjunkturpolitik – im Sinne einer Vollbeschäftigungspolitik Keynes'scher Prägung – über die Ordnungspolitik hinaus hält Eucken in der Metapher der Wettbewerbsordnung als gesundem Organismus für nicht notwendig.[1076] Die ordnungspolitischen Vorkehrungen, die aus seiner Sicht getroffen werden müssen, bestehen – neben der Durchsetzung der Prinzipien der Wettbewerbsordnung – besonders in der in Abschnitt 5.6.1 bereits erwähnten Forderung nach Abschaffung des dritten Geldsystems, also im Verbot privater Geldschöpfung durch die Geschäftsbanken. Diese Position erinnert zwar stark an die Problematik der Kreditschöpfung aus dem Jahre 1928, allerdings wird es hier mit einem ordnungspolitischen Impetus vorgetragen und ist auch kein isoliertes Phänomen: Damit das Preissystem der Ökonomie eventuell entstehende Disproportionalitäten flexibel ausgleichen kann, müssen nach seiner Vorstellung alle Prinzipien der Wettbewerbsordnung realisiert werden.[1077] Auch hier besteht auf den ersten Blick eine Parallele zur Position vom Geheimtreffen des Jahres 1931, jedoch war die Begründung durch die *„österreichische" Überinvestitionstheorie* dort eine andere als nun durch die *Ordnungstheorie* und die aus ihr resultierende Forderung nach einer Ordnungspolitik gegenüber den Konjunkturschwankungen.

5.7.2 Vorstellungen Röpkes

Anders als bei Eucken, nimmt die Konjunkturpolitik eine zentrale Stellung im Werk Röpkes ein – für das Frühwerk Röpkes bis etwa 1936 sind die Konjunkturtheorie und -politik geradezu das Hauptthema. Bevor seine einzelnen Positionen und ihre Wandlungen – diesmal parallel zu Eucken – rekonstruiert werden, kann einleitend

---

1073 Für eine damit verwandte Deutung dieser Eucken'schen Wandlung vgl. Blümle/Goldschmidt (2006), S. 555.
1074 Vgl. Hagemann (2008), S. 276.
1075 Dort findet sich bereits, wieder mit Verweis auf Lutz' Habilitationsschrift, die These der Einmaligkeit einzelner Zyklen und der Unmöglichkeit der Formulierung allgemeiner Konjunkturtheorien, vgl. Eucken (1934/1954), S. 17–18.
1076 Vgl. Eucken (1952/2004), S. 311–312.
1077 Vgl. Eucken (1952/2004), S. 311.

festgehalten werden, dass sich in den verschiedenen Schaffensphasen Röpkes der zentrale Unterschied zwischen einer Konjunkturpolitik im engeren Sinne und einer Konjunkturpolitik als Ordnungspolitik rekonstruieren lässt. Beide Ebenen sollen hier geschildert werden.

Bevor die konkreten *politischen* Handlungsempfehlungen erläutert werden, ist es sinnvoll, einen kurzen Überblick über die besondere Konjunktur*theorie* Röpkes zu geben, da sie die konjunkturpolitischen Ergebnisse maßgeblich bestimmt. Röpke findet bereits in seiner Habilitationsschrift aus dem Jahre 1922 Zugang zu den Konjunkturtheorien seiner Zeit, allerdings noch ohne Bezüge zur Mises'schen Theorie.[1078] In den Folgejahren erscheinen eine Reihe konjunkturtheoretischer und -politischer Publikationen Röpkes, die zwar eine Näherung an das „österreichische" Paradigma aufzeigen – eine vollständige Kongruenz mit den Wiener Positionen ist aber nach wie vor nicht erkennbar.[1079] Nach dem Ausbruch der Großen Depression häufen sich dann Beiträge zu diesem Thema, wobei besonders der Kommentar zum Gutachten der sogenannten *Brauns-Kommission* von Interesse ist – gerade dieser kann als Zusammenfassung seiner damaligen theoretischen Stellungnahmen gesehen werden.[1080] Was ebenfalls vor dem Hintergrund des Vergleichs zu Eucken von Relevanz erscheint, ist die Verortung der Röpke'schen Ansichten bei der Tagung der *Friedrich-List-Gesellschaft* von 1931. Mithilfe dieser beiden Texte lässt sich außerdem die Entwicklung von Röpkes viel beachteter konjunkturtheoretischer Innovation, dem Konzept der sekundären Depression, gut nachverfolgen. Die 1936 veröffentlichte, erweiterte englische Auflage *Crises and Cycles*[1081] seines Hauptwerkes *Krise und Konjunktur* aus dem Jahre 1932[1082] wird ebenfalls in die Analyse einbezogen und als eine Art Abschluss dieser ersten konjunkturpolitischen Phase angesehen.

Röpkes Konjunkturtheorie lässt sich, wie die frühen Eucken'schen Positionen, als Spielart der „österreichischen" Überinvestitionstheorien kennzeichnen. Damit ist er ebenfalls bis zum Ausbruch der Großen Depression Teil des von Mises festgestellten deutschsprachigen Konsenses auf dem Gebiet der Konjunkturforschung.[1083] Sein Hauptinteresse gilt hier den wirtschafts*politischen* Aufgaben im Zyklus und auch Hayek betont rückblickend, dass Röpkes Arbeiten primär dem Forschungsfeld zwischen der „reinen Theorie" und der „praktischen Politik" gewidmet sind, das Hayek „politische Ökonomie" nennt.[1084] Vor diesem Hintergrund ist zu sehen, dass genau

---

1078 Vgl. Röpke (1922).
1079 Vgl. Röpke (1925) sowie Röpke (1926). Für den Hinweis auf diese weniger bekannten Publikationen bin ich Dipl.-Volkswirt Lachezar Grudev dankbar.
1080 Vgl. Röpke (1931).
1081 Vgl. Röpke (1936a).
1082 Vgl. Röpke (1932).
1083 Vgl. Allgoewer (2009/2010), S. 151–152.
1084 Vgl. Hayek (1959), S. 28.

hier seine zentrale Innovation[1085] im Zuge der Großen Depression entsteht: Röpkes Theorie der sekundären Depression. Diese erläutert er zunächst kompakt in seiner Stellungnahme zum Gutachten der *Brauns-Kommission*,[1086] deren Mitglied er zeitweilig Anfang der 1930er-Jahre ist,[1087] sowie in den Redebeiträgen bei der *Friedrich-List-Gesellschaft*.[1088] In diesem Zusammenhang grenzt er zunächst seine Empfehlungen explizit gegenüber den „nihilistischen" konjunkturpolitischen Positionen des zeitgenössischen Liberalismus ab, womit sehr wahrscheinlich die zeitgenössischen Protagonisten der Österreichischen Schule gemeint sind.[1089] In einem Beitrag aus dem Jahre 1933 beschreibt er zwei Lager konjunkturpolitischen Denkens und zählt sich selbst – in Abgrenzung zum ersten Lager der „österreichischen" Theoretiker – zum zweiten Lager, nämlich demjenigen von Keynes.[1090] Bereits zu diesem frühen Zeitpunkt wird außerdem an zentraler Stelle eine polit-ökonomische Argumentation zum Phänomen der Konjunkturschwankungen deutlich: Röpke befürchtet, dass die damalige Krise die Grundfesten des kapitalistischen Systems und des demokratischen Staates erschüttern kann.[1091]

Die sekundäre Depression ist laut Röpke eine Phase der Konjunktur, in der die Reinigungskrise, die er zusammen mit Mises und Hayek für unverzichtbar hält, bereits abgeschlossen ist.[1092] Die konjunkturpolitischen Empfehlungen für die beiden Phasen der Rezession unterscheiden sich dabei fundamental: Während die Reinigungskrise nicht durch staatliche Kreditexpansion beeinträchtigt werden darf, ist eine solche Expansion für die sekundäre Depression durchaus in Erwägung zu ziehen. Die produktiven Effekte der Reinigung sind mit der primären Phase bereits abgeschlossen und die Rezession entwickelt sich dann zu einem „kumulativen Niedergangsprozeß".[1093] Dieser kann zwar durch die Marktkräfte umgekehrt werden, der Staat soll jedoch diesen wirtschaftlich sinnlosen Verlauf durch eigene Eingriffe beschleunigen.[1094] Damit Röpke führt eine theoretische Innovation ein, mit der er allerdings nicht den Rahmen der zeitgenössischen Überinvestitionstheorien verlassen will, sondern diese Theorien erweitern möchte: Den mit ihnen konkurrierenden

---

1085 Für die Würdigung dieser Röpke'schen Innovation aus Sicht der Österreichischen Schule vgl. Haberler (1979/2000) sowie Hayeks Darstellung in Haberler (1975), S. 12–13. Für eine aktuelle Analyse der Beziehung Hayek-Röpke im Kontext der Theorie der sekundären Depression vgl. Magliulo (2016).
1086 Vgl. Röpke (1931), S. 441–462.
1087 Für Röpkes Tätigkeit in der *Brauns-Kommission* vgl. Hennecke (2005), S. 74–79.
1088 Vgl. Borchardt/Schötz (1991), S. 101–108 und S. 284–288.
1089 Vgl. Röpke (1931), S. 450.
1090 Vgl. Röpke (1933), S. 428–433. Für die ambivalente Beziehung zu und die zunehmende Distanzierung von Keynes, die besonders in seinem ausführlichen Nachruf zum Ausdruck kommt, vgl. Röpke (1946/2009), S. 119–125.
1091 Vgl. Röpke (1931), S. 461.
1092 Vgl. Borchardt/Schötz (1991), S. 102–103.
1093 Vgl. Borchardt/Schötz (1991), S. 104.
1094 Vgl. Röpke (1936a), S. 129–132 sowie Allgoewer (2009/2010), S. 143–147.

Unterkonsumptionstheorien erteilt er eine klare Absage, was für die spätere distanzierte Positionierung gegenüber Keynes von Bedeutung ist.[1095] Schwierig bleibt die primär empirische Frage, wie beide Phasen der Depression in der Praxis auseinanderzuhalten sind, was für den handelnden Wirtschaftspolitiker essenziell ist.[1096] Röpke vermag darauf keine endgültige Antwort zu geben und sieht noch 1936 weiteren Forschungsbedarf zu dieser Frage.[1097]

Bezüglich der konkreten konjunkturpolitischen Instrumente, die dem Staat zur Verfügung stehen, besteht in *Crises and Cycles* eine Dreiteilung. Röpke definiert erstens Maßnahmen der Regulierung des Konjunkturzyklus im Ganzen, zweitens Maßnahmen zur Überwindung der Depression sowie drittens symptomatische Maßnahmen.[1098] Der Zyklus kann im Ganzen – dies ist, wie erwähnt, laut Mises in der deutschsprachigen Diskussion der Zeit Konsens – vor allem dadurch geglättet werden, dass die Exzesse vermieden werden, die zum übermäßigen, rein kreditfinanzierten Aufschwung führen.[1099] Die Kreditexpansion als Maßnahme zur Überwindung der sekundären Depression fällt stattdessen in die zweite Gruppe der Instrumente und ist damit Teil der Innovation bzw. der „Häresie"[1100] Röpkes. Den dritten Teilbereich, die symptomatischen Maßnahmen, bezeichnet er in diesen Schriften noch als palliativ, weil sie primär sozial- und nicht konjunkturpolitisch intendiert sind: Gemeint ist damit eine staatliche Einkommensstützung etwa mittels einer Arbeitslosenversicherung.[1101]

Wie aus den Ausführungen in den Abschnitten 5.3.1 und 5.4.2 deutlich geworden ist, wendet sich Röpke in der Emigration wahrscheinlich aus zwei Gründen immer mehr sozialphilosophischen Fragen zu. Erstens verspricht er sich nunmehr von ihnen statt von der ökonomischen Theorie die Lösungen für die akuten Probleme seiner Zeit – wobei sich natürlich auch die Probleme mit dem Abklingen der Großen Depression und dem Aufstieg der europäischen Totalitarismen verschieben. Zweitens ist für einen Emigranten die wirtschaftspolitische Beratung im Ausland nicht einfach. Es ist also bezüglich der Phase seines Wirkens ab den späten 1930er-Jahren zu untersuchen, wie Röpke seine früheren konjunkturtheoretischen Einsichten in die darauf folgenden ordnungspolitischen Arbeiten und die beratende publizistische Tätigkeit für die frühe Bundesrepublik einbettet.

Wenn man zunächst die Werke aus den zunehmend vom Keynes'schen Denken dominierten 1940er-Jahren auswertet, also die Trilogie sowie seine *International*

1095 Vgl. Röpke (1931), S. 443.
1096 Dies zeigt sich beispielhaft an den Zwischenrufen von Reichsbankpräsident Hans Luther während Röpkes Darstellung bei der Tagung der *Friedrich-List-Gesellschaft*, vgl. Borchardt/Schötz (1991), S. 104–105.
1097 Vgl. Röpke (1936a), S. 130.
1098 Vgl. Röpke (1936a), S. 148.
1099 Vgl. Röpke (1936a), S. 148–177.
1100 Allgoewer (2009/2010), S. 148.
1101 Vgl. Röpke (1936a), S. 210–219.

Economic Disintegration, so wird tatsächlich deutlich, dass das Phänomen der Konjunkturschwankungen als Forschungsschwerpunkt nunmehr der säkularen Krise seiner Zeit weicht.[1102] Bereits 1942 in der *Gesellschaftskrisis* und in der *Disintegration* zeigt sich, dass Röpke eine wesentlich anders gelagerte Lösung des Konjunkturproblems findet als noch in den oben analysierten Schriften bis 1936. Diese neue Positionierung kann als Konjunkturpolitik im weiteren Sinne oder auch als ordnungspolitische Antwort auf das Konjunkturproblem bezeichnet werden. Wie der hier vorgeschlagene Begriff bereits andeutet, handelt es sich dabei nicht mehr zentral um einen staatlichen Eingriff in den ökonomischen Prozess, den Röpke mit explizitem Bezug auf die Schrift von 1931 nach wie vor nicht kategorisch ablehnt, sondern um gestalterische Aktivität auf der Ebene der Struktur- und Gesellschaftspolitik.[1103] Dabei soll insbesondere versucht werden, die Elastizität und Schockfestigkeit der Ökonomie zu erhöhen, damit sie die ihr inhärenten Schwankungen besser verkraften kann.[1104] Es sollen dabei die wirtschaftliche und soziale Struktur sowie ihr Wandel – also die tieferen Ursachen für den Zyklus – und weniger das Symptom der Konjunkturschwankung im Vordergrund stehen.[1105] Diese „Probleme höherer Ordnung"[1106] will er durch das bereits in Abschnitt 5.3.2 ausführlich geschilderte wirtschaftspolitische Gesamtprogramm lösen – durch eine Politik der umfassenden Entmassung und Entproletarisierung. Dies bedeutet u. a. einen Rückbau der übermäßigen Spezialisierung, einen Ausbau der Eigenwirtschaft sowie eine weitgehende Diffusion des Eigentums.[1107] In der *Civitas* spricht er in diesem Zusammenhang von der größeren Krisenfestigkeit des Kleinbetriebes, welcher auch aus diesem zusätzlichen Grund mithilfe aller technischen und organisatorischen Möglichkeiten der Dezentralisation angestrebt werden soll.[1108]

Röpke verlässt damit aber nicht die Debatte um die Konjunkturpolitik im engeren Sinne. Dies wird aus dem Abschnitt zur Stabilisierungspolitik in der *Civitas* sowie aus weiteren Beiträgen zur Debatte in der Bundesrepublik deutlich. Dem immer populäreren Rezept einer Politik der Vollbeschäftigung („Neue Ökonomie"),[1109] welche auf Keynes und seine Schüler zurückgeht, steht Röpke äußerst skeptisch gegenüber.[1110] Er bleibt weiterhin bei seiner früheren Konjunkturtheorie und weigert sich, das für

---

1102 Wie auch an anderen Stellen, ist dies in der *Disintegration* besonders deutlich formuliert, vgl. Röpke (1942), S. 237–239. In *Jenseits von Angebot und Nachfrage* fehlt die Konjunkturpolitik vollständig.

1103 Vgl. Röpke (1942/1979), S. 279–280.

1104 Vgl. Röpke (1942/1979), S. 198.

1105 Vgl. Röpke (1942/1979), S. 270–271.

1106 Röpke (1942/1979), S. 280.

1107 Vgl. Röpke (1942/1979), S. 362–363.

1108 Vgl. Röpke (1944/1979), S. 308–309.

1109 Für die Kritik an eine zeitgenössische Untersuchung von vier deutschen Wirtschaftsforschungsinstituten vgl. Röpke (1950), S. 26–37.

1110 Für die ambivalente Beziehung zu und die zunehmende Distanzierung von Keynes, die besonders in seinem ausführlichen Nachruf zum Ausdruck kommt, vgl. Röpke (1946/2009), S. 119–125.

ihn methodisch unhaltbare makroökonomische Denken der „Kreislaufingenieure" zu akzeptieren.[1111] Wie in den obigen Erläuterungen gezeigt, empfiehlt er zwar in seiner Theorie der sekundären Depression in diesem Ausnahmefall explizit staatliches Handeln. Allerdings wirft er den Vollbeschäftigungstheoretikern vor, auf der Basis einer solchen Ausnahmesituation unzulässigerweise eine allgemeingültige Theorie formulieren zu wollen.[1112] Die dadurch angestrebte „ewige" Stabilisierung der Hochkonjunktur führt nach Röpkes Darstellung entweder zu offener oder zu zurückgestauter Inflation, wobei Letztere in seiner Darstellung sich besonders im konstanten Inflationsdruck des Kollektivismus äußert.[1113] Wegen dieser inhärenten permanenten Inflationsgefahr lehnt er ein solches konjunkturpolitisches Vorgehen gerade im Kontext der frühen Bundesrepublik explizit ab.[1114]

5.7.3 Analyse entlang der Haupttopoi

Die Parallelitäten zwischen Eucken und Röpke – sowohl in ihren frühen Positionen als auch in ihrem späteren Wandel – sind auf diesem Gebiet der Konjunkturtheorie und -politik besonders deutlich. Beide beginnen ihre Karriere noch in der Tradition der monetären Überinvestitionstheorie „österreichischer" Provenienz, die sie aber in der Urform (Eucken durch die Erkenntnis der Individualität der Zyklen, Röpke durch die Theorie der sekundären Depression) Anfang der 1930er-Jahre verlassen. Beide lehnen des Weiteren Keynes und den Ansatz seiner Vollbeschäftigungspolitik explizit ab. Sowohl Eucken als auch Röpke wenden sich im Verlauf der 1930er- und 1940er-Jahre ordnungspolitischen Lösungen für das Konjunkturproblem zu, die allerdings – was wieder gut durch die Topoi abgebildet werden kann – unterschiedlich ausfallen: Eucken sieht im Idealfall der realisierten entmachtenden Wettbewerbsordnung keine Notwendigkeit, dem Staat mehr Macht in Form der Konjunktursteuerung zu übertragen, als es die *(Wirtschafts-)Ordnungspolitik* erfordert. Röpke dagegen findet gerade in der Politik dezentralistischer sozialer Kohäsion den Weg, um mit dieser *(Gesellschafts-)Ordnungspolitik* Wirtschaft *und* Gesellschaft die Standfestigkeit zu verleihen, mit der sie künftige konjunkturelle Schwankungen besser absorbieren können. Die ordnungspolitisch ausgestaltete Struktur- und Gesellschaftspolitik wird damit für ihn zunehmend zur primären Handlungsebene, ohne allerdings vollständig auf die Konjunktursteuerung im engeren Sinne in extremen Situationen verzichten zu wollen. Beide Autoren vertreten im Spätwerk also Konjunkturpolitiken, die sich durch

---

1111 Vgl. Röpke (1944/1979), S. 347–349.
1112 Vgl. Röpke (1952a), S. 1289–1290. Für eine Rekonstruktion von Röpkes Kritik am Allgemeingültig-keitsanspruch der Keynes'schen Theorie vgl. Ebeling (1999), S. 22.
1113 Vgl. Röpke (1951b), S. 86–87.
1114 Vgl. Röpke (1950), S. 40–41.

ihren ordnungspolitischen Impetus sowohl von den „österreichischen" als auch von den keynesianischen Vorschlägen ganz grundsätzlich unterscheiden.

5.8 Vergleich der Vorstellungen zur Sozialpolitik

5.8.1 Vorstellungen Euckens

Die soziale Frage ist für Eucken – in der besonderen Formulierung des Problems für das 20. Jahrhundert, wie sie im Vergleich zu Hayek ausführlich erörtert wurde – eine zentrale Frage seiner Zeit.[1115] Er betont schon auf den ersten Seiten der *Grundsätze*, dass ihre politische Lösung, ganz im Sinne der Interdependenz der Ordnungen, nicht separat von der allgemeinen Wirtschaftspolitik zu erreichen ist.[1116] Damit ist schon die allgemeine Stoßrichtung in seinen Schriften gekennzeichnet: Sozialpolitische Ziele können und sollen primär durch Ordnungspolitik erreicht werden, d. h. durch die Durchsetzung aller Prinzipien der Wettbewerbsordnung.[1117] Allerdings verdeutlicht er im darauffolgenden Abschnitt der *Grundsätze*, dass ordnungspolitische Ansätze unter Umständen nicht immer ausreichen können und deshalb auch eine spezielle Sozialpolitik vonnöten ist: Damit meint er erstens die Förderung der Ergänzung des wettbewerblichen Wirtschaftens durch die Eigenwirtschaft, zweitens die beschränkte Einbeziehung der Mitarbeiter in die Betriebsverfassung und drittens das notwendige Bekenntnis der Gewerkschaften dazu, die Wettbewerbsordnung anzuerkennen und die Löhne nicht durch auf Vermachtung basierende Handlungen über das wettbewerbliche Niveau zu treiben.[1118] Bei den regulierenden Prinzipien spricht er sich für eine nicht zu steile, da ansonsten investitionshemmende progressive Einkommensteuer sowie in einem besonderen theoretischen Einzelfall des Arbeitsangebots für Mindestlöhne aus.[1119] Daraus wird deutlich, dass zwar – wie auch bei den anderen Politikarten – die Ordnungspolitik auch sozialpolitisch als Politikkategorie das Primat besitzt, sie allerdings auch durch prozesspolitische Maßnahmen wie etwa bei der Diskussion um den Mindestlohn flankiert werden kann.

5.8.2 Vorstellungen Röpkes

Während der Sozialpolitik im Werk Euckens eine akzessorische Rolle zukommt,[1120] wenn man sie etwa mit der Stellung der Wettbewerbspolitik vergleicht, verhält es sich

---

1115 Vgl. Eucken (1948d), S. 115–120.
1116 Vgl. Eucken (1952/2004), S. 11–13.
1117 Vgl. Eucken (1952/2004), S. 314–318.
1118 Vgl. Eucken (1952/2004), S. 318–324.
1119 Vgl. Eucken (1952/2004), S. 300–301 und S. 303–304.
1120 Vgl. Streit (1992), S. 21.

bei Röpke gerade spiegelbildlich. Seine Einstellung zur sozialen Frage findet sich in prägnanter Form bereits am Anfang der *Gesellschaftskrisis*. Hier wirft er dem „historischen Liberalismus" ein schwerwiegendes Versäumnis vor:

> [...] die soziale Frage auch (oder gar in erster Linie) [nicht, SK] als ein vitales, d. h. außerökonomisches und immaterielles Problem der industriellen Existenzform zu sehen.[1121]

Röpke prägt in eben diesem ersten Band der Trilogie eine seiner bekanntesten Wendungen, die bis in die Gegenwart in der sozialpolitischen Diskussion der Bundesrepublik[1122] verwendet wird: Die traditionelle Sozialpolitik, welche die soziale Frage als ein ausschließlich materielles Phänomen ansieht, huldigt dem „Ideal der komfortablen Stallfütterung".[1123] Ein weiteres, ebenfalls bis heute in der wirtschaftspolitischen Diskussion verwendetes Bild[1124] Röpkes ist dasjenige vom Wohlfahrtsstaat als „einem Tag und Nacht arbeitenden Pumpwerk der Einkommen".[1125]

Aus diesen Metaphern wird das Spannungsverhältnis deutlich, in dem sich Röpke in seinem Werk bewegt. Ihm schwebt ab dem Beginn der 1940er-Jahre eine gänzlich neuartige – weil von einem genuin unterschiedlichen Menschenbild ausgehende – Politik als Antwort auf die richtig zu stellende soziale Frage vor: Für Röpke ist auch hier ein „dritter Weg" zu gehen, der diesmal zwischen dem Sozialdarwinismus des Laissez-faire und dem allumfassenden Sozialstaat liegt.[1126] An Letzterem kritisiert er, dass ein solcher Staat die Eigeninitiative des Einzelnen zu ersticken droht, was einen lähmenden Effekt auf die Wirtschaft und vor allem auf die Gesellschaft zur Folge haben muss.[1127] Was Röpkes positive Antwort auf die von ihm kritisierten Unzulänglichkeiten ist, deutet er an dieser Stelle noch etwas skizzenhaft an: Er sieht die Stärkung der Familien und anderer echter Gemeinschaften als Ziel einer richtig verstandenen Sozialpolitik. Eine solche Sozialpolitik wird in diesem[1128] und später auch anderen Werken konkretisiert,[1129] ohne allerdings den so dargestellten Fokus zu verlieren. Für Röpke hat die in Abschnitt 5.3.2 erläuterte Struktur- und Gesellschaftspolitik aus der *Civitas* primär den Zweck, den Grundübeln der Vermassung und Proletarisierung entgegenzuwirken und auf diese Weise eine an den Bedürfnissen des einzelnen Menschen orientierte Gesellschaftsordnungspolitik zu

---

1121 Röpke (1942/1979), S. 89.
1122 Für eine Analyse der Beziehung zwischen dem überbordenden Sozialstaat und der gegenwärtigen Schuldenkrise mit Verweis auf Röpkes Kritik am Wohlfahrtsstaat vgl. Grandinger (2010), S. 15.
1123 Röpke (1942/1979), S. 267.
1124 Für direkte Verwendungen dieses Bildes vom Wohlfahrtsstaat als Pumpwerk der Einkommen mit Verweis auf Röpkes Kritik am Wohlfahrtsstaat vgl. Lindner (2010), S. 10 sowie Lindner (2011), S. 7.
1125 Röpke (1958a), S. 217.
1126 Vgl. Röpke (1942/1979), S. 265.
1127 Vgl. Röpke (1942/1979), S. 265–266.
1128 Vgl. Röpke (1942/1979), S. 357–364.
1129 Vgl. Röpke (1951a), S. 48–53.

sein.[1130] In diesem Zusammenhang wird nochmals der in Abschnitt 5.4.2 dargestellte breitere Ordnungsrahmen der Marktwirtschaft besonders deutlich, insbesondere die essenzielle Notwendigkeit der beiden äußeren, nichtökonomischen Schichten.

Neben dieser allgemeinen ordnungspolitischen Gesamtentscheidung lassen sich, wie in den obigen wirtschaftspolitischen Abschnitten auch, noch konkrete institutionelle Vorschläge rekonstruieren. Von Belang für den Vergleich zu Eucken ist zunächst Röpkes Positionierung gegenüber den Gewerkschaften. Diese sieht er schon in der *Gesellschaftskrisis* skeptisch, weil sie als potenzielle Monopolisierung auf dem Arbeitsmarkt zu betrachten sind.[1131] Die Kritik, die bereits im Gutachten an die erste Regierung Adenauer erkennbar wird,[1132] spitzt sich im Laufe der realen Erfahrungen sowie seiner in Abschnitt 5.4.2 thematisierten Hinwendung zum Konservatismus weiter zu[1133] und mündet in eine radikale, geradezu schroffe Ablehnung in *Jenseits von Angebot und Nachfrage*: Dort analysiert er die Rolle der Gewerkschaften im Zusammenhang mit dem allgemeinen Trend zur Konzentration in Wirtschaft und Gesellschaft.[1134] Wie in Abschnitt 5.5.2 bei der Verzahnung dieser Aspekte mit der ordoliberalen Wettbewerbspolitik des Arbeitsmarktes kurz erwähnt, lautet Röpkes positive Empfehlung, dass sie wie alle übrigen Akteure im Wirtschaftsleben den Regeln des Wettbewerbs zu unterwerfen sind.[1135] Dabei stellt er allerdings die polit-ökonomische Behauptung auf, dass die Funktionäre in den Gewerkschaften kein eigenes Interesse an einem Mehr an Wettbewerb auf dem Gütermarkt haben: Das so entstehende niedrigere Preisniveau kann nach Röpkes Einschätzung vom alleinigen Fokus der Gewerkschaftsanführer auf höhere Nominallöhne ablenken.[1136] Gewerkschaften stellen also, wenn sie nicht ordnungspolitisch eingehegt werden, für Röpke einen Fremdkörper in der Marktwirtschaft dar, der zur Dauerinflation erheblich beiträgt und außerdem auf die oben erläuterten Ziele der Struktur- und Gesellschaftspolitik behindernd (weil vermassend) wirkt.[1137] In diesem Sinne sieht er in der von den Gewerkschaften geforderten betrieblichen Mitbestimmung hauptsächlich (aber nicht ausschließlich)[1138] einen weiteren Schritt im allgemeinen zeitgenössischen sozialen Konzentrationsprozess,[1139]

1130 Vgl. Röpke (1944/1979), S. 79–83.
1131 Vgl. Röpke (1942/1979), S. 367.
1132 Vgl. Röpke (1950), S. 64–69.
1133 Vgl. Röpke (1955), S. 3–20.
1134 Vgl. Röpke (1958a), S. 47–48.
1135 Vgl. Röpke (1958a), S. 168–169.
1136 Vgl. Röpke (1958a), S. 193–194.
1137 Vgl. Röpke (1958a), S. 194.
1138 In seinem Gutachten für die erste Regierung Adenauer befürwortet er zwar prinzipiell die Einbeziehung der Mitarbeiter in die betrieblichen Entscheidungen, stuft aber bei der Analyse der zeitgenössischen Diskussion das Ziel der Ausdehnung gewerkschaftlicher Macht als dominierend ein, vgl. Röpke (1950), S. 25–26.
1139 Vgl. Röpke (1958a), S. 323 und S. 354–355.

den er mit seiner (im Spätwerk oft so bezeichneten) Philosophie des „Dezentrismus" sowohl wettbewerbs- als auch sozialpolitisch bekämpfen will.

Die scharfe Kritik am Wohlfahrtsstaat, wie er den Sozialstaat im Verlaufe seines Werkes immer häufiger nennt, setzt sich auch auf dem Gebiet der Sozialversicherung fort. In dieser sieht er zu dieser Zeit nicht mehr primär ein Werkzeug zur Hilfe Bedürftiger, sondern ein ideologisches Instrument zur Nivellierung von Einkommen und Vermögen in der Gesellschaft.[1140] Damit wird nicht so sehr das Geben (an die Armen), sondern das Nehmen (von den Reichen) entscheidend – anstelle des Mitgefühls wird laut Röpke der Neid zum Hauptmotor der wohlfahrtsstaatlichen Institutionen.[1141] Diesen Prozess, zusammen mit dem oben erläuterten Phänomen machtvoller und nicht eingehegter Gewerkschaften, sieht er makroökonomisch als eine bedeutsame Quelle der Dauerinflation in vielen Ländern der westlichen Welt seiner Zeit.[1142] Für ihn ist die Lösung in einer freien Gesellschaft ein Mehr an Eigenvorsorge durch freiwilliges Sparen und Versicherungslösungen (individuell am Markt, in der Familie oder in anderen Gruppen) und damit auch ein Weniger an Fremdvorsorge durch den Wohlfahrtsstaat.[1143] Obwohl sonst nach eigenem Bekunden meist mit der Politik Adenauers innen- und außenpolitisch einverstanden,[1144] übt er harsche Kritik an der Einführung der dynamischen Rente im Jahre 1957: Darin sieht Röpke eindeutig eine Verschiebung der wirtschaftspolitischen Prinzipien in die falsche, also kollektivistische Richtung, d. h. weg von der Eigen- und hin zur Fremdvorsorge.[1145]

5.8.3 Analyse entlang der Haupttopoi

In diesem letzten Feld der wirtschaftspolitischen Gegenüberstellung beider Autoren sind die Topoi eine geradezu ideale vergleichende Heranführung an die zwei ordoliberalen Entwürfe. Zunächst sollte nochmals betont werden, dass das quantitative Ausmaß der sozialpolitischen Analyse im Werk des auf dezentralistische soziale Kohäsion fokussierten Röpke erheblich umfangreicher ist als bei Eucken. Eine wesentliche Ähnlichkeit besteht darin, dass beide die Sozialpolitik auf der Ebene der Ordnungspolitik für Wirtschaft und Gesellschaft ansiedeln und sie als untrennbaren Bestandteil der allgemeinen Wirtschaftspolitik sehen. Allerdings ist der Zugang, den sie jeweils

---

1140 Vgl. Röpke (1958a), S. 216.
1141 Vgl. Röpke (1958a), S. 216–217.
1142 Vgl. Röpke (1958a), S. 285–290.
1143 Vgl. Röpke (1958a), S. 236–238.
1144 Für diese Selbstpositionierung Röpkes im Brief an Adenauer vom 12. Juni 1959 vgl. Röpke (1976), S. 164–165. Für einen klassischen Aufsatz zur ordoliberalen Perspektive auf die Sozialpolitik der Ära Adenauer, welchen Hayek in der *Constitution of Liberty* zitiert, vgl. Willgerodt (1955).
1145 Vgl. Röpke (1958a), S. 298–301. Für die Röpke'sche Gegenüberstellung individualistischer und kollektivistischer Lösungsansätze zur Sozialpolitik vgl. Schüller (2010), S. 78–88.

wählen, ein Unterschiedlicher, wie sich besonders gut an der Frage der Gewerkschaften rekonstruieren lässt. Für Eucken sind sie zwar eine potenzielle Gefahr, weil sie durch Machtakkumulation die Wettbewerbsordnung gefährden können, allerdings sieht er auf den in der Realität oft nachfrageseitig vermachteten Arbeitsmärkten in den Gewerkschaften einen möglichen, wenn auch unvollkommenen Ausgleich der Machtverhältnisse. Röpkes Verdikt fällt dagegen deutlich kritischer aus – besonders in seinem durch konservative Leitideen dominierten Spätwerk. Für das Programm des „Dezentrismus" sind die Gewerkschaften eindeutig schädliche Gebilde, die in eine seinen Ideen genau entgegengesetzte Richtung führen: zu mehr Kollektivismus auf dem Arbeitsmarkt und damit mittelbar auch in der Gesellschaft. Aus diesem Grund scheiden die Gewerkschaften als mögliche Quellen für die Kohäsion der dezentralen sozialen Strukturen aus, sie verhindern Letztere sogar. Ähnlich verhält es sich mit der Frage der Mitbestimmung: Diese sehen beide nur in einem eingeschränkten Umfang als förderlich, da die Machtbalance und klare Verantwortung im Entscheidungsraum des Unternehmens leicht zu gefährden ist. Abschließend erscheint Röpkes äußerst scharfe Positionierung gegen den Wohlfahrtsstaat in *Jenseits von Angebot und Nachfrage* – neben seiner zunehmend pessimischeren und konservativeren Zeitdiagnose – in der aus seiner Sicht enttäuschenden sozialpolitischen Entwicklung in der frühen Bundesrepublik begründet, die Eucken nicht mehr erlebt.

5.9 Zusammenfassende Anmerkungen

In diesem Abschnitt wurden die Ordoliberalismen zweier „Klassiker" dieser Strömung untersucht. Eucken und Röpke stehen über zwei Jahrzehnte lang in intensivem Kontakt, gründen sowohl die *Mont Pèlerin Society* als auch das *ORDO-Jahrbuch* zusammen und bringen sich, von Freiburg und Genf aus, aktiv in der Gründungsphase der Bundesrepublik in den wissenschaftlichen Diskurs und die Praxis der Wirtschaftspolitik ein. Trotz dieser intensiven Beziehung hinterlassen sie zwei politische Ökonomien, die keinesfalls identisch sind. Sowohl in ordnungstheoretischer als auch in ordnungspolitischer Hinsicht wurde in den obigen Abschnitten festgestellt, dass ihre Leitideen zur ordoliberalen Wirtschaftspolitik nicht immer beieinander liegen, sodass es sich lohnt, die beiden Systeme komparativ zueinander in Beziehung zu setzen.

Es bestehen (mindestens) drei Kategorien, entlang derer sich diese Differenzen rekonstruieren lassen. Zum einen ließ sich zeigen, dass der argumentative Ausgangspunkt beider Denker ein deutlich Unterschiedlicher ist. Während Eucken seine Philosophie der Wettbewerbsordnung um den Topos der Macht und mit dem Ziel der Entmachtung formuliert, baut Röpke sein dezentristisches Reformprogramm um den Topos der sozialen Kohäsion der kleinen Regelkreise sowie der Kohäsion in den internationalen Wirtschaftsbeziehungen. Diese zwei unterschiedlichen Zugänge zu den Fragen einer liberalen Ordnung besitzen einen hohen Erklärungsgehalt für die oft divergierende Positionierung beider Autoren.

Mit den Topoi hängt auch der zweite Aspekt dieser abschließenden Analyse zusammen, nämlich die sehr unterschiedliche Akzentsetzung beider Autoren. Eucken und Röpke scheinen sich geradezu in einer impliziten Arbeitsteilung zu befinden, wenn man ihre Werke nebeneinander analysiert: Die jeweiligen Schriften konzentrieren sich stark auf bestimmte theoretische und politische Felder, während andere Felder – oft gerade diejenigen des anderen Ökonomen – eher nur gestreift werden. In der Ordnungstheorie ist es etwa Eucken, der einen ausgesprochen ausdifferenzierten methodischen Ansatz formuliert, während Röpke seine Methode kaum thematisiert und sich stattdessen explizit auf die Freiburger Ergebnisse beruft. Die einzelnen Felder der Wirtschaftspolitik werden ebenfalls unterschiedlich stark bearbeitet: Während Eucken seine ordnungspolitische Leistung auf dem Gebiet der Wettbewerbspolitik fokussiert und die Bereiche der Konjunktur- und Sozialpolitik im Vergleich dazu lediglich am Rande thematisiert, verhält es sich bei Röpke gerade spiegelbildlich: Auf dem Feld der Wettbewerbspolitik teilt er sowohl Euckens Diagnose als auch wesentliche Teile seiner Therapie, stattdessen legt er den eigenen Schwerpunkt gerade auf die Felder der Konjunktur- und Sozialpolitik.

Die dritte komparative Kategorie ist die unterschiedlich verlaufende intellektuelle Evolution beider Autoren. Zunächst zeichnen sich beide dadurch aus, dass sich die Einschätzung der relativen Wichtigkeit einzelner Problembereiche im Verlauf ihres Lebens stark wandelt: Eucken beginnt sein Schaffen in der historistischen Tradition sowie im Zeichen der väterlichen Lebensphilosophie und gelangt über eine Zwischenetappe der Beschäftigung mit der Kapitaltheorie zur Entwicklung der Ordnungstheorie. Bei Röpke ist der historistische Einfluss am Anfang schwächer, und so wendet er sich schnell der Konjunkturtheorie zu, die zunehmend durch einen immer breiteren sozialphilosophischen Fokus ersetzt wird. Beide Ordoliberale zeichnet somit eine gemeinsame Wandlung der Interessen von der Beschäftigung mit dem Wirtschaftsprozess (Kapital- und Konjunkturtheorie) hin zur Analyse der Wirtschafts- (Eucken) und Gesellschaftsordnung (Röpke) aus. Unterschiedlich ist hingegen die grundlegende politisch-philosophische Evolution: Während Eucken als Konservativer startet und gegen Ende seines Lebens dezidiert liberale Positionen vertritt, ist der „frühe" Röpke ganz klar ein Liberaler, der im Verlauf seines Lebens immer stärker konservativere Züge annimmt und die Synthese eines wirtschaftlichen Liberalismus mit einem gesellschaftlichen Konservatismus zu erreichen sucht.

Es gibt also für den heutigen Wirtschaftspolitiker keine „Clear cut"-Antworten, wenn er *den* Ordoliberalismus zu implementieren sucht. Es kann allerdings trotz der festgestellten Unterschiede die abschließende These aufgestellt werden, dass es sich bei beiden Entwürfen um Komplemente und nicht um Substitute handelt: Die Schwerpunkte beider Autoren ergänzen sich wie eben geschildert geradezu ideal. Es sind eher zwei andere Fragen, die heutzutage nicht einfach zu beantworten sind, wenn praktische Sympathie für die Umsetzung ordoliberaler Ideen bekundet wird. Zum einen muss bedacht werden, dass die beiden Ökonomen in einer und für eine besondere Zeit gewirkt haben, die mit der heutigen nicht in jeder Hinsicht vergleichbar ist. Zum anderen ist zu erörtern, inwieweit heute das Primat der Ordnungspolitik durch Prozesspolitik komplementiert werden darf, eine Frage, die beide „Klassiker" wie gezeigt auf den *konkreten* Feldern der Wirtschaftspolitik eher pragmatisch und nicht immer mit systematischer Stringenz handhaben. Die beiden *abstrakten* Leitbilder zur Rolle des Staates aber, das des entmachtenden Schiedsrichters in der Wettbewerbsordnung bzw. des Statikers in einer immer wieder zu befestigenden natürlichen Ordnung der kleinen Regelkreise, bleiben als zeitinvariantes Vermächtnis der zwei ordoliberalen politischen Ökonomien und können auch heute ein wichtiger Kompass für den an freiheitlichen Ordnungen interessierten Politiker und Bürger sein.

Nun soll der Blick nach Wien gelenkt werden, allerdings ohne dass Freiburg ganz aus dem Bild verschwindet.

6 Handlungsautonomie und Wissen als Leitideen: Zur Rolle des Staates in der Wirtschaftspolitik bei Ludwig von Mises und Friedrich August von Hayek

6.1 Einleitung

Die Österreichische Schule der Nationalökonomie[1146] stellt zweifelsohne eine der bedeutendsten intellektuellen Strömungen des ökonomischen Denkens[1147] im 19. und 20. Jahrhundert dar.[1148] Begründet durch Carl Menger, entwickeln die folgenden Generationen die Ideen der „marginalistischen Revolution" weiter, bevor eine schleichende Emigration in den 1930er-Jahren[1149] und der Anschluss an das Deutsche Reich zumindest auf dem Gebiet Österreichs[1150] dem Wirken dieser Schule ein Ende setzen.[1151]

Ludwig von Mises (1881–1973) und Friedrich August von Hayek (1899–1992) sind herausragende Vertreter[1152] der dritten bzw. vierten Generation Wiener Ökonomen, die zu dieser Schule gehören.[1153] Beide lernen sich in den frühen 1920er-Jahren kennen, als Hayek sein offizielles Studium – hauptsächlich bei Friedrich von Wieser –[1154] bereits mit zwei Doktoraten abgeschlossen hat.[1155] Aus diesem Grund wird Hayek in Teilen der Sekundärliteratur, welche sich der Figur eines Böhm-Bawerk'schen und eines Wieser'schen Stranges der Österreichischen Schule in besonderem Maße befleißigen,

---

1146 Für die Zulässigkeit des Schulbegriffs in der Theoriegeschichte im Allgemeinen sowie bei der Österreichischen Schule im Besonderen vgl. Blumenthal (2007), S. 25–80.

1147 Für die unterschiedliche Relevanz und Vorgehensweise Mises' und Hayeks in Bezug auf die Geschichte des ökonomischen Denkens vgl. Boettke (2002), S. 350–352.

1148 Für eine Analyse der Ausstrahlung der Österreichischen Schule vgl. Streissler (1988). Für ein Beispiel zur Ausstrahlung der Schule auf das bulgarische ökonomische Denken vgl. Nenovsky (2004).

1149 Für einen Überblick über die Schule in den 1930er-Jahren vgl. Klausinger (2005a), S. 12–15 sowie Klausinger (2006), S. 619–633.

1150 Für die Entstehungsgeschichte der amerikanischen „Austrians" vgl. Vaughn (1994), S. 92–111 sowie Hülsmann (2007), S. 837–947.

1151 Für die fragwürdige These, dass die Schule ihren Zenit bereits vor 1912 überschritten hat, vgl. Keynes (1914), S. 417.

1152 Für zwei entgegengesetzte Einschätzungen der langfristigen Bedeutung Hayeks und der Österreichischen Schule durch zwei weitere Nobelpreisträger vgl. Buchanan (1992), S. 129–135 sowie Samuelson (2009), S. 1–3. Für die besondere Geschichte des Nobelpreises für Wirtschaftswissenschaften vgl. Horn (2009), S. 19–25.

1153 Für die Problematik der Zugehörigkeit Joseph A. Schumpeters zur Österreichischen Schule vgl. Vanberg (2008).

1154 Für die autobiografische Beschreibung des Studiums bei Friedrich von Wieser und dessen Einfluss auf ihn vgl. Hayek (1994), S. 55–57. Für einen ausführlichen zeitgenössischen Nachruf Hayeks auf Wieser vgl. Hayek (1926).

1155 Für eine Rekonstruktion der von Hayek besuchten Vorlesungen und Seminare an der *Universität Wien* vgl. Klausinger (2016), S. 24.

DOI 10.1515/9783110489910-006

schlicht als Wieser-Schüler tituliert.[1156] Dies erscheint allerdings aufgrund des ausgesprochen fruchtbaren Austausches mit Mises ab den 1920er-Jahren als verkürzt, und so wird deren Beziehung im Folgenden als Mentor-Mentee-Verhältnis bezeichnet.[1157] Die Zusammenarbeit der beiden mündet 1927 in die Gründung des *Österreichischen Instituts für Konjunkturforschung*, dessen erster Leiter Hayek wird, während Mises eine wichtige Rolle im Kuratorium des Instituts übernimmt.[1158] Die Zusammenarbeit setzt sich auch nach Hayeks Ruf an die *London School of Economics* fort,[1159] auch wenn sein wegweisender Aufsatz *Economics and Knowledge* von 1937 als der Beginn der Emanzipation von Mises gedeutet wird.[1160] Trotz dieses „Abnabelungs"-Prozesses wird Mises Gründungsmitglied der 1947 von Hayek und Röpke initiierten *Mont Pèlerin Society* und spielt dort während der nächsten Jahrzehnte eine prominente Rolle, wenn auch häufig diejenige des Dissidenten.[1161]

Im Folgenden wird der Versuch unternommen, die „curious relation"[1162] zwischen beiden Autoren vergleichend zu analysieren. Zwar ist eine „Enthomogenisierung" der Positionen anvisiert, diese ist aber – angelehnt an die Lesart Peter Boettkes – von der Leitidee geprägt, dass gerade bei diesen beiden Autoren das tiefgründige Verständnis des einen Denkers in besonderem Maße vom Verständnis des anderen profitieren kann.[1163] Inhaltlicher Schwerpunkt ist die Rolle, die Mises und Hayek dem Staat zuweisen, es werden daneben aber auch weitere, in diesem Zusammenhang relevante Aspekte wie die methodischen Besonderheiten und die zwei Sozialphilosophien im Kontext des Staatsverständnisses beleuchtet. Wie in den beiden vorhergehenden

---

1156 Vgl. Salerno (1993), S. 114–115, Hoppe/Salerno (1999), S. 114–115 sowie Hülsmann (2007), S. 467–476. Für eine differenzierte Perspektive vgl. Caldwell (2002), S. 56–61 sowie Kolev (2017a), S. 13–16.

1157 Für die Schilderung von Margit von Mises, dass sich ihr Ehemann in jedem neuen Schüler einen „second Hayek" erhoffte, vgl. Mises (1976), S. 135. Für die Hochschätzung von Hayeks Arbeiten durch Mises vgl. Mises (1962/1976). Für die frühe Hayek'sche Bewunderung für Mises' Leistungen als Geldtheoretiker und Sozialismus-Kritiker vgl. Hayek (1925). Für eine Würdigung von Mises' prägendem Einfluss auf die *LSE*-Ökonomen, die Chicago-Schule und die deutschen Neoliberalen vgl. Hayek (1951), S. 334–337.

1158 Für die Gründungsgeschichte des Instituts vgl. Hennecke (2000), S. 74–77 sowie Caldwell (2004), S. 150–152.

1159 Für Hayeks Rolle in den angelsächsischen Theoriedebatten der 1930er-Jahre vgl. Lachmann (1982), S. 635–644.

1160 Für eine Interpretation der Hayek'schen Emanzipation in methodologischer Hinsicht vgl. Hutchison (1979/1981b), S. 210–219. Für eine Interpretation der Emanzipation im Hinblick auf den Wandel im Gleichgewichtsbegriff vgl. Caldwell (1988a), S. 521–536.

1161 Mises' Einordnung in die Diskussionen der *Mont Pèlerin Society* ist nicht immer einfach, wie die bekannte überlieferte Episode mit dem Ausspruch „You are all a bunch of socialists!" belegt, vgl. Plickert (2008), S. 191 sowie Burgin (2012), S. 114. Im Vorfeld der Gründung bekundet er Hayek gegenüber, dass er dessen Auswahl an Teilnehmern für ideologisch zu heterogen hält, vgl. Mises (1946/2009).

1162 Für diese Bezeichnung der Beziehung und eine differenzierte Würdigung des Mises'schen Einflusses vgl. Hayek (1994), S. 68–73.

1163 Vgl. Boettke (1990), S. 62–63 sowie Boettke/Storr (2002), S. 173–176.

Autorenvergleichen, wird eine zweistufige Vorgehensweise gewählt. Auf der ersten vergleichenden Ebene (Abschnitte 6.2 bis 6.4) wird das Staatsverständnis erörtert, wobei dies in einem breiteren Kontext erfolgt, den man in der Sprache Euckens ordnungstheoretisch nennen kann. Auf der zweiten Ebene (Abschnitte 6.5 bis 6.8) werden wirtschaftspolitische Domänen abgesteckt, die Mises und Hayek jeweils als legitim und wünschenswert erachten, wobei – um wieder mit Eucken zu sprechen – ihre ordnungspolitischen Vorschläge zu vier Feldern der Wirtschaftspolitik komparativ erörtert werden. Gleichzeitig soll untersucht werden, ob der jeweilige Autor eine inhaltliche Entwicklung in seiner Positionierung durchläuft und ob damit eine Annäherung oder ein Auseinanderdriften der beiden zu beobachten ist. Um einen strukturierten Zugang zum umfangreichen Werk beider Autoren zu ermöglichen, wird erneut entlang der Topoi analysiert, die als zentrale Hypothese formuliert und in allen Abschnitten auf ihren Erklärungsgehalt überprüft werden.

Insgesamt kann als zentrales Ergebnis vorweggenommen werden, dass trotz des Mentor-Mentee-Verhältnisses und trotz der gemeinsamen Befürwortung des Primats der Freiheit deutlich mehr als nur Nuancenunterschiede auf beiden Analyseebenen festgestellt werden können. Während zumindest „Hayek II" (1930er- und 1940er-Jahre) Positionen bezieht, die als ordoliberal im Sinne Euckens eingestuft werden können, steht Mises dem ordoliberalen Paradigma dezidiert fern und spricht sich als einziger von den in dieser Studie behandelten Autoren für einen Laissez-faire-Kapitalismus aus.

6.2 Der Staat in der Ordnungstheorie Ludwig von Mises'

6.2.1 Haupttopos und Ordnungsbegriff

Der Haupttopos des untersuchten Autors stellt – wie in den beiden vorhergehenden Autorenvergleichen – eine Hypothese dar, anhand derer im Folgenden überprüft wird, ob das so vermutete Zentrum des Werkes tatsächlich von systematischer Bedeutung ist. Als Ergebnis des Suchprozesses ist in Bezug auf Mises die Vorstellung vom Topos der *individuellen Handlungsautonomie* entstanden.[1164] In Anlehnung an die juristische Vorstellung des privatautonomen Verhaltens entwickelt Mises eine Sozialphilosophie, die darin begründet ist, dass die privaten Akteure, wenn sie unbehindert agieren können, die Fähigkeit besitzen, eine besondere Art von Interaktionen einzugehen: Dieses unbehinderte Verfügen über das Privateigentum (von ihm auch als Sondereigentum bezeichnet) führt nach Mises zu (in heutiger Sprache: paretoeffizienten) Ergebnissen, welche sich nicht durch weitere Eingriffe (etwa seitens des Staates) verbessern lassen. Die marktwirtschaftlichen Handlungen haben zudem – anders

---

[1164] Mises selbst verwendet den Begriff der Autonomie gelegentlich im politischen sowie im wirtschaftlichen Kontext, vgl. Mises (1922/2007), S. 50 sowie Mises (1949/2007), S. 281.

als etwa bei Röpke – keine Voraussetzungen, weder individueller noch soziologischer Art, die jenseits des Marktes zu suchen wären. Im Gegenteil, Mises geht sogar davon aus, dass „erst die Arbeitsteilung gesellschaftliche Bindung entstehen lässt, sie ist das Soziale schlechthin".[1165] Der Begriff der Handlungsautonomie zur Beschreibung des Topos scheint somit angemessen, eine solch extrem effiziente Vernetzungs- bzw. Marktfähigkeit zu beschreiben, die charakteristisch für Mises' „acting man" (auch als *homo agens* bezeichnet) ist.

Diese anthropologische Leitidee ist von zweifacher Bedeutung. Zum einen bildet sie die Basis für das spezielle Mises'sche methodische Vorgehen, die Praxeologie.[1166] Dies ist eine sozialwissenschaftliche Methode, welche durch einen eigenen Ansatz der Modellierung menschlichen Handelns gekennzeichnet ist[1167] Charakteristisch für sie ist der Anspruch, a priori wahre Aussagen aufstellen zu können, die überzeitlich valide sowie durch empirisches Material nicht falsifizierbar sind und aus denen deduktiv weitere ebenso valide Aussagen ableitbar sind.[1168] Damit bildet sie bewusst einen Gegenpunkt zur Wissenschaftstheorie des Falsifikationismus Karl Poppers.[1169]

Zum anderen findet Mises' Anthropologie, in Kombination mit der von ihm entwickelten und eingesetzten Methode, ihren besonderen Niederschlag in seinen wirtschaftspolitischen Folgerungen, die im Zentrum der vorliegenden Studie stehen. Wenn die Annahme getroffen wird, dass sich die einzelnen Interaktionen als Bestandteile des Marktprozesses derart autonom herausbilden, ist es zwar logisch-deduktiv richtig, dass die Ergebnisse nicht verbesserungsfähig sind. Allerdings ist dies möglicherweise nicht mehr als das direkte Resultat des besonderen Menschenbildes und der daraus resultierenden praxeologischen Methode.[1170] Diese nicht auszuschließende Eigenart wird im Folgenden bei der Topoi-Verwendung wieder aufgegriffen, eine ausführliche erkenntnistheoretische Analyse der Praxeologie muss allerdings den Rahmen dieser polit-ökonomisch ausgerichteten Studie sprengen.[1171]

1165 Mises (1922/2007), S. 281. Für die verwandte These, dass die Arbeitsteilung das Wesen der Gesellschaft schlechthin ausmacht, vgl. Mises (1922/2007), S. 37 und S. 269.
1166 Für eine umfassende Darlegung der Praxeologie vgl. Mises (1949/2007), S. 11–71.
1167 Für den Unterschied zwischen Handeln und Verhalten vgl. Zlabinger (1994), S. 20–21.
1168 Für eine Übersicht der Auffassungen zum Apriorismus bei verschiedenen Autoren vgl. Kirzner (2001), S. 81–89. Für eine Einschätzung des hohen empirischen Gehalts von A-priori-Aussagen vgl. Machlup (1975), S. 415–416 sowie Yeager (1997), S. 156–157.
1169 Für eine ausführliche Gegenüberstellung der Mises'schen Praxeologie und des Popper'schen Falsifikationismus vgl. Caldwell (1982/1984), S. 119–135.
1170 Für eine kritische vergleichende Analyse der Menschenbilder bei Mises, Eucken und Hayek, bei der dem Menschenbild ein ähnlicher Erklärungsgehalt zugetraut wird wie in dieser Studie dem Topos, vgl. Dörge (1959).
1171 Für eine systematische Darstellung der Praxeologie und eine Verortung dieser Methode innerhalb der Mises'schen Ordnungstheorie vgl. Müller (2011), S. 11–26 sowie Müller (2013). Für zwei differenzierte Kritiken der Praxeologie als sozialwissenschaftliche Methodologie vgl. Caldwell (1984), S. 364–370 und S. 374–377 sowie Boettke (2012), S. 192–212. Für die These, dass die Praxeologie als „economic way of thinking" ebenfalls der Public-Choice-Theorie zugrunde liegt, vgl. Boettke/Leeson (2004), S. 27–28.

Der Begriff der Ordnungstheorie, der diesem Abschnitt seinen Titel verleiht, taucht bei Mises nicht explizit auf. Vielmehr ist er auf den deutschen Ordoliberalismus zurückzuführen, der damit die positive Seite der ökonomischen Analyse beschreibt. Trotzdem wird er hier bewusst auch bei der Analyse von Mises' Werken verwendet. Der Grund dafür ist, dass es gerade Mises ist, der die Systematisierung und Erforschung von Wirtschaftsordnungen für den liberalen Diskurs Mitteleuropas in den 1920er erschließt, nicht zuletzt mit seinen Untersuchungen über die Unmöglichkeit des Sozialismus.[1172] Den Begriff „Ordnung" verwendet er oft – in einem wertfreien Sinne, etwa im Zusammenhang mit der gesellschaftlichen Ordnung –,[1173] das Verb „ordnen" ist hingegen für ihn ein klarer Ausdruck von Etatismus, wie er den Glauben an die übernatürlichen Fähigkeiten des Staates nennt.[1174] Neben Sozialismus und Kapitalismus[1175] erörtert er in seinen Publikationen auch die dritte (und letzte relevante)[1176] Ordnungsmöglichkeit, den Interventionismus.[1177] Allerdings ist diese dritte Form instabil und zerfällt – aufgrund des Auslösens immer weiterer Interventionsfälle und Widersprüche in Form einer Interventionsspirale – über die Zeit in eine der beiden Alternativen, Sozialismus oder Kapitalismus – hin zu Letzterem allerdings nur im Fall des gleichzeitigen Unterlassens aller staatlichen Interventionen.[1178] Damit ergibt sich ein Schema, welches stark an die morphologischen Untersuchungen Euckens und Röpkes erinnert, ohne dass die beiden deutschen Ordoliberalen in diesem Punkte explizit auf Mises Bezug nehmen. Überhaupt erscheint Mises gerade in den Werken von Eucken und Röpke als unterrepräsentiert, wenn man bedenkt, welche Rolle etwa Röpke den Frühwerken Mises' für die eigene intellektuelle Prägung zubilligt.[1179] Auch bei Hayek finden sich oft Elemente, die einem Mises-Kenner vertraut vorkommen:

1172 Für den Beitrag Mises' als „Pionier einer ökonomischen Argumentationswissenschaft" vgl. Pies (2009), S. 11–12 und S. 35–36.

1173 Vgl. bspw. Mises (1912/2005), S. 420. Für die „institutional order" des Kapitalismus vgl. Mises (1950/2008), S. 47.

1174 Vgl. Mises (1912/2005), S. 226. Für das Verhältnis von Liberalismus und Ordnen vgl. Dörge (1959), S. 99.

1175 Für die Unvereinbarkeit dieser Ordnungsformen vgl. Mises (1949/2007), S. 258–259.

1176 Im *Liberalismus* werden darüber hinaus noch den Syndikalismus und den Agrarsozialismus anführt (und in der *Gemeinwirtschaft* noch zahlreiche andere Formen, vgl. Mises (1922/2007), S. 209–249). Diese spielen aber in der Realität nur eine untergeordnete Rolle und verdienen daher keine ausführlichere Schilderung, vgl. Mises (1927/2000), S. 53–56.

1177 Die Ordnungsform, die sich durch die Wirtschaftspolitik des Interventionismus herausbildet, bezeichnet Mises in seinen früheren Schriften als „gebundene Wirtschaft", vgl. Mises (1929/1976), S. XI. Diese Bezeichnung wird in späteren Schriften durch den allgemeinen Begriff des Interventionismus als Politik *und* Ordnungsform ersetzt.

1178 Für die Instabilität und damit langfristige Unmöglichkeit des sogenannten Mittelweges vgl. Mises (1927/2000), S. 69, Mises (1929/1976), S. 11–12, Mises (1944/2004), S. 27, S. 95 und S. 122 sowie Mises (1950/2008), S. 47–48.

1179 Vgl. Hennecke (2005), S. 40–41. Für eine Analyse, die ebenfalls in diese Richtung weist, vgl. Oliver (1960), S. 120–121.

Anlehnungen etwa an die Mises'sche Interventionismus-Kritik sind besonders im *Road to Serfdom* sehr deutlich spürbar. Mises wiederum verwendet in *Human Action* interessanterweise genau die Vokabel des „road", wenn es um das Abdriften in den Totalitarismus geht.[1180] In der *Constitution of Liberty* wird Mises' genereller Einfluss bei den Danksagungen an prägende Personen an prominenter Stelle gewürdigt.[1181]

Wie definiert Mises diese drei Ordnungsformen? Das zentrale Kriterium für die Differenzierung ist die Frage, wie die Institution des Eigentums, besonders des Eigentums an den Produktionsmitteln (auch als Kapital- oder Investitionsgüter bezeichnet), ausgestaltet wird. Der Sozialismus ist diejenige Wirtschafts- und Gesellschaftsform, bei der die Eigentumsrechte an den Produktionsmitteln der Einzelperson entzogen und der Gesellschaft, genauer dem Staat, überlassen werden, während die Eigentumsfrage bei den Konsumgütern von Mises als nicht ordnungsrelevant eingestuft wird.[1182] Dieser Form bzw. der ökonomischen Unmöglichkeit ihrer Durchführung widmet Mises seine wohl bekanntesten Schriften, den Aufsatz *Die Wirtschaftsrechnung im sozialistischen Gemeinwesen* aus dem Jahre 1920 sowie *Die Gemeinwirtschaft* aus dem Jahre 1922. Der Kern der Mises'schen Sozialismus-Kritik wird in Abschnitt 6.2.2 wiedergegeben und in den Abschnitten 6.4.1 und 6.4.2 mit den Argumenten Hayeks verglichen.

Der Kapitalismus ist währenddessen diejenige Ordnung, in der das Eigentum an den Produktionsmitteln individuellen privaten Akteuren gehört:

> Die Stellung des Liberalismus zum Problem der staatlichen Aufgaben ergibt sich daraus, dass er für das Sondereigentum an den Produktionsmitteln eintritt.[1183]

Allein dieser Aspekt der Verfügungsgewalt über das Eigentum – und nicht etwa wie bei Eucken die Frage nach der Intensität des Wettbewerbs – ist für ihn entscheidend, um eine Ökonomie als kapitalistisch zu bezeichnen.[1184] Mises betont immer wieder, dass das essenzielle Resultat der kapitalistischen Produktionsweise die unbeschränkte Herrschaft der Konsumenten über Richtung und konkrete Ausgestaltung der Produktion ist.[1185] Den Marktprozess im Kapitalismus bezeichnet er – ähnlich wie

---

1180 Vgl. Mises (1949/2007), S. 282. Anzumerken ist, dass dieser Abschnitt in der deutschen Fassung des Buches, *Nationalökonomie*, die vier Jahre vor dem *Road to Serfdom* erscheint, vollständig fehlt, vgl. Mises (1940), S. 261–265. Damit kann vorsichtig die These gestützt werden, dass die Einflüsse zwischen Mises und Hayek in beide Richtungen stattfinden.

1181 Vgl. Hayek (1960/1978), S. 415–416. Eine Rezension der *Constitution of Liberty* durch Mises, in der besonders der dritte Teil des Buches sehr kritisch beurteilt wird, wird in Abschnitt 6.8 wieder aufgegriffen.

1182 Vgl. Mises (1927/2000), S. 17. Für eine Kritik des alleinigen Fokus auf das Eigentumskriterium in der Abgrenzung von Ordnungsformen, bei gleichzeitiger Würdigung von sozialistischer Seite des Beitrags der *Gemeinwirtschaft*, vgl. Heimann (1938), S. 233–235.

1183 Mises (1927/2000), S. 34.

1184 Vgl. Mises (1929/1976), S. 4.

1185 Vgl. bspw. Mises (1922/2007), S. 412–415 sowie Mises (1949/2007), S. 269–272.

später Hayek – als ein katallaktisches Spiel des Austausches zwischen Millionen von Akteuren.[1186]

Schwieriger erscheint die Abgrenzung des Interventionismus gegenüber den beiden bisher erörterten Ordnungsformen. Denn in der Praxis stellt sich selbstverständlich die Frage, „bis wann" eine Ökonomie als kapitalistisch und „ab wann" sie als interventionistisch zu bezeichnen ist.[1187] Hier ist Mises, wie später wiederholt deutlich werden wird, resolut und stellt fest:

> Der Interventionismus will das Sondereigentum an den Produktionsmitteln beibehalten, dabei jedoch das Handeln der Eigentümer der Produktionsmittel durch obrigkeitliche Gebote, vor allem aber durch obrigkeitliche Verbote, regulieren.[1188]

Damit stellt sich für den Leser allerdings die Frage, ob in der Realität jemals rein kapitalistische Ökonomien existiert haben, da es kaum möglich ist, in der Wirtschaftsgeschichte Beispiele zu finden, in denen die Eigentumsrechte uneingeschränkt und frei von staatlichen Geboten und Verboten gegolten haben. Der Kapitalismus als Weber'scher Idealtyp bleibt also eher eine analytische Konstruktion oder eine Utopie für die Zukunft: Geschichtlich hat es – am ehesten in Großbritannien und den USA des 19. Jahrhunderts – lediglich Näherungen an ihn gegeben.[1189] Bezeichnend ist dabei folgende Äußerung Mises':

> The system of market economy has never been fully and purely tried.[1190]

In der Realität sind also – neben den sozialistischen Ordnungen seit dem sowjetischen Experiment – ausschließlich mehr oder weniger interventionistische Ökonomien anzutreffen, auch wenn in ihnen formal das Privateigentum festgeschrieben wird.[1191] Wie oben erwähnt, gerät der Staat innerhalb der interventionistischen Ordnungen wegen seiner notwendigerweise widerspruchsbehafteten Eingriffe immer mehr in die Dynamik einer Interventionsspirale, weshalb die interventionistische Ordnung als instabil einzustufen ist – sie müssen sie im Laufe der Zeit entweder in Richtung Kapitalismus oder in Richtung Sozialismus zerfallen. Einen „dritten Weg" gibt es für Mises dezidiert nicht.[1192] Die Tatsache, dass sich

---

1186 Vgl. bspw. Mises (1949/2007), S. 232–234.
1187 Für die aktuell häufig diskutierte Frage, welche Politikmaßnahmen im Zuge der gegenwärtigen Finanz- und Wirtschaftskrise als Interventionismus zu bezeichnen sind, vgl. Schwarz (2009), S. 175–181.
1188 Mises (1929/1976), S. 1.
1189 Vgl. Mises (1927/2000), S. 1.
1190 Mises (1949/2007), S. 264.
1191 Bemerkenswert ist die Aussage Mises', dass man Sondereigentum „möglichst gut" schützen soll, vgl. Mises (1929/1976), S. 19. Dies zeigt erneut, dass real lediglich Näherungen an den Kapitalismus als die Wirtschaftsordnung des Liberalismus existieren.
1192 Vgl. Mises (1927/2000), S. 160–161, Mises (1945/2008), S. 12–13 sowie Mises (1979/2010), S. 37–39.

Mischordnungen in der Realität lange halten und nicht umschlagen, erklärt Mises durch das Einschleichen einer allgemeinen Korruption an der Schnittstelle zwischen Wirtschaft und Politik, die als das essenzielle „Schmiermittel" der interventionistischen Ordnung zu sehen ist.[1193]

6.2.2 Der Staat als Nachtwächter im Laissez-faire

Die Frage, welcher legitime Betätigungsbereich dem Staat vom jeweiligen Autor zugewiesen wird, steht zusammen mit den konkreten wirtschaftspolitischen Empfehlungen im Mittelpunkt dieser Studie. Hierbei erscheint die Einbeziehung Mises' als besonders hilfreich, da sie erlaubt, einen Kontrast zu den ordoliberalen Positionen Euckens und Röpkes, aber auch zu vielen der Hayek'schen Auffassungen herzustellen. Mises, der das ordoliberale Paradigma explizit ablehnt,[1194] wird in vielen anderen vergleichenden Schriften über diese Epoche nicht berücksichtigt.[1195] Dies soll hier bewusst nachgeholt werden.

Der Mises'sche Staat[1196] lässt sich, wie er es selbst formuliert, am besten gerade durch die Karikatur Ferdinand Lassalles umschreiben, in der vom *Staat als Nachtwächter* die Rede ist.[1197] Dieser Staat als Zwangsapparat zur Gewaltandrohung und gegebenenfalls Gewaltanwendung[1198] dient ausschließlich dem Zweck:

> [...]die Sicherheit des Lebens und der Gesundheit, der Freiheit und des Sondereigentums gegen gewaltsame Angriffe zu gewährleisten.[1199]

Ein solches Staatsverständnis baut klar auf dem negativen Freiheitsverständnis im Sinne Isaiah Berlins auf,[1200] bei dem Freiheit ausschließlich als Freiheit von Zwang

---

1193 Vgl. Mises (1929/1976), S. 17–18. Für die These, dass der reale sowjetische Sozialismus keine Planwirtschaft, sondern eher ein Interventionismus ist, welcher primär über explizite und implizite Korruption zusammengehalten wird, vgl. Anderson/Boettke (1997), S. 41–50.
1194 Vgl. Mises (1957), S. 603 sowie Hülsmann (2007), S. 1006–1007. Für die häufig von Missverständnissen geprägten, jahrzehntelangen Debatten zwischen Mises und den von ihm als „Ordo-Interventionisten" bezeichneten Ordoliberalen vgl. Kolev (2016b).
1195 Vgl. bspw. Renner (2002), S. 58–64.
1196 Erste Ideen zur Rolle des Staates formuliert er bereits in der *Theorie des Geldes und der Umlaufsmittel* und warnt vor einer Überschätzung der Fähigkeiten des Staates auf dem Gebiet des Geldes, vgl. Mises (1912/2005), S. 43–54.
1197 Vgl. Mises (1922/2007), S. 127–128 sowie Mises (1927/2000), S. 33.
1198 Vgl. Mises (1949/2007), S. 149 sowie Mises (1978a), S. 68.
1199 Mises (1927/2000), S. 46. Für eine ähnliche Formulierung vgl. Mises (1927/2000), S. 103.
1200 Für die inzwischen klassische Unterscheidung zwischen positiver und negativer Freiheit vgl. Berlin (1958/1969).

durch andere Menschen gesehen wird.[1201] Der Zwang kann hierbei nur vom Staat ausgehen,[1202] private Machtbildung mit Zwangscharakter auf Seiten der Unternehmen hält Mises – in deutlichem Gegensatz zu den Ordoliberalen – in der kapitalistischen Ordnung für unwahrscheinlich und deshalb für irrelevant – in dieser Ordnung sieht er die einzige private Macht in den Händen der Konsumenten.[1203] Der Mensch in seiner physischen Existenz und mit seinem Eigentum wird als eine Sphäre gesehen, die durch den Staat gegen Gewalt von außen zu schützen ist.[1204] Im Übrigen soll aber explizit das zentrale Prinzip des Laissez-faire und Laissez-passer im Sinne des oben erläuterten Topos gelten.[1205] Mises betont in der Besprechung von Keynes' *Das Ende des Laissez-faire*, dass zum Prinzip der Handlungsautonomie neben Laissez-faire (Verfügungsgewalt über die Güter mit Ausnahme der Ortsveränderung) notwendigerweise auch Laissez-passer gehört, also die Freizügigkeit der Menschen und der Sachgüter.[1206]

Was dieser – in Mises' Darstellung klassisch-liberale – Staat *nicht* sein darf und *nicht* leisten soll, macht der Wiener Ökonom ebenfalls unmissverständlich deutlich: Der Staat darf nicht als göttliche Instanz aufgefasst werden, die in Form einer organischen Einheit über der Gesellschaft schwebt.[1207] Vielmehr ist er eine von den Bürgern in ihrem eigenen Interesse geschaffene Institution, die lediglich auf deren jeweiligem individuellem Willen fußt. Dieser Staat soll also nicht etwa zum Ziel haben, „seine" Bürger „umzuerziehen".[1208] Er soll stattdessen ein Diener der Bürger sein, der der oben genannten „ganz scharfen Umschreibung der Aufgaben"[1209] – und nur diesen Aufgaben – gewidmet ist. Durch einen solchen Staat kann verhindert werden, dass „das irregeleitete, asoziale Individuum, sein eigenes Interesse verkennend, sich gegen

---

1201 Vgl. Mises (1922/2007), S. 169–171. Mises betont in *Human Action* explizit, dass die Kategorie der Freiheit nur auf „interhuman relations" angewandt werden darf und nicht auf die Beziehung zwischen Mensch und Natur, vgl. Mises (1949/2007), S. 279. Für die Möglichkeit der Formulierung eines positiven liberalen Programms trotz des negativen Freiheitsbegriffs vgl. Mises (1979/2010), S. 54–55.
1202 Vgl. Mises (1922/2007), S. 171–172.
1203 Vgl. Mises (1979/2010), S. 3–4. Seine Auffassung von der Irrelevanz privater unternehmerischer Macht auf Märkten wird in Abschnitt 6.7.1 bei der Diskussion seiner Position zum Monopolproblem besonders deutlich.
1204 Vgl. Mises (1927/2000), S. 60 sowie Mises (1949/2007), S. 279. Für eine Kritik der Unfähigkeit des Mises'schen Nachtwächterstaates, private Machtballungen aufzulösen, vgl. Simons (1944), S. 192. Für die Nähe Henry Simons' zum Freiburger Programm vgl. Van Horn (2009), S. 209–213, Köhler/Kolev (2011), S. 14–27 sowie Köhler/Kolev (2013), S. 212–225.
1205 Vgl. bspw. Baader (2000), S. 92. Für die Einschätzung zu Mises als innovativer Weiterentwickler des Laissez-faire-Prinzips des 19. Jahrhunderts vgl. Hayek (1941b), S. 126.
1206 Vgl. Mises (1927), S. 190 sowie Mises (1949/2007), S. 730–732. Für die Herausforderungen im Zusammenhang mit Migrationsprozessen in einer freiheitliche Ordnung, welche von den Neoliberalen der hier untersuchten Generation nur selten thematisiert werden, vgl. Straubhaar (2002), S. 111–121.
1207 Vgl. Mises (1922/2007), S. 366.
1208 Vgl. Mises (1944/2004), S. 42.
1209 Mises (1927/2000), S. 34.

die gesellschaftliche Ordnung aufbäumt und damit auch die übrigen Menschen schädigt".[1210]

Herauszuarbeiten in diesem Zusammenhang ist auch das Mises'sche Demokratieverständnis, das in Abschnitt 6.4.2 mit Hayeks Vorstellungen kontrastiert wird. Mises sieht zwar grundsätzlich die Gefahr, dass die Demokratie zu einer Tyrannei der Mehrheit degeneriert.[1211] Allerdings vertritt er die Auffassung, dass – wenn sich die Bürger sein (extrem schmales) Betätigungsfeld des Staates zu eigen machen – der Anreiz nicht groß wäre, Minderheiten zu tyrannisieren, da der Staat kaum dazu befugt wäre, Privilegien zu verteilen. Außerdem steht Mises' Überzeugung nach den Minderheiten immer das friedliche Mittel des Überzeugens im Austausch der Ideen mit der Mehrheit zur Verfügung.[1212] Die Demokratie analysiert er, wie die sozialen Institutionen überhaupt, ausschließlich unter Nützlichkeitsgesichtspunkten.[1213] Als erklärter Anhänger des Utilitarismus und prononcierter Kritiker naturrechtlicher Begründungen, besteht laut Mises das Kernargument für die Demokratie in der allein durch sie entstehenden Möglichkeit, dass verschiedene Regierungen sich ohne Gewalt ablösen können.[1214] Diese Befriedungsfunktion ist für ihn deshalb essenziell, weil Frieden für die Kooperation der handlungsautonomen Individuen in einer kapitalistischen Wirtschafts- und Gesellschaftsordnung unerlässlich ist.[1215] Es besteht für Mises also eine (nicht vollkommene) Analogie zwischen der ökonomischen und der politischen Souveränität – beide Felder in Kombination konstituieren die Autonomie des Bürgers.[1216] Historisch sieht er die politische Freiheit als erfolgreiche Konsequenz der ökonomischen Freiheit, d. h. eine ökonomisch freie Gesellschaft erstreitet (wenn auch mit unterschiedlich langen Verzögerungen) mittelfristig auch die politische Freiheit für sich.[1217]

Damit wurde gezeigt, dass Mises – anders als einige seiner prominentesten US-amerikanischen Schüler im Umfeld von Murray Rothbard – kein Verfechter des Anarchismus ist. Dies erklärt er auch explizit an zahlreichen Stellen in seinen Schriften.[1218] Der (demokratische) Staat ist für ihn eine unabdingbare Voraussetzung für eine auf dem freien Markt beruhende Gesellschaft. Dem Anarchismus wirft er vor, die Gefahren kleinzureden, die er implizit für die „einzige mögliche Ordnung friedlicher

---

1210 Mises (1922/2007), S. 366.

1211 Vgl. Mises (1964), S. 727 sowie Mises (1965a), S. 46.

1212 Vgl. Mises (1927/2000), S. 52.

1213 Für seine Opposition zu den mit dem Utilitarismus konkurrierenden naturrechtlichen Begründungen der Demokratie vgl. Mises (1922/2007), S. 47–48. Für eine utilitaristische Begründung der Abschaffung der Sklaverei vgl. Mises (1949/2007), S. 628–634.

1214 Vgl. Mises (1922/2007), S. 48, S. 89–91 und S. 411–412.

1215 Für eine kompakte Darstellung des komplementären Verhältnisses von Liberalismus und Demokratie vgl. Mises (1922/2007), S. 60–61 sowie Mises (1927/2000), S. 174–175.

1216 Vgl. Mises (1965a), S. 46.

1217 Vgl. Mises (1964), S. 726–727.

1218 Vgl. Mises (1922/2007), S. 31–32, Mises (1927/2000), S. 32–33, Mises (1949/2007), S. 148–150 sowie Mises (1962/2006), S. 88–89.

gesellschaftlicher Kooperation" – also den Kapitalismus – birgt: Ohne Gewaltanwendung (und besonders Gewaltandrohung) seitens des Staates wäre nach Mises der Bestand der Gesellschaft permanent gefährdet.[1219] Somit muss der das Privateigentum schützende Staat, ähnlich wie bei den Ordoliberalen, *stark* sein, damit er die ihm zugewiesenen beschränkten Aufgaben adäquat erfüllen kann.[1220]

6.3 Der Staat in der Ordnungstheorie Friedrich August von Hayeks

6.3.1 Haupttopos und Ordnungsbegriff

Einen ersten Versuch, Hayek ordnungstheoretisch zu verorten, stellte der Vergleich zu Eucken am Anfang dieser Studie dar. Wie bei der Analyse Euckens (im Vergleich Eucken-Hayek bzw. Eucken-Röpke), soll nun auch bei Hayek seine im Vergleich zu Eucken erörterte Positionierung ohne zu große Wiederholungen wiedergegeben sowie um Aspekte angereichert werden, die bei dem Vergleich zu Mises von besonderer Relevanz erscheinen und die gerade hier einen hohen komparativen Ertrag versprechen.

Der breite Konsens in der Sekundärliteratur zur Zentralität des *Wissens* in Hayeks Werk ist überzeugend. Explizit beobachtbar ist dieser Mittelpunkt seit der Herausgeberschaft *Collectivist Economic Planning* aus dem Jahre 1935 sowie den beiden wohl bekanntesten Hayek'schen Aufsätzen, *Economics and Knowledge* und *The Use of Knowledge in Society*.[1221] Wissen und die Nutzung der Wissensteilung werden im Folgenden als Haupttopos eingesetzt, wobei besonders überprüft werden soll, in welchem Maße dadurch die Unterschiede zu Mises und dessen Topos der individuellen Handlungsautonomie erklärt werden können.[1222]

Von besonderer Bedeutung ist dabei, dass der Topos des Wissens (implizit) alle *drei* großen Schaffensphasen Hayeks zu umspannen scheint[1223] – unabhängig von den deutlichen thematischen Akzentverschiebungen, die sich in seinem Œuvre feststellen

---

1219 Vgl. Mises (1927/2000), S. 33.

1220 Vgl. Mises (1978a), S. 72.

1221 Vgl. Hayek (1935), Hayek (1936/1937) sowie Hayek (1945).

1222 Für die aus dem Wissens-Topos für Hayeks Werk resultierenden epistemologischen Konsequenzen, unter besonderer Berücksichtigung der in dieser Studie nicht einbezogenen *Sensory Order*, vgl. Streit (1993), S. 224–231.

1223 Für die klassische, methodologisch begründete Teilung des Hayek'schen Werkes in *zwei* Phasen (vor und nach *Economics of Knowledge*), bei der aber der Unterschied zwischen dem ordoliberalen und dem evolutorischen Hayek nicht zur Sprache kommt, vgl. Hutchison (1979/1981b), S. 210–219. Für eine andere *Zweiteilung* in Bezug auf *Economics and Knowledge*, diesmal nach dem Wandel im Gleichgewichtsbegriff, vgl. Caldwell (1988a), S. 521–536.

lassen.[1224] In der ersten Phase steht er als Konjunkturtheoretiker den Unterkonsumptionstheorien[1225] und später der „keynesianischen Revolution"[1226] gegenüber und betont unablässig, dass die neue Makroökonomik wissenschaftlich scheitern muss, weil sie von den essenziellen mikroökonomischen Preis- und Produktionsstrukturen abstrahiert und das darin enthaltene Wissen unberechtigterweise missachtet.[1227] Der „ordoliberale Hayek II" betont, dass die Sozialismen aller Couleur deshalb scheitern müssen, weil sie das Wissensproblem in der Ökonomie, das sich für jeden Zentralplaner stellt, nicht lösen können.[1228] Hayeks positive Lösung dieser Phase besteht – neben den Einsichten in die Rolle des Preissystems –[1229] in einer durch und durch ordoliberalen, bewussten Setzung von Spielregeln für die Marktwirtschaft.[1230] Der „evolutorische Hayek III" stellt das Argument in den Mittelpunkt, dass der zeitliche Prozess der Wissensakkumulation innerhalb einer Gesellschaft permanent dem Filter der kulturellen Evolution unterstellt ist und dass die Spielregeln als die Speicher dieser Wissensakkumulation fungieren.[1231]

Das individuelle Wissen ist dabei – ähnlich wie die Vorstellung der negativen Freiheit oder des Eigentums – als Sphäre zu verstehen, die konstitutiv zu jedem Mitglied der Gesellschaft gehört.[1232] Für diese Sphäre wird in einer freiheitlichen gesellschaftlichen Ordnung eine Lösung gefunden, bei der die bestmögliche Nutzung des in ihr enthaltenen Wissens erzielt wird.[1233] Dieses Kriterium für das Ausmaß an Nutzung der Wissensteilung zwischen den Individuen ist es, welches an jede Ordnung als Maßstab anzulegen ist. Für Hayek als dynamischen Denker ist der Fortschritt[1234] einer Wirtschaft

---

1224 Für einen Versuch, die konjunkturtheoretischen Ansichten Hayeks aus der Perspektive der Theorie der spontanen Ordnung weiterzuentwickeln, vgl. Witt (1997), S. 54–56.

1225 Für eine frühe Schrift – Hayeks Antrittsvorlesung als Privatdozent an der *Universität Wien* – als Stellungnahme gegen US-amerikanische Unterkonsumptionstheorien, welche er später (vgl. Hayek (1994), S. 76–77) auch als Vorläufer von Keynes' Ideen verortet, vgl. Hayek (1929/1931).

1226 Für eine Analyse der Ablösung des „österreichischen" Paradigmas durch die keynesianische Makroökonomik vgl. Laidler (1999), S. 40–50. Für die Konfrontation von Hayek und der „keynesianischen Lawine" vgl. McCormick (1992), S. 64–76, Skidelsky (2003/2005), S. 482–484 und S. 722–724, Howson (2009), S. 264–272, Wapshott (2011), S. 138–153 sowie White (2012), S. 137–139.

1227 Vgl. Hayek (1979/1980), S. 38–39.

1228 Für die zentrale Rolle der Herausgeberschaft aus dem Jahre 1935 für die Herausbildung des Wissens-Topos und für die Hinwendung zur Sozialphilosophie, noch vor *Economics and Knowledge*, vgl. Hayek (1994), S. 79–80.

1229 Vgl. Hayek (1945), S. 526–530.

1230 Vgl. Hayek (1944/1994), S. 41–43 sowie Hayek (1947/1948), S. 110–111.

1231 Für die These, dass die Beschäftigung mit der Konjunkturtheorie „automatisch" zur späteren Ordnungstheorie führt, vgl. Watrin (1992), S. 208.

1232 Vgl. Hayek (1960/1978), S. 24–29 und S. 139–140.

1233 Vgl. Hayek (1945), S. 524–526.

1234 Fortschritt wird dabei nicht als kollektives Phänomen, sondern als Verbesserung der Bedingungen für den einzelnen Akteur gesehen, vgl. Hayek (1960/1978), S. 40–46, Hayek (1966/1969b), S. 111 sowie Burczak (2006), S. 27.

oder einer Gesellschaft an erster Stelle damit verbunden, ob sie den Individuen die Freiheit gewährt, von ihrem individuellen Wissen Gebrauch zu machen sowie laufend neues Wissen zu entdecken und so zu handeln, wie es diesem Wissen (dem expliziten und besonders dem impliziten und nicht formalisierbaren Wissen)[1235] entspricht.[1236]

In seiner Theorie möglicher Ordnungen zeichnet Hayek ein ähnliches Bild wie die anderen in dieser Studie analysierten Ordnungstheoretiker, einschließlich Mises: Es existieren die Marktwirtschaft (synonym: spontane Ordnung oder auch Handelnsordnung), der „middle way" und die Planwirtschaft des Sozialismus.[1237] Wie aus der Kernbotschaft im *Road to Serfdom* deutlich wird, ist die mittlere Variante instabil, da für Hayek Elemente der zentralen Planung mit der Marktwirtschaft und der Demokratie dauerhaft nicht kombinierbar sind – damit konvergiert der Versuch eines „middle way" im Zeitablauf notwendigerweise hin zur sozialistischen Planwirtschaft.[1238] Die Definition der Ordnung bei Hayek dreht sich nicht wie bei Mises um die Eigentumsfrage, sondern wird auf einer abstrakteren Ebene an die für Hayek zentrale Figur der Verhaltensregel geknüpft. Eine wirtschaftliche oder gesellschaftliche Ordnung ist für ihn die Ansammlung von Regeln, mit denen das einzelne Individuum in seinem Handlungsraum konfrontiert wird und die idealerweise dem Individuum ermöglichen, richtige Erwartungen über das Verhalten anderer zu bilden.[1239] Direkt aus dieser Definition der Ordnung folgt das Hayek'sche Staatsverständnis, welches im Folgenden skizziert wird.

6.3.2 Der Staat als Gärtner in der spontanen Ordnung

Hier soll nun untersucht werden, welche Rolle Hayek dem liberalen Staat zuweist, was – wie oben angedeutet – unmittelbar an die Figur der Regel anknüpft. Da Hayek, ähnlich wie die Vertreter der Freiburger Schule, nach einer Theorie für den Ordnungsrahmen von Wirtschaft und Gesellschaft sucht, kann er – besonders in seiner mittleren Schaffensphase – als ordoliberal bezeichnet werden. Es bestehen dabei grundsätzlich zwei zentrale Unterscheidungsebenen, zum einen im Vergleich zu Eucken und zum anderen zwischen der zweiten und dritten Schaffensphase Hayeks. Davon unberührt, steht am Anfang seines Staatsverständnisses die Erkenntnis, dass ein Ordnungsrahmen zu suchen ist, der die marktlichen Interaktionen umspannt, woraus Orientierung für die „positive task of delimiting the field of useful State activity"[1240]

1235 Vgl. Hayek (1945), S. 521–522, Hayek (1960/1978), S. 156–159 sowie Hayek (1973/1983), S. 15–16.

1236 Für eine gelungene Darstellung dieses Kernaspektes der Hayek'schen Philosophie vgl. Burczak (2006), S. 20–25.

1237 Vgl. Hayek (1960/1978), S. 45.

1238 Vgl. Hayek (1944/1994), S. 47–48.

1239 Vgl. Hayek (1973/1983), S. 35–36 und S. 48–52.

1240 Hayek (1933a), S. 134.

zu erwarten ist – eine programmatische Aufgabe, die sich Hayek bereits in seiner Londoner Antrittsvorlesung setzt[1241] und die jahrzehntelang den Suchfokus seines Werkes bestimmt.[1242] Das Rahmen-Leitmotiv des Ordoliberalismus macht sich Hayek mit zunehmender Deutlichkeit im weiteren Verlauf der 1930er-Jahre[1243] und besonders explizit im *Road to Serfdom* zu eigen,[1244] wobei hier die Korrespondenz mit Eucken und Keynes von besonderem Interesse ist, in der beide den *Road to Serfdom* positiv bewerten und gleichzeitig unterschiedlich gelagerte Kritiken an dessen Thesen zur Sprache bringen: Bemerkenswert ist hierbei, dass sich Eucken dabei den bei Hayek enthaltenen ordoliberalen Ansatz noch expliziter in Richtung Wettbewerbsordnung ausformuliert wünscht, während Keynes in der Forderung nach einem Ordnungsrahmen keinen geeigneten Ansatz zur Umgrenzung der Staatstätigkeit sieht.[1245]

In Bezug auf den Staat stellt sich die Frage, auf welche Art und Weise die Regeln für den Ordnungsrahmen zustande kommen sollen. Hayek ist zu dieser Zeit (1930er- und 1940er-Jahre) wie Eucken der Auffassung, dass der Staat den Ordnungsrahmen mittels seiner Wirtschaftspolitik setzen soll und dies, unabhängig vom Wissensproblem, auch kann: Das wird besonders in Hayeks zwei Vorträgen bei der Gründungsversammlung der *Mont Pèlerin Society* deutlich.[1246] In dieser ordoliberalen Phase sieht er die Gestaltung des Ordnungsrahmens noch als mögliche und notwendige Korrektur der evolutorischen Prozesse.[1247] Später (in seiner dritten Schaffensphase) modifiziert er diese Position und stellt die These auf, dass – wegen des sich laufend stellenden Wissensproblems – der Prozess der kulturellen Evolution die Regeln für eine Gemeinschaft und ihren Staat herausfiltert, welche mit der spontanen Ordnung kompatibel sind.[1248] Die so entstandenen Regeln können dann als Speicher des langfristig akkumulierten Wissens betrachtet werden.[1249] Außerdem erlauben sie es dem Einzelnen, die bestmögliche Nutzung seines Wissens qua Erwartungsstabilisierung zu erreichen, wobei sie für die Individuen mit ihrem beschränkten individuellen Wissensstand unerlässliche Orientierungshilfen für ihr ökonomisches und gesellschaftliches

---

1241 Vgl. Hayek (1933a), S. S. 133–135.

1242 Vgl. Caldwell (1988b), S. 177.

1243 Für frühere Thesen zur Notwendigkeit eines Ordnungsrahmens vgl. Hayek (1935a), S. 22–23 sowie Hayek (1939), S. 8–11.

1244 Besonders deutlich wird diese Nähe zum Ordoliberalismus in *Freedom and the Economic System*, vgl. Hayek (1939), S. 8–12, sowie im *Road to Serfdom*, vgl. Hayek (1944/1994), S. 41–43.

1245 Vgl. Eucken (1946) sowie Keynes (1944a). Für den Hinweis auf den Brief von Eucken an Hayek vom 12. März 1946, in dem der Freiburger Ökonom den *Road to Serfdom* ausführlich kommentiert, bin ich Prof. Dr. Michael Wohlgemuth dankbar. Für eine komparative Studie zwischen Eucken und Hayek gerade auf der Grundlage dieses Briefes, vgl. Goldschmidt/Hesse (2012).

1246 Vgl. Hayek (1947/1948), S. 110–111 sowie Hayek (1947/1992), S. 242–243.

1247 Vgl. Hayek (1945/1948), S. 21–22.

1248 Vgl. Hayek (1973/1983), S. 22–24 und S. 85–88.

1249 Vgl. Hoppmann (1993/1999), S. 143–149.

Zusammenleben darstellen.[1250] Die Hayek'sche Wendung – die auch begrifflich mit dem Wechsel der Leitidee von der ordoliberalen Wettbewerbsordnung zur spontanen Ordnung einhergeht – wird in Abschnitt 6.4 nochmals aufgegriffen.

Was genau Hayek unter den Regeln für eine katallaktische Wirtschaftsordnung versteht, erläutert er besonders ausführlich in der *Constitution of Liberty* sowie in *Law, Legislation and Liberty*. In Letzterer formuliert er die Kernfrage in diesem Aspekt wie folgt:

> Our problem is what kind of rules of conduct will produce an order of society and what kind of order particular rules will produce.[1251]

Bemerkenswert ist, dass er in einer frühen und weniger bekannten Vorläuferschrift zum *Road to Serfdom*, *Freedom and the Economic System* aus dem Jahre 1939,[1252] bereits Gedanken auf diesem Feld formuliert, die wegweisend für seine spätere Entwicklung sind. Er unternimmt in den Folgejahrzehnten den Versuch, ein Instrumentarium zur Verfügung zu stellen, mit dessen Hilfe auch eine konsistente liberale Theorie der allgemeinen Wirtschaftspolitik umrissen werden kann. Die Regeln, die eine freie Gesellschaft für ihre Wirtschaftsordnung benötigt (in seiner Sprache als Regeln gerechten Verhaltens oder *nomos* bezeichnet), zeichnen sich durch drei Hauptcharakteristika aus: Sie sollen allgemein, abstrakt und negativ sein. „Allgemein" bedeutet, dass sie nicht eine besondere Gruppe bevorzugen dürfen, sondern eine Gleichheit vor dem Gesetz für alle Bürger zu gewährleisten haben.[1253] „Abstrakt" heißt, dass sie nicht konkrete Tatbestände behandeln sollen, sondern vom Einzelfall losgelöst sein müssen.[1254] Die Eigenschaft „negativ" stellt klar, dass dem einzelnen Bürger nicht vorgeschrieben werden soll, was er zu tun hat – das ist bei positiven Regeln (in seiner Sprache als *thesis* bezeichnet) der Fall–, sondern lediglich was er nicht tun darf. Positive Regeln à la *thesis* haben ihre Berechtigung in einzelnen hierarchischen Organisationen – werden sie aber auf den Kontext der Großgesellschaft angewendet, sind sie für Hayek der Inbegriff der einheitlichen Zielen unterworfenen Ordnung (*taxis*) und ihres Staates, während negative Regeln à la *nomos* die keinem einheitlichem Ziel unterworfene Ordnung (*kosmos*) und den in ihr agierenden Staat repräsentieren.[1255] In ihren Besprechungen der *Constitution of Liberty* zeigen sich Lionel Robbins und Jacob Viner nicht davon überzeugt, dass solche ausschließlich formalen Kriterien tatsächlich

---

1250 Vgl. Hayek (1973/1983), S. 80–81.
1251 Hayek (1973/1983), S. 44.
1252 Vgl. Hayek (1939). Für die Geschichte dieser Schrift, die 1938 in einer ersten Fassung erscheint, vgl. Hennecke (2000), S. 138–141.
1253 Vgl. Hayek (1976/1978b), S. 27–29.
1254 Vgl. Hayek (1976/1978b), S. 11–12.
1255 Vgl. Hayek (1976/1978b), S. 38–44.

ausreichen, um den liberalen Charakter einer Politik sicherzustellen – vielmehr sind für sie zusätzlich die besonderen Inhalte von Regeln einzubeziehen.[1256]

Der Staat soll also nach Hayek – besonders deutlich in der ordoliberalen Phase der 1930er- und 1940er-Jahre – ein unparteiischer Schiedsrichter sein, der die Spielzüge den privaten Akteuren überlässt und primär an der Setzung und Durchsetzung der Spielregeln beteiligt ist.[1257] Diese Metapher, die in der Formulierung Wirtschaftsordnung (Spielregeln) versus Wirtschaftsprozess (Spielzüge) den Kern des deutschen Ordoliberalismus ausmacht, macht sich Hayek ebenfalls zu eigen.[1258] Zur Frage, ob Hayek in späteren Jahrzehnten – besonders im Zuge der zunehmenden Beschäftigung mit den Prozessen der kulturellen Evolution – dem Staat eine „immer passivere" Rolle zuweist, wurde bereits in Abschnitt 4.3.2 im Autorenvergleich zu Eucken ausführlich Stellung genommen. Dort wurde als Brücke zwischen den Kategorien „regelsetzender Staat als Schiedsrichter" („Hayek II") und „formaler Durchsetzer von Regeländerungen innerhalb der kulturellen Evolution" („Hayek III") das Bild vom *Staat als Gärtner* ausgearbeitet. Dieses Bild taucht bereits im *Road to Serfdom* auf[1259] und wird auch in der Schlusspassage der Nobelpreis-Vorlesung zur *Pretence of Knowledge* aufgegriffen[1260] – etwas ausführlicher wird es aber gerade in den 1950er-Jahren erörtert, zu der Zeit also, in der gemäß der Interpretation dieser Studie Hayeks Staatsverständnis im Übergang begriffen ist.[1261] Der Staat als Gärtner ist nach wie vor, wie auch der Schiedsrichter, ein unverzichtbarer Akteur – falls es sich aber um einen *englischen Garten* handelt, kann und soll der Gärtner, im Gegensatz zum Schiedsrichter, nicht jedes Spielergebnis kontrollieren, stattdessen kultiviert er lediglich allgemeine Muster des Gartens (also von Wirtschaft und Gesellschaft) und überlässt die einzelnen Interaktionen dem endogenen Wachstum innerhalb der Ordnung.

Neben der „coercive function" des Staates als Schiedsrichter bzw. Gärtner sieht Hayek u. a. im Hinblick auf die Sozialpolitik noch eine „service function", d. h. die Aufgabe, bestimmte Güter zur Verfügung zu stellen, die privat nicht bereitgestellt werden können.[1262] Diese explizite Ablehnung des Minimalstaates bei Hayek[1263] wird als besonderer Kontrast zu den Ansichten Mises' in den Abschnitten 6.8.2 und 6.8.3 analysiert.

1256 Vgl. Robbins (1961), S. 68–69 sowie Viner (1961), S. 232–233.
1257 Vgl. Hayek (1973/1983), S. 47–48 und S. 140.
1258 Vgl. Hayek (1976/1978b), S. 115–117.
1259 Vgl. Hayek (1944/1994), S. 22.
1260 Vgl. Hayek (1974/1989), S. 7. Für den Hinweis auf die Erwähnung der Gärtner-Metapher in der Nobelpreis-Vorlesung bin ich Roland Fritz, MSc dankbar.
1261 Vgl. Hayek (1955/1967), S. 19 sowie Hayek (1956), S. 523–524.
1262 Vgl. Hayek (1973/1983), S. 48.
1263 Vgl. Hayek (1979/1981), S. 41.

6.4 Vergleich der Ordnungstheorien

Es bestehen zahlreiche komparative Aspekte bei der Analyse der zwei Autoren, die hier unter dem Begriff der Ordnungstheorie subsumiert werden können. Einige davon haben direkten Bezug zum Staatsverständnis, andere wie etwa die Wettbewerbsauffassung werden hier erörtert, weil sie, wiederum indirekt über die später zu untersuchenden Politikfelder, auch von Belang für die Rolle des Staates sind. Da in dieser Abhandlung die Topoi im Mittelpunkt stehen, sollen zunächst die Topoi Mises' und Hayeks als Kategorien zueinander in Beziehung gesetzt werden.

Die erste These hierzu ist, dass Hayeks Wissens-Topos eine Art Fundament von Mises' Handlungsautonomie-Topos darstellt. Denn Hayek postuliert nicht, dass handlungsautonome Individuen in ihren Interaktionen stets nicht verbesserungsfähige Ergebnisse erzeugen. Vielmehr liefert er mit dem Wissensargument eine Begründung dafür, dass freiwillige individuelle Interaktionen dann besonders vorteilhaft sind, wenn bei ihnen die größtmögliche (in der Sekundärliteratur auch als „optimal" bezeichnete)[1264] Menge an Wissen verwendet wird. Hayeks Ankerpunkt stellt also eine mögliche Begründung dar, warum eine Ordnung, in der Handlungsautonomie herrscht, begrüßenswert wäre. Eine solche Begründung liefert Mises streng genommen nur indirekt, da er sich lediglich auf das utilitaristisch-empirische Argument beruft, dass die kapitalistische Ordnung in den letzten 200 Jahren zur größten bisherigen materiellen Wohlfahrt geführt hat.[1265]

Eine zweite These knüpft an die Analyse des besonderen Hayek'schen Subjektivismus an, bei der ein Blick auf die Topoi geboten wird, der sich von der obigen Begründungs-Interpretation unterscheidet. Dieser Ansatz kontrastiert das Mises'sche Nutzen maximierende Individuum mit dem Hayek'schen Akteur, welcher sich durch einen konstitutiv beschränkten Wissensstand auszeichnet und deshalb vor verschiedenen Koordinationsproblemen steht.[1266] Dass das Preissystem als Prozessor und als Speicher von kurzfristigem (marktlichem) Wissen diese Probleme lösen kann, ist für Hayek eine notwendige, aber keine hinreichende Bedingung: Es bedarf für die Lösung der mannigfachen Koordinationsprobleme außerdem noch der Regeln gerechten Verhaltens als Speicher von langfristigem (gesellschaftlichem) Wissen. In diesem Sinne entsprechen die Topoi Handlungsautonomie und Wissen unterschiedlichen Anforderungen an die Fähigkeiten der an der Katallaxie beteiligten Spieler: Wissensbeschränkte Individuen bedürfen – im Gegensatz zum Mises'schen „acting man" – der „Stützen" in Form von Preisen *und* Regeln, um die Zersplitterung des

---

1264 Für die Zulässigkeit des Begriffs „Optimalität" im Sinne der bestmöglichen Nutzung der Wissensteilung vgl. Streeten (1970), S. 3–4.

1265 Für eine ausführliche Analyse des Mises'schen Utilitarismus im Kontext der politischen Philosophie vgl. Müller (2011), S. 168–190.

1266 Für eine ausführliche Analyse der Hayek'schen Koordination im Kontext der Wissens- und Handlungstheorie vgl. Burczak (2006), S. 20–29.

Wissens zu nutzen und innerhalb der Regeln zu gegenseitig vorteilhaften Handlungs-
ergebnissen zu gelangen.[1267] Diese zweite These erweist sich im Folgenden bei der
komparativen Analyse als besonders erfolgsversprechend.

Die Topoi führen also möglicherweise zu zwei deutlich unterschiedlich gelagerten Sozialphilosophien. Beide kreisen zwar um die Vorstellung, dass grundsätzlich
der Liberalismus und seine ökonomische Ausprägung, der Kapitalismus, als die wünschenswerte Ordnung von Wirtschaft und Gesellschaft zu sehen sind. Dass Mises und
Hayek aber unter liberaler Utopie nicht dasselbe verstehen, wird in den nächsten
beiden Abschnitten erläutert.

6.4.1 Ähnlichkeiten

Wie bei einem Mentor-Mentee-Verhältnis zu vermuten, bestehen zwischen Mises'
und Hayeks liberalen politischen Ökonomien bedeutende Ähnlichkeiten. Die erste
im Zusammenhang mit dem hier analysierten Markt-Staat-Verhältnis ist die Idee vom
Markt als katallaktischem System. Mises und Hayek sind sich darin einig, dass der
Markt ein äußerst komplexes Gebilde ist, auf dem Milliarden von Individuen, die sich
meist nicht kennen, in verschiedenen Tauschbeziehungen stehen und dabei Interaktionen eingehen, die zum gegenseitigen Vorteil verlaufen. Hayek vergleicht das System
mit einem weit verzweigten Flusssystem im Gebirge und kontrastiert es damit mit der
unterkomplexen Metapher der Röhren, die seiner Auffassung nach dem Keynesianismus zugrunde liegt.[1268] Ein Teil der Komplexität besteht in der Dynamik des Marktes.
Zwar besitzen Märkte theoretisch bei Mises wie bei Hayek eine inhärente Tendenz zum
Gleichgewicht, allerdings wirken permanent verschiedene Effekte – etwa Präferenz-
änderungen auf der Nachfrage- oder Innovationen auf der Angebotsseite, außerdem
das Hineinströmen von nicht neutralen monetären Schocks – auf den Markt ein,
sodass ein ruhendes Gleichgewichtssystem (für die neoklassische Ökonomik ein kons-
titutives Element) nur die absolute Ausnahme ist.[1269] Ein solches Konstrukt des allgemeinen Gleichgewichts[1270] soll nach Mises und Hayek in der Wissenschaft lediglich
als gedankliches Hilfsmittel verwendet werden, nicht aber als realistische Annahme

---

1267 Für die erste Formulierung der Analogie zwischen Wissens- und Arbeitsteilung in *Economics
and Knowledge* vgl. Hayek (1936/1937), S. 49–50.
1268 Vgl. Hayek (1984), S. 11–17.
1269 Für eine umfassende Gegenüberstellung von neoklassischem und „österreichischem" Markt-
verständnis vgl. die Beiträge in Bosch/Koslowski/Veit (1990) sowie Loy (1988). Für einen Vergleich der
Gleichgewichtsvorstellungen der Österreichischen Schule und der Chicago-Schule vgl. Paqué (1984),
S. 15–30.
1270 Für eine vergleichende Analyse des Konzepts des allgemeinen Gleichgewichts bei Mises und
Hayek vgl. Witt (1997), S. 49–51.

für das Funktionieren des Marktprozesses.[1271] Alternativen Systemen für die Ordnung eines solchen Organismus, sei es dem Sozialismus oder den Philosophien der Mittelwege, erteilen beide eine Absage, auch wenn die Begründung dafür unterschiedlich ausfällt, wie in Abschnitt 6.4.2 diskutiert wird.[1272]

Verknüpft mit dieser Sicht auf den Markt sind sowohl Mises als auch Hayek Verfechter des methodologischen Individualismus.[1273] Für sie ist, unabhängig davon, wie komplex der Marktprozess verlaufen mag, das aggregierte Verhalten kein Wesen sui generis.[1274] Stattdessen ist es immer auf die individuellen Tauschhandlungen zurückzuführen und nur aus diesen heraus zu erklären.[1275] Diese Forderung befolgen beide sowohl in ihren frühen konjunkturtheoretischen Arbeiten als auch in den späteren sozialphilosophischen Schriften. In heutiger Sprache kann man sagen, dass sie sich zwar auch mit makroökonomischen Phänomenen befassen,[1276] diese aber stets mikroökonomisch fundieren.[1277] Eine solche Herangehensweise ergibt sich auch aus einer Analyse entlang der Topoi: Für Mises steht die *individuelle* Handlungsautonomie im Zentrum seines Wirtschafts- und Gesellschaftsverständnisses, für Hayek das *individuelle* Wissen des einzelnen Akteurs.[1278] Es sei an dieser Stelle angemerkt, dass in der Literatur kontrovers diskutiert wird, ob Hayeks Arbeiten über soziale Ordnungen und besonders über die kulturelle Evolution (hier besonders der Mechanismus der Gruppenselektion) noch dem methodologischen Individualismus entsprechen. In der Interpretation dieser Studie ist Hayek auch in diesen Arbeiten – möglicherweise mit Ausnahme der *Fatal Conceit*,[1279] deren genaue Autorenschaft allerdings

---

1271 Für die Wandlungen im Hayek'schen Verhältnis zur allgemeinen Gleichgewichtstheorie vgl. Caldwell (2004), S. 155–156 und S. 224–230.

1272 Für eine Kritik an der Mises-Hayek-These über die Unmöglichkeit/Instabilität der Mittelwege vgl. Robbins (1961), S. 80–81.

1273 Für die Mises'sche Vorstellung vom methodologischen Individualismus vgl. Mises (1949/2007), S. 41–44.

1274 Für eine Kritik an Mises und Hayek, dass die Komplexität ökonomischer Prozesse die praktische Verwendung von Aggregaten unabdingbar macht, vgl. Haberler (1979/2000).

1275 Für eine Analyse des methodologischen Individualismus bei Mises und Hayek in Relation zu Max Webers Sozialökonomik vgl. Boettke/Storr (2002), S. 173–176.

1276 Dieser Untersuchungsgegenstand kann zur These führen, dass es sich beim Ansatz der Österreichischen Schule um eine makroökonomische Theorie handelt, vgl. Rosen (1997), S. 139. Ob es aber der Untersuchungsgegenstand, die angewendete Methode oder die Kombination beider ist, die zur fundierten Klassifikation von Schulen führt, bedarf sicherlich einer expliziteren Analyse, als es Rosen leistet.

1277 Für eine Analyse der Pionierleistung Hayeks in der mikroökonomischen Fundierung von makroökonomischen Phänomen vgl. Lucas (1981a), S. 215–217.

1278 Für den „handlungstheoretischen" Individualismus bei Mises und Hayek vgl. Vanberg (1975), S. 85–101.

1279 Vgl. Hayek (1988).

umstritten ist –[1280] die mikroökonomische Fundierung gelungen und er kann des Anthropomorphismus, wie er die Problematik selbst nennt, kaum bezichtigt werden. Er selbst beschäftigt sich schon in seiner Habilitationsschrift mit der Problematik und kritisiert Mises gerade dafür, dass dieser bei seiner konjunkturtheoretischen Analyse möglicherweise zu sehr das Aggregat des allgemeinen Preisniveaus und zu wenig die einzelnen Preise im Blick hat, wie in Abschnitt 6.5 dargelegt wird.[1281] Insgesamt kann festgehalten werden, dass die beiden österreichischen Ökonomen das Postulat des methodologischen Individualismus noch stringenter befolgen als es Eucken und Röpke tun.

Für Liberale, die stets die Freiheit des Einzelnen an zentraler Stelle thematisieren, ist eine solche Positionierung nicht verwunderlich. Sowohl Mises als auch Hayek gehen offen mit ihrem normativen Bekenntnis zum Liberalismus klassischer Provenienz um. Zwar sind es, wie in Abschnitt 6.4.2 erörtert wird, unterschiedliche klassisch liberale Autoren, zu deren Leitbildern sich Mises und Hayek hingezogen fühlen und aus denen sie jeweils Inspiration schöpfen. Gemeinsam ist allerdings beiden – trotz einer unterschiedlichen, ebenfalls in Abschnitt 6.4.2. erörterten Begründung – ein Primat der Freiheit als oberster Grundwert in ihren Systemen. Wirtschaftliche Freiheit ist für beide Ökonomen eine unverzichtbare Komponente der allgemeinen individuellen Freiheit.[1282] Aus dieser Vorstellung ergibt sich auch die Schlussfolgerung, dass die zugehörige Gesellschaftsordnung nicht als liberal angesehen werden kann, wenn die Wirtschaftsordnung nicht freiheitlich, d. h. nicht marktwirtschaftlich organisiert ist. Die individuelle Freiheit ist also unteilbar, sodass ihre einzelnen Facetten – besonders die wirtschaftliche und die politische Freiheit – nur simultan realisiert werden können, damit eine Ordnung als freiheitlich bezeichnet werden kann.[1283]

Des Weiteren erkennen beide den Wert der Gerechtigkeit als erstrebenswert an, wobei er besonders in Hayeks Spätwerk eine zentrale Stellung einnimmt.[1284] Gerechtigkeit kann für beide (in der klassisch-liberalen Tradition) allerdings „nur" dahingehend gewährleistet werden, als dass Gleichheit vor dem Gesetz durch den Staat zu garantieren ist. Sobald diese rechtsstaatliche Forderung erfüllt ist, sind die Wirtschafts- und Gesellschaftsordnung und die Ergebnisse ihrer Prozesse im Sinne der kommutativen Gerechtigkeit als gerecht anzusehen. Die distributive Gerechtigkeit, die im Mittelpunkt wohlfahrtsstaatlichen Denkens steht, ist für Mises und Hayek

---

1280 Für die Problematik der Zusammenarbeit zwischen dem sehr betagten Hayek und dem Co-Autor der *Fatal Conceit* William Bartley vgl. Ebenstein (2003), S. 211–232 sowie Caldwell (2004), S. 316–319. Für eine sehr detaillierte, allerdings nicht immer glaubwürdig erscheinende Darstellung der jahrelangen Mitarbeit Bartleys aus der Sicht von Hayeks Freiburger Sekretärin vgl. Cubitt (2006), S. 118–320.
1281 Vgl. Hayek (1929/1976), S. 16 und S. 61–63.
1282 Vgl. Mises (1949/2007), S. 283–285 sowie Hayek (1960/1978), S. 16–21.
1283 Für die gegenteilige These der Vereinbarkeit von ökonomischem Kollektivismus mit individueller Freiheit in der Auseinandersetzung mit Hayeks Positionen vgl. Dickinson (1940), S. 435–437.
1284 Vgl. Hayek (1976/1978b).

gleichermaßen eine Kategorie, die nicht generalisierbar ist und damit als objektives Kriterium für die Güte gesellschaftlicher Institutionen ausscheidet.[1285]

Als letzte, aber keinesfalls unbedeutende Gemeinsamkeit kann die Akzeptanz der „Macht der Ideen" genannt werden, die sowohl bei Mises als auch bei Hayek eine wesentliche Rolle spielt: Beide vertreten die idealistische Grundposition, dass nicht die Materie, sondern primär Ideen die Entwicklung vorantreiben, sodass sich aufgrund des ständigen Wettbewerbs der Ideen ein offenes, nicht prädeterminiertes Geschichtsverständnis ergibt.[1286] Die zweifache Bedeutung dieses Konzepts kann zum einen theoretisch und zum anderen praktisch-soziologisch ausgemacht werden. In Bezug auf ihre theoretische Ausrichtung fällt bei beiden die Abwendung von der „reinen" ökonomischen Analyse und die zunehmende Verschiebung des Forschungsprogramms hin zur Sozialphilosophie auf. Dies kann als Ausdruck für die Position gewertet werden, dass die Probleme ihrer Zeit einen breiteren Forschungskontext benötigen, als es die Beschäftigung mit der Konjunkturtheorie oder allgemein mit „technical economics" erlaubt.[1287] Praktisch-soziologisch hat diese Annahme die Konsequenz für beide Lebenswege, dass neben dem Theoretiker immer auch der politische Ökonom existiert, der aktiv für seine Ideen streitet und kämpft. In diesem Zusammenhang sind die Gründung der *Mont Pèlerin Society*,[1288] das Engagement bei der Etablierung zahlreicher liberaler „think tanks", aber auch die aktive Rolle Hayeks in den frühen Jahren der Regierungszeit von Margaret Thatcher zu sehen.[1289] Dies wird von Gegnern des Neoliberalismus häufig zum Anlass für scharfe Kritik an der Entstehung einer „neoliberalen Hegemonie" verwendet.[1290]

Aus dem Primat der Freiheit und den oben erörterten Eigenschaften der Katallaxie ergibt sich zusammenfassend ein Staatsverständnis, das zumindest im Abstrakten – die unterschiedlichen konkreten Grenzziehungen werden in Abschnitt 6.4.2 analysiert – bei Mises und Hayek durchaus ähnlich ist. Der Staat darf im komplexen und dynamischen katallaktischen Spiel des Marktes nicht zusammen mit den Privaten „mitspielen". Stattdessen soll er außerhalb des Spielfeldes stehen und als unparteiischer Schiedsrichter fungieren. Wie diese Rolle konkret auszufüllen ist und welche konkreten Aufgaben damit einhergehen, darin sind sich Mises und Hayek

---

1285 Für Mises' Position, dass Gerechtigkeitsüberlegungen im wissenschaftlichen Diskurs nicht angestellt und geäußert werden dürfen, weil sie der Weber'schen Forderungen nach Werturteilsfreiheit nicht entsprechen, vgl. Mises (1928), S. 31.
1286 Vgl. Mises (1949/2007), S. 177–193 sowie Hayek (1973/1983), S. 69–71.
1287 Vgl. Hayek (1960/1978), S. 3–4.
1288 Für die unterschiedlich gelagerten Intentionen im Zuge der Gründung vgl. Mises (1946/2009) sowie Hayek (1947/1992).
1289 Für Mises' Verständnis der Rolle von „think tanks" im Wettbewerb der Ideen vgl. Mises (1979/2010), S. 74–75. Für Hayeks Rolle als informeller Berater für Margaret Thatcher vgl. Hennecke (2000), S. 325–334. Für die Beziehung der *Mont Pèlerin Society* zur Thatcher-Regierung vgl. Plickert (2008), S. 390–415. Für eine eigene Stellungnahme Hayeks in einem Leserbrief an die *TIMES* vgl. Hayek (1982).
1290 Vgl. bspw. Walpen (2004), Ötsch (2007) sowie Mirowski/Plehwe (2009).

allerdings nicht einig, weil sie ein unterschiedliches Verständnis von der Notwendigkeit eines Ordnungsrahmens für die Ökonomie vertreten. Dieser Wesenszug stellt bei der Untersuchung der Ordnungstheorien und der politischen Ökonomien beider Denker eine der wichtigsten und folgenschwersten Divergenzen dar, sodass er im folgenden Abschnitt an erster Stelle behandelt wird.

6.4.2 Unterschiede

Das am Ende von Abschnitt 6.4.1 verwendete Bild des Schiedsrichters ist eine der zentralen Figuren für diese Studie, weil es am besten zu beschreiben vermag, worin neoliberale Autoren die Kernaufgabe des Staates sehen. Zumindest für den Ordoliberalismus, zu dem Hayek hier besonders in seiner zweiten Schaffensphase zugeordnet wird, ist dies die zutreffendste Beschreibung des Verhältnisses zwischen Markt und Staat.[1291] Um sich das Bild allerdings vollständig zu eigen zu machen, muss ein Ordnungstheoretiker eine wichtige Prämisse teilen: Er muss die Position vertreten, dass die Regeln des Spiels durch den Schiedsrichter gesetzt werden können, ohne dass damit die den Privaten freigestellten Spielzüge determiniert sind: Es handelt sich also um die Annahme einer Dichotomie zwischen Spielregeln und Spielzügen. Für Eucken und Röpke ist diese Trennbarkeit gegeben und bildet, auch wenn sie die Metapher relativ selten selbst verwenden, den Kern ihrer Theorie der Wirtschaftspolitik in der Unterscheidung zwischen Wirtschaftsordnung (Spielregeln) und Wirtschaftsprozess (Spielzügen).

Bezüglich Mises und Hayek macht dieser Punkt einen der wichtigsten Aspekte im Vergleich ihrer Theorien aus.[1292] Auf der einen Seite steht Mises, der sich weigert, den Ordoliberalismus als eine freiheitliche ökonomische Schule zu akzeptieren, stattdessen erklärt er ihn für eine neue deutsche Spielart des Interventionismus („Ordo-Interventionismus")[1293] – und auf der anderen Seite Hayek, der dieser Bewertung diametral entgegensteht.[1294] Der Ausgangspunkt des Unterschiedes kann in der

---

1291 Für die Mises'sche Ablehnung des Begriffs „impartial arbiter" als Leitbild für den liberalen Staat vgl. Mises (1950/2008), S. 42.

1292 Für eine Gegenüberstellung von Hayek und Mises entlang der Kategorien „constitutional liberalism" (Hayek und die Freiburger Schule) versus „free-market liberalism" (Mises), die in wichtigen Aspekten parallel zur Interpretation dieser Studie verläuft, vgl. Vanberg (1998/1999), S. 219–228.

1293 Für diese in privater Korrespondenz verwendete Begrifflichkeit vgl. Hülsmann (2007), S. 880. Für die häufig von Missverständnissen geprägten, jahrzehntelangen Debatten zwischen Mises und den von ihm als „Ordo-Interventionisten" bezeichneten Ordoliberalen vgl. Kolev (2016b).

1294 Aus der Warte seiner dritten Schaffensphase ist Hayek nicht frei von Kritik, wenn er die Mitglieder des „Ordo circle" und deren Liberalismus retrospektiv betrachtet, vgl. Hayek (1983a), S. 15 sowie Hayek (1983/1992), S. 190. Für seine gleichzeitige, durchweg positive Beurteilung der Bedeutung Euckens für den deutschen Liberalismus und der schwerwiegenden Konsequenz von dessen frühem Tod für die Freiburger Tradition vgl. Hayek (1983/1992), S. 189–192.

Beurteilung des Gedanken des Laissez-faire im klassischen Liberalismus des 19. Jahrhunderts gefunden werden. Für Mises ist dies ein Prinzip, das auch für das 20. Jahrhundert unverändert Gültigkeit besitzt, und es bildet, wie in Abschnitt 6.2.2 erläutert, den Kern seines Staatsverständnisses. Hayek hingegen kritisiert den Grundsatz des Laissez-faire schon in der in Abschnitt 6.3.2 diskutierten Vorläuferschrift zum *Road to Serfdom, Freedom and the Economic System*,[1295] die diesbezüglich als wegweisend für seine gesamte spätere Sozialphilosophie angesehen werden kann: Für ihn handelt es sich beim Laissez-faire um ein Dogma, das deshalb unbrauchbar ist, weil es nicht hinreichend präzise ist und damit für die praktische Wirtschaftspolitik nicht mehr als ein unscharfes Schlagwort darstellt.[1296] Eine wörtliche Übernahme führt zudem auf direktem Wege in die Anarchie.[1297]

Die angebliche Nähe zum Anarchismus ist einer der Punkte, der von den Kritikern der Österreichischen Schule (und allgemein des Neoliberalismus) am häufigsten verwendet wird, um die „nihilistische" Position dieser Gruppe von Ökonomen gegenüber dem Staat anzuprangern. Für bestimmte Protagonisten aus den neuesten Generationen der Austrian Economics in den USA mag der Einwand zutreffend sein. Allerdings erscheint dieser Vorwurf gegenüber Mises nicht gerechtfertigt. Er betont, wie in Abschnitt 6.2.2 geschildert, an zahlreichen Stellen seiner Schriften, dass Liberalismus und Anarchismus nichts gemein haben.[1298] Begründet wird dies mit der Möglichkeit der Zerstörung der Ordnung durch einzelne Mitglieder und der daraus entstehenden Notwendigkeit des Staates als Zwangsapparat, der das Gewaltmonopol auf sich vereinigt.[1299] Dieser Staat soll nach Mises, wie bereits kurz angerissen, die alleinige Zielsetzung haben, „Leben, Eigentum, Freiheit und Frieden" nach innen und außen zu sichern. Die Normen der Rechtsordnung sollen den Staat auf diesen Tätigkeitsbereich beschränken und ihn auf diese Weise zum klassisch-liberalen Rechtsstaat machen.[1300]

Die Ordoliberalen und mit ihnen auch Hayek in den späten 1930er- und 1940er-Jahren üben daran eine zweifache Kritik. Zum einen sieht etwa Eucken die Wirtschafts- und die Rechtsordnung als unterschiedliche Institutionen, während für Mises *alle* Regeln unter dem Begriff der Rechtsordnung zu subsumieren sind.[1301] Dies bedeutet, dass in ordoliberaler Sichtweise die Festlegung einer Rechtsordnung nicht automatisch eine kohärente Wirtschaftsordnung nach sich ziehen muss. Es ist nach Eucken

---

1295 Für eine noch frühere (allerdings weitgehend skizzenhafte) Auseinandersetzung mit den Unzulänglichkeiten des Laissez-faire-Begriffs vgl. Hayek (1933a), S. 134.
1296 Vgl. Hayek (1939), S. 11–12. Für eine damit verwandte Kritik am Laissez-faire vgl. Lippmann (1937/1944), S. 184–192.
1297 Vgl. Hayek (1944/1994), S. 21–23 und S. 89.
1298 Vgl. Mises (1922/2007), S. 31–32, Mises (1927/2000), S. 32–33, Mises (1949/2007), S. 148–150 sowie Mises (1962/2006), S. 88–89.
1299 Vgl. Mises (1978a), S. 68.
1300 Vgl. Mises (1922/2007), S. 31–32.
1301 Vgl. Mises (1978a), S. 69–70.

deshalb notwendig, die *spezifischen* Grundsätze herauszuarbeiten, die eine adäquate Wirtschaftsordnung im Sinne der Wettbewerbsordnung erst zulassen – es sind somit ganz besondere Prinzipien der Rechtsordnung, innerhalb derer sich eine solche Wirtschaftsordnung entfalten kann. Diese Präzisierungen ergeben sich nicht automatisch aus der Dogmatik der juristischen Grundsätze, sondern müssen von Ökonomen und Juristen gemeinsam entdeckt werden. Hayeks Kritik am Laissez-faire sowie das „Hayek II"-Plädoyer für eine Wettbewerbsordnung sind zwar damit verwandt, haben aber eine anders akzentuierte Stoßrichtung. Demnach ist die Philosophie des Laissez-faire lediglich eine Faustregel, die an sich wenig aussagt: Wenn sie nicht Anarchie bedeuten soll, ist nicht klar, wie sie vom Wirtschaftspolitiker zu interpretieren ist – und besonders wie die Grundsätze einer positiven Wirtschaftspolitik präzise und operational auszuformulieren sind.[1302]

Diese Hayek'sche Kritik kann implizit auch auf Mises bezogen werden: Wenn Letzterer dafür plädiert, dass der Staat *lediglich* „die Freiheit", „das Eigentum" etc. schützen soll, so ist dies eine einerseits so umfassende und andererseits so allgemeine Forderung, dass bei fehlender Konkretisierung darunter extrem viele Politikmaßnahmen subsumiert werden können. Es sind verschiedenste Regeln der Rechtsordnung denkbar, die ein solches Plädoyer umsetzen können – je nachdem wie die Begriffe „Freiheit" oder „Eigentum" definiert und interpretiert werden. Da diese potenziellen Regeln auch konfligierend sein können, ist es bei unzureichender Präzisierung seitens des Ökonomen für den Juristen schwierig zu entscheiden, welche Regel „die Freiheit schützt" und überhaupt wie die Beziehungen zwischen möglichen Regeln und komplexen Kategorien wie etwa der Freiheit zu operationalisieren sind. Aufgrund dieser Schwäche können sich innerhalb der theoretisch verschiedenen Rechtsordnungen auch Wirtschaftsordnungen ergeben, die letztlich eher dem Interventionismus zuzurechnen sind und damit Mises' Vorstellungen von der kapitalistischen Ordnung zuwiderlaufen.

Zusammenfassend kann also für diesen Punkt festgehalten werden, dass Mises – trotz vager Formulierungen wie etwa „daß jede Form menschlichen Zusammenwirkens in der arbeitsteiligen Gesellschaft die Befolgung irgendwelcher Regeln verlangt" –[1303] Regeln immer als organisationale, bürokratische Regeln (im Sinne von *thesis*) versteht, die deshalb absolut unvereinbar mit dem „Geist kapitalistischen Erwerbsinns" sind,[1304] sodass sie und der etwaige Ordnungsrahmen als interventionistische Freiheitsberaubung zu sehen sind. Im Gegensatz dazu formuliert Hayek die in Abschnitt 6.3.2 erörterten Kriterien, wie Regeln (im Sinne von *nomos*) beschaffen sein müssen, damit die gewünschte freiheitliche Wirtschaftsordnung nicht als hierarchische Organisation, sondern als Handelnsordnung – oder synonym

---

1302 Vgl. Hayek (1944/1994), S. 21 und S. 41.
1303 Mises (1927/2000), S. 32.
1304 Vgl. Mises (1944/2004), S. 75 und S. 79.

als spontane Ordnung – entstehen kann.[1305] Zwar bedeutet der Hayek'sche Wandel „vom Ordoliberalen zum Evolutoriker" eine neue Skepsis gegenüber dem Staat bei dessen Fähigkeit der Erkenntnis eines „guten" Ordnungsrahmens, was allerdings nicht als Annäherung an Mises zu sehen ist. Denn für Hayek nimmt der Fokus auf die Bedeutung der Regeln für die spontane Ordnung gerade in seiner evolutorischen Phase eine zentrale Rolle ein. Nicht nur der Schiedsrichter, sondern auch der Gärtner ist, viel mehr als der Nachtwächter, ein auf Regeln angewiesener und auf die Evolution der Regeln bedachter Akteur.

Somit ist deutlich geworden, dass die Grundbegriffe einer Sozialphilosophie wie etwa Freiheit einer hinreichenden Präzisierung bedürfen, um in der Ausarbeitung eines konkreten Vorschlags für die Rechts- oder Wirtschaftsordnung operational zu werden. Außerdem ist es selbstverständlich von besonderer Relevanz, auf welche Weise solche zentralen ordnungstheoretischen Pfeiler der jeweiligen Sozialphilosophie begründet werden. Mises und Hayek bekennen sich beide zum Primat der Freiheit, allerdings fallen ihre methodischen Vorgehen und ihre Begründungen dafür sehr unterschiedlich aus. Für Mises, der stets versucht, jegliche Normativität in seinen Schriften zu vermeiden, um seinem Verständnis des Werturteilsfreiheitspostulat Max Webers gerecht zu werden, wird Freiheit aus ihrer Nützlichkeit heraus begründet. Sie ist für ihn deshalb wichtig, weil sich nur bei ihrer Anwesenheit die Arbeitsteilung der katallaktischen Akteure ausbreiten und so Wohlstand entstehen kann. Den häufigen Materialismus-Vorwurf, der gegen einen so verstandenen Liberalismus gerichtet wird, weist er explizit zurück.[1306] Diese Freiheitsbegründung harmoniert dabei hervorragend mit dem Topos, da Freiheit von Zwang die elementare Voraussetzung dafür ist, dass sich die Handlungsautonomie der Individuen entfalten kann. Hayek teilt die im Sinne Isaiah Berlins negative Auffassung der Freiheit („Freiheit von")[1307] und scheut nicht die ausführliche Auseinandersetzung mit der eigenen Normativität.[1308] Für ihn ist zwar – vom Topos ausgehend – die freie Gesellschaft diejenige, die die bestmögliche Nutzung der Wissensteilung ermöglicht. Eine solche instrumentelle Begründung ist aber, wie später deutlich wird, sein Weg der Rechtfertigung einzelner Institutionen wie etwa des Wettbewerbs, nicht aber der Freiheit – Freiheit ist für ihn ein absoluter Wert, der als Fixpunkt am Beginn seiner Sozialphilosophie steht. Eine solche Normativität ist für ihn, wie übrigens auch für die Ordoliberalen Eucken und Röpke, schlicht unverzichtbar.[1309]

1305 Für die Begriffe Rechts- und Handelnsordnung und ihre Beziehung vgl. Hayek (1967/1969). Für Hayeks Kritik am wirtschaftspolitischen Kriterium der Zweckmäßigkeit („expediency"), das er als inkompatibel mit der von ihm favorisierten regelbasierten Wirtschaftspolitik einstuft, vgl. Hayek (1960/1978), S. 68 sowie Hayek (1973/1983), S. 56–59.
1306 Vgl. Mises (1927/2000), S. 3–5.
1307 Vgl. Hayek (1960/1978), S. 19.
1308 Für kritische Analysen zum Hayek'schen Freiheitsbegriff in der *Constitution of Liberty* vgl. Viner (1961), S. 230–232 sowie Rothbard (1980), S. 43–49.
1309 Vgl. Hayek (1960/1978), S. 11–21.

Dieser Unterschied in den Begründungen der Freiheit hat seine Wurzeln in der unterschiedlichen geistesgeschichtlichen Fundierung der jeweiligen Philosophie. Mises sieht sich in seinen Schriften in der Tradition des Utilitarismus des 19. Jahrhunderts, allen voran von Jeremy Bentham.[1310] Gesellschaftliche Institutionen sind demnach nur aus der Sicht ihrer (individuellen) Nützlichkeit zu bewerten. Als eng damit verwandt ist Mises' starke Präferenz für den Rationalismus zu sehen.[1311] Denn nur wenn man auf die ausgeprägte Vernunft und die kognitiven Fähigkeiten der Individuen vertraut, kann man sich darauf verlassen, dass ihre Beurteilungen der Nützlichkeit einzelner Handlungen und einzelner Institutionen einem rationalen Kalkül folgen. Der Topos der Handlungsautonomie harmoniert inhaltlich mit einem solchen Vertrauen. Hayek kritisiert den Mises'schen Ansatz eines Denkens in Ziel-Mittel-Beziehungen[1312] als „rationalist-utilitarian" grenzt sich davon ab.[1313] Er verortet sich in der Tradition der Schottischen Aufklärung, also von Autoren wie Adam Ferguson, David Hume und Adam Smith.[1314] Das damit harmonierende Verständnis von Institutionen wird als „rule-utilitarian" bezeichnet, womit gemeint ist, dass Hayek zwar nicht für einen kalkulierenden Fall-zu-Fall-Utilitarismus einzelner menschlicher Handlungen steht, dass er aber bei der Beurteilung der Vorteilhaftigkeit von Regeln im Laufe der kulturellen Evolution den Nutzen der Regeln für die Gruppe als Kriterium verwendet.[1315] Sein Menschenbild führt demnach auch zu einer anderen Art von Rationalität: Menschen sind bei Hayek oft (in heutiger Sprache) „nur" beschränkt rational, was auch daran liegt, dass sie nur über eine Teilmenge des Wissens verfügen, das für ein perfektes Fall-zu-Fall-Kalkül erforderlich wäre, und auch nur diese Teilmenge des Wissens verarbeiten können. Auch hier zeigt sich die Relevanz des Topos. Dementsprechend orientieren sich die Hayek'schen Akteure stark an den sich als vorteilhaft erwiesenen Regeln, die sie umgeben und die, wie oben erwähnt, als Speicher von Wissen zur Lösung von Koordinationsproblemen solcher Individuen unverzichtbar sind. Somit folgen für den „späten" Hayek der 1970er- und 1980er-Jahre die gesellschaftlichen Institutionen, welche die Prozesse von Wirtschaft und Gesellschaft als Ordnungsrahmen umgeben, nicht einem rationalen Kalkül der beteiligten Akteure, sondern bilden sich spontan, ohne bewussten menschlichen Entwurf. Spätestens hier ist die Kollision mit dem Utilitarismus in der Tradition Benthams nicht zu übersehen, und so kann Hayek den folgenden Mises'schen Sätzen

---

1310 Vgl. Mises (1922/2007), S. 368–370 sowie Mises (1949/2007), S. 833–835.
1311 Vgl. Mises (1927/2000), S. 5–6 sowie Mises (1949/2007), S. 72–74 und S. 89–91.
1312 Vgl. Mises (1949/2007), S. 92–98.
1313 Vgl. Hayek (1994), S. 72–73. Für die Einordnung, dass Bentham eher unter dem Einfluss der Französischen als der Schottischen Aufklärung steht, vgl. Hayek (1945/1948), S. 11 und S. 28, Hayek (1960/1978), S. 55–56 sowie Hayek (1994), S. 139–140. Für kritische Beurteilungen dieser Hayek'schen Einordnung der Utilitarier vgl. Harrod (1946), S. 437–438 sowie Robbins (1961), S. 71–77.
1314 Vgl. Hayek (1945/1948), S. 6–13 sowie Hayek (1960/1978), S. 56–57.
1315 Vgl. Yeager (1985), S. 71–78.

wohl nur eingeschränkt zustimmen, die leicht auch als „rationalist-utilitarian" interpretierbar sind:

> Society is the outcome of conscious and purposeful behavior.[1316]

oder:

> Society is an outcome of human action, i. e., of a conscious aiming at the attainment of aims.[1317]

und ebenso wenig folgender Behauptung:

> Law and legality, the moral code and social institutions are no longer revered as unfathomable decrees of Heaven. They are of human origin, and the only yardstick that must be applied to them is that of expediency with regard to human welfare.[1318]

Die darin zum Ausdruck kommende Mises'sche Rationalität in Ziel-Mittel-Beziehungen weist in der Interpretation dieser Studie in ihrer Grundstruktur bedeutende Gemeinsamkeiten mit der neoklassischen Vorstellung von Rationalität auf, was auch von Mises nicht immer verneint wird.[1319] Diese These wirft zusätzlich die Frage nach ihrer Formalisierbarkeit des Mises'schen „acting man" auf.[1320] Auch die Hayek'sche regelbasierte Rationalität steht in einem besonders engen Zusammenhang mit den hier analysierten Topoi der beiden Autoren. Mises' „acting man" kann aufgrund der fehlenden Beschränkung seiner Wissensverarbeitungsfähigkeit auf die Leitung durch Regeln verzichten, während das Hayek'sche Individuum Regeln konstitutiv benötigt, um rationale Entscheidungen überhaupt treffen zu können.[1321] Demnach lautet die Schlussfolgerung, dass Hayeks Menschenbild kognitiv „sparsamer" und damit „regelbedürftiger" ist als der kognitiv überaus starke „acting man" Mises'.

Ein weiterer bedeutender Unterschied, der auch mit der im vorigen Absatz erläuterten geistesgeschichtlichen Verortung zusammenhängt, liegt in den Methoden, mit denen beide Denker ihre jeweilige politische Ökonomie und Sozialphilosophie

---

1316 Mises (1949/2007), S. 143.
1317 Mises (1949/2007), S. 145.
1318 Mises (1949/2007), S. 147.
1319 In einer frühen Formulierung der Praxeologie unterstreicht Mises selbst, dass er viele Gemeinsamkeiten in der „modernen subjektivistischen Nationalökonomie" zwischen seinem Verständnis der Österreichischen Schule einerseits sowie der angelsächsischen ökonomischen Tradition und der Lausanner Schule andererseits sieht, vgl. Mises (1933), S. 199. Im Zuge der Ausdifferenzierung der Praxeologie distanziert er sich von dieser Position und lehnt nunmehr die Mathematik in der ökonomischen Analyse resolut ab, vgl. Mises (1949/2007), S. 250.
1320 Für die These, dass Mises und seine Nachfolger die Unterschiede zur axiomatischen Mikroökonomik überbetonen, vgl. Caplan (1999).
1321 Für eine Analyse des „rule-following behaviour" im Vergleich zum neoklassischen Rational-Choice-Paradigma vgl. Vanberg (1994a), S. 13–19. Für Hayeks regelbasierte Rationalität vgl. Vanberg (1994a), S. 111–116 sowie Sprich (2008), S. 97–98 und S. 160–164.

aufbauen. Wie in Abschnitt 6.2.1 erwähnt, entwickelt Mises im Laufe seines Schaffens ein besonderes methodisches Vorgehen, das der heute gängigen, an Karl Poppers Falsifikationismus angelehnten Herangehensweise in den Sozialwissenschaften diametral entgegensteht.[1322] Es handelt sich bei der Praxeologie um die Vorstellung, dass menschliches Verhalten aus wenigen a priori richtigen Axiomen deduktiv ableitbar ist. Damit benötigt eine ökonomische Theorie nicht nur keine empirische Überprüfung: Ein solcher Falsifikationsversuch ist für Mises schlicht unmöglich, weil zu viele zusammenhängende Faktoren auf die empirischen Daten einwirken und damit die einzelnen Einflüsse nicht isoliert werden können. Wie bereits in Abschnitt 6.2.1 argumentiert, ergänzt diese Methode sehr gut den Topos der Handlungsautonomie des Individuums. Allerdings kann kritisch angemerkt werden, dass die attraktiven Ergebnisse der Mises'schen Theorie – etwa dass Märkte immer geräumt werden oder dass Produktionsfaktoren ohne Rigiditäten zwischen Sektoren wandern können und deshalb im ungestörten Markt immer Vollbeschäftigung herrschen muss – möglicherweise eng mit den Prämissen zusammenhängen, die die Praxeologie für das Verhalten der handlungsautonomen Individuen postuliert. Hayek akzeptiert – zumindest seit seinem Aufsatz *Economics and Knowledge* – die praxeologische Herangehensweise nur eingeschränkt.[1323] In Bezug auf das individuelle Verhalten hält er es für möglich, rein deduktiv vorzugehen und abstrakt aus Axiomen auf das Verhalten des Einzelnen zu schließen.[1324] In Bezug auf *inter*personelle Phänomene sieht er dieses Vorgehen jedoch als nicht mehr zulässig an. In einem solchen interpersonellen Kontext, der für den Markt geradezu charakteristisch ist, vermengt sich das unvollständige, verteilte und möglicherweise fehlerhafte Wissen der Individuen in ihren Interaktionen, sodass es nicht möglich ist, die Ergebnisse a priori vorherzusagen.[1325] Stattdessen stellen sich empirische Fragen, da sich einzelne individuelle Effekte in der Interaktion – besonders die subjektiven und oft fehlerhaften Interpretationen und Antizipationen des Wissensstandes der anderen –[1326] überlagern können und somit ex ante Erwartungen aneinander gebildet werden, die sich unter Umständen ex post immer wieder als falsch erweisen, wodurch systematische Koordinationsprobleme entstehen können.[1327] Für solche Phänomene entwickelt Hayek das Instrument der Mustervorhersage („pattern prediction"),[1328] das keinesfalls die Exaktheit haben kann, welche Mises für das mittels praxeologischer Deduktionen ermittelbare Verhalten seines „acting man"

1322 Für eine Gegenüberstellung beider Ansätze vgl. Caldwell (1982/1984), S. 119–135.

1323 Für die These, dass Hayek vor allem in seinen frühen konjunkturtheoretischen Schriften einen methodologischen Weg geht, der eng mit der Mises'schen Praxeologie verwandt ist, vgl. Van den Hauwe (2007), S. 22–28.

1324 Vgl. Hayek (1936/1937), S. 35 und S. 46–47.

1325 Vgl. Hayek (1936/1937), S. 35–37.

1326 Vgl. Festré (2003), S. 17–18.

1327 Vgl. Hayek (1994), S. 72.

1328 Vgl. Hayek (1973/1983), S. 35–38 und S. 103–105.

vorschwebt. Insgesamt nähert sich Hayek – vermittelt durch den Hinweis Gottfried von Haberlers auf die 1935 in Wien erschienene *Logik der Forschung* –[1329] methodisch zunehmend Karl Popper an,[1330] den er schon ein Jahr später zu Beginn von *Economics and Knowledge* zitiert und von dem er später sagt:

> Popper has had his own interesting developments, but on the whole I agree with him more than with anybody else on philosophical matters.[1331]

Die durchaus divergierende Positionierung Mises' und Hayeks setzt sich fort, wenn man einzelne inhaltliche Bausteine ihrer Ordnungstheorien vergleichend untersucht. Es sollen hier drei davon, stellvertretend für andere, analysiert werden: die jeweilige Sozialismus-Kritik, die Beurteilung des Wettbewerbs und die Demokratieauffassung.

Zur Rolle Mises' und Hayeks in den „socialist calculation debates" besteht eine ausgesprochen umfangreiche Sekundärliteratur, die an dieser Stelle keinesfalls umfassend ausgewertet werden kann.[1332] Stattdessen soll hier die jeweilige Begründung der Unmöglichkeit des Sozialismus skizziert und komparativ analysiert werden. Mises eröffnet bekanntlich die Debatte der 1920er-Jahre über die Durchführbarkeit des Sozialismus mit seinem wohl bekanntesten Aufsatz, der aus einem Vortrag bei der Wiener Nationalökonomischen Gesellschaft entsteht.[1333] In diesem formuliert er bereits sein Kernargument, das er in der 1922 erschienenen *Gemeinwirtschaft* weiter ausformuliert und verfeinert.[1334] Für Mises ist die Fähigkeit, Kapitalgüter zu bewerten, eine unverzichtbare Bedingung für das Bestehen ökonomischer Rationalität. Da sie im Sozialismus nicht erfüllt ist, ist der Sozialismus als Wirtschaftsordnung allein aus diesem Grund zum Chaos und Untergang verurteilt.[1335] In zahlreichen Schriften bezeichnet er im Umkehrschluss die Fähigkeit der Unternehmer im Kapitalismus, sich der Wirtschaftsrechnung zu bedienen, als den Hauptgrund für die rationale Verwendung von

---

1329 Vgl. Hayek (1994), S. 50.

1330 Für die vielschichtige Beziehung zu Popper und ihre bemerkenswerte Evolution vgl. Nordmann (2005).

1331 Hayek (1994), S. 51. Für die Beziehung zwischen Hayek und dem Popper'schen Falsifikationismus vgl. Caldwell (2004), S. 304–305. Für das biografische Verhältnis zu Popper vgl. Hennecke (2000), S. 128–130 sowie Ebenstein (2003), S. 177–185.

1332 Für gelungene Zusammenfassungen der Debatten in den 1920er- und 1930er-Jahren vgl. Nenovsky (1999), S. 17–19 sowie Levy/Peart (2008), S. 685–689. Für eine Rekonstruktion des heutigen Diskurses in diesem Zusammenhang vgl. Levy/Peart/Farrant (2005). Eine besonders umfassende Zusammenstellung von Primär- und Sekundärliteratur zu den Debatten findet sich in der neunbändigen Herausgeberschaft von Peter J. Boettke, vgl. Boettke (2000).

1333 Vgl. Mises (1920).

1334 Vgl. Mises (1922/2007).

1335 Für eine kritische Rezension der englischen Übersetzung der *Gemeinwirtschaft* von 1936, bei der die Mises'sche Argumentation zwar grundsätzlich inhaltlich, nicht aber methodisch und stilistisch geteilt wird und außerdem bestimmte Wandlungen bei Mises im Hinblick auf neuere Argumente in der Debatte festgestellt werden, vgl. Knight (1938).

Produktionsfaktoren.[1336] Die Macht des Verbrauchers – die als einzige Machtposition im Mises'schen Marktprozess besteht – zwingt die rechnenden Unternehmer dazu, die über den Preismechanismus vermittelten Wünsche des Konsumenten bestmöglich umzusetzen.[1337] Damit ist die Handlungsautonomie – wie im Topos verankert – erst in Kombination mit der Fähigkeit zum Rechnen eine Institution, die Interaktionen fehlerfrei ablaufen lässt. Auch wenn der Sozialismus als diktaturloses System ausgestaltet wird, in dem die Individuen sich formal frei betätigen können, sind diese in Mises' Analyse nicht dazu imstande, eine rationale Arbeitsteilung zu erlangen: Einem solchen System mangelt es am Privateigentum an den Produktionsmitteln (d. h. an den Kapitalgütern), was Letztere nicht marktfähig und damit nicht bewertbar macht, sodass das gesamte System zur ständigen Ineffizienz verurteilt ist.[1338] Hayeks Argument ist ein anderes, wobei gerade diese Differenz in der Sekundärliteratur teilweise exzessiv dazu verwendet wird, Mises und Hayek zu „enthomogenisieren".[1339] Das erscheint im Vergleich zum Ansatz der vorliegenden Studie als verkürzt. Denn mithilfe der Topoi kann gezeigt werden, dass zwar ein Unterschied in der Sozialismus-Kritik besteht, dass dieser aber keinesfalls den zentralen Angelpunkt darstellt, an dem die tatsächlich notwenige „Enthomogenisierung" beider Autoren angesetzt werden *muss*. Vielmehr ist er ein Punkt unter vielen, anhand derer die Differenzen entlang der Topoi rekonstruiert werden können. Hayek setzt in seinen Ausführungen zum Sozialismus genau an der Frage nach der Verwertbarkeit des Wissens an. Später sagt er in einem Interview, dass es gerade die der Sozialismus-Kritik gewidmete Herausgeberschaft aus dem Jahre 1935 ist, bei der er das erste Mal die essenzielle Bedeutung des individuellen Wissens erkennt, die er dann in *Economics and Knowledge* und *The Use of Knowledge in Society* ausformuliert und zum Mittelpunkt seiner Sozialphilosophie macht.[1340] Er sieht während dieser zweiten Auflage der „socialist calculation debates" im angelsächsischen Diskurs der 1930er- und 1940er-Jahre das fundamentale Problem einer sozialistischen Wirtschaft darin begründet, dass ihr Lenkungsmechanismus beim Durchsetzen eines zentralen Planungswillens sehr viel weniger individuelles Wissen verkörpert und verarbeitet, als es in der Marktwirtschaft möglich ist.[1341] Dies führt dazu, dass die Eigenschaften der individuellen Präferenzen und der Technologien einzelner Betriebe nicht voll in das Marktgeschehen einfließen

---

1336 Vgl. Mises (1922/2007), S. 99–100 sowie Mises (1949/2007), S. 229–231.
1337 Vgl. bspw. Mises (1944/2004), S. 37–46.
1338 Vgl. Mises (1922/2007), S. 97–99.
1339 Vgl. Salerno (1993) und die darauffolgende Diskussion in Yeager (1994) und Salerno (1994). Zwei Überbrückungsversuche finden sich in Stalebrink (2004) und Horwitz (2004). Für eine unsachliche und verbissene Hayek-Kritik, wieder mit dem Versuch einer Abgrenzung zum „the great and unsurpassed" Mises, diesmal aber entlang mehrerer Dimensionen, vgl. Hoppe (1994), obiges Zitat auf S. 93.
1340 Interview geführt von James M. Buchanan aus dem Jahre 1978, zitiert nach Ebenstein (2003), S. 95–96.
1341 Vgl. Hayek (1940), S. 139.

können. Erschwerend kommt hinzu, dass diese Eigenschaften – wie auch bei der Mises'schen Analyse – einem ständigen Wandel ausgesetzt sind, besonders durch die permanent stattfindenden Innovationen: Die Innovationen lassen die Planungskomplexität für die zentrale Planstelle noch einmal qualitativ steigen, was entweder zu Chaos oder zur systematischen Unterdrückung von Innovationen durch die zentrale Planstelle führen muss, damit die Planung überhaupt handhabbar bleibt. Damit erweist sich die sozialistische Wirtschaft gegenüber der Marktwirtschaft sowohl im Statischen als auch vor allem im Dynamischen als unterlegen.[1342]

Nach dieser Gegenüberstellung der beiden Sozialismus-Kritiken soll zwei Aspekten Aufmerksamkeit geschenkt werden, die wiederum eng mit der kapitalistischen Ordnung verknüpft sind: den Auffassungen vom Wettbewerb und von der Demokratie. Der Wettbewerb ist für Mises und Hayek als dynamische Denker ein wichtiges Instrument beim Entwurf ihrer Idee der Marktwirtschaft als Katallaxie.[1343] Allerdings ist bereits hier eine relativierende Aussage zu treffen: Im Vergleich zu den beiden deutschen Ordoliberalen dieser Studie spielt der Wettbewerb bei den beiden österreichischen Ökonomen keine ähnlich entscheidende Rolle. In diesem Zusammenhang ist auch die Äußerung Mises' zu sehen, dass das wesentliche Kennzeichen des Kapitalismus nicht die Anzahl der sich im Wettbewerb befindenden Unternehmen, sondern die Frage nach dem Eigentum ihres Kapitals ist.[1344] Trotzdem ist der Wettbewerb für ihn dahingehend von Bedeutung, als er dafür sorgt, dass immer die besten Spieler auf der Unternehmensseite die Konsumenten befriedigen,[1345] da Unternehmen mit ungenügender Wettbewerbsfähigkeit aus dem Marktprozess ausscheiden.[1346] Die permanent drohende Konkursgefahr in dem Fall, dass die Verbraucherwünsche nicht ausreichend erfüllt werden, kann als Garantie für das Primat des Konsumenten und damit gewissermaßen auch als entmachtende Schranke für die Handlungsautonomie des einzelnen Unternehmens gesehen werden. Zwar trifft man auch bei Hayek seltener auf den Wettbewerbsbegriff als etwa bei Eucken, auch ist sein Wettbewerbsbegriff bereits in der „Hayek II"-Phase dynamischer konnotiert als etwa derjenige Euckens, was Hayek bereits 1946 im für sein späteres Werk wegweisenden Vortrag *The Meaning of Competition* deutlich macht.[1347] Im Zuge seiner späteren Theorie der spontanen Ordnung und der kulturellen Evolution wird Wettbewerb allerdings zunehmend wichtiger. Die Bedeutung, die er diesem Prozess beimisst, wird schon im Titel seines wohl am häufigsten zitierten Aufsatzes der *Freiburger Studien* deutlich: Der Wettbewerb

---

1342 Vgl. Hayek (1945), S. 525–528.
1343 Dieser Aspekt wird in Abschnitt 6.6.7 im Zusammenhang mit der Wettbewerbspolitik vertieft.
1344 Vgl. Mises (1929/1976), S. 4.
1345 Für diese zentrale Eigenschaft der Mises'schen Katallaxie, die in späteren Abschnitten dieser Studie im Zusammenhang mit der Frage nach der Macht in der Marktwirtschaft wieder aufgeworfen wird, vgl. Mises (1949/2007), S. 275–276.
1346 Vgl. Mises (1922/2007), S. 138 und S. 291.
1347 Vgl. Hayek (1946/1948).

ist für Hayek ein Entdeckungsverfahren.[1348] Dieses Verfahren soll dazu dienen, neues Wissen zu entdecken, bisher nicht geborgenes Wissen nutzbar zu machen und dieses neu entdeckte bzw. neu nutzbare Wissen in den Marktprozess einzuführen, wobei sich auch der Bezug zum Topos unmittelbar ergibt.

Die Analyse dieses Abschnitts soll mit einigen Anmerkungen zur unterschiedlichen Einschätzung der politischen Ordnung der Demokratie abgeschlossen werden. Sowohl Mises als auch Hayek sehen in der Demokratie grundsätzlich die Staatsform, die mit der Marktwirtschaft am besten harmoniert und mit dieser als am ehesten kompatibel ist.[1349] Allerdings wählen sie dafür – wieder einmal – eine unterschiedliche Begründung. Für Mises ist die Demokratie vor allem ein Mittel der Gewährleistung von Frieden, denn nur hier können sich die politischen Eliten ohne Gewalt ablösen.[1350] Da Gewaltlosigkeit (im Inneren wie im Äußeren) eine zentrale Voraussetzung für das Funktionieren der Marktwirtschaft und damit für die Vernetzung handlungsautonomer Individuen darstellt, kann für Mises der Wert der Demokratie nicht hoch genug eingeschätzt werden.[1351] Restriktionen, die dem demokratischen Mechanismus auferlegt werden, etwa durch ein Zweikammern-System, steht er skeptisch gegenüber, obwohl er die Ausdehnung der bürokratischen Tätigkeit und des bürokratischen Denkens als ernste Gefahren für die Zukunft der Demokratie sieht.[1352] Hayeks Einschätzung fällt deutlich durchwachsener aus. Es ist zunächst zu betonen, dass bei seiner Skepsis zwischen Prinzip und konkreter Ausgestaltung der Demokratie unterschieden werden muss.[1353] Seine kritische Einstellung bezieht sich auf den Realtyp der Demokratie in der westlichen Welt des 20. Jahrhunderts, den er als „Mißkonstruktion" bezeichnet – und nicht auf den Idealtyp des demokratischen Staatswesens, den er gerade durch seine „Rekonstruktion" in Form des Demarchie-Vorschlags vor Fehlentwicklungen retten will, wie er selbst kurz nach Erscheinen des dritten Bandes von *Law, Legislation and Liberty* betont.[1354] In diesem Band unterzieht Hayek den Realtyp vor allem deshalb einer Kritik, da er nicht automatisch davon ausgehen kann, dass durch ihn die politische Vision des klassisch-liberalen Staates verwirklicht wird. Den Hauptfehler macht er darin aus, dass grundsätzlich unterschiedliche Aufgaben einer einzigen Körperschaft – dem aus einer einzigen Kammer bestehenden Parlament – zugewiesen werden. Bei den Aufgaben handelt es sich auf der einen Seite um die

---

1348 Vgl. Hayek (1968/1969).
1349 Für die Kompatibilität von Demokratie und Liberalismus vgl. Mises (1949/2007), S. 149–150 sowie Mises (1983/2006), S. 25–31.
1350 Vgl. Mises (1922/2007), S. 48–49.
1351 Für seine Präferenz für eine „mittelbare", d. h. repräsentative Demokratie vgl. Mises (1922/2007), S. 50–51.
1352 Vgl. Mises (1944/2004), S. 89.
1353 Vgl. Vanberg (2006/2008) sowie Vanberg (2014).
1354 Vgl. Hayek (1979/1980), S. 40–41. Für eine Einbettung von Hayeks Vorstellungen zur Demarchie in den zeitgenössischen Demokratiediskurs vgl. Watrin (1979/1980), S. 22–29.

Findung von Regeln gerechten Verhaltens, auf der anderen Seite um konkrete gesetz-geberische Maßnahmen. Dies sind nach Hayek grundsätzlich unterschiedliche Arten von Politik: Erstere bezieht sich auf die allgemeinen, abstrakten und negativen Regeln der spontanen Ordnung (*nomos*), Letztere auf die stets zwischen Gruppen bzw. Hier-archien diskriminierenden, meist konkreten und häufig positiven Regeln der Organi-sation (*thesis*).[1355] Nur in den mit der spontanen Ordnung kompatiblen Regeln sieht er, wie in Abschnitt 6.3.2 erwähnt, Speicher akkumulierten Wissens, das sich im Verlauf der kulturellen Evolution herauskristallisiert. Wenn aber ihre Findung, die essenziell für den Wissensakkumulationsprozess der Gesellschaft ist, vermengt wird mit dem Erlassen von organisationalen Maßnahmen, droht der demokratische Mechanismus gerade als Entdeckungsverfahren für noch nicht geborgenes politisches Wissen für die erweiterte Ordnung der Großgesellschaft zu versagen und sogar zu einer Gefahr für diese Ordnung zu werden.[1356] Deshalb plädiert Hayek – im Gegensatz zu Mises – für ein Zweikammern-System, sodass die beiden, gerade hinsichtlich des Wissenspro-blems so unterschiedlichen Aufgaben auch zwei getrennten Körperschaften anver-traut werden, was erneut den Bezug zum Topos unmittelbar aufzeigt.

Damit sollte deutlich geworden sein, dass Mises und Hayek bei ihrem Verständ-nis der Beziehung zwischen Markt und Staat mehr als nur in Nuancen voneinander abweichen. Die Topoi zeigen sich als ausgesprochen sinnvoll, um diese signifikan-ten Unterschiede in der Positionierung, die in den verschiedenen Facetten der ersten analytischen Ebene festgestellt wurden, zu erläutern. Im Folgenden werden auf der zweiten Ebene der Analyse die vier ausgewählten Felder der Wirtschaftspolitik ebenfalls der Methode der Topoi-Analyse unterzogen. Dabei soll überprüft werden, ob die Verortung der beiden Ökonomen – wie bei der bisherigen Untersuchung des ordnungs*theoretischen* Staatsverständnisses – auch bei den konkreten ordnungs-*politischen* Vorschlägen zur Rolle des Staates in der Wirtschaftspolitik derart unter-schiedlich ausfällt. Parallel dazu wird versucht, die Evolution des jeweiligen Autors nachzuverfolgen und daraufhin zu überprüfen, ob zwischen den Positionierungen Konvergenz oder Divergenz festgestellt werden kann. Da im Œuvre von Mises und Hayek deutlich andere wirtschaftspolitische Schwerpunkte bestehen als bei Eucken und Röpke, wird dieser Tatsache im Weiteren durch die neu gewählte Reihenfolge der Politikfelder entsprochen.

1355 Für die These, dass Hayeks individualistische Sozialtheorie die Analyse von Organisationen und der für sie notwendigen *thesis*-artigen Regeln vernachlässigt, vgl. Vanberg (1982), S. 88–105 sowie Boettke (1996), S. 422–423.
1356 Vgl. Hayek (1979/1981), S. 20–40. Für eine Analyse der Übertragbarkeit von Hayeks marktlichem Wettbewerbskonzept auf den politischen Wettbewerb vgl. Wohlgemuth (2002a), S. 233–239 sowie Wohlgemuth (2006), S. 147–158.

6.5 Vergleich der Vorstellungen zur Konjunkturpolitik

Die Konjunkturtheorie ist – neben der Sozialismus-Kritik – der bekannteste und über die Schule hinaus anerkannteste Beitrag der österreichischen Ökonomen aus der dritten und vierten Generation, also gerade aus der Zeit von Mises und Hayek. Eine ausführliche kritische Analyse der *Theorie des Geldes und der Umlaufsmittel* liegt nicht im Fokus dieser Studie: Zum Kernthema der Mises'schen Habilitationsschrift, der Konjunktur*theorie*, existiert eine umfangreiche Literatur, wobei im Sinne der Interpretation dieser Studie vor allem die Dissertation von Carsten Pallas zu erwähnen ist.[1357] Was hier stattdessen im Vordergrund stehen soll, sind die konkreten Vorschläge zur Konjunktur*politik* der beiden Autoren. Diese sind aufgrund des aus „österreichischer" Sicht monetären Charakters des Konjunkturphänomens eng mit den Vorstellungen zur Währungspolitik verknüpft, weswegen die Abschnitte 6.5 und 6.6 stark aufeinander bezogen sind.

6.5.1 Vorstellungen Mises'

Mises kann zu Recht als Pionier der „österreichischen" Konjunkturtheorie gelten. Schon in seiner oben erwähnten Habilitationsschrift aus dem Jahre 1912[1358] unternimmt er den erfolgreichen Versuch, zentrale theoretische Elemente aus der Böhm-Bawerk'schen Kapitaltheorie, der Wicksell'schen Zinsspannentheorie und der eigenen, in demselben Buch entwickelten und an die Currency-Schule angelehnten Geldtheorie zu einem kohärenten Ganzen zusammenzuführen.[1359] Als Vorläufer dieses Syntheseversuchs sind die weniger bekannte Wiener Antrittsvorlesung von Friedrich von Wieser aus dem Jahre 1903 sowie Wiesers Beiträge aus dem Jahre 1909 bei der Tagung des *Vereins für Socialpolitik* in Wien zu nennen.[1360] Mises' Habilitationsschrift begründet die Urversion der „österreichischen" Konjunkturtheorie, die sowohl Mises als auch seine Wiener Kollegen, allen voran Hayek, in den nächsten Jahrzehnten weiterentwickeln und verfeinern.[1361] Bemerkenswert ist, dass Mises schon im Jahre 1928

1357 Vgl. Pallas (2005).

1358 Vgl. Mises (1912/2005).

1359 Für die These, dass die Mises'sche Theorie als genuiner Fortschritt im Vergleich zu Wicksell und den Ansätzen der Currency-Schule zu sehen ist, vgl. Hayek (1928b), S. 1085–1087. Für eine kritische Analyse der Mises'schen Variante der Böhm-Bawerk'schen Kapitaltheorie aus der Perspektive der „Alten" Chicago-Schule vgl. Knight (1941), S. 411–427.

1360 Vgl. Wieser (1903/1929), S. 164–192, Wieser (1909/1929a), S. 193–242 sowie Wieser (1909/1929b), S. 243–252.

1361 Für die These in Hayeks Nachruf auf Mises, dass dieser „der hervorragendste Vertreter des spezifisch Böhm-Bawerk'schen Zweiges" der Österreichischen Schule gewesen ist, vgl. Hayek (1973), S. 461.

bei der Tagung des *Vereins für Socialpolitik* in Zürich[1362] und in zeitgleichen Publikationen[1363] die Behauptung aufstellt, dass seine Theorie, die er „Zirkulationskredittheorie" nennt, zumindest im deutschsprachigen Raum[1364] unter der allgemeineren Bezeichnung „monetäre Überinvestitionstheorie" zum dominanten Erklärungsmuster der Konjunkturbewegungen geworden ist.[1365]

Aufbauend auf Mises' Theorie ergeben sich die Fragen, was wirtschaftspolitisch zur Vermeidung von Schwankungen unternommen werden kann und ob diese überhaupt vermeidbar sind. Mises beantwortet Letzteres positiv, da in seiner Analyse der Konjunkturzyklus nicht per se der Marktwirtschaft inhärent ist. Das Verkennen dieser Position scheint ein häufiger Grund für das Missverständnis zu sein, dass die Amplituden als „naturgegeben" hinzunehmen sind und es deshalb eine „österreichische" Konjunkturpolitik nicht geben kann.[1366] Stattdessen sind die Schwankungen für Mises das Produkt der *künstlichen* Absenkung des sogenannten Geldzinses unter den sogenannten natürlichen Zins und somit *exogen* – also außerhalb des Marktes – hervorgerufen. Die Zins-Begriffe werden im Werk leider nicht immer konsistent verwendet, was auch an den inhaltlichen Wandlungen in der Mises'schen Kapital- und Zinstheorie liegt, die sich immer mehr von der Böhm-Bawerk'schen Theorie emanzipiert. Im Folgenden wird der durch die Banken beeinflussbare Zins als „Geldzins", der fiktive Gleichgewichtszins auf dem unbeeinflussten Investitionen-Ersparnisse-Markt als „natürlicher Zins" bezeichnet. Der Geldzins kann nur von der Zentralbank oder von einem Geschäftsbanken-Kartell beeinflusst werden: Eine einzelne Bank ist nicht imstande, das allgemeine Absenken des Geldzinses zu bewirken, dafür ist ein koordiniertes Verhalten zahlreicher Geschäftsbanken notwendig.[1367] Die zentrale Rolle der Geschäftsbanken besteht in der Ausgabe von privaten Umlaufsmitteln. „Umlaufsmittel" ist bei Mises ein Kernbegriff, bei dem sich um Kreditinstrumente handelt, die nicht vollständig durch Einlagen bei der Bank gedeckt sind, die also mit der heute als „fractional reserve banking" bezeichneten Fähigkeit der Geschäftsbanken zur Kreditschöpfung korrespondieren. Die Kredite, die von den Geschäftsbanken in Form von Umlaufsmitteln ausgegeben werden, bezeichnet Mises als „Zirkulationskredite" – daher der selbstgewählte Name für seine Theorie. Umlaufsmittel können

---

1362 Vgl. Mises (1928/1929), S. 326.

1363 Vgl. Mises (1928), S. 41–42.

1364 Für die weniger bekannte, grundsätzlich positive Besprechung Euckens der 2. Auflage der Mises'schen Habilitationsschrift vgl. Eucken (1926b). Für eine zustimmende Einschätzung zur Mises'schen These über die Anbahnung einer „communis opinio" in der deutschsprachigen Konjunkturtheorie vgl. Müller-Armack (1930), S. 630.

1365 Noch im Jahre 1943 behauptet Mises, dass in den 31 Jahren seit der Erstveröffentlichung der *Theorie des Geldes und der Umlaufsmittel* „no tenable argument has been raised against the validity of what is commonly called the ‚Austrian' theory of the credit cycle", vgl. Mises (1943), S. 251.

1366 Für ein prominentes Beispiel solcher Fehldeutungen der Konjunkturtheorien Hayeks und Schumpeters vgl. Krugman (1998).

1367 Vgl. Mises (1912/2005), S. 318 oder S. 382.

die Form von Banknoten oder von Kassenführungsguthaben annehmen, wobei die beiden Formen für Mises als ökonomisch äquivalent zu sehen sind.[1368] Historisch wird das als „free banking" bezeichnete Recht der Geschäftsbanken, Banknoten auszugeben, immer mehr eingeschränkt – dieses Privileg fokussiert sich zunehmend auf die jeweilige Zentralbank.[1369] Die Hauptursache für die häufig beobachtbare Absenkung des Geldzinses unter den natürlichen Zins sieht Mises in der „Ideologie" der Vorteilhaftigkeit niedriger Zinsen, welche regelmäßig eine übermäßige Emission von Umlaufsmitteln auslöst.[1370]

Mises' konjunkturpolitische Zielvorstellungen sind darauf fokussiert, Bedingungen zu schaffen, die solche Prozesse gar nicht erst in Fahrt kommen lassen. Denn wenn sie erst angelaufen sind und der künstliche Boom begonnen hat, müssen der Abschwung und die Rezession zwangsweise den im Boom entstandenen Kapitalfehlleitungen folgen.[1371] Maßnahmen, die während eines bereits begonnenen Zyklus versuchen, die Rezession zu vermeiden oder abzumildern, sind in dieser Theorie verwerfen, weil sie lediglich die unvermeidbaren schmerzhaften Anpassungen verzögern und die Krise unnötig in die Länge ziehen.[1372] In diesem Aspekt kann der grundsätzliche konjunkturpolitische Unterschied zwischen der „österreichischen" und der später als keynesianisch bekannt gewordenen Konjunkturpolitik gesehen werden. Stattdessen setzt Mises auf ein Programm, das gewissermaßen als ordoliberal bezeichnet werden kann: Es soll ein monetärer Ordnungsrahmen geschaffen werden, sodass eine Blasenbildung – also das Erzeugen von künstlichen Booms – kaum möglich wird. Dazu müssen zum einen die Wirtschaftspolitiker in theoretischer Hinsicht aufgeklärt und zum anderen die institutionellen Vorkehrungen für die Zentralbank und die Geschäftsbanken, welche private Umlaufsmittel ausgeben, verändert werden.

Zentral ist zunächst die theoretische Aufklärung, da es – wie in Abschnitt 6.4.1 erläutert – für Mises (und auch für Keynes und Hayek) immer die Macht der Ideen (Bewusstsein) ist, die zu einer bestimmten Wirklichkeit (Sein) führt und nicht umgekehrt. Diese Position, die Mises bereits in seinem *Liberalismus* ausformuliert,[1373] wird auch von Zeitgenossen, die Mises ideologisch nicht nahestehen, als „ein frischer, belebender Wind"[1374] in der vom historischen Materialismus geprägten Zeit eingestuft. Den Personen, die über die Wirtschaftspolitik eines Landes oder einer Staatengemeinschaft entscheiden, soll die Zirkulationskredittheorie als Perspektive auf den Konjunkturzyklus im Rahmen der öffentlichen Debatten angeboten werden, um sie möglichst davon zu überzeugen – wobei der Figur des „Überzeugens" im Mises'schen

---

1368 Vgl. Mises (1912/2005), S. 314.
1369 Vgl. Mises (1912/2005), S. 406.
1370 Vgl. Mises (1912/2005), S. 224.
1371 Vgl. Mises (1931), S. 11–14.
1372 Vgl. Mises (1928), S. 81–84 sowie Mises (1931), S. 30–34.
1373 Vgl. Mises (1928/2000).
1374 Michels (1928), S. 145.

Begriffsapparat zur öffentlichen Meinung in der Demokratie eine zentrale Rolle zukommt.[1375] Als wichtigster Erkenntnisgewinn soll erreicht werden, dass ein Absenken des Zinses nicht zu ewiger Prosperität führen kann, sondern lediglich zu temporärer Scheinprosperität, die zwangsweise in eine Rezession umschlagen muss.[1376] Laut Mises soll die Öffentlichkeit von der weiteren Schlüsselerkenntnis überzeugt werden, dass Wohlstand und Wachstum lediglich durch freiwillig stattfindende Ersparnis und damit durch aus Konsumentensicht richtig ausbalancierte Kapitalakkumulation zustande kommen.[1377] In Bezug auf den monetären Ordnungsrahmen sollen Maßnahmen ergriffen werden, die – nach der Durchsetzung der „richtigen" Erkenntnisse in Politik und Öffentlichkeit – ein Auseinanderdriften vom beobachtbaren Geldzins und dem heuristisch ermittelbaren natürlichen Zins verhindern. Da eine Differenz zwischen beiden Zinssätzen nur über den durch Geld vermittelten indirekten Tausch entstehen kann, richtet sich der Blick primär auf die Banken, die durch ihre Kreditvergabe den irreführenden Eindruck vermitteln können, dass Kapital weniger knapp ist, als es in Wirklichkeit durch die freiwillige Ersparnis der Fall ist. Eine solche Illusion findet schließlich ihren Ausdruck in einem Geldzins, der unter dem natürlichen Zins liegt.[1378]

Die konkreten wirtschaftspolitischen Schritte, die solche Impulse der Instabilität in die Wirtschaft verhindern sollen, haben die Austarierung der Beziehungen zwischen Zentral- und Geschäftsbanken zum Ziel: Erstere können durch eine höhere Geldmenge in Form von Banknoten und Letztere durch eine höhere Ausgabe von Umlaufsmitteln (nach Entzug des Notenemissionsrechtes in Form von Kassenführungsguthaben) einen zu niedrigen Geldzins herbeiführen. Mises' Urteil lautet allerdings, dass es nie eine einzelne Geschäftsbank oder Gruppe aus Geschäftsbanken sein kann, die durch ihre autonomen Handlungen (hier kommt der Topos wieder ins Spiel) einen kumulativen Prozess bewirken kann.[1379] Aufgrund dieser Feststellung spricht er sich auch gegen ein generelles Verbot von Umlaufsmitteln aus,[1380] die durchaus eine positive Rolle spielen können: Wenn etwa der Geldbedarf im Zuge der zunehmenden Arbeitsteilung steigt, bieten die Umlaufsmittel die Möglichkeit,

---

1375 Vgl. Mises (1927/2000), S. 36–37, Mises (1945/2008), S. 11–12, Mises (1956/2006), S. 26–28 sowie Mises (1983/2006), S. 176–178.

1376 Für die grundsätzliche Bedeutung von „Ideologien" am Beispiel der Entwicklung der monetären Diskussionen zwischen der von Mises favorisierten Currency-Schule und der Banking-Schule vgl. Mises (1928), S. 58–60.

1377 Vgl. Mises (1949/2007), S. 609.

1378 Für eine erste Erwähnung dieses zentralen Elementes der Mises'schen Konjunkturtheorie, das stark mit der Wicksell'schen Zinsspannentheorie korrespondiert, vgl. Mises (1912/2005), S. 364.

1379 Vgl. Mises (1928), S. 60–61 sowie Mises (1949/2007), S. 437–438.

1380 Mises (1912/2005), S. 331. Ein solches Verbot von nicht vollständig gedeckten Kreditinstrumenten kommt dem u. a von Henry Simons vertretenen Chicago-Plan der 100-Prozent-Deckung nahe, dessen Forderung sich Eucken später zu eigen macht, vgl. Eucken (1952/2004), S. 260–261.

einen Anstieg des Goldpreises und damit eine Deflation zu verhindern.[1381] Die Gefahr der Destabilisierung entsteht in Mises' Analyse erst durch das Verhalten der Zentralbank: Sie stattet in der Krise in Schwierigkeiten geratene Geschäftsbanken mit ausreichender Liquidität aus, was zur Massierung der Umlaufsmittelausgabe seitens der Geschäftsbanken führt.[1382] Deshalb hält er eine generelle quantitative Beschränkung der Ausgabe von Umlaufsmitteln (Banknoten *und* Kassenführungsguthaben) im Sinne der Currerncy-Schule[1383] (analog der Begrenzung, die in der Peel'schen Bankakte nur für Banknoten vorgenommen wurde) für nötig.[1384] Denn neben der Ausschaltung der konjunkturinduzierenden Wirkung eines möglichen Umlaufsmittel-Kartells[1385] der Geschäftsbanken wäre es ohne solche Einschränkungen auch für eine einzelne Geschäftsbank kaum möglich, die Risiken zu schätzen, die aus ihrer Emissionspolitik erwachsen: Runs entstehen nach Mises als Ergebnis von massenpsychologischen Phänomenen.[1386] Im Verlauf des Werkes radikalisiert sich seine Position zur destruktiven Rolle der Zentralbank: In *Human Action* stellt er die These auf, dass das Banksystem an sich stabil genug ist und keine Überemission von Umlaufsmitteln zustande kommen kann, wenn der Staat seine Interventionen in Form von Privilegienvergabe an einzelne Geschäftsbanken und besonders an die Zentralbank unterlässt.[1387]

Da dies beim Vergleich zu Hayeks späterer Position von Belang ist, bleibt abschließend zu erwähnen, dass Mises eine Konjunkturpolitik in Gestalt der Geldwertstabilisierung strikt ablehnt. Da die Preise in der Katallaxie permanent schwanken und er keine Möglichkeit sieht, die Indices aus Preisaggregaten dynamisch an die veränderten Daten anzupassen, lehnt er in allen geldpolitischen Schriften die Geldwertstabilisierung als Vorgabe für die Geldpolitik explizit ab.[1388] Wie oben dargestellt, beschränkt er sich stattdessen auf die Überzeugungsarbeit zugunsten seiner Theorie und gegen die Ideologie der Vorteilhaftigkeit niedriger Zinsen sowie, darauf aufbauend, auf die Neuordnung der Beziehungen zwischen Zentral- und Geschäftsbanken als die einzige Möglichkeit, die Schwankungen des Konjunkturzyklus zu verhindern.

1381 Vgl. Mises (1912/2005), S. 324 und S. 329.

1382 Vgl. Mises (1912/2005), S. 325–S. 328.

1383 Für die Positionen der Currency-Schule zur Beschränkung der Umlaufsmittel vgl. Mises (1912/2005), S. 376–378.

1384 Vgl. Mises (1912/2005), S. 410 sowie Mises (1928), S. 64–65.

1385 Vgl. Mises (1912/2005), S. 419. Wenn auch nicht in absehbarer Zeit, so befürchtet Mises ein solches Kartell doch auch auf internationaler Ebene, wenn sich die entsprechende Ideologie ausgebreitet hat.

1386 Vgl. Mises (1912/2005), S. 339–341. Diese skeptische Position gegenüber der Kalkulationsfähigkeit der Geschäftsbanken revidiert er später teilweise und vertraut dann im dynamischen Sinne auf die Lernfähigkeit des einzelnen Bankiers, vgl. Mises (1928), S. 60–61.

1387 Vgl. Mises (1949/2007), S. 440–441.

1388 Vgl. Mises (1912/2005), S. 172–177, Mises (1928), S. 18–23 sowie Mises (1949/2007), S. 219–228.

6.5.2 Vorstellungen Hayeks

Die Konjunkturtheorie, die Hayek in den 1920er- und 1930er-Jahren entwickelt,[1389] ist in der Interpretation dieser Studie als Komplement zur Mises'schen Theorie zu sehen.[1390] Hayek führt den Mises'schen Ansatz der *Theorie des Geldes und der Umlaufs-mittel* und der Folgepublikationen weiter und modifiziert ihn, ohne ihn allerdings in seiner Bedeutung ersetzen zu wollen,[1391] gleichzeitig macht Hayeks Werk diesen „österreichischen" Ansatz einem breiten angelsächsischen Publikum zugänglich.[1392] Statt eines ausführlichen Vergleichs der beiden Theorien – der, wie eingangs dargelegt, an dieser Stelle nicht geleistet werden kann und schon vielfach vorgenommen wurde –[1393] kann die eigene kompakte Kritik Hayeks wiedergegeben werden, die er in seiner sonst sehr wohlwollenden Besprechung der Mises'schen *Geldwertstabilisie-rung und Konjunkturpolitik* aus dem Jahre 1928 äußert.[1394]

Es sind zwei theoretische Einwände und ein wirtschaftspolitischer Kritikpunkt, die Hayek gegen die Mises'sche Schrift vorbringt. Zum einen bemängelt er, dass Mises sich nicht ganz „von der für die Konjunkturtheorie völlig irrelevanten Beziehung auf das allgemeine Preisniveau"[1395] freigemacht hat. Hayek hingegen macht rückblickend eine seiner eigenen Hauptleistungen bei der Weiterentwicklung der monetären Kon-junkturtheorie darin aus, den Fokus vom allgemeinen Preisniveau auf die einzelnen Preise und ihre Relationen umgelenkt zu haben.[1396] Zum anderen kritisiert Hayek die Exogenität, mit der Mises den Beginn des Konjunkturzyklus (Herabdrücken des

---

1389 Für zwei spätere kompakte kritische Würdigungen der Theorie vgl. Haberler (1986) und Garrison (1986). In Letzterer wird außerdem der Versuch unternommen, die Hayek'sche Theorie gegenüber dem Monetarismus und der Neuen Klassik abzugrenzen. Für die ideengeschichtliche Einbettung der Hayek'schen Theorie und die spezifischen Hayek'schen Interpretationen früherer Theoretiker vgl. Ha-gemann/Trautwein (1998), S. 294–308.
1390 Für die These, dass Hayeks Habilitationsschrift den „logischen Schlußstein einer Entwicklung" von Wicksell über Mises darstellt, vgl. Braun (1930), S. 187.
1391 Sicherlich schlüpft Hayek auch in die Rolle des Popularisierers, der die im angelsächsischen Raum vergleichsweise unvertrauten „österreichischen" Theorien deutlich bekannter macht, vgl. Hicks (1967a), S. 204. In diesem Sinne kritisiert er gelegentlich Mises dafür, dass er zu viele Vorkennt-nisse beim internationalen Leser voraussetzt, etwa bei der unangemessen knappen Mises'schen Dar-stellung der Böhm-Bawerk'schen Kapitaltheorie, vgl. Hayek (1931/2008), S. 253–254.
1392 Für die These, dass Hayeks Konjunkturtheorie als Vorläufer der Wachstumstheorie gelten kann, vgl. Hicks (1967a), S. 210–211.
1393 Für eine vergleichende Analyse, die einen dem Topoi-Ansatz dieser Studie ähnlichen analyti-schen Weg geht und außerdem im Detail die Kapital-, Geld- und Zinstheorien komparativ untersucht, vgl. Festré (2003).
1394 Vgl. Hayek (1928b).
1395 Hayek (1928b), S. 1087. Für eine Vertiefung des Arguments über die Irrelevanz des allgemeinen Preisniveaus in bewusster Abgrenzung zu Mises vgl. Hayek (1929/1976), S. 61–64.
1396 Vgl. Hayek (1931/2008), S. 201–202 und S. 253–254.

Geldzinses) charakterisiert, und außerdem Mises' Auffassung, dass das Anfangs-moment des Zyklus ausschließlich auf die falschen Ideologien in den Zentralban-ken zurückzuführen ist.[1397] Hayek versucht hingegen schon in seiner Habilitations-schrift,[1398] einen möglichen endogenen Kanal dafür zu entwickeln,[1399] wie das Senken des Geldzinses durch das Verhalten der Geschäftsbanken mit ihrem beschränkten Wissensstand innerhalb des Marktprozesses zu erklären ist.[1400]

Besonderes Interesse verdient die wirtschaftspolitische Anmerkung in der obigen Hayek'schen Besprechung von Mises, die auch den Ausgangspunkt für den interessanten Wandel in Hayeks konjunkturpolitischen Empfehlungen markiert. In einem Nebensatz merkt Hayek an, dass „jede Vermehrung der Umlaufsmittel verhin-dert werden müßte",[1401] damit die Konjunkturschwankungen ausgeschaltet werden können. Mit dieser Vorstellung, aus der sich möglicherweise ein allgemeines Verbot der Umlaufsmittelemission ergibt, geht er sogar weiter als Mises, dessen Skepsis gegenüber einem Verbot in Abschnitt 6.5.1 erläutert wurde. Hayek verdeutlicht aber ein Jahr später, dass ein solches Verbot nicht denkbar wäre. Folgendes Zitat verdeut-licht seine konjunkturpolitische Vorstellung am Ende der 1920er-Jahre:

> Solange wir uns des Mittels des Bankkredits bedienen, um die Entwicklung zu fördern, werden wir auch die Konjunkturschwankungen mit in Kauf nehmen müssen, die durch ihn verursacht werden. Sie sind gewissermaßen der Preis des Fortschritts über jenes Maß, den die Menschen freiwillig durch ihr Sparen ermöglichen, und der ihnen darum abgelistet werden muß.[1402]

Grundsätzlich ist die einzige schwankungsmindernde Lösung, die Hayek theoretisch zu dieser Zeit ausmacht, die ihm aber praktisch unrealistisch erscheint,[1403] die Konstant-haltung der Geldmenge.[1404] Diese Lösung ist theoretisch deshalb so attraktiv, weil sie die einzige Möglichkeit bietet, dem – in Hayeks Vorstellung stets nicht neutralen, d. h. in seinen Schwankungen stets die einzelnen Preise nicht gleichzeitig und nicht gleich-ermaßen beeinflussenden und damit die relativen Preise verzerrenden – Geld den

---

1397 Dieser Exogenitäts-Vorwurf an Mises, den Hayek in seiner Habilitationsschrift wiederholt, wird das erste Mal öffentlich bei der Tagung des *Vereins für Socialpolitik* in Zürich 1928 vorgetragen, vgl. Hayek (1928/1929), S. 370.

1398 Die Endogenitäts-Ergänzung wird bereits in Zürich skizzenhaft vorgestellt, vgl. Hayek (1928/1929), S. 370–373.

1399 Für die kritische Prüfung dieser Hayek'schen Endogenitäts-Ergänzung vgl. Braun (1930), S. 189–190.

1400 Vgl. Hayek (1929/1976), S. 85–106.

1401 Hayek (1928b), S. 1088.

1402 Hayek (1929/1976), S. 111.

1403 Für eine frühe Formulierung vgl. Hayek (1928a), S. 45–60. Für die Skepsis gegenüber der prakti-schen Umsetzbarkeit vgl. Hayek (1929/1976), S. 111–112.

1404 Für die Überprüfung des Vorwurfs, dass sich Hayek in seinen konjunkturpolitischen Empfeh-lungen während der Großen Depression selbst nicht an die Maxime der Konstanthaltung der Geld-menge gehalten hat, vgl. White (2008), S. 755–758 und S. 763–765. Für die Bedingtheit dieser Maxime je nach Währungsordnung vgl. White (1999a), S. 112–113.

Einfluss auf die relativen Preise zu nehmen.[1405] Unrealistisch ist sie allerdings deswegen, weil schon beim historischen Goldstandard die Umlaufsmittelemission von den einzelnen Geschäftsbanken vorgenommen wird und deshalb die Geldmenge im weiteren Sinne nicht zentral kontrollierbar ist.[1406] Später betont Hayek immer wieder, dass einer der Hauptunterschiede zwischen ihm und Milton Friedman darin besteht, ob im modernen Geld- und Kreditsystem die Geldmenge überhaupt scharf definiert, geschweige denn gesteuert werden kann.[1407] Da der Konjunkturzyklus wegen dieses Mangels an Steuerungsfähigkeit aus Hayeks Sicht als unvermeidbares Phänomen bestehen bleibt, kann er nur dafür plädieren, den Wirtschaftsakteuren durch Aufklärung seitens der Wissenschaft besser zu helfen, sich den einzelnen Schwankungen anzupassen.[1408] Möglicherweise liegt ein solches Plädoyer auch in Hayeks damaliger Position als Leiter des *Österreichischen Instituts für Konjunkturforschung* begründet, wo er neben seiner theoretischen Forschung auch empirische Pionierarbeit zu den mitteleuropäischen Konjunkturbewegungen leistet und dabei mit den Monatsberichten des Instituts auch die Wirtschaftsakteure Österreichs systematisch mit Informationen versorgt.[1409]

Die weiteren konjunkturpolitischen Positionen Hayeks wurden bereits im Autorenvergleich zu Eucken geschildert, allerdings ergeben sich im Vergleich zu Mises andere komparative Berührungspunkte. Von besonderer Relevanz erscheint hier die Rekonstruktion des Hayek'schen Wandels ab dem Zeitpunkt, zu dem er die Konjunkturtheorie als Schaffensschwerpunkt verlässt.

So finden sich im *Road to Serfdom* wenige konjunkturpolitische Äußerungen, und Hayek merkt retrospektiv im Vorwort zu einer Auflage aus dem Jahre 1976 an, dass das Buch den Startschuss für seine neue sozialphilosophische Ausrichtung und damit das Ende des Schwerpunktes Konjunkturtheorie darstellt.[1410] In einem Abschnitt, der die Minderung der Unsicherheit in der Marktwirtschaft thematisiert, diskutiert er die relative Bedeutung der Geld- und der Fiskalpolitik für die Stabilisierung der Ökonomie.[1411] Dabei können zwei zunächst bemerkenswerte Feststellungen gemacht werden: Erstens steht er der Konjunkturpolitik offenbar zu dieser Zeit weniger rigoros gegenüber als zu seiner Zeit als Konjunkturtheoretiker. Der (angehende) Sozialphilosoph sieht womöglich das Phänomen der Konjunkturschwankungen aus einem anderen, weiteren Blickwinkel als der (reine) Theoretiker. Zweitens stuft Hayek die Geldpolitik im Vergleich zur Fiskalpolitik als mit der freiheitlichen Ordnung eher kompatibel ein

---

1405 Vgl. Hayek (1931/2008), S. 221, S. 265–269 und S. 285–286. Für eine Würdigung der Hayek'schen Positionen zur Nichtneutralität des Geldes vgl. Lutz (1969), S. 105–112.

1406 Vgl. Hayek (1928a), S. 66.

1407 Vgl. Hayek (1975a), S. 10–11 sowie Hayek (1975b), S. 28.

1408 Vgl. Hayek (1929/1976), S. 113.

1409 Für eine Schilderung von Hayeks Aktivitäten im *Österreichischen Institut für Konjunkturforschung* vgl. Hennecke (2000), S. 74–77.

1410 Vgl. Hayek (1944/1994), S. XXI.

1411 Vgl. Hayek (1944/1994), S. 134–135.

und zieht sie daher zur Stabilisierung vor. Bemerkenswert ist dies deshalb, weil er in seiner Habilitationsschrift explizit die Geldpolitik als primäre Quelle der Instabilität im System des allgemeinen Gleichgewichts nennt.[1412] Hayek betont zwar, dass die Konjunkturpolitik nicht das beste Mittel zur Abfederung von Unsicherheit ist.[1413] Die Tatsache aber, dass sich die Tonalität seiner Rhetorik so gewandelt hat, kann wohl durch seine veränderte Perspektive auf den breiteren Ordnungszusammenhang erklärt werden. Drei Jahre später, bei der Gründungsversammlung der *Mont Pèlerin Society*, ergänzt und konkretisiert er allerdings diese sehr knappe Äußerung zur konjunkturpolitischen Betätigung des Staates mit der Position, dass die Stabilisierung der Ökonomie über die Geldpolitik nur durch die Etablierung fester Regeln erfolgen kann, welche die Geldpolitik „automatic, or at least predictable" machen sollen.[1414] Diese Klarstellung macht deutlich, dass er sich im *Road to Serfdom* nicht für eine diskretionäre Geldpolitik ausspricht.[1415]

Ebenfalls bemerkenswert ist die Wandlung dieser Position im Laufe seiner Chicagoer Zeit, also nach der Etablierung des Bretton-Woods-Systems. In diesem sieht er, trotz seiner Befürwortung fixer Wechselkurse,[1416] primär einen weiteren Mechanismus (neben der Abschaffung des Goldstandards), der Staaten befähigt, eine expansive Fiskal- und Geldpolitik zu betreiben, da die Notwendigkeit zur Kontraktion von Defizitländern nicht mehr besteht.[1417] In der in Chicago entstandenen *Constitution of Liberty* schreibt Hayek nach längerer Pause wieder über Geld- und Konjunkturpolitik, allerdings mit einer – neben vielen bekannten Positionen zur Wichtigkeit relativer Preise und der Nichtneutralität des Geldes –[1418] gewissen Verschiebung des konjunkturpolitischen Fokus. Den Unterschied sieht Hayek in einer historischen Entwicklung begründet: Zum Zeitpunkt des Verfassens dieses Buches ist der Raum, den der Fiskus[1419] im Wirtschaftsleben einnimmt, so groß geworden, dass eine Nichtkoordinierung der Geld- mit der Fiskalpolitik – anders als in vergangenen Zeiten bei einem Staat mit deutlich geringerem Umfang – zu großen Verwerfungen führen kann.[1420] Bemerkenswert ist im Hinblick auf spätere Stellungnahmen, dass er die Deflation hier

---

1412 Vgl. Hayek (1929/1976), S. 46–48.

1413 Vgl. Hayek (1944/1994), S. 135.

1414 Vgl. Hayek (1947/1948), S. 112.

1415 Für den Hinweis, dass die Aussagen im *Road to Serfdom* nicht als Bruch zu früheren konjunkturpolitischen Positionen zu sehen sind, bin ich Prof. Dr. Hansjörg Klausinger dankbar.

1416 Das polit-ökonomische Argument für fixe Wechselkurse sieht er in der Unfähigkeit der flexiblen Wechselkurse, als Schranke für die aus Hayeks Sicht unerwünschten, weil mikroökonomisch verzerrenden expansiven Politiken von Regierung und/oder Zentralbank zu dienen, vgl. Hayek (1975a), S. 9–10 sowie Hayek (1975b), S. 20–21.

1417 Vgl. Hayek (1975a), S. 9.

1418 Vgl. Hayek (1960/1978), S. 325–326.

1419 Damit ist nicht nur die Höhe der Steuern, sondern auch der allumfassende und inflationsbefördernde Wohlfahrtsstaat gemeint, vgl. Hayek (1960/1978), S. 328.

1420 Vgl. Hayek (1960/1978), S. 327.

wie im Frühwerk als einen integralen Bestandteil der langfristigen monetären Stabilität sieht.[1421] Was die Konjunkturpolitik im engeren Sinne betrifft, so spricht sich Hayek wie in allen früheren Schriften für eine regelbasierte Geldpolitik aus. Allerdings verabschiedet er sich von der – in Abschnitt 6.6.2 erläuterten – Kernforderung seiner früheren Schriften, die Geldmenge konstant zu halten, als einziger Möglichkeit der Minimierung monetärer Unsicherheit für die Ökonomie. Anstelle dieser Position vertritt Hayek in der *Constitution of Liberty* nunmehr die Position, dass ein allgemeines Preisniveau zu stabilisieren ist, eine Vorgabe, gegen die er in den 1920er- und 1930er-Jahren stets zu Felde gezogen ist. Anzumerken ist allerdings, dass er explizit nicht die Konsumgüterpreise meint, sondern einen möglichst breiten Warenkorb aus Konsum- und Investitionsgütern.[1422] Auch wenn diese Forderung nach Preisniveaustabilisierung nicht exakt derjenigen von Irving Fisher entspricht, stellt sie doch einen markanten Unterschied zur Vorgabe der Konstanthaltung der Geldmenge dar und wird in der Sekundärliteratur deshalb als Bruch in Hayeks Denken im Vergleich zu seinen frühesten konjunkturpolitischen Empfehlungen eingestuft.[1423]

Eine weitere, mindestens genauso bedeutsame Wandlung lässt sich an Hayeks Positionen in den 1970er-Jahren rekonstruieren. Neben der für viel Aufsehen sorgenden währungspolitischen Überlegung zur Entnationalisierung des Geldes, die in Abschnitt 6.6.2 behandelt wird, lassen sich aus weiteren Publikationen und Interviews, die oft der Retrospektive auf die 1930er-Jahre gewidmet sind, Korrekturen an seinen konjunkturpolitischen Empfehlungen erkennen. Zwar ist er von der Gültigkeit seiner früheren Konjunkturtheorie nach wie vor überzeugt und bemisst ihr unverändert hohen Erklärungsgehalt bei.[1424] Er vervollständigt sie aber an mindestens zwei wichtigen Stellen: Zum einen handelt es sich um die Einbeziehung von sogenannten sekundären Depressionsphänomenen, zum anderen um die (bereits aus der Analyse der früheren Schriften bekannte) Frage, wie die Vorgabe an den Konjunkturpolitiker lautet, anhand derer er seine Politik in der Praxis durchführen soll.

Die Fragen nach dem Verlauf und dem Wendepunkt einer Rezession bilden zentrale Punkte der Konjunkturtheorien. Dabei wird u. a. untersucht, wann und wie schnell der Zyklus seinen Tiefpunkt erreicht und wann die Phase der Erholung beginnt. Im Zuge der Großen Depression, die in ihrer Dauer und Intensität viele Ökonomen überrascht, entsteht die Hypothese von der sogenannten sekundären Depression, besonders bekannt – auch für die Forscher der Österreichischen Schule –[1425]

1421 Vgl. Hayek (1960/1978), S. 330–331.

1422 Vgl. Hayek (1960/1978), S. 337.

1423 Vgl. White (1999a), S. 117. Lawrence White weist an derselben Stelle auf Indizien hin, dass sich Hayek bereits in Publikationen in den 1930er-Jahren von der Konstanthaltung der Geldmenge als oberster konjunkturpolitischer Forderung verabschiedet.

1424 Vgl. Hayek (1975a), S. 7 und S. 13.

1425 So urteilt Gottfried von Haberler in einem Interview, dass „on the understanding the secondary deflation, he [Röpke, SK] was ahead of the Austrians", vgl. Haberler (1979/2000).

aus Röpkes Schriften, wie dies im vorangegangenen Autorenvergleich bei den Ausführungen zu Röpke erläutert wurde.[1426] In Hayeks Werk selbst spielt das Phänomen der sekundären Depression kaum eine Rolle, wobei er später bekundet, dass er Anfang der 1930er-Jahre einen Aufsatz diesbezüglich an Röpke schickt, den Röpke aber aus Vorsichtsgründen nicht veröffentlichen will.[1427] Konjunkturpolitisch relevant ist die Frage, wie mit dieser sekundären Phase der Depression umzugehen ist, bei der sich die Krise und die Deflation „festbeißen" und in Sektoren vorstoßen kann, die nicht von der früheren Expansion des Booms künstlich ausgedehnt worden sind, weshalb einem solchen ökonomisch sinnlosen Prozess mit expansiven Maßnahmen staatlicherseits abzuhelfen ist. Hayek schreibt dazu in den 1970er-Jahren, dass er seine Einstellung zum Phänomen der Deflation grundlegend geändert hat: Während er sie in den 1930er-Jahren als Hilfsmittel auffasst, um nach unten rigide Löhne zu brechen und zu flexibilisieren, lehnt er in den 1970er-Jahren die Deflation als Mittel zur Erreichung dieses Ziels ab.[1428] Deshalb befürwortet Hayek nun – entgegen seinen öffentlichen Stellungnahmen während der Großen Depression –[1429] im Falle einer sekundären Depression konjunkturpolitische Maßnahmen, die nach Möglichkeit das System der relativen Preise nicht allzu sehr verzerren sollen.[1430]

Der zweite Unterschied zu Hayeks früheren Empfehlungen ist noch allgemeinerer Natur. Dabei handelt es sich um die wichtigste Vorgabe, die der Konjunkturtheoretiker dem Konjunkturpolitiker an die Hand geben kann, also die Regel, nach der Letzterer die praktische Wirtschaftspolitik betreiben soll. Hayek betont zwar auch in den 1970ern die Kontinuität zu seiner primären grundsätzlichen Botschaft:

> For forty years I have preached that the time to prevent a depression is during the preceding boom; and that, once a depression has started, there is little one can do about it.[1431]

1426 Vgl. Röpke (1936a), S. 119–137. Für den Beitrag Röpkes im Hinblick auf die sekundäre Depression vgl. Klausinger (1999), S. 382–385 sowie Allgoewer (2009/2010), S. 143–147.
1427 Vgl. Hayek (1975a), S. 12–13.
1428 Vgl. Hayek (1975a), S. 5 und S. 13 sowie Hayek (1975b), S. 25–26 und S. 44. Für eine aktuelle Diskussion dieses Hayek-Röpke-Austausches sowie der Frage, ob aus Hayeks Aussagen der 1970er-Jahre ein Wandel in seinen konjunkturtheoretischen Positionen identifiziert werden kann, vgl. Magliulo (2016). Im ersten der jüngst von Prof. Dr. Hansjörg Klausinger in der Mohr Siebeck-Ausgabe herausgegebenen Bände zur Hayek'schen Geld- und Konjunkturtheorie ist außerdem ein an Röpke adressierter Aufsatz aus dem Jahre 1931 abgedruckt, vgl. Hayek (1931/2015), S. 499–506.
1429 Dass diese Position von Hayeks Stellungnahmen aus den frühen 1930er abweicht, bezeugt auch Gottfried von Haberler, der den bekannten Brief von Hayek, Robbins, Arnold Plant und Theodore E. Gregory an die *TIMES* zitiert. In diesem raten die vier *LSE*-Ökonomen noch im Oktober 1932 von staatlichen konjunkturpolitischen Maßnahmen (außer der Aktivierung der Spar- und Investitionsneigung bei den Privaten) ab, vgl. Haberler (1979/2000) sowie Gregory/Hayek/Plant/Robbins (1932).
1430 Vgl. Hayek (1975b), S. 44.
1431 Hayek (1975a), S. 8.

Die Frage ist allerdings, was genau im Boom zu tun wäre, um die Rezession zu vermeiden. Wie oben dargestellt, sind bei Hayek die zu erreichenden Ziele zunächst die Konstanthaltung der Geldmenge und später die Stabilisierung eines möglichst breiten Preisniveaus, wobei diese Ziele keinesfalls deckungsgleich sein müssen. Hayeks Wandel findet in den Publikationen der 1970er-Jahre in dieser Hinsicht gewissermaßen einen Abschluss. In der *Constitution of Liberty* betont er noch, dass es sich beim zu stabilisierenden Preisniveau nicht um die Konsumentenpreise handeln soll, sondern um einen Warenkorb aus Konsum- und Investitionsgütern. In der Sekundärliteratur wird die These aufgestellt, dass er in der *Denationalisation of Money* auf die Stabilität des Geldwertes, gemessen in Konsumgüterpreisen, als Ziel abstellt.[1432] Bei genauer Lektüre der 2. Auflage dieser Schrift erscheint diese These als Fehlinterpretation. Hier stellt Hayek nämlich explizit fest, dass das Güterbündel, an dessen Preis sich die Stabilisierung des Wertes konkurrierender Währungen idealerweise zu orientieren hat, möglichst breit sein soll und auch Güter wie Rohstoffe und deren Großhandelspreise (die laut Hayek schneller auf Änderungen der Geldmenge reagieren als Konsumgüterpreise) umfassen soll.[1433]

Damit ist die konjunkturpolitische Botschaft der *Denationalisation of Money* nicht als Bruch, sondern als Verfeinerung des Arguments aus der *Constitution of Liberty* zu sehen. Es bleibt zwar bei der obigen Feststellung, dass Hayek die Vorgabe der Konstanthaltung der Geldmenge fallen lässt und sich der Preisstabilisierung als Vorgabe zuwendet, allerdings ist dabei in der Breite des zu stabilisierenden Warenkorbs auch eine Kontinuität zum Vorschlag der Waren-Reserve-Währung (vgl. Abschnitt 6.6.2) zu sehen. Der Bruch, den die *Denationalisation of Money* bedeutet, ist in der Interpretation dieser Studie also nicht in der konjunkturpolitischen Vorgabe, sondern in der Kernfrage nach dem Akteur der Währungspolitik – Staat oder Private – zu suchen. Aus diesem Grund wird die Frage nach der Entnationalisierung im Abschnitt 6.6.2 behandelt.

6.5.3 Analyse entlang der Haupttopoi

Es ist zunächst festzustellen, dass die prinzipiellen Positionen sowohl von Mises als auch von Hayek bezüglich der konjunkturpolitischen Betätigung des Staates in ihrer gesamten Schaffenszeit von einer Grundskepsis gegenüber dessen Steuerungsfähigkeit geprägt sind. Trotzdem sind beide Autoren – wie aus den obigen Ausführungen deutlich geworden ist – keine „Nihilisten" in Bezug auf die Konjunkturpolitik. Stattdessen treten sie dafür ein, Konjunkturpolitik so zu betreiben, dass Booms vermieden

---

1432 Vgl. White (1999a), S. 117–118.
1433 Vgl. Hayek (1976/1978a), S. 74–76.

werden müssen – nur so können auch die ansonsten zwangsweise folgenden Rezessionen vermieden werden.

In den Vorschlägen zur konkreten Ausgestaltung der wirtschaftspolitischen Maßnahmen bestehen allerdings Unterschiede. Ihre Analyse anhand der Topoi ist hier mit besonderer Vorsicht zu betreiben, da die Konjunkturtheorie den Schwerpunkt der jeweils frühen Schaffenszeit von Mises und Hayek ausmacht, zu der die Zentren der jeweiligen Sozialphilosophie in Gestalt der Topoi noch nicht vollständig herausgebildet sind. Außerdem ist die Mises'sche Prägungskraft gegenüber Hayek bis *Economics and Knowledge* (wie besonders in Abschnitt 6.4.2 dargestellt) noch stark präsent, sowohl bezüglich des Inhalts als auch der Methode des Hayek'schen Forschungsprogramms.

Mises verbleibt während seiner gesamten Schaffenszeit im Wesentlichen bei den Grundzügen seiner Konjunkturtheorie aus dem Jahre 1912 und ihren konjunkturpolitischen Folgerungen. Letztere können interessanterweise als ordoliberal eingestuft werden, da sie um die Aufstellung eines Ordnungsrahmens der Umlaufsmittelemission kreisen. Hayek stellt schon in den frühen Aufsätzen aus den 1920er-Jahren eine im heutigen Sinne makroökonomische Vorgabe für die Konjunkturpolitik auf: die Konstanz der Geldmenge. In diesem Aspekt sind die üblichen Standpunkte in Bezug auf den Ordoliberalismus „vertauscht": Hayek stellt zwar eine Regel für die ideale Geldpolitik auf, diese hat aber zunächst makroökonomischen Charakter und leitet sich aus einer Eigenschaft des intertemporalen Gleichgewichtssystems ab, die sich nur mittelbar aus den konkreten Bedürfnissen des einzelnen mikroökonomischen Akteurs speist. Als jedoch der Wissens-Topos Mitte der 1930er-Jahre hinzukommt und in *Economics and Knowledge* die Kritik an der mangelhaften mikroökonomischen Fundierung der allgemeinen Gleichgewichtstheorie im Sinne des subjektiven Wissens an Zentralität gewinnt, wird die abstrakte makroökonomische Forderung sukzessive aufgegeben. Stattdessen wandelt sich die Vorgabe in eine Forderung nach Stabilisierung des Geldwertes um, wie Hayek sie in den 1960er- und 1970er-Jahren formuliert. Dieser Wandel wird besonders in der *Denationalisation of Money* deutlich, da er diese späten Untersuchungen explizit auf die Voraussetzungen der Vertragsbeziehungen zwischen den einzelnen Marktakteuren in ihrer Arbeits- und Wissensteilung fokussiert. Zusammenfassend kann festgehalten werden, dass trotz des erheblichen Wandels in Hayeks Positionen eine Konstante bleibt: der Fokus auf die Wirkmächtigkeit der Geldpolitik und die relative Vernachlässigung der Fiskalpolitik als Instrument der Konjunkturpolitik. In dieser Beziehung ist die Nähe zu Mises festzustellen, der allerdings, wie in Abschnitt 6.5.1 erläutert, die später von Hayek geforderte Geldwertstabilisierung als Ziel für praktisch unmöglich hält.

Die Divergenz zwischen den Ansichten Mises' und Hayeks in Bezug auf die sekundäre Depression kann allerdings tatsächlich mit den Topoi begründet werden, da Hayek seine Positionierung in einer Zeit ändert, in der der Wissens-Topos sich schon deutlich herausgebildet hat. Für Mises ist ein Staatseingriff zur Abmilderung des Abschwungs oder zur Beschleunigung des Aufschwungs schlicht eine Intervention, die aus Sicht der Handlungsautonomie zu verwerfen ist. Hayek hingegen sieht (mit wachsender mikroökonomischer Orientierung seiner Konjunkturpolitik) die Deflation als für die Akteure unnötig an und legt sie als wirtschaftspolitisches Mittel ad acta: Besonders in der sekundären Depression ist der Preismechanismus als Transmissionskanal von Wissen schwer beschädigt, sodass möglicherweise die Koordination hin zum Wendepunkt und damit zum Aufschwung stark beeinträchtigt wird.

Der gravierendere wirtschaftspolitische Unterschied zwischen Mises und Hayek ist in der Währungspolitik zu suchen, d. h. in der Bewertung etwa des Goldstandards oder des „free banking". Die Politikfelder Konjunkturpolitik und Währungspolitik hängen allerdings, wie eingangs erwähnt, eng zusammen, da beide Autoren eine monetäre Sicht auf das Konjunkturphänomen einnehmen.

6.6 Vergleich der Vorstellungen zur Währungspolitik

Zunächst ist grundsätzlich anzumerken, dass die währungspolitischen Leitideen der beiden Autoren die institutionellen Voraussetzungen beschreiben, in welche die – in den Abschnitten 6.5.1 und 6.5.2 erläuterten – konjunkturpolitischen Maßnahmen eingebettet sind. So betont Hayek in einem seiner autobiografischen Dialoge, dass seine Konjunkturtheorie in „the particular form I gave it was connected with the mechanism of the gold standard".[1434] In diesem Sinne stellt die Währungspolitik Bedingungen auf, innerhalb derer die übrige Wirtschaftspolitik im Allgemeinen und die Konjunkturpolitik im Besonderen ihre Wirkungen entfalten können. Damit folgt die Währungspolitik in ihrem Ausschnitt der zu gestaltenden monetären Realität einem Weg, der schon dem Ansatz nach dem ordoliberalen Paradigma nahe steht.

6.6.1 Vorstellungen Mises'

Zeit seines Lebens ist Mises ein unverändert stringenter Verfechter des Goldstandards.[1435] Als Begründung führt er immer wieder an, dass nur eine „unpolitisierte" Währung Grundlage für die Marktwirtschaft sein kann, und in der Argumentation der *Theorie des Geldes und der Umlaufsmittel* ist nicht das Kredit- oder Zeichengeld, sondern das Sachgeld (also beispielsweise Gold) für politische Manipulationen am wenigsten anfällig.[1436] Die Marktwirtschaft besteht für Mises, wie in den Abschnitten 6.2.1 und 6.2.2 geschildert, aus Märkten, auf denen handlungsautonome Individuen

---

1434 Hayek (1994), S. 145.
1435 Für eine Darstellung der Entstehung, Vorteile und Schwächen des Goldstandards vgl. Mises (1949/2007), S. 471–475.
1436 Vgl. Mises (1912/2005), S. 222–223.

Tauschhandlungen vollziehen und dabei das System der Katallaxie konstituieren. Auf solchen freien Märkten ist dann auch das Geld „ökonomisch-evolutorisch"[1437] im Prozess der Katallaxie entstanden und ist nicht erst durch staatliche Macht geschaffen worden.[1438] Mises warnt explizit davor, den Staatseinfluss gerade in Geldfragen zu überschätzen: „Die Stellung des Staates auf dem Markte ist in keiner Weise von der der anderen am Verkehr teilnehmenden Subjekte verschieden".[1439] Eine Eigenschaft der Individuen im System der Katallaxie unterscheidet sie allerdings grundlegend von den Bürgern einer sozialistischen Gemeinwirtschaft: die Fähigkeit zu kalkulieren.

Rationale Kalkulationen sind aber nur möglich, wenn sich der „acting man" in einer Umgebung befindet, in der die relativen Preise nicht zu starken Schwankungen ausgesetzt sind. Mises warnt zwar immer wieder vor der Illusion, dass in der realen Marktwirtschaft eine Stabilität der Preise im Sinne von Stationarität herrschen kann – das ist für ihn in einem System der Katallaxie mit Milliarden von Handelnden ausgeschlossen, wo dynamische Störungen der relativen Preise entweder auf der Warenoder auf der Geldseite permanent entstehen können.[1440] Geld, das absolut wertstabil ist, kann für Mises nicht existieren und er warnt an vielen Stellen davor, solches Geld künstlich entwerfen zu wollen. Allerdings sind verschiedene Währungsordnungen unterschiedlich anfällig für diejenigen großen Wertschwankungen, für die auch Mises den – seiner Ansicht nach sonst volkstümlichen – Begriff der Inflation akzeptiert. Da für Mises Geld nie neutral ist, also Zu- oder Abflüsse an Geld die einzelnen Akteure, Teilmärkte und Preise stets unterschiedlich stark und unterschiedlich schnell treffen, führen inflatorische Prozesse dazu, dass das Preissystem der Ökonomie stark in Unordnung geraten kann. Dies ist jedoch ein fatales Ergebnis – gerade in Bezug auf die Fähigkeit der Akteure, ihre Entscheidungen mithilfe der Geldrechnung rational zu treffen.

Aus diesem Grunde spricht sich Mises in seiner gesamten Schaffenszeit für den Goldstandard aus, was ihm die Kritik von John Hicks einbringt, dass Geld bei Mises immer als ein „ghost of gold"[1441] zu sehen ist. Als einzige und auch wahrscheinlichste Alternative dazu sieht er die Zeichengeldwährung (Papierwährung) mit Kaufkraftregulierung, wie etwa im Plan von Irving Fisher anvisiert.[1442] Beim von Mises präferierten Goldstandard soll (wie in Abschnitt 6.5.1 erläutert) ausdrücklich aus konjunkturpolitischen Gründen die Umlaufsmittelemission beschränkt werden soll.[1443] Dies bedeutet jedoch nicht, dass er für den Goldstandard plädiert, der zu seiner Zeit existiert, denn dieser unterscheidet sich vom Idealtyp, dem Mises anhängt. Man trifft in der Realität der 1920er- und frühen 1930er-Jahre in den meisten Ländern Ordnungen an, die (auch

1437 Pallas (2005), S. 50.
1438 Vgl. Mises (1912/2005), S. 43–44.
1439 Mises (1912/2005), S. 43.
1440 Vgl. Mises (1928), S. 30–31.
1441 Zitiert nach Pallas (2005), S. 61.
1442 Vgl. Mises (1912/2005), S. 417.
1443 Vgl. Mises (1912/2005), S. 224.

von Mises) als Goldkernstandard oder Golddevisenstandard bezeichnet werden.[1444] Beiden ist gemein, dass im Landesinneren effektiv kein Gold im Umlauf ist. Der Golddevisenstandard zeichnet sich des Weiteren dadurch aus, dass der Geldstock (bei der Zentral- und den Geschäftsbanken) nicht nur aus Gold, sondern auch aus Fremdwährungen besteht, die wiederum (zumindest teilweise) mit Gold gedeckt sind.[1445]

Diese faktischen Schwächen des Realtyps sorgen zwar für Kritik durch viele Liberale – wie gezeigt, einschließlich Hayek und Eucken – darunter auch Mises, allerdings sind sie für ihn kein hinreichender Grund dafür, vom Ideal des Goldstandards Abstand zu nehmen. Der Automatismus, mit dem die Goldproduktion auf Zu- oder Abnahmen der Geldnachfrage reagiert, ist für ihn eine hinreichende polit-ökonomische Begründung dafür, diesen Prozess einer politisch manipulierten Währung, die politischen Interessen ausgeliefert ist, vorzuziehen. Im Übrigen sieht er die Schwankungen des Goldwertes im späten 19. Jahrhundert nicht durch Trägheiten in der Goldproduktion, sondern vielmehr durch die dann beginnende politische Einmischung in den Mechanismus verursacht.[1446] Wenn etwa Länder entscheiden, vom Gold- zum Goldkernstandard zu wechseln, ist es für Mises nicht verwunderlich, dass die Goldnachfrage abnimmt und damit der Goldwert sinkt, was Inflation bedeutet.[1447]

Damit soll deutlich geworden sein, dass das Hauptziel der Mises'schen Wirtschafts- und Gesellschaftstheorie – die gesellschaftliche Kooperation – nur in der am wenigsten schwankungsbedrohten Währungsordnung, d.h. unter dem Goldstandard, adäquat erreicht werden kann. Eine zweite Argumentationslinie knüpft an diese Überlegung an, erweitert aber den Topos der Zusammenarbeit handlungsautonomer Individuen um eine andere Ebene: die internationale Arbeitsteilung. Diese ist für Mises ohne den Goldstandard noch weniger vorstellbar als Kooperation im Inneren. Er setzt sich mit alternativen (in seiner Sprache: keynesianischen) zeitgenössischen Möglichkeiten internationaler Währungsordnungen auseinander und kommt zu dem Schluss, dass keine dieser Ordnungen imstande ist, langfristig für Stabilität der internationalen Wirtschaftsbeziehungen zu sorgen.[1448] Im Hinblick auf die internationale Arbeitsteilung, die neben Handel auch die Verflechtung der Geld- und Kapitalmärkte umfassen muss, ist die Anwesenheit einer unpolitisierten Institution wie die des Goldes unerlässlich.[1449] In Währungsordnungen, die der Politik anvertraut werden,

---

1444 Für eine Kritik dieser Varianten des klassischen Goldstandards vgl. Mises (1912/2005), S. 291–296 und S. 345–346. Für die konkrete Forderung, zum effektiven Gebrauch von Gold zurückzukehren, vgl. Mises (1912/2005), S. 404.

1445 Für eine spätere Kritik der inflationären Gefahren, die aus Abweichungen vom klassischen Goldstandard resultieren können, und für die Notwendigkeit, sich als Staat an die Regeln des Standards zu halten, vgl. Mises (1949/2007), S. 460–462 und S. 786–788.

1446 Für eine Studie über die polit-ökonomischen Debatten zum Goldstandard in der Schweiz der 1930er-Jahre vgl. Allgoewer (2003).

1447 Vgl. Mises (1928), S. 7–9.

1448 Vgl. Mises (1949/2007), S. 475–478.

1449 Vgl. Mises (1949/2007), S. 472.

sieht er eine doppelte Gefahr: Sie können sowohl von Nationalisten zur außenwirtschaftlichen Abschottung der jeweiligen Volkswirtschaft – übrigens ein Begriff, der
für Mises wie kein anderer als Sinnbild für den „reichsdeutschen" Kollektivismus
und Interventionismus steht –[1450] als auch von Interventionisten zur Manipulation der
inländischen Preise und Löhne missbraucht werden.[1451]

In Bezug auf die Verfassung des Bankwesens – also gewissermaßen die mikroökonomische Währungspolitik – ist bei Mises (entgegen der Erwartung an einen
„extrem liberalen"[1452] Marktwirtschaftler) kein eindeutiges, durchgehendes Bekenntnis zum „free banking" zu finden. Seine Einstellung zum freien Wettbewerb bei der
Notenausgabe durchläuft im Verlauf des Werkes eine Entwicklung.[1453] Die Stellungnahmen schwanken zwischen einer anfänglichen grundsätzlichen Skepsis und der
sich im Spätwerk verstärkenden Sympathie – dabei ist die Positionierung gegenüber
„free banking" in *Human Action* positiver alns noch in der 2. Auflage der *Theorie des
Geldes und der Umlaufsmittel*.[1454] In *Human Action* sieht Mises im „free banking" sogar
ein effektiveres Instrument gegen die künstliche Absenkung des Geldzinses als in der
früher favorisierten (in Abschnitt 6.5.1 erläuterten) Beschränkung der Umlaufsmittel-
emissionen im Sinne der Peel'schen Bankakte.[1455] Dahingehend kann der These zugestimmt werden, dass in währungspolitischer Hinsicht eine Evolution „vom Liberalen
zum Libertären"[1456] zu beobachten ist.[1457]

Auch an dieser Stelle wird der zentrale Stellenwert des Goldstandards für Mises
deutlich: „Free banking" ist für ihn keineswegs ein Substitut der Goldwährung. Sollte
beim Vorherrschen von Zeichengeld (heute: Papiergeld) Bankfreiheit bestehen, sieht
Mises in einem solchen System keine Schranken, die den Staat hindern können, sich
des Bankensystems und des Geldwesens zu bemächtigen und diese zu manipulie-
ren.[1458] Stattdessen sind Goldstandard und Bankfreiheit als Komplemente zu sehen:
Bankfreiheit wäre für ihn nur in Verbindung mit dem Goldstandard eine sinnvolle Institution, die neben dem schwer manipulierbaren Charakter des Goldes eine zusätzliche
Schranke für die staatliche Usurpation des Geldwesens durch eine privilegierte
Zentralbank darstellt.[1459]

1450 Vgl. Mises (1949/2007), S. 323–326.
1451 Vgl. Mises (1949/2007), S. 473.
1452 Doering (2000), S. 239.
1453 Für die Rekonstruktion der Nuancen im Wandel der Mises'schen Positionen zum „free banking"
vgl. Pallas (2005), S. 214–222.
1454 Vgl. Mises (1912/2005), S. 406 sowie Mises (1949/2007), S. 441–443.
1455 Vgl. Mises (1949/2007), S. 440–448.
1456 Pallas (2005), S. 183.
1457 Für die Beziehung zwischen Mises, dem Anarchismus und den „Libertären" vgl. Habermann
(1996), S. 141–142.
1458 Vgl. Mises (1912/2005), S. 407–408.
1459 Vgl. Mises (1928), S. 61–62.

6.6.2 Vorstellungen Hayeks

Ganz anders als beim unverändert für den Goldstandard plädierenden Mises verhält es sich mit dem Wandel in Hayeks Vorstellungen zur Währungspolitik, wo eine starke Evolution feststellbar ist, die im Folgenden rekonstruiert wird. Hayek beginnt seinen Weg als Verfechter des Goldstandards. Sein frühes, in Abschnitt 6.5.2 geschildertes Plädoyer für eine konstante Geldmenge als einzige Möglichkeit, monetäre Störungen in der Ökonomie auszuschalten und damit das Geld im Wicksell'schen Sinne neutral werden zu lassen, sieht er primär als theoretische Idealvorstellung, allerdings als praktisch kaum realisierbar an.[1460] Er untersucht schon in seinen ersten Publikationen die möglichen Währungsordnungen daraufhin, welche von ihnen von dem im Kapitalismus nicht erreichbaren Ideal einer „unelastischen" Währung am wenigsten abweicht.[1461] Dabei kommt er zu der Schlussfolgerung, dass der Goldstandard als eine Art „Second-best"-Alternative (Hayek nennt es „das relativ beste")[1462] zu sehen und den Währungen vorzuziehen ist, bei denen das Preisniveau durch Manipulationen künstlich – also staatlich – stabilisiert wird.[1463] Im Goldstandard werden nämlich (trotz seiner eingebauten Stabilisierungstendenzen, die Hayek im Sinne der Elastizität kritisch sieht) bei Störungen „die notwendigen Preisänderungen nur teilweise verhindert", sodass das intertemporale Preissystem seiner Anpassungsmöglichkeiten nicht gänzlich beraubt wird.[1464] Die Feststellung trifft er trotz der expliziten Erwähnung der bekannten Nachteile des Goldstandards, vor allem in Bezug auf Wertschwankungen, die aufgrund der Entdeckung neuer Funde oder der Verbesserung der Fördermethoden auftreten können.[1465] In *Prices and Production* betont er weiterhin, dass es – aufgrund des aus seiner Sicht nicht zufriedenstellenden momentanen Zustandes der Geldtheorie – (noch) kaum möglich ist, einen adäquaten künstlichen radikalen Ersatz für den Goldstandard zu entwerfen und zu realisieren.[1466] In diesem Zusammenhang warnt Hayek davor, alle wahrgenommenen Schwächen des Goldstandards dem Mechanismus an sich anzulasten, da er – wie Mises – glaubt, dass ein wichtiger Teil von ihnen den äußeren Eingriffen in den Mechanismus zuzurechnen ist.[1467]

Hayek hat zudem ein weiteres Argument für den Goldstandard, das in ähnlicher Form auch in Abschnitt 6.6.1 beschrieben wurde. Zwar gehören Mises und Hayek, anders als etwa Gottfried von Haberler, nicht zu den ausgewiesenen „Experten"

[1460] Vgl. Hayek (1928a), S. 66 sowie Hayek (1931/2008), S. 221.
[1461] Die vierte Vorlesung in *Prices and Production* beschäftigt sich ausführlich mit der Beurteilung der unterschiedlichen Elastizität von Währungsordnungen, vgl. Hayek (1931/2008), S. 283–300.
[1462] Hayek (1928a), S. 68.
[1463] Vgl. Hayek (1928a), S. 65–66.
[1464] Vgl. Hayek (1928a), S. 68.
[1465] Vgl. Hayek (1928a), S. 68.
[1466] Vgl. Hayek (1931/2008), S. 299.
[1467] Vgl. Hayek (1931/2008), S. 300.

der Österreichischen Schule in Bezug auf Außenwirtschaftstheorie und -politik. Trotzdem sind sie als Liberale „convinced free trader[s]",[1468] sodass die Offenheit von Ökonomien als eindeutiges Positivum gesehen wird. Deshalb fordert Hayek auch, die internationale Dimension einzubeziehen, wenn verschiedene Währungsordnungen miteinander verglichen werden. In diesem Sinne trägt er im Jahre 1937 in Genf fünf Vorlesungen vor, in denen er sich mit dem sogenannten monetären Nationalismus auseinandersetzt.[1469] Zudem befasst er sich mit den Bedingungen für einen „really international standard"[1470] und stellt nach der Analyse dreier verschiedener Währungsordnungen fest, dass durch Handel und Kapitalflüsse verknüpfte Ökonomien notwendigerweise über fixe und keinesfalls über flexible Wechselkurse aneinander gekoppelt werden müssen.[1471] Gegen Letztere führt er vor allem ins Feld, dass durch die Flexibilität der Wechselkurse eine weitere Art monetärer Instabilität in die Ökonomie einströmen kann.[1472] Zusätzlich trägt er ein weiteres, diesmal polit-ökonomisches, in Abschnitt 6.5.2 diskutiertes Argument für den Goldstandard vor: Dieser stellt eine aus seiner Sicht unerlässliche Hürde gegen mögliche inflationäre Politiken dar.[1473] Es wird hier wiederholt deutlich, dass der Goldstandard für Hayek einen Kompromiss mit der Realität darstellt: Wenn Regierungen nicht daran gehindert werden müssten, eigene inflationäre Pläne durchzusetzen, wäre der Goldstandard mit seiner Ressourcenbindung eine unzulässig unökonomische Lösung.[1474]

Bemerkenswert an dieser Schaffensperiode ist, dass Hayek 1937 eine „free-banking"-Lösung für „utterly impracticable"[1475] hält.[1476] Außerdem stuft er – anders als etwa Eucken – auch den u. a. von seinem Freund Henry Simons[1477] vertretenen Chicago-Plan als „somewhat impracticable" ein: Begründet ist dies in der Skepsis, ob die Konstanz der Geldmenge im Allgemeinen praktizierbar ist, besonders wegen der parallelen

---

1468 Vgl. Hayek (1994), S. 115.
1469 Vgl. Hayek (1937/2008).
1470 Hayek (1937/2008), S. 403.
1471 Mit dieser Forderung vertritt er unter seinen liberalen Kollegen keinesfalls die Mehrheitsmeinung, vgl. Hayek (1994), S. 149–150.
1472 Vgl. Hayek (1937/2008), S. 394.
1473 Vgl. Hayek (1937/2008), S. 404–405.
1474 Vgl. Hayek (1937/2008), S. 405.
1475 Hayek (1937/2008), S. 407.
1476 Im Jahre 1936 promoviert Vera C. Smith bei Hayek an der *LSE* mit einer Dissertation, die sich gerade mit der Gegenüberstellung von Zentralbanken und „free banking" auseinandersetzt, vgl. Smith (1936). Für den Hinweis bin ich Prof. Dr. Nikolay Nenovsky dankbar. Für den Hinweis, dass Vera C. Smith als Hayek-Doktorandin den Eucken-Habilitanden Friedrich A. Lutz heiratet, bin ich Dr. Ekkehard A. Köhler dankbar. Für diese und weitere Informationen über den Werdegang von Friedrich A. Lutz vgl. Hagemann (2008), S. 273–275.
1477 Für die freundschaftliche Beziehung zu Henry Simons und das große Bedauern über dessen frühen Tod vgl. Hayek (1994), S. 127–128 und S. 144.

Existenz des Geldes mit vielen Geldsurrogaten, den „near-moneys".[1478] Diese Surrogate sind unkontrollierbar und können über ihre spontanen Entwicklungen und Substitutionen innerhalb der komplexen Interaktionsbeziehungen der privaten Akteure Beschränkungen wie den Chicago-Plan unterminieren.[1479] Weil Hayek die Meinung vertritt, dass das Prinzip des Chicago-Plans der von Mises geforderten Übertragung der Peel'schen Bankakte auf die Kassenführungsguthaben entspricht,[1480] kann das währungspolitische Fazit gezogen werden, dass er den Weg einer Beschränkung von Geldsurrogaten für notwendig, aber in der Praxis für nicht gangbar hält.

Die währungspolitische Positionierung Hayeks ändert sich in den 1940er-Jahren, vermutlich im Zuge der Diskussionen vor Bretton Woods über die möglichen Währungsordnungen für die Nachkriegszeit. Sein bekannter Vorschlag aus dem Jahre 1943 für die Waren-Reserve-Währung kann aber auch als eine Ergänzung oder Konkretisierung seiner Position in Bezug auf den Goldstandard gesehen werden. Wie oben dargestellt, sieht er den Goldstandard stets als eine „Second-best"-Alternative. Nachdem er die Vorschläge von Benjamin Graham und Frank D. Graham[1481] sowie deren Weiterentwicklung in den späten 1930er- und frühen 1940er-Jahren analysiert, kommt er zu der Schlussfolgerung, dass die von den beiden amerikanischen Ökonomen vorgeschlagene Lösung alle wesentlichen Vorteile des Goldstandards auf sich vereinigt, ohne aber gleichzeitig dessen Schwächen aufzuweisen.[1482] Als Vorteil des Goldstandards und gleichzeitig der Waren-Reserve-Währung nennt er an erster Stelle wieder den polit-ökonomisch wichtigen Automatismus und den regelbasierten Charakter der Politik, d. h. ihre Vorhersehbarkeit, die diese Lösungen auszeichnen.[1483] Allerdings stellt Hayek fest, dass der Goldstandard auf einem offenbar vergänglichen „Vorurteil" gegenüber diesem Metall beruht,[1484] der nach den monetären Umstürzen der 1930er-Jahre und dem Zusammenbruch des Standards in der Zeit dieser Publikation schwer erschüttert ist.[1485]

Gerade in dieses psychologische Vakuum stößt die Waren-Reserve-Währung vor: Sie ersetzt das Gold durch einen breiten Warenkorb aus Gütern. Die Langsamkeit der Anpassung der Goldproduktion an veränderte Nachfragesituationen kann

---

1478 Hayek plädiert in seinen frühesten Publikationen noch für eine Variante des „100 % money", vgl. White (1999b), S. 761.

1479 Vgl. Hayek (1937/2008), S. 412.

1480 Vgl. Hayek (1937/2008), S. 410.

1481 Frank D. Graham veröffentlicht 1944 einen Kommentar über Hayeks und Keynes' Analysen der Waren-Reserve-Währung und macht deutlich, dass es auch sein explizites Ziel ist, durch die Waren-Reserve-Währung, wie von Hayek vorgetragen, die Vorteile des Goldstandards zu sichern, vgl. Graham (1944), S. 424–425.

1482 Vgl. Hayek (1943b), S. 178–180.

1483 Vgl. Hayek (1943b), S. 176.

1484 Für den Begriff „gold-standard mentality" und dessen Relevanz für die Goldstandard-Debatten der 1930er-Jahre vgl. Allgoewer (2003).

1485 Vgl. Hayek (1943b), S. 176–177.

durch die Diversifikation des Warenkorbs behoben werden. Zusätzlich führt bei der Waren-Reserve-Währung ein erhöhter Liquiditätswunsch der Akteure nicht zur Produktion von einem sonst „nutzlosen" Stoff wie Gold, sondern zur Steigerung der Produktion von allgemein benötigten Waren wie etwa Rohstoffen. Außerdem zeichnen sich diese Güter aufgrund ihrer allgemeinen Verwendbarkeit durch einen höheren Liquiditätsgrad als das Gold aus.[1486] Des Weiteren sieht Hayek keine unüberwindbaren Schwierigkeiten für eine internationale Einrichtung des Planes[1487] und auch keine inhärenten inflatorischen Tendenzen.[1488] Trotz möglicher praktischer Probleme[1489] stellt dies aus seiner Sicht einen Fortschritt im Vergleich zum Goldstandard und einen besseren Weg zu mehr Prosperität in der Nachkriegszeit dar.[1490] Relevant erscheint Keynes' Antwort darauf (abgedruckt direkt im Anschluss an Hayeks Aufsatz im *Economic Journal*), der – nach einem Plädoyer für seinen Plan der Clearing Union als Lösung für die globale Nachkriegsordnung – einem neuen automatischen Standard[1491] wie der Waren-Reserve-Währung dasselbe Schicksal wie dem Goldstandard vorhersagt: einen Zusammenbruch aufgrund der aufgezwungenen Disziplin, die die nationale Politik ablehnen wird.[1492]

Auch in der *Constitution of Liberty* sieht Hayek die Währungspolitik nach wie vor als Aktionsfeld der staatlichen Wirtschaftspolitik. So zitiert und verwirft er schon zu Beginn des währungspolitischen Kapitels den Mises'schen Vorschlag aus *Human Action* zur Herstellung von Bankfreiheit. Als Grund nennt er, dass sich in der Realität – möglicherweise gerade durch die bisherigen Staatsinterventionen – bereits ein Kreditsystem entwickelt hat, das ohne staatliche Ordnung die Ökonomie destabilisieren kann.[1493] Der direkte Bezug zu den Thesen der eigenen Habilitationsschrift und der destabilisierenden Rolle des Geldes wird bei der Charakterisierung des Geldes als „loose joint in the otherwise self-steering mechanism of the market"[1494] ganz deutlich.[1495] Bei der Ausgestaltung der staatlichen Währungspolitik sieht er somit nach wie vor besondere Vorsicht geboten und plädiert für eine Lösung, bei der dem Staat durch

---

1486 Vgl. Hayek (1943b), S. 178–179.

1487 Vgl. Hayek (1943b), S. 180.

1488 Vgl. Hayek (1943b), S. 181–182.

1489 Vgl. Hayek (1943b), S. 182–184.

1490 Vgl. Hayek (1943b), S. 184.

1491 In einer späteren Replik auf Grahams Publikation 1944 wird deutlich, dass Keynes an erster Stelle eine elastische Lösung vorschwebt, während er Hayek („perhaps unjustly") verdächtigt, für eine rigide Lösung der internationalen Währungsordnung (wie den Goldstandard) zu stehen, vgl. Keynes (1944b), S. 429.

1492 Vgl. Keynes (1943), S. 187. Diese Vorbehalte wiederholt er auch ein Jahr später, vgl. Keynes (1944b), S. 429–430.

1493 Vgl. Hayek (1960/1978), S. 324.

1494 Hayek (1960/1978), S. 325.

1495 Vgl. White (1999b), S. 763–764.

automatische Mechanismen wie den Goldstandard oder (noch besser) die **Waren-Reserve-Währung** weitestgehend die Hände gebunden sind.[1496]

Im Gegensatz zu diesen – im Sinne des regelbasierten Staates – ordoliberalen Stellungnahmen unterbreitet er „almost as a sort of bitter joke"[1497] in einer Reihe von Publikationen in den 1970er-Jahren den auch zu dieser Zeit radikalen Vorstoß, dass der Staat das Monopol auf die Emission von Geld verlieren soll, eine Idee, die unter dem Stichwort „Entnationalisierung des Geldes" Bekanntheit erlangt.[1498] Damit schaltet sich Hayek in den 1970er-Jahren – ähnlich wie bei den Diskussionen vor Bretton Woods in den 1940er-Jahren mit dem Vorschlag der Waren-Reserve-Währung – zu einer Zeit in die Debatte ein, zu der die Öffentlichkeit nach dem Zusammenbruch von Bretton Woods erneut über eine grundlegende Neuordnung der internationalen Währungsordnung nachdenkt.[1499]

Folgender Satz markiert einen zentralen Wandel Hayeks in währungspolitischer Hinsicht, der im Übrigen auch für die Frage des Übergangs vom „ordoliberalen Hayek II" zum „evolutorischen Hayek III" (erläutert in den Abschnitten 6.3.2 und 6.4.2) eine wichtige Rolle spielt:

> [...] but I must confess that in the course of a long life my opinion of governments has steadily worsened: the more intelligently they try to act (as distinguished from simply following an established rule), the more harm they seem to do.[1500]

Erneut argumentiert Hayek polit-ökonomisch und sieht – ganz im Sinne der Public-Choice-Theorie –[1501] den Staat zunehmend als Opfer von Partikularinteressen, denen gegenüber die Demokratie als Staatsform besonders anfällig ist.[1502] Das währungspolitische Ergebnis eines solchen Staates – in den Worten Euckens von 1932 eines „Wirtschaftsstaates" –[1503] ist laut Hayek eine übermäßige Inflation, da sie, obwohl gesamtwirtschaftlich schädlich, immer einzelnen Gruppen zugutekommt. In den Versuchen der Regierung, die sichtbaren Phänomene der Inflation (etwa durch Preis- und Lohnschranken) zu unterdrücken, sieht er mittelfristig eine mögliche Abschaffung der Marktwirtschaft und eine Installation des Totalitarismus.[1504] Diese Gefahren

---

1496 Vgl. Hayek (1960/1978), S. 334–335.
1497 Hayek (1977/1979), S. 1.
1498 Vgl. Hayek (1976), Hayek (1976/1978a) sowie Hayek (1977/1979). Otmar Issing bezeichnet Hayeks Vorschlag als „approach which was out of line with anything discussed in mainstream monetary theory at that time", vgl. Issing (2000), S. 9–10.
1499 Für einen Überblick zu den „free banking"-Debatten der letzten Jahrhunderte vgl. Nenovsky (2001), S. 134–155.
1500 Hayek (1976), S. 14.
1501 Für die These, dass die österreichischen Ökonomen in vielerlei Hinsichten als intellektuelle Vorläufer der Public-Choice-Theorie gesehen werden können, vgl. Boettke/Leeson (2004), S. 28–31.
1502 Vgl. Hayek (1976), S. 14–15.
1503 Vgl. Eucken (1932a), S. 302–309.
1504 Vgl. Hayek (1977/1979), S. 6.

beobachtet er vor dem Hintergrund der historischen Entwicklung der westlichen Welt, in der er nur eine einzige Periode monetärer Stabilität ausmachen kann: die Zeit des klassischen Goldstandards, bei der dem Staat die Hände währungspolitisch weitestgehend gebunden sind.[1505] Sein Plädoyer zielt also auf eine Aufhebung des Monopols des Staates in Bezug auf die Geldemission ab.[1506] Damit wird ein Privileg des Staates aufgehoben, ohne ihm allerdings das Recht entziehen zu wollen, einer der Anbieter konkurrierender Währungen zu sein.[1507] Dabei ist der Vorschlag nicht anarchistisch zu interpretieren, sondern möglicherweise als ein Versuch der „unkonventionellen Konstitutionalisierung" eines Währungswettbewerbs.[1508] Denn Hayek stellt explizit klar, dass es dem Staat obliegt, den Ordnungsrahmen zur Verfügung zu stellen, in dem sich die Evolution der Marktlösungen frei abspielen darf:

> [...] to provide a framework of legal rules within which the people can develop the monetary institutions that best suit them.[1509]

Damit eignet sich gerade das Plädoyer für die Entnationalisierung dazu, den „ordoliberalen Hayek II" mit dem „evolutorischen Hayek III" zu „versöhnen" und möglicherweise sogar als gegenseitig komplementär einzustufen.

Abschließend gilt es zu rekonstruieren, in welcher Beziehung der Vorschlag der Entnationalisierung zum Fragenkomplex des Goldstandards steht. Wie bereits in den 1930er-Jahren nach dem Auseinanderbrechen des Goldstandards der Zwischenkriegszeit,[1510] ist Hayek auch später unverändert skeptisch, ob eine Einführung des Standards „von oben", also auf internationaler politischer Ebene, eine Chance hat – dazu sieht er die Hauptbedingung bei Weitem nicht als erfüllt, die der Goldstandard an die Körperschaften und die Politiker stellt, die ihn einzuführen vorhaben: die Bereitschaft, sich der Disziplin seiner Mechanik zu unterwerfen.[1511] So gesehen, wäre also eine Einführung „von oben" in den 1970er-Jahren für ihn sogar kontraproduktiv, weil der schnelle Zusammenbruch die Idee eines automatischen Standards auf lange

---

1505 Vgl. Hayek (1976), S. 16.

1506 Es ist bemerkenswert, dass er gerade zu dieser Zeit auch seine – in früheren Publikationen im Vergleich zum Werk der Ordoliberalen unterrepräsentierten – Ideen zur Wettbewerbspolitik stark ausbaut, vgl. Hayek (1979/1981), S. 65–88.

1507 Vgl. Hayek (1976), S. 16–17.

1508 Diese Bezeichnung von Hayeks Vorschlag stammt von James M. Buchanan. Im Anschluss an dessen Vortrag *The Constitutionalization of Money* bei der Tagung der *Mont Pèlerin Society* im August 2009 in Stockholm hat der Autor dieser Studie die Frage gestellt, ob Hayeks Vorschlag als Versuch der Konstitutionalisierung oder als monetäre Anarchie zu sehen ist. Professor Buchanan bekundete zwar seine Vorbehalte gegenüber der Kompatibilität dieses Vorschlag Hayeks mit dem Hayek'schen Plädoyer für den Rechtsstaat, bezeichnete sie aber letztlich als „unkonventionelle Konstitutionalisierung" und nicht als monetäre Anarchie.

1509 Hayek (1976), S. 22.

1510 Vgl. Hayek (1932/1965), S. 7–10.

1511 Vgl. Hayek (1976), S. 15 sowie Hayek (1977/1979), S. 1–2.

Zeit kompromittieren kann. Allerdings hält es Hayek für „not unlikely", dass sich bei einem Währungswettbewerb im Zuge der Evolution des Systems gerade Währungen durchsetzen, die durch Gold gedeckt sind.[1512] Er verknüpft also mit seinem Vorschlag der Entnationalisierung mittelfristig die Hoffnung, dass sich eine automatische Währungsordnung „von unten" durchsetzen kann.[1513] Unabhängig davon, ob sich im Endeffekt eher goldgedeckte oder nicht gedeckte Währungen durchsetzen werden, sieht Hayek in seinem wettbewerblichen Vorschlag einen Weg, durch die Konkurrenz der Währungen zu Ökonomien zu gelangen, die im Vergleich zu Ökonomien mit staatlichem Währungsmonopol weniger konjunkturanfällig ist.[1514] Dadurch tritt erneut die deutliche Interdependenz zwischen Konjunktur- und Währungspolitik bei Hayek zutage.

6.6.3 Analyse entlang der Haupttopoi

Obwohl dieselbe Vorsicht in Bezug auf die Verwendung der Topoi für die Analyse der frühen Positionen beider Autoren geboten ist wie in Abschnitt 6.5.3, kann gezeigt werden, dass sie für die Entwicklung Mises' und Hayeks durchaus Anhaltspunkte liefern. Von besonderem Interesse ist, dass eine gewisse Parallelität in den währungspolitischen Wandlungen zu beobachten ist: Beide stehen am Ende für Lösungen, denen die potenzielle Komplementarität des Goldstandards und des „free banking" als Grundsatz gemein ist.

Den Goldstandard bewerten beide aus verwandten Blickwinkeln, die Topoi liegen hier nahe beieinander. Bemerkenswert erscheint, dass Mises und Hayek primär ein polit-ökonomisches Argument zu dessen Verteidigung anführen: die Regelbindung für die Währungspolitik, aus der sie sich eine unpolitisierte Währung versprechen. Hayek stellt aber 1937, wie oben erläutert, ergänzend fest, dass er die Geldtheorie für *noch* nicht weit genug entwickelt hält, um andere adäquate Währungsordnungen entwerfen zu können. Damit zeigt er sich dem Erkenntnisfortschritt in der Wissenschaft als zusätzlichem Entdeckungsmechanismus für neues Wissen offen und findet bereits in seinem Aufsatz aus dem Jahre 1943 in der Waren-Reserve-Währung eine Ordnung, die er als dem Goldstandard überlegen einstuft. Mises hingegen bleibt – unabhängig von allen währungspolitischen Diskussionen um Bretton Woods und unbeeindruckt von den geringen Chancen seiner Wiedereinführung – dem Goldstandard treu, weil er dessen Vorteile für die binnen- wie außenwirtschaftliche Vernetzungsfähigkeit handlungsautonomer Individuen als unersetzlich erachtet.

1512 Allerdings sieht er sowohl historisch auch theoretisch die Möglichkeit, dass sich auch nicht gedeckte Währungen als wertstabil erweisen können, vgl. Hayek (1977/1979), S. 3–4.

1513 Vgl. Hayek (1976), S. 20–21.

1514 Vgl. Hayek (1977/1979), S. 8. Für eine kritische Analyse dieses Aspekts vgl. Issing (2000), S. 17–19. Für eine der zahlreichen kritischen Analyse des Gesamtkonzepts vgl. Yeager (1983), S. 318–326.

Zeit ihres Lebens bleiben Mises und Hayek Verfechter fixer Wechselkurse, anders als etwa viele andere Neoliberale in der *Mont Pèlerin Society*.[1515] Während Mises diesen Punkt kaum explizit thematisiert, da er direkt in seiner Leitidee vom Goldstandard enthalten ist, verwendet Hayek abermals ein polit-ökonomisches Argument zur Verteidigung dieses währungspolitischen Ordnung: die Sicht auf die fixen Wechselkurse als Schranken einer expansiven und damit potenziell inflationsinduzierenden Wirtschaftspolitik. Vom Wissens-Topos ausgehend, formuliert er als ökonomisches Argument, dass flexible Wechselkurse im Sinne von monetären Schocks destabilisierend auf die Koordination der Individuen in ihrer Arbeits- und Wissensteilung wirken können.

Mit Blick auf die Topoi ist der ähnliche Wandel relevant, den sowohl Mises als auch Hayek in Bezug auf das „free banking" durchlaufen. Beide starten als Skeptiker und sehen in dieser Ordnung zunächst keine Lösung für die währungspolitischen Fragen ihrer Zeit. Allerdings ist sowohl vom Topos der Handlungsautonomie als auch vom Wissens-Topos her erklärbar, warum sie später, nach der Herausbildung der Topoi, die Prinzipien des „free banking" befürworten. Mises verdeutlicht, dass die Bankfreiheit, komplementär zum Goldstandard, eine Lösung bietet, bei der die Privaten autonom Geld emittieren dürfen und diese Währungen aufgrund des Wettbewerbsmechanismus der staatlichen Währung vorzuziehen ist. Die staatliche Währung sieht er außerdem immer mehr als Opfer der „inflationistischen Ideologie". Somit schließt die Handlungsautonomie auch die Erlaubnis der Geldemission und das Beseitigen des staatlichen Privilegs ein. Bei Hayek ist, wie bei Mises auch, die Währung zunächst der destabilisierende Faktor in der Ökonomie schlechthin, sodass er die Währungspolitik nicht den Privaten überlassen will. Später allerdings, wenige Jahre nach der Ausformulierung seiner Idee des Wettbewerbs als Entdeckungsverfahren, sieht Hayek die Möglichkeit, über wettbewerbliche Wissensentdeckung die Privaten in das Schaffen „guten Geldes" einzubeziehen, weil er im staatlichen Monopol nicht nur eine zunehmende Inflationsgefahr, sondern auch eine Verhinderung der Evolution auf monetärem Gebiet sieht. Aus demselben Grund steht er den Anfängen der europäischen Währungsunion in den 1970er-Jahren skeptisch gegenüber. Gerade im Hinblick auf die Haltung zum „free banking" ist es also zulässig festzuhalten, dass eine Bewegung bei beiden Autoren gleichermaßen zu beobachten ist, beschreibbar wohl am besten durch das Bild „vom Liberalen zum Libertären".[1516] So gehören die Abwägungen zugunsten des Goldstandards oder des „free banking" sowie die unterschiedlichen Vorstellungen über deren Vereinbarkeit bis heute zu den am intensivsten diskutierten Fragen zwischen den verschiedenen Schattierungen innerhalb der liberalen Debatten.

[1515] Für Rekonstruktionen der währungspolitischen Debatten im Neoliberalismus und besonders in der *Mont Pèlerin Society* vgl. Wegmann (2002), S. 377–381 sowie Plickert (2008), S. 216–223 und S. 364–371.
[1516] Pallas (2005), S. 183.

6.7 Vergleich der Vorstellungen zur Wettbewerbspolitik

Die Wettbewerbspolitik gehört weder zu Mises' noch zu Hayeks thematischen Schwerpunkten, was einen wesentlichen Gegensatz zu den in den früheren Autorenvergleichen erläuterten Positionen der Ordoliberalen darstellt.[1517] Zwar weisen Mises und Hayek – von einem unterschiedlichen Topos ausgehend – dem Wettbewerb eine zentrale Stellung in ihrer jeweiligen Ordnungstheorie zu, wie in Abschnitt 6.4.2 vergleichend analysiert wurde. Beide teilen aber auch die Skepsis in Bezug auf die Gestaltungsnotwendigkeit *und* -möglichkeit dieses Mechanismus durch den Staat. Die in Nuancen divergierenden wettbewerbspolitischen Schlussfolgerungen werden im Folgenden komparativ untersucht.

6.7.1 Vorstellungen Mises'

Bei genauer Analyse der entsprechenden Textabschnitte in der *Gemeinwirtschaft*, in der *Nationalökonomie*, in *Human Action* sowie in späten Publikationen in den *Monatsblättern für freiheitliche Wirtschaftspolitik* fällt auf, dass die Mises'sche Position zur Frage des Wettbewerbs und der Wettbewerbspolitik inhaltlich keinen prononcierten Wandel durchläuft, während sich stilistisch etwa beim Vergleich der *Gemeinwirtschaft* zur *Nationalökonomie* eine zunehmende Zuspitzung der Rhetorik feststellen lässt.[1518] Auch die *Nationalökonomie*,[1519] die hier (sonst wird in der Studie ihre erweiterte englischsprachige Fassung *Human Action*[1520] herangezogen) gerade deshalb ausgewertet wird, weil man erwarten kann, dass sie – 1940 in Genf veröffentlicht – zu den in den 1930er-Jahren erscheinenden deutschsprachigen Publikationen zur Wettbewerbspolitik des aufkommenden Ordoliberalismus Stellung bezieht, enthält diesbezüglich keine Bezüge zur durch Mises stets verachteten „reichsdeutschen" Nationalökonomie, nicht einmal der Begriff „Wettbewerbspolitik" fällt auch nur ein einziges Mal. Zwar nimmt Mises zeitgleich wettbewerbs*theoretische* Verfeinerungen zu seiner Sicht auf das Monopolproblem vor, ohne dass sich aber seine grundlegenden wettbewerbs*politischen* Folgerungen dabei ändern. Daher erscheint es zulässig, auf eine statische Darstellung zurückzugreifen, da eine sequenzielle Analyse der einzelnen Werke hoch redundant ausfallen würde.

1517 Für Euckens Schilderung in einem Brief an Luigi Einaudi vom 16. März 1943 (kurz nach Stalingrad), wie intensiv in Deutschland über die Bedeutung des Wettbewerbs und der Wettbewerbspolitik diskutiert wird, vgl. Eucken (1943).
1518 Für die auch der radikalen Rhetorik geschuldete Charakterisierung Mises' in einer Rezension der *Nationalökonomie* als „veteran of economic warfare" vgl. Knight (1941), S. 409.
1519 Vgl. Mises (1940).
1520 Vgl. Mises (1949/2007).

Grundsätzlich besitzt der Tatbestand des Monopols bei Mises eine besondere theoretische Wichtigkeit, da dies für ihn der einzige Fall ist, in dem (betriebswirtschaftliche) Rentabilität und (volkswirtschaftliche) Produktivität tatsächlich auseinanderfallen – was von sozialistischer Seite der Marktwirtschaft bei vielen anderen Phänomenen vorgeworfen wird.[1521] In diesem speziellen Fall wird der Konsument also ausnahmsweise „entthront", d. h. nicht seine Präferenzen, sondern die Handlungen des Monopolisten sind ausschlaggebend für die Verwendung der knappen Ressourcen.[1522] Allerdings wird gleichzeitig die praktische Relevanz des Monopols durch zahlreiche Bedingungen stark relativiert, insbesondere durch das Postulat, dass kein Gut unersetzlich und damit alle Güter substituierbar sind.[1523] So gelangt Mises zu der Schlussfolgerung, dass lediglich zwei Fälle von Monopolen relevant sind: die Herrschaft über besondere natürliche Ressourcen – wie etwa seltene Erze – sowie der Fall des natürlichen Monopols, etwa aufgrund der (in heutiger Sprache) fallenden Durchschnittskosten – wie etwa im Betrieb von Eisenbahnen.[1524] Die praktische Relevanz des natürlichen Monopols schränkt er in *Human Action* noch weiter ein.[1525] Dass in der Realität viel mehr über Monopole und Kartelle (Letztere sind für Mises einfach als Kollektivmonopol einzustufen) diskutiert wird, liegt für ihn ausschließlich in der interventionistischen Politik des Staates begründet. So ist demnach der Protektionismus ausschlaggebend für die Bildung von Kartellen, die in Abwesenheit von außenhandelspolitischen Beschränkungen praktisch kaum entstehen können.[1526]

Überhaupt sind für Mises staatliche Privilegien der ausschlaggebende Grund für Monopolbildung, die fälschlicherweise dem Markt und seiner angeblichen Tendenz zur Konzentration angelastet wird.[1527] Für ihn steht fest, dass bei Abwesenheit staatlichen Schutzes bestimmter privilegierter Marktpositionen die Dynamik des Marktes dafür sorgt, dass über Neuzutritte genügend Konkurrenz entsteht – in heutiger Sprache also ein Plädoyer für die Gültigkeit der Contestable-Markets-Theorie. Über das Monopol hinaus hat er kein besonderes theoretisches Interesse an weiteren Marktformen: Duopole und Oligopole sind für ihn keine eigenständigen Marktformen, sondern (in der Praxis kaum relevante) Versuche, Monopolpositionen mittelfristig zu erreichen.[1528] Die zeitgenössischen Kategorien des unvollständigen oder

---

1521 Vgl. Mises (1922/2007), S. 362.
1522 Vgl. Mises (1940), S. 320–321 und S. 345.
1523 Vgl. Mises (1940), S. 321–346 sowie Mises (1949/2007), S. 358–376.
1524 Vgl. Mises (1922/2007), S. 360–361.
1525 Vgl. Mises (1949/2007), S. 370–371.
1526 Vgl. Mises (1922/2007), S. 360.
1527 Vgl. Mises (1940), S. 620.
1528 Vgl. Mises (1940), S. 324.

monopolistischen Wettbewerbs lehnt er als irreführend ab.[1529] In offenen Märkten kann für Mises also private Marktmacht – jenseits der Macht der Konsumenten – nicht existieren.[1530]

Daraus folgt, dass Wettbewerbspolitik für Mises eindeutig eine negative wirtschaftspolitische Aufgabe ist, also eine Aufgabe der Beseitigung von Konkurrenzhindernissen staatlicher Art, damit Märkte dauerhaft geöffnet und offen gehalten werden. Besondere kartellpolitische Maßnahmen hält er nicht für notwendig, weil Kartelle für ihn grundsätzlich instabil sind, besonders wenn der Markt offen ist und das Kartell deshalb sehr viele Teilnehmer umfassen sowie ständig Neuzutritte befürchten müsste. Der Grund für die Instabilität liegt in der Zuweisung der Quoten an die einzelnen Kartellbeteiligten, die stets zur Nichteinhaltung der Kartellvereinbarung verleiten.[1531] In der realen Wettbewerbspolitik sieht er hingegen, wie bei jedem Interventionismus,[1532] widersinnige und außerdem nur schlecht getarnte Versuche, den Wettbewerb durch den Schutz bestimmter Hersteller zu verdrängen und parallel andere wirtschaftspolitische Zielen zu verfolgen – etwa die Stabilisierung der Preise eines bestimmten Gutes.[1533] Als Fazit kann folgender Satz dienen:

> Wo es keine Einfuhrzölle gibt und bei der Vergebung öffentlicher Lieferungen keine Vorzugsstellung eingeräumt wird, kann es keine Kartellierung und keine Monopolpreise geben. In einem derartigen Laissez-faire-System herrscht Handelsfreiheit.[1534]

Deren Herstellung ist für Mises somit im Sinne einer notwendigen *und* hinreichenden Bedingung die einzige Maxime, die der Staat auf dem Gebiet der Wettbewerbspolitik mittels Öffnung und Offenhaltung der Märkte zu verfolgen hat. Dass Mises bei den ersten Tagungen der *Mont Pèlerin Society* leidenschaftlich die Ordoliberalen und deren über negative Politik hinausgehendes Verständnis von Wettbewerbspolitik angreift, ist bekannt.[1535] Neuere Archivforschungen zeigen darüber hinaus, dass seine rhetorische Aggressivität wenige Jahre später sogar dazu führt, das wettbewerbspolitische Verständnis der Ordoliberalen in der Nähe des nationalsozialistischen Wettbewerbsverständnisses zu verorten.[1536]

1529 Vgl. Mises (1940), S. 328–329 sowie Mises (1949/2007), S. 278.
1530 Für die „supremacy of consumers" als die einzige Machtposition in der Marktwirtschaft vgl. bspw. Mises (1949/2007), S. 269–273 und S. 275–276.
1531 Vgl. Mises (1949/2007), S. 361 sowie Mises (1965a), S. 41.
1532 Für die Darstellung positiver wettbewerbspolitischer Maßnahmen als Spielart des Interventionismus vgl. Mises (1946/2009), S. 1–2.
1533 Vgl. Mises (1965a), S. 45–46 sowie Mises (1965b), S. 271.
1534 Mises (1965a), S. 46.
1535 Vgl. Kolev/Goldschmidt/Hesse (2014), S. 20–21 und S. 33–36 sowie Kolev (2016b), S. 18–19.
1536 Vgl. Nientiedt/Köhler (2016).

6.7.2 Vorstellungen Hayeks

Der Vorwurf, der gelegentlich an Hayek gerichtet wird, dass die Wettbewerbspolitik in seinem Werk nicht genügend Beachtung findet,[1537] ist auf den ersten Blick nicht leicht von der Hand zu weisen. Obwohl Hayek einige der wichtigsten wettbewerbs*theoretischen* Positionen der liberalen politischen Ökonomie formuliert,[1538] ist es tatsächlich richtig, dass er bis in die 1970er-Jahre keine ausdifferenzierte Position zur Wettbewerbs*politik* vorlegt. Fraglich ist somit, wie dies bei einem Autor zu erklären ist, der in anderen Aspekten durchaus die Nähe zum Ordoliberalismus sucht. Eine mögliche Erklärung ist, dass der „ordoliberale Hayek II" implizit die Ansätze in den Arbeiten Euckens oder auch Böhms und Mikschs akzeptiert. Im *Road to Serfdom* und bei der Gründung der *Mont Pèlerin Society* betont er in der Tat noch, dass es nicht ausreicht, den Wettbewerb mittels negativer Politik zu öffnen, vielmehr fordert Hayek darüber hinaus positive Maßnahmen zur Herstellung und Stützung des Wettbewerbs.[1539] So sagt er 1945 bei einer Rundfunkdiskussion in Chicago im Zuge seiner Autorenreise durch die USA nach dem *Road to Serfdom*:

> There is [...] the method of relying on competition, which, if it is to be made effective, requires a good deal of government activity directed toward making it effective and toward supplementing it where it cannot be made effective.[1540]

Bereits bei einem Vortrag an der *Universität Köln* im Jahre 1953 steht allerdings die Wettbewerbspolitik negativer Art nunmehr im Vordergrund.[1541] Auch die folgende, deutlich später formulierte Äußerung bei derselben Podiumsdiskussion im Jahre 1975, bei der ihm Indifferenz zur Wettbewerbspolitik vorgeworfen wird, spricht für einen Wandel und eine Abwendung von der früheren, in der Nähe des Ordoliberalismus verortbaren Position:

> I don't believe that either the attempt to fight bigness as such, nor the various efforts to aim at a competitive price as if competition existed in fields where it cannot exist, can have the desired results. I think there are other possible ways which avoid in particular the very harmful discretionary powers actually conferred on the enforcing authorities.[1542]

Hier wird ganz deutlich, dass sich Hayek vom in Freiburg besonders von Leonhard Miksch vertretenen Ansatz, einen „Als-ob"-Wettbewerb zu erzwingen, eindeutig distanziert. Bemerkenswert ist, dass er dies gerade von der Warte der Macht aus, also vom

---

[1537] Für die explizite Formulierung des Vorwurfes aus dem Jahre 1975 seitens des Heidelberger Ökonomen Egon Sohmen vgl. dessen Äußerung in Hayek (1975a), S. 17–18.

[1538] Vgl. Hayek (1946/1948) sowie Hayek (1968/1969).

[1539] Vgl. Hayek (1944/1994), S. 42–43 und S. 213–218 sowie Hayek (1947/1948), S. 110.

[1540] Hayek (1994), S. 111.

[1541] Vgl. Hayek (1953/1954), S. 12–14.

[1542] Hayek (1975a), S. 18.

Eucken'schen Topos her, begründet, indem er das Entstehen von staatlicher Macht offenbar als schädlicher einstuft als die durch den Staat möglicherweise verhinderte private Macht. An anderer Stelle begründet er seine Nichtakzeptanz des „Als-ob"-Vorschlags außerdem mit dem auch für die Behörden zutreffenden Wissensmangel bezüglich der Preise, die der Marktprozess unter Wettbewerb generieren würde.[1543]

Der oben genannte Vorwurf der Indifferenz gegenüber der Wettbewerbspolitik ist allerdings auch dahingehend nicht ganz präzise, als, wie eingangs erwähnt, die Wettbewerbstheorie einen sehr prominenten Platz in Hayeks ordnungstheoretischen Schriften einnimmt.[1544] Wie in Abschnitt 6.4.2 erläutert, macht er den Wert des Wettbewerbs im inzwischen bekannt gewordenen Bild des Entdeckungsverfahrens für neues Wissen aus.[1545] Im dritten Band von *Law, Legislation and Liberty* formuliert er auch ausführlich – Fragmente daraus finden sich bereits in früheren Schriften –[1546] seine Positionen zur Rolle des Staates in Bezug auf den Wettbewerb. Ähnlich wie Mises, hat Hayek einen dynamischen, prozesshaften Wettbewerbsbegriff und lehnt deshalb schon früh im *Meaning of Competition* eine Orientierung der Wettbewerbspolitik am Ideal der (neoklassischen) vollkommenen Konkurrenz als realitätsfern und irreführend ab.[1547] Wie Mises, der sich diesbezüglich genau auf Hayeks *Meaning of Competition* beruft,[1548] stuft auch Hayek die Konzepte des monopolistischen oder unvollkommenen Wettbewerbs besonders wegen ihrer statischen Natur als nicht mit seinem Wettbewerbsverständnis kompatibel ein.[1549] Stattdessen spricht er sich dafür aus, einen „notwendigen Grad von Wettbewerb zu sichern".[1550] Dabei plädiert Hayek, wie im obigen Zitat deutlich wird, gegen eine grundsätzliche Benachteiligung von Größe, da für ihn der objektive Maßstab fehlt, um einzuschätzen, ab wann Größe gefährlich wird.[1551] Die perfekte Größe der Spieler auf einem Markt bezeichnet er hingegen als höchst dynamisches Phänomen, diese Größe ist als Variable des Marktprozesses in der Katallaxie permanent neu zu entdecken.[1552] Das Problem der privaten Macht, die aus Größe folgen kann, sieht er deshalb als wenig bedeutend – zudem erwartet er, dass private Macht durch die Herausbildung anderer großer Spieler im Rahmen des Marktprozesses gewissermaßen endogen eingehegt wird.[1553] Daneben sieht er ebenfalls die

---

1543 Vgl. Hayek (1966/1969b), S. 124.
1544 Vgl. Hayek (1944/1994), S. 41–45, Hayek (1960/1978), S. 37–38, Hayek (1966/1969b), S. 122–125 sowie Hayek (1968/1969), S. 249–265.
1545 Vgl. Hayek (1968/1969). Für eine frühe Formulierung der Analogie zum Entdeckungsverfahren vgl. Hayek (1946/1948), S. 101.
1546 Vgl. Hayek (1966/1969b), S. 122–125.
1547 Vgl. Hayek (1946/1948), S. 101–104 sowie Hayek (1966/1969b), S. 124.
1548 Vgl. Mises (1949/2007), S. 278.
1549 Vgl. Hayek (1946/1948), S. 94–104.
1550 Hayek (1966/1969b), S. 123.
1551 Vgl. Hayek (1979/1981), S. 77.
1552 Vgl. Hayek (1979/1981), S. 78.
1553 Vgl. Hayek (1979/1981), S. 78–79.

soziologischen Gefahren der Größe, die etwa bei Röpke eine zentrale Rolle spielen: Diese können u. a. entstehen, wenn eine Gesellschaft lediglich aus Angestellten und nicht mehr auch aus Selbstständigen besteht.[1554] Aber selbst dies ist für Hayek kein hinreichender Grund, um dem Staat diskretionäre Macht zu übertragen, mit der er private Akteure zu einem bestimmten Verhalten und Größe zwingen kann.[1555]

Daraus kann jedoch nicht gefolgert werden, dass Hayek einen absolut passiven Staat in der Wettbewerbspolitik fordert. Stattdessen ist sein zentrales Anliegen – um den Begriff seines Freiburger Nachfolgers Erich Hoppmann zu verwenden – die Herstellung der Wettbewerbsfreiheit.[1556] Das bedeutet, dass der Staat die Hindernisse beseitigen soll, die den Zutritt von neuen Wettbewerbern erschweren,[1557] und so lautet seine Devise „setting potential competitors as watchdogs over the monopolist".[1558] Es sei auch folgendes Zitat wiedergegeben, das auch als Abwendung von seinen frühen Freiburg-nahen Positionen gelesen werden kann:

> That it is not monopoly but only the prevention of competition [...] which is morally wrong should be specially remembered by those „neo-liberals" who believe that they must show their impartiality by thundering against all enterprise monopoly [...] forgetting that much enterprise monopoly is the result of better performance.[1559]

Monopole sind für Hayek also nicht per se gefährlich, sondern werden zur Gefahr, wenn sie ihre besondere Position, die sie oft durch bessere Leistung erworben haben, durch Ausschluss der Wettbewerbsfreiheit – also durch das Erlangen staatlicher Privilegien – künstlich aufrechterhalten.[1560] Der Staat soll, das ist die zentrale Forderung, alles unterlassen, was Größe bevorzugt oder gar zementiert – u. a. auf dem Gebiet der Zölle, Patente, im Unternehmens- und im Steuerrecht – dann verliert das Monopolproblem weitestgehend seine praktische Relevanz.[1561]

Es bleibt noch zu klären, was Hayek im Umgang mit Kartellen vorsieht. Er wägt zunächst zwischen dem allgemeinen Verbot mit strafrechtlicher Verfolgung und der Missbrauchskontrolle ab und kommt zu dem Schluss, dass es einen besseren, dritten Weg gibt. Hierbei wird das strafrechtliche Verbot durch eine zivilrechtliche Lösung ersetzt, durch die den von einem Kartell Geschädigten dahingehend geholfen wird, dass die Kartell-Absprachen für nicht einklagbar erklärt werden und außerdem den Geschädigten hoher Schadensersatz gewährt wird.

1554 Vgl. Hayek (1979/1981), S. 79.
1555 Vgl. Hayek (1979/1981), S. 79–81.
1556 Für eine Analyse der Wettbewerbsfreiheit als Kriterium für die Wettbewerbspolitik im Vergleich zu anderen heute diskutierten Maximen vgl. Vanberg (2009), S. 9–26.
1557 Vgl. Hayek (1966/1969b), S. 122.
1558 Hayek (1979/1981), S. 85.
1559 Hayek (1979/1981), S. 83.
1560 Vgl. Hayek (1979/1981), S. 84.
1561 Vgl. Hayek (1979/1981), S. 88.

6.7.3 Analyse entlang der Haupttopoi

Auf dem Gebiet der Wettbewerbspolitik bestehen zwischen Mises und Hayek weitgehende Ähnlichkeiten, wobei zu betonen ist, dass diese in den späteren Publikationen sogar noch zunehmen: Hayek entfernt sich dabei vom Ordoliberalismus und nähert sich immer mehr den Mises'schen Positionen an. Für Mises und den „späten" Hayek ist Wettbewerbspolitik eine weitestgehend negative Politik, in deutlichem Gegensatz zur Freiburger Schule aus der Zeit Euckens, Böhms und Mikschs.

Beide sprechen sich im Wesentlichen für die Herstellung und Aufrechterhaltung von Wettbewerbsfreiheit aus, vertreten also eine Position, die der Contestable-Markets-Theorie nahe kommt: Zentral ist demnach für Mises und Hayek gleichermaßen, dass alle Akteure durch die potenzielle Konkurrenz durch Neuzutritt auf offenen Märkten in ihrem Preissetzungsverhalten „diszipliniert" werden. Sowohl Einzel- als auch Kollektivmonopole (Kartelle) halten sie für Phänomene, die keinesfalls die zu dieser Zeit beobachtbare praktische Relevanz erlangt hätten, wenn staatliche Privilegien und Zutrittsbarrieren nicht bestünden.

Für diese ähnlichen Positionen geben sie allerdings unterschiedliche Begründungen an, die erneut geradezu ideal mit den Topoi harmonieren. Für Mises sind herausragende Positionen in der von staatlichen Interventionen unbehinderten Marktwirtschaft schlichtweg das Ergebnis herausragender Leistungen. Deshalb besteht kein Anlass, diese aufgrund autonomer Handlungen und individueller Wertschätzungen entstandene – und außerdem stets temporäre – Stärke von Staats wegen zu bekämpfen. Hayek hingegen argumentiert mit Bezugnahme auf den Wissens-Topos: Er stellt fest, dass weder für die Feststellung der perfekten oder der gefährlichen Größe der Spieler noch für die „Als-ob"-Preise ein objektiv feststellbares Kriterium existiert, sodass diese ausschließlich das Ergebnis des Wettbewerbs als Entdeckungsverfahren von neuem Wissen sein sollen. Beide teilen die Vorstellung vom offenen Marktprozess als einem selbststeuernden Mechanismus der permanent erfolgenden *endogenen* Machterosion, der keiner *exogenen* Korrektur durch staatliche Macht bedarf. Der korrigierende Einsatz staatlicher Macht führt nach Mises und Hayek polit-ökonomisch gerade dazu, dass Positionen privater Macht durch die staatliche Privilegierung Einzelner zementiert werden, was sowohl für die Entfaltung von Handlungsautonomie als auch für das Bergen von neuem Wissen ein schwerwiegender Nachteil sein kann.

6.8 Vergleich der Vorstellungen zur Sozialpolitik

Nachdem bisher Felder mit einem hohen Grad an Parallelität zwischen beiden Denkern geordnet wurden, fördert das Feld der Sozialpolitik gravierende Unterschiede zwischen den Positionierungen von Mises und Hayek. Hier können die Topoi besonders ertragreich und erfolgversprechend angewendet werden, um diese Differenzen zu systematisieren.

6.8.1 Vorstellungen Mises'

Der Grund für die Kürze dieses Abschnitts liegt in der rigorosen Absage Mises' an *jegliche* staatliche Sozialpolitik.[1562] Historisch betrachtet er eine solche als besonders schädliches Überbleibsel des preußischen Etatismus des späten 19. Jahrhunderts.[1563] Inhaltlich hält er der Sozialpolitik entgegen, dass sie – ähnlich wie die Wettbewerbspolitik – eine Spielart des Interventionismus ist, die wie jeder Interventionismus nicht nur ihr Ziel nicht erreicht, sondern Gefahr läuft, gerade das Gegenteil von dem zu bewirken, was sie ursprünglich bezweckt.[1564] Wieder in der historischen Retrospektive, spricht er der Sozialgesetzgebung des 19. Jahrhunderts im Deutschen Reich das Verdienst für die steigende Wohlfahrt der Arbeiter dezidiert ab: Sie hat nach seiner Auffassung sogar die Dynamik des Kapitalismus gebremst und daher Wohlfahrtsverluste verursacht.[1565]

Gewerkschaften sind für ihn als Ausdruck der Versammlungs- und Vereinigungsfreiheit nicht als per se negativ anzusehen.[1566] Allerdings dürfen sie nicht im Sinne des Koalitionszwanges mit Privilegien ausgestattet werden, die den Rechtsstaat aushebeln und die Privatautonomie etwa von Streikbrechern ernsthaft beschränken.[1567] In diesem Fall gilt für ihre Aktivitäten: „Jeder Streik ist Terrorismus".[1568]

Außerdem spricht Mises den Gewerkschaften auch die Fähigkeit ab, Löhne langfristig über dem Niveau der Räumung auf dem Arbeitsmarkt bzw. über der Grenzproduktivität durchzusetzen. Eine solche Handlung ist notwendig mit der Entstehung von Arbeitslosigkeit verbunden, die in der nächsten Runde bei freiem Zutritt zum Arbeitsmarkt wieder Druck auf die Löhne ausüben wird.[1569] Insgesamt sieht Mises die Existenz und Erstarkung der Gewerkschaften als Ausfluss der grundfalschen (in seiner Terminologie: syndikalistischen) Vorstellung, dass sich die Wohlfahrt der Arbeiter über Konflikt verbessern lässt.[1570] Mises setzt dem das Ideal der gesellschaftlichen (und damit auch wirtschaftlichen) Kooperation als einzig möglichen Weg zu dauerhafter Prosperität entgegen.[1571]

Insgesamt schlussfolgert Mises lapidar in der *Gemeinwirtschaft*:

[1562] Wohl kaum zufällig werden die unterschiedlichen Mittel der Sozialpolitik in der *Gemeinwirtschaft* im fünften Teil unter dem Titel „Der Destruktionismus" behandelt, vgl. Mises (1922/2007), S. 423.

[1563] Vgl. Mises (1929/1976), S. 28–31 sowie Mises (1978a), S. 181–182. Für den Widerspruch der Bismarck'schen Sozialpolitik zur Logik ökonomischer Gesetze vgl. Mises (1949/2007), S. 366–367.

[1564] Vgl. Mises (1949/2007), S. 614–617 sowie Mises (1978a), S. 82–85.

[1565] Vgl. Mises (1922/2007), S. 447–448 sowie Mises (1978b), S. 20.

[1566] Vgl. Mises (1949/2007), S. 778–779.

[1567] Vgl. Mises (1922/2007), S. 445–446.

[1568] Mises (1922/2007), S. 447.

[1569] Vgl. Mises (1949/2007), S. 609–610.

[1570] Bemerkenswert ist Mises' Anmerkung, dass selbst Marx den Gewerkschaften die Macht abspricht, die Reallöhne dauerhaft erhöhen zu können, vgl. Mises (1922/2007), S. 447–448.

[1571] Vgl. Mises (1922/2007), S. 468 und S. 473.

Kein geordnetes Gemeinwesen hat die arbeitsunfähigen Armen hartherzig verhungern lassen. Es hat immer irgendwelche Einrichtungen gegeben, um die, die sich nicht selbst zu erhalten imstande waren, nicht zugrunde gehen zu lassen.[1572]

Durch die Gewährung eines allgemeinen Rechtsanspruches auf Sozialleistungen im Sinne einer staatlichen Sozialversicherung – wie sie sich in Deutschland seit dem 19. Jahrhundert entwickelt hat – sieht er Gefahren, u. a. für die psychische Gesundheit der Bedürftigen.[1573] Nicht überraschend lehnt Mises auch eine progressive Ausgestaltung der Steuern ab, weil sie – wie viele andere steuerpolitische Mittel des Interventionismus – dazu führen, dass die Lasten nicht von allen, sondern willkürlich von besonderen Gruppen der Gesellschaft getragen werden.[1574]

Die Fähigkeit (und Neigung) zur Empathie (im Sinne der Smith'schen „sympathy")[1575] ist – im Hinblick auf die obige optimistische Voraussage über die Herausbildung spontaner gesellschaftlicher Hilfsorganisationen – offenbar eine weitere Eigenschaft, die das Mises'sche handlungsautonome Individuum besitzt. Damit ist der Bezug zum Topos offenkundig: Die besondere anthropologische Leitidee von einem in jeder Hinsicht (wirtschaftlich *und* sozial) vernetzungsfähigen Menschen, die der Methode der Praxeologie und (im Sinne des Topos) dem Werk insgesamt zugrunde liegt, wird hier wiederholt deutlich.[1576]

6.8.2 Vorstellungen Hayeks

Hayek unterscheidet sich in den Empfehlungen zur Sozialpolitik ganz wesentlich von seinem Wiener Mentor. Es handelt sich hierbei sogar um eine der deutlichsten wirtschaftspolitischen Differenzen, die sich zwischen beiden Autoren überhaupt ausmachen lassen. Hayek entwickelt in der *Constitution of Liberty* eine umfassende liberale Utopie für die sozialpolitische Betätigung des Staates. Damit konkretisiert er den bedeutendsten Teil der „service function" des Staates – neben der in der vorliegenden

1572 Mises (1922/2007), S. 441.
1573 Vgl. Mises (1922/2007), S. 442–444.
1574 Vgl. Mises (1922/2007), S. 457–460, Mises (1949/2007), S. 738–742 sowie Mises (1950/2008), S. 50. Für eine Analyse der Mises'schen steuerpolitischen Vorstellungen, vgl. Blumenthal (2007), S. 323–334.
1575 Für die Einschränkung, dass „sympathy" bei Smith nicht zu Handlungen führen muss, bin ich Prof. Dr. Manfred J. Holler dankbar.
1576 Eine Analyse des Begriffs „sympathy" bei Jeremy Bentham wurde beim 10. *Summer Institute for the History of Economics* 2009 in Richmond von Dr. Michael Thomas vorgetragen, vgl. Thomas (2009). Die Bezüge zum Menschenbild des bekennenden Utilitariers Mises ergeben sich zunächst direkt, wenn vom „heroic entrepreneur" bei Bentham die Rede ist. Besonders bemerkenswert ist dann, dass Thomas Benthams Individuum einen „compassionate utilitarianism" attestiert. Dies korrespondiert mit der in diesem Abschnitt erläuterten Fähigkeit des Mises'schen Individuums, freiwillig für seine schwachen Mitbürger zu sorgen.

Studie bisher primär erläuterten „coercive function" als Schiedsrichter und Gärtner – und unternimmt den Versuch, seine liberale Utopie vom paternalistischen Wohlfahrtsstaat abzugrenzen.[1577] Dieser wesentliche Schritt, den einige Zeitgenossen als Ausfluss des Aufenthaltes in Chicago sehen,[1578] ist von libertärer Seite vielfach kritisiert worden und ein maßgeblicher Grund dafür, dass einige dieser Kritiker Hayek geradezu als Sozialdemokraten bezeichnen.[1579] Aber auch Mises selbst äußert sich sehr reserviert über den dritten Teil der *Constitution of Liberty*, in dem sich Hayeks Ausführungen zum liberalen Sozialstaat finden.[1580]

Bereits im *Road to Serfdom* äußert er sich zur allgemeinen Problematik der Unsicherheit in der Marktwirtschaft, der jeder Bürger ausgesetzt ist.[1581] Dass Unsicherheit eines der Kerncharakteristika spontaner Ordnungen ist, gehört inzwischen zum „Kanon" der Hayek-Rezeption.[1582] Dieser Tatsache muss Hayeks Ansicht innerhalb der Theorie der spontanen Ordnung entsprochen werden.[1583] Seine Antwort liegt in der Ausformulierung einer Ordnung für den Sozialstaat,[1584] die hauptsächlich zwei Kriterien entspricht: Sie soll *regelbasiert* sein und gleichzeitig einen möglichst *wettbewerblichen* Charakter aufweisen. Beide Aspekte hängen direkt mit dem Hayek'schen Topos zusammen: Regeln sind für ihn (wie in Abschnitt 6.3.2 geschildert) erstens Speicher akkumulierbaren gesellschaftlichen Wissens und zweitens (falls sie die in Abschnitt 6.3.2 erläuterten Voraussetzungen des *nomos* erfüllen) Bestandteile des (ordo-)liberalen Ordnungsrahmens für die katallaktischen Prozesse. Wettbewerb wiederum ist (wie in Abschnitten 6.4.2 und 6.7.2 erläutert) ein Entdeckungsverfahren, also ein dynamisches Verfahren für die Bergung von neuem oder noch nicht genutztem Wissen.[1585]

Als Nächstes sollen nun Hayeks konkrete institutionelle Vorschläge für die Sozialpolitik untersucht werden. Von besonderem Interesse ist zunächst das Plädoyer für

---

1577 Für Hayeks Verständnis der „service function" des Staates vgl. Hayek (1960/1978), S. 258–260 sowie Hayek (1979/1981), S. 41–49.

1578 Für die Einschätzung Milton Friedmans, dass die *Constitution of Liberty* „Hayek's descent into the Chicago school" darstellt, vgl. Ebenstein (2003), S. 141. Dies kann als eine Hayek'sche „zweite Abwendung" von Mises angesehen werden – nach der methodologischen Abwendung in London im Zuge von *Economics and Knowledge* und der Beschäftigung mit Karl Popper.

1579 Vgl. Hoppe (1994), S. 67 und S. 70.

1580 Vgl. Mises (1960/2008).

1581 Vgl. Hayek (1944/1994), S. 117–118 und S. 133–135.

1582 Vgl. Wegner (2008), S. 90–99 sowie Wegner (2012), S. 111–116. Für die These, dass Angst häufig eine Begleiterscheinung der Freiheit ist, vgl. Kirsch (2006).

1583 Dieser Auffassung wird entgegengehalten, dass Hayek seine sozialpolitischen Positionen lediglich aus taktischen Gründen vertritt, um seinen Liberalismus vor dem Vorwurf der sozialen Gleichgültigkeit zu bewahren. Für eine damit verwandte Diskussion über die Flankierung des liberalen Rechtsstaates durch wohlfahrtsstaatliche Elemente vgl. Kliemt (1995), S. 84–91 sowie Kliemt (2009).

1584 Für den Vorwurf, dass Hayek den Wohlfahrtsstaat einseitig negativ sieht, vgl. Robbins (1961), S. 77–80.

1585 Vgl. Hayek (1968/1969).

die Mindestsicherung für Bürger, das er schon im *Road to Serfdom* formuliert.[1586] Mit dieser besonderen Komplementierung seines – sich gerade zur Zeit der *Constitution of Liberty* herausbildenden – evolutorischen sozialphilosophischen Ansatzes ist aus der Sicht dieser Studie der (häufig wiederholte) Vorwurf eindeutig widerlegt, dass Hayek ein „Sozialdarwinist" ist und schwache Mitglieder, die mit der Dynamik der Großgesellschaft nicht Schritt halten können, unbeachtet lässt.[1587] Das Gegenteil ist der Fall: Die Mindestsicherung ist in der Interpretation dieser Studie als temporäre Hilfestellung für die Bürger der Großgesellschaft zu sehen, damit diese Bürger die Fähigkeit zurückerlangen, am Prozess der Wissens- und Arbeitsteilung in der Großgesellschaft partizipieren zu können.[1588] Hayek betont explizit, dass die Großgesellschaft, anders als die Kleingruppe, besonderer Institutionen bedarf, um das Problem der Unsicherheit zu bewältigen und für die Härtefälle Lösungen zu finden.[1589] Dabei hat dieser Vorschlag einen dezidiert regelbasierten Charakter: Jeder[1590] Bürger soll eine einheitliche, nach klaren Kriterien definierte Leistung erhalten, sodass der Spielraum staatlicher bürokratischer Willkür auf das Mindeste reduziert wird. Die Leistungen sollen zudem immer subsidiär auf einer möglichst niedrigen staatlichen Ebene organisiert werden, was erneut die Minimierung des staatlichen Zwanges bewirkt und gleichzeitig den Wettbewerb – im Sinne von konkurrierenden Experimenten mit neuen Lösungen – zwischen Teilen des Staates fördert.[1591]

Weiterhin stellt sich die Frage nach der Ausgestaltung der Sozialversicherungssysteme, d. h. der Arbeitslosen-, Renten- und Krankenversicherung.[1592] Hayek spricht sich hier für eine klare und gleichzeitig wettbewerbskompatible Regel aus, den allgemeinen Versicherungszwang. Dies begründet er mit einer Art Trittbrettfahrer-Argument: Diejenigen Bürger, die nicht versichert sind, werden im Notfall beim Anfallen von Kosten, die sie wegen der Höhe vielleicht nicht tragen können, der Allgemeinheit zur Last fallen.[1593] Allerdings ist es innerhalb des auf Versicherungszwang basierenden Systems dem Einzelnen überlassen, bei welchem privaten Anbieter er sich versichert

---

1586 Vgl. Hayek (1944/1994), S. 133.

1587 Vgl. bspw. Schui (2000).

1588 Für eine Analyse, welche ebenfalls Aspekte positiver Freiheit bzw. der Befähigung zur Freiheit in der *Constitution of Liberty* herausarbeitet, vgl. Dierksmeier (2003), S. 1993–1999.

1589 Vgl. Hayek (1960/1978), S. 285.

1590 Aus den Formulierungen „assurance of a given minimum of sustenance for all" (Hayek (1960/1978), S. 259) oder „I have always said that I am in favor for mimimum income for every person in the country" (Hayek (1994), S. 114) ist die Frage nicht eindeutig zu beantworten, ob Hayek für eine bedingungslose oder für eine an Bedingungen geknüpfte Mindestsicherung plädiert. Für den Hinweis auf diese Problematik bin ich Prof. Dr. Gerhard Wegner dankbar.

1591 Vgl. Hayek (1960/1978), S. 263–264 sowie Hayek (1979/1981), S. 45.

1592 Für die Problematik des Begriffs „Versicherung" im Kontext staatlicher Systeme, der laut Hayek als „stroke of promotional genius" gesehen werden kann, vgl. Hayek (1960/1978), S. 288–289 und S. 509.

1593 Vgl. Hayek (1960/1978), S. 286 und S. 298.

– das System soll explizit nicht über staatliche Bürokratie organisiert werden.[1594] Das Argument hat, neben dem liberalen „free to choose"-Kredo, auch einen dynamischen Kern: Für Hayek kann sich nur ein wettbewerbliches System über die Zeit in dem Sinne positiv entwickeln, dass es neue Präferenzen und neue Technologien über die Experimente des Marktmechanismus miteinander austariert und dann diese Balance in den sich stets erneuernden Leistungskatalog des Versicherungssystems einfließen lässt.[1595]

Die Frage nach den Rechten und der Position der Gewerkschaften wird ähnlich wie bei Mises beantwortet, allerdings betont Hayek, dass es sich hierbei um „the most crucial, the most difficult, and the most delicate part of our task"[1596] auf der wirtschaftspolitischen Agenda handelt. Auch Hayek kann als Liberaler nichts gegen die Versammlungs- und Vereinigungsfreiheit haben, auf deren Basis im 19. Jahrhundert die Gewerkschaften entstanden sind.[1597] Fraglich ist allerdings, ob diese Körperschaften mit besonderen Privilegien ausgestattet werden dürfen, da deren ökonomischen Konsequenzen – etwa Lohnrigidität nach unten oder allgemeine Verzerrungen des Systems relativer Preise – gravierend ausfallen können.[1598] Neben diesem utilitaristischen Argument ist für Hayek als Verfechter einer Gleichheit vor dem Gesetz die Vergabe von Sonderrechten, welche zugunsten der Gewerkschaften im späten 19. und im 20. Jahrhundert gewährt wurden, unannehmbar.[1599] Wie auch Mises, hält Hayek etwa das Privileg des „picketing", also das Ausschließen von arbeitswilligen Arbeitern (Streikbrechern) durch die Streikenden für unzulässig, weil dies die Privatautonomie der Arbeitswilligen aufhebt.[1600]

6.8.3 Analyse entlang der Haupttopoi

Wie bereits zu Beginn von Abschnitt 6.8 angemerkt, sind zwischen den Positionen Mises' und Hayeks in Bezug auf die Sozialpolitik essenzielle Unterschiede festzustellen.[1601] Im Mises'schen Menschenbild, welches auch hier stark mit dem Topos des handlungsautonomen und in jeder Hinsicht vernetzungs- und marktfähigen Individuums harmoniert, ist die Fürsorge für die Schwachen in der Gesellschaft eine Aufgabe, die nicht in der politischen Arena in Form von Sozialpolitik, sondern innerhalb der Gesellschaft selbst zu lösen ist. Die Vernetzungs- und Empathiefähigkeit, die dieser

---

1594 Vgl. Hayek (1960/1978), S. 298–299.
1595 Vgl. Hayek (1960/1978), S. 261.
1596 Hayek (1947/1948), S. 117.
1597 Vgl. Hayek (1960/1978), S. 268 und S. 275.
1598 Vgl. Hayek (1944/1994), S. 226–227, Hayek (1960/1978), S. 281 sowie Hayek (1980a), S. 53–56.
1599 Vgl. Hayek (1960/1978), S. 275–279 sowie Hayek (1980), S. 56–58.
1600 Vgl. Hayek (1960/1978), S. 274–275.
1601 Besonders deutlich werden die Divergenzen in der bereits erwähnten Besprechung Mises' der *Constitution of Liberty*, vgl. Mises (1960/2008), S. 114–116.

Vorstellung zugrunde liegt, kann aus heutiger Sicht mit einem bürgergesellschaftlichen Verständnis des solidarischen Zusammenlebens in Verbindung gebracht werden. Kritisch ist hier anzumerken – wie allgemein im bürgergesellschaftlichen oder direktdemokratischen Diskurs oft betont wird –, dass eine solche Art des Zusammenlebens deutlich wahrscheinlicher in kleineren Gruppen gut funktioniert als in der anonymen Großgesellschaft. Festzustellen ist, dass sich auch hier – wie schon bei der Währungspolitik in Bezug auf den Goldstandard – Parallelen zwischen den ansonsten recht „weit" auseinander liegenden Ökonomen Mises und Röpke feststellen lassen. Ob sich Mises der Einschränkung der auf Empathie beruhenden Politikkonzepte bewusst ist, die schon in der *Theory of Moral Sentiments* in Form der Smith'schen konzentrischen Kreise der Empathie herausgearbeitet wurden, kann nicht geklärt werden.

Vielleicht ist gerade hier der Grund dafür zu suchen, dass Hayek einen anderen Weg geht. Da die Unterscheidung zwischen der Logik/Moral der Kleingruppe und derjenigen der Großgesellschaft ein Kernthema des Hayek'schen Werkes konstituiert, untersucht er – nahe am Topos – wie die soziale Frage gerade in einer auf Wissensteilung beruhenden Großgesellschaft zu lösen ist. Diese analytische Richtung ist ein erster möglicher Erklärungsweg des Hayek'schen Ansatzes. Ein zweiter ist die von Hayek explizit akzeptierte Unterscheidung, die hier als ordoliberal bezeichnet wurde, nämlich diejenige zwischen freiheitskompatiblen und freiheitsberaubenden Regeln. Da für ihn, anders als für Mises, nicht jede Regel per se Freiheitsminderung bedeutet, unternimmt Hayek den Versuch, auch in der Sozialpolitik mithilfe von allgemeinen Regeln im Sinne des *nomos* eine liberale Ordnungspolitik für die soziale Frage zu umreißen und auch einzufordern. Ein dritter Erklärungsweg wäre die These, dass für Hayek, anders als für Mises, die Wissensteilung zwischen Individuen – auf Märkten und in der Gesellschaft – anthropologische Voraussetzungen hat, denen auch mit sozialer Abfederung gerade im Kontext der Großgesellschaft entsprochen werden muss, ohne auf die atavistischen Regelkreise der Kleingruppe zurückgreifen zu müssen – auch deshalb, weil in der modernen Großgesellschaft viele ihrer Mitglieder auf solche Regelkreise gar nicht mehr zurückgreifen können.

Auf einer abstrakten Ebene kommt Hayek durch diese Suche nach einer liberalen Sozialpolitik ein Stück weit näher an Röpke. Obwohl die Frage nach den Voraussetzungen der Marktwirtschaft nicht in dem Maße die omnipräsente Stellung wie im Werk Röpkes einnimmt, und obwohl Röpke ein ganz anderes Vertrauen in die Regelkreise der Kleingruppe als Hayek an den Tag legt, kann in diesem Zusammenhang doch an die Glückwunschadresse erinnert werden, die Hayek an Röpke zu dessen 60. Geburtstag schickt. In dieser betont er an zentraler Stelle, wie ihn Röpkes Einstellung besonders beeindruckt hat, dass „[...] ein Nationalökonom, der nur Nationalökonom ist, auch kein guter Nationalökonom sein kann".[1602] Möglicherweise ist die Breite, mit der Hayek seinen Topos in unterschiedlichste Kontexte – Regeln als

---

1602 Hayek (1959), S. 26.

Speicher von langfristigem Wissen, das Preissystem als Prozessor und Speicher von kurzfristigem Wissen, Wettbewerb als Entdeckungsverfahren von neuem oder ungenutztem Wissen, kulturelle Evolution als Wissensfilter – einbringt, aber auch die zur Sozialpolitik geäußerten Vorschläge, die für manche (etwa in der Nachfolge Mises' stehenden) Liberale schwer „verdaulich" sind, mit dieser gemeinsamen Auffassung von Röpke und Hayek besser zu verstehen.

6.9 Zusammenfassende Anmerkungen

Es sprechen mindestens drei bedeutende Gründe dafür, dass Mises und Hayek starke Parallelitäten aufweisen sollen, was die Rolle des Staates in ihren wirtschaftspolitischen Empfehlungen anbetrifft. Erstens besteht die biografische Nähe, die man besonders in Hayeks Wiener Zeit zwar nicht als formelles Lehrer-Schüler-Verhältnis, wohl aber als Mentor-Mentee-Verhältnis bezeichnen kann. Zweitens legen beide in ihren Werken stets ein klares, durchaus vergleichbares Bekenntnis zum Liberalismus und plädieren für eine freiheitliche Wirtschafts- und Gesellschaftsordnung. Drittens lehnen sowohl Mises als auch Hayek den Materialismus strikt ab, sodass die Bedeutung, die sie der „Macht der Ideen" für die Dynamik von Wirtschaft und Gesellschaft beimessen, sie zu einer parallelen und so gut wie synchronen Wandlung in ihrem Lebensweg – weg von der Konjunkturtheorie und hin zur Sozialphilosophie – antreibt.

Diese drei Kanäle führen tatsächlich zu Systemen, die in wichtigen Aspekten nah beieinander sind. Allerdings kann als zentrales Ergebnis dieser Untersuchung gelten, dass daneben mindestens genauso wichtige Unterschiede zwischen beiden Autoren bestehen. Der Grund hierfür liegt möglicherweise in der weitreichenden Evolution Hayeks. Dieser durchläuft einen Emanzipationsprozess gegenüber seinem Wiener Mentor, bei dem drei Stationen zu unterscheiden sind. Zum einen distanziert er sich in seinen Londoner Jahren zunehmend von der Mises'schen Praxeologie und entdeckt, parallel zur Entstehung des eigenen Wissens-Topos, den Popper'schen Ansatz zur Wissenschaftstheorie. Zeitgleich lernt er auf seinen Reisen die sich herausbildende Freiburger Schule um Eucken kennen und nimmt die in Freiburg an zentraler Stelle erforschte Bedeutung von freiheitskompatiblen Regeln sowie die auf ihnen aufbauende Wettbewerbsordnung auf – in Abgrenzung von einer pauschalen Gleichsetzung von Regeln mit freiheitsberaubenden Interventionen. Die dritte „Abnabelung" ist wohl in der Chicagoer Zeit zu suchen, in der Hayek den Versuch unternimmt, eine regel- und wettbewerbsbasierte liberale Utopie des Sozialstaates zu entwerfen. So entsteht ein Staatsverständnis, das oft weit von den Mises'schen Empfehlungen liegt. Diese Studie hat den Versuch unternommen, mithilfe eines strukturierten Zugangs zu den beiden Theorien mittels der Topoi die relative Position der beiden Autoren zueinander zu verorten und zu systematisieren. Es kann festgehalten werden, dass die Topoi nicht in allen, aber bei zahlreichen Aspekten auf beiden Untersuchungsebenen – beim abstrakten Staatsverständnis wie auch bei den konkreten Empfehlungen zu den einzelnen Feldern der Wirtschaftspolitik – durchaus Erklärungsgehalt für die Unterschiede zwischen beiden Denkern aufweisen. Aus der Anthropologie des Mises'schen handlungsautonomen „acting man" entsteht eine durchaus andere, alles in allem „schmalere" Rolle des Staates als aus dem Hayek'schen Individuum, welches durch eine konstitutive Wissensbeschränkung charakterisiert ist. Während Mises Regeln immer als freiheitsberaubende Interventionen einstuft, sind sie in Gestalt des *nomos* für Hayeks Ordnungstheorie, zusammen mit dem Preissystem, eine unabdingbare Stütze für den in der wissensteiligen Großgesellschaft des *kosmos* operierenden Akteur.[1603]

Wien und das vorderösterreichische Freiburg gehören also – so zeigt Hayek – sehr wohl zusammen.

[1603] Dass solche ordnungstheoretischen Debatten auch imstande sind, deutlich über den Elfenbeinturm hinaus Auswirkungen zu entfalten, zeigt das Beispiel des wikipedia-Gründers Jimmy Wales, der retrospektiv berichtet, dass er der Lektüre von Hayeks *The Use of Knowledge in Society* entscheidende Impulse zur Entwicklung dieser wissensteiligen Plattform verdankt, vgl. Wales in Sunstein (2006), S. 156–157.

7 Zentrale Ergebnisse und Ausblick

Die Kant'sche Frage „nach den Bedingungen der Möglichkeit einer Ordnung der Freiheit in der heutigen Gesellschaft"[1604] wiederentdeckt und weitergedacht zu haben, ist aus der Sicht Hans Alberts die große Leistung der Freiburger Schule für die ökonomische Theorie und für die praktische Politik der Bundesrepublik. Diese Würdigung, die zunächst auf den Kreis um Walter Eucken gemünzt ist, lässt sich durchaus auch auf Friedrich August von Hayek, Ludwig von Mises und Wilhelm Röpke übertragen: Alle vier Autoren, denen sich die vorliegende Studie widmet, sind maßgeblich an der Revitalisierung des internationalen Diskurses über freiheitliche Ordnungen im 20. Jahrhundert beteiligt. Da alle vier im deutschsprachigen Raum sozialisiert sind, bringen sie eine Mischung aus Homogenität und Spezifitäten mit sich, die sie als Gruppe zu einem ausgesprochen ergiebigen Untersuchungsgegenstand werden lässt. Im Folgenden gilt es nun, die Vorgehensweise dieser Untersuchung und ihre zentralen Ergebnisse zusammenzufassen, um aufzuzeigen, was die vier Autoren in ihren politischen Ökonomien zur komplexen Beziehung zwischen Markt und Staat hinterlassen haben.

Bevor die inhaltlichen Resultate der Studie untersucht werden, soll das methodische Gerüst erörtert werden, mit welchem sie aufgebaut wurde. Um die Vielfalt des deutschsprachigen Neoliberalismus einzufangen, galt es, verschiedene Instrumente der Komplexitätsreduktion auszuprobieren und, falls sie sich als operational erwiesen, zu nutzen. Das erste solche Instrument war die Ausgangshypothese des Projektes, dass sich aus den Werken der Autoren Röpke, Eucken, Hayek und Mises ein in dieser Anordnung „abnehmender Staatsumfang" ableiten lässt. Die Lektüre der Primär- und Sekundärliteratur hat diese quantitativ anmutende und außerdem eindimensionale Hypothese immer mehr als unterkomplex erscheinen lassen, und so wurde sie zunehmend in den Hintergrund gerückt. Stattdessen hat sich die Analyse mithilfe der Topoi als geeignetes und hilfreiches Mittel der Komplexitätsreduktion herausgestellt. Für jeden Autor wurde ein „Gravitationszentrum" ausgemacht, um das seine Ordnungstheorie gewissermaßen kreist und welches als wiederkehrende Begründung für die verschiedenen Bausteine der jeweiligen Sozialphilosophie interpretiert werden kann.[1605] Bei Eucken ist der Topos die Macht und die Entmachtung, bei Hayek das subjektive Wissen und die Nutzung der Wissensteilung, bei Röpke die soziale Kohäsion der kleinen Regelkreise und bei Mises die individuelle Handlungsautonomie. Die Topoi bilden damit eine kategoriale Landkarte, die als Orientierungshilfe für die in der Studie getroffenen Interpretationen von wesentlicher Bedeutung ist. Sie leiten den Leser durch die Vergleiche und bieten einen systematisierenden

---

[1604] Albert (2005), S. 414.
[1605] Für die verwandte Figur der zugrunde liegenden „patterns of thought" bei verschiedenen ökonomischen Schulen vgl. Pribram (1953), S. 243–245.

DOI 10.1515/9783110489910-007

Zugang zu den reichhaltigen und weit verzweigten Ordnungsentwürfen der vier Autoren. Es handelt sich, wie bereits aus den obigen Bezeichnungen deutlich wird, nicht nur um positive Beschreibungen: Der Topos gibt geradezu ideal die normative Leitidee des jeweiligen Autors wieder, wenn es zu den Empfehlungen zur Gestaltung von Wirtschaft und Gesellschaft kommt.

Ein wesentliches Strukturmerkmal der Studie sind die zwei Ebenen, auf denen sich die Analyse abspielt. Im Mittelpunkt steht die Frage, welche „Arbeitsteilung" zwischen Markt und Staat – um eine Metapher von Henry Simons zu benutzen – der jeweilige Autor präferiert.[1606] Zu diesem Zweck ist es sinnvoll, zwischen dem abstrakten Staatsverständnis und der konkreten Betätigung des Staates in der Wirtschaftspolitik zu unterscheiden. Durch diese Aufspaltung lässt sich auf der ersten Ebene eine möglichst zeitinvariante Rolle des Staates herausarbeiten. Sie ist natürlich auch aus der Zeit geboren, kann aber trotzdem – wegen ihrer Abstraktheit – mit der wie immer gebotenen Vorsicht beanspruchen, auch zu anderen Zeitpunkten, etwa heute, von Relevanz zu sein. Auf der zweiten Ebene werden die konkreten Empfehlungen der Autoren für die institutionelle Ausgestaltung der Wirtschaftspolitik extrahiert, bei denen der Zeitbezug sehr viel deutlicher spürbar ist. Letzterer wird schon an den markanten Wandlungen sichtbar, welche die Autoren hier im Verlauf ihrer Schaffenszeit durchlaufen: Diese Dynamiken werden weiter unten in diesem Abschnitt unter den inhaltlichen Ergebnissen skizziert. Auf dieser zweiten Ebene werden oft notwendigerweise Kompromisse im Vergleich zu den theoretisch denkbaren Idealvorstellungen eingegangen, etwa bedingt durch die vorgegebenen institutionellen Leitplanken der Zeit oder durch die Einbettung in sich verändernde Diskurse mit unterschiedlichen Akteuren. Die Zwei-Ebenen-Struktur hat also zum Ziel, Abstraktes und Konkretes als analytisch trennbares und dennoch interdependentes Ganzes darzustellen. So können im Laufe der Lektüre die Bezüge zwischen beiden Ebenen besser herausgearbeitet werden, denn natürlich hat das jeweilige abstrakte Leitbild für die Rolle des Staates von der ersten Ebene Konsequenzen für die konkreten Empfehlungen auf den vier Feldern der Wirtschaftspolitik.

Neben den beiden analytischen Ebenen ist für die Struktur entscheidend, dass sich die Studie aus drei Vergleichen zusammensetzt. Zunächst wurden die Positionen Euckens denen Hayeks gegenübergestellt, anschließend standen Eucken und Röpke im Mittelpunkt und zuletzt wurden Mises und Hayek verglichen. Der komparative Zugang ist zentral für das gewählte methodische Vorgehen. Durch die Kombination von Vergleichen mit der Methode der Topoi-Analyse entsteht die Möglichkeit, die neoliberalen Positionen in ihrer Vielfalt darzustellen und dies nichtsdestotrotz auf strukturierte und systematische Weise zu tun. Die drei Vergleiche erlauben es außerdem, die Autoren in ihrer Dynamik darzustellen, was ein wesentliches Anliegen der Studie ist: Schnappschüsse über einzelne Positionen zu bestimmten Zeitpunkten können

---

[1606] Vgl. Simons (1934/1948), S. 41–42.

den mannigfaltigen Wandlungen der Autoren kaum gerecht werden. Die Dynamiken lassen sich im Vergleich besonders gut nachvollziehen, weil es die Paare erlauben, über Konvergenz oder Divergenz der Positionen des jeweiligen Vergleichspaares zu sprechen. Über die inhaltlichen Ergebnisse wird unten ausführlich berichtet. Abschließend ist festzuhalten, dass die sechs maximal möglichen Vergleiche höchst repetitiv und redundant wären, weshalb die drei Vergleiche in der gewählten Anordnung der Autoren genügen: Wie etwa Euckens Rolle des Staates in Bezug auf die Mises' aussieht, lässt sich für den Leser ohne großen Aufwand durch den „Übergang" der Positionen Hayeks rekonstruieren. Die drei gewählten Paare versprechen die höchste komparative Ergiebigkeit, wenn es darum geht, dem Ziel der Studie gerecht zu werden, nämlich die Vielfalt im Ordoliberalismus (Eucken – Röpke), innerhalb der Österreichischen Schule (Mises – Hayek) und besonders die intellektuelle Beziehung beider Schulen (Eucken – Hayek) zu beleuchten. Dies ist ein geeigneter Übergang zu den inhaltlichen Ergebnissen der Studie, die im Folgenden wiedergegeben werden.

Die zentrale Gemeinsamkeit und der Ausgangspunkt der vier hier erörterten Staatsverständnisse ist die Position, dass der Staat in seiner wirtschaftspolitischen Betätigung vor allem *regelbasiert* agieren muss. Der Staat und seine Akteure (besonders die Politiker und Bürokraten) sollen demnach nicht willkürlich wirtschaftspolitische Maßnahmen verabschieden dürfen, sondern sollen dies stets innerhalb der Beschränkungen tun, welche die Prinzipien der Ordnung von Staat, Wirtschaft und Gesellschaft ausmachen. Die Hauptaufgabe, die sich die vier Autoren stellen, ist gerade diese Ordnungsprinzipien in ihren Interdependenzen zu erörtern. Ein wesentliches Ergebnis der vorliegenden Studie ist, dass es *den* (neo-)liberalen Staat nicht gibt, vielmehr entwickeln die vier Autoren durchaus unterschiedlich gelagerte Prinzipiensysteme. Trotzdem ergibt sich aus dem hier erörterten gemeinsamen Ausgangspunkt eine ausgesprochen wichtige Parallelität. Der Staat hat demnach einen zentralen Zweck, nämlich das Herstellen des öffentlichen Gutes „Ordnungsrahmen". Auch wenn dieser Ordnungsrahmen bei den vier Autoren sehr unterschiedlich „dick" ist und damit auch für die praktische Politik zu durchaus unterschiedlichen Empfehlungen führt, so ist sein Grundgedanke doch bei allen vier Autoren enthalten. Demnach hat die Marktwirtschaft Voraussetzungen, die erfüllt sein müssen, damit marktliches Handeln zufriedenstellend gelingt. Diese Voraussetzungen gilt es (auch) durch den Staat zu gewährleisten, allerdings soll sich der Staat hauptsächlich darauf beschränken. Innerhalb der vom Staat festgelegten, aus Ordnungsprinzipien abgeleiteten Spielregeln gilt es, dass die Individuen frei sind und die konkreten Spielzüge ihnen und sonst niemandem, besonders nicht dem Staat, vorbehalten sind. Die Spielmetapher mit den staatlichen Spielregeln und den den Privaten überlassenen Spielzügen ist somit das wesentliche abstrakte Bild, das die Staat-Markt-Beziehung dieser Generation – explizit (Eucken, Hayek, Röpke) oder implizit (Mises) – ausmacht. Was die „richtigen" Spielregeln sind und aus welcher Perspektive der Staat das Spiel zu begleiten hat, darüber besteht kein Konsens. Die vier Auffassungen werden im Folgenden erläutert.

Um diese Unterschiede in der Rolle des Staates für das Spiel der Privaten auf dem Markt fokussiert darstellen zu können, was ein Hauptziel der Studie ist, wurden auf der ersten, abstrakten Ebene vier Leitbilder entwickelt, die sich aus den Texten von Eucken, Hayek, Mises und Röpke „destillieren" lassen. Diese Leitbilder korrespondieren eng mit dem Topos des jeweiligen Autors und zeigen auch auf, was die normative Implikation des Topos für die gestaltende Aufgabe des Staates beim Spiel der Privaten ist. Natürlich ist es kaum möglich, alle Facetten dieser Aufgabe in ein einziges Bild zu fassen, das ist hierbei aber auch nicht intendiert: Stattdessen geht es um eine fokussierende Metapher, die den abstrakten Mittelpunkt des jeweiligen wirtschaftspolitischen Werkes pointiert zusammenfasst. Die einzelnen Empfehlungen für die konkreten Felder der Wirtschaftspolitik lassen sich in all ihren Verzweigungen bewusst erst auf der zweiten Ebene der Analyse ausführlich erörtern.

Was genau sind die vier Leitbilder? Bei Eucken handelt es sich um einen Staat, der als *Schiedsrichter* damit betraut ist, die Regeln der Wettbewerbsordnung zu etablieren und für ihre Einhaltung zu sorgen. Der Staat soll dabei immer besonders auf die Frage der Macht achten und ist befugt und angehalten, das autonome Spiel der Privaten dann zu unterbrechen und zu intervenieren, wenn sich Beziehungen in der Ökonomie aufbauen, die dem Ziel der Entmachtung zuwiderlaufen. Bei Hayek lassen sich (in seiner zweiten Schaffensphase, d. h. in den 1930er- und 1940er-Jahren) ebenfalls Analogien zum Bild des Schiedsrichters herausarbeiten, allerdings ist es ein anders akzentuiertes Bild, welches für sein gesamtes Lebenswerk zutreffender erscheint: Es handelt sich um das Bild des *Gärtners eines englischen Gartens*. Dieser Gärtner ist – anders als es für den Gärtner in einem französischen Garten der Fall wäre – nicht damit betraut, jede einzelne Pflanze oder jedes einzelne Beet zu kontrollieren: Stattdessen geht es darum, die allgemeinen Muster in diesem Garten (also in der Ordnung von Wirtschaft und Gesellschaft) zu kultivieren. Es geht dem Hayek'schen Staat darum, die Prozesse der Wissensteilung zu unterstützen, die laut Hayek über die beiden Kanäle der Preise (für kurzfristiges marktliches Wissen) und der Regeln (für langfristiges gesellschaftliches Wissen) ablaufen. Für Röpke bedarf das Spielfeld, auf dem die autonomen Individuen ihr ökonomisches Spiel spielen, besonderer Stützen, sonst ist dieses Feld nicht stabil und das Geflecht der Interaktionen kann, bildlich gesprochen, mittel- und langfristig zusammenbrechen. Deshalb lässt sich bei ihm das Bild des Staates als *Statiker* destillieren, welcher damit beauftragt ist, die Fundamente des ökonomischen Spielfeldes permanent zu beaufsichtigen und gegebenenfalls neu zu befestigen oder gar aufzurichten. Für Röpke sind marktliche Prozesse an individuelle und soziologische Voraussetzungen geknüpft, die die Marktprozesse permanent aufbrauchen, sodass es nötig ist, diese Voraussetzungen von Seiten des Staates (aber auch durch andere Akteure) immer wieder zu gewährleisten. Mises ist der „sparsamste" Autor im Hinblick auf die Frage, wie voraussetzungsvoll das marktliche Spiel ist. Er sieht daher keine Veranlassung, ein Bild, welches von sozialistischer Seite als Karikatur des klassischen Liberalismus des 19. Jahrhunderts verwendet wurde, sich nicht zu eigen zu machen: Für ihn ist der Staat ausschließlich als *Nachtwächter* zu sehen. Dieser ist damit betraut, lediglich dafür zu sorgen, dass keiner von den Spielern körperlich verletzt wird und dass das Eigentum nicht beschädigt wird. Alles Weitere überlässt Mises den Interaktionen der handlungsautonomen Spieler und lehnt weitere Betätigungen des Staates als marktinkompatible Interventionen strikt ab.

Worin sind diese markanten Unterschiede für die abstrakte Rolle des Staates bei den vier Autoren begründet? Die Antwort der Studie lautet: im Herauskristallisieren der vier Topoi. Von diesen sehr unterschiedlichen argumentativen Ausgangspunkten kommend, bilden sich die in den vier Leitbildern fokussierten Staatsverständnisse heraus. Worin ist der Entstehungsprozess der Topoi begründet? Auf diese Frage lassen sich zwei hypothetische Antworten formulieren. Die erste Antwort lautet, dass ein wesentlicher Unterschied zwischen Eucken, Röpke und dem „ordoliberalen Hayek II" auf der einen Seite und dem „evolutorischen Hayek III" und Mises auf der anderen besteht. Dieser Unterschied betrifft den Aspekt der *Dringlichkeit*, welche die beiden Autorengruppen für ihre persönliche politikbegleitende Rolle empfinden. Die Autoren der ersten Gruppe zeichnen sich dadurch aus, dass sie in ihren politischen Ökonomien stets vor dem Hintergrund der akuten Bedrohungen durch die verschiedenen Totalitarismen der Zeit argumentieren. Deshalb begründen sie einen Staat, der in besonderem Maße diese Situation des Zusammenbruchs und des Übergangs von einer kollektivistischen in eine freiheitliche Ordnung mitgestalten kann. In dieser Situation sind zahlreiche Probleme massiver als in normalen Situationen, etwa die Frage der extremen Vermachtung der Ökonomie, des Zerfalls des totalitären Gesellschaftsgefüges oder der Obsoletheit vieler Regeln der zusammengebrochenen Regimes. „Hayek III" und Mises hingegen beschränken sich auf die Position, dass der Marktprozess bestimmte Probleme endogen lösen kann, etwa die Frage nach der privaten Macht (durch die disziplinierende Wirkung des potenziellen Wettbewerbs) oder das Generieren von adäquaten Regeln für Wirtschaft und Gesellschaft (durch die Prozesse der kulturellen Evolution). Dies ist also eine Sicht, welche primär Zeiten ohne große Umbrüche und außerdem die lange Frist im Visier hat, da sich die positiven Ergebnisse des Marktprozesses nicht unbedingt sofort einstellen, und schon gar nicht in Perioden der Transformation. Die zweite mögliche Antwort hängt ebenfalls mit der historischen Situation zusammen und liegt darin begründet, dass die beiden Gruppen an *unterschiedlichen Diskursen* beteiligt sind. Die Ordoliberalen stehen in den Nachkriegsjahren mitten in den Debatten um den Wiederaufbau der jungen Bundesrepublik und legen daher eine andere Vorstellung über die Gestaltungsbedürftigkeit und überhaupt über die Gestaltbarkeit der Wirtschaftsordnung an den Tag als Mises oder der „späte" Hayek, die – bei Mises mit Ausnahme der Wiener Jahre bei der Handelskammer und bei Hayek mit Ausnahme der frühen Thatcher-Jahre – häufig von der praktischen Wirtschaftspolitik weitgehend isoliert sind. Während sich also die beiden österreichischen Liberalen auf die Position zurückziehen, dass die Macht der Ideen langfristig wirken wird und darauf vertrauen, dass ihre Ideen langfristig auf der Gewinnerseite der Geschichte stehen werden, müssen die Ordoliberalen auf viele dringende Probleme praktische Antworten formulieren. Die Einbettung in solche praktischen Diskurse bedingt notwendigerweise auch eine höhere Kompromissbereitschaft und bringt nicht selten auch ein Denken in „Second-best"-Alternativen mit sich. Die Übernahme der „irenischen Formel" der Sozialen Marktwirtschaft durch die Ordoliberalen ist ein gutes Beispiel für einen diskursiven Kompromiss, den Hayek und Mises nicht einzugehen bereit sind.

Nachdem hiermit die Unterschiede in den abstrakten Staatsverständnissen erörtert wurden, kann nun die *zweite Ebene* der Ergebnisse zusammengefasst werden. Die praktische Wirtschaftspolitik wird in der Studie anhand von vier Feldern untersucht, die – trotz des unterschiedlichen relativen Gewichtes der Felder bei den einzelnen Autoren – insgesamt den Kern ihrer Analysen bilden. Es handelt sich um die Wettbewerbs-, die Konjunktur-, die Währungs- und die Sozialpolitik. In der Studie wurden diese Gebiete in den paarweisen Autorenvergleichen betrachtet, in dieser abschließenden Betrachtung soll nun für jedes Feld die Evolution der Positionen der vier Autoren aufgezeigt werden.

Auf dem Feld der *Wettbewerbspolitik*, welche für die Freiburger Ordoliberalen die zentrale Rolle bei der Etablierung der Wettbewerbsordnung einnimmt, ist die Spannbreite der Empfehlungen sehr ausgeprägt. Das Verständnis der Rolle des Wettbewerbs harmoniert gut mit dem jeweiligen Topos der vier Autoren: Für Eucken ist der Wettbewerb ein Entmachtungsinstrument für die Marktbeziehungen, für Hayek ein Entdeckungsverfahren für neues Wissen, für Röpke ein Koordinationsmittel zur Überbrückung von Konflikten zwischen den Akteuren auf beiden Marktseiten und für Mises ein wichtiger Motor des katallaktischen Spiels autonomer Individuen. Dementsprechend unterschiedlich fallen die Leitlinien für die staatliche Betätigung auf diesem Gebiet aus. Für Eucken hat der Staat für die Herstellung der Marktform der vollständigen Konkurrenz zu sorgen, weil nur in ihr Leistungswettbewerb möglich ist und nur hier die einzelnen Marktakteure keine private Macht über die Preisbildung haben. Dort wo keine vollständige Konkurrenz möglich ist, also etwa auf dem Gebiet der natürlichen Monopole, plädiert Eucken für staatliche Monopolaufsicht und die Durchsetzung wettbewerbsanaloger Preisen durch sie. Hayek sieht zwar noch in den 1940er-Jahren eine positive Staataufgabe auf dem Gebiet der Wettbewerbspolitik, führt aber nie konkret aus, worin diese besteht. Später formuliert er das Konzept des Wettbewerbs als Entdeckungsverfahren aus und sieht nunmehr lediglich eine negative Aufgabe des Staates, nämlich die Öffnung und Offenhaltung von Märkten durch die Beseitigung von Marktzutrittsschranken. Dem Eucken'schen Kartellverbot und der staatlichen Monopolaufsicht steht er skeptisch gegenüber. Bei der Frage des Kartellverbotes plädiert er für privatrechtliche Lösungen für die Kartellgeschädigten. Statt staatlicher Monopolaufsicht – die einem permanenten Wissensmangel im Hinblick auf die wettbewerbsanalogen Preise und die perfekte Größe von Marktteilnehmern ausgesetzt wäre – vertraut er auf die disziplinierende Wirkung des potenziellen Wettbewerbs bei offenen Märkten. Röpke hat ebenfalls Schwierigkeiten mit der praktischen Relevanz der vollständigen Konkurrenz, wie sie Eucken

postuliert, und plädiert dagegen für einen pragmatischen Zugang zur Wettbewerbspolitik, welcher die Öffnung und Offenhaltung durch Freihandel im Mittelpunkt hat.
Entlang des Topos plädiert er aber zusätzlich dafür, durch die Struktur- und Gesellschaftspolitik kleinen Einheiten in Wirtschaft und Gesellschaft den Vorrang zu geben
und die Anreize zu ihren Gunsten zu verstärken. Solche Bestrebungen sind Mises
fremd: Wettbewerbspolitik versteht er ausschließlich als die Aufgabe des Staates, den
Marktzutritt weder national noch international zu behindern. Durch diese Haltung
des Staates sieht er die Etablierung von Kartellen, die für ihn inhärent instabil sind,
als langfristig unmöglich. Außerdem stellt er nach der Marktöffnung auf die disziplinierende Wirkung des potenziellen Wettbewerbs ab und sieht deshalb weder in der
Größe der Marktteilnehmer noch in deren privaten Marktmacht Probleme für die Wirtschaftspolitik. Damit ist der Marktprozess für Mises ein endogener Mechanismus, der
durch seine Dynamik selbst für Machterosion sorgt und die Gefahr von temporärer
Größe einzelner Akteure bändigt.

Die *Konjunkturpolitik* ist für alle vier Autoren ein Schaffensschwerpunkt in den
ersten Jahrzehnten ihrer wissenschaftlichen Tätigkeit. Mises legt mit seiner Habilitationsschrift, in der er die „österreichische" Konjunkturtheorie in einer ersten Fassung
formuliert, kurz vor Ausbruch des Ersten Weltkrieges das Fundament für die späteren
Debatten. Dieser monetären Theorie und ihren konjunkturpolitischen Implikationen
schließen sich später die drei jüngeren Autoren grundsätzlich an, variieren und ergänzen sie aber wesentlich. Für Mises und Hayek besteht der zentrale politische Hebel für
die Bekämpfung von Konjunkturkrisen in der Vermeidung des vorangegangenen
Booms, da in ihrer Theorie beide Phasen des Zyklus untrennbar miteinander zusammenhängen. Sobald der Boom in Gang gekommen ist, was mit Überinvestitionen
besonders in kapitalintensiven Sektoren der Ökonomie einhergeht, müssen sich diese
kreditfinanzierten Überinvestitionen, für die keine freiwillige Ersparnis vorhanden
ist, über kurz oder lang in Form einer Rezession schmerzhaft korrigieren. Eine Ausweitung der Geldmenge oder der Staatsausgaben in der Rezession schadet, weil sie
den Korrekturprozess nur unnötig in die Länge hinauszögert. Eucken hängt zunächst
dieser Theorie an, verwirft aber im Laufe der Großen Depression grundsätzlich die
Möglichkeit eines allgemeingültigen dynamischen Erklärungsansatzes von Konjunkturzyklen. Anstatt einer Konjunkturpolitik im engeren Sinne formuliert er in den letzten
Jahren seines Lebens eine ordnungspolitische Antwort auf das Konjunkturproblem:
In der Wettbewerbsordnung stellt sich für ihn das Konjunkturproblem in keinem
gravierenden Ausmaß, weil die dominierenden Marktformen gleichgewichtig und
außerdem von einer sie stabilisierenden Währungsordnung umgeben sind. Röpke
hingegen leistet eine wesentliche Innovation *innerhalb* der „österreichischen"
Konjunkturtheorie, die sehr gewichtige konjunkturpolitische Implikationen hat. Zwar
akzeptiert er die grundsätzlichen Bausteine der Mises-Hayek-Theorie und ist daher
auch der Auffassung, dass bei Nichtvermeidung des Booms die Rezession ebenfalls
nicht vermeidbar ist. Allerdings differenziert er zwischen einer primären und einer
sekundären Phase der Rezession: In Ersterer ist die Mises-Hayek-Politikempfehlung

vom Abwarten des Korrekturprozesses richtig, in Zweiterer aber nicht mehr. Die sekundäre Phase zeichnet sich dadurch aus, dass die nützlichen Effekte des Korrekturprozesses zu Ende sind, die Deflation aber andauert und sich auf Sektoren ausbreitet, in denen vorher keine Überinvestitionen stattgefunden haben. Hier empfiehlt Röpke, im Gegensatz zur abwartenden Reaktion in der primären Phase, einen expansiven staatlichen Impuls. Neben der theoretischen Differenzierung der beiden Phasen, mit denen er diese staatliche Reaktion begründet, kommt gerade während der Großen Depression zusätzlich seine polit-ökonomische Befürchtung zum Tragen, dass lange deflationäre Phasen für die weiteren gesellschaftlichen Teilordnungen, etwa für den demokratisch verfassten Staat, gravierende destabilisierende Effekte haben können.

Auf dem Gebiet der *Währungspolitik* gibt es einen grundsätzlichen Konsens, aber zahlreiche Variationen in der konkreten Ausführung. Der Konsens besteht darin, dass monetäre Instabilität den Ablauf marktlicher Prozesse sehr ernsthaft behindern kann. Deshalb suchen alle vier Autoren nach Mechanismen, die einen möglichst regelbasierten Charakter der Währungsordnung gewährleisten, wodurch sie mit möglichst wenig Diskretion einhergeht. Die sonst häufig auseinander liegenden Mises und Röpke vertreten hier sehr verwandte Auffassungen: Sie sehen – quer durch alle persönlichen Schaffensphasen – im Goldstandard die beste Lösung für die nationale wie für die internationale Währungsordnung. Auch wenn Röpke in der Bundesrepublik etwa für die Konvertibilität der D-Mark eintritt, macht er deutlich, dass dies lediglich eine „Second-best"-Alternative ist und dass seine grundsätzliche Präferenz unverändert dem Goldstandard gilt. Die Begründung von Mises und Röpke ist ebenfalls ähnlich: Sie sehen im Goldstandard die einzige Möglichkeit, die Währung fern der politischen Manipulation zu halten und Arbeitsteilung – national und international – ohne einen Weltstaat zu ermöglichen. Hayek und Eucken plädieren in ihren frühen Jahren ebenfalls für den Goldstandard, zeigen sich aber offener als Mises und Röpke für andere Währungsordnungen. So schließen sich beide in den 1940er-Jahren dem Vorschlag zur Etablierung einer Waren-Reserve-Währung an, die das Ziel hat, den regelbasierten Charakter des Goldstandards beizubehalten, ohne aber die Nachteile der Fixierung auf ein einziges Metall aufzuweisen. Eucken kombiniert dies, anders als Hayek, mit einem Befürworten des sogenannten Chicago-Plans eines Verbotes des „fractional reserve banking". Hayek befasst sich in den nächsten Jahrzehnten eher am Rande mit Währungspolitik, formuliert aber in den 1970er-Jahren den für viel Aufsehen sorgenden Vorschlag zur Entnationalisierung des Geldes. Dieser Vorschlag in der Tradition des „free banking" hinterfragt die Notwendigkeit eines Zentralbank-Monopols, zumal in Zeiten einer immer weiteren Ausschaltung des Währungswettbewerbs in Europa. Hayek positioniert sich gerade entgegengesetzt zu dieser vorherrschenden Tendenz und will zwar nicht dem Staat das Recht nehmen, eigenes Geld zu emittieren, sehr wohl aber das Privileg, der ausschließliche Emittent von Geld zu sein. Vielmehr soll es privaten Emittenten – innerhalb des vom Staat festgelegten Ordnungsrahmens – erlaubt sein, konkurrierende Währungen zu emittieren, wobei Hayek den Beweis anstrebt, dass solide und weniger inflationsanfällige

Währungen die „schlechten" Währungen verdrängen werden und somit das System der konkurrierenden Währungen stabiler wäre als das System des staatlichen Zentralbanken-Monopols.

Die *Sozialpolitik* ist das vierte wirtschaftspolitische Feld, für das die vier Autoren nach (neo-)liberalen Lösungen suchen. Auch hier wird ein bunter Blumenstrauß an Empfehlungen sichtbar, wenn die verschiedenen Positionen zusammengetragen werden. Eucken macht, ähnlich wie oben für die Konjunkturpolitik, in der Wettbewerbsordnung die adäquate Lösung für die von ihm an zentraler Stelle thematisierte soziale Frage aus. Die Lösung der sozialen Frage verortet er in der Entmachtung von Wirtschaft und Gesellschaft, weil nur so die Lohnfindung weder von privater Macht (auf dem Arbeitsmarkt) noch von staatlicher Willkür (wie in der traditionellen Sozialpolitik) abhängen wird. Stattdessen strebt er ein Freilegen des Lohnmechanismus an, der nach den Regeln des Wettbewerbs funktionieren soll. Nur für den Fall eines arbeitgeberseitig vermachteten Arbeitsmarktes stuft er die Marktmacht von Gewerkschaften als legitim ein, weil sie in diesem Fall als „Second-best"-Alternative für Machtbalance beider Marktseiten auf dem Arbeitsmarkt sorgen. Für einen speziellen Fall der Angebotskurve auf dem Arbeitsmarkt (und nur in diesem) hält er einen Mindestlohn für notwendig, eine Umverteilung durch moderat progressive Besteuerung, die aber die Investitionsneigung nicht hemmen darf, ist für ihn ein gangbarer Weg. Hayek thematisiert bereits in den 1940er-Jahren die Notwendigkeit, in der modernen Großgesellschaft eine Mindestsicherung zu gewährleisten, da er – wie Eucken – ein omnipräsentes Bedürfnis nach einem Mindestmaß an Sicherheit beobachtet. Er plädiert in den nächsten Jahrzehnten unverändert für die Mindestsicherung, auch als Gegengewicht zum Drang nach gesellschaftlicher Fixierung relativer Einkommenspositionen, der durch die Gewährleistung einer absoluten Sicherheit durch die Mindestsicherung eingedämmt werden kann. Um Letzteres zu verhindern, ist Hayek ein resoluter Gegner von progressiver Besteuerung, da er darin ein gefährliches und willkürliches Instrument sieht, mit dem die Demokratie im Namen des Trugbildes der sozialen Gerechtigkeit ohne Regelbindung verschiedene Einkommensgruppen diskriminieren kann. Die Mindestsicherung und die weiteren Vorschläge zur Absicherung von Risiken sind außerdem eine Notwendigkeit, um Härtefälle in der Logik der Großgesellschaft lösen zu können und nicht an die Kleingruppe delegieren zu müssen. Gewerkschaften steht er ebenfalls skeptisch gegenüber: Sie sind als Ausdruck der Vereinigungsfreiheit zwar legitim, verlieren für Hayek aber diese Legitimität, sobald sie sich Privilegien erstreiten, allen voran solche, die das Gewaltmonopol des Staates unterminieren. Röpke positioniert sich gegenüber der traditionellen Sozialpolitik ebenfalls strikt ablehnend, wie er in deren Charakterisierung als komfortable Stallfütterung deutlich macht. Er ist aber derjenige der vier Autoren, der das umfassendste gesellschaftspolitische Programm vorlegt. Ganz in Einklang mit dem Topos, entwirft er Lösungen, welche die soziale Frage auf subsidiäre Weise beantworten sollen. Vom Herstellen einer adäquaten Vitalsituation, welche für Röpke ausschließlich in überschaubaren Wirtschafts- und Gesellschaftsregelkreisen möglich ist, erhofft er sich ein Nachlassen des zeitgenössischen Wunsches, alle Härtefälle mittels Sozialpolitik alter Bauart „von oben" anzupacken. Während also Hayek mit der Mindestsicherung die Großgesellschaft vor der Logik der Kleingruppe „retten" will, erhofft sich Röpke gerade von Letzterer die Lösung auf dem Gebiet seiner Struktur- und Gesellschaftspolitik und fürchtet gleichzeitig um die Existenz der kleinen Regelkreise, falls die Logik des Marktes und der Großgesellschaft weiter in diese Domäne durchdringt. Mises ist all dies fremd: In seiner Theorie wird eine von Interventionismus freie Marktwirtschaft keine Arbeitslosigkeit aufweisen, Gewerkschaften sind daher unnötig (weil sie die Löhne nicht dauerhaft über die Grenzproduktivität heben können) oder schädlich (wenn sie gewaltsame Privilegien genießen), die soziale Mobilität ist im Kapitalismus am besten garantiert, Fragen der Armenfürsorge werden karitativ gelöst. Sozialpolitik ist für ihn also nichts anderes als ein weiterer „reichsdeutscher" Interventionismus, der mit seinem Topos der handlungsautonomen Individuen unvereinbar ist.

In den vorherigen Abschnitten wurden die wichtigsten Erkenntnisse der beiden Ebenen der Analyse, die der abstrakten Staatsverständnisse und die der konkreten Wirtschaftspolitik, zusammengefasst. Daraus ergibt sich, warum die Ausgangshypothese eines „abnehmenden Staatsumfanges" in den Werken von Röpke, Eucken, Hayek und Mises zu verwerfen ist. Ein solches eindimensionales Kontinuum wird nämlich dem multidimensionalen Staat, der sich durch die Studie herauskristallisiert, nicht gerecht. Schon die hier erfolgte Zusammenfassung, die lediglich die groben Striche der Vergleiche rekonstruiert hat, zeigt, dass sich die Autoren sehr unterschiedlich gruppieren lassen: Mal ist Röpke in der Sozialpolitik tatsächlich der „aktivste" und Mises der „sparsamste", mal sind sie in ihren Positionen zur Währungspolitik kaum unterscheidbar. Außerdem ist hinzuzufügen, dass der Politikbegriff der Autoren keinesfalls auf „den Staat" fixiert ist. So betont Röpke – in Einklang mit seinem Topos – immer wieder, dass er zwar ein umfangreiches Reformprogramm formuliert, der Staat aber keineswegs immer der richtige Adressat ist. Stattdessen spricht er von der „privaten Wirtschaftspolitik" anderer Akteure, die man heute unter dem Begriff der Bürgergesellschaft fassen kann. Auch betonen die Autoren immer wieder, dass sie stets eine Präferenz für die niedrigen Gliederungen des Staates als ausführende Instanzen haben, und dass sie im Sinne der Subsidiarität sowie des Föderalismus nur das bei höheren Gliederungen des Staates belassen wollen, was sich „unten" nicht lösen lässt. Somit ist nicht nur der Staat in seinen Aufgabenfeldern multidimensional, sondern es ist eine ganze Palette verschiedener staatlicher und nicht-staatlicher Akteure auszumachen, die für die verschiedenen Aufgaben unterschiedlich geeignet sind. Es geht den Neoliberalen also nicht um die verkürzte quantitative Frage nach „wie viel Staat", sondern stattdessen um die qualitative Frage nach „welchem Staat" im Sinne der idealen Definition der verschiedenen Aufgaben und um ihre Zuweisung an passende staatliche Gliederungen oder an gesellschaftliche Problemlösungsmechanismen jenseits des Staates.

Wie soll der Staat verfasst sein? Alle vier Autoren sehen die Demokratie als das beste Verfahren, kollektive Entscheidungen zu treffen und befürworten damit ausdrücklich das demokratische Prinzip in Sinne eines Idealtyps. Den Realtyp der Demokratie ihrer Zeit kritisieren sie allerdings und bemängeln ihre Funktionsweise: Dieser Realtyp verkommt in ihrer Analyse vielfach zu einer prinzipienlosen Herrschaft der Mehrheit, die an zentraler Stelle den freiheitlichen, regelbasierten Charakter von Staat, Wirtschaft und Gesellschaft in der westlichen Welt bedroht. Gerade als Gegengewicht dazu formulieren die neoliberalen Autoren ihre vielschichtigen Prinzipiensysteme und vertrauen darauf, dass sich der Souverän, also der einzelne Bürger, diese Prinzipien zu eigen macht und dann auf demokratischem Wege die entsprechende „Arbeitsteilung" zwischen Markt und Staat durchsetzt. Damit die Gefahr des Missbrauchs des demokratischen Mechanismus eingedämmt wird, plädieren die Neoliberalen für Schranken, in denen er einzuhegen ist. Zu diesen Dämmen gehört an erster Stelle das rechtsstaatliche Prinzip, dem sich der Staat stets zu unterwerfen hat, aber auch die Kontrolle durch Föderalismus sowie durch „checks and balances" innerhalb des demokratischen Gefüges der Gewaltenteilung, wie bei Hayeks Verfassungsvorschlag, bei Euckens „ordnenden Potenzen" oder bei Röpkes „clercs" deutlich wird. Der demokratische Staat ist also ein unverzichtbarer Bestandteil der liberalen Ordnung, der aber seine verfassungsmäßig definierte Domäne hat und nicht „ausufern" darf, weil er sonst die anderen gesellschaftlichen Teilordnungen in ihren Logiken gefährden oder gar usurpieren kann.

Es soll abschießend noch einmal betont werden, dass die Rekonstruktion der Positionen der vier Autoren die obigen Differenzen nicht nur zu einem Zeitpunkt festgestellt hat. Vielmehr wurden im Laufe der Studie sehr markante Wandlungen freigelegt, die alle vier Autoren durchlaufen. Mit anderen Worten, waren die vier Neoliberalen auf einer lebenslangen Entdeckungsreise nach den tragfähigsten Antworten auf die Fragen ihrer Zeit. Neben dem Suchprozess per se haben sie auch ein Grundmuster gemeinsam, das sich bei allen vier manifestiert: Es handelt sich um den allmählichen Übergang von einem zunächst im engeren Sinne ökonomischen Werk hin zu einer immer breiteren Agenda sozialphilosophischer Themen. Im Zuge der Großen Depression und der totalitären Bedrohungen wird den Neoliberalen bewusst, dass die drängendsten Fragen ihrer Zeit außerhalb der ökonomischen Analyse im engeren Sinne liegen. Im Fokus stehen nunmehr die interdependenten Kontexte der gesellschaftlichen Teilordnungen, von denen die Ökonomie natürlich eine zentrale ist, aber stets als in die anderen Teilordnungen eingebettet zu denken ist. Ökonomen bleiben Eucken, Hayek, Mises und Röpke bis zuletzt. Nur weiten sie ihren Fokus ganz wesentlich aus und nehmen Probleme ins Visier, die sie in ihren frühen Schaffensphasen weniger thematisieren. Sie bleiben auch Liberale, trotz der gelegentlichen Anlehnungen beim Konservatismus oder dem Anarchismus, und formulieren – in Form von bedingten Werturteilen – vier liberale Angebote an den Bürger. Diese sind dahingehend offen und transparent, als ersichtlich ist, dass man sich der Analyse und den Empfehlungen nur anschließen kann, wenn man sich auch der zugrunde liegenden normativen Prämisse, dem Primat der Freiheit, anschließt. *Den* neoliberalen Staat gibt es dabei nicht. Es handelt sich vielmehr um vier filigrane politische Ökonomien, welche Eucken, Hayek, Mises und Röpke ein Leben lang verfeinern, revidieren und immer wieder ergänzen – auch im jahrzehntelangen Austausch miteinander, in Korrespondenz wie auch in Debatten wie etwa bei den Treffen der *Mont Pèlerin Society*. Ob sie damit als Anbieter auf dem Markt der Ideen erfolgreich sind, darüber entscheidet letztlich immer der Bürger.

Diese Studie wurde in einer von Krisen geprägten Zeit geschrieben, die auch bis zum Verfassen der 2. Auflage keineswegs abgeklungen sind. Nach wie vor überlagern sich die mannigfaltigen Krisen, vom Platzen mikroökonomischer Blasen auf einzelnen Märkten über Krisen des Bankensystems und die Schuldenkrise der westlichen Demokratien bis hin zu den jüngst deutlich sichtbaren illiberalen Tendenzen innerhalb der politischen Systeme in Europa, Amerika und darüber hinaus. Es wird wahrscheinlich viel Zeit verstreichen müssen, um nüchtern über diese Phänomene in ihrer Vielfalt debattieren zu können und ihre interdependenten Ursachen zu ergründen: Das Beispiel der Großen Depression und die bis heute andauernden Deutungsversuche der polit-ökonomischen Erschütterungen jener Zeit zeugen von der möglichen Dauer solcher Debatten. Eines haben die heutigen Krisen aber bereits bewirkt: Sie haben das Interesse an grundsätzlichen Debatten über die Ordnungszusammenhänge von Wirtschaft und Gesellschaft stark wiederbelebt und angefacht, es werden plötzlich wieder die „alten" Klassiker wie Smith, Marx oder Keynes zutage gefördert. Es verbleibt mir zu hoffen, dass die vorliegende Studie einen Beitrag zur Reflexion über die „neoliberalen Klassiker" leistet und dadurch die heutige Suche nach der funktionsfähigen und menschenwürdigen Wirtschaftsordnung ein kleines Stück weit befördert.

Abbildungsverzeichnis

Abb. 1: Dreidimensionale Analysestruktur der Studie —— 32

Abb. 2: Spielarten des Neoliberalismus nach Renner —— 33

Abb. 3: Ordnungsschema Euckens —— 129

Abb. 4: Morphologie der Marktformen —— 130

Abb. 5: Ordnungsschema Röpkes —— 139

Abb. 6: Gesamtprogramm der Wirtschafts- und Gesellschaftsreform —— 142

Abb. 7: Schichtenmodell der Ordnungsrahmen von Eucken und Röpke —— 164

DOI 10.1515/9783110489910-008

Literaturverzeichnis

Albert, H. (2005). Wirtschaft, Politik und Freiheit. Das Freiburger Erbe. In N. Goldschmidt (Hrsg.), *Wirtschaft, Politik und Freiheit* (S. 405–419). Tübingen: Mohr Siebeck.

Allgoewer, E. (2003). *Gold Standard and Gold-Standard Mentality in Switzerland (1929–1936)*. Habilitation, Universität St. Gallen.

Allgoewer, E. (2009/2010). Wilhelm Röpke und die Konjunkturtheorie im 20. Jahrhundert. In H. Rieter, J. Zweynert (Hrsg.), *„Wort und Wirkung": Wilhelm Röpkes Bedeutung für die Gegenwart* (2. Auflage), (S. 123–161). Marburg: Metropolis.

Allgoewer, E., Kasprzok, C., Zweynert, J. (Hrsg.) (2014). *Ökonomische Theoriegeschichte im zeithistorischen Kontext. Ausgewählte Aufsätze von Heinz Rieter*. Marburg: Metropolis.

Andersen, U., Bierling, S. G., Neuss, B., Woyke, W. (Hrsg.) (1995). *Politik und Wirtschaft am Ende des 20. Jahrhunderts: Perspektiven und Interdependenzen. Festschrift für Dieter Grosser zum 65. Geburtstag*. Opladen: Leske + Budrich.

Anderson, G. M., Boettke, P. J. (1997). Soviet Venality: A Rent-Seeking Model of the Communist State. *Public Choice* 93 (1–2), 37–53.

Anter, A. (1995/2014). *Max Webers Theorie des modernen Staates. Herkunft, Struktur und Bedeutung* (3. Auflage). Berlin: Duncker & Humblot.

Anter, A. (2004/2007). *Die Macht der Ordnung. Aspekte einer Grundkategorie des Politischen* (2. Auflage). Tübingen: Mohr Siebeck.

Anter, A. (2010). Die Chimäre vom „Ende des Staates" und der Ordnungsbedarf der Gesellschaft. Working Paper 03, *Staat – Souveränität – Nation: Beiträge zur aktuellen Staatsdiskussion* Gießen.

Anter, A. (2012). *Theorien der Macht zur Einführung*. Hamburg: Junius.

Assheuer, T. (2008). Nach dem Bankrott. Ein Gespräch mit Jürgen Habermas. *DIE ZEIT* 7. November 2008.

Baader, R. (Hrsg.) (2000). *Logik der Freiheit. Ein Ludwig-von-Mises-Brevier*. Thun: Ott.

Bankhaus Metzler (2014). *Bankhaus Metzler und die Edmond de Rothschild Gruppe stiften die Gastprofessur „Financial History" an der Goethe-Universität Frankfurt. Pressemitteilung* 13. Oktober 2014.

Becker, H. (1965). *Die soziale Frage im Neoliberalismus. Analyse und Kritik*. Heidelberg: F. H. Kerle.

Beckerath, E. v. (1953). Walter Euckens Grundsätze der Wirtschaftspolitik. *ORDO Jahrbuch* 5, 289–297.

Beckmann, M. (1952) Review: Unser Zeitalter der Misserfolge – Fünf Vorträge zur Wirtschaftspolitik by Walter Eucken. *American Economic Review* 42(3), 434–435.

Beckmann, M. (1955). Review: Grundsätze der Wirtschaftspolitik by Walter Eucken. *Econometrica* 23(2), 229–230.

Berghahn, V. R. (2010). Ludwig Erhard, die Freiburger Schule und das „Amerikanische Jahrhundert". Diskussionspapier 10/01, *Walter Eucken Institut Freiburg*.

Berlin, I. (1958/1969). Two Concepts of Liberty. In I. Berlin, *Four Essays on Liberty* (pp. 118–172). Oxford: Oxford University Press.

Berlin, I. (1969). *Four Essays on Liberty*. Oxford: Oxford University Press.

Biebricher, T. (2014). Power in Neoliberal Thought. *Journal of Political Power* 7(2), 193–210.

Blümle, G., Goldschmidt, N. (2006). From Economic Stability to Social Order: The Debate about Business Cycle Theory in the 1920s and its Relevance for the Development of Theories of Social Order by Lowe, Hayek and Eucken. *European Journal of the History of Economic Thought* 13(4), 543–570.

DOI 10.1515/9783110489910-009

Blum, R. (1969). *Soziale Marktwirtschaft. Wirtschaftspolitik zwischen Neoliberalismus und Ordoliberalismus.* Tübingen: Mohr Siebeck.

Blumenthal, K. v. (2007). *Die Steuertheorien der Austrian Economics. Von Menger bis Mises.* Marburg: Metropolis.

Boarman, P. M. (1998/1999). Apostle of a Humane Economy – Remembering Wilhelm Röpke (Vortrag am 10. Oktober 1998 bei der Philadelphia Society in Wilmington). *ORDO Jahrbuch 50,* 69–91.

Böckenförde, E.-W. (Hrsg.) (1976). *Staat und Gesellschaft.* Darmstadt: Wissenschaftliche Buchgesellschaft.

Böckenförde, E.-W. (1976a). Die Bedeutung der Unterscheidung von Staat und Gesellschaft im demokratischen Sozialstaat der Gegenwart. In E.-W. Böckenförde, *Staat und Gesellschaft* (S. 395–431). Darmstadt: Wissenschaftliche Buchgesellschaft.

Böhm, F. (1933/1964). *Wettbewerb und Monopolkampf. Eine Untersuchung des wirtschaftlichen Kampfrechts und zur Frage der rechtlichen Struktur der geltenden Wirtschaftsordnung* (2. Auflage). Köln: Carl Heymanns.

Böhm, F. (1950). Die Idee des ORDO im Denken Walter Euckens. Dem Freunde und Mitherausgeber zum Gedächtnis. *ORDO Jahrbuch 3,* XV–LXIV.

Böhm, F. (1957). Die Forschungs- und Lehrgemeinschaft zwischen Juristen und Volkswirten an der Universität Freiburg in den dreißiger und vierziger Jahren des 20. Jahrhunderts (Das Recht der Ordnung der Wirtschaft). In H. J. Wolff (Hrsg.), *Aus der Geschichte der Rechts- und Staatswissenschaften zu Freiburg i.Br.* (S. 95–113). Freiburg: Eberhard Albert.

Böhm, F. (1973). Eine Kampfansage an Ordnungstheorie und Ordnungspolitik. Zu einem Aufsatz in Kyklos. *ORDO Jahrbuch 24,* 11–48.

Böhm, F., Eucken, W., Großmann-Doerth, H. (1936/2008). Unsere Aufgabe. Einleitung der Herausgeber der Reihe „Ordnung der Wirtschaft". In N. Goldschmidt, M. Wohlgemuth (Hrsg.), *Grundtexte zur Freiburger Tradition der Ordnungsökonomik* (S. 27–37) Tübingen: Mohr Siebeck.

Böhm-Bawerk, E. v. (1914/1999). Macht oder ökonomisches Gesetz? *Zeitschrift für Volkswirtschaft, Sozialpolitik und Verwaltung 23,* 206–271. Auch in: K. R. Leube (Hrsg.), *Von Menger bis Mises* (S. 159–214). Frankfurt: Frankfurter Allgemeine Buch.

Bönker, F., Wagener, H.-J. (2001). Hayek and Eucken on State and Market Economy. In A. Labrousse, J.-D. Weisz (Hrsg.), *Institutional Economics in France and Germany* (pp. 183–199). Berlin: Springer.

Boese, F. (Hrsg.) (1928/1929). *Verhandlungen des Vereins für Socialpolitik in Zürich 1928* (Band 175). München: Duncker & Humblot.

Boettke, P. J. (1990). The Theory of Spontaneous Order and Cultural Evolution in the Social Theory of F.A. Hayek. *Cultural Dynamics 3*(1), 61–83.

Boettke, P. J. (1996). Review: Rules and Choice in Economics by Viktor Vanberg. *Journal of Economic Behavior & Organization 30*(3), 421–424.

Boettke, P. J. (Hrsg.) (2000). *Socialism and the Market. The Socialist Calculation Debate Revisited* (9 Bände). London: Routledge.

Boettke, P. J. (2002). The Use and Abuse of the History of Economic Thought within the Austrian School of Economics. *History of Political Economy 34* (Annual Supplement), 337–360.

Boettke, P. J. (2012). *Living Economics. Yesterday, Today, and Tomorrow.* Oakland: Independent Institute.

Boettke, P. J., Coyne, C. J. (Hrsg.) (2015). *The Oxford Handbook of Austrian Economics.* Oxford: Oxford University Press.

Boettke, P. J., Coyne, C. J. (2015a). Introduction: Austrian Economics as a Progressive Research Program in the Social Sciences. In P. J. Boettke, C. J. Coyne (Hrsg.), *The Oxford Handbook of Austrian Economics* (pp. 1–10). Oxford: Oxford University Press.

Boettke, P. J., Leeson, P. T. (2004). An „Austrian" Perspective on Public Choice. *The Encyclopedia of Public Choice* (Band 2), (27–32). New York: Springer.

Boettke, P. J., Storr, V. H. (2002). Post-Classical Political Economy. Polity, Society and Economy in Weber, Mises and Hayek. *American Journal of Economics and Sociology* 61(1), 161–191.

Bonn, M. J. (1952). Review: Our Unsuccessful Age by Walter Eucken. *Economic Journal* 62(246), 394–395.

Borchardt, K., Schötz, H. O. (Hrsg.) (1991). *Wirtschaftspolitik in der Krise. Die (Geheim-)Konferenz der Friedrich-List-Gesellschaft im September 1931 über Möglichkeiten und Folgen einer Kreditausweitung.* Baden-Baden: Nomos.

Borchert, M., Grossekettler H. (1985). *Preis- und Wettbewerbstheorie.* Stuttgart: Kohlhammer.

Bosch, A., Koslowski, P., Veit, R. (Hrsg.) (1990). *General Equilibrium or Market Process. Neoclassical and Austrian Theories of Economics.* Tübingen: Mohr Siebeck.

Braun, M. S. (1930). Besprechung von: Hayek, Friedrich A.: Geldtheorie und Konjunkturtheorie. *Weltwirtschaftliches Archiv* 31(2), 187–190.

Braunberger, G. (2015). Wirtschaftsgeschichte ist nicht tot! *Fazit – das Wirtschaftsblog* 16. Oktober 2015.

Braunberger, G. (2016a). Liberale Klassiker. *Fazit – das Wirtschaftsblog* 7. September 2015.

Braunberger, G. (2016b). Ordnungsökonomik ist nicht genug. Unsystematische Beobachtungen eines Wirtschaftsjournalisten. In J. Zweynert, S. Kolev, N. Goldschmidt (Hrsg.), *Neue Ordnungsökonomik* (S. 225–237), Tübingen: Mohr Siebeck.

Brinkmann, C. (1940). Grundlagen der Nationalökonomie. Bemerkungen zu Walter Euckens Buch. *Finanzarchiv* 7(3), 353–366.

Buchanan, J. M. (1992). I Did Not Call Him „Fritz": Personal Recollections of Professor Friedrich A. v. Hayek. *Constitutional Political Economy* 3(2), 129–125.

Buchanan, J. M. (2003). *Public Choice: The Origins and Development of a Research Program.* Fairfax: George Mason University.

Burczak, T. A. (2006). *Socialism after Hayek.* Ann Arbor: University of Michigan Press.

Burgin, A. (2012). *The Great Persuasion. Reinventing Free Markets since the Depression.* Cambridge (MA): Harvard University Press.

Bye, R. T. (1952). Review: The Foundations of Economics by Walter Eucken. *Journal of Economic History* 12(3), 286–288.

Caldwell, B. J. (1982/1984). *Beyond Positivism: Economic Methodology in the Twentieth Century* (2. Auflage). London: Allen & Unwin.

Caldwell, B. J. (1984). Praxeology and its Critics: An Appraisal. *History of Political Economy* 16(3), 363–379.

Caldwell, B. J. (1988a). Hayek's Transformation. *History of Political Economy* 20(4), 513–541.

Caldwell, B. J. (1988b). Hayek's „The Trend of Economic Thinking". *Review of Austrian Economics* 2(1), 175–178.

Caldwell, B. J. (1992). Hayek the Falsificationist? A Refutation. *Research in the History of Economic Thought and Methodology* 10, 1–15.

Caldwell, B. J. (1997). Hayek and Socialism. *Journal of Economic Literature* 35(4), 1856–1890.

Caldwell, B. J. (2002). Wieser, Hayek and Equilibrium Theory. *Journal des Économistes et des Études Humaines* 12(1), 47–66.

Caldwell, B. J. (2004). *Hayek's Challenge. An Intellectual Biography of F.A. Hayek.* Chicago: University of Chicago Press.

Caldwell, B. J. (2008). History in the Service of Ideology. Review of Jörg Guido Hülsmann's „Mises. The Last Knight of Liberalism". *History of Economic Ideas* 16(3), 143–148.

Caplan, B. (1999). The Austrian Search for Realistic Foundations. *Southern Economic Journal* 65(4), 823–838.

Cassel, D., Ramb, B.-T., Thieme, H. J. (Hrsg.) (1988). *Ordnungspolitik.* München: Franz Vahlen.

Cassel, S. (2001/2004). *Politikberatung und Politikerberatung. Eine institutionenökonomische Analyse der wissenschaftlichen Beratung der Wirtschaftspolitik* (2. Auflage). Bern: Haupt.

Clapham, R., Schwarz, G. (Hrsg.) (2006). *Die Fortschrittsidee und die Marktwirtschaft*. Zürich: NZZ Libro.

Clausing, G. (Hrsg.) (1933). *Der Stand und die nächste Zukunft der Konjunkturforschung. Festschrift für Arthur Spiethoff*. München: Duncker & Humblot.

Commun, P. (Hrsg.) (2003). *L'Ordolibérlisme allemand. Aux sources de l'Économie sociale de marché*. Cergy-Pontoise: CIRAC.

Commun, P. (2004). Erhards Bekehrung zum Ordoliberalismus: Die grundlegende Bedeutung des wirtschaftspolitischen Diskurses in Umbruchzeiten. Diskussionspapier 04/04, *Walter Eucken Institut Freiburg*.

Commun, P. (2016). *Les Ordolibéraux. Histoire d'un libéralisme à l'allemande*. Paris: Les Belles Lettres.

Crouch, C. (2011). *The Strange Non-death of Neoliberalism*. Cambridge: Polity.

Cubitt, C. E. (2006). *A Life of Friedrich August von Hayek*. Gamlingay: Authors OnLine.

Dallmann, N., Seiler, M. (Hrsg.) (2006). *Innovation und Reform*. Stuttgart: Lucius & Lucius.

Dathe, U. (2009). Walter Euckens Weg zum Liberalismus (1918–1934). *ORDO Jahrbuch* 60, 53–86.

Dekker, E. (2016). *The Viennese Students of Civilization. The Meaning and Context of Austrian Economics Reconsidered*. New York: Cambridge University Press.

Deutscher Bund für freie Wirtschaftspolitik (Hrsg.) (1932): *Autarkie. Fünf Vorträge*. Berlin: Rowohlt.

Dickinson, H. D. (1940). Review: Freedom and the Economic System by F. A. von Hayek. *Economica* 7(28), 435–437.

Dierksmeier, C. (2003). Zur Theorie staatlichen Handelns bei Friedrich August von Hayek. *Zeitschrift für Politikwissenschaft* 13(4), 1979–2002.

Dierksmeier, C. (2016). *Qualitative Freiheit. Selbstbestimmung in weltbürgerlicher Verantwortung*. Bielefeld: Transcript.

Dobb, M. (1935). Review: Economic Planning in Soviet Russia by Boris Brutzkus/Collectivist Economic Planning by F.A. Hayek (ed.). *Economic Journal* 45(179), 532–535.

Dörge, F.-W. (1959). Menschenbild und Institution in der Idee des Wirtschaftsliberalismus bei A. Smith, L. v. Mises, W. Eucken und F. A. v. Hayek. *Hamburger Jahrbuch für Wirtschafts- und Gesellschaftspolitik* 4, 82–99.

Doering, D. (2000). Nachwort. Immer gegen den Strom: Ludwig von Mises. In R. Baader (Hrsg.), *Logik der Freiheit* (S. 239–244). Thun: Ott.

Doering, D. (2008). Einleitung. Ein kämpferischer Intellektueller unter den Ökonomen. In L. von Mises, *Vom Wert der besseren Ideen* (S. 9–19). München: Olzog.

Dornbusch, R. (1993). The End of the German Miracle. *Journal of Economic Literature* 31(2), 881–885.

Dürr, E.-W. (1954). *Wesen und Ziele des Ordoliberalismus*. Winterthur: P. G. Keller.

Ebeling, R. M. (1999). Wilhelm Röpke: A Centenary Appreciation. *The Freeman* 10(1999), 19–24.

Ebeling, R. M. (2003). *Austrian Economics and the Political Economy of Freedom*. Cheltenham: Edward Elgar.

Ebeling, R. M. (2003a). The Limits of Economic Policy: The Austrian Economists and the German ORDO Liberals. In R. M. Ebeling, *Austrian Economics and the Political Economy of Freedom* (pp. 231–246). Cheltenham: Edward Elgar.

Ebeling, R. M. (2016). *Austrian Economics and Public Policy. Restoring Freedom and Prosperity*. Fairfax: Future of Freedom Foundation.

Ebenstein, A. (2003). *Hayek's Journey. The Mind of Friedrich Hayek*. New York: Palgrave Macmillan.

Erhard, L. (1957/2009). *Wohlstand für alle* (9. Auflage). Köln: Anaconda.

Erhard, L. (1962). *Deutsche Wirtschaftspolitik. Der Weg zur Sozialen Marktwirtschaft*. Düsseldorf: Econ.

Erhard, L. (1967/1968). Gedenkrede. In E. Hoppmann (Hrsg.), *In memoriam Wilhelm Röpke* (S. 9–21). Marburg: N. G. Elwert.

Eucken, W. (1921). Zur Würdigung St. Simons (Antrittsvorlesung als Privatdozent an der Universität Berlin unter dem Titel „Saint-Simon und Marx"). *Schmollers Jahrbuch für Gesetzgebung, Verwaltung und Volkswirtschaft im Deutschen Reiche* 45(4), 1051–1066.

Eucken, W. (1923). *Kritische Betrachtungen zum deutschen Geldproblem*. Jena: Gustav Fischer.

Eucken, W. (1925a). Das Übertragungsproblem. Ein Beitrag zur Theorie des internationalen Handels. *Jahrbücher für Nationalökonomie und Statistik* 123, 145–164.

Eucken, W. (1925b). Das internationale Währungsproblem. Ein Überblick. *Schriften der Vereinigung für staatswissenschaftliche Fortbildung* 2, 2–22.

Eucken, W. (1926a). Die geistige Krise und der Kapitalismus (unter dem Pseudonym Dr. Kurt Heinrich). *Die Tatwelt* 2(1–3), 13–16.

Eucken, W. (1926b). Besprechung von: Mises, Ludwig: Theorie des Geldes und der Umlaufsmittel. *Schmollers Jahrbuch für Gesetzgebung, Verwaltung und Volkswirtschaft im Deutschen Reiche* 50(2), 649–653.

Eucken, W. (1926c). Die Ursachen der potenzierten Wirkung des vermehrten Geldumlaufs auf das Preisniveau. *Jahrbücher für Nationalökonomie und Statistik* 124, 289–309.

Eucken, W. (1928). Besprechung von: Bonn, Moritz J., Palyi Melchior (Hrsg.) Die Wirtschaftswissenschaft nach dem Kriege. Festgabe für Lujo Brentano. *Historische Zeitschrift* 138(3), 550–552.

Eucken, W. (1928/1929). Referat „Kredit und Konjunktur". In F. Boese (Hrsg.), *Verhandlungen des Vereins für Socialpolitik in Zürich 1928* (S. 287–305). München: Duncker & Humblot.

Eucken, W. (1931/1932). Religion – Wirtschaft – Staat. Zur Problematik des Gegenwartsmenschen (Vortrag am 1. November 1931 vor dem Eucken-Bund in Jena). *Die Tatwelt* 8(2), 82–89.

Eucken, W. (1932a). Staatliche Strukturwandlungen und die Krisis des Kapitalismus. *Weltwirtschaftliches Archiv* 36(2), 297–321.

Eucken, W. (1932b). Krisen und Autarkie. In Deutscher Bund für freie Wirtschaftspolitik (Hrsg.), *Autarkie. Fünf Vorträge* (S. 44–50). Berlin: Rowohlt.

Eucken, W. (1933). Beitrag zur Festschrift. In G. Clausing (Hrsg.), *Der Stand und die nächste Zukunft der Konjunkturforschung* (S. 74–78). München: Duncker & Humblot.

Eucken, W. (1934/1954). *Kapitaltheoretische Untersuchungen* (2. Auflage). Tübingen: Mohr Siebeck.

Eucken, W. (1937). Vom Hauptproblem der Kapitaltheorie. *Jahrbücher für Nationalökonomie und Statistik* 145, 533–564.

Eucken, W. (1938). Die Überwindung des Historismus. *Schmollers Jahrbuch für Gesetzgebung, Verwaltung und Volkswirtschaft im Deutschen Reiche* 62(2), 191–214.

Eucken, W. (1938/2005). *Nationalökonomie – wozu?* (5. Auflage). Stuttgart: Klett-Cotta.

Eucken, W. (1940). Wissenschaft im Stile Schmollers. *Weltwirtschaftliches Archiv* 52(3), 468–506.

Eucken, W. (1940/1989). *Die Grundlagen der Nationalökonomie* (9. Auflage). Berlin: Springer.

Eucken, W. (1941/1942). Wettbewerb als Grundprinzip der Wirtschaftsverfassung (Vortrag am 3. November 1941 bei der Arbeitsgemeinschaft „Preispolitik" der Akademie für Deutsches Recht). In G. Schmölders (Hrsg.), *Der Wettbewerb als Mittel volkswirtschaftlicher Leistungssteigerung und Leistungsauslese* (S. 29–50). Berlin: Duncker & Humblot.

Eucken, W. (1943). Brief an Professor Luigi Einaudi vom 16.03.1943, Archivio Luigi Einaudi, Busta 2, *Fondazione Luigi Einaudi Turin*.

Eucken, W. (1944). Die zeitliche Lenkung des Wirtschaftsprozesses und der Aufbau der Wirtschaftsordnungen. *Jahrbücher für Nationalökonomie und Statistik* 159, 161–221.

Eucken, W. (1946). Brief an Professor F. A. Hayek vom 12.03.1946, Friedrich A. von Hayek Papers, Box 18/Folder 40, *Hoover Institution Stanford*.

Eucken, W. (1946/1999a). Über die Gesamtrichtung der Wirtschaftspolitik. Gutachten für das Comité d'Études Économiques vom Januar 1946. In W. Eucken, *Ordnungspolitik* (S. 1–24). Münster: Lit.

Eucken, W. (1946/1999b). Über die Verstaatlichung der Privaten Banken. Gutachten für das Comité d'Études Économiques vom Januar 1946. In W. Eucken, *Ordnungspolitik* (S. 38–58). Münster: Lit.

Eucken, W. (1948a). Das ordnungspolitische Problem. *ORDO Jahrbuch* 1, 56–90.

Eucken, W. (1948b). Obituary: Heinrich von Stackelberg (1905–1946). *Economic Journal* 58(229), 132–135.

Eucken, W. (1948c). On the Theory of the Centrally Administered Economy: An Analysis of the German Experiment, Part I and Part II. *Economica* 15(58), 79–100 *sowie* 15(59), 173–193.

Eucken, W. (1948d). Die soziale Frage. In E. Salin (Hrsg.), *Synopsis. Festgabe für Alfred Weber* (S. 111–131). Heidelberg: Lambert Schneider.

Eucken, W. (1949). Die Wettbewerbsordnung und ihre Verwirklichung. *ORDO Jahrbuch* 2, 1–99.

Eucken, W. (1950). Technik, Konzentration und Ordnung der Wirtschaft. *ORDO Jahrbuch* 3, 3–17.

Eucken, W. (1950/1951). *Unser Zeitalter der Misserfolge. Fünf Vorträge zur Wirtschaftspolitik* (Vorträge im März 1950 an der London School of Economics). Tübingen: Mohr Siebeck.

Eucken, W. (1950/1953). *Wettbewerb, Monopol und Unternehmer* (Vortrag am 26. Januar 1950 bei der Arbeitsgemeinschaft Selbständiger Unternehmer in Wiesbaden). Bad Nauheim: Vita.

Eucken, W. (1951). Deutschland vor und nach der Währungsreform. In A. Hunold (Hrsg.), *Vollbeschäftigung, Inflation und Planwirtschaft* (S. 134–183). Erlenbach-Zürich: Eugen Rentsch.

Eucken, W. (1952/2004). *Grundsätze der Wirtschaftspolitik* (7. Auflage). Tübingen: Mohr Siebeck.

Eucken, W. (1999). *Ordnungspolitik. Herausgegeben von Walter Oswalt*. Münster: Lit.

Eucken, W., Meyer, F. W. (1948). The Economic Situation in Germany. *Annals of the American Academy of Political and Social Science* 260, 53–62.

Faccarello, G., Kurz, H. D. (Hrsg.) (2016). *Handbook on the History of Economic Analysis* (3 Bände). Cheltenham: Edward Elgar.

Faccarello, G., Kurz, H. D. (2016a). General Introduction. In G. Faccarello, H. D. Kurz (Hrsg.), *Handbook on the History of Economic Analysis* (Vol. 1), (pp. 1–3). Cheltenham: Edward Elgar.

Feld, L. P. (2012). Europa in der Welt von heute: Wilhelm Röpke und die Zukunft der Europäischen Währungsunion (6. Wilhelm-Röpke-Vorlesung am 9. Februar 2012 in Erfurt). *ORDO Jahrbuch* 63, 403–428. Auch in: HWWI Policy Paper 70, *Hamburgisches WeltWirtschaftsInstitut Erfurt*.

Feld, L. P. (Hrsg.) (2015). *Zur Zukunft der Sozialen Marktwirtschaft. 60 Jahre Walter Eucken Institut*. Freiburg: Herder.

Feld, L. P., Köhler, E. A. (2016). Ist die Ordnungsökonomik zukunftsfähig? In J. Zweynert, S. Kolev, N. Goldschmidt (Hrsg.), *Neue Ordnungsökonomik* (S. 67–95). Tübingen: Mohr Siebeck.

Festré, A. (2003). Knowledge and Individual Behaviour in the Austrian Tradition of Business Cycles: Von Mises vs. Hayek. *History of Economic Ideas* XI(1), 13–45.

Friedrich, C. J. (1955). The Political Thought of Neo-Liberalism. *American Political Science Review* 49(2), 509–525.

Garrison, R. W. (1986). Hayekian Trade Cycle Theory: A Reappraisal. *Cato Journal* 6(2), 437–453.

Gauck, J. (2014/2015). Rede des Bundespräsidenten anlässlich der Festveranstaltung zum 60-jährigen Bestehen des Walter Eucken Instituts am 16. Januar 2014 in Freiburg. In L. P. Feld (Hrsg.), *Zur Zukunft der Sozialen Marktwirtschaft* (S. 33–43). Freiburg: Herder.

Gerken, L. (Hrsg.) (2000). *Walter Eucken und sein Werk. Rückblick auf den Vordenker der sozialen Marktwirtschaft*. Tübingen: Mohr Siebeck.

Gerken, L., Renner, A. (2000). Die ordnungspolitische Konzeption Walter Euckens. In L. Gerken (Hrsg.), *Walter Eucken und sein Werk* (S. 1–47). Tübingen: Mohr Siebeck.

Geue, H. (1998). Sind ordnungspolitische Reformanstrengungen mit Hayeks Evolutionismus vereinbar? *ORDO Jahrbuch* 49, 141–163.

Goldschmidt, N. (2002). *Entstehung und Vermächtnis ordoliberalen Denkens. Walter Eucken und die Notwendigkeit einer kulturellen Ökonomik*. Münster: Lit.

Goldschmidt, N. (2003). Besprechung von: Pies, Ingo: Eucken und von Hayek im Vergleich. *Jahrbücher für Nationalökonomie und Statistik* 223, 379–382.

Goldschmidt, N. (Hrsg.) (2005). *Wirtschaft, Politik und Freiheit. Freiburger Wirtschaftswissenschaftler und der Widerstand*. Tübingen: Mohr Siebeck.

Goldschmidt, N. (2005a). Die Rolle Walter Euckens im Widerstand. Freiheit, Ordnung und Wahrhaftigkeit als Handlungsmaximen. In N. Goldschmidt (Hrsg.), *Wirtschaft, Politik und Freiheit* (S. 289–314). Tübingen: Mohr Siebeck.

Goldschmidt, N. (2005b). Vom Ordoliberalismus zur Sozialen Marktwirtschaft. Das gleichnamige Buch von Ralf Ptak kritisch betrachtet. *ORDO Jahrbuch* 56, 319–324.

Goldschmidt, N. (2009/2010). Liberalismus als Kulturideal. Wilhelm Röpke und die kulturelle Ökonomik. In H. Rieter, J. Zweynert (Hrsg.), *„Wort und Wirkung“: Wilhelm Röpkes Bedeutung für die Gegenwart* (2. Auflage), (S. 105–121). Marburg: Metropolis.

Goldschmidt, N. (2013). Walter Eucken's Place in the History of Ideas. *Review of Austrian Economics* 26(2), 127–147.

Goldschmidt, N. (2016). Was die Kritiker der pluralen Ökonomik nicht verstehen. *Frankfurter Allgemeine Zeitung* 22. August 2016.

Goldschmidt, N., Wegner, G., Wohlgemuth, M., Zweynert, J. (2009). Was ist und was kann Ordnungsökonomik? *Frankfurter Allgemeine Zeitung* 19. Juni 2009.

Goldschmidt, N., Hesse, J.-O. (2012). Eucken, Hayek and „The Road to Serfdom". Diskussionspapier 12/04, *Walter Eucken Institut Freiburg*.

Goldschmidt, N., Wohlgemuth, M. (Hrsg.) (2008). *Grundtexte zur Freiburger Tradition der Ordnungsökonomik*. Tübingen: Mohr Siebeck.

Goldschmidt, N., Wohlgemuth, M. (2008a). Entstehung und Vermächtnis der Freiburger Tradition der Ordnungsökonomik. In N. Goldschmidt, M. Wohlgemuth (Hrsg.), *Grundtexte zur Freiburger Tradition der Ordnungsökonomik* (S. 1–16). Tübingen: Mohr Siebeck.

Goldschmidt, N., Wohlgemuth, M. (2008b). Social Market Economy: Origins, Meanings, Interpretations. *Constitutional Political Economy* 19(3), 261–276.

Goldschmidt, N., Wohlgemuth, M. (Hrsg.) (2017). *Soziale Marktwirtschaft. Grundtexte zur Ordnungsökonomik*. Tübingen: Mohr Siebeck, im Erscheinen.

Goodwin, C. D. (2008). History of Economic Thought. *The New Palgrave Dictionary of Economics* (2. Auflage). London: Palgrave Macmillan.

Goodwin, C. D. (2014). *Walter Lippmann. Public Economist*. Cambridge (MA): Harvard University Press.

Graham, F. D. (1944). Keynes vs. Hayek on a Commodity Reserve Currency. *Economic Journal* 54(215–216), 422–429.

Grandinger, E. (2010). Politik sucht Sündenbock für eigene Fehler. Der pervertierte Sozialstaat und nicht die Finanzakteure tragen die Schuld an dem Schuldendesaster. *DIE WELT* 1. Juni 2010.

Gregg, S. (2010). *Wilhelm Röpke's Political Economy*. Cheltenham: Edward Elgar.

Gregory, T. E., Hayek, F. A. v., Plant, A., Robbins, L. (1932). Spending and Saving. Public Works from Rates. Letter to the Editor. *THE TIMES* 19. Oktober 1932.

Grossekettler, H. (1987). Der Beitrag der Freiburger Schule zur Theorie der Gestaltung von Wirtschaftssystemen. Beitrag 90, *Volkswirtschaftliche Diskussionsbeiträge der Westfälischen Wilhelms-Universität Münster*.

Grossekettler, H. (1997). *Die Wirtschaftsordnung als Gestaltungsaufgabe. Entstehungsgeschichte und Entwicklungsperspektiven des Ordoliberalismus nach 50 Jahren Sozialer Marktwirtschaft*. Münster: Lit.

Gutschker, T., Zastrow, V. (2016). Ich gebe unsere Prinzipien nicht auf. Ein Gespräch mit Angela Merkel. *Frankfurter Allgemeine Sonntagszeitung* 22. Mai 2016.

Haberler, G. v. (Hrsg.) (1975). A Discussion with Friedrich von Hayek. Domestic Affairs Study 39, *American Enterprise Institute Washington*.

Haberler, G. v. (1979/2000). Between Mises and Keynes. An Interview with Gottfried von Haberler on January 3, 1979. *Austrian Economics Newsletter* 20(1).

Haberler, G. v. (1986). Reflections on Hayek's Business Cycle Theory. *Cato Journal* 6(2), 421–435.

Habermann, G. (1996). Der Liberalismus und die „Libertarians". *ORDO Jahrbuch* 47, 121–148.

Hagemann, H. (2005). Widerstand und Emigration. Die Lage der deutschsprachigen Nationalökonomie nach 1933 und die Rolle Freiburger Wirtschaftswissenschaftler. In N. Goldschmidt (Hrsg.), *Wirtschaft, Politik und Freiheit* (S. 3–24). Tübingen: Mohr Siebeck.

Hagemann, H. (2008). Zur Einführung: Friedrich A. Lutz (1901–1975). In N. Goldschmidt, M. Wohlgemuth (Hrsg.), *Grundtexte zur Freiburger Tradition der Ordnungsökonomik* (S. 273–278). Tübingen: Mohr Siebeck.

Hagemann, H., Trautwein, H.-M. (1998). Cantillon and Ricardo Effects: Hayek's Contributions to Business Cycle Theory. *European Journal of the History of Economic Thought* 5(2), 292–316.

Hahn, R. (1997). *Wilhelm Röpke. Denker der Freiheit*. St. Augustin: Academia.

Hank, R. (2012). *Die Pleite-Republik. Wie der Schuldenstaat uns entmündigt und wie wir uns befreien können*. München: Blessing.

Hanns Martin Schleyer-Stiftung (Hrsg.) (1985). *Verleihung des Hanns Martin Schleyer-Preises 1984 und 1985*. Köln: Hanns Martin Schleyer-Stiftung.

Harrod, R. F. (1946). Professor Hayek on Individualism (Besprechung von Hayeks „Individualism: True and False"). *Economic Journal* 56(223), 435–442.

Hartwell, R. M. (1995). *A History of the Mont Pelerin Society*. Indianapolis: Liberty Fund.

Haselbach, D. (1991). *Autoritärer Liberalismus und soziale Marktwirtschaft. Gesellschaft und Politik im Ordoliberalismus*. Baden-Baden: Nomos.

Hasse, R. H., Schneider, H., Weigelt, K. (Hrsg.) (2013). *Lexikon Soziale Marktwirtschaft. Wirtschaftspolitik von A bis Z* (3. online veröffentlichte Auflage). St. Augustin: Konrad-Adenauer-Stiftung.

Hax, H. (Hrsg.) (1999). *Vademecum zu einem Klassiker der Österreichischen Schule: Friedrich von Wiesers „Über den Ursprung und die Hauptgesetze des wirthschaftlichen Werthes"*. Düsseldorf: Verlag Wirtschaft und Finanzen.

Hayek, F. A. v. (1925). A Critic of Socialism. Letter to the Editor. *THE TIMES* 14. April 1925.

Hayek, F. A. v. (1926). Friedrich Freiherr v. Wieser. *Jahrbücher für Nationalökonomie und Statistik* 125, 513–530.

Hayek, F. A. v. (1928a). Das intertemporale Gleichgewicht der Preise und die Bewegungen des „Geldwertes". *Weltwirtschaftliches Archiv* 28(1), 33–76.

Hayek, F. A. v. (1928b). Besprechung von: Mises, Ludwig: Geldwertstabilisierung und Konjunkturpolitik. *Schmollers Jahrbuch für Gesetzgebung, Verwaltung und Volkswirtschaft im Deutschen Reiche* 52(6), 1085–1088.

Hayek, F. A. v. (1928/1929). Aussprache über die Referate „Kredit und Konjunktur". In F. Boese (Hrsg.), *Verhandlungen des Vereins für Socialpolitik in Zürich 1928* (S. 369–374). München: Duncker & Humblot.

Hayek, F. A. v. (1929/1931). The „Paradox" of Saving (Antrittsvorlesung als Privatdozent an der Universität Wien unter dem Titel „Gibt es einen Widersinn des Sparens?". *Zeitschrift für Nationalökonomie* 1(3), 387–429. Auch *Economica* 32, 125–169.

Hayek, F. A. v. (1929/1976). *Geldtheorie und Konjunkturtheorie* (2. Auflage). Salzburg: Neugebauer.

Hayek, F. A. v. (1931/2008). Prices and Production. In J. T. Salerno (Hrsg.), *Prices and Production and Other Works* (pp. 189–329). Auburn: Ludwig von Mises Institute.

Hayek, F. A. v. (1931/2015). Konjunkturankurbelung durch Investitionen? (An Wilhelm Röpke adressierter Aufsatz zum Problem der sekundären Depression). In F. A. v. Hayek, *Gesammelte Schriften von Friedrich A. von Hayek* (Band A 8), (S. 499–506). Tübingen: Mohr Siebeck.

Hayek, F. A. v. (1932/1965). *Was der Goldwährung geschehen ist. Ein Bericht aus dem Jahre 1932 mit zwei Ergänzungen*. Tübingen: Mohr Siebeck.

Hayek, F. A. v. (1933a). The Trend of Economic Thinking (Antrittsvorlesung am 1. März 1933 an der London School of Economics). *Economica* 40, 121–137.

Hayek, F. A. v. (1933b). Beitrag zur Festschrift. In G. Clausing (Hrsg.), *Der Stand und die nächste Zukunft der Konjunkturforschung* (S. 110–117). München: Duncker & Humblot.

Hayek, F. A. v. (1934/1968). Einleitung. In C. Menger, *Gesammelte Werke* (2. Auflage), (Band 1), (S. VII–XXXVI). Tübingen: Mohr Siebeck.

Hayek, F. A. v. (Hrsg.) (1935). *Collectivist Economic Planning*. London: Routledge & Kegan Paul.

Hayek, F. A. v. (1935a). The Nature and the History of the Problem. In F. A. v. Hayek, *Collectivist Economic Planning* (pp. 1–40). London: Routledge & Kegan Paul.

Hayek, F. A. v. (1935b). The Present State of the Debate. In F. A. v. Hayek, *Collectivist Economic Planning* (pp. 1–32). London: Routledge & Kegan Paul.

Hayek, F. A. v. (1936/1937). Economics and Knowledge (Vortrag am 10. November 1936 vor dem London Economic Club). *Economica* 4(13), 33–54.

Hayek, F. A. v. (1937/2008). Monetary Nationalism and International Stability (Vorträge im Mai 1937 vor dem Institut de Hautes Études Internationales in Genf). In J. T. Salerno (Hrsg.), *Prices and Production and Other Works* (pp. 331–422). Auburn: Ludwig von Mises Institute.

Hayek, F. A. v. (1939). *Freedom and the Economic System*. Chicago: University of Chicago Press.

Hayek, F. A. v. (1940). Socialist Calculation: The Competitive „Solution". *Economica* 7(26), 125–149.

Hayek, F. A. v. (1941a). The Counter-Revolution of Science, Part III. *Economica* 8(31), 281–320.

Hayek, F. A. v. (1941b). Review: Nationalökonomie. Theorie des Handelns und des Wirtschaftens by Ludwig von Mises. *Economic Journal* 51(201), 124–127.

Hayek, F. A. v. (1942). Scientism and the Study of Society, Part I. *Economica* 9(35), 267–291.

Hayek, F. A. v. (1943a). Scientism and the Study of Society, Part II. *Economica* 10(37), 34–64.

Hayek, F. A. v. (1943b). A Commodity Reserve Currency. *Economic Journal* 53(210–211), 176–184.

Hayek, F. A. v. (1944/1994). *The Road to Serfdom* (Jubiläumsauflage). Chicago: University of Chicago Press.

Hayek, F. A. v. (1945). The Use of Knowledge in Society. *American Economic Review* 35(4), 519–530.

Hayek, F. A. v. (1945/1948). Individualism: True and False (Vortrag am 17. Dezember 1945 am University College Dublin). In F. A. v. Hayek, *Individualism and Economic Order* (pp. 1–32). Chicago: University of Chicago Press.

Hayek, F. A. v. (1946/1948). The Meaning of Competition (Vortrag am 20. Mai 1946 an der Princeton University). In F. A. v. Hayek, *Individualism and Economic Order* (pp. 92–106). Chicago: University of Chicago Press.

Hayek, F. A. v. (1947/1948). „Free" Enterprise and Competitive Order (Vortrag am 1. April 1947 bei der Gründungsversammlung der Mont Pèlerin Society). In F. A. v. Hayek, *Individualism and Economic Order* (pp. 107–118). Chicago: University of Chicago Press.

Hayek, F. A. v. (1947/1992). Opening Address to a Conference at Mont Pèlerin (Eröffnungsvortrag am 1. April 1947 bei der Gründungsversammlung der Mont Pèlerin Society). In F. A. v. Hayek, *The Fortunes of Liberalism* (pp. 237–248). Chicago: University of Chicago Press.

Hayek, F. A. v. (1947/2004). Der Mensch in der Planwirtschaft (Vortrag datierbar zwischen 24. August-11. September 1947 beim 3. Europäischen Forum Alpbach). In F. A. v. Hayek, *Gesammelte Schriften von Friedrich A. von Hayek* (Band A 7), (S. 153–170). Tübingen: Mohr Siebeck.

Hayek, F. A. v. (1948). *Individualism and Economic Order*. Chicago: University of Chicago Press.

Hayek, F. A. v. (1949). The Intellectuals and Socialism. *University of Chicago Law Review* 16(3), 417–433.

Hayek, F. A. v. (1951). Die Überlieferung der Ideale der Wirtschaftsfreiheit. *Schweizer Monatshefte* 31(6), 333–338.

Hayek, F. A. v. (1952). Die Ungerechtigkeit der Steuerprogression. *Schweizer Monatshefte* 32(8), 508–517.

Hayek, F. A. v. (1953/1954). Marktwirtschaft und Wirtschaftspolitik (Vortrag am 20. Juli 1953 an der Universität Köln). *ORDO Jahrbuch* 6, 3–17.

Hayek, F. A. v. (1955/1967). Degrees of Explanation. In F. A. v. Hayek, *Studies in Philosophy, Politics and Economics* (pp. 3–21). London: Routledge & Kegan Paul.

Hayek, F. A. v. (1956/1967). The Dilemma of Specialization. F. A. v. Hayek, *Studies in Philosophy, Politics and Economics* (pp. 122–132). London: Routledge & Kegan Paul.

Hayek, F. A. v. (1956). Über den „Sinn" sozialer Institutionen. *Schweizer Monatshefte* 36(7), 512–524.

Hayek, F. A. v. (1959). Glückwunschadresse zum 60. Geburtstag von Wilhelm Röpke. In W. Röpke, *Gegen die Brandung* (S. 25–28). Erlenbach-Zürich: Eugen Rentsch.

Hayek, F. A. v. (1960/1978). *The Constitution of Liberty* (2. Auflage). Chicago: University of Chicago Press.

Hayek, F. A. v. (1962/1969). Wirtschaft, Wissenschaft und Politik (Antrittsvorlesung am 18. Juni 1962 an der Albert-Ludwigs-Universität Freiburg). In F. A. v. Hayek, *Freiburger Studien* (S. 1–17). Tübingen: Mohr Siebeck.

Hayek, F. A. v. (1963/1967a). Rules, Perception and Intelligibility. In F. A. v. Hayek, *Studies in Philosophy, Politics and Economics* (pp. 43–65). London: Routledge & Kegan Paul.

Hayek, F. A. v. (1963/1967b). The Legal and Political Philosophy of David Hume (Vortrag am 18. Juli 1963 an der Universität Freiburg). In F. A. v. Hayek, *Studies in Philosophy, Politics and Economics* (pp. 106–121). London: Routledge & Kegan Paul.

Hayek, F. A. v. (1963/1969a). Arten der Ordnung. In F. A. v. Hayek, *Freiburger Studien* (S. 32–46). Tübingen: Mohr Siebeck.

Hayek, F. A. v. (1963/1969b). Recht, Gesetz und Wirtschaftsfreiheit (Vortrag am 22. April 1963 bei der Industrie- und Handelskammer Dortmund). In F. A. v. Hayek, *Freiburger Studien* (S. 47–55). Tübingen: Mohr Siebeck.

Hayek, F. A. v. (1964/1969a). Die Anschauungen der Mehrheit und die zeitgenössische Demokratie (Vortrag am 22. Juni 1964 an der Universität Saarbrücken), In F. A. v. Hayek, *Freiburger Studien* (S. 56–74). Tübingen: Mohr Siebeck.

Hayek, F. A. v. (1964/1969b). Arten des Rationalismus (Vortrag am 27. April 1964 an der Rikkyo Universität, Tokio). In F. A. v. Hayek, *Freiburger Studien* (S. 75–89). Tübingen: Mohr Siebeck.

Hayek, F. A. v. (1966/1969a). Persönliche Erinnerungen an Keynes und die „Keynessche Revolution". In F. A. v. Hayek, *Freiburger Studien* (S. 90–96). Tübingen: Mohr Siebeck.

Hayek, F. A. v. (1966/1969b). Grundsätze einer liberalen Gesellschaftsordnung (Vortrag am 5. September 1966 bei der Mont Pèlerin Society in Tokio). In F. A. v. Hayek, *Freiburger Studien* (S. 108–125). Tübingen: Mohr Siebeck.

Hayek, F. A. v. (1967). *Studies in Philosophy, Politics and Economics*. London: Routledge & Kegan Paul.

Hayek, F. A. v. (1967a). Notes on the Evolution of Systems of Rules of Conduct. In F. A. v. Hayek, *Studies in Philosophy, Politics and Economics* (pp. 66–81). London: Routledge & Kegan Paul.

Hayek, F. A. v. (1967/1969). Rechtsordnung und Handelnsordnung. In F. A. v. Hayek, *Freiburger Studien* (S. 161–198). Tübingen: Mohr Siebeck.

Hayek, F. A. v. (1968/1969). Der Wettbewerb als Entdeckungsverfahren (Vortrag am 5. Juli 1968 vor dem Institut für Weltwirtschaft an der Universität Kiel). In F. A. v. Hayek, *Freiburger Studien* (S. 249–265). Tübingen: Mohr Siebeck.

Hayek, F. A. v. (1969). *Freiburger Studien. Gesammelte Aufsätze*. Tübingen: Mohr Siebeck.

Hayek, F. A. v. (1973). In memoriam Ludwig Mises (1881–1973). *Zeitschrift für Nationalökonomie* 33(3–4), 461–462.

Hayek, F. A. v. (1973/1983). *Law, Legislation and Liberty. Volume 1: Rules and Order* (2. Auflage). Chicago: University of Chicago Press.

Hayek, F. A. v. (1974/1989). The Pretence of Knowledge (Nobel Memorial Lecture am 11. Dezember 1974). *American Economic Review* 79(6), 3–7.

Hayek, F. A. v. (1975a). Full Employment at Any Price? Occasional Paper 45, *Institute of Economic Affairs London*.

Hayek, F. A. v. (1975b). Remarks by Friedrich August von Hayek & Questions and Answers. In G. v. Haberler (Hrsg.), *A Discussion with Friedrich von Hayek* (pp. 2–20). Washington.

Hayek, F. A. v. (1976). Choice in Currency. A Way to Stop Inflation. Occasional Paper 48, *Institute of Economic Affairs London*.

Hayek, F. A. v. (1976/1978a). Denationalisation of Money. The Argument Refined (2. Auflage). Hobart Paper 70, *Institute of Economic Affairs London*.

Hayek, F. A. v. (1976/1978b). *Law, Legislation and Liberty. Volume 2: The Mirage of Social Justice* (2. Auflage). Chicago: University of Chicago Press.

Hayek, F. A. v. (1977). Trade Union Immunity under the Law. Letter to the Editor. *THE TIMES* 21. Juli 1977.

Hayek, F. A. v. (1977/1979). Toward a Free Market Monetary System (Vortrag am 10. November 1977 bei der Gold and Monetary Conference in New Orleans). *Journal of Libertarian Studies* 3(1), 1–8.

Hayek, F. A. v. (1979). Wissenschaft und Sozialismus (Festvortrag am 6. Februar 1979 an der Albert-Ludwigs-Universität Freiburg anlässlich des 25-jährigen Bestehens des Walter Eucken Instituts). Vorträge und Aufsätze 71, *Walter Eucken Institut Freiburg*.

Hayek, F. A. v. (1979/1980). Dankadresse. In E. Hoppmann (Hrsg.), *Vorträge und Ansprachen auf der Festveranstaltung der Freiburger Wirtschaftswissenschaftlichen Fakultät zum 80. Geburtstag von Friedrich A. von Hayek* (S. 37–42). Baden-Baden: Nomos.

Hayek, F. A. v. (1979/1981). *Law, Legislation and Liberty. Volume 3: The Political Order of a Free People* (2. Auflage). Chicago: University of Chicago Press.

Hayek, F. A. v. (1980a). *1980s* Unemployment and the Unions. The Distortion of Relative Prices by Monopoly in the Labour Market. Hobart Paper 87, *Institute of Economic Affairs London*.

Hayek, F. A. v. (1980b). A Testing Time for Monetarism. Letter to the Editor. *THE TIMES* 13. Juni 1980.

Hayek, F. A. v. (1981a). Beating Inflation Key to Recovery. Letter to the Editor. *THE TIMES* 4. April 1981.

Hayek, F. A. v. (1981b). Pressure to Reflate the Economy. Letter to the Editor. *THE TIMES* 24. August 1981.

Hayek, F. A. v. (1982). Thatcher's Economics. Letter to the Editor. *THE TIMES* 1. Juli 1982.

Hayek, F. A. v. (1983a). Die Wiederentdeckung der Freiheit – Persönliche Erinnerungen. In Verband Deutscher Maschinen- und Anlagenbau (Hrsg.), *Produktivität, Eigenverantwortung, Beschäftigung* (S. 9–22). Köln: Deutscher Instituts-Verlag.

Hayek, F. A. v. (1983b). Beware this Weasel Word. How „Social" Abuses the Language: F.A. Hayek on Newspeak Exemplified. *THE TIMES* 11. November 1983.

Hayek, F. A. v. (1983/1992). The Rediscovery of Freedom: Personal Recollections. In F. A. v. Hayek, *The Fortunes of Liberalism* (pp. 185–200). Chicago: University of Chicago Press.

Hayek, F. A. v. (1983/1995). The Keynes Centenary: The Austrian Critique. In F. A. v. Hayek, *Contra Keynes and Cambridge* (pp. 247–255). Chicago: University of Chicago Press.

Hayek, F. A. v. (1984). Der Strom der Güter und Leistungen. Vorträge und Aufsätze 101, *Walter Eucken Institut Freiburg*.

Hayek, F. A. v. (1985a). *Die freie Marktwirtschaft und ihre moralischen Grundlagen* (Vortrag am 19. März 1985 bei der Eröffnung des Carl-Menger-Instituts in Wien). Verfügbar unter URL: http://www.europainstitut.at/upload/publikationen/ publikation_23.pdf (letzter Aufruf: 20.08.2016).

Hayek, F. A. v. (1985b). Die Überheblichkeit der Vernunft (Vortrag am 3. Mai 1985 bei der Verleihung des Hanns Martin Schleyer-Preises 1985 in Stuttgart). In Hanns Martin Schleyer-Stiftung (Hrsg.), *Verleihung des Hanns Martin Schleyer-Preises 1984 und 1985* (S. 47–55). Köln: Hanns Martin Schleyer-Stiftung.

Hayek, F. A. v. (1988). *The Fatal Conceit. The Errors of Socialism, Vol. 1 of the Collected Works of F.A. Hayek.* Chicago: University of Chicago Press.

Hayek, F. A. v. (1992). *The Fortunes of Liberalism. Essays on Austrian Economics and the Ideal of Freedom, Vol. 4 of the Collected Works of F.A. Hayek.* Chicago: University of Chicago Press.

Hayek, F. A. v. (1994). *Hayek on Hayek. An Autobiographical Dialogue, Supplement to the Collected Works of F.A. Hayek.* Chicago: University of Chicago Press.

Hayek, F. A. v. (1995). *Contra Keynes and Cambridge. Essays and Correspondence, Vol. 9 of the Collected Works of F.A. Hayek*. Chicago: University of Chicago Press.

Hayek, F. A. v. (1996). *Neue Freiburger Studien*. Tübingen: Mohr Siebeck.

Hayek, F. A. v., Sieber, H., Tuchtfeldt, E., Willgerodt, H. (1979). Wilhelm Röpke – Einleitende Bemerkungen zur Neuausgabe seiner Werke, In W. Röpke, *Die Lehre von der Wirtschaft* (12. Auflage), (S. V–XXXVI). Bern: Haupt.

Heimann, E. (1938). Review: Socialism. An Economic and Sociological Analysis by Ludwig von Mises. *Annals of the American Academy of Political and Social Science* 195, 233–235.

Helmstädter, E. (1984/2002). Die Geschichte der Nationalökonomie als Geschichte ihres Fortschritts. In O. Issing (Hrsg.), *Geschichte der Nationalökonomie* (4. Auflage), (S. 1–14). München: Franz Vahlen.

Hennecke, H. J. (2000). *Friedrich August von Hayek. Die Tradition der Freiheit*. Düsseldorf: Verlag Wirtschaft und Finanzen.

Hennecke, H. J. (2005*). Wilhelm Röpke. Ein Leben in der Brandung*. Stuttgart: Schäffer-Poeschel.

Hennecke, H. J. (2011). Ordnungsdenken in Zeiten der Unordnung – Das ORDO-Jahrbuch im siebten Jahrzehnt. *Orientierungen zur Wirtschafts- und Gesellschaftspolitik* 127, 31–36.

Hennis, W. (1987). *Max Webers Fragestellung*. Tübingen: Mohr Siebeck.

Hesse, J.-O. (2010). *Wirtschaft als Wissenschaft. Die Volkswirtschaftslehre in der frühen Bundesrepublik*. Frankfurt: Campus.

Heuß, E. (1991). Persönliche Erinnerungen an Freiburg während der Kriegszeit. *ORDO Jahrbuch* 42, 3–10.

Hicks, J. R. (1967). *Critical Essays in Monetary Theory*. Oxford: Clarendon Press.

Hicks, J. R. (1967a). The Hayek Story. In J. R. Hicks, *Critical Essays in Monetary Theory* (pp. 203–215). Oxford: Clarendon Press.

Hirschberger, J. (1949/2007). *Geschichte der Philosophie* (13. Auflage). Köln: Komet.

Honegger, H. (1925). *Volkswirtschaftliche Gedankenströmungen. Systeme und Theorien der Gegenwart besonders in Deutschland*. Karlsruhe: G. Braun.

Hoppe, H.-H. (1994). F. A. Hayek on Government and Social Evolution: A Critique, *Review of Austrian Economics* 7(1), 67–93.

Hoppe, H.-H., Salerno, J. T. (1999). Friedrich von Wieser und die moderne Österreichische Schule der Nationalökonomie. In H. Hax (Hrsg.), *Vademecum zu einem Klassiker der Österreichischen Schule* (S. 105–134). Düsseldorf: Verlag Wirtschaft und Finanzen.

Hoppmann, E. (Hrsg.) (1967/1968). *In memoriam Wilhelm Röpke. Reden, gehalten anläßlich der akademischen Gedenkfeier der Rechts- und Staatswissenschaftlichen Fakultät der Philipps-Universität Marburg zu Ehren ihres Mitglieds am 3. Juli 1967*. Marburg: N. G. Elwert.

Hoppmann, E. (Hrsg.) (1979/1980). *Vorträge und Ansprachen auf der Festveranstaltung der Freiburger Wirtschaftswissenschaftlichen Fakultät zum 80. Geburtstag von Friedrich A. von Hayek am 10. Mai 1979*. Baden-Baden: Nomos.

Hoppmann, E. (1993/1999). Unwissenheit, Wirtschaftsordnung und Staatsgewalt (5. Friedrich A. von Hayek-Vorlesung am 13. Mai 1993 in Freiburg). In V. J. Vanberg (Hrsg.), *Freiheit, Wettbewerb und Wirtschaftsordnung* (S. 135–170). Freiburg: Haufe.

Hoppmann, E. (1995). Walter Euckens Ordnungsökonomik – heute. *ORDO Jahrbuch* 46, 41–55.

Horn, K. (2006a). *A Market Just Like Any Other. Wither the Double Standard in Judging the Media* (Vortrag am 8. November 2006 bei der Mont Pèlerin Society in Guatemala City). Verfügbar unter URL: https://www.montpelerin.org/wp-content/uploads/2015/12/horn.pdf (letzter Aufruf: 24.07.2016).

Horn, K. (2006b). Wirtschaft, Politik und Freiheit. Anmerkungen zum gleichnamigen von Nils Goldschmidt herausgegebenen Band. *ORDO Jahrbuch* 57, 407–411.

Horn, K. (2009). *Roads to Wisdom. Conversations with Ten Nobel Laureates in Economics*. Cheltenham: Edward Elgar.

Horn, K. (2010a). *Die Soziale Marktwirtschaft. Alles, was Sie über den Neoliberalismus wissen sollten.* Frankfurt: Frankfurter Allgemeine Buch.

Horn, K. (2010b). Unsere Aufgabe (Vortrag am 8. Juli 2010 beim Erhalt des Ludwig-Erhard-Preises für Wirtschaftspublizistik). *Orientierungen zur Wirtschafts- und Gesellschaftspolitik* 125, VII–XIII.

Horn, K. (2011a). Diesseits von Angebot und Nachfrage. Einige Anmerkungen zur Überdehnung des Gegensatzes zwischen Markt und Moral (5. Wilhelm-Röpke-Vorlesung am 10. Februar 2011 in Erfurt). HWWI Policy Paper 57, *Hamburgisches WeltWirtschaftsInstitut Erfurt.*

Horn, K. (2011b). Ein Leben ohne Streben. In G. Schwarz, M. Wohlgemuth (Hrsg.), *Das Ringen um die Freiheit* (S. 43–53). Zürich: NZZ Libro.

Horn, K. (2015a). Die rechte Flanke der Liberalen. *Frankfurter Allgemeine Sonntagszeitung* 17. Mai 2015.

Horn, K. (2015b). The Populist New Right is Taking Hold in Germany. *CapX Blog for Popular Capitalism* 3. August 2015.

Horn, K. (Hrsg.) (2015c). *Verlockungen zur Unfreiheit. Eine kritische Bibliothek von 99 Werken der Geistesgeschichte,* Zürich: NZZ Libro.

Horn, K. (2016a). Gesinnungsethik. *Schweizer Monat 1035*, 33.

Horn, K. (2016b). Gutmensch. *Schweizer Monat 1037*, 35.

Horwitz, S. (2004). Monetary Calculation and the Unintended Extended Order: The Misesian Microfoundations of the Hayekian Great Society. *Review of Austrian Economics* 17(4), 307–321.

Howson, S. (2009). Keynes and the LSE Economists. *Journal of the History of Economic Thought* 31(3), 257–280.

Hülsmann, J. G. (2007). *Mises. The Last Knight of Liberalism.* Auburn: Ludwig von Mises Institute.

Hunold, A. (Hrsg.) (1951). *Vollbeschäftigung, Inflation und Planwirtschaft.* Erlenbach-Zürich: Eugen Rentsch.

Hutchison, T. W. (1977). Keynes v. the „Keynesians"...? Hobart Paperback 11, *Institute of Economic Affairs London.*

Hutchison, T. W. (1979/1981a). Walter Eucken and the German Social-Market Economy. In T. W. Hutchison, *The Politics and Philosophy of Economics* (pp. 155–175). Oxford: Blackwell.

Hutchison, T. W. (1979/1981b). Austrians on Philosophy and Method (since Menger). In T. W. Hutchison, *The Politics and Philosophy of Economics* (pp. 203–232). Oxford: Blackwell.

Hutchison, T. W. (1981). *The Politics and Philosophy of Economics. Marxians, Keynesians and Austrians.* Oxford: Blackwell.

Issing, O. (Hrsg.) (1984/2002). *Geschichte der Nationalökonomie* (4. Auflage). München: Franz Vahlen.

Issing, O. (2000). Hayek, Currency Competition and European Monetary Union. Occasional Paper 111, *Institute of Economic Affairs London.*

Janssen, H. (1998/2009). *Nationalökonomie und Nationalsozialismus. Die deutsche Volkswirtschaftslehre in den dreißiger Jahren des 20. Jahrhunderts* (3. Auflage). Marburg: Metropolis.

Janssen, H. (2009). Zwischen Historismus und Neoklassik: Alexander Rüstow und die Krise in der deutschen Volkswirtschaftslehre. *ORDO Jahrbuch* 60, 101–118. Auch in: Research Paper 5–7, *Hamburgisches WeltWirtschaftsInstitut Erfurt.*

Jöhr, W. A. (1950). Walter Euckens Lebenswerk. *Kyklos* 4(4), 257–278.

Johnson, D. (1989). Exiles and Half-Exiles: Wilhelm Röpke, Alexander Rüstow and Walter Eucken. In A. T. Peacock, H. Willgerodt (Hrsg.), *German Neo-Liberals and the Social Market Economy* (pp. 40–68). New York: Palgrave Macmillan.

Karabelas, I. (2010). *Freiheit statt Sozialismus. Rezeption und Bedeutung Friedrich August von Hayeks in der Bundesrepublik.* Frankfurt: Campus.

Keynes, J. M. (1914). Review: Theorie des Geldes und der Umlaufsmittel by Ludwig von Mises/Geld und Kapital by Friedrich Bendixen. *Economic Journal* 24(95), 417–419.

Keynes, J. M. (1943). The Objective of International Price Stability. *Economic Journal* 53(210–211), 185–187.

Keynes, J. M. (1944a). Letter to Professor F. A. Hayek, 28 June 1944 (Besprechung von Hayeks „Road to Serfdom"). In J. M. Keynes *Vol. 27 of the Collected Writings of John Maynard Keynes* (pp. 385–388). Cambridge: Cambridge University Press.

Keynes, J. M. (1944b). Note by Lord Keynes. *Economic Journal* 54(215–216), 429–430.

Kirchgässner, G. (1988). Wirtschaftspolitik und Politiksystem: Zur Kritik der traditionellen Ordnungstheorie aus der Sicht der Neuen Politischen Ökonomie. In D. Cassel, B.-T. Ramb, H. J. Thieme (Hrsg.), *Ordnungspolitik* (S. 53–75). München: Franz Vahlen.

Kirchgässner, G. (2006). Ökonomische Theorie der Verfassung. In P. Mastronardi, D. Taubert (Hrsg.), *Staats- und Verfassungstheorie im Spannungsfeld der Disziplinen* (S. 75–99). Stuttgart: Franz Steiner.

Kirsch, G. (2006). Angst und Furcht – Begleiterinnen der Freiheit. In N. Dallmann, M. Seiler (Hrsg.), *Innovation und Reform* (S. 97–111). Stuttgart: Lucius & Lucius.

Kirzner, I. M. (1973). *Competition and Entrepreneurship.* Chicago: University of Chicago Press.

Kirzner, I. M. (2001). *Ludwig von Mises. The Man and his Economics.* Wilmington: Intercollegiate Studies Institute.

Klaus, V. (2000). The Third Way and Its Fatal Conceits. In K. R. Leube (Hrsg.), *Vordenker einer neuen Wirtschaftspolitik: Wirtschaftsordnung, Marktwirtschaft und Ideengeschichte* (S. 107–111). Frankfurt: Frankfurter Allgemeine Buch.

Klausinger, H. (1999). German Anticipations of the Keynesian Revolution? The Case of Lautenbach, Neisser and Röpke. *European Journal of the History of Economic Thought*, 6(3), 378–403.

Klausinger, H. (Hrsg.) (2005). *Wirtschaftspublizistische Beiträge in kritischer Zeit (1931–1934): Machlup, Morgenstern, Haberler, Hayek und andere.* Marburg: Metropolis.

Klausinger, H. (2005a). Die Austroliberalen und die Kampagne im Wiener Tagblatt 1931–1934. In *Wirtschaftspublizistische Beiträge in kritischer Zeit (1931–1934)* (S. 11–36). Marburg: Metropolis.

Klausinger, H. (2006). „In the Wilderness": Emigration and the Decline of the Austrian School. *History of Political Economy*, 38(4), 617–664.

Klausinger, H. (2016). *Viennese Anti-Semitism and the Education of F.A. Hayek: 1899–1925.* Unveröffentlichter Vortrag am 18. Juni 2016 bei der Annual Conference der History of Economics Society an der Duke University.

Kliemt, H. (1991/1992). Das Denken in Ordnungen und die Möglichkeit ordnungspolitischen Handelns. In Walter Eucken Institut (Hrsg.), *Ordnung in Freiheit* (S. 31–60). Tübingen: Mohr Siebeck.

Kliemt, H. (1995). *Solidarität in Freiheit. Von einem liberalen Standpunkt.* Freiburg: Karl Alber.

Kliemt, H. (2009). *Der Wohlfahrtsstaat: ein notwendiges Übel?* Unveröffentlichter Vortrag am 8. April 2009 bei der Ringvorlesung des Philosophischen Seminars an der Universität Hamburg.

Klinckowstroem, W. G. v. (2000). Walter Eucken: Eine biographische Skizze. In L. Gerken (Hrsg.), *Walter Eucken und sein Werk* (S. 53–115). Tübingen: Mohr Siebeck.

Klump, R., Wörsdörfer, M. (2010). An Ordoliberal Interpretation of Adam Smith. *ORDO Jahrbuch* 61, 29–51.

Knight, F. H. (1938). Review: Socialism. An Economic and Sociological Analysis by Ludwig von Mises. *Journal of Political Economy* 46(2), 267–269.

Knight, F. H. (1941). Professor Mises and the Theory of Capital (Besprechung von Mises' „Nationalökonomie"). *Economica* 8(32), 409–427.

Köhler, E. A., Kolev, S. (2011). The Conjoint Quest for a Liberal Positive Program: „Old Chicago", Freiburg and Hayek. Research Paper 109, *Hamburgisches WeltWirtschaftsInstitut Erfurt.*

Köhler, E. A., Kolev, S. (2013). The Conjoint Quest for a Liberal Positive Program: „Old Chicago", Freiburg, and Hayek. In S. J. Peart, D. M. Levy (Hrsg.), *F. A. Hayek and the Modern Economy* (pp. 211–228). New York: Palgrave Macmillan.

Köster, R. (2011). *Die Wissenschaft der Außenseiter. Die Krise der Nationalökonomie in der Weimarer Republik.* Göttingen: Vandenhoeck & Ruprecht.

Kolev, S. (2008). Macht und Wissen als Determinanten: Zur Rolle des Staates in der Wirtschaftspolitik bei Walter Eucken und Friedrich August von Hayek. Research Paper 5–4, *Hamburgisches WeltWirtschaftsInstitut Erfurt.*

Kolev, S. (2009). The Great Depression in the Eyes of Bulgaria's Inter-war Economists. How History of Economic Thought Could Matter for Today's Policy Advice. Discussion Paper 79/2009, *Bulgarian National Bank Sofia.*

Kolev, S. (2010). F.A. Hayek as an Ordo-Liberal. Research Paper 5–11, *Hamburgisches WeltWirtschaftsInstitut Erfurt.*

Kolev, S. (2012). Nicht wie viel Staat, sondern welcher Staat. *Orientierungen zur Wirtschafts- und Gesellschaftspolitik* 131, 48–52.

Kolev, S. (2015a). Ordoliberalism and the Austrian School. In P. J. Boettke, C. J. Coyne (Hrsg.), *The Oxford Handbook of Austrian Economics* (pp. 419–444). Oxford: Oxford University Press.

Kolev, S. (2015b). Heinrich von Stackelberg: Zu viel Macht verdirbt den Markt. In L. Nienhaus (Hrsg.), *Die Weltverbesserer* (S. 132–135). München: Carl Hanser.

Kolev, S. (2015c). Joseph Stiglitz: „Die Schatten der Globalisierung". In K. Horn (Hrsg), *Verlockungen zur Unfreiheit* (S. 363–366). Zürich: NZZ Libro.

Kolev, S. (2016a). Stresstest fürs globale Dorf. *Schweizer Monat 1037*, 16–21.

Kolev, S. (2016b). Ludwig von Mises and the „Ordo-Interventionists" – More than Just Aggression and Contempt? Working Paper 2016–35, *Center for the History of Political Economy at Duke University.*

Kolev, S. (2017a). Reincorporating Friedrich von Wieser and the Concept of Power into the Austrian Research Program. Working Paper 2017–06, *Center for the History of Political Economy at Duke University.*

Kolev, S. (2017b). Zur Einführung: Was ist und was kann Ordnungsökonomik? In N. Goldschmidt, M. Wohlgemuth (Hrsg), *Soziale Marktwirtschaft,* Tübingen: Mohr Siebeck, im Erscheinen.

Kolev, S., Zweynert J. (2013). Haftung. In R. H. Hasse, H. Schneider, K. Weigelt (Hrsg.), *Lexikon Soziale Marktwirtschaft. Wirtschaftspolitik von A bis Z* (3. online veröffentlichte Auflage). St. Augustin: Konrad-Adenauer-Stiftung.

Kolev, S., Goldschmidt N., Hesse J.-O. (2014). Walter Eucken's Role in the Early History of the Mont Pèlerin Society. Diskussionspapier 14/02, *Walter Eucken Institut Freiburg.*

Kolm-Lamprechter, B., Watrin, C. (Hrsg.) (2008). *Internationale Experten zur Österreichischen Schule der Nationalökonomie. Festschrift für Christoph Kraus.* Wien: Friedrich A. v. Hayek Institut.

Koslowski, P. (Hrsg.) (2000). *The Theory of Capitalism in the German Economic Tradition. Historism, Ordo-Liberalism, Critical Theory, Solidarism.* Berlin: Springer.

Krugman, P. (1998). The Hangover Theory. Are Recessions the Inevitable Payback for Good Times? *Slate Magazine* 4. Dezember 1998.

Kuehnelt-Leddihn, E. v. (2000). *Weltweite Kirche. Begegnungen und Erfahrungen in sechs Kontinenten 1909–1999.* Stein am Rhein: Christiana.

Külp, B., Vanberg, V. J. (Hrsg.) (2000). *Freiheit und wettbewerbliche Ordnung. Gedenkband zur Erinnerung an Walter Eucken.* Freiburg: Haufe.

Labrousse, A., Weisz, J.-D. (Hrsg.) (2001). *Institutional Economics in France and Germany. German Ordoliberalism versus the French Regulation School.* Berlin: Springer.

Lachmann, L. M. (1982). The Salvage of Ideas. Problems of the Revival of Austrian Economic Thought. *Journal of Institutional and Theoretical Economics* 138(4), 629–645.

Laidler, D. (1999). *Fabricating the Keynesian Revolution. Studies of the Inter-war Literature on Money, the Cycle and Unemployment.* Cambridge: Cambridge University Press.

Lederer, E. (1938). Review: Nationalökonomie – wozu? by Walter Eucken. *Journal of Political Economy* 46(5), 756–757.

Leipold, H., Pies, I. (Hrsg.) (2000), *Ordnungstheorie und Ordnungspolitik. Konzeptionen und Entwicklungsperspektiven.* Stuttgart: Lucius & Lucius.

Lenel, H. O. (1989/2008). Walter Eucken (1891–1950). In J. Starbatty (Hrsg.), *Klassiker des ökonomischen Denkens* (Band 2), (S. 292–311). Hamburg: Nikol.

Lenel, H. O. (1991). Walter Euckens Briefe an Alexander Rüstow. *ORDO Jahrbuch* 42, 11–14.

Leonidov, A. (2000). *Ордолиберализъм, Социално пазарно стопанство, Трансформация (Ordoliberalism, Social Market Economy, Transition),* Sofia: Lik.

Leube, K. R. (Hrsg.) (1999). *Von Menger bis Mises.* Frankfurt: Frankfurter Allgemeine Buch.

Leube, K. R. (Hrsg.) (2000). *Vordenker einer neuen Wirtschaftspolitik: Wirtschaftsordnung, Marktwirtschaft und Ideengeschichte. Festschrift für Christian Watrin.* Frankfurt: Frankfurter Allgemeine Buch.

Leube, K. R., Zlabinger, A. H. (Hrsg.) (1985). *The Political Economy of Freedom. Essays in Honor of F.A. Hayek.* München: Philosophia.

Levy, D. M., Peart, S. J. (2008). Socialist Calculation Debate. *The New Palgrave Dictionary of Economics* (2. Auflage). London: Palgrave Macmillan.

Levy, D. M., Peart, S. J., Farrant, A. (2005). When Socialism Fails, Then What? *European Journal of Political Economy* 21(4), 1064–1068.

Lewis, P. (2015). Notions of Order and Process in Hayek: the Significance of Emergence, *Cambridge Journal of Economics* 39(4), 1167–1190.

Lindner, C. (2010). Darum geht es der FDP. *Frankfurter Allgemeine Zeitung* 18. Februar 2010.

Lindner, C. (2011). Wozu Liberalismus? *Frankfurter Allgemeine Zeitung* 9. Mai 2011.

Lippmann, W. (1937/1944). *The Good Society* (3. Auflage). London: Allen & Unwin.

Löffler, B. (2007). Religiöses Weltbild und Wirtschaftsordnung – Zum Einfluss christlicher Werte auf die Soziale Marktwirtschaft. In H. Zehetmair (Hrsg.), *Politik aus christlicher Verantwortung* (S. 110–124). Wiesbaden: VS Verlag für Sozialwissenschaften.

Lovasy, G. (1944). Review: Civitas Humana – Grundlagen der Gesellschafts- und Wirtschaftsreform by Wilhelm Röpke. *American Economic Review* 34(4), 907–909.

Loy, C. (1988). *Marktsystem und Gleichgewichtstendenz.* Tübingen: Mohr Siebeck.

Lucas, R. E. Jr. (1981). *Studies in Business-Cycle Theory.* Cambridge (MA): MIT Press.

Lucas, R. E. Jr. (1981a). Understanding Business Cycles. In R. E. Lucas Jr., *Studies in Business-Cycle Theory* (pp. 215–239). Cambridge (MA): MIT Press.

Lutz, F. A. (1932). *Das Konjunkturproblem in der Nationalökonomie.* Jena: Gustav Fischer.

Lutz, F. A. (1933). Beitrag zur Festschrift. In G. Clausing (Hrsg.), *Der Stand und die nächste Zukunft der Konjunkturforschung* (S. 161–165). München: Duncker & Humblot.

Lutz, F. A. (1954). Die Entwicklung der Zinstheorie seit Böhm-Bawerk. In W. Eucken, *Kapitaltheoretische Untersuchungen* (2. Auflage), (S. IX–XXVII). Tübingen: Mohr Siebeck.

Lutz, F. A. (1969). On Neutral Money. In E. Streissler, G. v. Haberler, F. A. Lutz, F. Machlup (Hrsg.), *Roads to Freedom* (pp. 105–116). London: Routledge & Kegan Paul.

Machlup, F. (1935). Review: Kapital und Produktion by Richard von Strigl/Kapitaltheoretische Untersuchungen by Walter Eucken. *Economica* 2(7), 332–336.

Machlup, F. (1975). Erinnerungen an Ludwig von Mises. *Monatsblätter für freiheitliche Wirtschaftspolitik* 21(11–12), 413–416.

Magliulo, A. (2016). Hayek and the Great Depression of 1929: Did He Really Change His Mind? *European Journal of the History of Economic Thought* 23(1), 31–58.

Mastronardi, P., Taubert, D. (Hrsg.) (2006). *Staats- und Verfassungstheorie im Spannungsfeld der Disziplinen.* Stuttgart: Franz Steiner.

Mayer, T. (2013). Schwierige Zeiten. Nur wenn alles gutgeht, wird das neue Jahr nicht schlechter als das alte. *Frankfurter Allgemeine Sonntagszeitung* 6. Januar 2013.

McCloskey, D. N. (2006). *The Bourgeois Virtues. Ethics for an Age of Commerce*. Chicago: University of Chicago Press.

McCormick, B. J. (1992). *Hayek and the Keynesian Avalanche*. New York: Palgrave Macmillan.

Meijer, G. (1987). The History of Neo-liberalism: A General View and Development in Several Countries, *Rivista Internazionale di Scienze Economiche e Commerciali* 34(7), 577–591.

Meijer, G. (2007). Value and Exchange in Economic Theorizing: the Contribution of the Freiburg School, *Review of Austrian Economics* 20(2–3), 171–185.

Menger, C. (1934/1968). *Gesammelte Werke. Herausgegeben mit einer Einleitung und einem Schriftenverzeichnis von F. A. Hayek* (4 Bände), (2. Auflage). Tübingen: Mohr Siebeck.

Merkel, A. (2016). *Rede von Bundeskanzlerin Dr. Angela Merkel beim Festakt zum 125. Geburtstag von Walter Eucken am 13. Januar 2016 in Freiburg*. Verfügbar unter URL: https://www.bundeskanzlerin.de/content/de/rede/2016/01/2016-01-14-rede-walter-eucken.html (letzter Aufruf: 25.08.2016).

Meyer, F. W., Lenel, H. O. (1948). Vorwort: Die Aufgabe des Jahrbuchs. *ORDO Jahrbuch* 1, VII–XI.

Michels, R. (1928). Besprechung von: Mises, Ludwig: Liberalismus. *Schmollers Jahrbuch für Gesetzgebung, Verwaltung und Volkswirtschaft im Deutschen Reiche* 52(1), 144–145.

Miksch, L. (1937). *Wettbewerb als Aufgabe. Die Grundsätze der Wettbewerbsordnung*. Stuttgart: Kohlhammer.

Miksch, L. (1941/1942). Möglichkeiten und Grenzen der gebundenen Konkurrenz. In G. Schmölders (Hrsg.), *Der Wettbewerb als Mittel volkswirtschaftlicher Leistungssteigerung und Leistungsauslese* (S. 99–106). Berlin: Duncker & Humblot.

Miksch, L. (1950). Walter Eucken. *Kyklos* 4(4), 279–290.

Mirowski, P., Plehwe, D. (Hrsg.) (2009). *The Road from Mont Pèlerin. The Making of the Neoliberal Thought Collective*. Cambridge (MA): Harvard University Press.

Mises, L. v. (1912/2005). *Theorie des Geldes und der Umlaufsmittel* (3. Auflage). Berlin: Duncker & Humblot.

Mises, L. v. (1920). Die Wirtschaftsrechnung im sozialistischen Gemeinwesen. *Archiv für Sozialwissenschaft und Sozialpolitik* 47, 86–121.

Mises, L. v. (1922/2007). *Die Gemeinwirtschaft. Untersuchungen über den Sozialismus* (3. Auflage). Stuttgart: Lucius & Lucius.

Mises, L. v. (1927). Besprechung von: Keynes, J. M.: Das Ende des Laissez-Faire. Ideen zur Verbindung von Privat- und Gemeinwirtschaft. *Zeitschrift für die gesamte Staatswissenschaft* 82, 190–191.

Mises, L. v. (1927/2000). *Liberalismus* (3. Auflage). St. Augustin: Academia.

Mises, L. v. (1928). *Geldwertstabilisierung und Konjunkturpolitik*. Jena: Gustav Fischer.

Mises, L. v. (1928/1929). Aussprache über die Referate „Kredit und Konjunktur". In F. Boese (Hrsg.), *Verhandlungen des Vereins für Socialpolitik in Zürich 1928* (S. 317–326). München: Duncker & Humblot.

Mises, L. v. (1929/1976). *Kritik des Interventionismus* (2. Auflage). Darmstadt: Wissenschaftliche Buchgesellschaft.

Mises, L. v. (1931). *Die Ursachen der Wirtschaftskrise. Ein Vortrag*. Tübingen: Mohr Siebeck.

Mises, L. v. (1933). *Grundprobleme der Nationalökonomie. Untersuchungen über Verfahren, Aufgaben und Inhalt der Wirtschafts- und Gesellschaftslehre*. Jena: Gustav Fischer.

Mises, L. v. (1940). *Nationalökonomie. Theorie des Handelns und Wirtschaftens*. Genf: Editions Union.

Mises, L. v. (1943). „Elastic Expectations" and the Austrian Theory of the Trade Cycle. *Economica* 10(39), 251–252.

Mises, L. v. (1944/2004). *Die Bürokratie* (2. Auflage). St. Augustin: Academia.

Mises, L. v. (1945/2008). Planning for Freedom (Vortrag am 30. März 1945 bei der American Academy for Political and Social Science in Philadelphia). In L. v. Mises, *Planning for Freedom: Let the Market System Work* (2. Auflage), (pp. 3–14). Indianapolis: Liberty Fund.

Mises, L. v. (1946/2009). Observations on Professor Hayek's Plan (Memorandum zur geplanten Gründung der Mont Pèlerin Society). *Libertarian Papers* 1(2), 1–3.

Mises, L. v. (1949/2007). *Human Action. A Treatise on Economics* (4. Auflage). Indianapolis: Liberty Fund.

Mises, L. v. (1950/2008). Middle-of-the-Road Policy Leads to Socialism (Vortrag am 18. April 1950 vor dem University Club in New York). In L. v. Mises, *Planning for Freedom: Let the Market System Work* (2. Auflage), (pp. 41–52). Indianapolis: Liberty Fund.

Mises, L. v. (1956/2006). *The Anti-capitalistic Mentality* (2. Auflage). Indianapolis: Liberty Fund.

Mises, L. v. (1957). Die Wahrheit über den Interventionismus. *Monatsblätter für freiheitliche Wirtschaftspolitik* 3(10), 599–607.

Mises, L. v. (1957/2005). *Theory and History. An Interpretation of Social and Economic Evolution* (2. Auflage). Indianapolis: Liberty Fund.

Mises, L. v. (1960/2008). Liberty and Its Antithesis (Besprechung von Hayeks „Constitution of Liberty"). *Christian Economics* 12(15), 1–3. Auch in: *Planning for Freedom: Let the Market System Work* (2. Auflage), (pp. 111–116). Indianapolis: Liberty Fund.

Mises, L. v. (1962/1976). Tribute to F. A. von Hayek by Ludwig von Mises. Written to be Presented at a Banquet in Hayek's Honour in Chicago, May 24, 1962. In M. v. Mises, *My Years with Ludwig von Mises* (pp. 183–185). New Rochelle: Arlington House.

Mises, L. v. (1962/2006). *The Ultimate Foundation of Economic Science. An Essay on Method* (3. Auflage). Indianapolis: Liberty Fund.

Mises, L. v. (1964). Das Eigentum in der Marktwirtschaft. *Monatsblätter für freiheitliche Wirtschaftspolitik* 10(12), 725–729.

Mises, L. v. (1965a). Monopole – Dichtung und Wahrheit. *Monatsblätter für freiheitliche Wirtschaftspolitik* 11(1), 40–47.

Mises, L. v. (1965b). Ein Wort zum Monopolpreisproblem. *Monatsblätter für freiheitliche Wirtschaftspolitik* 11(5), 270–272.

Mises, L. v. (1966). Wilhelm Roepke, RIP. *National Review* 18(10), 200.

Mises, L. v. (1978a). *Im Namen des Staates oder die Gefahren des Kollektivismus*. Stuttgart: Verlag Bonn Aktuell.

Mises, L. v. (1978b). *Notes and Recollections*. Spring Mills: Libertarian Press.

Mises, L. v. (1979/2010). *Economic Policy. Thoughts for Today and Tomorrow* (2. Auflage). Indianapolis: Liberty Fund.

Mises, L. v. (1980/2008). *Planning for Freedom: Let the Market System Work. A Collection of Essays and Addresses* (2. Auflage). Indianapolis: Liberty Fund.

Mises, L. v. (1983/2006). *Nation, State, and Economy. Contributions to the Politics and History of Our Time* (2. Auflage). Indianapolis: Liberty Fund.

Mises, L. v. (1983/2008). *Vom Wert der besseren Ideen. Sechs Vorlesungen über Wirtschaft und Politik* (2. Auflage). München: Olzog.

Mises, L. v. (2000). *The Political Economy of International Reform and Reconstruction. Selected Writings of Ludwig von Mises, Vol. 3, Edited and with an Introduction by Richard M. Ebeling*. Indianapolis: Liberty Fund.

Mises, L. v. (2002). *Between the Two World Wars: Monetary Disorder, Interventionism, Socialism, and the Great Depression. Selected Writings of Ludwig von Mises, Vol. 2, Edited and with an Introduction by Richard M. Ebeling*. Indianapolis: Liberty Fund.

Mises, L. v. (2012). *Monetary and Economic Policy Problems Before, During, and After the Great War. Selected Writings of Ludwig von Mises, Vol. 1, Edited and with an Introduction by Richard M. Ebeling*. Indianapolis: Liberty Fund.

Mises, M. v. (1976). *My Years with Ludwig von Mises*. New Rochelle: Arlington House.

Moeller, H. (1950). Liberalismus. *Jahrbücher für Nationalökonomie und Statistik* 162, 214–240.

Möschel, W. (1991/1992). Wettbewerbspolitik vor neuen Herausforderungen. In Walter Eucken Institut (Hrsg.), *Ordnung in Freiheit* (S. 61–78). Tübingen: Mohr Siebeck.

Möschel, W. (2001). The Proper Scope of Government Viewed from an Ordoliberal Perspective: The Example of Competition Policy. *Journal of Institutional and Theoretical Economics* 157, 3–13.

Müller, J. F. (2011). *Ludwig von Mises als Sozialphilosoph*. Potsdam: Friedrich-Naumann-Stiftung für die Freiheit.

Müller, J. F. (2013). Die Sozialphilosophie Ludwig von Mises' im Lichte klassischer Liberalismus-Konzeptionen. *Jahrbuch zur Liberalismus-Forschung* 25, 353–364.

Müller-Armack, A. (1930). Besprechung von: Hayek, Friedrich A.: Geldtheorie und Konjunkturtheorie. *Zeitschrift für die gesamte Staatswissenschaft* 89, 630–633.

Müller-Armack, A. (1959/1974). Die Soziale Marktwirtschaft nach einem Jahrzehnt ihrer Erprobung. In A. Müller-Armack, *Genealogie der Sozialen Marktwirtschaft* (S. 119–128). Bern: Haupt.

Müller-Armack, A. (1966). Wilhelm Röpke in memoriam 10. Oktober 1899 – 12. Februar 1966. *Kyklos* 19(3), 379–384.

Müller-Armack, A. (1974). *Genealogie der Sozialen Marktwirtschaft. Frühschriften und weiterführende Konzepte*. Bern: Haupt.

Muhs, K. (1954). Besprechung von: Eucken, Walter: Grundsätze der Wirtschaftspolitik. *Schmollers Jahrbuch für Gesetzgebung, Verwaltung und Volkswirtschaft* 74(2), 118–122.

Nass, E. (2008). Hayek – ein Ordoliberaler? Eine undogmatische Interpretation des Nobelpreisträgers. *Frankfurter Allgemeine Zeitung* 10. November 2008.

Nawroth, E. E. (1961/1962). *Die Sozial- und Wirtschaftsphilosophie des Neoliberalismus* (2. Auflage). Heidelberg: F. H. Kerle.

Nenovsky, N. N. (1999). Икономическата философия на Фридрих Хайек (100 години от рождението му) (The Economic Philosophy of Friedrich Hayek (100 Years after his Birth)). Discussion Paper 1999(8), *Bulgarian National Bank Sofia*.

Nenovsky, N. N. (2001). *Свободните пари. Въпроси на икономическата теория (Free Money. Economic Theory Issues)*. Sofia: Marin Drinov Academic Publishing.

Nenovsky, N. N. (2004). *Simeon Demostenov. The Bulgarian Austrian*. Sofia: Ciela.

Nenovsky, N. N. (2007). *Паричният ред. Критика на теорията на парите (Monetary Order. Critique of Monetary Theory)*. Sofia: Ciela.

Neue Helvetische Gesellschaft (Hrsg.) (1999). *Die Schweiz unter Globalisierungsdruck. Staatliches Handeln mit und gegen wirtschaftliche Logik*. Aarau: Sauerländer.

Neumark, F., Sauermann, H. (Hrsg.) (1951). *Beiträge zur Geld- und Finanztheorie. Wilhelm Gerloff zum 70. Geburtstag*, Tübingen: Mohr Siebeck.

Nicholls, A. J. (1994/2000). *Freedom with Responsibility. The Social Market Economy in Germany (1918–1963)* (2. Auflage). Oxford: Clarendon Press.

Nienhaus, L. (Hrsg.) (2015). *Die Weltverbesserer. 66 große Denker, die unser Leben verändern*. München: Carl Hanser.

Nientiedt, D., Köhler, E. A. (2016). Liberalism and Democracy – a Comparative Reading of Eucken and Hayek. *Cambridge Journal of Economics* 40(6), 1743–1760.

Nordmann, J. (2005). *Der lange Marsch zum Neoliberalismus. Vom Roten Wien zum freien Markt – Popper und Hayek im Diskurs*. Hamburg: VSA Verlag.

Ötsch, W. O. (2007). Bilder der Wirtschaft. Metaphern, Diskurse und Hayeks neoliberales Hegemonialprojekt. Arbeitspapier 07/09, *Institut für Volkswirtschaftslehre an der Johannes Kepler Universität Linz*.

Oliver, H. M. Jr. (1951). Review: Foundations of Economics by Walter Eucken. *Journal of Political Economy* 59(6), 538.

Oliver, H. M. Jr. (1960). German Neoliberalism. *Quarterly Journal of Economics* 74(1), 117–149.

Oswalt, W. (2005). Liberale Opposition gegen den NS-Staat. Zur Entwicklung von Walter Euckens Sozialtheorie. In N. Goldschmidt (Hrsg.), *Wirtschaft, Politik und Freiheit* (S. 315–353). Tübingen: Mohr Siebeck.

Pallas, C. (2005). *Ludwig von Mises als Pionier der modernen Geld- und Konjunkturlehre. Eine Studie zu den monetären Grundlagen der Austrian Economics.* Marburg: Metropolis.

Paqué, K.-H. (1984). How Far is Vienna from Chicago? An Essay on the Methodology of Two Schools of Dogmatic Liberalism. Working Paper 209, *Institut für Weltwirtschaft Kiel.*

Peacock, A. T. (1949). Review: ORDO Jahrbuch für die Ordnung von Wirtschaft und Gesellschaft, edited by Walter Eucken and Franz Böhm. *Economica* 16(62), 176–179.

Peacock, A. T., Willgerodt, H. (Hrsg.) (1989). *German Neo-Liberals and the Social Market Economy.* New York: Palgrave Macmillan.

Peart, S. J., Levy, D. M. (Hrsg.) (2013). *F. A. Hayek and the Modern Economy. Economic Organization and Activity,* New York: Palgrave Macmillan.

Pennekamp, J. (2014). Ökonomen teilen aus. *Frankfurter Allgemeine Zeitung* 10. September 2014.

Peter, H. (1950/1951). Besprechung von: Eucken, Walter: Die Grundlagen der Nationalökonomie, 6. Auflage von 1950. *Finanzarchiv* 12, 753–754.

Peter, H. (1951/1952). Besprechung von: Eucken, Walter: Grundsätze der Wirtschaftspolitik. *Finanzarchiv* 13, 729–733.

Petersen, T. (2003). *Die Ordnungstheorien von Walter Eucken und Wilhelm Röpke – ein Vergleich.* Diplomarbeit, Universität Hamburg.

Petersen, T. (2008). Wilhelm Röpke und die Katholische Soziallehre. Research Paper 5–5, *Hamburgisches WeltWirtschaftsInstitut Erfurt.*

Petersen, T. (2016). *Theologische Einflüsse auf die deutsche Nationalökonomie im 19. und 20. Jahrhundert – drei Fallbeispiele.* Dissertation, Universität Hamburg.

Petersen, T., Wohlgemuth, M. (2009/2010). Wilhelm Röpke und die Europäische Integration. In H. Rieter, J. Zweynert (Hrsg.), *„Wort und Wirkung": Wilhelm Röpkes Bedeutung für die Gegenwart* (2. Auflage), (S. 205–243). Marburg: Metropolis.

Peukert, H. (1992). *Das sozialökonomische Werk Wilhelm Röpkes* (2 Bände). Frankfurt: Peter Lang.

Peukert, H. (2000). Walter Eucken (1891–1950) and the Historical School. In P. Koslowski (Hrsg.), *The Theory of Capitalism in the German Economic Tradition* (pp. 93–146). Berlin: Springer.

Pies, I. (2001). *Eucken und von Hayek im Vergleich. Zur Aktualisierung der ordnungspolitischen Konzeption.* Tübingen: Mohr Siebeck.

Pies, I. (2009). Theoretische Grundlagen demokratischer Wirtschafts- und Gesellschaftspolitik – Der Ansatz von Ludwig von Mises. Diskussionspapier 2009–9, *Lehrstuhl für Wirtschaftsethik an der Martin-Luther-Universität Halle-Wittenberg.*

Pies, I., Reese-Schäfer, W. (Hrsg.) (2010). *Diagnosen der Moderne: Weber, Habermas, Hayek, Luhmann.* Berlin: Wissenschaftlicher Verlag Berlin.

Pigou, A. C. (1944). Review: The Road to Serfdom by F. A. Hayek. *Economic Journal* 54(214), 217–219.

Plehwe, D. (2014). Neoliberalismus und kein Ende. Seit 1989 gibt es keine Alternative mehr. *WZB Mitteilungen* 146, 26–29.

Plickert, P. (2008). *Wandlungen des Neoliberalismus. Eine Studie zur Entwicklung und Ausstrahlung der „Mont Pèlerin Society".* Stuttgart: Lucius & Lucius.

Plickert, P. (2016a). Die Renaissance der Wirtschaftsgeschichte. *Frankfurter Allgemeine Zeitung* 25. Januar 2016.

Plickert, P. (2016b). Studenten auf Sinnsuche. *Frankfurter Allgemeine Zeitung* 4. April 2016.

Polanyi, K. (1944/2001). *The Great Transformation. The Political and Economic Origins of Our Time,* Boston: Beacon Press.

Popitz, H. (1986/1992). *Phänomene der Macht* (2. Auflage). Tübingen: Mohr Siebeck.

Preiser, E. (1950). Walter Eucken in memoriam. *Jahrbücher für Nationalökonomie und Statistik* 162, 241–244.

Pribram, K. (1944). Review: Die Gesellschaftskrisis der Gegenwart by Wilhelm Röpke. *American Economic Review* 34(1), 170–172.

Pribram, K. (1951). Prolegomena to a History of Economic Reasoning. *Quarterly Journal of Economics* 65(1), 1–37. Auch in: *A History of Economic Reasoning* (pp. 585–609), Baltimore: Johns Hopkins University Press.

Pribram, K. (1953). Patterns of Economic Reasoning. *American Economic Review*, 43(2), 243–258. Auch in: *A History of Economic Reasoning* (pp. 610–621), Baltimore: Johns Hopkins University Press.

Pribram, K. (1983). *A History of Economic Reasoning*, Baltimore: Johns Hopkins University Press.

Ptak, R. (2004). *Vom Ordoliberalismus zur Sozialen Marktwirtschaft. Stationen des Neoliberalismus in Deutschland*. Opladen: Leske + Budrich.

Ptak, R. (2009). Neoliberalism in Germany: Revisiting the Ordoliberal Foundations of the Social Market Economy. In P. Mirowski, D. Plehwe (Hrsg.), *The Road from Mont Pèlerin* (pp. 98–138). Cambridge (MA): Harvard University Press.

Rembold, S. (2006). *Das Bild des Menschen als Grundlage der Ordnung. Die Beiträge von Platon, Aristoteles, Thomas Hobbes, John Locke, David Hume, Adam Smith, John Stuart Mill, Walter Eucken und Friedrich August von Hayek*. Dissertation, Universität Köln.

Renner, A. (1999). Neoliberalismus – Versuch einer Begriffsklärung. In Neue Helvetische Gesellschaft (Hrsg.), *Die Schweiz unter Globalisierungsdruck* (S. 35–50). Aarau: Sauerländer.

Renner, A. (2000a). Die zwei „Neoliberalismen", *Fragen der Freiheit* 256, 48–64.

Renner, A. (2000b). Der ökonomische Ansatz Walter Euckens. In H. Leipold, I. Pies (Hrsg.), *Ordnungstheorie und Ordnungspolitik* (S. 1–24). Stuttgart: Lucius & Lucius.

Renner, A. (2002). *Jenseits von Kommunitarismus und Neoliberalismus. Eine Neuinterpretation der Sozialen Marktwirtschaft*. Grafschaft: Vektor.

Riese, H. (1972). Ordnungsidee und Ordnungspolitik – Kritik einer wirtschaftspolitischen Konzeption. *Kyklos* 25(1), 24–48.

Rieter, H. (1994/2002). Historische Schulen. In O. Issing (Hrsg.), *Geschichte der Nationalökonomie* (4. Auflage), (S. 131–168). München: Franz Vahlen.

Rieter, H. (2010). Kulturkonservativer Kämpfer für den Bürgergeist. Wilhelm Röpkes „Jenseits von Angebot und Nachfrage". *Merkur – Deutsche Zeitschrift für Europäisches Denken* 64(736–737), 836–843.

Rieter, H., Schmolz, M. (1993). The Ideas of German Ordoliberalism 1938–45: Pointing the Way to a New Economic Order. *European Journal of the History of Economic Thought* 1(1), 87–114.

Rieter, H., Zweynert, J. (Hrsg.) (2009/2010). *„Wort und Wirkung": Wilhelm Röpkes Bedeutung für die Gegenwart* (2. Auflage). Marburg: Metropolis.

Robbins, L. (1961). Hayek on Liberty (Besprechung von Hayeks „Constitution of Liberty"). *Economica* 28(109), 66–81.

Röpke, W. (1922). *Die Konjunktur. Ein systematischer Versuch als Beitrag zur Morphologie der Verkehrswirtschaft*. Jena: Gustav Fischer.

Röpke, W. (1923/1959). Wirtschaftlicher Liberalismus und Staatsgedanke. *Hamburger Fremdenblatt* vom 13. November 1923. Auch in: *Gegen die Brandung* (S. 42–46). Erlenbach-Zürich: Eugen Rentsch.

Röpke, W. (1925). Konjunkturtheorie und Konjunkturpolitik. *Bankwissenschaft. Zeitschrift für das Bankwesen* 2, 362–366 sowie 406–412.

Röpke, W. (1926). Kredit und Konjunktur. *Jahrbücher für Nationalökonomie und Statistik* 124, 243–285.

Röpke, W. (1929). Staatsinterventionismus. *Handwörterbuch der Staatswissenschaften* (4. Auflage), (Ergänzungsband), (S. 861–882). Jena: Gustav Fischer.

Röpke, W. (1931). Praktische Konjunkturpolitik. Die Arbeit der Brauns-Kommission. *Weltwirtschaftliches Archiv* 34, 423–464.

Röpke, W. (1931/1959). Die Intellektuellen und der „Kapitalismus" (unter dem Pseudonym Ulrich Unfried). *Frankfurter Zeitung* 6., 11. und 13. September 1931. Auch in: *Gegen die Brandung* (S. 87–107). Erlenbach-Zürich: Eugen Rentsch.

Röpke, W. (1932). *Krise und Konjunktur*. Leipzig: Quelle & Meyer.

Röpke, W. (1933). Trends in German Business Cycle Policy. *Economic Journal* 43(171), 427–441.

Röpke, W. (1935). Fascist Economics. *Economica* 2(5), 85–100.

Röpke, W. (1936a). *Crises and Cycles*. London: William Hodge.

Röpke, W. (1936b). Socialism, Planning and the Business Cycle. *Journal of Political Economy* 44(3), 318–338.

Röpke, W. (1937/1954). *Die Lehre von der Wirtschaft* (7. Auflage). Erlenbach-Zürich: Eugen Rentsch.

Röpke, W. (1939/1959). Das „Zeitalter der Tyrannis". *Friedenswarte* 5/6. Auch in: *Gegen die Brandung* (S. 114–136). Erlenbach-Zürich: Eugen Rentsch.

Röpke, W. (1942). *International Economic Disintegration. With an Appendix by Alexander Rüstow.* London: William Hodge.

Röpke, W. (1942/1959). Die Grundlagen der Nationalökonomie (Besprechung von Euckens „Grundlagen der Nationalökonomie"). *Neue Zürcher Zeitung* 22. und 24. Februar 1942. Auch in: *Gegen die Brandung* (S. 334–344). Erlenbach-Zürich: Eugen Rentsch.

Röpke, W. (1942/1979). *Die Gesellschaftskrisis der Gegenwart* (6. Auflage). Bern: Haupt.

Röpke, W. (1944/1979). *Civitas humana. Grundfragen der Gesellschafts- und Wirtschaftsreform* (4. Auflage). Bern: Haupt.

Röpke, W. (1945/1979). *Internationale Ordnung – heute* (3. Auflage). Bern: Haupt.

Röpke, W. (1946). The German Dust-Bowl. *Review of Politics* 8(4), 511–527.

Röpke, W. (1946/2009). John Maynard Keynes. *Deutsche Rundschau* 49/1946. Auch in: *Marktwirtschaft ist nicht genug* (S. 119–125). Waltrop: Manuscriptum.

Röpke, W. (1947). *Das Kulturideal des Liberalismus*. Frankfurt: G. Schulte-Bulmke.

Röpke, W. (1947/1959). „Zurückgestaute Inflation" – Die moderne Wirtschaftskrankheit. *Neue Zürcher Zeitung* 14. und 15. Juni 1947. Auch in: *Gegen die Brandung* (S. 162–173). Erlenbach-Zürich: Eugen Rentsch.

Röpke, W. (1948/1979). Die natürliche Ordnung. Die neue Phase der wirtschaftspolitischen Diskussion. *Kyklos* 2/3, 211–232. Auch in: *Maß und Mitte* (2. Auflage), (S. 135–159), Bern: Haupt.

Röpke, W. (1949). *Die Krise der internationalen Wirtschaft* (Vortrag am 8. August 1949 bei der Verwaltungs- und Wirtschaftsakademie im Industriebezirk Bochum), Bochum: Hundt.

Röpke, W. (1950). *Ist die deutsche Wirtschaftspolitik richtig? Analyse und Kritik*. Stuttgart: Kohlhammer.

Röpke, W. (1950/1959). Walter Eucken. *Neue Zürcher Zeitung* 24. März 1950. Auch in: *Gegen die Brandung* (S. 374–379). Erlenbach-Zürich: Eugen Rentsch.

Röpke, W. (1950/1979). *Maß und Mitte* (2. Auflage). Bern: Haupt.

Röpke, W. (1951a). Liberale Sozialpolitik. *Der Volkswirt* 51/52, 48–53.

Röpke, W. (1951b). Das Kernproblem der „Vollbeschäftigung". In F. Neumark, H. Sauermann (Hrsg.), *Beiträge zur Geld- und Finanztheorie* (S. 85–91). Tübingen: Mohr Siebeck.

Röpke, W. (1952a). Was lehrt Keynes? Die Revolution in der Nationalökonomie. *Universitas* 7(12), 1285–1295.

Röpke, W. (1952b). *Wirtschaftliche und soziale Ordnung als Aufgabe der freien Welt* (Vortrag am 30. Januar 1952 bei der Wirtschaftlichen Gesellschaft für Westfalen und Lippe Bielefeld). Münster: Aschedorff.

Röpke, W. (1952/1959). Der Platz der Zentralbank. *Frankfurter Allgemeine Zeitung* 9. Februar 1952. Auch in: *Gegen die Brandung* (S. 282–291). Erlenbach-Zürich: Eugen Rentsch.

Röpke, W. (1955). *Grenzen und Gefahren des Wohlfahrtsstaates* (Vortrag am 24. Januar 1955 bei der Industrie- und Handelskammer Frankfurt am Main). Frankfurt: Hauser.

Röpke, W. (1956/1959). Das Dilemma der importierten Inflation. *Neue Zürcher Zeitung* 28. Juli 1956. Auch in: *Gegen die Brandung* (S. 291–306). Erlenbach-Zürich: Eugen Rentsch.

Röpke, W. (1958a). *Jenseits von Angebot und Nachfrage* (2. Auflage). Erlenbach-Zürich: Eugen Rentsch.

Röpke, W. (1958b). *Ein Jahrzehnt Sozialer Marktwirtschaft in Deutschland und seine Lehren.* Köln: Verlag für Politik und Wirtschaft.

Röpke, W. (1959). *Gegen die Brandung. Zeugnisse eines Gelehrtenlebens unserer Zeit. Herausgegeben von Albert Hunold.* Erlenbach-Zürich: Eugen Rentsch.

Röpke, W. (1960). Blätter der Erinnerung an Walter Eucken. *ORDO Jahrbuch* 12, 3–19.

Röpke, W. (1961). *Die Verantwortung des Unternehmers in der Marktwirtschaft* (Vortrag am 20. Juni 1961 bei der Industrie- und Handelskammer Frankfurt am Main). Frankfurt: Hauser.

Röpke, W. (1965). Wettbewerb. Ideengeschichte und ordnungspolitische Stellung. *Handwörterbuch der Sozialwissenschaften* (Band 12), (S. 29–36). Stuttgart: Gustav Fischer.

Röpke, W. (1976). *Briefe (1934–1966). Der innere Kompaß. Herausgegeben von Eva Röpke,* Erlenbach-Zürich: Eugen Rentsch.

Röpke, W. (1997). Kernfragen der Wirtschaftsordnung. *ORDO Jahrbuch* 48, 27–64.

Röpke, W. (2009). *Marktwirtschaft ist nicht genug. Gesammelte Aufsätze. Herausgegeben von Hans Jörg Hennecke.* Waltrop: Manuscriptum.

Rosen, S. (1997). Austrian and Neoclassical Economics: Any Gains from Trade? *Journal of Economic Perspectives* 11(4), 139–152.

Rothbard, M. N. (1980). F.A. Hayek and the Concept of Coercion. *ORDO Jahrbuch* 31, 43–49.

Rüstow, A. (1932/1963). Freie Wirtschaft – Starker Staat. Die staatspolitischen Voraussetzungen des wirtschaftspolitischen Liberalismus (Vortrag am 28. September 1932 bei der Tagung des Vereins für Socialpolitik in Dresden). In A. Rüstow, *Rede und Antwort* (S. 249–258). Ludwigsburg: Martin Hoch.

Rüstow, A. (1942). Appendix. General Sociological Causes for the Economic Disintegration and Possibilities of Reconstruction. In W. Röpke, *International Economic Disintegration* (pp. 267–283). London: William Hodge.

Rüstow, A. (1945/2001). *Das Versagen des Wirtschaftsliberalismus* (3. Auflage). Marburg: Metropolis.

Rüstow, A. (1963). *Rede und Antwort. 21 Reden und viele Diskussionsbeiträge aus den Jahren 1932 bis 1962 als Zeugnisse eines ungewöhnlichen Gelehrtenlebens und einer universellen Persönlichkeit. Mit einem Geleitwort von Wilhelm Röpke.* Ludwigsburg: Martin Hoch.

Salerno, J. T. (1993). Mises and Hayek Dehomogenized. *Review of Austrian Economics* 6(2), 113–146.

Salerno, J. T. (1994). Reply to Leland B. Yeager on „Mises and Hayek on Calculation and Knowledge". *Review of Austrian Economics* 7(2), 111–125.

Salerno, J. T. (Hrsg.) (2008). *Prices and Production and Other Works: F.A. Hayek on Money, the Business Cycle, and the Gold Standard.* Auburn: Ludwig von Mises Institute.

Salin, E. (Hrsg.) (1948). *Synopsis. Festgabe für Alfred Weber.* Heidelberg: Lambert Schneider.

Sally, R. (1998). *Classical Liberalism and International Economic Order.* London: Routledge.

Sally, R. (2000). Hayek and International Economic Order. *ORDO Jahrbuch* 51, 97–118.

Samuels, W. J. (1992). *Essays in the History of Mainstream Political Economy.* London: Macmillan.

Samuelson, P. (2009). A Few Remembrances of Friedrich von Hayek (1899–1992). *Journal of Economic Behavior & Organization* 69(1), 1–4.

Schefold, B. (2003). Die deutsche Historische Schule als Quelle des Ordoliberalismus. In P. Commun (Hrsg.), *L'Ordolibérlisme allemand. Aux sources de l'Économie sociale de marché* (pp. 101–118). Cergy-Pontoise: CIRAC.

Schlecht, O. (1991/1992). Der Freiburger Imperativ – Wirtschaftspolitische Erfahrungen und Perspektiven für Deutschland und Europa. In Walter Eucken Institut (Hrsg.), *Ordnung in Freiheit* (S. 89–104). Tübingen: Mohr Siebeck.

Schmölders, G. (Hrsg.) (1941/1942). *Der Wettbewerb als Mittel volkswirtschaftlicher Leistungssteigerung und Leistungsauslese*. Schriften der Akademie für Deutsches Recht 6. Berlin: Duncker & Humblot.

Schneider, A. M. (2004). *Ordnungsaspekte in der Nationalökonomik. Eine historische Reflexion.* Bern: Haupt.

Schneider, H. K., Watrin, C. (Hrsg.) (1972/1973). *Macht und ökonomisches Gesetz. Verhandlungen des Vereins für Socialpolitik in Bonn 1972* (Band 74). Berlin: Duncker & Humblot.

Schüller, A. (2003). Wilhelm Röpke – Werk und Wirken in Marburg: Lehren für Gegenwart und Zukunft (Vortrag am 26. Juni 2003 bei den Hayek-Tagen 2003 in Marburg). *ORDO Jahrbuch* 54, 21–48.

Schüller, A. (2010). Wilhelm Röpke und die Krise des modernen Wohlfahrtsstaates (4. Wilhelm-Röpke-Vorlesung am 11. Februar 2010 in Erfurt). In H. Rieter, J. Zweynert (Hrsg.), *„Wort und Wirkung": Wilhelm Röpkes Bedeutung für die Gegenwart* (2. Auflage), (S. 69–104). Marburg: Metropolis.

Schui, H. (2000). Bemerkungen zur Nähe von Neoliberalismus und Rechtsextremismus. *Forum Wissenschaft 4/2000*, 42–45.

Schumpeter, J. A. (1911/1952). *Theorie der wirtschaftlichen Entwicklung. Eine Untersuchung über Unternehmergewinn, Kapital, Kredit, Zins und den Konjunkturzyklus* (5. Auflage). Berlin: Duncker & Humblot.

Schumpeter, J. A. (1939/1961). *Konjunkturzyklen* (2. Auflage). Göttingen: Vandenhoeck & Ruprecht.

Schumpeter, J. A. (1954/2006). *History of Economic Analysis* (12. Auflage). London: Routledge.

Schwarz, G. (2009). Über die Not-Wendigkeit von Nothilfe. Eine Handvoll ordnungspolitischer Betrachtungen angesichts der neuen Staatsgläubigkeit (3. Wilhelm-Röpke-Vorlesung am 12. Februar 2009 in Erfurt). *ORDO Jahrbuch* 60, 169–183. Auch in: HWWI Policy Paper 5–2, *Hamburgisches WeltWirtschaftsInstitut Erfurt*.

Schwarz, G., Wohlgemuth, M. (Hrsg.) (2011). *Das Ringen um die Freiheit. „Die Verfassung der Freiheit" nach 50 Jahren*. Zürich: NZZ Libro.

Simons, H. C. (1934/1948). A Positive Program for Laissez Faire: Some Proposals for a Liberal Economic Policy. In H. C. Simons, *Economic Policy for a Free Society* (pp. 40–77). Chicago: University of Chicago Press.

Simons, H. C. (1944). Review: Omnipotent Government. The Rise of the Total State and Total War by Ludwig von Mises. *Annals of the American Academy of Political and Social Science* 236, 192–193.

Simons, H. C. (1948). *Economic Policy for a Free Society*. Chicago: University of Chicago Press.

Skidelsky, R. (2003/2005). *John Maynard Keynes (1883–1946). Economist, Philosopher, Statesman* (2. Auflage). New York: Penguin.

Skousen, M. (1990). *The Structure of Production*. New York: New York University Press.

Skousen, M. (2005). *Vienna & Chicago: Friends or Foes? A Tale of Two Schools of Free-Market Economics*. Washington: Regnery Publishing.

Smith, A. (1759/1976). *The Theory of Moral Sentiments, Glasgow Edition*. Oxford: Oxford University Press.

Smith, A. (1776/1976). *An Inquiry into the Nature and Causes of the Wealth of Nations, Cannan Edition*. Chicago: University of Chicago Press.

Smith, V. C. (1936). *The Rationale of Central Banking*. Westminster: P. S. King.

Solchany, J. (2015). *Wilhelm Röpke, l'autre Hayek. Aux origines du néolibéralisme*. Paris: Publications de la Sorbonne.

SPD-Parteivorstand (2010). *Die Zukunft der SPD als Volkspartei*. Verfügbar unter URL: https://www3.spd.de/spd-webapp/servlet/elementblob/10525599/content (letzter Aufruf: 23.08.2016).

Spoerer, M., Streb, J. (2013). *Neue deutsche Wirtschaftsgeschichte des 20. Jahrhunderts*. München: Oldenbourg.

Sprich, C. (2001). *F.A. von Hayek und Walter Eucken: Ein Vergleich ihrer Vorstellungen zur Rolle der Wirtschaftspolitik*. München: Grin.

Sprich, C. (2008). *Hayeks Kritik an der Rationalitätsannahme und seine alternative Konzeption. Die Sensory Order im Lichte anderer Erkenntnistheorien*. Marburg: Metropolis.

Stackelberg, H. v. (1940). Die Grundlagen der Nationalökonomie. Bemerkungen zu dem gleichnamigen Buch von Walter Eucken. *Weltwirtschaftliches Archiv* 51(2), 245–286.

Stalebrink, O. J. (2004). The Hayek and Mises Controversy: Bridging Differences. *Quarterly Journal of Austrian Economics* 7(1), 27–38.

Starbatty, J. (Hrsg.) (1989/2008). *Klassiker des ökonomischen Denkens. Von Platon bis John Maynard Keynes* (2. Auflage). Hamburg: Nikol.

Starbatty, J. (1984/2002). Ordoliberalismus. In O. Issing (Hrsg.), *Geschichte der Nationalökonomie* (4. Auflage), (S. 251–270). München: Franz Vahlen.

Statistisches Bundesamt (2011). *Studierende an Hochschulen. Wintersemester 2010/2011*. Verfügbar unter URL: https://www.destatis.de/GPStatistik/servlets/MCRFileNodeServlet/DEHeft_ derivate_00006845/2110410117004.pdf (letzter Aufruf: 27.08.2016).

Straubhaar, T. (2002). *Migration im 21. Jahrhundert: Von der Bedrohung zur Rettung sozialer Marktwirtschaften?* Tübingen: Mohr Siebeck.

Straubhaar, T. (2007). Die Soziale Marktwirtschaft ist mehr als die soziale Marktwirtschaft (1. Wilhelm-Röpke-Vorlesung am 12. Februar 2007 in Erfurt). HWWI Research Paper 5–1, *Hamburgisches WeltWirtschaftsInstitut Erfurt*.

Straubhaar, T. (2015). Neoliberalismus – Viele verstehen das Wort falsch. *DIE WELT* 14. April 2015.

Streeten, P. P. (1970). Principles and Problems of a Liberal Order of the Economy (Besprechung von Hayeks „Freiburger Studien"). *Weltwirtschaftliches Archiv* 104(1), 1–5.

Streissler, E. W. (1972/1973). Macht und Freiheit in der Sicht des Liberalismus. In H. K. Schneider, C. Watrin (Hrsg.), *Macht und ökonomisches Gesetz* (S. 1391–1426). Berlin: Duncker & Humblot.

Streissler, E. (1988). The Intellectual and Political Impact of the Austrian School of Economics. *History of European Ideas* 9(2), 191–204.

Streissler, E., Haberler, G. v., Lutz, F. A., Machlup, F. (Hrsg.) (1969). *Roads to Freedom. Essays in Honour of Friedrich A. von Hayek*. London: Routledge & Kegan Paul.

Streit, M. E. (1991/1992). Die Interdependenz der Ordnungen – Eine Botschaft und ihre aktuelle Bedeutung. In Walter Eucken Institut (Hrsg.), *Ordnung in Freiheit* (S. 5–30). Tübingen: Mohr Siebeck.

Streit, M. E. (1992). Economic Order, Private Law and Public Policy. The Freiburg School of Law and Economics in Perspective. *Journal of Institutional and Theoretical Economic* 148(4), 675–704.

Streit, M. E. (1993). Cognition, Competition and Catallaxy. In Memory of Friedrich August von Hayek. *Constitutional Political Economy* 4(2), 223–262.

Streit, M. E. (1995). *Freiburger Beiträge zur Ordnungsökonomik*. Tübingen: Mohr Siebeck.

Streit, M. E. (2004). *Jenaer Beiträge zur Wirtschaftstheorie und Wirtschaftspolitik*. Baden-Baden: Nomos.

Streit, M. E. (2004a). Nachwort des Herausgebers und Übersetzers zu „Die sensorische Ordnung". In M. E. Streit, *Jenaer Beiträge zur Wirtschaftstheorie und Wirtschaftspolitik* (S. 114–121). Baden-Baden: Nomos.

Streit, M. E. (2005). Neoliberal – Zu einem Schmähwort in der Diskussion wirtschaftspolitischer Reformen. Diskussionsbeitrag 0502, *Max-Planck-Institut für Ökonomik Jena*.

Streit, M. E. (2006). Ein Portrait der „Freiburger Schule". In N. Dallmann, M. Seiler (Hrsg.), *Innovation und Reform* (S. 9–15). Stuttgart: Lucius & Lucius.

Streit, M. E., Kasper, W. (1992/1995). Das institutionelle Fundament von Freiheit und Wohlstand – Lektionen der „Freiburger Schule". In M. E. Streit, *Freiburger Beiträge zur Ordnungsökonomik* (S. 105–134). Tübingen: Mohr Siebeck.

Streit, M. E., Wohlgemuth, M. (1997). The Market Economy and the State: Hayekian and Ordoliberal Conceptions. Diskussionsbeitrag 9706, *Max-Planck-Institut für Ökonomik Jena*.

Streit, M. E., Wohlgemuth, M. (Hrsg.) (1999). *Systemwettbewerb als Herausforderung an Politik und Theorie*. Baden-Baden: Nomos.

Streit, M. E., Wohlgemuth, M. (2000). Walter Eucken und Friedrich A. von Hayek: Initiatoren der Ordnungsökonomik. In B. Külp, V. J. Vanberg (Hrsg.), *Freiheit und wettbewerbliche Ordnung* (S. 461–500). Freiburg: Haufe.

Sunstein, C. R. (2006). *Infotopia. How Many Minds Produce Knowledge*. Oxford: Oxford University Press.

Swrakoff, G. K. (1939). Besprechung von: Eucken, Walter: Nationalökonomie – wozu? *Weltwirtschaftliches Archiv* 49(3), 122–123.

Thomas, M. (2009). *Smith in the Context of Order or Bentham's Hero* (Vortrag am 22. Juni 2009 beim 10. Summer Institute for the Preservation of the Study of the History of Economics an der University of Richmond). Verfügbar unter URL: http://citeseerx.ist.psu.edu/viewdoc/download?doi=10.1.1.147.8781&rep=rep1&type=pdf (letzter Aufruf: 25.05.2016).

Tuchtfeldt, E. (1957). Das Instrumentarium der Wirtschaftspolitik. Ein Beitrag zu seiner Systematik. *Hamburger Jahrbuch für Wirtschafts- und Gesellschaftspolitik* 2, 52–64.

Tuchtfeldt, E. (1976). Der „Interventionskapitalismus" – eine gemischte Wirtschaftsordnung. Bemerkungen zur systematischen Erfassung konkreter Wirtschaftsordnungen. In C. Watrin, H. Willgerodt (Hrsg.), *Widersprüche der Kapitalismuskritik* (S. 61–74). Bern: Haupt.

Uzunov, A. (2009). *Теоретичният фундамент на социалното пазарно стопанство. Политическата икономия на Лудвиг Ерхард (The Theoretical Foundation of the Social Market Economy. The Political Economy of Ludwig Erhard)*. Sofia: Bulvest 2000.

Vanberg, V. J. (1975). *Die zwei Soziologien. Individualismus und Kollektivismus in der Sozialtheorie*. Tübingen: Mohr Siebeck.

Vanberg, V. J. (1981). Liberaler Evolutionismus oder vertragstheoretischer Konstitutionalismus? Zum Problem institutioneller Reformen bei F.A. von Hayek und J.M. Buchanan (mit einem ergänzenden Beitrag von J.M. Buchanan). Vorträge und Aufsätze 80, *Walter Eucken Institut Freiburg*.

Vanberg, V. J. (1982). *Markt und Organisation. Individualistische Sozialtheorie und das Problem korporativen Handelns*. Tübingen: Mohr Siebeck.

Vanberg, V. J. (1994a). *Rules and Choice in Economics*. London: Routledge.

Vanberg, V. J. (1994b). Kulturelle Evolution und die Gestaltung von Regeln. Vorträge und Aufsätze 144, *Walter Eucken Institut Freiburg*.

Vanberg, V. J. (1997). Die normativen Grundlagen von Ordnungspolitik. *ORDO Jahrbuch* 48, 707–726.

Vanberg, V. J. (1998). Freiburg School of Law and Economics. *The New Palgrave Dictionary of Economics and the Law* (Band 2), (172–179). London: Palgrave Macmillan. Auch in: V. J. Vanberg, *The Constitution of Markets. Essays in Political Economy* (37–51). London: Routledge.

Vanberg, V. J. (1998/1999). Markets and Regulation: On the Contrast between Free-Market Liberalism and Constitutional Liberalism (Vortrag am 31. August 1998 bei der Mont Pèlerin Society in Washington D.C.). *Constitutional Political Economy* 10(3), 219–243. Auch in: V. J. Vanberg, *The Constitution of Markets. Essays in Political Economy* (17–36). London: Routledge.

Vanberg, V. J. (Hrsg.) (1999). *Freiheit, Wettbewerb und Wirtschaftsordnung. Hommage zum 100. Geburtstag von Friedrich A. von Hayek*, Freiburg: Haufe.

Vanberg, V. J. (2000). Der konsensorientierte Ansatz der konstitutionellen Ökonomik. In H. Leipold, I. Pies (Hrsg.), *Ordnungstheorie und Ordnungspolitik* (S. 251–276). Stuttgart: Lucius & Lucius.

Vanberg, V. J. (2001). *The Constitution of Markets. Essays in Political Economy*. London: Routledge.

Vanberg, V. J. (2003). Friedrich A. Hayek und die Freiburger Schule. *ORDO Jahrbuch* 54, 1–20.

Vanberg, V. J. (2004a). The Freiburg School: Walter Eucken and Ordoliberalism. Diskussionspapier 04/11, *Walter Eucken Institut Freiburg*.

Vanberg, V. J. (2004b). Public Choice from the Perspective of Sociology. *The Encyclopedia of Public Choice* (Band 1), (244–251). New York: Springer.

Vanberg, V. J. (2006/2008). On the Complementarity of Liberalism and Democracy (Vortrag am 6. November 2006 bei der Mont Pèlerin Society in Guatemala City). *Journal of Institutional Economics* 4(2), 139–161.

Vanberg, V. J. (2008). Schumpeter and Mises as „Austrian Economists". Diskussionspapier 08/02, *Walter Eucken Institut Freiburg*.

Vanberg, V. J. (2009). Consumer Welfare, Total Welfare and Economic Freedom – On the Normative Foundations of Competition Policy. Diskussionspapier 09/03, *Walter Eucken Institut Freiburg*.

Vanberg, V. J. (2012). Hayek in Freiburg. Diskussionspapier 12/01, *Walter Eucken Institut Freiburg*.

Vanberg, V. J. (2014). Liberalismus und Demokratie: Zu einer vernachlässigten Seite der liberalen Denktradition (8. Wilhelm-Röpke-Vorlesung am 13. Februar 2014 in Erfurt). *ORDO Jahrbuch* 65, 345–374. Auch in: HWWI Policy Paper 85, *Hamburgisches WeltWirtschaftsInstitut Erfurt*.

Van Horn, R. (2009). Reinventing Monopoly and the Role of Corporations: The Roots of Chicago Law and Economics. In P. Mirowski, D. Plehwe (Hrsg.), *The Road from Mont Pèlerin* (pp. 204–237). Cambridge (MA): Harvard University Press.

Van den Hauwe, L. (2007). Did F.A. Hayek Embrace Popperian Falsificationism? A Critical Comment About Certain Theses of Popper, Duhem and Austrian Methodology. *Procesos de Mercado – Revista Europea de Economía Política* 4(1), 57–78.

Vaubel, R. (2005). Reformen der europäischen Politikverflechtung. In M. Wohlgemuth (Hrsg.), *Spielregeln für eine bessere Politik* (S. 118–134). Freiburg: Herder.

Vaughn, K. I. (1994). *Austrian Economics in America. The Migration of a Tradition*. Cambridge: Cambridge University Press.

Verband Deutscher Maschinen- und Anlagenbau (Hrsg.) (1983). *Produktivität, Eigenverantwortung, Beschäftigung. Für eine wirtschaftspolitische Vorwärtsstrategie*. Köln: Deutscher Instituts-Verlag.

Viner, J. (1961). Hayek on Freedom and Coercion (Besprechung von Hayeks „Constitution of Liberty"). *Southern Economic Journal* 27(3), 230–236.

Voigt, S. (2000). Das Verhältnis von Staat und Gesellschaft bei Friedrich A. von Hayek: Ein Vorschlag zur Weiterentwicklung. In H. Leipold, I. Pies (Hrsg.), *Ordnungstheorie und Ordnungspolitik* (S. 125–144). Stuttgart: Lucius & Lucius.

Vorländer, H., Herold, M., Schäller, S. (2016). *Pegida. Entwicklung, Zusammensetzung und Deutung einer Empörungsbewegung*. Wiesbaden: Springer VS.

Walpen, B. (2004). *Die offenen Feinde und ihre Gesellschaft. Eine hegemonietheoretische Studie zur Mont Pèlerin Society*. Hamburg: VSA Verlag.

Walter Eucken Institut (Hrsg.) (1991/1992). *Ordnung in Freiheit. Symposium aus Anlaß des 100. Geburtstages von Walter Eucken am 17. Januar 1991*. Tübingen: Mohr Siebeck.

Wapshott, N. (2011). *Keynes Hayek. The Clash that Defined Modern Economics*. New York: W. W. Norton.

Warneke, S. (2013). *Die europäische Wirtschaftsintegration aus der Perspektive Wilhelm Röpkes*. Stuttgart: Lucius & Lucius.

Watrin, C. (1979/1980). Festvortrag „Freiheit und Gleichheit". In E. Hoppmann (Hrsg.), *Vorträge und Ansprachen auf der Festveranstaltung der Freiburger Wirtschaftswissenschaftlichen Fakultät zum 80. Geburtstag von Friedrich A. von Hayek* (S. 21–36). Baden-Baden: Nomos.

Watrin, C. (1992). Friedrich A. von Hayek – Die schöpferischen Kräfte einer freien Gesellschaft (Nachruf). *Zeitschrift für Wirtschaftspolitik* 41(2), 207–212.

Watrin, C. (1999). Der Weg zur Freiheit. In V. J. Vanberg (Hrsg.), *Freiheit, Wettbewerb und Wirtschaftsordnung* (S. 269–300). Freiburg: Haufe.

Watrin, C. (2000). Staatsaufgaben: Die Sicht Walter Euckens und Friedrich A. von Hayeks. In B. Külp, V. J. Vanberg (Hrsg.), *Freiheit und wettbewerbliche Ordnung* (S. 323–344). Freiburg: Haufe.

Watrin, C. (2005). Hayeks Theorie einer freiheitlichen politischen Ordnung (Vortrag am 1. Juli 2005 bei den Hayek-Tagen 2005 in Tübingen). *ORDO Jahrbuch 56*, 3–18.

Watrin, C., Willgerodt H. (Hrsg.) (1976). *Widersprüche der Kapitalismuskritik. Festschrift zum 75. Geburtstag von Alfred Müller-Armack*. Bern: Haupt.

Wegmann, M. (2002). *Früher Neoliberalismus und europäische Integration. Interdependenz der nationalen, supranationalen und internationalen Ordnung von Wirtschaft und Gesellschaft (1932–1965)*. Baden-Baden: Nomos.

Wegner, G. (2008). *Political Failure by Agreement. Learning Liberalism and the Welfare State*. Cheltenham: Edward Elgar.

Wegner, G. (2012). *Ökonomischer Liberalismus als politische Theorie. Befund, Kritik, Rekonstruktion*. Tübingen: Mohr Siebeck.

Weimann, J. (2016). Die Ökonomik ist weiter als manche ihrer Kritiker. *Frankfurter Allgemeine Zeitung* 25. Juli 2016.

Weizsäcker, C. C. v. (2015). *Die Ko-Evolution von Marktwirtschaft und Demokratie* (Video-Vortrag der Friedrich A. von Hayek-Vorlesung am 9. November 2015 in Freiburg). Verfügbar unter URL: http://podcast2.ruf.uni-freiburg.de/ ub/casts/ 15/Walter_Eucken/2015_11_09_Walter_Eucken_Weizaecker.mp4 (letzter Aufruf: 15.08.2016).

White, L. H. (1984/1995). *Free Banking in Britain. Theory, Experience and Debate, 1800–1845* (2. Auflage). London: Institute of Economic Affairs.

White, L. H. (1999a). Hayek's Monetary Theory and Policy: A Critical Reconstruction. *Journal of Money, Credit and Banking* 31(1), 109–120.

White, L. H. (1999b). Why Didn't Hayek Favor Laissez Faire in Banking? *History of Political Economy* 31(4), 753–769.

White, L. H. (2008). Did Hayek and Robbins Deepen the Great Depression? *Journal of Money, Credit and Banking* 40(4), 751–768.

White, L. H. (2012). *The Clash of Economic Ideas. The Great Policy Debates and Experiments of the Last Hundred Years*. Cambridge: Cambridge University Press.

Wieser, F. v. (1903/1929). Der Geldwert und seine geschichtlichen Veränderungen (Antrittsvorlesung am 26. Oktober 1903 an der Universität Wien). In F. v. Wieser, *Gesammelte Abhandlungen* (S. 164–192). Tübingen: Mohr Siebeck.

Wieser, F. v. (1909/1929a): Der Geldwert und seine Veränderungen. In: F. v. Wieser, *Gesammelte Abhandlungen* (S. 193–242). Tübingen: Mohr Siebeck.

Wieser, F. v. (1909/1929b): Über die Messung der Veränderungen des Geldwertes. Mündliches Referat auf der Wiener Tagung des Vereins für Socialpolitik. In: F. v. Wieser, *Gesammelte Abhandlungen* (S. 243–252). Tübingen: Mohr Siebeck.

Wieser, F. v. (1929). *Gesammelte Abhandlungen. Mit einer biographischen Einleitung, herausgegeben von Friedrich A. von Hayek*. Tübingen: Mohr Siebeck.

Willgerodt, H. (1955). Die Krisis der sozialen Sicherheit und das Lohnproblem. *ORDO Jahrbuch 7*, 145–187.

Willgerodt, H. (1975). Fehlurteile über vielzahligen Wettbewerb. *ORDO Jahrbuch 26*, S. 97–130.

Willgerodt, H. (2004). Die Anmaßung von Unwissen. *ORDO Jahrbuch 55*, 25–35.

Willgerodt, H. (2006). Der Neoliberalismus – Entstehung, Kampfbegriff und Meinungsstreit. *ORDO Jahrbuch 57*, 47–89.

Willgerodt, H. (2007). Der Staat und die Liberalen. *Neue Zürcher Zeitung* 28./29. Juli 2007.

Willgerodt, H. (2011). *Werten und Wissen. Beiträge zur Politischen Ökonomie*. Stuttgart: Lucius & Lucius.

Witt, U. (1997). The Hayekian Puzzle: Spontaneous Order and the Business Cycle. *Scottish Journal of Political Economy* 44(1), 44–58.

Wohlgemuth, M. (2001). *F. A. von Hayek und der Ordoliberalismus*. Unveröffentlichter Vortrag am 31. Mai 2001 bei den Hayek-Tagen 2001 in Freiburg.

Wohlgemuth, M. (2002a). Evolutionary Approaches to Politics. *Kyklos* 55(2), 223–246.

Wohlgemuth, M. (2002b). Eucken, Hayek, Pies: zwei Klassiker und ein Rekonstrukteur ordnungsökonomischen Denkens im Vergleich. Anmerkungen zum Buch von Ingo Pies „Eucken und von Hayek im Vergleich". *ORDO Jahrbuch* 53, 335–342.

Wohlgemuth, M. (2003). Besprechung von: Commun, Patricia (ed.) (2003): L'ordolibérlisme allemand. Aux sources de l'Economie sociale de marché. *Kyklos* 56(4), 574–577.

Wohlgemuth, M. (Hrsg.) (2005). *Spielregeln für eine bessere Politik. Reformblockaden überwinden – Leistungswettbewerb fördern*. Freiburg: Herder.

Wohlgemuth, M. (2006). Demokratie und Marktwirtschaft als Bedingungen für sozialen Fortschritt. In R. Clapham, G. Schwarz (Hrsg.), *Die Fortschrittsidee und die Marktwirtschaft* (S. 131–162). Zürich: NZZ Libro.

Wohlgemuth, M. (2008). The Influence of Austrian Economics on German Liberalism. In B. Kolm-Lamprechter, C. Watrin (Hrsg.), *Internationale Experten zur Österreichischen Schule der Nationalökonomie* (S. 194–225). Wien: Friedrich A. v. Hayek Institut.

Wohlgemuth, M. (2010). Diagnosen der Moderne: Friedrich A. von Hayek. In I. Pies, W. Reese-Schäfer (Hrsg.), *Diagnosen der Moderne* (S. 86–116). Berlin: Wissenschaftlicher Verlag Berlin.

Wohlgemuth, M. (2011). Hayek: ein klassisch-liberaler Paternalist? In G. Schwarz, M. Wohlgemuth (Hrsg.), *Das Ringen um die Freiheit* (S. 89–105). Zürich: NZZ Libro.

Wohlgemuth, M. (2013). The Freiburg School and the Hayekian Challenge. *Review of Austrian Economics* 26(2), 149–170.

Wohlgemuth, M., Zweynert, J. (2009). Wie steht es mit dem Comeback des Keynesianismus? Rückbesinnung auf ordnungspolitische Grundsätze gegen aktivistische „Bastard-Keynesianer". *Neue Zürcher Zeitung* 16. Januar 2009.

Wolff, H. J. (Hrsg.) (1957). *Aus der Geschichte der Rechts- und Staatswissenschaften zu Freiburg i.Br.* Freiburg: Eberhard Albert.

Wootton, B. (1935). Review: Collectivist Economic Planning by F.A. von Hayek and others/Economic Planning in Soviet Russia by Boris Brutzkus. *Economica* 2(7), 348–350.

Woll, A. (1989). Freiheit durch Ordnung: Die gesellschaftspolitische Leitidee im Denken von Walter Eucken und Friedrich A. von Hayek. *ORDO Jahrbuch* 40, 87–97.

Yeager, L. B. (1983). Stable Money and Free-Market Currencies. *Cato Journal* 3(1), 305–326.

Yeager, L. B. (1985). Utility, Rights, and Contract: Some Reflections on Hayek's Work. In K. R. Leube/A. H. Zlabinger (Hrsg.), *The Political Economy of Freedom* (pp. 61–80). München: Philosophia.

Yeager, L. B. (1994). Mises and Hayek on Calculation and Knowledge. *Review of Austrian Economics* 7(2), 93–109.

Yeager, L. B. (1997). Austrian Economics, Neoclassicism, and the Market Test. *Journal of Economic Perspectives* 11(4), 153–165.

Zehetmair, H. (Hrsg.) (2007). *Politik aus christlicher Verantwortung*. Wiesbaden: Springer VS.

Zieschang, T. (2003). *Das Staatsbild Franz Böhms*. Stuttgart: Lucius & Lucius.

Zintl, R. (1983). *Individualistische Theorien und die Ordnung der Gesellschaft. Untersuchungen zur politischen Theorie von James M. Buchanan und Friedrich A. von Hayek*. Berlin: Duncker & Humblot.

Zlabinger, A. H. (1994). *Ludwig von Mises. Denker der Freiheit*. St. Augustin: Academia.

Zmirak, J. (2001). *Wilhelm Röpke. Swiss Localist, Global Economist*. Wilmington: Intercollegiate Studies Institute.

Zöller, M. (1979). Handeln in Ungewißheit. F. A. v. Hayeks Grundlegung einer freiheitlichen Sozialphilosophie. *ORDO Jahrbuch* 30, 117–129.

Zöller, M. (1995). Die Freiheit, die wir meinen. F. A. von Hayek und die Wiederentdeckung des Liberalismus. In U. Andersen, S. G. Bierling, B. Neuss, W. Woyke (Hrsg.), *Politik und Wirtschaft am Ende des 20. Jahrhunderts. Perspektiven und Interdependenzen* (S. 83–92). Opladen: Leske + Budrich.

Zöller, M. (1999). Zur Erinnerung an Wilhelm Röpke. *ORDO Jahrbuch* 50, 33–36.

Zweynert, J. (2006). Shared Mental Models, Catch-Up Development and Economic Policy-Making: The Case of Germany after World War II and its Significance for Contemporary Russia. *Eastern Economic Journal* 32(3), 457–478.

Zweynert, J. (2007). Die Entstehung ordnungsökonomischer Paradigmen – theoriegeschichtliche Betrachtungen. Research Paper 5–2, *Hamburgisches WeltWirtschaftsInstitut Erfurt.* Auch in: Diskussionspapier 07/08, *Walter Eucken Institut Freiburg.*

Zweynert, J. (2013). How German is German Neo-Liberalism? *Review of Austrian Economics* 26(2), 109–125.

Zweynert, J., Kolev, S., Goldschmidt, N. (Hrsg.) (2016). *Neue Ordnungsökonomik*, Tübingen: Mohr Siebeck.

Zweynert, J., Kolev, S., Goldschmidt, N. (2016a). Neue Ordnungsökonomik. Zur Aktualität eines Forschungsprogramms. In J. Zweynert, S. Kolev, N. Goldschmidt (Hrsg.), *Neue Ordnungsökonomik* (S. 1–17), Tübingen: Mohr Siebeck.